让法律被信仰

新时代创新司法保障丛书

杨临萍 总主编

供给侧结构性改革司法实践

破产重整与和解最新理论及实务

杨临萍/主编

法律出版社
LAW PRESS·CHINA

总　序

国无常强，无常弱；奉法者强，则国强，奉法者弱，则国弱。党的十八大以来，以习近平同志为核心的党中央高度重视法治工作，将全面依法治国作为战略布局的重要组成部分，形成了习近平总书记关于全面依法治国新理念新思想新战略。人民法院公正司法作为全面推进依法治国的重要环节，具有举足轻重的意义。党的十九大发出了夺取新时代中国特色社会主义伟大胜利的动员令，开启了社会主义现代化建设的新征程。在习近平同志为核心的党中央的坚强领导下，我们解决了许多长期想解决而没有解决的难题，办成了许多过去想办成而没有办成的大事，党和国家事业取得了新的历史性成就，全面推进依法治国取得显著成效。

昨夜江边春水生，此日中流自在行。法院审判执行工作是充满政治智慧的技术工作，也是需要高超司法技术的政治工作。重庆法院全体干警以习近平新时代中国特色社会主义思想为指引，认真学习习近平总书记视察重庆重要讲话精神，围绕“努力让人民群众在每一个司法案件中感受到公平正义”的要求，积极发挥司法职能，为经济社会发展大局贡献司法智慧与力量，用实际行动将习近平总书记的殷殷嘱托全面落实在重庆大地上。我们根据中央、最高人民法院、重庆市委部署，推进司法体制综合配套改革，落实司法责任制改革，完善各项单项改革，发挥“制度优势＋技术优势”，构建人力与科技深度融合的司法运行新模式，推动司法质效和公信力全面提升。

习近平总书记指出："实践决定认识，是认识的源泉和动力，也是认识的目的和归宿。"重庆法院全体干警深学笃用习近平新时代中国特色社会主义思想，坚持总体国家安全观，推进平安重庆建设；坚持贯彻新发展理念，服务保障中心大局；坚持以人民为中心，满足群众多元司法需求；坚持深化改革创新，主动拥抱智慧时代，为实现"两点"定位、"两地""两高"目标贡献力量，为推动高质量发展，创造高品质生活提供司法保障。全面依法治国是国家治理的一场深刻革命。重庆法院全体干警在这场气势磅礴的革命实践中形成了大量经验、方法和技术，这些经验、方法和技术经过理论升华，生动诠释了中国特色社会主义法治理论。

法，国之权衡也，时之准绳也。审判执行是法院的核心业务，但不是唯一业务。作为国家审判机关，法院在维护宪法法律尊严的前提下，必须充分发挥审判职能，参与社会治安综合治理，服务经济社会发展大局，服务党和国家中心工作，履行好维护国家政治安全、确保社会大局稳定、促进社会公平正义、保障人民安居乐业的职责任务。法律是对权利义务的确认与分配，司法案件往往体现了各种社会利益的冲突。法院在审判执行工作中能够较直接地了解法律问题背后的社会问题。法院受理的案件往往由法律问题和社会问题交错，法官们需要通过解决法律问题实现对社会问题的化解，为人民群众的行为提供预期，从司法角度实现法的指引、评价、预测和教育功能。重庆法院的法官们在法院审判、执行、管理、改革等各方面表现出卓越智慧与丰富经验，并取得了喜人成绩。

一花独放不是春，万紫千红春满园。为及时总结审判经验与司法规律，指导司法实践，更好地发挥新时代司法保障发展的功能，我们编辑出版了这套"新时代创新司法保障丛书"。首批推出《新时代司法促进良法善治的实践》《人民法院法律适用与司法政策审判指导与参考》《司法体制改革与智慧法院的实践与探索》《基本解决执行难理论探索与实务指引》《供给侧结构性改革司法实践——破产重整与和解最新理论及实务》《行政审判热点与难点：理论探索 · 实务指引 · 案例参考》，旨在反映人民法院在审判实务、司法体制改革、智慧法院建设、基本解决执行难、司法服务中心工作等方面的一些实践与思考。丛书既有对重大司法问题的宏观考量，也有对具体规则的微观分析。"新时代创新司法保障丛书"是锻炼人才、发现人才的重要平台，是进一步促进法院队伍革命化、正规化、专业化、职业化建设的重要手段。我们衷心希望这些成果能够对促进我国司法工作发展起到一定作用。

实践无止境,理论创新无止境。“新时代创新司法保障丛书”是开放式文丛,我们将及时总结法院工作中的司法智慧,并纳入丛书出版,为我国审判理论的丰富和发展添砖加瓦,为法学研究、法学教育和司法实务提供参考。

2019 年,正值中华人民共和国成立 70 周年,“新时代创新司法保障丛书”是重庆法院全体干警对中华人民共和国 70 华诞的隆重献礼。祝福祖国繁荣昌盛,国泰民安!

是为序。

2019 年 1 月

序

供给侧结构性改革是党中央着眼我国经济社会发展全局作出的重大战略决策。作为规范市场主体退出、挽救危困企业、推动市场竞争优胜劣汰、完善资源优化配置的法律制度，企业破产法与供给侧结构性改革存在天然的制度契合。在破产法律制度中，破产重整、破产和解为实现供给侧结构性改革目标提供了一条新的市场化、法治化路径。

全力推进破产审判，是人民法院服务和保障供给侧结构性改革的重要使命。长期以来，重庆法院高度重视破产审判工作，审理了一批具有典型意义和重大影响的案件，实现了良好的法律效果、经济效果和社会效果。早在2007年《企业破产法》施行之初，重庆法院就成功审理了被誉为“重庆模式”的“朝华科技、星美联合等上市公司破产重整案”。2017年重庆法院又成功审理了被认为属于“特别重大且无先例”的“重庆钢铁股份有限公司破产重整案”。2018年3月该案因其以市场化、法治化方式化解企业债务危机，从根本上实现企业提质增效上的典型意义而入选全国法院十大破产典型案例。

“合抱之木，生于毫末；九层之台，起于垒土。”荣誉的背后离不开重庆法院人长期以来的锐意进取和埋头苦干。从2008年确定第一批破产管理人到2016年破产管理人选任制度全面修订，从破产审判工作初步开展到2018年《破产重整申请审查工作指引（暂行）》等一系列规范性文件的出台，从破产审判专业化团队的缺失到专门的清算与破产审判庭的设立，正是诸如此类无数的点滴，才汇成了重庆破产审判事业的繁荣。重庆法院破产审判成长的轨迹，正是我国破产审判事业不断发展的生动写照，也是破产制度在我国实施与完善的一个缩影。

西部地区的司法是成长中的司法，崇山峻岭并不能阻挡卓越的追求。希望本书的出版能成为重庆法院破产审判重整行装再出发的新起点，不断推进我国破产理论与实务的创新，为经济社会的持续健康发展作出新时代的更大贡献！

是为序。

2020 年 9 月

目　录

第二编 典型案例

第三编 法律法规、司法解释及相关规定

引言　重整行装再出发：重庆钢铁破产重整案的历程与启示

一、困境：风雨飘摇的重庆钢铁

重庆钢铁股份有限公司（以下简称重庆钢铁）是由重庆钢铁（集团）有限责任公司（以下简称重庆钢铁集团）独家发起设立的上市公司，主要从事钢铁生产、加工和销售，其前身是1890年9月湖广总督张之洞创办的汉阳铁厂。重庆钢铁传承了重庆工业百年历史，被誉为中国近代民族工业的“摇篮”，为抗战胜利、中华人民共和国建设作出过重要贡献。1997年10月、2007年2月重庆钢铁股票分别在香港联合交易所（以下简称香港联交所）和上海证券交易所（以下简称上交所）挂牌交易。截至2017年9月24日，重庆钢铁总股本44亿股，其中，A股总股本39亿股，H股总股本5亿股。

然而，受市场环境变化、产业结构调整和公司管理落后等因素的影响，从2011年以来，重庆钢铁一直处于经营困难状态。2011～2016年实际经营亏损238亿元，平均年亏损近40亿元；公司开工能力严重不足，年产600万吨的生产线常年开工仅100余万吨；公司管理较混乱，企业各方面矛盾极为尖锐。2017年4月5日重庆钢铁因连续两年亏损且2016年净资产为负，被上交所实施退市风险警示，股票简称由“重庆钢铁”变更为“*ST重钢”。在法院受理“重庆钢铁重整案”之前，重庆钢铁已实际负债417亿余元，资产评估价值仅为186亿余元，严重资不抵债，且身负百余起诉讼案件，主要财产和银行账户被全国多家法院查封、冻结。如果在2017年内无法实现主营业盈利，则会被上交所作暂停上市处理，极易引发严重的社会稳定问题和阻碍地方经济发展。

为了促使重庆钢铁摆脱困境，重庆市政府先后采取过多种手段。2016年6月重庆钢铁启动与重庆渝富资产经营管理集团有限公司的重大资产重组。但是，经过近1年的论证，因重组中拟置出钢铁资产和业务方案在市场化条件下难以实施，重庆钢铁于2017年5月终止重大资产重组。重庆市政府、市国资委及重庆钢铁仍多次尝试采用传统并购方式，引入国内优质钢铁企业来收购，但也因该公司债务沉重、资产质量不高而搁浅。

二、重整：艰难的蜕变历程

在中共重庆市委坚强领导和最高人民法院有力指导下，重庆市高级人民法院（以下简称重庆高院）直接指导重庆市第一中级法院（以下简称重庆一中法院）于2017年7月依法受理“重庆钢铁破产重整案”。该案系目前全国涉及资产及债务规模最大的国有控股上市公司重整、首例股票同时在上交所和联交所挂牌交易的“A＋H”股上市公司重整、首家钢铁行业上市公司重整，被认为属于“特别重大且无先例”。面对错综复杂的矛盾，人民法院以重庆钢铁职工、债权人和股民的长远利益为重，以供给侧结构性改革为指引，着眼西部地区钢铁行业在国家产业结构布局中的战略地位，快速将重庆钢铁纳入破产法律程序，及时诊断、积极施治。

最高人民法院对“重庆钢铁破产重整案”依法高效审理并进行了精心部署。最高人民法院、重庆高院均组织成立专案指导团队。重庆一中法院成立专项工作领导小组，抽调5名政治素质高、业务能力强的法官组成合议庭，组建审判、宣传、安保等6个工作小组，凝聚合力有序开展各项工作，严格把握工作节奏，确保重整程序高效推进。

在案件受理后2日内，重庆一中法院督促管理人完成了对重庆钢铁的接管工作；在债权申报期限届满后1周，以全网络形式成功召开第一次债权人会议，顺利表决通过了《财产管理及变价方案》《关于成立债权人委员会相关事项的议案》及其他有关事项。2017年11月16日、17日重庆钢铁重整计划草案分别在职工债权组会议、第二次债权人会议和出资人组会议上均以95%以上的高票表决通过。

2017年11月20日重庆一中法院历经4个多月的审理，裁定批准了重庆钢铁重整计划，并终止重整程序。2017 年 11 月 27 日管理人向重庆钢铁移交已接管的财产和营业事务。在管理人监督和法院协助下，重庆钢铁积极执行重整计划。2017 年12 月 29 日重庆一中法院裁定确认重整计划执行完毕。至此，“重庆钢铁破产重整案”圆满落幕。

三、重生：再出发的新起点

重庆钢铁重整成功后，企业走上重生之路。2017 年年底公司资产负债率由 2016 年的 100.29% 降至 32.82%，实现归属上市公司股东的净利润 3.2 亿元，公司扭亏为盈。上交所于 2018 年 3 月 9 日撤销重庆钢铁退市风险警示。2018 年公司生产经营持续向好，实现利润总额 17.59 亿元，同比增长 449.33%。目前，公司主营业务稳定，主要技术经济指标明显改善，产销规模创历史新高。重庆钢铁正朝着“西南地区最具竞争力的钢铁企业，内陆钢厂绿色友好和转型升级引领者”的目标迈进。

重庆法院在“重庆钢铁破产重整案”的审理中，坚持以习近平新时代中国特色社会主义经济思想为指导，认真践行以人民为中心的发展思想，牢固树立推动高质量发展的司法自觉，积极贯彻深化供给侧结构性改革的要求，充分发挥重整程序的拯救功能，促使百年重钢凤凰涅槃。

1. 实现了互利共赢，充分保障了各方权益。通过成立金融债权人委员会，有效协调、保障了金融债权人的利益，取得了金融债权人的大力支持；通过资本公积金转增、“债转股”方式妥善解决了普通债权人清偿问题；通过现金全额清偿小额债权人的方式，充分维护了众多小债权人利益；职工债权得到全部清偿，并妥善解决了有关企业职工的遗留问题；重整后每股净资产收益增加，增强了投资者的信心；地方政府停止了多年的“输血式拯救”，减轻了地方财政负担，优化了区域经济环境。

2. 提升了产业层次，增强了创新能力。通过市场化方式化解了巨大的债务风险，大幅降低了杠杆率，2018 年上半年公司资产负债率进一步降至 28.29%；成功剥离企业低效无效资产，将优质资源整合到具有市场竞争力的领域；引入具有国际钢铁行业整合能力和背景的高端战略投资人四源合基金，对企业的治理结构、资产结构、产品结构、工艺流程等进行优化，制定了详细、科学、可行的经营方案，产业层次大幅提升，创新能力明显增强。

3. 优化了企业管理，完善了治理结构。通过引入新的投资者，深入进行混合所有制改革，重庆钢铁以前管理水平较差、运行效率低下、权责关系不明等问题得到根本解决。科学合理的法人治理结构、财务制度等切实建立,供给侧与需求侧的错配问题得到全面纠正,灵活高效的市场化经营机制得以形成,企业步入了良性发展轨道。

4. 整合了区域产业,奠定新工业布局基础。通过重整,重庆钢铁以主营业务为基础,保留了有价值的产能,淘汰了价值低、能耗高、效率低的产能,从根本上推动了企业的提质增效。未来有望以重庆为中心,整合西南区域、长江流域的钢铁产业,形成钢铁领域的协同效应,有效改善区域钢铁业结构,带动行业结构调整和转型升级。

重庆钢铁的重整成功,探索出了一条上市公司、大型企业、传统产业等多种复杂因素叠加的国企改革新路,为上市公司重整,尤其是大型国有上市公司重整提供了可借鉴的范例。2018 年 3 月"重庆钢铁破产重整案"因其在以市场化、法治化方式化解企业债务危机,从根本上实现企业提质增效上的典型意义而入选全国法院十大破产典型案例。

四、启示:拯救企业的成功探索

以人民为中心,坚定践行新发展理念。"重庆钢铁破产重整案"涉及债务约 400 亿元、职工 1 万余人、中小股东 17 万余户、债权人 2700 余名。面对错综复杂的矛盾,人民法院坚持以习近平新时代中国特色社会主义经济思想为指导,坚持以人民为中心的发展思想,以重庆钢铁职工、债权人和股民的长远利益为重,充分保护各方利益主体的合法权益,努力实现好、维护好、发展好广大人民群众的根本利益;贯彻推动高质量发展这一根本要求,以市场化、法治化方式实现资源优化配置,努力推动经济发展质量变革、效率变革、动力变革;紧扣深化供给侧结构性改革的要求,引导企业"依托主营业务,去除低端产能,改善企业内涵,扩大有效供给",真正实现提质增效,最终使企业重获生机。

以市场化为导向,推动企业提质增效。一是找准"病因",对症下药。分析发现,重庆钢铁陷入困境,除受国内外宏观经济增速放缓、钢铁行业产能过剩等因素影响外,企业产品结构、工艺流程严重错配,产品供给与市场需求严重错位,管理方式落后等是其病因所在。为此,法院指导管理人制定了以"满产、满销、低成本"作为核心战略目标,并根据市场需求对产品结构、产线配置、工艺流程等进行优化,逐步重塑重庆钢铁产业竞争力的重整方案。二是引入"活水",提高经营质量。为使重庆钢铁恢复持续经营能力和盈利能力,经充分论证,采取市场化方式引入了集资金、技术、管理优势于一体的我国第一支钢铁产业结构调整基金——四源合基金参与重整。在降低无效供给、扩大有效供给、从根本上提质增效的同时,进行混合所有制改革,完善法人治理结构,建立现代企业制度。三是遵循市场规律,尊重市场选择。将困境企业的去留交予市场来判断,对于符合国家产业政策,具有市场前景的企业,充分发挥破产拯救制度的作用,帮助企业走出困境、继续发展。重庆钢铁重整过程中,法院指导管理人严格遵循市场规律,合理运用市场规则,制定兼顾相关主体市场利益的重整方案。重庆钢铁破产重整计划最终在各组别均以高票一次性表决通过,体现了市场对供给侧结构性改革的积极回应。

以法治化为遵循,创造性地解决法律难题。一是促成上交所首次调整重整中除权参考价格计算公式。按照上交所规定,上市公司资本公积金转增均要按照交易规则中的除权价格参考公式进行除权。为了维护中小股东利益,并最大限度扩充公司资本进而用于偿付债权人,法院与管理人通过深入研究后认为,本次资本公积金转增股本不同于一般意义上的权益分派、公积金转增股本的情形,是重整程序中法院裁定用于清偿公司普通债权及相关费用的股份,公司原股东实际并未获得转增股份。另外,重庆钢铁在重整中将资本公积金转增股票全部用于向债权人抵偿债务的行为,在扩大股本的同时抵消了公司债务,增加了公司的所有者权益,且原股东未取得转增的股票。因此,本次权益调整与在通常情况下的转增前后公司所有者权益维持不变的情形存在差异。为此,经多次沟通、协商,上交所考虑到本案具体情况,经慎重研究后同意对重庆钢铁重整中资本公积金转增除权参考价格计算公式进行调整,调整后的重庆钢铁股票除权参考价与停牌价相同。重庆钢铁成为上交所首例调整重整中除权参考价格计算公式的上市公司,为后续上市公司重整提供了先例性的借鉴意义。二是获得香港联交所首次对召开类别股东大会的豁免。案件审理过程中,香港联交所向重庆钢铁发出问询函,询问召开出资人组会议是否符合《香港联合交易所有限公司证券上市规则》第19A.38条之要求。接函后,管理人立即向法院进行了报告。法院经过审慎研究认为,如果召开类别股东大会,需要提前45天通知,且召开程序烦琐冗杂,不利于重整程序的迅速推进。另外,我国《企业破产法》第85条已明确规定重整计划草案涉及出资人权益调整事项的,应当设出资人组对该事项进行表决。事实上,在重整程序中,出资人组会议已承担了类别股东大会的相应功能,股东作为出资人对其权益调整事项的表决权通过出资人组会议能够得到充分保障。经过管理人与香港联交所多轮次的问询与沟通,重庆钢铁向香港联交所提交了豁免召开类别股东大会的申请,并最终取得了香港联交所的认可。这是香港联交所首次对《香港联合交易所有限公司上市规则》第19A.38条召开类别股东大会的豁免。这一问题的解决,为上市公司重整中涉及H股股东权益调整的程序适用提供了先例。三是创造性地并案解决第三方担保问题。重庆钢铁集团和重庆渝富资产经营管理集团有限公司既是重庆钢铁的债权人,又曾经为重庆钢铁提供了数十亿元额度的担保,两者均希望在重整计划中对担保问题一并予以处理。法院与管理人在深入研究担保权人(均为金融债权人)的构成后认为,一并处理符合各方利益,遂创造性地提出了在充分尊重各担保权人意志的前提下,第三方担保问题一并处理的具体思路和方案。该方案获得了相关担保权人的同意,不但节省了作为担保权人的各金融机构的时间成本,彻底解决了其不良贷款的压力,做到银行机构债权人账面100%清偿,充分保护了金融机构的权益,而且锁定了重庆钢铁及其担保权人的债务风险,避免出现"多米诺骨牌式"的连环债务危机,有效避免了金融风险,维护了良好的社会金融秩序。这一创新性举措,是在把握我国《企业破产法》精神实质的基础上,对相关规则的灵活运用与大胆创新,无疑会对企业破产法的适用产生积极影响。

以协同化为保障,凝聚合力推进重整工作。一是坚持党委领导下的"府院协调"。破产是一项社会工程,面临的种种矛盾既具有法律性,也具有社会性、政策性。因此,破产程序虽以法院为主导,但政府的作用也至关重要。对于重整案件,尤其是国有大型企业重整案件来说,政府在职工安置、维护稳定、战略投资人引进等诸多方面具有不可替代的优势。在"重庆钢铁破产重整案"中,重庆市委高度重视,法院与政府同心同向,政府相关部门密切配合,确保了重整工作顺利推进。二是协力推动国有企业改革。在进入重整之前,重庆钢铁尝试过多种拯救手段均未成功。而破产重整在短短几个月内即帮助困境企业"涅槃重生",证明司法在助推国有企业脱困升级、提质增效方面具有独特的法律优势和机制优势。而且,在重庆钢铁重整程序中,通过引入产业结构调整基金参与重整,完成了重庆钢铁的混合所有制改革。基金投资人之一系国有资本投资、运营公司改革的试点单位宝武集团。因此,重庆钢铁重整也是国有资本投资、运营的一次有益尝试,通过基金投资的方式发挥了国有资本的投资引领和结构调整作用,实现了推动产业集聚、化解过剩产能和转型升级的改革目标。三是建立完善沟通机制。破产审判是"开庭与开会的结合、办案与办事的结合、裁判与谈判的结合",法院与相关部门和重整参与主体之间的沟通,以及重整各方利益主体相互之间的沟通都至关重要。重庆两级法院积极发挥主观能动性,通过事前论证、事中协作等方式，加大与国资委、证监局等政府相关部门的常态化沟通力度，共同研究解决重整过程中遇到的问题。同时，对重整价值、重整计划坚持市场标准，严格把好“法律关”，及时提出意见建议。法院向相关各方提出的引进战略投资人、优化经营方案、保护中小股东利益等意见均被采纳并列入重整计划。在重整过程中，参与重整的各方主体也积极作为：管理人按照周例会制度，每周定期向法院汇报，研究讨论重整工作；金融债权人依法成立金融债权人委员会，多层次、多渠道对接经营债权人与投资者，强化谈判机制；重庆钢铁组建 10 个小组，分别与债权人进行深入沟通；投资人组成 70 余人的团队，提前介入，进行尽职调查和协商谈判。通过良好的沟通机制，寻得了各方利益最大公约数，为重整成功奠定了坚实基础。

以智能化为依托，实现重整审理的透明、公正、高效。人民法院坚持“互联网 +”思维，充分运用现代信息技术，加大信息公开力度，提升案件处理质量和效率，及时满足各方主体的信息需求，有效破解重整程序漫长和实地召开现场会面临的组织、维稳难题。一方面，“重庆钢铁破产重整案”时间紧、任务重，保证重庆钢铁在 2017 年年底实现主营业盈利是最迫切的要求；另一方面，重整案件审理期间又正值党的十九大前夕，维护社会稳定，坚决守住风险防控底线是人民法院必须面对的问题。对于分布在 20 多个省份的 1400 多户申报债权人，若召开债权人现场会议，不仅增加债权人成本，而且在会议组织、维护稳定等方面都面临很大困难。最高人民法院积极指导重庆法院利用全国企业破产重整案件信息网召开债权人会议的同时，为避免债权人未到现场可能了解不够、引发质疑等情况，还充分运用最高人民法院网络信息平台、重庆法院公众服务网等信息化手段全流程公开案件节点信息，既充分保障了债权人行使权利，也为债权人、出资人节约了成本、带来便利。“重庆钢铁破产重整案”审理中未发生一起信访事件。

五、未来：我们的努力与希望

破产法律制度产生之初的目的仅在于将债务人的财产公平分配给债权人而使其消灭，但随着破产重整和破产和解制度的出现，破产法律制度在清偿债务的同时又具有了挽救企业的重要功能。“重庆钢铁破产重整案”即是以市场化为依托，通过破产重整制度成功化解债务危机，从而挽救企业的典型案例。与破产清算制度相比，帮助困境企业“涅槃重生”的破产重整和破产和解制度涉及的问题更复杂和全面。为更好地推动破产重整、破产和解在供给侧结构性改革与企业拯救中发挥作用,以“重庆钢铁破产重整案”的成功审理为契机,组织一线破产审判法官编写了本书。

本书由三编构成,既有对破产重整、破产和解理论的系统阐述,又有破产案件的典型案例和相关法律、司法解释等规范指引。本书的出版既是一个阶段成果的总结,也是未来进一步探索的起点。希望本书的出版能够为破产理论和实务的发展有所贡献!

第一编

破产重整、破产和解的理论与实践

第一章　供给侧结构性改革与破产法律制度

第一节　供给侧结构性改革概述

2015 年 11 月 10 日中央财经领导小组召开第十一次会议，重点研究经济结构性改革和城市工作。习近平总书记发表重要讲话并强调，在适度扩大总需求的同时，着力加强供给侧结构性改革。党的十九大进一步明确，我国经济已由高速增长阶段转向高质量发展阶段，正处在转变发展方式、优化经济结构、转换增长动力的攻关期，建设现代化经济体系是跨越关口的迫切要求和我国发展的战略目标。建设现代化经济体系，必须把发展经济的着力点放在实体经济上，把提高供给体系质量作为主攻方向，显著增强我国经济质量优势。推进供给侧结构性改革，是以习近平同志为总书记的党中央综合研判世界经济形势、着眼我国经济发展全局作出的重大战略决策，是适应和引领经济发展新常态的重大创新，是推动经济持续健康发展的根本之道。[①] 推进供给侧结构性改革，战略上我们要着眼于打好持久战，坚持稳中求进，把握好节奏和力度；战术上我们要抓住关键点，致力于打好歼灭战，主要是抓好去产能、去库存、去杠杆、降成本、补短板"五大重要任务"。[②]

---

① 参见中央编办理论学习中心组：《加快转变政府职能推动供给侧结构性改革》，载《人民日报》2016 年 10 月 26 日，第 9 版。

② 参见龚雯等：《七问供给侧结构性改革——权威人士谈当前经济怎么看怎么干》，载《人民日报》2016 年 1 月 4 日，第 2 版。

在当前及今后一段时期内，切实推进供给侧结构性改革应当成为贯穿整个经济工作的一条主线。全力推进破产审判工作和完善破产制度，是人民法院服务和保障供给侧结构性改革、推进经济社会全面协调可持续发展、服务党和国家工作大局的重要使命。

一、供给侧结构性改革的背景和原因

供给侧结构性改革这一重大战略的提出与当前中国经济面临的复杂形势密切相关。按照通行的说法，中国经济处于“三期叠加”的历史性转折阶段，即经济增长的“换挡期”、经济结构调整的“阵痛期”、前期刺激政策的“消化期”重叠在一起。“三期叠加”导致经济出现了一些矛盾和问题，主要表现为“四降一升”，即经济增速下降、工业品价格下降、实体企业盈利下降、财政收入增幅下降、经济风险发生概率上升。其中，最核心的是经济增长速度持续下滑。这些问题主要不是周期性的，而是结构性的。比如，如果产能过剩，这个结构性矛盾得不到解决，工业品价格就会持续下降，企业效益就不可能提升，经济增长也就难以持续。

为什么中国经济在改革开放以后能够长期保持较高的增长速度，而最近 10 年的增速却持续下降？按照经济学家的分析，过去 30 多年的高速增长主要靠的是大规模的投资。此外，大量新增劳动力的投入，由于工业化、城市化导致产业结构改变带来的农村劳动力和土地资源的充分利用，以及引进国外设备技术等因素带来的生产效率的提高也对经济的高增长有所贡献。而最近这十几年，情况有所变化。首先，随着我国出生率的下降和人口红利的消失，新增劳动力对经济增长的贡献越来越小。其次，随着我国城市化的发展，通过产业结构变化提高效率的空间在逐步缩小，产业结构变化带来的红利逐渐减少。最后，随着中国技术水平的逐步提高，靠购买外国设备、引进外国技术的办法提高本国技术水平的空间大大收窄。由此，学者们的研究结论大致相同，就是从 21 世纪初期开始，中国经济增长中全要素生产率的贡献明显降低，并导致中国经济潜在生产率的降低。如果不能通过继续加大投资维持高增长率，而技术创新和提高效率又不足以充当新的增长动力，那么经济增速步入下行通道就会成为一种必然趋势。因此，现在的首要任务就是提高效率，从过去主要靠资源投入、靠投资驱动的增长转为靠创新和效率支持的增长。着力提高供给体系的质量和效率，加快调整经济结构，加快培育形成新的增长动力。

供给和需求是经济分析中无法拆分的一对。与供给侧对应的是需求侧。需求侧主要包括消费、投资和出口三大要素，“三驾马车”决定短期经济增长率。供给侧主要包括劳动力、资本和生产效率三大要素，致力于解决的主要是中长期问题。在供给与需求这对主要矛盾中，当前矛盾的主要方面在于供给侧，突出的是结构性问题。主要表现为供给侧结构性产能过剩，而有效供给却十分匮乏。比如，一些传统产业产能严重过剩，而大量关键设备、核心技术、高端产品还依赖进口；消费能力严重外流，很多消费者出境购买高端奢侈品及日常消费品等。这些现象均表明，我国并非需求不足，而是与需求相匹配的有效供给能力不足。按照世界银行的归类，中国目前已经进入中高收入国家行列，但大量人群仍属于中低收入人群。中低收入人群由于收入不足，对中低端产品需求不足，但资本和资源过度涌入中低端产业，造成产能过剩。此外，中国相当一部分人属于中高收入人群，这一部分人群的消费结构面临升级，但资本、技术等生产要素进入中高端产业不足，使国内市场上中高端产品供给受到严重抑制。对于需求与供给的严重错配，只有通过改革转变经济发展方式、优化结构、提高效率，中国经济才有可能走出"三期叠加"的困境。

二、供给侧结构性改革的内容

供给侧结构性改革就是从提高供给质量出发，用改革的办法推进结构调整，矫正要素配置扭曲，扩大有效供给，提高供给结构对需求变化的适应性和灵活性，提高全要素生产率，更好地满足广大人民群众的需求，促进经济社会持续健康发展。① 供给侧结构性改革的重点在于改革、难点在于改革、突破点也在于改革。只有扭住改革这个"牛鼻子"，才能真正推动工作取得实质性进展。② 供给侧结构性改革的核心是结构性改革，通过对体制机制的架构性改革，建立统一开放、竞争有序的市场体系，并通过市场作用的发挥实现经济结构的优化和供给质量的提高。改革的核心是更好地发挥市场的作用，释放市场的活力。市场有两个主要功能：一是实现资源的有效配置；二是激励激发参与者创新创业的积极性。需求与供给错配，从更深层次的原因分析，就是市场的潜力没有得到完全释放。

党的十八届三中全会通过的《中共中央关于全面深化改革若干重大问题的决定》中指出，要使市场在资源配置中起决定性作用，关键在于通过改革建立起统一开

---

① 参见龚雯等：《七问供给侧结构性改革——权威人士谈当前经济怎么看怎么干》，载《人民日报》2016 年 1 月 4 日，第 2 版。

② 参见《为"深化供给侧结构性改革促进经济平稳健康发展"建言献策》，载《人民政协报》2017 年 6 月 28 日，第 3 版。

放、竞争有序的市场体系这一制度基础。供给侧结构性改革的关键就是要处理好政府和市场的关系,准确定位市场的作用和政府的作用,明确政府的权力边界,既要使市场在资源配置中起决定性作用,也要更好地发挥政府作用。通过进一步完善市场机制,矫正以前过多依靠行政配置资源带来的要素配置扭曲。为此,要调整各类扭曲的政策和制度安排,进一步激发市场主体活力,更好地发挥市场在资源配置中的决定性作用,这是社会主义市场经济在新形势下的完善和深化,绝不是要回到计划经济的老路上。过去正是由于市场机制的作用发挥得不够,政府干预过多,导致市场不能及时出清,进而引发各种结构性矛盾。例如,一些已经丧失自我生存能力的"僵尸企业",因获得政府补贴或银行贷款等非市场化措施的支持而迟迟不能从市场中退出。推进供给侧结构性改革不能再走政府用行政手段干预经济增长的老路,要痛下决心破除行政垄断,切实减少和消除经济体系中的扭曲,最终让市场在资源配置中起决定性作用,通过市场化手段引导资源向更富有效率的领域集中。

供给侧结构性改革,针对的是结构性的、体制性的问题,需要进一步健全和完善中国市场经济体制,需要进一步释放市场活力和社会活力。推进供给侧结构性改革,就是要坚持市场化、法治化道路,以能够支持激励创新和创业的体制去推动并实现结构的完善,而不是采用政府出手、政府对配置资源起决定性作用的办法。在确保市场在资源配置中起决定作用的同时,政府也应切实履行好宏观调控、市场监管、公共服务、社会管理、保护环境等基本职责,强调更好发挥而不是更多发挥政府作用,政府要集中精力抓好那些市场管不了或管不好的事情,如教育、医疗、养老等应当由政府提供的公共产品与服务。

供给侧结构性改革的重点任务是"三去一降一补",即去产能、去库存、去杠杆、降成本、补短板。这五大任务是一个系统设计,各项任务之间有关联互补作用,需要统筹兼顾、动态优化、积极推进。作为供给侧改革五大任务的首要任务,去产能任务十分艰巨。① 中国产能之重已经超出预期,自2015年以来,工业企业盈利负增长已经持续一段时间,要遏制这种局面,需要在去产能方面有更加切合实际的措施,着力化解过剩产能和降本增效。当务之急是处置"僵尸企业",减少过剩产能,要采取兼并重组、债务重组或破产清算等措施,加快市场出清,腾出宝贵的实物资源、信贷资源和市场空间。去产能、去库存、去杠杆的目的都是消灭过剩的供给。补短板的实

---

① 参见邱海峰:《去产能:"硬骨头"难啃在哪里》,载《人民日报》(海外版)2016年6月3日,第2版。

质是加快效率较高、供不应求的产业的发展，增加有效供给。去产能、去库存、补短板都是要实现资源的有效再配置。通过“三去一降一补”最终实现资源的优化再配置。这个功能主要应该由市场承担，要通过全面深化改革来实现。

无论是处置“僵尸企业”、降低企业成本、化解房地产库存、提升有效供给还是防范和化解金融风险，解决的根本办法都得依靠改革创新。比如，降低企业制度性交易成本、减轻税费负担、降低资金成本，必须减少行政审批，改革财税、金融体制；扩大有效投资补“短板”，必须改革财税、金融、投融资体制，才能解决“钱从哪里来，投到哪里去”的问题。同时要看到，完成这些重点任务，本质上是一次重大的创新实践，只有进行顶层设计创新、体制机制创新，不失时机地进行技术创新，才可能有效推动这次重大的结构性改革。

第二节　破产法律制度的基本功能

破产法是指在债务人丧失清偿能力时，法院强制对其全部财产清算分配、公平清偿债权人，或通过债务人与债权人会议达成的和解协议清偿债务，或进行企业重整、避免债务人破产的法律规范的总称。[①] 2006 年 8 月 27 日我国通过了《企业破产法》，其作为挽救危困企业、规范市场主体退出的法律制度，是我国市场经济法律体系的重要组成部分，对淘汰落后产能、促进市场经济的健康发展起重要作用。[②] 我国《企业破产法》由破产清算、破产重整与破产和解制度构成，三大制度三位一体且可相互转换，既能够确保经营失败的企业在公平清偿债务后有序退出，也能够帮助具有挽救价值的困境企业东山再起，并实现资源的重新配置。

一、完善、规范市场退出机制

企业法人作为市场经济中最重要的市场主体，既要依法入市也要依法退市。只有这样，才能实现优胜劣汰，永葆市场经济的活力。根据企业法人退出市场的原因的不同，可将其分为自愿退出与强制退出两类。其中，强制退出又分为司法退出和行政退出，前者主要是指破产和强制清算，后者主要是指行政上的吊销和注销。企

---

① 参见王欣新：《破产法》（第 3 版），中国人民大学出版社 2011 年版，第 7 页。

② 参见杨临萍：《人民法院关于依法审理破产案件推进供给侧结构性改革典型案例新闻通气稿》，载徐阳光主编：《中国破产审判的司法进路与裁判思维》，法律出版社 2018 年版，第 10 页。

业法人终结市场主体身份退出市场的标志是办理工商注销登记。企业营业执照被吊销后还须进行清算并办理注销登记方能退出市场。而工商行政部门的数据显示，每年全国都有相当多的企业在吊销后并未经过清算程序，没有完成注销登记手续，长期处于“休眠”状态。① 在实践中“休眠”公司的大量存在，不仅妨害了企业债权人的债权实现，危害了交易的安全，还扰乱了正常的市场秩序。

在市场经济条件下，一个市场主体往往同时与多个市场主体发生经济往来，当市场主体因经营失败或其他原因不能清偿所有到期债务时，纠纷便在所难免。当出现债权债务纠纷时，当事人一般首选通过个案诉讼、仲裁等方式获得执行依据并申请强制执行的方式来解决。但如果存在多个债权人，而债务人的资产又不能满足全部债权人的清偿请求时，仅仅依靠原有的民法债权、民事强制执行等制度将不能公平地解决所有的债务清偿问题，于是破产制度应运而生。破产法律制度为相关利害关系人提供了一体解决所有债权债务关系的独特路径。对于那些不具救治价值或救治无望的企业，可以通过破产清算制度，有序清偿债务后规范退出市场，恢复正常的市场交易秩序。

破产法并不能保证所有债权获得全部清偿，但通过一整套系统完备的程序，破产法可以保证所有债权公平有序地获得清偿。比如，按照破产法的规定，破产程序开始后，所有基于债务人财产的清偿，必须通过破产程序进行，不得通过个案诉讼、仲裁或者执行等方式获得个别清偿；再如，破产法规定了撤销权制度，通过对债务人相关行为的撤销，防止并纠正债务人损害债权人共同利益的财产处分行为以及欺诈逃债行为，维护债权人的整体利益；此外，破产法设置了管理人制度，通过专业机构或人员的介入，全面接管债务人企业并负责债务人财产的保管、清理、估价、处理和分配等事务，确保破产程序的顺利进行等。可以说，破产法对债权人、债务人追求自身利益最大化的冲动提供了一种预防、禁止和限制性的规定，同时也提供了一种程序化和公平清偿的制度化安排。②

此外，破产程序通过“一揽子”解决债务人的所有债权债务，可以避免债务人陷

---

① 据了解，2007 年我国《企业破产法》实施，但 2008 ~ 2013 年全国破产案件每年徘徊在 2500 件以下，而同期工商行政机关处理的企业吊销、注销数量每年 70 万 ~80 万件。相当一批经营不善且已符合破产条件的企业，没有依法适用破产程序退出市场。参见《盘活“僵尸企业”，一场拯救与淘汰的战斗》，载《人民法院报》2016 年 10 月 17 日，第 6 版。

② 参见李曙光、郑志斌主编：《危困企业并购艺术》（第 1 辑），法律出版社 2017 年版，第 10 页。

入多重诉累;同时,那些诚实而不幸的债务人也可以依照法律的规定获得债务豁免的机会。破产是以债务人的全部资产作为偿债基础,当清偿程序完结后,其债务责任也就相应免除,即使债权人的债权不能得到全部清偿,也不能再要求债务人或其投资人清偿债务。

二、保护与拯救困境企业

破产法律制度的价值,不仅在于通过破产清算,处置企业资产、公平清偿债务、让企业退出市场,更重要的价值在于通过重整、和解程序,对企业进行生产经营上的整顿和债权债务关系的清理,使其摆脱财务困境,建立现代企业制度,重获生产经营能力。破产和解和破产重整制度,反映了破产法律制度注重预防和挽救的理念,为拯救困境企业提供了制度保障。在破产程序进行过程中,债务人可以与债权人达成和解,从中享受部分债务的免除、分期或延期偿还债务进而避免最终破产清算的益处;破产重整程序可以在债务人企业出现不能清偿的危险之时及时开始挽救程序,并且允许债务人在出现经营或者财务危机时主动寻求破产保护和挽救,避免"病入膏肓"之后破产清算程序的被迫适用。①

我国的破产法律制度虽然提供了企业救治和退出的法律途径,但在实践中,由于一些问题和困难的存在,破产法律制度的功能还没有得到有效发挥,很多应当通过破产程序救治的企业没有及时得到救治,应当通过破产清算及时退出的企业迟迟无法进入破产程序,破产审判工作仍面临较多的困难,破产法律制度的作用还未充分发挥。这些问题和困难主要表现在:一是部分企业和社会公众仍对破产存在认识偏差,破产审判在服务和推进供给侧结构性改革中的作用尚未得到充分发挥;二是破产相关配套制度尚不健全,人民法院处置"僵尸企业"的制度体系有待改进;三是重清算、轻重整的观念尚未从根本上得到扭转,破产重整制度的拯救价值未得到充分彰显;四是破产管理人的选任方式、考评机制、淘汰制度尚不健全,破产管理人制度体系亟待完善;五是破产费用保障机制尚未有效建立,"三无"企业破产面临现实"瓶颈";六是"执转破"工作机制有待完善,通过破产化解"执行难"的作用尚未充分发挥。② 企业破产是市场经济条件下优胜劣汰竞争机制作用的自然结果。我国企业

---

① 参见韩长印主编:《破产法学》(第2版),中国政法大学出版社2016年版,第15页。

② 参见周强:《坚持以习近平新时代中国特色社会主义思想为指导加强破产审判工作　促进经济高质量发展》,载《人民司法(应用)》2018年第1期。

破产率目前还不到万分之一，破产法律制度作为市场经济的一项基础性制度的功能还远远没有发挥。因此，要着力完善完全市场化的企业破产制度，使我国市场经济主体救治制度和退出机制真正建立起来，让破产法真正落地。

第三节 破产法律制度与供给侧结构性改革的契合

供给侧结构性改革就是要通过市场化、法治化的手段，最终建立统一开放、竞争有序的市场体系，并通过市场作用的发挥实现经济结构的优化和供给质量的提高。《中共中央关于全面推进依法治国若干重大问题的决定》指出："社会主义市场经济本质上是法治经济。使市场在资源配置中起决定性作用和更好发挥政府作用，必须以保护产权、维护契约、统一市场、平等交换、公平竞争、有效监管为基本导向，完善社会主义市场经济法律制度。"市场经济所需要的法律结构由三部分构成：市场准入法、市场交易法和市场退出法。市场准入法通过对市场主体资质的规范，保证参与市场竞争的主体的基本信用形式；市场交易法界定市场竞争的行为规则；市场退出法解决的是市场主体遭遇经营失败时，如何以对整个经济伤害最小的方式退出市场或者实现重生的问题。这三部分的法律制度构建起一个市场经济的信用平台。[①] 市场退出法主要表现为破产法。破产法为参与竞争的市场主体提供了一种稳定的预期，有利于把市场的不确定性和风险降到最低。破产法律制度的完善与否，已经成为衡量一个国家市场经济成熟程度的重要标志。

作为规范市场主体退出、挽救危困企业、推动市场竞争优胜劣汰、完善资源优化配置的法律制度，企业破产法对化解过剩产能、调整产业结构、促进经济转型升级、维护经济秩序具有重要作用。中央经济工作会议提出，要把积极稳妥处置"僵尸企业"作为化解产能过剩的"牛鼻子"，依法为实施市场化破产程序创造条件，加快破产清算案件审理，尽可能多兼并重组、少破产清算，做好职工安置工作。《中共中央关于制定国民经济和社会发展第十三个五年规划的建议》强调，要注重运用法治办法解决产能过剩，完善企业退出机制。破产法在清理"僵尸企业"、淘汰落后产能，将资源要素从严重资不抵债或增长空间有限的产业中释放出来方面发挥举足轻重的作用，是供给侧改革的重要依托。破产法律制度为化解过剩产能提供了一条市场

---

① 参见李曙光、郑志斌主编：《危困企业并购艺术》（第1辑），法律出版社2017年版，第10页。

化、法治化的路径,既是推进供给侧结构性改革的重要制度保障,也是完善社会主义市场体系制度保障的基础性内容。中央要求在处置"僵尸企业"、化解产能过剩的过程中,更加注重运用市场机制、经济手段和法治办法,破产法律制度正契合了这一要求。

一、对过剩产能进行市场化、法治化识别

我国27个大行业中有21个产能严重过剩,既有钢铁、水泥、平板玻璃、有色、冶金等传统行业,又有风电、光伏产能等新兴产业,这些行业中的企业必然面临兼并重组或破产倒闭的风险。产能过剩引发了"僵尸企业"的大量滋生。① "僵尸企业"的存在又加剧了产能过剩,挤占了有限的社会资源,对社会经济的负面影响巨大。作为市场主体,债权人及债务人企业自身对企业资金链断裂、不能清偿到期债务等情况往往了解得最清楚、感受得最真切。当债权人、债务人最终选择向法院提出破产申请,其本身就在一定程度上反映了市场主体对于债务人企业去留的一种初步意向,也给法院通过破产法律制度对"僵尸企业"进行精准识别创造了条件。在依法受理破产申请并对债务人企业依据相关法律和政策进行科学有效识别的基础上,最终可以通过破产重整程序让部分符合产业政策调整目标、具有挽救价值的企业,化解债务危机,压缩合并过剩产能,优化生产要素配置,重新回归市场;对于不能适应市场的"僵尸企业",通过破产清算的方式予以出清,尽快盘活存量资产,及时释放占用的生产要素,实现"腾笼换鸟"。

二、处置过剩产能实现资源配置市场化

当前供给侧结构性改革的重点任务是"三去一降一补",用经济学语言来说,就是实现资源的有效再配置,通过市场竞争使有效的资源从效益低的、供过于求的企业和部门流出来,流到效益比较高的供不应求的部门去。② 破产法律制度是实现市场化资源配置的一种重要的法律手段,我国《企业破产法》规定了破产清算、破产和解和破产重整三大程序。虽然在具体制度以及程序的设计上有所不同,但三种制度在客观上都具有优化配置社会资源的功能,对于实现将产能过剩企业占有的市场资源向需求侧的彻底转移都具有同等重要的价值,只是在完成资源配置的途径和方法

---

① 参见李曙光、郑志斌主编:《危困企业并购艺术》(第1辑),法律出版社2017年版,第3页。

② 参见厉以宁等:《三去一降一补:深化供给侧结构性改革》,中信出版社2017年版,第84页。

上有所不同。

破产清算程序主要通过对破产财产的管理、处分、变价、分配，实现对破产企业现有资源的重新配置；其中，破产财产的变价和分配集中体现了破产法保障市场对资源的有效配置效用。破产程序中对于“僵尸企业”的土地、厂房、机器设备等破产财产的处置是在一套完备的法律程序下进行的，并接受债权人会议的全程监督，程序的公开公平有利于实现破产财产处置的市场价值最大化，促进资源的优化配置。破产清算通过将债务人的财产公平分配给债权人后注销企业，最终把产能过剩企业占用的资源盘活，让这部分资源重新流入市场。

破产和解及破产重整主要是通过对债务人企业的营业重组和债务清理，盘活困境企业现有资源，使之继续发挥社会效用。① 重整制度作为我国《企业破产法》引进的一项新制度，本身就在一定程度上凸显了破产法的市场化导向。企业重整，本质上是债权人、债务人、出资人等利害关系人在专业人士的协助下，围绕重整计划的提出、协商所进行的市场化谈判和利益协调过程，具有鲜明的市场化属性，能够最大限度地促使债务人企业占有的资源按照市场需求进行重新配置，实现存量资本的有效利用和社会资源的合理配置。破产和解，充分体现债权人和债务人的意思自治，通过和解协议，或减免债务，或延期清偿，完成对债务人企业的挽救，实现债务人企业资源利用效益的最大化、债权人利益保护的最大化。

三、从法律机制上鼓励创新

创新是提高投资效率的根本途径。从短期来看，供给侧结构性改革主要以存量调整为主，即通过“三去一降一补”，把存量沉淀的生产要素解放出来；从中长期来看，则要注重培育新的增量，通过发展新技术、新产业、新业态、新模式提高全要素生产率，提高潜在增长水平，最根本的还是要依靠创新。② 创新是供给侧结构性改革成功的关键。供给侧结构性改革不仅需要市场及时出清、化解过剩产能，更需要依托创新形成更高质量的有效供给，培育新的经济增长点。创新需要市场充分竞争，需要千千万万的市场主体在试错中找到方向，需要营造一种崇尚创新、宽容失败的文

---

① 参见王欣新：《论破产法在市场资源配置中的重要作用》，载《中共杭州市委党校学报》2014 年第 6 期。

② 参见厉以宁等：《三去一降一补：深化供给侧结构性改革》，中信出版社 2017 年版，第 287 页。

化。[①] 而破产法律制度就是让市场竞争的失败者有序退出市场，给市场竞争的失败者一个重新开始的机会。在破产清算制度下，破产财产能够透明、公正、有序地分配给各个债权人，有助于妥善化解创业失败后的善后问题；在破产重整制度下，实现“涅槃重生”的希望激励着创业者，并可以为其配置新的资源。如果没有破产法律制度保护这些创业失败者，帮助他们有序退出市场，不仅会造成他们的债务负担得不到缓解，而且还会影响他们再次创业的积极性，最终将对“大众创业、万众创新”政策产生逆向影响。[②]

四、增强企业的市场竞争力

从目前我国破产企业的基本现状来看，国有企业陷入破产的原因主要是体制机制僵化，难以适应市场竞争的需要；民营企业则主要是约束机制缺失，内部管理混乱，难以做到科学决策、规范化管理。如何让国有企业更具有市场竞争力，民营企业经营更加规范化，是完善社会主义市场经济体制，特别是市场主体制度的重要任务。对具有挽救希望和价值的困境企业，可以通过破产重整对企业的资产和债务进行重组，引进专业投资人，建立和完善现代企业制度，最终提升企业的竞争力，让其更能适应市场的需求。同时，破产法律制度的存在本身就具有警醒正常市场主体“向死而生”的倒逼功能，能够促使企业为了避免破产的厄运，主动完善内部治理结构和机制，改善企业经营管理，不断提升市场竞争力，从而在激烈的市场角逐中立于不败之地。

第四节　供给侧结构性改革中对困境企业的拯救

一、拯救企业在供给侧结构性改革中的重要意义

杠杆率作为衡量经济主体负债风险的指标，可以较准确地反映经济主体的还款能力。近年来，我国企业杠杆率过高，企业债务规模增长过快，企业债务负担不断加重。不少企业处在财务负担重、债务风险高的困境之中。由于中国的企业尤其是在国有企业的负债构成中，银行贷款占比较高，企业的债务风险若不及时化解，就可能会引发系统性金融风险。因此，努力解决企业债务问题，对提高银行信贷资产的质

---

① 参见厉以宁等：《三去一降一补：深化供给侧结构性改革》，中信出版社 2017 年版，第 293 页、第 296 页。

② 参见徐阳光、张婷主编：《破产法茶座》（第 2 卷），法律出版社 2017 年版，第 4 页。

量和安全以及保证我国未来经济的稳定健康发展，都具有十分重要的意义。国务院《关于积极稳妥降低企业杠杆率的意见》明确指出，要以市场化、法治化的方式，通过推进兼并重组、完善现代企业制度强化自我约束、盘活存量资产、优化债务结构、有序开展市场化银行债权转股权、依法破产、发展股权融资，积极稳妥降低企业杠杆率。降低企业杠杆率，不仅要多措并举地化解企业债务风险，更重要的是要不断完善企业内部治理结构，建立现代企业制度，通过对困境企业的拯救，最终使企业摆脱困境，保留就业并妥善安置职工，公平清偿债权，化解金融风险，建立健康有序的市场秩序，实现多方共赢。

二、拯救企业的途径

对困境企业的拯救既可以通过司法途径，也可以通过非司法途径。前者主要是依据破产法，在法院的主导下进行的债务重组，又称为庭内重组，具体表现为破产和解制度、破产重整制度；后者主要是当事人在法院之外通过自愿协商的方式对企业经营、资产、股权及债权债务等进行的调整行为，又称为庭外重组。通常所说的兼并重组，性质上可以归入庭外重组。最高人民法院在《全国破产审判工作会议纪要》中倡导探索庭外重组与庭内重整的衔接。在企业进入破产程序之前，可以先由债权人、债务人与出资人等利害关系人通过庭外商业谈判，拟订重组方案。重整程序启动后，可以重组方案为依据拟订重整计划草案并提交人民法院依法审查批准。

重庆钢铁股份有限公司在破产重整前，曾进行过庭外重组。虽然庭外重组以失败告终，但庭外重组期间对公司所进行的债务清理、资产盘点以及与各债权人的沟通、协商，对此后的破产重整都有裨益。公司借助庭外重组清理和盘点了总体负债情况，检查了财务状况、现金流量，进行了资产分类，同时对债权人的心理预期、谈判底线有了初步的掌握。作为上市公司，庭外重组还有助于证券市场投资者对公司现状以及此后的走向作出预估，让投资者、债权人看到政府拯救公司的决心和积极态度。这些因素都直接或间接地影响破产重整计划的制订、通过乃至执行。

当然，拯救困境企业的路径也应根据实际情况选取，不可一概而论。在实践中，路径的选择常常取决于很多因素，包括每一种机制的成本和效率、企业的债务结构、信息是否充分和对称、国家提供的规范重组过程的制度框架和制度的有效性等。[①]

---

① 参见王卫国、郑志斌主编：《法庭外债务重组》（第1辑），法律出版社2017年版，第141页。

(一)庭外重组

相对于司法程序来说,庭外重组具有快捷、灵活、费用低、对企业的负面影响小、股东风险可控等特点。在大多数情况下,困境企业会首选通过庭外重组来化解债务危机。但由于庭外重组缺乏清晰的法律规则,没有法律的强制性措施加以保障,而且和解协议又必须取得全体债权人的同意方能产生法律效力,因此在实践中庭外重组的成功率往往比较低。

与庭外重组对应的是司法程序内的破产和解和破产重整。与庭外重组不同,破产和解带有一定的强制性,表现为和解协议草案只需要债权人会议法定多数通过,并经法院裁定认可,即对所有债权人产生约束力,包括持反对意见的债权人。破产和解的强制性有利于帮助债务人解决少数债权人的“钳制”问题,顺利达成和解,渡过债务危机,避免破产清算,相对于庭外重组具有一定优势。而且,与破产清算相比,破产和解还可以缓解债务人清偿债务的压力,增加债务人再生的可能性;帮助债务人摆脱破产境地,避免市场主体资格和商业信誉的丧失,防止员工失业给社会带来负面影响。但是,破产和解一般只能解决债务清偿问题,而在改善企业经营管理、重整企业业务等方面作用有限。因此,在多数时候要想真正实现挽救企业的目的,还需要借助破产重整制度。破产重整的作用在于,对具备破产原因但又有挽救价值的企业,通过对各方利害关系人的利益进行协调,强制进行债务清理和资产、业务的重整,使企业走向新生。与庭外重组相比,破产重整程序具有以下优势:一是重整程序启动后,所有关于债务人财产的强制执行程序中止、财产保全措施一律解除,从而使债务企业能够获得恢复生产经营及延缓债务清偿的机会。二是重整程序启动后,管理人对双方均未履行完毕的合同可以选择解除,帮助债务人尽可能地摆脱债务负担,全力进行生产经营。三是重整程序启动后,对债务人的债权停止计息。四是我国《企业破产法》第42条开放性共益债务的规定为战略投资人债权设立优先权提供了可能。[①] 五是重整程序具有司法强制力,表现为重整计划的通过不需要债权人全

---

① 我国《企业破产法》第42条规定:“人民法院受理破产申请后发生的下列债务,为共益债务……(四)为债务人继续营业而应支付的劳动报酬和社会保险费用以及由此产生的其他债务……”最高人民法院《关于适用〈中华人民共和国企业破产法〉若干问题的规定(三)》(以下简称《破产法司法解释(三)》)第2条第1款进一步规定:“破产申请受理后,经债权人会议决议通过,或者第一次债权人会议召开前经人民法院许可,管理人或者自行管理的债务人可以为债务人继续营业而借款。提供借款的债权人主张参照企业破产法第四十二条第四项的规定优先于普通破产债权清偿的,人民法院应予支持,但其主张优先于此前已就债务人特定财产享有担保的债权清偿的,人民法院不予支持。”

体同意，只要法定的多数通过就可以约束所有债权人；在符合法定条件时，人民法院甚至可以强制批准重整计划草案等。由于有企业破产法规定的一系列司法保障措施，重整程序要比庭外重组更有利于挽救困境企业。与破产和解相比，破产重整除了能够通过债务重组化解债务清偿危机，更重要的是可以通过对企业资产、业务、股权等方面的重整，保留企业的运营价值、恢复盈利能力，真正实现企业的再生。

《2015 年中央经济工作会议公报》中指出，“要尽可能多兼并重组、少破产清算”。在实践中对此应正确理解。这里讲的“多”与“少”实际是指政策上的引导，即对具有挽救可能的企业，尤其是国有企业，“要尽可能多考虑如何进行兼并重组、尽量少适用破产清算”，强调地方政府与法院对这一项政策要予以积极支持。如果简单地把这一政策误解为在破产法的适用中，重整企业的数量一定要多于清算企业，甚至有意排斥破产清算程序的适用，通过行政干预滥用兼并重组和重整程序，那将与中央政策的精神相背，也无法有效服务于供给侧结构性改革。①

（二）破产重整

重整制度以积极拯救困境企业为目标，体现了再建主义的立法理念，奉行社会本位的价值追求，代表了现代破产法的发展趋势。② 但从全国破产审判实践情况来看，破产重整制度的拯救价值尚未得到充分彰显。应当以市场化为导向、信息化为手段、专业化为保障，最大限度地发挥破产重整的制度价值。从市场的角度来看，重整成功的标志应当是濒危企业通过资源重置，完成企业再建和恢复企业盈利，成为真正的市场主体。也就是说，通过破产重整——司法有形之手的短期调整，将企业送往一条依赖市场无形之手足以生存的可持续发展之路。③ 因此，在对企业进行破产重整的过程中要坚持以市场化为导向，遵循市场规律，运用法治手段保障市场在资源配置中的决定性作用。

1. 以市场化为标准判断启动重整的必要性。人民法院在审查是否应当受理重整申请时，除我国《企业破产法》第 2 条规定的破产重整原因外，债务人企业是否具有挽救价值与挽救可能，尤其是是否具有挽救的社会价值与经济价值，是重要的考

① 参见王欣新：《企业兼并重组及破产制度的创新与完善》，载《民主与法制时报》2016 年 3 月 31 日，第 7 版。

② 贺小荣等：《破产管理与重整制度的探索与完善——〈全国法院破产审判工作会议纪要〉的理解与适用》(上)，载《人民司法(应用)》2018 年第 13 期。

③ 参见陆晓燕：《论破产重整实践之市场化进程》，载中国破产法论坛：https://mp.weixin.qq.com/s/k3ClO87X4JQ6MWOW79v8rA，最后访问日期：2018 年 10 月 15 日。

虑因素。困境企业的拯救价值体现在其继续经营价值高于清算价值,维持企业的继续经营有利于债权人、债务人、出资人、员工等各利害关系人,有利于实现社会整体价值最大化。困境企业具有挽救的可能,是指企业通过调整债权债务关系以及生产经营等,具有重新获得盈利能力、恢复清偿能力的前景和可能性。① 重整程序成本高、耗时长,对利害关系人影响巨大,加之目前法院普遍存在人案矛盾,司法资源有限,只有将破产重整用于兼具拯救必要性与可行性的企业才能真正发挥效用。在实践中,可以结合债务人的资产状况、技术工艺、生产销售、行业前景等因素,结合国家产业政策、环保政策等,按照市场化的原则进行客观分析、综合判断。既不能刻意追求重整程序的适用、滥用重整程序,也不能人为设置障碍、抬高重整门槛、随意拒绝启动重整程序。

2. 以信息化为手段推动重整程序高效推进。"运用信息化手段等方式推进破产法的实施"已经被写入2016年《中美元首杭州会晤中方成果清单》。在实践中可以借助网络、媒体发布公告以公开招募投资人,在全球范围内吸引更多战略投资人参与破产企业的拯救。特别是最高人民法院设立的全国企业破产重整案件信息网,为解决债务人企业与债权人、投资人之间的信息不对称问题提供了路径,为公开、公正、高效处理各类破产案件提供了平台。公开招募投资人客观上也可以检验该企业对投资人是否具有吸引力、是否具有市场价值。对于重整过程中的破产财产处置,人民法院可以积极引导以网络拍卖的方式进行,提升破产财产处置效益,实现破产财产价值最大化。此外,借助全国企业破产重整案件信息网利用网络方式,召开债权人会议,不但可以节约破产费用、优化审判效果、提高审理效率,还能舒缓社会矛盾、有效化解维稳压力。

3. 以专业化为保障确保重整发挥实效。破产重整案件的审理对法官综合素质的要求较高,从立案审查到重整计划的批准都有可能涉及商业判断,因此,破产法官在法律专业知识之外还应具备一定的经济知识。在实践中,可以依靠审判与调研同步推进、办案与研究双管齐下的方法,不断拓宽破产法官的知识面,丰富法官法律专业以外的经济、管理、商业知识,提高审理破产案件的综合能力,更好地适应重整案件审理的需求。管理人作为破产程序的主要推动者和破产事务的具体执行者,其能

---

① 参见贺小荣等:《破产管理人与重整制度的探索与完善——〈全国法院破产审判工作会议纪要〉的理解与适用》(上),载《人民司法(应用)》2018年第13期。

力和素质不仅影响破产审判工作的质量,还关乎破产企业的命运与未来发展。一支高水平的管理人队伍不仅要具备专业的法律知识,还应当能够在公司管理、谈判协商、资源整合、寻找战略投资人等方面发挥功能和作用。破产重整的另一重要主体是战略投资人。应当推动市场催生一个新的行业,建立一批能够将资金、技术、管理等几大生产要素有机融合在一起的拯救企业的企业,用专业化手段对陷入困境的企业进行拯救。

(三)预重整制度

我国破产法中并无关于预重整的规定。一般认为,预重整是指法庭外债务重组与重整相结合的一种程序,即首先通过法庭外债务重组谈判取得多数债权人对重组计划的同意,然后将此计划作为提起正式破产重整程序的基础,利用重整程序使庭外重组谈判取得债权人多数同意的重组计划,产生约束所有债权人的效力。[①] 预重整程序具有以下特征:首先,在破产重整程序开始之前,债务人已经与主要债权人、出资人等利害关系人协调制定重组方案,并获得了多数债权人的表决通过,从而将重整计划草案的制定及表决工作大大提前,既避免了重整程序中管理人或债务人单方制订重整计划造成的利益失衡、表决难以通过的问题,也有利于降低重整成本、缩短重整期限、合理确定重整企业的经营价值。其次,预重整将庭外重组协商的结果适用于庭内重整程序中并通过司法程序加以确认。同时根据禁反言原则,在债务人已经充分披露相关信息,且重整计划草案未对重组方案作实质性修改的情况下,同意庭外重组方案的债权人和出资人即被视为同意重整计划草案,无须再参加债权人分组表决。人民法院批准重整计划后,重整计划对所有债权人包括少数反对的债权人均具有约束力,从而有效解决了庭外重组中可能存在的"钳制"困境。[②] 预重整程序实质上是将庭外重组与破产重整程序有机衔接起来,既保留了两种模式各自的优势,又克服了两种模式固有的缺陷,为困境企业的拯救提供了更多选择。

在实务中,债务人企业在申请重整前可能已对企业预先采取了一些措施,包括债务统计、资产清点、与债权人沟通等,但由于债务人企业此时尚没有初步的重整计划或目标,严格而言,这些措施还不能被称为预重整,仅属于为破产重整开展了部分准备工作。我国司法实践中已经有通过预重整成功挽救困境企业的案例,例如,"中

---

① 参见王卫国、郑志斌主编:《法庭外债务重组》(第1辑),法律出版社2017年版,第162页。

② 参见贺小荣等:《破产管理人与重整制度的探索与完善——〈全国法院破产审判工作会议纪要〉的理解与适用》(上),载《人民司法(应用)》2018年第13期。

国第二重型机械集团公司和二重集团(德阳)重型装备股份有限公司破产重整案”“深圳福昌电子技术有限公司破产重整案”等。其中,深圳市中级人民法院审理的“深圳福昌电子技术有限公司破产重整案”,因其重大社会影响力和标志性意义而入选 2017 年人民法院 10 大民事行政案件。该案比较鲜明的特点是人民法院在受理破产重整申请前已选定管理人进驻企业,并组成债权人委员会。这些重整案件的成功为预重整制度的实践提供了有益的探索。

最高人民法院在《全国法院破产审判工作会议纪要》第 22 条中对预重整作出了原则性规定,要求探索推行庭外重组与庭内重整制度的衔接。在企业进入重整程序之前,可以先由债权人与债务人、出资人等利害关系人通过庭外商业谈判,拟定重组方案。重整程序启动后,可以重组方案为依据拟定重整计划草案并提交人民法院依法审查批准。该规定为司法实践中法院在预重整方面的探索提供了依据。预重整作为庭内重整的重要补充,无疑会发挥更重要的作用。

第二章　破产重整、破产和解与破产清算的比较

第一节　破产程序概述

一、我国破产法的程序设计

企业破产是市场经济条件下必然的、正常的现象。现代破产制度包含破产预防和破产偿债两方面的宗旨，针对债务人无法全额清偿债务的实际状况，综合运用经济、法律手段处理市场问题，尽量使各方利益最大化，从而促成市场良性运行、经济健康发展。与1986年我国《企业破产法(试行)》单一的破产清算程序相比，我国现行《企业破产法》引入了包括破产和解和破产重整程序在内的现代破产预防制度，从而使破产重整、破产和解与破产清算成为我国破产法律制度的三大支柱。

(一)破产重整

破产重整制度兴起于美国，雏形是利用衡平法中的管理人制度，把债务人企业的财产通过司法出售的方式转让给债权人，将债权人的债权转化为对债务人企业的股权，从而使债务人企业免于被拆分变现。从该项制度的起源来看，其目的是在清理债务的同时完成对企业的挽救。破产重整制度发展至今，最常见的方式是将企业资产售与投资人(不一定是债权人)，投资人注资帮助企业摆脱债务，恢复到正常生产经营的轨道上。破产重整的创造性和制度优势在于，其不

限于对债务人企业的现状财产进行分配，而是将企业尚存的以及重整后的生产力、营运价值之和在利益主体之间进行分配，力求实现资源利用的最大化。

诚如我国学者所言，重整制度的正当化依据是挽救有重生希望的企业。对这一类企业来说，最好的解决办法不是以拆分为主要手段的破产清算，而是通过重新调整企业债务结构，减轻其债务负担，进而维持企业的生存和发展。这样做不仅符合促进社会福利增长的基本要求，还可能有助于社会稳定和弱者保护。① 一家困境企业能否进入重整程序，关键在于其是否具有挽救的希望和可能，即企业是否具有重整价值。对重整价值的判断不仅是理论问题，更是困扰司法的实践难题。从宏观角度来说，市场环境、产业布局是判断企业重整价值的重要因素；从微观角度来说，除企业自身的清算价值和运营价值对比外，科斯在《企业的性质》中提到的正常企业扩大规模的条件，可以参照用于判断陷于窘境的债务人企业是否值得被拯救。这些条件是，组织成本越少，被组织的交易增多时，成本增加越慢；企业家失误的可能性越小，被组织的交易增多时，失误增加越少；企业的规模越大，生产要素的供给价格降低得越多（或升高得越少）。换言之，就企业个体而言，可以从组织成本、企业管理、供给能耗等方面进行判断。这些方面可供调整的空间或可能性越大，企业的重整价值就越大，也就更有可能实现重整。

（二）破产和解

我国破产法规定，破产和解是在企业出现破产原因进入破产程序后，债务人企业与债权人之间就债权债务的处理达成协议，并经人民法院认可的破产还债程序。破产和解制度是在破产清算制度基础上发展起来的一种特殊的破产预防制度。② 我国破产法规定有强制和解、自行和解两种方式。强制和解，是指和解协议草案经债权人会议按法定比例表决通过后，由人民法院裁定认可。自行和解，是指债务人企业与全体债权人就债务清偿自行达成一致后，由人民法院裁定认可。③ 破产和解中主要的偿债手段包括减少、免除企业债务，延长还债期限，提供担保等。通过破产和解，债务人企业可以达到清理债权债务、保留企业生存价值的双重目的。

---

① 参见许德风：《破产法论：解释与功能比较的视角》，北京大学出版社2015年版，第472页。

② 参见范健、王建文：《破产法》，法律出版社2009年版，第225页。

③ 我国《企业破产法》第105条规定："人民法院受理破产申请后，债务人与全体债权人就债权债务的处理自行达成协议的，可以请求人民法院裁定认可，并终结破产程序。"对于自行和解性质的认定上，有的学者认为，其"法律性质就是一般的民事和解"，也有的学者认为，其是"破产程序上的特殊和解"。参见王欣新：《破产法》（第3版），中国人民大学出版社2011年版，第231页。

破产和解制度的核心是和解协议,经人民法院裁定认可的和解协议,对债务人和全体和解债权人均有约束力。对和解协议的协商,有观点认为,破产和解与一般民事和解不同,不是建立在双方互让的基础上,而只能是债权人单方无奈的让步。[①]此观点尚有商榷的余地。其一,破产和解程序中仍存在向债权人提供担保的可能,债权保障可能有所增加。其二,在和解情形下,虽然债权人作出让步,如减免债务或延长偿债期,但减免的债务可能是其已经无法实际受偿的部分,而延长期限可能换取更多债权的实现,因此,债权人获得的利益并不比其在不妥协状态下可预估的清偿率更低。从这个角度来看,债权人的让步虽然是单方的,但并不是无奈和被迫的,其仍然积极谋求自身利益的最大化,实为"以退为进"。

(三)破产清算

破产清算制度,是指当债务人不能清偿到期债务时,由法院根据债权人或债务人的申请,依法宣告债务人破产,并将其全部财产公平分配给全体债权人的法律制度。[②] 破产清算是我国破产法中最基础的路径和程序。破产预防制度是从破产清算程序中演化而成的,是在破产清算程序这一基础程序中追求债务人财产保值原则和债权人利益最大化原则的发展而演变的更高层面的追求和努力,当破产预防制度不能适用或者实际无法继续进行的情况下,仍然要回到基础程序即破产清算程序中对债务加以处理。[③]

破产清算具有直接淘汰落后产能、优化市场资源配置的作用,在我国实务中其适用更广泛。虽然重整、和解相对于破产清算具有优先适用的效力,即在不同的程序申请一并提出时,应优先考虑适用重整或和解程序,但是对于那些缺乏拯救价值的债务人,应当通过破产清算对债权债务关系进行全面清理,不能滥用重整与和解。

二、破产法三大程序的共性

对我国《企业破产法》中的程序设计,学者将其称为"一个大门,三个小门"的理念,破产重整、破产和解与破产清算统称为破产程序,适用"大破产"概念,称为"大门",而破产重整、破产和解与破产清算又是一个个具体的程序,可以称为"小门",就

---

① 参见王欣新:《破产法》(第3版),中国人民大学出版社2011年版,第236页。

② 参见范健、王建文:《破产法》,法律出版社2009年版,第246页。

③ 参见齐明:《中国破产法原理与适用》,法律出版社2017年版,第186页。

好比一个“三室一厅”的房子,大厅是公用部分,而每个室是三个不同的房间。[1] 三大程序之间虽各具特色、差异明显,但因其存在“公用部分”而又具有共性。

(一)价值追求上强调保护各方利益

公平受偿,是破产制度的立法之基,破产重整、破产和解和破产清算制度都贯穿这一基本原则。但随着企业拯救文化的蓬勃发展,现代破产法律制度已不仅限于公平清偿债务之目的。从均衡受偿、平等保护债权人到开始关注债务人企业,再到通过破产制度调整产业结构以维护市场经济秩序,破产法的立法宗旨经历了从债权人本位到债权人与债务人的利益平衡本位,再到社会利益与债权人、债务人并重的变化过程。[2] 破产重整、破产和解制度在平等保护债权人利益这一基本价值取向外,更侧重挽救债务人企业,兼顾债务人利益亦成为其制度基础。对于破产程序的选择,采用破产重整、破产和解还是破产清算,企业主体退出市场消亡还是向死而生,折射出社会整体利益对企业个体的影响。

(二)法律关系上多重交织

与普通民事案件较单一的法律关系不同,破产案件涉及的主体多、范围广、法律关系多元。破产案件所涉及的法律关系以破产企业为基点,辐射至与之相关的债权人、利害关系人,涉及的法律关系类型既包括民事法律关系,也包括与税收、工商管理、社会保障相关的行政法律关系,有时还涉及刑事处罚等刑事法律关系。这些法律关系的绝大部分属于民事法律关系,既包括债务人企业与债权人的合同法律关系、侵权法律关系,又包括债务人企业与组织内部的企业投资人、高级管理人员、职工之间的法律关系,还涉及管理人与债务人企业、管理人与债权人以及各债权人之间在破产程序中的法律关系。

(三)制度设计上适用特殊清偿规则

破产程序是在企业特定条件下适用的一系列规范集合,是一种特殊的债务清偿程序,清偿规则与企业正常经营状态下的清偿规则不同,正常企业对债权人的清偿规则被排除适用。破产程序的特别规则主要包括以下几方面。

一是同类债权平等清偿原则。在非破产清偿中,债权清偿的先后顺序可能造成普通债权人实际受偿率的不同,先获得清偿者的风险小于后获得清偿者的风险。在

① 参见李永军:《破产法:理论与规范研究》,中国政法大学出版社2013年版,第18页。

② 参见韩长印:《破产理念的立法演变与破产程序的驱动机制》,载《法律科学(西北政法大学学报)》2002年第4期。

强制执行程序中虽然存在参与分配制度，但最高人民法院《关于适用〈中华人民共和国民事诉讼法〉的解释》（以下简称《民事诉讼法解释》）第508条将其适用范围限定为“被执行人为公民或者其他组织”，实际上明确、彻底地排除了参与分配制度对企业法人的适用。在执行中，作为被执行人的企业法人符合我国《企业破产法》第2条第1款规定情形的，执行法院经申请执行人之一或者被执行人同意，应当裁定中止执行，将执行案件相关材料移送被执行人住所地人民法院。在破产程序中，确保同类债权人清偿比例相同是破产程序基本原则之一，无论是制订重整计划、和解协议，还是清算分配方案都以此为标准。

二是个别清偿无效规则。个别清偿既包括债务人企业的主动清偿即自愿履行行为，也包括国家公权力介入的强制执行。按照我国破产法的规定，破产申请一旦受理，与债务人财产有关的执行均应中止。除使债务人财产获益外，个别清偿行为均无效。前述规定对破产重整、破产和解、破产清算程序都适用。

三是对担保物权优先性的限制。破产重整期间担保物权人受到暂停行权的限制，在破产和解、破产清算程序中虽然可以行使优先受偿权，但其在破产程序启动之初仍受到中止执行之限制，且应以单独处置不会降低其他破产财产价值为底线，其优先地位并不绝对。

（四）决策机制上给予当事人自治空间

破产程序与普通民事诉讼程序的区别在于，普通民事诉讼中的当事人主要通过举证呈现案件事实，结果由法官裁断，而破产程序体现出当事人参与度更高、尊重当事人集体决策的特点。破产程序中设置的债权人会议、管理人制度，重整程序中重整计划的提出以及通过，和解程序中和解协议的达成，这些对破产程序的走向、债务人企业命运起主导作用的环节和内容，多体现为当事人之间的协商、博弈以及集体意志。在我国《企业破产法》的框架下，债权人会议角色有所加重，管理人则成为破产程序的中心，而审理破产案件法官的主要职责是对破产程序的指挥和对相关主体的监督。①

（五）社会效果上实现资源再分配

破产法所要解决的主要矛盾，是多数债权人之间因债务人有限财产不足以清偿

---

① 参见纪红勇：《浅谈法官在破产重整程序中的角色——由“五谷道场”破产重整案引发的思考》，载《法治论坛》2010年第4期。

全部债权而发生的相互冲突和清偿问题。① 此外,在债务人企业内部,债务人企业权益与出资人权益也可能存在冲突。破产重整、破产和解程序是以各方协商的方式解决这种冲突,破产清算程序则是按照法律规定的清算规则在各方当事人之间分配利益,归根结底都是为了解决利益冲突。从这个角度来讲,破产制度是一种对既存的有限资源实现重新分配的途径,对各主体间冲突的权利义务进行重新安排,以追求新的平衡。

第二节 破产重整与破产清算的比较

一、破产重整与破产清算的制度共性

(一)申请主体方面

破产重整、破产清算均可由债权人、债务人提出申请。关于债权人申请破产重整或破产清算的适用前提,根据我国《企业破产法》第 7 条第 2 款的规定,以债务人不能清偿到期债务为标准,无须满足资不抵债的条件。之所以作出这样的规定,一方面是考虑债权人作为申请人时的举证能力。债权人作为债务人的外部相对人,只能从债务清偿的视角了解该企业的财务状况,如果要求债权人在提出申请时证明债务人已符合资不抵债的条件或明显缺乏清偿能力,债权人需要完整掌握债务人的资产情况、财务情况以及整体负债情况,对债权人来说实难完成。另一方面,该规定反向防止债权人滥用破产申请权,债权人不得以可能无法清偿未到期债权为由申请债务人进入破产程序。

(二)控制权方面

债务人均丧失对企业财产的控制。破产重整程序启动后,债权人会议或管理人行使对企业财产的控制权,债务人基本丧失对企业管理和营业的决策权。在债务人管理的破产重整模式下,债务人自行管理企业的行为需受到管理人的监督。此时的债务人虽与原企业为同一人,但债务人已不能如普通企业一样拥有完全自由的决策意志,身份已发生变化,实为法院任命的受托人。② 破产清算程序中破产企业的管理、营业、财产变价及分配等均由债权人会议讨论,管理人负责实施执行,债务人亦

---

① 参见王欣新:《破产法》(第 3 版),中国人民大学出版社 2011 年版,第 4 页。

② 参见李永军:《破产重整制度研究》,中国人民公安大学出版社 1996 年版,第 144 页。

对自身财产的处置丧失话语权。

(三)管理人职责方面

管理人在破产重整、破产清算中的作用凸显。管理人工作职责可以分为一般性工作职责和特定性工作职责。一般性工作职责包括调查了解债务人企业财务状况、接受债权申报、编制债权清册等,在破产重整、破产和解、破产清算中均由管理人行使。特定性工作职责是指管理人在三大制度中特定的工作职责,如在破产重整程序中制定、提交重整计划草案或监督债务人企业自行管理财产和营业事务,监督重整计划的执行等,在破产清算程序中拟订财产变价、分配方案,出售破产财产,负责实施破产财产的分配等。与破产重整、破产清算相比,管理人在破产和解中少有特定性工作职责。管理人在破产重整、破产清算中所应行使的职责多于其在破产和解程序中的职责,所发挥的作用也远远大于其在破产和解程序中的作用。

(四)司法干预方面

人民法院在破产重整、破产清算中均具有强制批准权。在破产重整程序中,重整计划草案符合我国《企业破产法》第 87 条规定的,人民法院可以裁定批准重整计划。在破产清算程序中,对于管理人提出的债务人财产管理方案、破产财产变价方案或分配方案,人民法院可以在债权人会议二次表决仍未通过的情况下裁定批准。

二、破产重整与破产清算的制度区别

(一)立法目的不同

破产重整作为预防性制度,其目的在于挽救和促成债务人企业新生,立法目的兼顾了私权本位与社会本位两个方面。在破产重整的制度设计中更关注企业重整后的市场价值,因此被认为具有社会本位性。重整成功需要吸纳新的资金、投资人、经营理念、生产技术,为债务人企业整合资源,属于吸收型、再建型的制度。破产清算是清理债权债务关系、实现主体消亡的制度设计,旨在帮助淘汰企业顺利退出市场。破产清算通过平衡破产企业债权人的利益关系来维护市场秩序,侧重保护债权人利益。此种消极分配破产企业财产的方式将私权保护体现得更明显,因此,被认为具有私权本位性。破产清算的核心内容是公平分配,由债务人企业对外清偿债务、分配财产,属于退出型、解散型的制度。

(二)适用条件不同

破产重整的申请条件比破产清算更宽泛。企业法人不能清偿到期债务,并且资产不足以清偿全部债务或者明显缺乏清偿能力的，当事人可启动破产清算，也可启动破产重整。除上述情形外，企业法人有明显丧失清偿能力可能的，当事人也可提出破产重整申请。破产重整适用条件的宽泛性，是破产重整预防功能在制度设计上的具体表现。

（三）核心程序不同

破产重整程序的核心是重整计划的通过与执行，破产清算程序的核心则是破产财产的变价与分配。破产重整计划是债权人、债务人以及其他利害关系人之间的债权债务关系的新安排，涉及实体权利义务的调整与改变。而破产清算方案不会调整债务人的企业经营现状，也不改变债权人、债务人之间的实体权利义务，仅涉及破产财产如何终局性地配置给各类债权人，仅影响实体权利义务的最终实现结果。

（四）担保权人的权利行使方式不同

破产重整需要维持债务人企业的财产整体状态以保持企业的营运价值，因此，担保权人需暂停行使对特定财产的优先受偿权，同时因重整计划涉及对担保债权的调整，担保权人有权参与重整计划草案的表决。从某种程度上来讲，担保物权人是以中止行使担保物优先受偿权的方式来换取对重整计划的参与权和表决权。此种“换权”可以说是担保物权行使在特定状态下的变形。而破产清算制度的核心是财产变价和清偿，因此，破产清算程序中对债务人特定财产享有担保权的债权人可以随时向管理人主张就该特定财产变价处置行使优先受偿权，管理人应及时变价处置，不得以须经债权人会议决议等为由拒绝。相应地，担保物权人无须参与财产分配方案的表决。

（五）出资人的作用不同

出资人在破产重整程序扮演十分重要的角色。首先，重整计划的制订需要出资人的配合。虽然我国《企业破产法》规定仅在涉及出资人权益调整时设立出资人表决组，但在实践中不涉及出资人权益调整的重整计划相当少见。其次，从出资人角度来说，基于企业的重整前景和预期，出资人有相当的动力和积极性参与破产重整程序，发挥出资人熟悉企业经营状况的优势，维持企业内部管理的延续性，并协助完成重整计划的执行。相较而言，破产清算程序中的出资人则较被动和消极，主要是向管理人如实报告企业财产、协助移交或清理资产等。

三、破产重整与破产清算的程序转换

（一）程序内的借用

破产重整与破产清算是各自独立的程序设计，有独立的运行规则，但二者并非全无相交。最直接的体现是破产重整程序中借用了破产清算的清算规则，即在判断破产重整计划是否实质性损害债权人利益时，重整计划草案所设计的清偿比例是否不低于债权人按照破产清算程序所能获得的清偿比例，这是一个重要的判断标准。如果破产重整计划草案的受偿率低于按照破产清算程序所得出的受偿率，该计划将被认为损害了债权人利益。① 试想，如果重整计划草案设置的清偿率低于破产清算的受偿率，债权人很难有动力放弃可能更快实现的破产清算财产分配而认可成本更高、时间更长、风险更大的重整计划。由此，参照破产清算受偿率（多数是预估的）来判断重整计划的适当性，既是保障债权人利益最大化所必要的辅助手段，也是提高重整计划通过可能性的客观需要。这就意味着破产重整程序需要借用破产清算的相关规则。

（二）程序间的转换

1. 破产重整向破产清算的转换

依照我国《企业破产法》的规定，破产重整向破产清算的转换有以下三种情形：一是未按期提出重整计划草案的；二是重整计划草案未获批准的，包括未经债权人会议通过且未获得人民法院强制批准的情况，以及虽经债权人会议通过但经人民法院审查未获批准的情况；三是债务人不能执行或不执行重整计划，经管理人或利害关系人请求的。人民法院宣告债务人企业破产后，依照破产清算程序，由管理人制订财产变价方案、分配方案，提交债权人会议讨论。简而言之，破产重整不成功时，债务人企业应转入破产清算程序。此种转换方式是以宣告破产的裁定为两个制度之间的转换界限。破产重整与破产清算之间泾渭分明，程序之间相对独立，破产重整耗时长、成本高的弊端也较明显。

---

① 我国《企业破产法》仅在第 87 条将重整受偿率不低于清算受偿率作为人民法院强制批准重整计划时的条件，从理论上来讲，如果参与表决的债权人愿意在自身利益上作出重大让步，同意低于自身破产清算受偿率的重整计划草案，法律并不禁止当事人的自由处分行为。但实务状况是，债权人对等于或者略高于破产清算受偿率的重整计划草案很难自愿表决通过。换言之，破产重整受偿率不得低于破产清算受偿率几乎被视为重整计划草案通过的底线，而非仅仅是强制批准的必要条件。

按照前述规定，在后两种情形下，由破产重整转入破产清算程序至少需要召开3次债权人会议。第一次债权人会议召开后，在重整程序中需要召开第二次债权人会议对重整计划草案进行表决，在转入清算程序后需要召开第三次债权人会议对破产财产的变价及分配方案进行表决。如由于特殊原因不能执行或不执行重整计划，需要变更重整计划的，还需要再次召开债权人会议就是否同意变更重整计划进行表决，债务人不执行或不能执行变更后的重整计划的，再转为破产清算程序。此种情形下的转换，程序更繁复。

2. 破产清算向破产重整的转换

我国《企业破产法》第70条第2款规定："债权人申请对债务人进行破产清算的，在人民法院受理破产申请后、宣告债务人破产前，债务人或者出资额占债务人注册资本十分之一以上的出资人，可以向人民法院申请重整。"人民法院审查后认为重整申请符合规定的，应当裁定债务人重整。《全国法院破产审判工作会议纪要》进一步细化规定为：人民法院受理破产清算申请后，第一次债权人会议上无人提出重整申请的，管理人应当在债权审核确认和必要的审计、资产评估后，及时向人民法院提出宣告破产的申请。该规定将在破产清算程序中申请破产重整的时点原则上限缩在第一次债权人会议结束前，旨在避免程序的拖沓和不确定。但需要注意的是，该规定并没有明确禁止符合条件的申请人在第一次债权人会议后、宣告破产前向人民法院申请重整。

在实务中争议较大的是债务人企业被人民法院裁定宣告破产后，能否再转换为破产重整程序的问题。《全国法院破产审判工作会议纪要》第24条规定，债务人被宣告破产后，不得再转入重整程序。从统一司法尺度的角度来讲，该问题已有定论。对此，最高人民法院法官撰文指出，考虑到《企业破产法》在允许由清算程序转入重整程序的条文中，明确限定应在破产宣告前申请，且企业破产法的上述规定已经充分给予了债务人被宣告破产前进行拯救的机会，如果仍允许在破产宣告后申请重整，不仅会增加程序适用的不确定性、加大债务清偿的成本，而且在一定程度上也不利于促进债务人尽快挽救，故该纪要第24条最终没有突破法律规定。[①]

可以看出，《全国法院破产审判工作会议纪要》的相关规定是以现行法为基础，

---

① 参见郁琳：《破产清算程序的制度价值与规范完善——〈全国法院破产审判工作会议纪要〉的解读（三）》，载《人民法院报》2018年4月4日，第7版。

从解释法律的角度作出的选择。但从破产法所追求的价值、实践操作等角度出发，该问题在理论上还存在可讨论的空间。首先，破产三大制度设计所追求的价值目标是有层次的。在债权人不能全额受偿的情形下，如果能够保存企业生存价值以提高（至少是不低于）债权人的受偿利益，尽量帮助其存活，此为第一层次；如果无法保留企业生存价值，或保留其生存价值并不能使债权人获得更多的利益或产生更多的社会效益时，尽量将债务人企业的现存资产按照最符合市场规律的方式处置并分配，此为第二层次。由此，对具备重整价值、有重整条件的债务人企业的挽救，不应受制于固有的法律程式。其次，宣告破产并不是对企业法律人格的直接剥夺，从人民法院宣告企业破产到破产企业办理注销登记之间，仍存在“起死回生”的时间和空间。尤其是在人民法院宣告企业破产但破产财产尚未变价拍卖的情况下，破产企业财产、资源（包括人力资源、生产资源）等较宣告破产前尚无实质性变化，此时转换为破产重整程序仍具备必要的生产资料基础。最后，已经被破产宣告的企业实际已属于全体债权人，决定破产企业走向的权利应属于全体债权人。作为理性的经济人，债权人并不会轻率或贸然地同意将宣告破产的企业转至重整程序，除非此种转换能够使其明显获益。多数决的制度设计也可保障债权人会议作出对绝大多数债权人最优的程序选择。

除囿于法律的规定外，不赞同在宣告破产后转入破产重整程序的观点，主要是对程序转换的成本有所忌惮。毋庸讳言，耗时费力、增加成本确实是程序转换为人诟病的最大原因。该问题的实质并不是程序转换本身不可行，而是对重整成功可能性的判断与把控问题，可以尝试通过严格限制宣告破产后转入破产重整程序的适用条件加以解决。一是限制申请时间，至迟于破产债权开始清偿前。由于市场的波动，破产企业财产的市场价值在变价出售前后可能发生重大变化。以变价出售后的破产财产价值，调整清偿比例、衡量破产企业的重整价值更具有合理性。一般而言，破产债权清偿开始于破产财产变价出售之后。因此，可考虑允许相关主体在破产债权开始清偿前申请转为破产重整程序。二是限制申请主体。限于管理人或1/2以上对破产重整计划有表决权的债权人。之所以将管理人作为申请主体，主要是考虑管理人接管破产企业已有一段时间，对破产企业的情况包括财产情况、负债情况、职工情况、企业破产成因以及债权人意愿有一定了解，能够就破产企业是否适宜重整作出初步判断。而将部分适格债权人作为申请主体，则是考虑到债权人对破产企业的期望和态度。三是限制申请条件。与普通破产重整程序中设置了最长9个月的重整计划草案制作时间不同，宣告破产后申请转入破产重整程序的，管理人应在申请时一并提交重整计划草案,而不在程序中另设制订重整计划草案的时限。四是前置债权人会议。一般在重整程序中,对重整计划草案进行表决的债权人会议应在人民法院裁定重整后召开;如果在转换程序中延续该方式,将显著延长重整时间,因此,可以考虑在裁定重整前先行召开债权人会议进行表决。表决通过的,人民法院在裁定重整的同时审查重整计划草案,符合规定的,裁定批准重整计划。五是不适用强制批准程序。一方面,由于宣告破产后的程序转换,因程序本身存在较大的成本消耗,应交由债权人自行判断。另一方面,人民法院已作出宣告破产的裁定,在债权人会议未获通过的情况下,人民法院不宜以强制批准的裁定再将企业转入重整程序。六是提高最低清偿标准。企业具备重整价值是首要的、不可被忽视的可转换考量基础,提高最低清偿标准实际上是对破产企业是否仍具有重整价值提高了量化标准。在普通破产重整程序中,破产重整清偿比例的底线不低于按照破产清算所能获得的清偿比例,而宣告破产后转入破产重整的案件可设置为其重整受偿比例显著高于破产清算的受偿比例。相应地,由于宣告破产前的破产程序已经消耗了一定的时间和财务成本,在计算破产重整受偿率时,应计入已消耗的清算成本。

第三节　破产和解与破产清算的比较

一、破产和解与破产清算的制度共性

(一)均以清偿债务为直接目的

在破产和解程序中,债务人企业按照和解协议执行完毕后,对债权人不再承担清偿责任;破产清算程序亦同。对于已执行完毕的和解协议中免除债务的性质,有观点认为,经和解协议被免除的债务为自然债务。① 自然债务,是指债权人不能经由诉讼得到满足,但债务人自愿履行的,不得请求不当得利返还之债。② 和解协议,是债务人企业与债权人之间就债权债务达成的新的合意,对于已经执行完毕的和解协议,协议中被免除的债务应当归于消灭,而不仅是债权人对债务人法律意义上的清偿责任的豁免。如果允许债务人企业在执行完毕后,就被免除的债务部分向债权人继续为清偿行为,可能构成实质上的不公平个别清偿。

---

① 参见韩长印主编:《破产法学》(第2版),中国政法大学出版社2016年版,第292页。

② 参见李永军:《论自然之债在我国未来民法典债法体系中的地位》,载《比较法研究》2017年第1期。

（二）均以债务人企业出现破产原因为启动条件

我国破产法规定，破产和解、破产清算的启动均要求债务人企业已经出现破产原因，即出现不能清偿到期债务且资不抵债或明显缺乏清偿能力之情形。

（三）担保物权人均可行使优先受偿权

在破产和解、破产清算程序中，担保物权人无须暂停行使权利，除非其自愿放弃优先受偿权。需要注意的是，这并不等于担保物权人的权利在破产和解、破产清算程序中完全不会受到影响。我国《企业破产法》第19条规定了执行中止制度，中止执行的范围包括担保物权人对债务人企业的强制执行程序，这会在事实上造成担保物权人在破产程序开始阶段的行权阻碍。此外，《全国法院破产审判工作会议纪要》对破产和解、破产清算程序中担保物权人的权利行使也作出适当限制，如果因单独处置担保财产会出现降低其他财产价值的情形，则应当实施整体处置。

（四）债权人会议均不分设表决组

与破产重整不同，破产和解、破产清算程序中的债权人会议不设表决组，直接以出席会议的有表决权的债权人及其代表的债权额为基数判断表决比例是否符合法律规定。

二、破产和解与破产清算的制度区别

（一）制度价值不同

破产和解与破产清算最显著的制度区别在于破产和解可以避免债务人企业主体消亡，而破产清算促成破产企业退出市场。虽然破产和解的主要方式是协商处理债权债务，和解各方的关注重点并不在于债务人企业的营业发展，但破产和解客观上能够起到保存债务人企业主体资格的实际效果，即通说所称的破产预防功能。由于我国启动破产和解程序的前提要求是债务人企业已经具备破产原因，准确地说，破产和解制度的预防破产功能是指预防债务人企业被破产清算之功能。

（二）申请主体不同

按照我国破产法之规定，债权人不得申请破产和解，但可以申请破产清算。之所以在破产和解与破产清算中作出不同的规定，一方面，考虑在债务人企业没有和解意愿的情况下，由债权人提出破产和解实际意义不大；另一方面，债权人作为企业外部人，很难有能力提出贴合债务人企业实际状况的和解协议草案。

（三）当事人自治程度不同

破产和解中当事人的意思自治程度高于破产清算。破产和解协议被学界称为

“和解契约”,[①]旨在强调债务人企业与债权人对债权债务安排的自由意志。对债务人企业来说,其有权申请和解,并负有提出和解协议草案的义务,对破产和解的推进有一定的主动权;对债权人来说,债权人会议可对和解协议草案进行审查讨论,认为和解条件应予补充修改时,可与债务人协商。债权人会议对最终提交的和解协议草案以表决形式决定是否通过。而在破产清算程序中,破产企业几乎全程处于被动地位,破产财产变价、分配方案均由债权人会议决定,债权人会议未通过的,由人民法院裁定。

(四)债权人会议通过标准不同

在破产和解中,强制和解要求和解协议经出席会议的有表决权债权人过半数、且其代表的债权额为无担保物权的债权额2/3以上同意,自行和解要求和解协议经全体债权人同意;在破产清算中,破产财产的变价、分配方案要求经出席会议的有表决权债权人过半数、且其代表的债权额为无担保物权的债权额1/2以上同意。由此可见,破产和解协议获得表决通过的法定比例高于破产清算。

三、破产和解与破产清算的程序转换

(一)从破产和解到破产清算

我国对于破产和解、破产重整向破产清算的程序转换的规定路径基本一致。若和解协议在债权人会议上未通过或提交人民法院后未获认可,或债务人不执行或不能执行和解协议时,债务人企业均得转入破产清算。与破产重整相比,破产和解向破产清算转换的特殊情形是和解协议被人民法院裁定无效的情形,[②]破产重整中人民法院并不就重整计划的效力单独进行裁定。

与此相关的一个问题是,债务人企业不执行或不能执行自行和解协议时,能否转入破产清算程序;如果不能转入破产清算程序,如何保护债权人的权益?有观点认为,自行和解后,债务人企业不履行或不能履行和解协议的,不能转入破产清算程

---

① 参见张钦昱:《破产和解之殇——兼论我国破产和解制度的完善》,载《华东政法大学学报》2014年第1期。

② 我国《企业破产法》第103条第1款规定:“因债务人的欺诈或者其他违法行为而成立的和解协议,人民法院应当裁定无效,并宣告债务人破产。”

序。债权人仅可依据和解协议提起普通民事诉讼,或重新申请债务人企业破产。[①]按照我国《企业破产法》第 105 条的规定,债务人企业与债权人自行达成和解协议,人民法院裁定认可的,应当终结破产程序。该规定与强制和解中债务人不执行或不能执行和解协议的,人民法院裁定终止执行并宣告债务人企业破产的规定有所不同。因此,因自行和解产生终结破产程序的法律效果,在债务人企业不执行或不能执行自行和解协议时,人民法院不能直接宣告债务人企业破产,即不可转换为破产清算程序。债务人企业不执行或不能执行自行和解协议时,该企业符合破产立案受理条件的,债务人企业及债权人有权重新提出破产申请。

该观点同时认为,除另行启动破产程序外,债权人还可依据和解协议提起普通民事诉讼。针对该观点理论上存在的不同看法,其主要理由为要求债权人提起民事诉讼,实质是将破产程序中的自行和解等同于当事人诉讼外和解,强调了债务人企业与债权人之间的集体合意,但忽略了自行和解是司法程序中的和解。和解协议除代表当事人之间的合意外,其效力还需经过代表国家公权力的审判机关的评价。因此,破产程序中人民法院审查认可自行和解协议而制作的裁定书,与诉讼案件中人民法院审查认可和解(或调解)协议而制作的民事调解书效力相同。在债务人企业不履行和解协议时,任一债权人有权依据该裁定向人民法院申请强制执行,无须再行提起普通民事诉讼。反向观之,如果人民法院裁定认可的自行和解协议对债务人企业不具有任何法律上的强制性,在破产程序中设置自行和解模式将失去制度价值。

(二)从破产清算到破产和解

我国破产法规定的破产清算到破产和解的转换路径,是债务人可以在破产清算启动后申请和解。此外,破产清算到破产和解的程序转换争议,与破产清算向破产重整的程序转换类似,仍然集中在宣告破产后能否转入破产和解程序方面。有观点认为,依据程序的不可逆性,人民法院宣告破产后不能再进入破产和解程序;也有观点认为,我国应当建立破产宣告后的和解制度。[②] 对于此问题,《全国法院破产审判

---

① 参见陆晓燕:《上海航天实业有限公司诉无锡市华夏焊管型钢有限公司、无锡市华夏冷轧镀锌带钢有限公司买卖合同纠纷案——破产程序中"自行和解"协议的效力分析》,第六届中国破产法论坛论文,北京,2014 年 11 月,第 1041 ~ 1048 页。

② 参见王钢、丁立波:《破产宣告后的和解问题研究》,第六届中国破产法论坛论文,北京,2014 年 11 月,第 1054 ~ 1061 页。

工作会议纪要》指出："债务人被宣告破产后，不得再转入重整程序或和解程序。"破产和解制度并不涉及企业经营方针、主营业务等重大调整，仅涉及债务清偿延长或者减免，即在人民法院作出破产宣告后，破产和解实质上起到的是暂时中止破产财产变价拍卖的作用。对宣告破产后转入强制和解程序的可行性判断，从理论探讨的角度可以参考前文关于破产宣告后转入重整程序的总体思路，通过严格申请条件、前置债权人会议等方式加以解决。对宣告破产后能否转入自行和解问题，因自行和解的实现条件相对较高，原则上在宣告破产后转入自行和解程序的情形极为少见。但如果破产宣告后出现债务人与全体债权人自行达成协议情形的，建议立法允许人民法院裁定认可自行和解协议，并终结破产程序。

第四节 破产重整与破产和解的比较

一、破产重整与破产和解的制度共性

(一)制度价值体现预防功能

破产程序是在企业处于濒死状态时采取的措施，因为破产重整、破产和解制度的存在，破产法被看作企业拯救法。破产重整、破产和解都是通过调整债务人企业的债权债务关系，缓解其债务压力，给予债务人企业避免破产清算的希望，为企业继续发展谋求可能。

(二)决策机制体现多数人意志

根据我国破产法的规定，重整计划草案、和解协议草案的表决均采用绝对多数决方式：重整计划草案在某一表决组的通过，要求出席该表决组的债权人过半数同意，且其所代表的债权占该组债权总额的2/3以上；和解协议草案的通过，要求由出席债权人会议的有表决权债权人过半数同意，且其代表的债权额占无财产担保债权额的2/3以上。相较破产清算制度而言，通过破产重整、破产和解相关决策，更加强调了对债权人意志的尊重。

(三)核心内容体现利益平衡

破产重整、破产和解需要各方利害关系人在自利和共益之间寻求平衡。在维持企业生存的预期下，债权人期望获得比破产清算更大的利益，债务人需要摆脱债务危机实现企业脱困，是驱使各方共同参与破产重整或和解程序的内生驱动力。但在各方博弈的状态下，只有既维护自己的利益又不会让其他利害关系人负担过重的重

整或和解方案,才有可能为大多数人所接受。因此,这需要各方通过谈判寻求均衡的利益分配方案,以实现各方参与者的利益诉求。破产重整、破产和解的协商过程是各方利益再平衡的过程,也是破产重整和破产和解制度经济学价值的鲜明体现。

(四)主要措施包含债权调整

破产重整与破产和解方案均包含对债权债务的调整。重整计划主要调整两部分内容:一是债权清偿方案,二是公司经营方案。在破产和解中,债权清偿方案则是和解协议的唯一重点。破产重整与破产和解中的债权清偿调整方式基本相同,均采用降低清偿比例、免除部分债务、延长还款期限、提供担保等方式。

(五)未执行计划时体现债权保护

债务人企业不执行或不能执行重整计划或和解协议的后果相同,原重整计划或和解协议的债权调整失效,但不影响已清偿部分的效力,也不影响提供担保的效力。换言之,债务人企业的原债权额恢复,债权人得以"复权",或称权利的复归。这是破产法为保障债权人权益而作出的特殊规定。对于此规定,可以理解为重整计划或和解协议中的债权人调整债权的承诺暗含的前提条件,即仅在债务人企业按照重整或和解方案执行时,债权减让才得以适用。

二、破产重整与破产和解的制度区别

(一)制度宗旨不同

破产重整侧重债务人的再生,除清理企业债务外,更重要的是肩负着调整债务人企业的经营状况、重整营业的目的。破产和解主要解决企业债务问题,侧重债权减让,虽然破产和解有延缓债务人生存的实际效果,但和解协议不直接体现、债权人也不重点关注债务人企业的经营改善问题。

(二)适用对象不同

破产重整制度适用于具有重整价值、有再生可能的债务人企业。判断企业的重整价值,既要考虑其经济价值,也要考虑其社会价值。换言之,不仅要对债务人企业的财务状况进行分析,而且要对市场环境、产业布局等相关社会因素进行分析。相较而言,破产和解在适用对象上主要考虑以下因素:第一,仅适用于因外部债务问题导致的资金困难。对于因企业自身产业结构、技术水平、内部管理出现问题而导致破产原因出现的,破产和解程序并不具有从根本上解决企业面临的经营困境的特性。第二,一般适用于对无担保物权之债进行调整就能缓解企业债务困难的企业。

由于担保物权人不受破产和解协议的制约，如果债务人企业的财产上设定的担保物权较多，或担保物权负担于核心资产，破产和解制度不是解决企业破产危机的首选路径。第三，适用于经营规模较小、负债规模也较小的企业。大型公司如股份有限公司由于自身企业结构的复杂性、利害关系人的广泛性等，一般难以通过破产和解制度化解企业危机。

（三）申请主体不同

破产重整程序可以由债权人、债务人、适格出资人提出申请，申请主体的范围最广。破产和解程序只能由债务人提出申请。

（四）启动时间不同

破产重整程序一般在债务人企业具备破产原因时启动，即债务人企业不能清偿到期债务，并且资产不足以清偿全部债务或者明显缺乏清偿能力时可启动。但是，在债务人企业不具备前述破产原因而有明显丧失清偿能力的可能时也可启动。对破产重整启动时间的设计，更有利于挽救债务人企业，故破产重整也被称为积极预防的破产制度。破产和解程序的启动时间为债务人具备破产原因时，在债务人企业仅存在明显丧失清偿能力的可能时不能启动，故破产和解被称为消极预防的破产制度。

（五）管理人介入程度不同

相对于破产和解来说，管理人在破产重整中介入的领域更宽广，介入的程度更深入。在实践中，管理人负责管理财产和营业事务的，整个重整程序的核心文件即重整计划草案由管理人负责制作。即使在债务人自行管理财产和营业事务的情况下，债务人仍然处于管理人的监督之下。此外，重整计划执行期间设有监督期，债务人企业应当向管理人报告计划执行情况以及财务状况。而在破产和解程序中，管理人不制作和解协议草案，和解协议通过后也不负有辅助或监督和解协议执行的职责，更多处于财产保管人或财产管理人的地位。

（六）表决规则不同

一是表决机制不同，破产重整实行分组表决制，破产和解实行统一表决制。二是参与表决的权利人不同。重整计划草案的表决权人既包括无担保物权的债权人，也包括有担保物权的债权人，涉及出资人权益调整时还包括债务人企业的出资人；和解协议草案则由不享有担保物权的债权人参与表决。三是表决通过比例不同。从表面上来看，破产重整与破产和解均要求绝对多数决，但实际上破产重整中的“多数”比破产和解中的“多数”要求得更高。这是因为破产重整实行分组表决制，要求每个表决组同意的债权人人数过半、所代表债权额超过该组债权总额的2/3，这就使重整计划草案通过标准实际上高于和解协议草案的通过标准。

（七）司法干预领域不同

在破产重整中，人民法院有权裁定延长重整计划草案的制订期限、决定债权人会议的表决分组、特殊情况下使用强制批准权等。而在破产和解中，人民法院的干预主要体现在对和解协议的效力性评价。对于因债务人的欺诈或者其他违法行为而成立的和解协议，人民法院应当裁定无效，并宣告债务人破产。① 人民法院无权对债权人会议未表决通过的和解协议使用强制批准权。

（八）执行监督机制不同

在破产重整程序中，现行立法对重整计划的执行设有监督期，债务人企业应向管理人报告执行情况，管理人在监督期满时向人民法院报告监督情况。在破产和解程序中，现行立法没有规定和解执行期间的监督机制。在实践中，没有管理人对和解协议的执行予以监督，可能存在程序设计上的缺失，进而增加人民法院后期处理的难度。因此，对现行立法的相关规定是否应当进行修改，还需要作进一步研究。

三、破产重整与破产和解的程序转换

（一）程序内的借用

破产重整的亮点在于除调整债权受偿比例外，往往还采用“债转股”、以股抵债等手段调整债权实现方式，甚至采取引入投资人、调整出资人权益、发行新股筹集资金等措施。这种调整方式对债务人企业经营调整具有重要影响，在减缓债务人企业债务的同时，可以帮助债务人企业调整资产结构、经营方案，重建营业。我国《企业破产法》中并未限定和解协议的内容，在和解协议中借用破产重整中的前述调整手段似无不可。当然，借用前述调整手段应以不影响担保物权人行使权利为必要条

---

① 关于无效评价的认定时点，最高人民法院公布的《人民法院破产程序法律文书样式》中，裁定确认和解协议无效的裁定书主文样式为：“一、撤销本院××号民事裁定；二、×××（债务人名称）和解协议无效；三、宣告×××（债务人名称）破产。”从该样式第一项的撤销主文来看，似乎旨在针对人民法院已作出认可和解协议裁定后，又发现和解协议存在无效事由之情形。换言之，人民法院裁定认可和解协议后发现该协议确有无效情形的，可以重新对其作出效力评价，纠正前裁定内容。

件。对前述借用可以称为重整式和解,在实务中已对此进行了有益的尝试与实践。①

(二)程序间的转换

破产重整、破产和解均属于预防性破产制度,基于两种制度在清理债务、避免主体消亡的客观效果上的一致性,二者之间存在互相转换的空间。国外多个立法例允许两个程序进行转换,大致而言,可见以下几类:一是允许重整与和解的互相转换。美国破产法规定,处于重整程序中的债务人,在重整计划获得批准前,可以申请转换至其他更生程序;其他更生程序中的债务人也可申请转换至重整程序。② 意大利破产法规定,法院受理和解申请以及最终批准和解协议之前,债务人可以改变策略,选择申请破产法规定的债务重整程序;在法院受理重整申请或债务重整计划被法院认可之前,债务人也可以申请进入和解程序。③ 二是允许重整与和解的单向转换。日本重整法规定,和解协议达成后尚未执行或正在执行的,利害关系人可提出重整申请。④ 三是对特殊主体采用和解前置程序。法国破产法规定,以非商业公司的形式从事的农业经营者,在适用重整之前,必须先适用和解程序。⑤

我国《企业破产法》未规定破产重整与破产和解之间可以进行程序转换。我们认为,破产重整消耗的时间、经费成本较大,而且几乎穷尽了挽救债务人企业的各种手段,如允许重整不成再转入破产和解程序,不仅有违立法保护债权人利益的基本宗旨,而且也难以为债权人所接受。因此,不宜规定"重整转和解"。相反,"和解转重整"则具有必要性与可行性,可以有条件地予以承认。原因在于,破产和解所需时间、经费成本较小,而且转重整后可以采取更多的手段拯救债务人企业,如引入投资人、调整出资人权益、发行新股筹集资金、债转股等,各方或有达成重整协议的契机。当然,如果一律允许"和解转重整",又可能导致"破产和解—破产重整—破产清算"结局的"大面积"出现,甚至为某些不良债务人企业实现不法目的提供制度机会。因

---

① 参见2007~2011年度浙江企业司法重整十大典型案例之"新昌县金利房地产公司破产和解案"。参见张宏伟、楼东平主编:《形而上与形而下:企业破产法的理论探索与实践创新》,人民法院出版社2018年版,第313~318页。

② 参见[美]查尔斯·J.泰步:《美国破产法新论》(第3版),韩长印等译,中国政法大学出版社2017年版,第250~255页。

③ 参见陶乾、张世君:《意大利破产和解制度的发展及经验借鉴》,载《社会科学战线》2016年第10期。

④ 参见李永军:《破产法的程序结构与利益平衡机制》,载《政法论坛》2007年第1期。

⑤ 参见张世君:《破产重整与清算、和解程序相互转换的法律思考——以新〈破产法〉为中心的考察》,载《中国商法年刊》2007年。

此,“和解转重整”必须满足一定的特别条件。美国破产法设置了较复杂的程序转换制度,但对于是否进行程序转换的判断重点始终是债务人是否适用于转换后的目标程序,细化表现为程序转换前就债务人是否适用于转换目标程序进行预判,判断债务人企业是否存在欺诈意图,对可能出现转换后程序回复的情形禁止转换、确保程序转换前后适用的规则一致性等。[①] 此种针对破产程序转换的考量,对我国破产法律制度设计具有参考价值。我们认为,“和解转重整”必须满足的特别条件至少应当包括以下几方面:第一,申请转程序的主体为债权人,而且至少应满足表决通过和解协议所需要的债权人比例。第二,债务人企业需提出重整计划草案,而且该草案已获得未来表决通过重整计划草案所需比例的债权人原则性通过。第三,“和解转重整”具有必要性,政府相关部门、管理人已就“和解转重整”在经济社会生活中的重要作用向人民法院作出阐释,对重整程序中可能发生的重大事项提出预案。

① 参见[美]查尔斯·J. 泰步:《美国破产法新论》(第3版),韩长印等译,中国政法大学出版社2017年版,第250~255页。

第三章　破产重整的申请与受理

第一节　申请破产重整的条件

破产重整,是在企业无力偿债但有复苏希望的情况下,依照法律规定的程序,保护企业继续营业,实现债务调整和企业整理,使之摆脱困境走向复兴的再建型债务清理制度。[①] 重整在挽救债务人方面具有突出的效用,因而被公认为预防破产最有力的制度。[②] 破产重整的申请与受理,是破产重整案件进入司法程序的入口,关系破产重整案件能否有效展开。在破产重整程序的启动条件上,各国都有明确的标准和条件,我国《企业破产法》以“申请和受理”专章规定了破产案件的立案、受理问题。

一、破产重整能力

破产能力,是指民事主体得以适用破产程序的资格。这种资格源于一般法律或破产法的特别规定。破产能力的意义在于,它是构成法院裁定债务人进入破产程序的必要条件,没有破产能力的债务人,法院不得宣告其破产,正如没有

---

① 参见王卫国:《论重整制度》,载《法学研究》1996 年第 1 期。

② 参见王欣新:《破产法》(第 3 版),中国人民大学出版社 2011 年版,第 243 页。

民事诉讼能力的人不能提起或者参加民事诉讼一样。[①] 相应地，破产重整能力就是指民事主体得以适用破产重整程序的资格。理论上，破产重整能力是债务人的一种具体的民事权利能力，是债务人民事权利能力在破产法领域的具体化或以破产法律制度的具体规定为通道向破产法领域的延伸。[②]

根据我国《企业破产法》第2条第2款的规定，"企业法人有前款规定情形，或者有明显丧失清偿能力可能的，可以依照本法规定进行重整"，具有破产重整能力的主体仅限于企业法人，自然人、其他组织等均不具有破产重整能力。

二、破产重整原因

破产原因，是指认定债务人丧失清偿能力，当事人得以提出破产申请，法院据以启动破产程序的法律事实，即引起破产程序发生的原因。[③] 破产原因既是破产法所致力于解决的全部问题的前提，又是破产程序得以启动的正当性基础。[④] 关于破产原因的规定，是破产法中最基本、最重要的内容之一。在衡量债务人究竟是否具有破产原因时，存在列举主义和概括主义两种立法模式。前者是在法律中明确规定若干种表明债务人丧失清偿能力的情形，凡存在情形之一者便认定具有破产原因。后者是指对破产原因作抽象性规定，着眼于破产发生的一般原因，而不是具体行为。我国《企业破产法》在破产原因上采取的是概括主义的立法方式，在此立法模式下，法官的自由裁量权较大，有利于根据实际情况灵活适用法律。

关于企业破产原因，我国《企业破产法》第2条第1款规定："企业法人不能清偿到期债务，并且资产不足以清偿全部债务或者明显缺乏清偿能力的，依照本法规定清理债务。"该规定中涉及两个条件：一是"不能清偿到期债务"，二是"资产不足以清偿全部债务"或者"明显缺乏清偿能力"。在认定破产原因时，需同时满足第一个和第二个条件。我国《企业破产法》第2条第2款规定："企业法人有前款规定情形，或者有明显丧失清偿能力可能的，可以依照本法规定进行重整。"该规定被称为破产重整原因。破产重整原因相比于破产原因更宽松，除该法第2条第1款规定的情形外，企业"有明显丧失清偿能力可能的"也可启动破产重整。

---

① 参见李国光主编：《新企业破产法条文释义》，人民法院出版社2006年版，第552页。
② 参见邹海林、周泽新：《破产法学的新发展》，中国社会科学出版社2013年版，第24页。
③ 参见王欣新：《破产法》（第3版），中国人民大学出版社2011年版，第31页。
④ 参见齐明：《我国破产原因制度的反思与完善》，载《当代法学》2015年第6期。

对于破产重整原因的理解,应该注意以下几点:首先,“破产重整原因”属于破产原因的下位概念。破产原因按照适用程序的不同,分为破产重整原因、破产和解原因、破产清算原因。除“有明显丧失清偿能力可能”是破产重整程序的专属原因外,不能清偿到期债务且资产不足以清偿全部债务以及不能清偿到期债务且明显缺乏清偿能力则属于清算、和解、重整程序共同的破产原因。其次,破产重整原因与引起企业破产重整的原因,是两个完全不同的概念。前者是法律概念,是企业能否进入破产重整程序的门槛,其关注点在债务人的清偿能力;后者是导致企业陷入破产状况的各种客观原因,是企业经营状态的原因分析,其关注点在导致企业经营不善的各种具体原因分析,二者不能等同。

(一)不能清偿到期债务

不能清偿到期债务,是指债务人以明示或默示的形式表示其不能支付到期债务,其强调的是债务人不能清偿债务的外部客观行为,而不是债务人的财产客观状况。① 最高人民法院《关于适用〈中华人民共和国企业破产法〉若干问题的规定(一)》(以下简称《破产法司法解释(一)》)第 2 条规定:“下列情形同时存在的,人民法院应当认定债务人不能清偿到期债务:(一)债权债务关系依法成立;(二)债务履行期限已经届满;(三)债务人未完全清偿债务。”不能清偿的着眼点在于债务关系能否正常维系。一般认为,不能清偿包括以下要件。

1. 债务人丧失清偿能力。一般来说,清偿能力是由债务人的财产、信用、能力等因素综合构成的。债务人是否缺乏清偿能力,不能简单地以其拥有的财产数量的多少来判断,而应该综合可供清偿债务的各种手段来认定。当债务人以所有方法均不能清偿债务时,即构成丧失清偿能力。需要注意的是,对债务人丧失清偿能力的认定,不以其他对该债务负有清偿义务的人如连带责任人、保证人也不能代为清偿为条件。② 其他对债务人所负债务负有清偿义务的人的清偿能力,不能视为债务人本人清偿能力的延伸,也不属于债务人的信用清偿能力。

2. 债务人不能清偿的是已到偿还期限、提出清偿要求且无合理争议的或经生效法律文书确定的债务。对于这一要件的理解,需要注意以下几点:首先,到期债务既可能是法律规定或当事人约定的债务到期,也可能是根据债务的性质推定已届清偿

① 参见《依法受理审理案件　充分发挥企业破产法应有作用——最高人民法院民二庭负责人就〈破产法司法解释(一)答记者问〉》,载《人民法院报》2011 年 9 月 26 日,第 5 版。

② 参见王欣新:《破产法》(第 3 版),中国人民大学出版社 2011 年版,第 36 页。

期,或者是没有清偿期但经过催告确定为已届清偿期,[①]还可以是根据合同法加速到期条款或者预期违约的规定使未到期的债权转换为到期债权。其次,提出清偿要求,是构成破产法上不能清偿到期债务的前提要件。如果债务已届清偿期而债权人不提出偿付要求,不构成破产重整的原因。最后,债务要求无合理争议。如果对要求偿还的债务双方存在合理争议,则应先由法院或仲裁机构作出生效裁判,确认权利义务关系,给债务以法律上确定的名义与执行效力,然后才能评判债务人是否为不能清偿债务。[②]

3. 不能清偿的债务不限于金钱债务,但必须能以货币评价。使债务人构成不能清偿的破产原因的债务,必须是能够通过破产程序得到清偿的债务,否则即无适用破产程序的意义。[③] 因此,该债务虽不必直接体现为金钱债务,但必须是能够以货币评价或者能够折合为货币的债务。在实践中,非货币支付债务不能履行时,一般都会依法转化为货币赔偿债务。

4. 债务人不能清偿债务处于持续状态,非因一时的资金周转困难等问题暂时中止支付。[④] 破产法意义上的不能清偿,必须是债务人不能清偿到期债务的状态持续存在。如果债务人只是发生了暂时性的资金周转困难而不能偿付债务,则构成迟延给付,而不能满足破产界限所要求的持续性条件。此外,债务人已经长时间不能清偿债务并非必要构成要件,如有其他事实能够证明,债务人在可预见的相当时期内将持续不能清偿债务,仍可构成不能清偿。

(二)资产不足以清偿全部债务

资产不足以清偿全部债务,是指债务人的全部财产价值总额不足以抵偿其所负的全部债务额。[⑤]《破产法司法解释(一)》第3条规定:"债务人的资产负债表,或者审计报告、资产评估报告等显示其全部资产不足以偿付全部负债的,人民法院应当认定债务人资产不足以清偿全部债务,但有相反证据足以证明债务人资产能够偿付全部负债的除外。"

"资产不足以清偿全部债务"着眼于资债比例关系,考察债务人的偿还能力仅以

---

① 参见韩长印主编:《破产法学》(第2版),中国政法大学出版社2016年版,第40页。
② 参见王欣新:《破产法》(第3版),中国人民大学出版社2011年版,第37页。
③ 参见范健、王建文:《破产法》,法律出版社2009年版,第51页。
④ 参见王欣新:《破产法》(第3版),中国人民大学出版社2011年版,第37页。
⑤ 参见邹海林:《破产法:程序理念与制度结构解析》,中国社会科学出版社2016年版,第62页。

实有财产为限，不考虑信用、能力等可能的偿还因素，计算债务数额时，不考虑是否到期，均纳入总额之内。[①] 对其认定，则依赖会计上对法人资产状况与负债状况的对比判断，这容易受到计入资产的会计标准、市场因素、买受方出价因素、资产出售方式以及评估主体等不确定因素的影响。鉴于此，在对"资产不足以清偿全部债务"这一条件把握时，资产负债表由于系债务人自己编制的，一般只能成为"资产不足以清偿全部债务"的初步证据。相对准确、证明力更大的财务依据，通常是中介机构对债务人作出的专项审计或会计报告。法院在依据审计或会计报告作出债务人是否"资产不足以清偿全部债务"的认定时，一般可依据审计或者会计报告的结论，但有相反证据证明审计或者会计报告的结论是错误的除外。[②]

当资产负债显示债务人"资产不足以清偿全部债务"，不能直接得出债务人企业具备破产重整原因的结论，仅表明其在特定时间点上资产与负债的关系处于危机境地，债务人仍然可以通过信用、替代给付或者未来经营改善来清偿债务。比如，一家企业总资产只有 100 万元，而总债务却有 500 万元，但该企业有良好的信誉，在债务到期时总能通过举新债还旧债的方式偿还。[③] 与此同时，债务人存在"不能清偿到期债务"但未发生"资产不足以清偿全部债务"，债权人可通过民事执行程序实现债权的，并不意味着一定会进入破产程序。例如，一家企业有 200 万元的债务，有 240 万元的总资产，但其可用于偿债的流动资金仅为 80 万元，显然不能直接清偿上述债务，但债权人可在执行程序中通过拍卖、变卖企业的资产实现债权。

（三）明显缺乏清偿能力

我国破产法对破产原因的规定具有特殊性，即在我国《企业破产法》第 2 条规定中出现一个"明显缺乏清偿能力"的概念，这是各国破产立法和破产理论上没有的新概念。[④]《破产法司法解释（一）》第 4 条规定："债务人账面资产虽大于负债，但存在下列情形之一的，人民法院应当认定其明显缺乏清偿能力：（一）因资金严重不足或者财产不能变现等原因，无法清偿债务；（二）法定代表人下落不明且无其他人员负责管理财产，无法清偿债务；（三）经人民法院强制执行，无法清偿债务；（四）长期亏损且经营扭亏困难，无法清偿债务；（五）导致债务人丧失清偿能力的其他情形。"

---

① 参见王欣新：《破产法》（第 3 版），中国人民大学出版社 2011 年版，第 38 页。
② 参见韩传华：《企业破产法解析》，人民法院出版社 2007 年版，第 9 页。
③ 参见李永军等：《破产法》（第 2 版），中国政法大学出版社 2017 年版，第 20 页。
④ 参见王欣新：《破产法》（第 3 版），中国人民大学出版社 2011 年版，第 41 页。

"明显缺乏清偿能力"代表了我国《企业破产法》制定的一个指导思想,即鼓励适用破产程序,特别是包括重整、和解在内的再建型破产程序,以积极清理债务,避免社会中大量的债务积淀和资产闲置,减少企业长期困境下的道德风险以及由此造成的经济损失。① 其目的在于涵盖"资不抵债"之外的其他情形,以适度缓和破产程序的适用标准,弱化破产原因中关于资不抵债的要求。② 也就是说,当企业不能清偿到期债务却又没有处于"资不抵债"状态时,法院可基于"明显缺乏清偿能力"的事实来决定是否启动破产程序。"明显缺乏清偿能力"的着眼点在于债务关系能否正常了结,与"资产不足以清偿全部债务"着眼于资债比例关系不同。但"明显缺乏清偿能力"与"资产不足以清偿全部债务"相同之处在于,"明显缺乏清偿能力"不是独立的破产重整原因,其也需要"不能清偿到期债务"作为共同要件组成破产重整原因。

在实务操作中,对于"明显缺乏清偿能力"的认定,应该把握以下几个方面。

1. 债务人向债权人明确表示无力清偿债务。

2. 债务人的法定代表人下落不明,且无其他人员负责财产管理与债务清偿。在这种情况下,债务人已经丧失对外进行债务清偿的行为能力,往往实际上也已经丧失了清偿能力,需要及时启动破产程序以更好地维护债权人利益。

3. 债务人转移、隐匿财产或以其他方式非法处置财产,明显影响债务人清偿能力的。债务人在不清偿到期债务的情况下,进行上述财产处分行为,违法逃债,会导致清偿能力进一步丧失,严重损害债权人的利益。破产法专门设置破产撤销权和无效行为制度,因此,适用破产程序可以比任何其他法律程序更好地保护债权人的利益。

4. 债务人经采取强制执行措施后仍不能清偿债务。经任何一个债权人采取强制执行措施后仍不能清偿债务的债务人显然已经完全丧失清偿能力,实际上已经无须再通过推定即可认定其发生破产原因。

5. 债务人长期亏损、资不抵债、扭亏无望。此时债务人已经资不抵债,原因是长期亏损,而且扭亏无望,当然是明显缺乏清偿能力。此外,还应包括其他足以表明债务人明显缺乏清偿能力的行为。③

---

① 参见王卫国:《破产法精义》,法律出版社2007年版,第7页。

② 参见徐根才:《破产法实践指南》(第2版),法律出版社2018年版,第9页。

③ 参见王欣新:《破产法》(第3版),中国人民大学出版社2011年版,第41页。

（四）有明显丧失清偿能力的可能

有明显丧失清偿能力的可能，是指债务人企业资产状况表明虽然目前尚未出现不能支付、资产不足以清偿全部债务的情况，但有证据表明在近期有可能出现丧失清偿能力的情形。[①] 在实务中，是否具有明显丧失清偿能力的可能，需要法院进行实质性审查。这就要求在认定时应当综合考虑影响债务人清偿到期债务的各种因素，比如，债务人的财产保有状况、信用程度高低、知识产权拥有程度、支付手段多寡等各种因素，对于决定债务人丧失清偿能力的可能性至关重要；但债务人在将来一定期间内的财产保有状况、信用程度、知识产权的拥有程度、支付手段等方面可能发生的变化，或许在考虑债务人丧失清偿能力方面，更加重要。[②]

在司法实践中，存在下列情形之一的，可以认定债务人具有明显丧失清偿能力的可能。(1)债务人因经营困难暂停营业或有停业可能；(2)债务人存在大量待处理资产损失，致使实际资产的变现价值可能小于负债；(3)清偿已届清偿期的债务，将导致债务人难以继续经营；(4)导致债务人有明显丧失清偿能力可能的其他情形。

"有明显丧失清偿能力的可能"是一个门槛较低的标准，只要企业有"破产之虞"就可以申请破产重整，如此规定确实有利于企业的早期拯救，提高企业困境的"治愈率"。但在实践中也因其模糊性难免不被滥用或者搁置不用。因此，法院在适用该标准时应格外谨慎。

三、重整价值和可能

《全国法院破产审判工作会议纪要》第 14 条规定："……人民法院在审查重整申请时，根据债务人的资产状况、技术工艺、生产销售、行业前景等因素，能够认定债务人明显不具备重整价值以及拯救可能性的，应裁定不予受理。"该规定限定了破产重整的对象是具有重整价值和拯救可能性的困境企业。这包含两层含义：第一，重整对象是生产经营出现问题的困境企业。即出现我国《企业破产法》第 2 条规定的破产原因的企业。第二，困境企业应具有重整价值和可能。这是启动重整程序的必要性和可能性标准。[③]

---

① 参见王延川主编：《破产法理论与实务》，中国政法大学出版社 2009 年版，第 26 页。

② 参见邹海林：《破产程序和破产法实体制度比较研究》，法律出版社 1995 年版，第 58 页。

③ 参见王富博：《破产重整制度的发展与完善——〈全国法院破产审判工作会议纪要〉的解读（二）》，载《人民法院报》2018 年 3 月 28 日，第 7 版。

若不将重整价值和可能作为破产重整条件，在实践中会导致如下弊端：一是有可能造成债务人滥用重整机会，恶意损害其他债权人利益而使清算不恰当地延期；二是将没有再建希望的企业纳入重整程序，无疑会造成程序的浪费，损害债权人乃至社会利益；三是导致程序空转，影响程序效率。一个没有再建希望的企业开始重整程序，最终也要转入破产清算程序，也就使重整程序的运转徒劳无益。

在实务操作中，对重整价值和可能一般可从债务人的资产状况、技术工艺、生产销售、行业前景等方面进行判断。此外，国家大政方针政策、国家产业结构调整规划、债务人资产在清算变卖中可能存在的价值损耗、债务人的无形资产和利益等因素，也会成为评价是否具有重整价值和可能必不可少的内容。债务人的无形资产和利益包括商业信誉、供应渠道、客户网络、公共关系、内部协作和团结、企业文化、技术秘密、商业情报、特许经营权、待履行的有利可图的合同，由以往的施惠行为得到的潜在交易回报，由以往的经营活动获得的可望在今后享有的某些税收减免等，甚至有时还包括企业的名称。这些无形的资产和利益，有时恰恰是一家企业最大的价值，更成为重整可能性最核心的内容。

认定重整对象是否具有重整价值和可能涉及一定的商业判断，这对从事破产审判工作的法官提出了较高的要求。为适应这种要求，破产审判法官需要做两方面的努力：一是拓宽知识领域，尤其要加强经济管理类知识的积累，提高综合业务素质；二是丰富审查方法。除书面材料审查外，还可以采取组织申请人、被申请人听证、征询企业主管部门意见、听取行业专家意见等多种方式，进行综合判断衡量。①

四、申请主体

申请，是引发破产程序开始的最初动因。根据我国《企业破产法》的规定，非由当事人向有管辖权的法院提出申请，不得开始破产程序。这意味着，申请是人民法院开始破产程序的绝对要件，法院不得依职权启动破产程序。有权提出破产重整申请的主体被称为破产重整申请人。我国《企业破产法》规定，破产重整申请人包括以下3类：债权人、债务人以及债务人注册资本1/10以上的出资人。

（一）债务人的破产重整申请权

在民事诉讼程序上，债务人不能自己对自己提起诉讼，而在破产程序上，债务人

① 参见王富博：《破产重整制度的发展与完善——〈全国法院破产审判工作会议纪要〉的解读（二）》，载《人民法院报》2018年3月28日，第7版。

则可以自己对自己提起破产申请,这是破产法的一项特别安排。[1] 破产法赋予债务人破产程序启动权,不仅有利于债务人尽早从沉重的债务包袱中解脱出来,而且有利于充分发挥破产制度的价值。债务人最了解自己的财务状况和清偿能力,对自身所拥有的资产是否存在有效组合的价值也具有最充分的认识。此外,允许债务人通过破产程序偿还债务是债务人行使处分权的表现,根据处分原则,债务人有权决定自己是否作为法人继续存在下去。

我国《企业破产法》第 70 条规定:"债务人或者债权人可以依照本法规定,直接向人民法院申请对债务人进行重整。债权人申请对债务人进行破产清算的,在人民法院受理破产申请后、宣告债务人破产前,债务人或者出资额占债务人注册资本十分之一以上的出资人,可以向人民法院申请重整。"也就是说,债务人有权直接向法院提出破产重整申请,也可以在法院受理破产清算申请后、宣告债务人破产前,向法院提起后续破产重整申请。

关于债务人的申请人地位,我国《企业破产法》未作限制性规定并不代表其破产重整申请人地位不受限制。如果其他法律对于债务人自行申请破产有所限制,应从其限制。[2] 例如,一些特殊市场主体的破产重整,可能影响一般社会公众利益或者广泛债权人利益,其破产应该通过相应主管部门的同意。如金融机构破产,应当经金融监管部门的同意。同时,对于国有企业的破产重整,最高人民法院《关于审理企业破产案件若干问题的规定》(以下简称《破产法规定》)第 5 条规定:"国有企业向人民法院申请破产时,应当提交其上级主管部门同意其破产的文件……"

(二)债权人的破产重整申请权

债权人的破产重整申请权是其债权请求权的自然延伸。按照对债务人特定财产是否有担保,可分为有财产担保债权人和无财产担保债权人;按照债权是否到期,可分为未到期债权人和到期债权人。

1. 有财产担保债权人的破产重整申请权

对债务人特定财产无担保权的债权以债务人的全部财产(非特定财产)为清偿对象,须依赖债务人的清偿行为实现。由于该种债权无对债务人特定财产的优先受偿权利,在债务人丧失清偿能力时只能通过破产程序受偿,故对债务人特定财产无

---

① 参见邹海林:《破产法:程序理念与制度结构解析》,中国社会科学出版社 2016 年版,第 70 页。
② 同上。

担保权的债权人当然享有破产申请权。[①]

在破产法中，对债务人特定财产有担保的债权人称为别除权人。别除权人参加破产程序没有疑义，但关于别除权人是否享有破产申请权则存有争议。有一种观点认为，别除权人的债权有担保物担保，享有优先受偿权，其受偿不受债务人是否破产的影响，原则上没有必要赋予其破产申请权。仅在担保物不足清偿其担保物权的情况下，才允许别除权人提出破产申请。另一种观点认为，限制别除权人行使破产申请权，实际上就是迫使其行使担保物权，而这并不利于对其他债权人利益的保护。而且担保物的价值可能不足以清偿所担保的债权时，别除权人也不得不行使破产申请权，以维护其权利。

我国《企业破产法》采用了承认别除权人有破产申请权的原则，该法第 7 条关于债权人破产申请权的规定中，并未附加财产必须无担保的限制，反而要求债权人在提出破产申请时应提供其财产有无财产担保的证据。据此，别除权人显然享有破产重整申请权。在实务中，尽管别除权人极少会行使破产重整申请权，但法院普遍对此持肯定态度。

2. 未到期债权人的破产重整申请权

对债务人特定财产无担保的债权人以债务人的全部财产（非特定财产）为清偿对象，在债务人丧失清偿能力时，只能通过破产程序受偿，到期债权的债权人当然应享有破产重整申请权，而对未到期债权人是否享有破产重整申请权则存在争议。

未到期债权人是否享有破产申请权，与破产原因有直接关联性。如果法律规定的破产原因中具有不能清偿到期债务的要件，则未到期债权人尚未发生债务人不能清偿到期债务的事实，便不应享有破产申请权。如果法律仅以资不抵债作为破产原因，破产申请权的行使与债务是否到期并没有关系，则未到期债权人应享有破产重整申请权。[②] 如果按照上述分析，我国《企业破产法》及其司法解释规定了三个不同的破产重整原因，其中"资不抵债"和"明显缺乏清偿能力"含有"不能清偿到期债务"的要件，因此，该情况下未到期债权人不享有破产重整申请权；而"有明显丧失清偿能力可能的"虽不含有"不能清偿到期债务"的要件，但根据我国《企业破产法》第 7 条的规定，有明显丧失清偿能力可能的"仅为债务人提出重整的原因，债权人不能

① 参见王欣新：《破产法》（第 3 版），中国人民大学出版社 2011 年版，第 46 页。

② 同上书，第 47 页。

据此原因提出破产重整。也就是说,债权未到期的债权人不能申请债务人重整,未到期债权人不应享有破产重整申请权。①

需要强调的是,不必过度担心未到期债权人因丧失破产重整申请权而失去法律保障。首先,我国《企业破产法》第46条明确规定:"未到期的债权,在破产申请受理时视为到期。"在其他当事人启动的破产重整程序中,未到期债权人也可以参与破产程序,其利益的分配并未受到实质性影响,因为破产程序本身就是一个公平受偿的程序设计。其次,我国《企业破产法》第31条至第33条规定了损害清偿能力的非法处分行为可以由管理人通过采取撤销权、追回权等方式加以解决。这对于未到期债权人的保护与到期债权人的保护是相同的。最后,也是最重要的,未到期债权人可以通过预期违约制度或者加速到期条款,将未到期债权转换为到期债权,自然享有破产重整申请权。

(三)出资人的破产重整申请权

我国《企业破产法》第70条第2款规定:"债权人申请对债务人进行破产清算的,在人民法院受理破产申请后、宣告债务人破产前,债务人或者出资额占债务人注册资本十分之一以上的出资人,可以向人民法院申请重整。"出资人提起破产重整申请,在性质上属于后续破产重整申请,其是破产程序启动后由破产清算程序向破产重整程序的转换。只有在债权人提出破产清算申请并被法院受理后,出资人才能提出破产重整申请。立法之所以这样规定,是因为企业在没有进入破产程序前,出资人的利益诉求可以通过权力机关如股东(大)会来实现,无须出资人自己直接提出。

这里需要探讨的是,在实务中上市公司由于其股份有限公司性质存在大量的流通股,股份持有人变动频繁,如果仍然坚持"出资额占债务人注册资本十分之一以上"为标准确定股东申请权缺乏可操作性。实际上,将其解释为上市公司连续180个交易日单独或合计持有上市公司10%以上股份的股东更具有现实意义。

(四)金融监管机构的破产重整申请权

我国《企业破产法》第134条规定:"商业银行、证券公司、保险公司等金融机构有本法第二条规定情形的,国务院金融监督管理机构可以向人民法院提出对该金融机构进行重整或者破产清算的申请。国务院金融监督管理机构依法对出现重大经营风险的金融机构采取接管、托管等措施的,可以向人民法院申请中止以该金融机

---

① 参见王欣新:《破产法》(第3版),中国人民大学出版社2011年版,第254页。

构为被告或者被执行人的民事诉讼程序或者执行程序。金融机构实施破产的,国务院可以依据本法和其他有关法律的规定制定实施办法。”之所以如此规定,是因为国家金融监督管理机构负有监督金融机构的职责,对金融机构经营状况的了解更详细、全面,而且地位相对超脱,着眼点不限于金融债权人利益的保护,还包括对国家宏观经济环境的保护。

第二节　破产重整的审查与受理

一、破产重整申请需要提交的材料

我国《企业破产法》第 8 条规定,向人民法院提出破产申请,应当提交破产申请书和有关证据。当事人发起重整程序,应当明确表示其启动程序的意愿并按照法律的规定提交相应的证据材料。对法院来说,只有当事人提交了充分的证据材料,才能对公司重整申请作全面审查,并作出是否受理的结论。

(一)债务人申请破产重整时应当提交的材料

债务人申请破产重整,除应当提交破产重整申请书以外,还应当向人民法院提交下列材料。

1. 债务人主体资格证明,包括企业法人营业执照副本、社会统一信用代码、最新工商登记材料。

2. 债务人企业董事会(外商投资企业)、股东大会或者其他依法履行出资义务的人同意申请破产的文件;债务人为国有独资企业或国有控股企业的,还应提交对债务人履行出资职责的国有资产监管机构或其上级主管部门同意其破产的文件。

3. 债务人法定代表人或者主要负责人的名单、联系方式,及债务人董事、监事、高级管理人员和其他管理部门负责人的名单、联系方式。

4. 财产状况说明,包括有形资产、无形资产、对外投资情况、资金账户情况等。

5. 债务清册,列明债权人名称、住所、联系方式、债权数额、有无担保、债权形成时间和被催讨情况。

6. 债权清册,列明债务人的名称、住所、联系方式、债务数额、有无担保、债务形成时间和催讨偿还情况。

7. 有关财务会计报告。

8. 债务人涉及的诉讼、仲裁、执行情况。

9. 企业职工情况和安置预案，列明债务人解除职工劳动关系后依法对职工的补偿方案；债务人为国有独资企业或国有控股企业的，职工安置预案应列明拟安置职工基本情况、安置障碍及主要解决方案等。

10. 职工、高级管理人员工资的支付和社会保险费用、住房公积金的缴纳情况。

11. 债务人为国有独资企业或国有控股企业的，应提交企业工会或职工代表大会对企业申请破产重整的意见。

12. 提交债务人通过重整程序企业能够持续经营，获得经济收益和摆脱困境的重整可行性报告。重整可行性报告一般应包括以下内容：债务人在重整申请之前1年内的资金周转状况；重整如获得批准后的资金筹措方案；重整如获得批准后的资金运行周转方案；重整如获得批准后的生产经营方案；重整如获得批准后债务人收取经营利润的可能性说明等。

（二）债权人申请破产重整时应当提交的材料

债权人申请债务人企业破产，除应当提交破产重整申请书外，还应当向人民法院提交下列材料。

1. 债权人及债务人的主体资格证明，包括营业执照副本、社会统一信用代码、最新工商登记材料等；

2. 债权发生的事实及债权性质、数额、有无担保，并附证据；

3. 债务人不能清偿到期债务的证据；

4. 债务人具有重整价值的分析报告及证据材料；

5. 法院认为应当提交的重整可行性分析报告等其他材料。

依据我国《企业破产法》第8条第2款的规定，债务人提出破产重整申请的，除像债权人一样提交破产重整申请书和相关证据材料外，还应当向人民法院提交财产状况说明、债务清册、债权清册、有关财务会计、职工安置预案以及职工工资的支付和社会保险费用的缴纳情况。实际上，债务人提出破产重整申请和债权人提出破产重整申请，在提交的材料上有明显的差异，即债权人提交破产重整申请的，其需要提交的材料明显少于债务人提交破产重整申请的。

（三）出资人申请破产重整时应当提交的材料

对出资额占债务人注册资本1/10以上的出资人申请对债务人重整，我国《企业破产法》及其相关司法解释均没有规定应当提交的具体材料。结合破产法的精神及重整司法实践，出资人申请对债务人重整时除应当提交破产重整申请书外，还应当向人民法院提交下列材料:(1)出资人的出资证明和主体资格证明文件;(2)债务人具有重整价值的分析报告及证据材料;(3)债务人重整的可行性分析报告或重整方案;(4)人民法院认为应当提交的其他材料。

(四)破产重整案件材料的补充

申请人向人民法院提出破产重整申请,应当按我国《企业破产法》的规定提交破产重整申请书和相关材料。申请人提交的材料不符合规定的,人民法院应当自收到破产重整申请之日起5日内告知申请人需要更正、补充的材料,并指定提交期限。申请人更正、补充有关申请材料的时间,不计入我国《企业破产法》第10条规定的人民法院对破产重整申请的受理审查期限。[①] 申请人未在人民法院指定的期限内更正、补充材料的,人民法院不予受理其申请。有特殊情况需要延长前两款规定的裁定受理期限的,经上一级人民法院批准,可以延长15日。《破产法司法解释(一)》第7条规定,人民法院收到申请人的申请后,负有及时向申请人出具收到申请及所附证据的书面凭证义务,以此作为判断人民法院受理行为合法性的依据,并以此日期开始计算相关受理破产申请的法定期限。

二、破产重整申请的审查与受理

2016年7月6日最高人民法院印发《强制清算与破产案件类型及代字标准》,将强制清算、破产案件从一般民事案件中分出,建立起破产审判的立、审、破流程机制,使破产申请审查成为独立的案件类型。据此,对于是否受理破产重整申请的审查,单独作为一类案件,以"破申"作为案件类型编制案号,并由破产审判业务部门审查后作出驳回重整申请或受理重整申请的裁定。

(一)破产重整案件的管辖

破产重整案件的管辖,是指各级法院及同级法院之间受理破产案件的分工与权限。与一般民事案件不同,破产案件往往涉及人数众多的当事人,且各当事人往往分布于不同地区,而各地法院不仅存在地域差异而且存在级别差异,因而必须对破

---

① 我国《企业破产法》第10条规定:"债权人提出破产申请的,人民法院应当自收到申请之日起五日内通知债务人。债务人对申请有异议的,应当自收到人民法院的通知之日起七日内向人民法院提出。人民法院应当自异议期满之日起十日内裁定是否受理。除前款规定的情形外,人民法院应当自收到破产申请之日起十五日内裁定是否受理。有特殊情况需要延长前两款规定的裁定受理期限的,经上一级人民法院批准,可以延长十五日。"

产案件的管辖作明确规定,否则可能使当事人提出申请和法院受理申请时无所适从。①

1. 破产重整案件的地域管辖

破产重整案件的地域管辖,是指在同级法院之间如何划分重整案件的受理范围。我国《企业破产法》第 3 条规定:“破产案件由债务人住所地人民法院管辖。”《破产法规定》第 1 条规定:“企业破产案件由债务人住所地人民法院管辖。债务人住所地指债务人的主要办事机构所在地。债务人无办事机构的,由其注册地人民法院管辖。”重整案件的地域管辖原则上应遵循前述规定,省、自治区、直辖市范围内因特殊情况需对个别企业破产案件的地域管辖调整的,须经共同的上级法院批准。

对于关联企业破产案件的管辖,2018 年《全国法院破产审判工作会议纪要》中规定,应当根据关联关系的不同程度和模式,区别适用实质合并或协调审理。既要通过实质合并纠正法人人格高度混同的关联关系,确保全体债权人的公平清偿利益,也要避免不当实质合并损害相关利益主体的合法权利。对于实质合并,应当慎用。只有当关联企业成员之间存在法人人格高度混同、区分各关联企业成员财产的成本过高、严重损害债权人公平清偿利益时,才可例外适用关联企业实质合并破产方式进行审理。

采用实质合并方式审理关联企业破产案件的,应由关联企业中的核心控制企业的住所地人民法院管辖。核心控制企业不明确的,由关联企业主要财产所在地人民法院管辖。多家法院之间对管辖权发生争议的,应当报请共同的上级人民法院指定管辖。对于多个关联企业成员均存在破产原因但不符合实质合并条件的,人民法院不得以程序便利为由适用实质合并进行审理,可根据相关主体的申请对多个破产程序进行协调审理,并可根据程序协调的需要,综合考虑破产案件审理的效率、破产申请的先后顺序、成员负债规模大小、核心控制企业住所地等因素,由共同的上级法院确定一家法院集中管辖。

2. 破产重整案件的级别管辖

级别管辖,是指根据案件的性质、影响的范围、简单或复杂的程度,在上下级人民法院之间进行分工、划分权限,确定由哪一级人民法院审理民事案件。② 对于破产案件的级别管辖,根据 2002 年《破产法规定》第 2 条的规定,基层人民法院一般管辖

① 参见范健、王建文:《破产法》,法律出版社 2013 年版,第 70 页。

② 参见江必新主编:《新民事诉讼法理解适用与实务指南》,法律出版社 2012 年版,第 69 页。

县、县级市或者区的工商行政管理机关核准登记企业的破产案件。中级人民法院一般管辖地区、地级市(含本级)以上的工商行政管理机关核准登记企业的破产案件。2017年公布实施的最高人民法院《关于执行案件移送破产审查若干问题的指导意见》(以下简称《执转破意见》)第3条规定,“执转破”案件实行以中级人民法院管辖为原则、基层人民法院管辖为例外的级别管辖制度。中级人民法院经高级人民法院批准,也可以将案件交由具备审理条件的基层人民法院审理。

此外,《全国法院破产审判工作会议纪要》第2条规定,要根据破产案件数量、案件难易程度、审判力量等情况,合理分配各级法院的审判任务。对于债权债务关系复杂、审理难度大的破产案件,高级人民法院可以探索实行中级人民法院集中管辖为原则、基层人民法院管辖为例外的管辖制度;对于债权债务关系简单、审理难度不大的破产案件,可以主要由基层人民法院管辖,通过快速审理程序高效审结。

值得注意的是,根据2002年《破产法规定》第3条的规定:“上级人民法院审理下级人民法院管辖的企业破产案件,或者可将本院管辖的企业破产案件移交下级人民法院审理,以及下级人民法院需要将自己管辖的企业破产案件交由上级人民法院审理的,依照民事诉讼法第三十九条的规定办理……”我国《民事诉讼法》修改后条文序号发生了变化,实际应依照该法第38条的规定进行办理。[①]

为进一步探索改革企业破产案件审理方式和工作机制,最高人民法院于2014年发布了《关于在部分人民法院开展破产案件审理方式改革试点工作的通知》,依照该通知的要求,重庆市第五中级人民法院对企业破产案件的管辖问题进行了试点。试点期间破产案件的立案审查与审理相分离,辖区内的案件均由中级人民法院审查受理。审查符合立案条件并决定由中级人民法院审理的,裁定受理并交由中级人民法院立案庭立案;决定由基层人民法院审理的,裁定受理的同时指定基层人民法院审理,并将相关材料移送至该基层人民法院。

(二)破产重整案件的申请费

诉讼费用与当事人行使诉权密切相关,依法缴纳诉讼费用是案件能否进入法院

---

① 我国《民事诉讼法》第38条规定:“上级人民法院有权审理下级人民法院管辖的第一审民事案件;确有必要将本院管辖的第一审民事案件交下级人民法院审理的,应当报请其上级人民法院批准。下级人民法院对它所管辖的第一审民事案件,认为需要由上级人民法院审理的,可以报请上级人民法院审理。”

的第一道门槛。[①] 破产案件的诉讼费用包括案件申请费用和其他诉讼费用。[②] 依照2007年4月1日实施的国务院《诉讼费用交纳办法》第10条的规定,当事人依法向人民法院申请破产,应当交纳申请费。关于破产案件申请费的交纳标准,该办法第14条第6项作出了规定,即“破产案件依据破产财产总额计算,按照财产案件受理费标准减半交纳,但是,最高不超过30万元”。因此,破产费用可以根据破产财产总额,按照下列比例分段累计计算:(1)不超过1万元的,每件交纳25元;(2)超过1万元至10万元的部分,按照1.25%交纳;(3)超过10万元至20万元的部分,按照1%交纳;(4)超过20万元至50万元的部分,按照0.75%交纳;(5)超过50万元至100万元的部分,按照0.5%交纳;(6)超过100万元至200万元的部分,按照0.45%交纳;(7)超过200万元至500万元的部分,按照0.4%交纳;(8)超过500万元至1000万元的部分,按照0.35%交纳;(9)超过1000万元至2000万元的部分,按照0.3%交纳;(10)超过2000万元的部分,按照0.25%交纳。

与一般申请事项申请费须由申请人预交不同,各国破产法通常规定破产案件申请费不由申请人预交。[③] 在该问题上,我国的规定亦与世界各国相接轨,依照国务院《诉讼费用交纳办法》第20条第2款的规定:“申请费由申请人预交。但是,本办法第十条第(一)项、第(六)项规定的申请费不由申请人预交,执行申请费执行后交纳,破产申请费清算后交纳。”相关当事人以申请人未预先交纳诉讼费用为由,对破产申请提出异议的,人民法院不予支持。[④]

依照我国《企业破产法》第41条的规定,破产案件的诉讼费用属于破产费用。[⑤] 破产重整案件的申请费当然也属于破产费用,依照该法第43条的规定,破产费用和共益债务由债务人财产随时清偿。债务人财产不足以清偿所有破产费用和共益债

① 参见汤维建、李海尧:《〈诉讼费用法〉立法研究》,载《苏州大学学报》(哲学社会科学版)2017年第3期。

② 其他诉讼费用包括:公告费、鉴定费、勘验费、财产保全费、证据保全费、调查费以及人民法院认为其他应由债务人财产支付的诉讼费用。

③ 参见范健、王建文:《破产法》,法律出版社2013年版,第68页。

④ 《破产法司法解释(一)》第8条规定:“破产案件的诉讼费用,应根据企业破产法第四十三条的规定,从债务人财产中拨付。相关当事人以申请人未预先交纳诉讼费用为由,对破产申请提出异议的,人民法院不予支持。”

⑤ 我国《企业破产法》第41条规定:“人民法院受理破产申请后发生的下列费用,为破产费用:(一)破产案件的诉讼费用;(二)管理、变价和分配债务人财产的费用;(三)管理人执行职务的费用、报酬和聘用工作人员的费用。”

务的,先行清偿破产费用。债务人财产不足以清偿所有破产费用或者共益债务的,按照比例清偿。债务人财产不足以清偿破产费用的,管理人应当提请人民法院终结破产程序。人民法院应当自收到请求之日起 15 日内裁定终结破产程序,并予以公告。

(三)破产重整申请的审查形式

破产重整案件作为一种特殊的破产程序,其适用将对相关当事人的利益产生重大影响,因此,人民法院应对破产重整申请进行慎重地审查。我国《企业破产法》第 71 条规定:"人民法院经审查认为重整申请符合本法规定的,应当裁定债务人重整,并予以公告。"立法中虽对审查进行了规定,但审查的具体标准和方法并未予以明确。人民法院对破产重整申请的审查可分为形式审查和实质审查。形式审查,是指审查破产重整申请主体是否适格,接受申请的法院有无管辖权,破产重整申请的形式要件是否符合,如提交的文件是否齐备等。实质审查,是指审查债务人是否存在重整原因、是否具有重整价值和可能等。

对于债务人自愿提出破产清算申请的案件,法院一般以形式审查为原则,仅在发现问题的情况下才有必要进行深入地实质审查。[①] 对于破产重整案件,其启动将使所有债权人的权利行使被中止,不具备条件的重整不仅会使各方利害关系人权益受损,还会延误破产清算时间、浪费司法资源。因此,对于破产重整案件,无论债权人、债务人还是符合条件的出资人提出的重整申请,人民法院均有必要进行实质审查。

对于重整申请的审查方式,《全国法院破产审判工作会议纪要》第 15 条规定,对于债权债务关系复杂、债务规模较大,或者涉及上市公司重整的案件,人民法院在审查重整申请时,可以组织申请人、被申请人听证。债权人、出资人、重整投资人等利害关系人经人民法院准许,也可以参与听证。听证时间不计入重整申请审查期限。

(四)破产重整原因的审查

关于破产重整原因前文已有论述,此处不再赘述。在实践中,对破产重整原因的审查可重点把握以下几个方面。

第一,对于"不能清偿到期债务"的认定,应该注意其系"资产不足以清偿全部债务"和"明显缺乏清偿能力"的共同前提。

---

① 参见王欣新:《破产法》(第 3 版),中国人民大学出版社 2011 年版,第 257 页。

第二，在实务中，存在“资产大于负债”却达到破产重整界限的情况，一般分为三种情况：一是资产为生产工具类资产，一旦变现将直接影响公司的生存；二是公司的现金流不足，或根本没有现金流，导致这种情况的主要原因是企业已经停产，或维持一定生产，但收入有限，仅够用于流动资金周转，无法拿出现金还债；三是资产总量中有相当部分属于对外应收债权，但实际回收可能性极小，而账务上又没有做坏账计提处理，但基本上都无法回收。

第三，对于“明显缺乏清偿能力”的认定，应当注意其作为一种对客观状态的高度概括性描述，属授权性规定，其价值在于赋予法院在认定企业有无破产原因时享有一定的自由裁量权。[①] 在实务中，具体体现在多次拖欠他人债务长期不予返还，资产多体现为积压产品，以及只能以某种实物偿付债务等。[②] 也就是说，企业不能清偿到期债务却又没有处于资不抵债的状态时，法院可基于企业存在“明显缺乏清偿能力”来决定是否启动破产重整程序。

第四，对于“有明显丧失清偿能力可能的”认定，应当注意其仅能作为破产重整的特殊原因，在认定时，应当综合考虑债务人清偿到期债务的各种因素且谨慎使用，尤其是对社会影响大的债务人企业。

（五）破产重整价值和可能性的审查

无论从法律的角度还是从经济的角度观察，破产重整制度对困境企业的拯救具有巨大的优越性，同时不可避免地带有局限性。[③] 正如波斯纳所言，司法重整并非“灵丹妙药”，重整对债务人来说有百利而无一害，如果债务人企业盈利了，他们可以分得利润；如果失败了，全部损失还是由债权人来承担。在司法实践中，不乏一些债务人滥用重整程序的情形，重整程序的滥用会阻碍企业及时退出市场，损害债权人利益，浪费市场资源与司法资源。[④] 因此，为避免重整程序被滥用，人民法院在决定是否受理破产重整申请时，一项需要判定的重要事项便是债务人是否具有重整价值和可能，即重整的必要性和可行性。

人民法院在审查重整申请时，一般通过分析债务人的资产状况、技术工艺、生产

---

① 参见邹海林、周泽新：《破产法学的新发展》，中国社会科学出版社 2013 年版，第 67 页。

② 参见徐永前主编：《企业破产法讲话》，法律出版社 2006 年版，第 82 页。

③ 关于重整制度局限性的论述，参见胡利玲：《破产重整制度之审思》，载《中国政法大学学报》2009 年第 4 期。

④ 参见王欣新：《破产重整不是损害债权人的制度》，载王欣新：《破产法前沿问题思辨》，法律出版社 2017 年版，第 331 页。

销售、行业前景等因素，进行初步的判断。能够认定债务人明显不具备重整价值以及拯救可能性的，应依照《全国法院破产审判工作会议纪要》的要求，及时裁定不予受理。对于符合破产清算条件的，可通过破产清算程序果断实现市场出清。

在司法实务中，判断债务人是否具有重整希望和重整价值，还可从经济性、经营性的视角来判断，通盘考虑公司的收益能力、公司财产的价值、债务的性质和范围等因素。一般情况下，符合以下条件的债务人，可以认定为具有重整可能性：债务人符合国家产业结构调整政策，具有发展前景；虽然连续亏损，但是主要营业事务仍然处于正常状态；重整获得各方利害关系人的广泛支持；债务清偿方案及其资金来源具有可行性；重整措施具有针对性、可操作性；有合理的重整经营方案。

三、破产重整案件受理的法律效力

人民法院经审查认为破产重整申请具备我国《企业破产法》规定的重整原因，应当裁定债务人重整，并予以公告。破产重整申请受理即意味着重整程序的开始，会产生一系列的法律效力。

（一）对个别清偿行为的限制

为保证对全体债权人的公平清偿，我国《企业破产法》第 16 条规定："人民法院受理破产申请后，债务人对个别债权人的债务清偿无效。"当然，对个别清偿的限制不是绝对的。为保证破产受理之后债务人营业的继续维持，债务人仍然有可能因与其他人发生交易往来而实施清偿行为。为了保证这种交易不影响债权人的利益与破产程序的进行，在程序上应当规定这种个别清偿行为在管理人接管以前需经过法院同意，在管理人接管以后当然由管理人决定并且受债权人委员会的监督，在实体上应当规定以继续进行生产经营为前提，以债务人与债权人负对等义务为条件。① 依据我国《企业破产法》第 42 条的规定，因管理人或者债务人请求对方当事人履行双方均未履行完毕的合同所产生的债务为共益债务。对于共益债务可由债务人财产随时清偿。

但在实务中，债务人在进入破产程序之前有可能会破坏这一规则，其有可能在陷入偿付困境的情况下，基于各种原因先对个别债权人进行清偿。为了保护债权人利益，我国《企业破产法》第 31 条规定："人民法院受理破产申请前一年内，涉及债务

---

① 参见韩长印主编：《破产法学》（第 2 版），中国政法大学出版社 2016 年版，第 66 页。

人财产的下列行为,管理人有权请求人民法院予以撤销:(一)无偿转让财产的;(二)以明显不合理的价格进行交易的;(三)对没有财产担保的债务提供财产担保的;(四)对未到期的债务提前清偿的;(五)放弃债权的。”我国《企业破产法》第32条规定:“人民法院受理破产申请前六个月内,债务人有本法第二条第一款规定的情形,仍对个别债权人进行清偿的,管理人有权请求人民法院予以撤销。但是,个别清偿使债务人财产受益的除外。”我国《企业破产法》第33条规定:“涉及债务人财产的下列行为无效:(一)为逃避债务而隐匿、转移财产的;(二)虚构债务或者承认不真实的债务的。”

对于重整期间担保权的行使问题,我国《企业破产法》第75条规定:“在重整期间,对债务人的特定财产享有的担保权暂停行使。但是,担保物有损坏或者价值明显减少的可能,足以危害担保权人权利的,担保权人可以向人民法院请求恢复行使担保权……”根据该条规定,重整程序的效力及于担保权,担保权人的担保权暂停行使,即担保权自动冻结。该规定的目的在于保证债务人能够继续利用已设置担保物权的财产进行生产经营活动,使破产重整得以成功。但在重整程序中暂停行使担保权要以担保权人的利益不受实质损害为前提,担保物有损坏或者价值明显减少的可能,担保权人的权利受到危害的,担保权人可以向人民法院申请恢复行使担保权。

(二)中止对债务人财产的执行程序

各国破产法均规定,在法院受理破产申请后,其他民事强制执行程序尚未开始的,不得开始;已经开始的,应当中止。[①] 我国《企业破产法》第19条规定:“人民法院受理破产申请后,有关债务人财产的保全措施应当解除,执行程序应当中止。”需要注意的是,这里的执行程序,不仅包括民事执行,也包括行政执行和刑事执行。

在司法实务中,中止对债务人财产的执行程序,应该从如下几个方面把握:第一,对已开始但尚未执行完毕的执行程序应当中止;诉讼已经审结但尚未申请或移送执行的,不得再启动新的执行程序。但对于已执行终结的程序以及已部分执行完毕的财产,该规定无溯及力。第二,应当中止的仅限于以财产为标的的执行程序,对债务人提起的非财产性执行程序可继续进行。第三,有物权担保的债权人即别除权人就担保物提起的执行程序,也应受到中止效力的约束。

在实践中,对于已经扣划到执行法院账户的款项是否应中止执行的问题,针对

---

① 参见韩长印主编:《破产法学》(第2版),中国政法大学出版社2016年版,第67页。

重庆市高级人民法院《关于破产申请受理前已经划扣到执行法院账户尚未支付给申请执行人的款项是否属于债务人财产及执行法院收到破产管理人中止执行告知函后应否中止执行问题的请示》,最高人民法院于2017年12月12日作出〔2017〕最高法民他72号答复,该答复中明确指出:"人民法院裁定受理破产申请时已经扣划到执行法院账户但尚未支付给申请执行人的款项,仍属于债务人财产,人民法院裁定受理破产申请后,执行法院应当终止对该财产的执行。执行法院收到破产管理人发送的中止执行告知函后仍继续执行的,应当根据《最高人民法院关于适用〈中华人民共和国企业破产法〉若干问题的规定(二)》第五条依法予以纠正。"

(三)解除有关债务人财产的保全措施

人民法院受理破产申请后,有关债务人财产的其他保全措施应当解除。最高人民法院《关于适用〈中华人民共和国企业破产法〉若干问题的规定(二)》(以下简称《破产法司法解释(二)》)第6条规定:"破产申请受理后,对于可能因有关利益相关人的行为或者其他原因,影响破产程序依法进行的,受理破产申请的人民法院可以根据管理人的申请或者依职权,对债务人的全部或者部分财产采取保全措施。"

此外,如果人民法院在受理案件后又裁定驳回破产申请,该法院作出驳回破产申请裁定的同时,应当通知对债务人财产已经解除保全措施的各人民法院恢复保全措施。[①]《破产法司法解释(二)》第8条规定:"人民法院受理破产申请后至破产宣告前裁定驳回破产申请,或者依据企业破产法第一百零八条的规定裁定终结破产程序的,应当及时通知原已采取保全措施并已依法解除保全措施的单位按照原保全顺位恢复相关保全措施。在已依法解除保全的单位恢复保全措施或者表示不再恢复之前,受理破产申请的人民法院不得解除对债务人财产的保全措施。"

(四)对未履行完毕合同的清理

我国《企业破产法》第18条规定:"人民法院受理破产申请后,管理人对破产申请受理前成立而债务人和对方当事人均未履行完毕的合同有权决定解除或者继续履行,并通知对方当事人。管理人自破产申请受理之日起二个月内未通知对方当事人,或者自收到对方当事人催告之日起三十日内未答复的,视为解除合同。管理人决定继续履行合同的,对方当事人应当履行;但是,对方当事人有权要求管理人提供担保。管理人不提供担保的,视为解除合同。"

---

① 参见王欣新:《破产法》(第3版),中国人民大学出版社2011年版,第59页。

破产申请受理后,对于破产申请受理前成立而债务人和对方当事人均未履行完毕的合同,管理人有权决定解除或者继续履行。管理人可以根据债务人财产价值最大化和破产债务人的实际情况决定是否履行合同。如果管理人决定继续营业并经人民法院批准的,或者由债权人会议决定继续营业的,管理人对待履行合同是否继续履行的决定应与此相适应。管理人决定继续履行的,对方当事人应当履行;但是,对方当事人有权要求管理人提供担保。管理人不提供担保的,视为解除合同。管理人决定解除合同时,对方当事人因此受到的损失应作为破产债权。①

第三节　审查受理破产重整申请的司法实践

破产重整申请的审查是破产重整案件进入司法程序、获得司法救济的入口。对于破产重整申请的审查,我国《企业破产法》仅作出了原则性的规定,最高人民法院也未就具体的操作流程出台相应的司法解释,如何把好破产重整申请审查这一道"关口"成为长期以来困扰司法实践的难点。重庆市高级人民法院根据我国《企业破产法》及其相关司法解释,结合全市的破产审判工作实际,出台了《重庆市高级人民法院破产重整申请审查工作指引(暂行)》(以下简称《指引》)。《指引》的出台有助于全市法院对破产重整申请审查尺度的把握,有利于推进全市破产审判工作,为积极推动供给侧结构性改革、服务经济社会高质量发展提供制度支持。

一、申请人资格和申请材料的审查

申请人是有权提出破产重整申请的主体,我国《企业破产法》在第 7 条第 1 款、第 2 款及第 70 条第 1 款对此进行了规定。根据上述规定,《指引》第 1 条提出:"下列人员可以向人民法院提出重整申请:(1)债权人可以直接向人民法院申请重整;(2)债务人可以直接向人民法院申请重整;(3)人民法院受理破产清算申请后、宣告债务人破产前,债务人或者出资额占债务人注册资本十分之一以上的出资人,可以向人民法院申请重整。"

申请人向人民法院申请破产重整时需提交相应的材料,在司法实践中,因不同法院对于法律及司法解释理解的不同,对于申请人提交材料的要求也不同。此种情

① 参见王欣新:《破产法》(第 3 版),中国人民大学出版社 2011 年版,第 60～61 页。

况,不仅给申请人造成诸多不便,还会影响司法权威。针对上述问题,结合破产重整实践并参考其他省市法院的相关规定,《指引》中明确了债务人申请重整时应提交的材料。《指引》对不同申请人应当提交的材料在其第2条第1款、第3条、第4条进行了详细的列举,不仅为申请人提供了规范指引,也为人民法院提供了可供参照的标准。

此外,针对在实践中部分法院对债权人申请重整,仅就相关债权凭证作形式审查,导致进入破产程序后申请人的债权真实性受到严重质疑,重整案件推进困难的现象,《指引》第2条第2款强调:债权人申请重整的,人民法院应重点审查债权的真实性。申请人的债权已被人民法院、仲裁机构生效法律文书,或者具有强制执行效力的公证债权文书确认,且债务人未予清偿的,可认定申请人享有未获清偿的到期债权;申请人的债权未被人民法院、仲裁机构生效法律文书,或者具有强制执行效力的公证债权文书确认的,人民法院应对申请人的相关债权凭证进行实质审查,以判断债权的真实性和合法性。经审查难以作出判断的,可引导申请人先行提起民事诉讼或依法申请仲裁,以明确其对被申请人是否享有未获清偿的债权。

二、重整原因及可能性的审查

(一)重整原因审查

"重整原因"是破产法领域的特殊概念,是指当事人得以提出重整申请,法院据以启动重整程序的法律事实。虽然在破产法条文中没有直接出现此概念,但在全国人大财经委员会《关于〈中华人民共和国企业破产法(草案)〉的说明》[①]以及最高人民法院印发的《人民法院破产程序法律文书样式(试行)》中均使用了"重整原因"这一概念。我国破产法学界和实务界对该概念的使用也已达成共识。《指引》采用了"重整原因"的表述,并对重整原因的审查进行了规定。

《指引》第6条、第7条对于"不能清偿到期债务""明显缺乏清偿能力"的认定,在我国《企业破产法》及其司法解释规定的基础上再次进行了明确。对于我国《企业破产法》及其司法解释均没有作出明确认定标准的"有明显丧失清偿能力可能"。《指引》第8条结合破产审判实践,并参考外省市法院的规定,列举了一些可以认定为"有明显丧失清偿能力可能"的情形,以帮助法官在审查中进行判断。《指引》第8

---

① 参见安建主编:《中华人民共和国企业破产法释义》,法律出版社2006年版,第280页。

条规定:“存在下列情形之一的,人民法院可以认定债务人有明显丧失清偿能力的可能:(1)债务人因经营困难暂停营业或有停业可能;(2)债务人存在大量待处理资产损失,致使实际资产的变现价值可能小于负债;(3)清偿已届清偿期的债务,将导致债务人难以继续经营;(4)导致债务人有明显丧失清偿能力可能的其他情形。”

(二)重整必要性和可行性审查

在司法实践中,不乏一些债务人滥用重整程序,使一些本该进入破产清算的案件进入重整程序,不仅极大损害了债权人的利益,还浪费了司法和社会资源。人民法院在决定是否受理破产重整申请时,重整必要性和可行性就成为一项重要的审查事项。针对该问题,《指引》第 9 条明确规定:重整对象应当具有重整价值和可能。对于债务人具有重整价值的证据材料,应结合国家产业政策、行业前景、企业发展前景等情况,从债务人重整的社会价值、经济效益等方面进行实质性审查。对于债务人重整的可行性报告或重整方案,应结合债务人的资产及负债状况、经营管理、技术工艺、生产销售情况,以及企业陷入经营困境的主要原因、提出的初步方案是否有针对性和可操作性、重组方是否具有重组能力等进行实质性审查。对于明显不具备重整价值或者虽有重整价值但不具备重整可能性的,应裁定不予受理。

对于重整必要性和可行性审查的具体路径,《指引》第 10 条规定,人民法院对债务人重整必要性和可行性进行审查,一般应听取行业主管部门、金融监管机构、国有资产监管机构、税务机关等相关部门的意见,也可以要求债权人、债务人、出资人提交相关文件资料并接受询问。

(三)特殊性质企业重整审查

针对国有企业和上市公司的重整审查,《指引》第 11 条、第 12 条作出了具体规定。

对于国有独资企业或国有控股企业作为债务人申请重整的,应取得对债务人履行出资职责的国有资产监管机构或国有企业上级主管部门的同意,且企业员工已经被妥善安置或制定了切实可行的员工安置方案。债权人申请国有独资企业或国有控股企业重整的,人民法院在裁定受理前应及时向对债务人履行出资职责的国有资产监管机构或国有企业上级主管部门通报情况,说明股东、清算义务人的法律责任。

申请上市公司重整的,人民法院在受理前应按照最高人民法院《关于审理上市公司破产重整案件工作座谈会纪要》的规定,逐级报送最高人民法院审查批准。

三、审查方式

我国破产法规定,人民法院要对重整申请进行审查,但未明确审查的方式和标准。《全国法院破产审判工作会议纪要》中提出"听证"的审查方式,但该规定较原则。为了能够充分发挥重整程序的挽救功能,同时避免重整程序被滥用,浪费司法资源,损害债权人合法权益。《指引》第13条规定:审查重整申请以听证审查为原则,书面审查为例外。听证期间不计入重整申请审查期限。听证可以由合议庭主持,也可以由合议庭委托承办法官主持。听证参加人员一般包括:(1)重整申请人。(2)债务人的股东、实际控制人、法定代表人及高级管理人员、财务管理人员、职工代表。(3)已知的主要债权人:主要担保权人、主要经营性债权人及主要金融债权人。已成立金融债权人委员会的,应通知金融债权人委员会派员参加。(4)当地政府已经成立清算组或工作组的,应通知清算组或工作组人员参加。(5)人民法院认为应当参加听证的其他人员。

对于听证中需要询问审查的内容,《指引》第14条规定,在听证过程中,人民法院应对下列事项进行询问审查:(1)申请人是否具有申请资格;(2)申请材料是否真实完整;(3)债务人是否具备重整原因;(4)债务人是否具备重整价值和重整可能;(5)债务人股东是否按时足额缴纳出资;(6)债务人是否存在转移资产、个别清偿等行为;(7)债务人以及债务人的控股股东、实际控制人、法定代表人及高级管理人员等是否涉嫌刑事犯罪;(8)人民法院认为需要了解的其他事项。

四、关联刑事案件审查

在破产审判实践中刑民交叉问题非常突出,由于部分法院在申请审查阶段对破产重整与刑事案件处理的协调衔接未予以充分考虑,导致受理后重整程序无法推进,甚至激化了相关利益主体的矛盾。

考虑实践的需要,《指引》第15条规定:债务人或债务人的控股股东、实际控制人、法定代表人及其他高级管理人员涉嫌非法集资、合同诈骗等刑事犯罪的,应与公安机关、检察机关、受理法院联系,了解刑事案件相关情况。刑事案件的处理对重整构成实质性妨碍的,可依法裁定不予受理。公安机关撤销案件、检察机关不予起诉或人民法院宣告无罪的;刑事诉讼程序终结,债务人相关财产未作为赃款赃物依法追缴,或者债务人的资产可以在破产程序中进行处置的,可以另行依法申请重整。

上述条款强调在重整申请审查时，人民法院应当了解相关刑事案件的情况，刑事案件对重整构成实质性妨碍的，应认定其不具备重整条件，对重整申请不予受理。待刑事妨碍因素消除后，可另行申请重整并接受法院审查。

五、破产重整中的协调问题

（一）密切与执行工作的联系

破产案件与执行案件的协调问题一直是破产审判中的一个难点。人民法院在审查重整申请时不知道债务人主要资产已被执行拍卖；或受理后未及时通知相关执行法院，导致债务人主要资产被拍卖；或者执行拍卖进行中，法院裁定受理破产，导致资产变现不得不在破产程序中重新进行评估拍卖等问题，在审判实践中时有发生。

为了妥善衔接执行和破产工作，《指引》第 16 条规定，人民法院裁定受理重整申请前，应在案件管理系统中查询以债务人为被执行人的执行案件，了解主要资产现状，为判明是否具备重整原因、重整价值、重整可行性提供依据。协调好与相关执行案件的工作进度，把握重整申请受理时机，充分利用执行评估拍卖成果，依法高效推进重整工作。

（二）加强与政府部门协调沟通

在破产审判实践中，部分法院对金融债权未引起足够重视，尤其对债务人进入破产程序后可能引发的金融风险传导以及对区域性金融环境的影响没有预判。为此，《指引》第 17 条规定，债务人涉及金融债权较多、金额较大，易引发系统性金融风险的，人民法院应与金融监管部门及时沟通，做好金融风险的预判及防范预案。

破产案件矛盾尖锐且复杂，维稳、税收、工商登记调整等问题远远超出了司法能够解决的范围，必须依靠政府相关部门予以协调解决。为充分发挥府院协调机制的作用，《指引》第 18 条规定，对申请房地产企业、建筑企业、关联企业重整的案件，或者债权人、债务人职工人数众多的重整案件，以及在当地有重大影响的重整案件，人民法院在裁定受理前应通过府院协调机制与当地人民政府沟通，协调人民政府对重整案件涉及的维稳、税收、工商登记等问题提供综合保障。此外，《指引》还对重整申请撤回、重整裁定及公告等问题进行了详细规定。

第四章 管理人

管理人是破产程序中最重要的主体之一。我国《企业破产法》第三章专门规定了管理人的资格、指定方式、职责等内容,最高人民法院根据破产法的精神制定了《关于审理企业破产案件指定管理人的规定》(以下简称《指定管理人规定》)、《关于审理企业破产案件确定管理人报酬的规定》(以下简称《管理人报酬规定》)等司法解释。上述法律及司法解释构建了我国现行的管理人制度框架。我国《企业破产法》中管理人制度的设立是对旧破产法中清算组制度的重大改革,也是对国际破产制度的重要借鉴,是我国企业破产法走向规范化、市场化、国际化的一项重大制度改革与创新。

破产程序能否顺利推进,破产债务人、债权人以及取回权人、别除权人等各方当事人的合法权益能否得到维护,都与管理人制度息息相关。可以说,管理人职能作用发挥程度直接决定了破产程序运作和实施的效果。有学者认为,我国企业破产法的模式就是在法院主导下的一种管理人中心主义。[①] 我国《企业破产法》施行 11 年来,在处理破产案件的过程中,管理人队伍得到一定的发展,管理人能力得以锻炼,

---

① 参见李曙光:《破产法的转型:李曙光破产法文选》,法律出版社 2013 年版,第 111 页。

经验和水平也有所提高。但受到全国破产案件数量的制约,管理人作用尚未充分发挥。以重庆管理人队伍为例,2007 年我国《企业破产法》实施后,重庆市高级人民法院于 2008 年确定第一批破产案件管理人名册,但由于案件数量少,管理人普遍缺乏实践机会,导致管理人业务经验不足、理论功底不扎实,少数管理人对破产程序、步骤、机制运行等基本要求缺乏清晰认识,无法独立完成破产管理任务。从法院的角度而言,因未建立管理人分级管理制度,在较复杂的案件中倾向采用竞争方式确定管理人,导致一些相对较小但有发展潜力的管理人缺乏竞争优势、长期无法接触业务,不利于破产管理人队伍的均衡发展。另外,管理人报酬机制不健全,尤其是对于无产可破或者破产财产不足以支付破产费用的破产案件,管理人的实际付出与报酬无法匹配,导致管理人参与破产程序的积极性、主动性和责任感降低。

2015 年以来,随着破产审判工作的广泛开展和深入推进,管理人制度的重要性日渐显现,管理人制度中需要完善和规范的方面也更加凸显。重庆市高级人民法院自 2015 年以来,对辖区内的管理人选任方式进行了全面改革,并对管理人的监督方式和报酬制度进行了有益探索。在进行破产案件管理人改革试点工作的基础上,2016 年重庆市高级人民法院制定了《企业破产案件社会中介机构管理人名册编制办法》《企业破产案件社会中介机构管理人入册标准指导意见》《企业破产案件社会中介机构管理人评估管理办法》《企业破产案件社会中介机构管理人指定办法》,规范了管理人的选任和指定。

第一节　管理人的概念和法律地位

一、管理人的概念

管理人是破产案件受理后依法成立的,在法院的指导和监督之下全面接管债务人企业并负责债务人财产的保管、清理、估价、处理和分配等事务的具体执行者。我国企业破产法没有区分清算程序、重整程序、和解程序中履行管理职责机构的不同名称,统一使用管理人。因此,我国管理人的概念是广义的概念,包含清算程序、重整程序、和解程序 3 种程序项下履行管理职责的专门机构。

二、管理人的法律地位

管理人的法律地位,不仅是一个基本理论问题,同时也具有较重要的实践意义。

管理人法律地位的确定决定了管理人在破产程序中的角色定位,包括管理人与债权人、债务人、法院的关系如何定性、权利义务的边界如何划分。从理论上以及域外法的规定来看,关于管理人的法律地位存在不同观点。

(一)代理人理论

代理人理论是把民法上的代理理论引入破产法,试图以民法的理论框架解释管理人的地位,从而理顺破产法与民法之间特殊法与普通法的关系。该理论认为,代理人无论为诉讼行为还是非诉讼行为,其最终利益归属当事人一方,由此形成的法律关系无异于民事代理。① 但代理理论实际上无法妥帖解释破产法上管理人的法律地位。首先,民法上的代理人是代表被代理人的利益,而管理人在破产程序中要按照法律规定平衡债务人利益和债权人利益,不能只代表某一方的利益。其次,民法上的代理人应当以被代理人的名义从事民事法律行为,但在破产程序中管理人是以自己的名义从事债务人财产的清理等相关工作。尤其明显的是,在管理人行使撤销权时,管理人要否定其所代表的债务人本身的行为,这在代理理论下难以得到合理解释。

(二)职务理论

职务理论认为,管理人作为私人职务承担者,以自己的名义为破产财团行事,管理人的功能就是负责特别的财产,并作为独立的司法助理机关为全体各方的利益管理和变价处理财产。② 这一理论是德国法上的主流理论,但我国学者普遍认为,该理论将管理人的身份类比为司法执行机关及其工作人员并不妥当。实际上管理人即便是由法院指定,其本身属于中介机构或个人,而非司法执行机关,管理人拥有的处分财产的权利并非源于其身份,而是源于破产法的直接规定。

(三)财团代表理论

财团代表理论认为,破产财产是以破产清算为目的而独立存在的财产,破产财产被整体人格化后,形成类似于财团法人的破产财团,而管理人就是这种人格化财产的代表机关。在该种理论下,破产财产本身被视为有权利能力的主体,而管理人是该主体的代表机关。我国部分学者认为,该学说使破产法理论的很多难题迎刃而解,如破产财产归属、债务人债权债务的承继、管理人执行职务时的侵权行为等,因

---

① 参见耿云卿:《破产法释义》(第4版),台北,五南图书股份有限公司1996年版,第254页。

② 参见[德]莱因哈德·波克:《德国破产法导论》(第6版),王艳柯译,北京大学出版社2014年版,第30~31页。

此赞同该学说。[①] 但该理论实际上无法与我国民法理论契合，根据我国《民法总则》中关于民事主体的法律规定，财团本身不具备权利能力，不能成为民事权利主体，财团即财产集合是民事权利主体所持有的客体，而管理人不可能作为客体的代表从事应当由权利主体进行的民事法律行为。

（四）信托理论

有学者在上述三种理论之外又提出信托理论，并认为英美法系将信托制度引入破产程序中，管理人的法律地位就是破产财产的受托人。[②] 但该理论所体现的内容实际上就是财团代表理论中管理人义务的内核。在美国破产法上管理人的核心属性就在于“管理人是破产财团的代表，在地位上等同于受托人（fiduciary）……作为破产财团的代表，管理人得代表财团起诉和应诉”。[③] 因此，该种理论与财团代表理论并无二致，只是在说明管理人应当承担的义务时，引入了信托制度下受托人的信义义务，包括忠实义务、注意义务。

对管理人法律地位的论争，目的在于使整个法律体系协调一致。前述观点虽有值得商榷之处，但对于正确理解管理人在破产程序中的权利义务不无裨益。在司法实践中，应当以我国《企业破产法》及其司法解释为依据，结合破产案件实际情况，对其权利义务进行准确界定。

第二节　管理人的选任

一、管理人选任方式

管理人如何产生、对谁负责，在一定程度上体现了管理人的法律地位。认为管理人身份独立、不代表任何一方特定利益，类似于一个独立的法定机关的，则管理人应当由法院任命并受法院监督；认为管理人是代表债权人利益，为债权人利益的最大化而管理处分破产财产的，则管理人应当由债权人会议任命并受债权人会议监督。从各国的立法例来看，更多地体现了一种双轨选任方式，即先由法院或者债权人会议选任，同时也给予另一个主体撤换或者另行选任的权利。

---

① 参见韩长印主编：《破产法学》（第2版），中国政法大学出版社2016年版，第73页。

② 参见张军：《论破产管理人的法律地位》，载《武汉大学学报》（哲学社会科学版）2012年第4期。

③ ［美］查尔斯·J. 泰步：《美国破产法新论》（第3版），韩长印等译，中国政法大学出版社2017年版，第93页。

我国《企业破产法》第22条规定:“管理人由人民法院指定。债权人会议认为管理人不能依法、公正执行职务或者有其他不能胜任职务情形的,可以申请人民法院予以更换……”从该法律规定能够反映出,我国破产法更加强调管理人的独立性和中立性,但同时也兼顾了债权人对于管理人选任方面的参与权和异议权。从实践的效果来看,这种选任模式的好处在于:其一,简化程序。我国《企业破产法》第13条规定:“人民法院裁定受理破产申请的,应当同时指定管理人。”在法院受理破产申请时,债权人会议尚未召开,如果由债权人会议选任管理人,则前期还需要指定临时管理人,程序复杂且涉及管理人工作交接,耗时较长,由法院直接指定则可避免上述情况。其二,提高效率。由法院直接指定管理人,避免了债权人会议的争执过程和表决程序。其三,符合国情。现阶段我国暂时没有形成统一的管理人行业协会,①管理人由法院指定便于法院对管理人进行指导、监督、管理。当然由法院直接指定管理人的方式,也需要制衡和监督的制度,确保法院指定行为的公开、公正。

二、管理人名册制度

根据我国《企业破产法》的规定,除几类特殊情形下管理人可以由有关部门和中介机构的人员组成的清算组担任外,一般情况下管理人应当由依法设立的律师事务所、会计师事务所、破产清算事务所以及上述中介机构中具备相关专业知识并取得执业资格的人员担任。

我国没有设立针对管理人本身的资质考试和管理机制,法院在指定管理人时,需要面临的首要问题是,如何在数量众多的律师事务所、会计师事务所、破产清算事务所以及具有职业资格的自然人当中选任出适合破产案件的管理人。《指定管理人规定》中设置了管理人名册制度,该规定第1条即明确规定:“人民法院审理企业破产案件应当指定管理人。除企业破产法和本规定另有规定外,管理人应当从管理人名册中指定。”

在司法实践中,管理人名册制度较好地应对了以下问题:一是协调中介机构的数量与破产案件的数量。从全国范围来看,各个地区由于经济发展不平衡,破产案

① 在全国范围内,已有越来越多的城市,诸如广州、温州、无锡、济南等地成立市级破产管理人协会,河北省还成立了省级的破产管理人协会。参见陈夏红:《成立全国破产管理人协会刻不容缓》,载《法制日报》2016年8月17日,第12版。2018年6月27日在重庆市司法局、重庆市民政局和重庆市高级人民法院等有关部门的支持下筹建的重庆市破产管理人协会正式成立,重庆市司法局为协会业务主管单位。

件数量、中介机构数量均存在差异，即便是在同一个省内差异也非常明显，例如，重庆市辖 26 个区、8 个县，共设立 5 个中级人民法院，位于黔东南的第四中级人民法院辖区和渝南地区的第三中级人民法院管辖范围较小，辖区内经济发展相对滞后，破产案件数量少，律师事务所、会计师事务所等中介机构的数量也较少。而第一中级人民法院和第五中级人民法院辖区属于主城区，经济发展迅速、商业竞争激烈，破产案件相对较多，中介机构数量也较多。设立管理人名册，可根据实际情况较好地协调破产案件与中介机构之间的数量。二是利于选拔素质较高的、适于担当管理人的机构和个人。我国破产法规定，依法成立的律师事务所、会计师事务所、破产清算事务所以及相关具备执业资格的自然人均有资格担任管理人。法院在选任管理人时，首先面临的问题就是甄别各个具有资质的机构和自然人的实际执业能力。而我国并没有统一的管理人协会等组织可以给予必要的协助，因此，法院必须自己进行甄别和考察。而管理人名册制度系针对一定辖区范围的所有的破产案件编制一个统一适用的名册，免去法院在个案中逐个考察的程序，其实质就是对符合资质要求的管理人进行第一轮的筛选。法院在名册范围内再指定管理人，即进行第二轮的筛选。三是利于管理人队伍的培养。根据社会经济的变化和管理人市场的发展，法院适时对名册中的管理人进行增减和考核，在制度上可以激励管理人不断提高自身专业能力、执业能力，进而推动整个管理人队伍水平的提高。要充分发挥管理人名册制度的优势，必须要保证名册制定程序的公开、公平、公正，在业内具有一定的权威性和说服力。

（一）名册编制机关

最高人民法院《指定管理人规定》第 2 条规定："高级人民法院应当根据本辖区律师事务所、会计师事务所、破产清算事务所等社会中介机构及专职从业人员数量和企业破产案件数量，确定由本院或者所辖中级人民法院编制管理人名册。人民法院应当分别编制社会中介机构管理人名册和个人管理人名册。由直辖市以外的高级人民法院编制的管理人名册中，应当注明社会中介机构和个人所属中级人民法院辖区。"

该规定授权各高级人民法院在一定范围内自行确定是由高级人民法院自行制定名册抑或是由高级人民法院辖区范围内的各中级人民法院制定名册。在实践中，考虑辖区范围的大小以及经济发展水平等因素，省一级的高级人民法院一般倾向授权各中级人民法院自行制定辖区的管理人名册，如浙江省、江苏省等；而直辖市高级人民法院一般直接制定管理人名册，如上海市。重庆市高级人民法院于2008年编制第一批管理人名册时，是由高级人民法院统一编制适用于全市法院的管理人名册。全市各级法院在指定管理人时，均须由重庆市高级人民法院司法鉴定技术部门从统一的名册中进行指定。随着破产审判的发展，该名册难以适应审判实践的需要。2016年重庆市高级人民法院在重新编制管理人名册时，充分考虑重庆地域广阔且经济发展不平衡的实际情况，采取了由重庆市高级人民法院辖区的5个中级人民法院自行编制各自辖区范围内的管理人名册，充分发挥各中级人民法院直接指导、监督的职责，中级人民法院名册中的管理人仅能在中级人民法院辖区内执业。[①] 重庆市高级人民法院在全市各中级人民法院管理人名册中择优选定一级管理人，一级管理人在重庆市内跨中级人民法院辖区执业。

（二）名册编制形式

根据担任管理人的主体身份，管理人名册分为社会中介机构管理人名册和个人管理人名册。从目前各个法院编制的名册来看，大部分法院均首先编制了机构管理人名册。部分法院根据破产案件数量和管理人的能力对管理人进行分级管理。例如，《上海市高级人民法院企业破产案件管理人名册评审办法》规定，上海市高级人民法院在上海市企业破产案件管理人名册中择优选任一级管理人。《深圳市中级人民法院破产机构管理人名册编制办法》中将管理人名册中的中介机构分为一级、二级、三级管理人，同时将破产案件分为重大复杂破产案件、普通破产案件和小额破产案件三类，相对应的一级管理人可以担任三类破产案件的管理人，二级管理人可以担任普通破产案件和小额破产案件的管理人，三级管理人只能担任小额破产案件的管理人。

2016年重庆市高级人民法院在制定管理人编制办法过程中，考虑重庆管理人执业基础相对比较薄弱，首先应当将具备一定执业能力、人员充实、实力较强的律师事务所、会计师事务所、破产清算事务所等社会中介机构纳入名册，在机构管理人运行成熟的基础上再适时制定个人管理人名册。因此，重庆市高级人民法院制定的名册编制办法仅仅针对的是社会中介机构。根据《重庆市高级人民法院企业破产案件社

① 重庆主城共有9区，分属重庆市第一中级人民法院和第五中级人民法院辖区。由于主城9区之间的地域交叉、经济联系紧密，因此，重庆市高级人民法院制定管理人名册编制办法时，允许主城9区的相关社会中介机构同时向重庆市第一中级人民法院和第五中级人民法院申请编入管理人名册。故编入上述两家法院管理人名册的主城区管理人可以在两个中级人民法院的辖区内执业。

会中介机构管理人名册编制办法》,对编入名册的机构管理人进行分区分级管理,即各中级人民法院编制二级管理人名册,重庆市高级人民法院从编入各中级人民法院管理人名册的机构中择优评定一级管理人,编制一级管理人名册。

(三)名册编制程序

根据《指定管理人规定》,编制管理人名册需要经过公告、申请、评审、公示、公布和备案几个环节。《重庆市高级人民法院企业破产案件社会中介机构管理人名册编制办法》依据最高人民法院的上述规定,具体细化了编制步骤,将评审程序分为:公告、申请、审核资料、审议、公示、通报、复核、公布结果及备案。

1. 公告。编制管理人名册前,编制名册的法院应将管理人的申请条件、应当提交的材料、评定标准和程序、管理人的职责及相应的法律责任、提交申请材料的截止时间等有关事项在重庆法院公众服务网上进行公告,并通知相关行业协会。

2. 申请。申请编入管理人名册的社会中介机构应于申请期限届满前向评审事务办公室提交申请表及相关申请材料。社会中介机构申请时已经使用过的从业人员及其从业材料,其他社会中介机构不得在申请时重复使用。为统一规范申请资料,便于审查,重庆市高级人民法院出台《企业破产案件社会中介机构管理人入册标准指导意见》。根据该指导意见,申请编入管理人名册的社会中介机构应当提供关于机构规模、执业业绩、专业经验、专业水准、执业责任保险等方面的材料。机构规模包括:(1)具有律师执业证书、注册会计师证书的从业人员人数;(2)成立年限;(3)执业场所。执业业绩包括:(1)最近3年的年均业务收入;(2)获得省级或者国家级执业表彰情况。专业经验包括:(1)作为管理人成员办理破产案件的件数;(2)担任清算组成员参与办理强制清算案件的件数;(3)承担其他非讼清算业务的件数;(4)承担兼并重组、企业改制等专项非诉讼业务的件数。专业水准可资参考的因素包括:关于强制清算、破产方面的专著、文章数量及质量,以及参加破产、强制清算专业研讨会提交论文的数量及质量。

3. 审核资料。由评审事务办公室负责登记并对有关申请材料进行审查。评审事务办公室由负责破产审判工作的业务庭和司法技术部门的人员组成。对申请材料不齐全的,评审事务办公室通知申请人限期补正。逾期补正的材料,不纳入审查范围。申请人必须如实申请,凡有弄虚作假情形的,取消其参评资格。评审事务办公室采用书面审查、询问、实地考察等方式审查申请人的具体情况,形成书面审查报告并向评审委员会汇报。

4. 审议。由评审委员会经审查评议后确定初审名单。评审委员会由分管破产审判工作的院领导和负责破产审判工作的业务庭、司法技术部门、监察室等部门人员组成，人数不少于7人且为单数。根据评审事务办公室审查的情况，评审委员会结合公布的各项情况进行评分，并根据申请人得分的高低及入册机构名额，按照1∶1.2的比例审查确定初审名册。评审委员会的决定需经全体评审委员会委员过半数通过。

5. 公示。确定的初审名册在重庆法院公众服务网上进行公示，公示期10日。公示期内，任何单位和个人均可对编入初审名册的社会中介机构实名提出书面异议。

6. 通报。评审委员会将初审名册通报有关行业协会并征求意见。

7. 复核。公示期满后，评审委员会应当对有关异议进行审查。异议成立，申请人确不宜担任管理人的，不纳入名册。

8. 公布结果。审定后的管理人名册应在《人民法院报》、重庆法院公众服务网上公布并报请上一级法院备案。

重庆各中级人民法院依据上述规定和程序于2016年年底编制并公布了二级管理人名册，重庆市高级人民法院于2017年年初编制并公布了一级管理人名册。

（四）名册的调整

名册的调整涉及两种情况：一种是根据社会经济发展需要和管理人市场的发展，对名册进行增减或者重新制定名册而进行的调整；另一种是人民法院对管理人进行评估考核，根据评估考核的结果而进行的调整。

适时地对名册进行调整，有利于管理人市场的有序竞争和合理流动。《指定管理人规定》第14条规定："人民法院可以根据企业破产案件受理情况、管理人履行职务以及管理人资格变化等因素，对管理人名册适时进行调整。"重庆市高级人民法院《关于编制企业破产案件管理人名册的公告》规定，名册的编制法院对辖区的管理人名册进行适时调整，即各中级人民法院对辖区的二级管理人名册可进行调整，重庆市高级人民法院对一级管理人名册进行调整。重庆市高级人民法院最初于2008年编制了重庆市法院管理人名册，2016年根据破产案件审理需要以及重庆经济发展情况对管理人名册进行了整体调整，该次调整确定了分区分级的管理人选任原则，因此不仅涉及了旧管理人的退出、新管理人的入册，还涉及根据管理人的各项资质进行级别划分。

三、管理人指定机制

(一)指定原则

1. 公开原则。法院在名册中指定破产案件管理人时有一定的自主权力,为规范权力运行、防止恣意用权,管理人指定程序应当公开化、透明化。

2. 就近原则。为保障债权人利益、降低破产费用,一般而言,受理企业破产案件的法院应当从本辖区管理人名册中指定管理人,就近原则也便于管理人开展工作以及法院进行监督和指导。

3. 破产案件难易程度与管理人能力相匹配原则。破产管理事务具有很强的专业性,不同案件中对管理人专业能力的要求也各有偏重。为了保障破产案件顺利进行,对于债权债务关系复杂、利害关系人人数较多及有重大影响的案件,可通过竞争方式选任专业水准高、工作经验丰富的管理人,避免"小马拉大车"的情况发生。同时,考虑到破产管理人行业的整体发展及个案的破产费用等因素,应从案件难易程度出发确定匹配的管理人,避免每个案件都过分追求"高级"管理人。

(二)指定方式

根据《指定管理人规定》的规定,指定管理人的方式有随机方式、邀请竞争方式、推荐方式,另外,在特殊情形下可以指定清算组作为管理人。《重庆市高级人民法院企业破产案件社会中介机构管理人指定办法》中也规定了上述 4 种指定方式,另外,由于重庆法院对管理人实行分区分级管理,因此还涉及不同类型的案件要指定不同类别的管理人。

1. 随机方式。随机方式是指定管理人最主要的方式。《指定管理人规定》第 20 条规定:"人民法院一般应当按照管理人名册所列名单采取轮候、抽签、摇号等随机方式公开指定管理人。"轮候方式指定管理人,是指将中介机构管理人名单、个人管理人名单按某种顺序编列,人民法院按照破产立案的顺序,依次从名单中指定管理人。抽签、摇号方式指定管理人,是指将中介机构管理人名单、个人管理人名单的顺序打乱,由其随机摇号或抽签,人民法院根据摇号或抽签的结果指定管理人。①

从程序上来看,随机方式指定管理人有利于实现指定管理人程序的公开化、透

---

① 参见最高人民法院民二庭编著:《最高人民法院关于企业破产法司法解释理解与适用》,人民法院出版社 2007 年版,第 81 页。

明化,最大限度地排除人为因素。重庆市高级人民法院规定,以下案件采取随机方式指定管理人的,应当由重庆市高级人民法院在一级管理人中随机指定:(1)商业银行、证券公司、保险公司等金融机构破产案件;(2)上市公司破产案件;(3)债务人财产价值总额1亿元(含本数)以上的破产案件;(4)在全国或者全市范围内有较大社会影响的破产案件;(5)受理破产案件的法院认为属于重大复杂的破产重整案件或者关联企业实质合并破产案件。各中级人民法院及辖区基层人民法院审理破产案件一般也采用随机方式指定机构管理人。重庆市高级人民法院规定的随机指定方式是公开摇号加存量管理,即人民法院对各机构管理人尚未审结的破产案件可以实行存量管理。存量超过上限时,可以暂停指定其为本辖区内新的破产案件管理人。这种方式可以避免同一管理人被随机多次选中,由法院进行数量上限的控制,尽量保证管理工作质量和管理人名册中的全部备选机构都有机会办理破产案件。

2.竞争方式。竞争方式是针对重大、疑难、复杂的破产案件而采取的管理人指定方式。该种方式的优势在于克服了随机指定方式所产生的案件疑难程度与管理人水平不相匹配的矛盾。根据《指定管理人规定》第21条的规定,商业银行、证券公司、保险公司等金融机构或者在全国范围有重大影响、法律关系复杂、债务人财产分散的企业破产案件,人民法院可以采取竞争指定方式。重庆市高级人民法院规定,符合该条规定的企业破产案件,受理破产案件的法院可以采用邀请竞争方式指定机构管理人,受理破产案件的法院可以根据案件的具体情况,决定是否邀请编入外地法院管理人名册中的机构管理人参与竞争,并且机构管理人之间可以采用联合报名的形式参与竞争。

最高人民法院于2018年3月下发的《全国法院破产审判工作会议纪要》中进一步强调了竞争选任管理人的方式,该纪要第7条规定:建立竞争选定管理人工作机制。破产案件可以引入竞争机制选任管理人,提升破产案件质量。上市公司破产案件、在本地有重大影响的破产案件或者债权债务关系复杂,涉及债权人、职工以及利害关系人人数较多的破产案件,在指定管理人时,一般应当通过竞争方式依法选定。竞争选任管理人的案件类型包括以下三类:(1)上市公司破产案件;(2)在本地有重大影响的破产案件;(3)债权债务关系复杂,涉及债权人、职工以及利害关系人人数较多的破产案件。相较于《指定管理人规定》第21条的规定,该纪要扩大了竞争指定方式的适用范围,并且规定上述3类案件"一般应当"采用竞争指定方式,而之前的《指定管理人规定》第21条规定的是"可以"。从上述变化可以看出,最高人民法院希望对竞争指定管理人的方式加以推广运用，实现管理人之间的充分竞争，有效推动破产案件的审理工作。

3. 接受推荐方式。根据《指定管理人规定》第 22 条的规定，在特殊情况下，受理破产案件的法院可以采用接受推荐的方式指定机构管理人，即“对于经过行政清理、清算的商业银行、证券公司、保险公司等金融机构的破产案件，人民法院除可以按照本规定第十八条第一项的规定指定管理人外，也可以在金融监督管理机构推荐的已编入管理人名册的社会中介机构中指定管理人”。

4. 指定清算组方式。《指定管理人规定》第 18 条规定了指定清算组为管理人的 4 种情形：(1)破产申请受理前，根据有关规定已经成立清算组，人民法院认为符合该规定第 19 条的规定；(2)在《企业破产法》施行前国务院规定的期限和范围内的国有企业实施破产的特殊事宜，按照国务院有关规定办理；(3)有关法律规定企业破产时成立清算组；(4)人民法院认为可以指定清算组为管理人的其他情形。《指定管理人规定》第 19 条规定：“清算组为管理人的，人民法院可以从政府有关部门、编入管理人名册的社会中介机构、金融资产管理公司中指定清算组成员，人民银行及金融监督管理机构可以按照有关法律和行政法规的规定派人参加清算组。”重庆市高级人民法院《管理人指定办法》规定，除最高人民法院《指定管理人规定》第 18 条第 1 项所规定的情形外，清算组作为管理人的，清算组成员中的社会中介机构应当按照本办法规定随机指定或者按照本办法规定采用邀请竞争的方式指定。

四、管理人的评估管理

法院作为管理人的选任主体，负责管理人名册的编制和指定。相应的法院对管理人也负有评估管理的职责。各个省市的法院对于管理人的评估管理方式略有不同。深圳市中级人民法院分别制定管理人考核办法和分级管理办法，对管理人进行个案考核加年度考核，并对管理人的降级实行末位淘汰制，即法院对同级管理人综合考核得分进行排序，排名末位的一级管理人降为二级管理人，排名最后两位的二级管理人降为三级管理人，排名最后两位的三级管理人被淘汰。[①] 上海市高级人民法院采取每两年考核一次，由管理人按要求提交履职报告，考核结果纳入管理人履

---

① 参见《深圳市中级人民法院破产案件管理人分级管理办法》《深圳市中级人民法院破产案件管理人考核办法》。

职档案,作为管理人名册调整和资质晋级、降级以及除名的依据。

重庆市高级人民法院制定《企业破产案件社会中介机构管理人评估管理办法》,对管理人工作采取个案评估和年度评估,并根据评估结果作出晋级、降级、暂停管理人资格或者除名等处理。主要内容包括以下几方面。

(一)管理人评估

对管理人工作的评估分为个案评估和年度评估。个案评估由受理破产案件的法院进行。在每个破产案件程序终结后15日内,管理人向审理破产案件的审判组织提交个案履职报告,对其在个案中的履职情况进行自我评价。破产案件的审判组织根据管理人的个案履职情况,对管理人履职情况进行评分,评分从以下几方面进行:(1)规范接管债务人财产、印章和账簿等;(2)尽职调查债务人财产状况、完成财产清理和财产追收工作;(3)依法管理债务人内部事务;(4)规范召开债权人会议,积极完成与债权人沟通、解释等工作;(5)破产费用的合理使用;(6)与法院及政府相关职能部门的沟通协调能力;(7)程序推进的规范程度和工作效率;(8)协调化解矛盾的能力(如职工安置、区域性稳定)。管理人对评估结果有异议的,可以向审理破产案件的审判组织申请复核。年度评估由编制管理人名册的各中级人民法院进行。管理人每年第一个月,向中级人民法院提交年度履职报告。年度履职报告应详细载明该年度办理破产案件的情况、个案评估分数、管理人机构规模和经验、专业人员队伍建设情况、破产实务研究成果及被处罚情况等。各中级人民法院组成评审委员会结合机构管理人提交的年度履职报告,从年度办案数量、个案评估结果、管理人机构规模和经验、专业人员队伍建设、破产实务研究成果等方面对管理人进行年度评分。年度评估结果应当进行公示,管理人对评估结果有异议的,可以向评审委员会申请复核。

(二)管理人级别调整

重庆市高级人民法院以及辖区各中级人民法院可以根据管理人履职情况和审理破产案件的需要,适时对管理人名册进行调整。调整管理人名册的,应当及时报请上一级法院备案。

一级管理人有以下情形的,经相关法院书面建议,由重庆市高级人民法院管理人评审委员会决定取消一级管理人资格:(1)有一件个案评估不合格(60分以下)或者有一次年度评估不合格(60分以下)的;(2)在担任管理人期间被人民法院处以罚款、暂停管理人资格或者除名的;(3)编制管理人名册的中级人民法院同意社会中介机构退出名册的。

(三)管理人除名

除最高人民法院《指定管理人规定》中关于应当除名的情形外,《重庆市高级人民法院企业破产案件社会中介机构管理人评估管理办法》中还规定管理人出现以下情形的应当除名:(1)因故意犯罪受到刑事处罚的;(2)被吊销相关专业执业证书的;(3)因执业、经营中故意或者重大过失行为,受到行政机关、监管机构或者行业自律组织行政处罚或者纪律处分的;(4)执业许可证或者营业执照被吊销或者注销的;(5)出现解散、破产事由或者丧失承担执业责任风险的能力的;(6)履行职务时,因故意或者重大过失导致债权人利益受到损害的;(7)拒绝接受法院、债权人会议、债权人委员会的监督,经批评教育仍不改正或者对应当及时向法院报告的重大事项隐瞒不报的;(8)违反法律、司法解释规定或者未经法院批准私自收费的;(9)利用管理人的身份或地位为自己或他人谋取私利的;(10)参与评审时未如实申报的;(11)存在请客送礼等不正当行为的;(12)擅自将其应当履行的职责全部或者部分转给他人的;(13)累计两件个案评估不合格(60分以下)或者两次年度评估不合格(60分以下)的。被除名的机构管理人自除名之日起3年内不得重新申请入册。

第三节　管理人的职责与报酬

一、管理人的职责

管理人是推进破产程序的核心主体,在破产程序中具有广泛的职责和权利,管理人应当勤勉尽责、忠实执行职务。管理人名册制度、指定制度等都是管理人尽职履职、发挥作用的前置制度保障。管理人在清算程序、重整程序、和解程序中的职责不尽相同。

(一)清算程序中的职责

我国《企业破产法》第25条、第48条、第57条、第63条等法律条文规定管理人的职责,其中该法第25条集中规定管理人履行以下职责:(1)接管债务人的财产、印章和账簿、文书等资料;(2)调查债务人财产状况,制作财产状况报告;(3)决定债务人的内部管理事务;(4)决定债务人的日常开支和其他必要开支;(5)在第一次债权人会议召开之前,决定继续或者停止债务人的营业;(6)管理和处分债务人的财产;(7)代表债务人参加诉讼、仲裁或者其他法律程序;(8)提议召开债权人会议;(9)人民法院认为管理人应当履行的其他职责。

管理人的在清算程序中的职责可根据其性质分为:接管职责、调查职责、权利审核职责、财产管理职责、会议召集职责等。

1. 接管职责

管理人就任之后,应当尽快进场接管债务人的财产、印章和账簿、文书等资料,这是管理人的首要职责。在破产申请受理之后,债务人自身对其财产以及相关经营事务丧失控制权,为防止债务人随意处置财产、损害债权人利益,管理人应当将债务人的财产和相关经营事务全面接管,未经管理人同意,任何人不得处分债务人财产。为保证管理人顺利履行接管职责,管理人应当及时刻制管理人印章、向银行申请开立管理人账户,并且应当尽快制定管理人自身的相关工作制度,包括管理工作规程、财务制度、印章管理制度等。

管理人接管债务人的财产包括债务人占有或管理的现金、银行存款、有价证券、债权债务清册、存货、流动资产、固定资产、在建工程、对外投资、无形资产等财产及相关凭证;印章类型包括公章、财务专用章、合同专用章、发票专用章、海关报关章、职能部门章、各分支机构章、电子印章、法定代表人名章等印章;账簿包括总账、明细账、台账、日记账等账簿及全部会计凭证;文件包括批准设立文件、营业执照、税务登记证书及各类资质证书、章程、合同、协议及各类决议、会议记录、人事档案、电子文档、管理系统授权密码等资料。另外,管理人还应当接管有关债务人的诉讼、仲裁、执行案件的相关材料。

在实践中,管理人接管过程中最常遇到的问题是:债务人的相关人员无法交出或者拒不交出财产、印章和账簿、文书等资料。首先,应当明确该处的相关人员是指占用、保存债务人的财产、印章和账簿、文书等资料的人员。其次,应当甄别无法交出的情形,如系因客观原因无法交出,相关人员应当作出说明并且提供相应的证据和线索。管理人应当根据提供的证据和线索进行查找。

对于拒不交出的情形如何处理,在理论界和实务界均有两种观点:一种观点认为,管理人应当通过诉讼,请求持有人交出相关财物。① 主要理由是,法院执行必须有明确的执行依据,而破产程序开始时法院作出的破产申请受理裁定中并没有明确的执行标的,因此不具备执行的前提条件。另一种观点认为,在该种情形下,管理人

① 参见李永军:《破产法律制度:清算与再建》,中国法制出版社2000年版,第163页。

可以直接根据破产申请受理裁定，请求人民法院强制执行。[①] 理由是，破产程序本身就是一种概括执行程序，破产程序开始后对于债务人的全部财物具有法律上的保全效力。因此，管理人可以申请法院强制执行，不必另行提起诉讼解决。此时执行的依据就是破产受理裁定，执行标的就是债务人的财产、印章和账簿、文书等。还有观点认为，如果是债务人的相关人员占有债务人的财物而拒不交出的，则管理人无须通过诉讼，直接依据破产受理裁定即可向人民法院申请执行；如果是第三人，即并非是债务人的相关人员，占有债务人财物而拒不交出的，则管理人应当通过诉讼，请求占有人返还相关财物。因为，此时需要通过诉讼审查第三人的占有是基于何种原因，是非法占有还是合法占有。

2. 调查职责

管理人在接管债务人财物的同时，应当调查债务人财产状况，制作财产状况报告。在实践中，管理人的调查事项包括但不限于以下各项内容：债务人的营业状况；债务人的资产状况；债务人的债权债务情况；债务人职工安置情况，职工工资、经济补偿金支付情况及社会保险费用的缴纳情况；债务人出资人的出资情况；债务人是否存在隐匿财产、个别清偿等行为；债务人的董事、监事和高级管理人员是否存在利用职权获取非正常收入或者侵占债务人财产的行为；债务人未履行完毕的合同情况；有关债务人的未审结诉讼、仲裁以及未执行完毕的案件情况以及有关债务人的其他相关情况。管理人在梳理债务人财产的过程中，要特别注意对债务人享有的债权及时予以催收，以免因为管理人进场接管调查时间过长，导致债务人债权的诉讼时效届满。

我国《企业破产法》第15条规定："自人民法院受理破产申请的裁定送达债务人之日起至破产程序终结之日，债务人的有关人员承担下列义务：（一）妥善保管其占有和管理的财产、印章和账簿、文书等资料；（二）根据人民法院、管理人的要求进行工作，并如实回答询问；（三）列席债权人会议并如实回答债权人的询问；（四）未经人民法院许可，不得离开住所地；（五）不得新任其他企业的董事、监事、高级管理人员。前款所称有关人员，是指企业的法定代表人；经人民法院决定，可以包括企业的财务管理人员和其他经营管理人员。"根据该规定，债务人的有关人员均有义务协助管理人进行调查。管理人在完成接管调查职责之后，依据我国《企业破产法》的规定

---

① 参见王欣新：《破产法》（第3版），中国人民大学出版社2011年版，第90页。

应当制作财产状况的调查报告。该项职责是进行破产清算，以及破产重整、和解的基础性工作。同时，也是对债务人是否具有破产原因的进一步审查。

在管理人履行接管调查职责过程中，如果遇到债务人的相关人员不配合管理人工作的，管理人是否可以向法院申请对相关人员采取相应的强制措施？对于该问题，依照我国《企业破产法》第127条的规定，[①]法院对该种行为采取的主要措施是对债务人以及债务人的主要负责人予以罚款。但我国《企业破产法》第4条同时规定："破产案件审理程序，本法没有规定的，适用民事诉讼法的有关规定。"依据该规定，债务人的相关人员不配合管理人接管和调查的属于妨害民事诉讼程序的行为，法院可以按照妨害民事诉讼行为进行处理。[②] 人民法院可根据情节轻重予以罚款、拘留，构成犯罪的，依法追究刑事责任。[③]

3. 权利审核职责

我国《企业破产法》第48条第1款规定："债权人应当在人民法院确定的债权申报期限内向管理人申报债权。"该法第57条规定："管理人收到债权申报材料后，应当登记造册，对申报的债权进行审查，并编制债权表。债权表和债权申报材料由管理人保存，供利害关系人查阅。"

在权利审核阶段，管理人应当根据债权人申报债权的不同性质，包括职工债权、连带债权、求偿权、合同解除损害赔偿请求权、受托人债权、票据付款人的付款请求权等，对债权的合法性、金额、性质等予以逐笔审查，并制作债权表。另外，管理人还应当对取回权、抵销权、担保权、优先权等申请进行审查。

4. 财产管理职责

管理人的该项职责范围非常广泛，包括以下几个方面。

(1)决定债务人内部管理事务。该项职责虽然不直接涉及债务人财产，但实际上均与债务人财产具有重大相关性。例如，与企业职工解除劳动合同、与必要的关

---

① 我国《企业破产法》第127条规定："债务人违反本法规定，拒不向人民法院提交或者提交不真实的财产状况说明、债务清册、债权清册、有关财务会计报告以及职工工资的支付情况和社会保险费用的缴纳情况的，人民法院可以对直接责任人员依法处以罚款。债务人违反本法规定，拒不向管理人移交财产、印章和账簿、文书等资料的，或者伪造、销毁有关财产证据材料而使财产状况不明的，人民法院可以对直接责任人员依法处以罚款。"

② 参见邹海林：《破产法：程序理念与制度结构解析》，中国社会科学出版社2016年版，第170页。

③ 江苏省南京市某人大代表因严重妨碍破产清算工作，拒不配合法院、管理人相关工作，被司法拘留。参见《人大代表妨碍破产清算工作 南京市人大常委会同意法院予以拘留》，载《人民法院报》2017年2月15日，第1版。

键岗位人员或者企业留守人员签订劳动合同、决定企业的劳动纪律等。

（2）决定债务人的日常开支和其他必要开支。管理人决定债务人的日常开支和其他必要开支时应当以降低清算成本为原则，在合法、合理、必要情形之下，尽量节约开支。管理人办理重大复杂破产案件应当制定财务收支管理制度，接管完成后向人民法院提交债务人的日常开支和其他必要开支的预算报告，在债权人会议成立之后应当根据破产程序的进度，定期向债权人会议报告财务收支情况，提请人民法院终结破产程序时应当同时提交财务决算报告。

（3）在第一次债权人会议召开之前，决定继续或者停止债务人的营业。对于债务人来说，是否继续营业至关重要，这一决定更多的是需要从商业的角度作出判断。我国《企业破产法》第26条规定："在第一次债权人会议召开之前，管理人决定继续或者停止债务人的营业或者有本法第六十九条规定行为之一的，应当经人民法院许可。"我国《企业破产法》第69条规定："管理人实施下列行为，应当及时报告债权人委员会：（一）涉及土地、房屋等不动产权益的转让；（二）探矿权、采矿权、知识产权等财产权的转让；（三）全部库存或者营业的转让；（四）借款；（五）设定财产担保；（六）债权和有价证券的转让；（七）履行债务人和对方当事人均未履行完毕的合同；（八）放弃权利；（九）担保物的取回；（十）对债权人利益有重大影响的其他财产处分行为。未设立债权人委员会的，管理人实施前款规定的行为应当及时报告人民法院。"

（4）管理和处分债务人的财产。包括对在破产申请受理前成立的而债务人和对方当事人均未履行完毕的合同在法定期限内决定解除或者继续履行，并通知对方当事人。清理、盘点债务人的各类财产，对非货币财产按不同情况进行审计、评估、变价。向次债务人和财产持有人发出书面通知，要求次债务人和财产持有人于限定的时间内向管理人清偿债务或者交付财产。发现债务人存在我国《企业破产法》第31条、第32条或者第33条规定的行为，应当向相对人发出书面通知，要求其清偿债务或返还财产。债务人的出资人尚未完全履行出资义务的，管理人应当要求该出资人缴纳所认缴的出资，不受出资期限的限制等。

（5）代表债务人参加诉讼、仲裁或者其他法律程序。我国《企业破产法》第20条规定："人民法院受理破产申请后，已经开始而尚未终结的有关债务人的民事诉讼或者仲裁应当中止；在管理人接管债务人的财产后，该诉讼或者仲裁继续进行。"破产申请受理之后，有关债务人的所有诉讼、仲裁或者其他法律程序均由管理人代表债务人参加。该类诉讼包括但不限于次债务人和财产持有人拒绝清偿债务或者交付财产的，管理人向人民法院提起诉讼；管理人以诉讼方式行使撤销权；债务人的出资人在限定时间内未履行出资义务的，管理人向人民法院提起诉讼；债务人的董事、监事和高级管理人员侵害债务人财产的，管理人向人民法院提起诉讼请求赔偿等。需要特别注意的是，管理人在诉讼过程中决定撤诉、和解，或者承认、放弃诉讼请求的，应当以债务人利益最大化为原则，必要的时候应征得债权人会议或者债权人委员会同意。

5. 会议召集职责

我国《企业破产法》第62条规定，第一次债权人会议由人民法院召集，之后管理人可以向债权人会议主席提议召开。召开债权人会议，管理人应当提前15日通知已知的债权人。在债权人会议上，管理人一般应当提交以下文件：(1)会议议程；(2)管理人阶段性工作报告；(3)债权审核报告及债权表；(4)职工安置情况，工资、经济补偿金及社会保险费用的支付情况；(5)债务人财产的管理方案；(6)破产财产的变价方案；(7)破产财产分配方案；(8)管理人报酬方案；(9)其他相关资料文件。管理人应当向债权人会议报告职务执行情况，并回答债权人的询问。对于较简单的破产案件，管理人应当将上述材料在第一次债权人会议上全部提出；对于复杂的破产案件，管理人可以根据债务人财产的清理进度，分次尽快提出。

(二)重整程序中的职责

在重整程序中，管理人除履行上述的接管职责、调查职责、权利审核职责、财产管理职责、会议召集职责等相关职责外，还要根据情况履行拟定重整计划、监督债务人等职责。

1. 拟定重整计划的职责

拟定重整计划草案，是重整程序中最关键的环节，重整计划是否具有合法性、可行性以及商业价值，是重整能否获得成功的关键所在。依我国《企业破产法》第80条规定："债务人自行管理财产和营业事务的，由债务人制作重整计划草案。管理人负责管理财务和营业事务的，由管理人制作重整计划草案。"在实践中，即使是债务人自行管理财产和营业事务的情形，债务人在自行制作重整计划草案时，也需要管理人从专业技术的角度予以帮助。

管理人应当在做好资产调查和评估、债权申报和审查、信息整理和披露、财产处置变现、偿债能力测算、重组方谈判、重整计划的论证和制定、债权人会议的组织和召开等各项工作的基础上，认真听取、吸收债权人意见和建议，充分论证法律上的风险以及可行性，根据债务人的实际情况，制订重整计划。

2. 监督债务人的职责

管理人的监督职责分为两个部分：在重整期间，经债务人申请，人民法院批准，债务人可以在管理人的监督下自行管理财产和营业事务；自人民法院裁定批准重整计划之日起，在重整计划规定的监督期内，由管理人监督重整计划的执行。在监督期内，债务人应当向管理人报告重整计划执行情况和债务人财务状况。

在重整期间，由债务人自行管理财产和营业事务的，管理人应当制定监督债务人的具体制度，确保监督职责落到实处。在重整期间，管理人应当监督债务人的事项包括但不限于：监督债务人的出资人不得进行投资收益分配；监督债务人的董事、监事、高级管理人员非经人民法院同意不得向第三人转让其持有的债务人的股权；监督债务人限制担保权人行使担保权并妥善保管担保物；债务人为继续营业而借款的，管理人应当进行审核并提出意见；债务人合法占有他人财产，该财产的权利人在重整期间要求取回的，管理人应当监督是否符合事先约定的条件等。管理人还应当对债务人拟定的重整计划草案的合法性和可行性进行论证，提出分析意见，供债权人会议和法院参考。另外，在重整期间，债务人的经营状况和财产状况继续恶化，缺乏挽救的可能性，或者债务人有欺诈、恶意减少债务人财产或者其他显著不利于债权人的行为，或者由于债务人的行为致使管理人无法执行职务的，管理人应当申请人民法院裁定终止重整程序，并宣告债务人破产。

在重整计划规定的监督期内，管理人应当按照重整计划的规定监督重整计划的执行。管理人应当制定监督计划，明确监督方式、监督事项和监督职责，督促债务人在重整计划执行期限内执行完毕。管理人应当向人民法院提交监督报告，详细说明重整计划的执行情况和债务人财务状况。最高人民法院《全国法院破产审判工作会议纪要》中还规定，在重整计划规定的监督期内，管理人应当代表债务人参加监督期开始前已经启动而尚未终结的诉讼、仲裁活动；在重整计划执行阶段，因出现国家政策调整、法律修改变化等特殊情况，导致原重整计划无法执行的，管理人可以申请变更重整计划一次。人民法院裁定同意变更重整计划的，管理人应当在6个月内提出新的重整计划。另外，在债务人不能执行或者不执行重整计划的情形时，管理人应当请求人民法院裁定终止重整计划的执行，并宣告债务人破产。

（三）和解程序中的职责

在和解程序中，管理人除履行接管职责、调查职责、权利审核职责、财产管理职责、会议召集职责等相关职责外，还要根据情况履行协助制定和解协议、监督和解协议履行等职责。

1. 协助制定和解协议的职责

债务人申请和解，应当提出和解协议草案。债务人是申请和解协议的主体，债务人负有制定和解协议草案的义务。债务人申请和解有两种情况：一种是在没有受理破产申请的情况下，债务人直接向人民法院申请和解；另一种是在人民法院受理破产申请后、宣告债务人破产前向人民法院申请和解。在前一种情况下，管理人可协助债务人修改完善和解协议草案。在第二种情况下，即存在破产程序转换的情形下，管理人可以协助债务人制作和解协议草案并提出可行性分析意见。

2. 监督和解协议履行的职责

在实践中，债务人在制定和解协议草案时，往往会将管理人作为协议履行的中间人，如限定履行期届满前将应当支付的款项先划入管理人账户。人民法院裁定认可和解协议，终止和解程序之后，在履行和解协议期间，管理人就应当要求债务人按照和解协议的约定将用于清偿债务的资金划入管理人账户统一支付，确保和解协议顺利履行。

（四）程序终结情形的职责

管理人应当自破产程序终结之日起10日内，持人民法院终结破产程序的裁定，向破产企业的原登记机关办理注销登记。管理人于办理注销登记完毕的次日终止执行职务。管理人终止执行职务后，也应当及时注销管理人账户，将管理人印章交公安机关销毁并将销毁印章的证明交人民法院备案。需要注意的是，存在未决诉讼、仲裁或有提存款项尚未分配等遗留事项的，管理人仍应当依法履行职责。

二、管理人的报酬

管理人获取与其工作付出相适应的报酬是劳动所得。在市场经济条件下，管理人获得报酬是必然的也是应当的，管理人报酬的金额总体上应当体现管理人工作的价值，并且应当能够保证管理人职业的有序发展以及管理人市场的有序竞争。

（一）确定报酬的主体

从各国的立法例来看，管理人报酬的确认主体基本上是与管理人的选任主体是一致的。我国的管理人由人民法院选任，债权人对管理人的选任享有参与权和异议权。相应地，我国管理人报酬的决定主体也应当为人民法院，债权人同样可以通过债权人会议提出异议。我国《企业破产法》第28条第2款规定:“管理人的报酬由人民法院确定。债权人会议对管理人的报酬有异议的,有权向人民法院提出。”这一规定从理论上体现了我国破产法对管理人的定位。

(二)报酬确定标准和方式

管理人报酬的确定标准一般有两种:一种为按时计酬制,另一种为按标的计酬制。我国选择了按标的计酬的方式来确定管理人报酬。《管理人报酬规定》第2条规定:“人民法院应根据债务人最终清偿的财产价值总额,在以下比例限制范围内分段确定管理人报酬:(一)不超过一百万元(含本数,下同)的,在12%以下确定;(二)超过一百万元至五百万元的部分,在10%以下确定;(三)超过五百万元至一千万元的部分,在8%以下确定;(四)超过一千万元至五千万元的部分,在6%以下确定;(五)超过五千万元至一亿元的部分,在3%以下确定;(六)超过一亿元至五亿元的部分,在1%以下确定;(七)超过五亿元的部分,在0.5%以下确定。担保权人优先受偿担保物价值,不计入前款规定的财产价值总额。”高级人民法院认为有必要的,可以参照上述比例在30%的浮动范围内制定符合当地实际情况的管理人报酬比例限制范围,并通过当地有影响的媒体公告,同时报最高人民法院备案。

1.标的额的确定

在采取按标的计酬方式确定管理人报酬的情况下,标的额的大小直接决定了管理人报酬的多少。在破产程序中,标的额可以参照的对象有债务人财产金额(广义的破产财产金额)和可清偿分配财产金额(狭义的破产财产金额)。[①] 根据我国《企业破产法》第30条的规定,债务人财产是指破产申请受理时属于债务人的全部财产,以及破产申请受理后至破产程序终结前债务人取得的财产。在债务人被宣告破产后,债务人财产被称为破产财产。可清偿分配财产金额,是指债务人财产当中实际可分配给债权人的财产金额。从数额上来看,债务人财产的金额一定是大于或者等于可清偿分配财产金额。在实践中,债务人财产中还包含难以收回的债权、无法变现的实物财产以及或财产权利等。《管理人报酬规定》第2条明确“根据债务人最终清偿的财产价值总额”作为计算管理人报酬的基数。从价值取向上来看,该种选

① 关于广义破产财产和狭义破产财产的区分,参见李曙光:《略伦新破产法第30条中的债务人财产制度》,载李曙光:《破产法的转型:李曙光破产法文选》,法律出版社2013年版,第112~113页。

择有利于激励管理人查询债务人财产、追收债务人财产,实现债务人财产的最大化。

2. 担保财产价值

关于担保财产的价值是否计入管理人计酬标的额的问题,各国和地区的规定不尽相同。有将担保物价值计入管理人计酬基数的,也有将担保物价值从计算基数中予以扣除的。例如,美国规定管理人报酬以向债权人(不包括债务人,包括有担保债权人)分配财产的数额作为基数;加拿大和我国香港特别行政区则规定担保物的价值不计入计酬标的额。① 我国《管理人报酬规定》第 2 条第 2 款规定,担保权人优先受偿的担保物价值不计入管理人计酬的财产价值总额。

从破产案件的审理实践来看,债务人在陷入财务危机前,基本上已经将企业的大宗不动产以及价值较高的动产设定担保物权,以期获得更多融资、摆脱危机。因此,当企业真正进入破产程序时,其担保财产一般会是债务人财产中比例最高的一部分。最高人民法院上述司法解释对债权人较有利,从结果上来看有利于提高破产债权人清偿率。但并不能完全反映出管理人的相应工作量,因为担保财产也同样需要保管、评估、拍卖等。为兼顾管理人的利益,《管理人报酬规定》第 13 条规定:"管理人对担保物的维护、变现、交付等管理工作付出合理劳动的,有权向担保权人收取适当的报酬。管理人与担保权人就上述报酬数额不能协商一致的,人民法院应当参照本规定第二条规定的方法确定,但报酬比例不得超出该条规定限制范围的10%。"另外,担保财产价值大于所担保的债权时,超出部分应当用于清偿其他债权,因此,该部分超出价值应当计入管理人计酬标的额。

3. 差额定率累进计费制

《管理人报酬规定》规定的管理人收费方式是差额定率累进计费方式,该种计费方式与人民法院诉讼费收费办法中的收费方式是相同的。《管理人报酬规定》将管理人计费基数从 100 万元至 5 亿元以上分 7 段计费,每一段规定了最高的收费比例。考虑全国各地经济发展水平不平衡,司法解释还授权各高级人民法院根据当地实际情况在 30% 的浮动比例范围内对管理人收费比例进行调整。

4. 管理人聘用其他人员的费用负担

律师事务所、会计师事务所通过聘请本专业的其他社会中介机构或者人员协助

---

① 参见最高人民法院民二庭编著:《最高人民法院关于企业破产法司法解释理解与适用》,人民法院出版社 2007 年版,第 147 页。

履行管理人职责的,所需费用从其报酬中支付。破产清算事务所通过聘请其他社会中介机构或者人员协助履行管理人职责的,所需费用从其报酬中支付。最高人民法院《全国法院破产审判工作会议纪要》中规定,管理人经人民法院许可聘用企业经营管理人员,或者管理人确有必要聘请其他社会中介机构或人员处理重大诉讼、仲裁、执行或审计等专业性较强工作,如所需费用需要列入破产费用的,应当经债权人会议同意。从会议纪要的内容来看,如果管理人确有必要聘请本专业的其他社会中介机构或者人员处理专业性较强的工作,所需费用并非必然从其报酬中支付,在债权人会议同意的情况下,可以列为破产费用另行支付。

(三)报酬支付办法

1. 支付进度

由于债务人可供清偿的财产价值在破产程序开始之初并不确定,因此,管理人的报酬无法在破产程序开始之时明确,只能有一个估算金额。《管理人报酬规定》第4条规定:“人民法院受理企业破产申请后,应当对债务人可供清偿的财产价值和管理人的工作量作出预测,初步确定管理人报酬方案。管理人报酬方案应当包括管理人报酬比例和收取时间。”由于管理人报酬只能在破产财产分配阶段才能最终确定,因而在实践中支付管理人报酬存在合理确定进度的问题。《管理人报酬规定》第3条规定:“人民法院可以根据破产案件的实际情况,确定管理人分期或者最后一次性收取报酬。”

在实践中管理人的报酬一般根据破产案件审理进度和管理人履行职责的实际情况分期支付。对于案情简单、耗时较短的破产案件,可以在破产程序终结后一次性向管理人支付报酬。

2. 调整支付方案

调整管理人报酬支付方案的方式一般有两种:一种是法院主动调整,另一种是管理人与债权人协商调整。主动调整,是指人民法院确定管理人报酬方案后,可以根据破产案件和管理人履行职责的实际情况进行调整。法院在调整管理人报酬时,应当考虑破产案件的难易程度,管理人的勤勉程度、实际贡献、承担的风险和责任,债务人住所地居民可支配收入及物价水平等因素。管理人、债权人可以就报酬方案进行协商。如果管理人与债权人就调整管理人报酬方案协商一致,管理人应向人民法院书面提出具体的请求和理由,并附相应的债权人会议决议。人民法院经审查认为上述请求和理由不违反法律和行政法规强制性规定,且不损害他人合法权益的,应当按照双方协商的结果调整管理人报酬方案。

(四)管理人报酬保障制度

管理人报酬为破产费用,从债务人财产中优先支付。在实践中确实存在债务人财产不足以支付破产费用的案件。《管理人报酬规定》第12条第2款规定:"债务人财产不足以支付管理人报酬和管理人执行职务费用的,管理人应当提请人民法院终结破产程序。但债权人、管理人、债务人的出资人或者其他利害关系人愿意垫付上述报酬和费用的,破产程序可以继续进行。"

对于无产可破或债务人财产不足以支付破产费用的案件,管理人也应当穷尽一切途径和方法调查债务人的财产状况,通过撤销权等手段追查债务人是否有隐匿、非法转移财产的行为。在此情况下,管理人会付出时间、劳动,必要时还会垫付一些费用。在经过破产程序的清理和查找之后,如果债务人财产仍不足以支付破产费用,管理人的报酬以及垫付的费用如何支付,则成为一个必须面对的问题。

《管理人报酬规定》所采取的办法是由利害关系人垫付。在实践中,债权人、管理人以及债务人自愿垫付资金的情形非常少见。为解决该问题,部分地区的法院进行了积极有效的探索。例如,深圳市中级人民法院规定管理人在支取报酬时,应当按不同的报酬金额为基数提取4%～6%的资金,用于建立管理人援助资金。① 南京建立了专门的破产管理人基金会,该基金会的登记管理机关为南京市民政局,主管单位是南京市司法局,业务活动接受南京市中级人民法院的监督指导。基金的来源为政府拨款、社会捐赠、提取管理人报酬、在核准的业务范围内投资获取收益、基金产生的利息、其他合法收入。②

《全国法院破产审判工作会议纪要》在总结全国各地实践的基础上提出"要推动建立破产费用的综合保障制度",并要求各地法院积极争取财政部门支持,或采取从其他破产案件管理人报酬中提取一定比例等方式,推动设立破产费用保障资金,建立破产费用保障长效机制,解决因债务人财产不足以支付破产费用而影响破产程序启动的问题。

---

① 参见深圳市中级人民法院《管理人报酬确定和支取管理办法(实行)》第30条。

② 参见黄建东、吴艳:《探索破产管理人援助基金建立即制度构建——以金陵管理人援助基金会为参照》,中国破产法论坛·破产法市场化实施的配套法律制度专题研讨会论文,温州,2018年4月21日,第310～314页。

第四节　指定管理人的司法实践

管理人是破产程序的主要推动者和破产事务的具体执行者。管理人的能力和素质直接影响破产案件的审理质量和效率,在一定程度上还影响企业的生死存亡和发展走向。重庆市高级人民法院自2008年确定第一批破产案件管理人名册以来,根据审判实践的需要和最高人民法院的指导精神,不断健全完善管理人相关制度,经过近10年的努力和发展,重庆地区的管理人队伍在实践中得到有效锻炼,执业水平和经验大幅提升。

一、建章立制,完善管理人指定制度框架

为统一和规范重庆市企业破产案件管理人指定工作,保障企业破产审判工作的顺利进行,重庆市高级人民法院先后制定了《企业破产案件社会中介机构管理人名册编制办法》《企业破产案件社会中介机构管理人入册标准指导意见》《企业破产案件社会中介机构管理人评估管理办法》《企业破产案件社会中介机构管理人指定办法》等相关的规章制度,管理人制度框架已经基本完善。法院依法依规在破产案件中指定管理人并按照要求对管理人工作开展评估管理,较好地应对了近年来重庆大幅增加的破产案件审理工作,实现了对债权人、债务人及其他相关主体的公平保护。

二、实行管理人分区分级管理制度

重庆市高级人民法院在指定管理人工作中,建立管理人分级管理制度,在高效、快速指定管理人的同时,确保破产案件难易程度与管理人的能力相匹配。管理人分级分区管理制度,改变了原来由重庆市高级人民法院统一编制管理人名册、摇号确定管理人的模式,由各中级人民法院负责所在辖区名册的编制、摇号选定管理人和对管理人进行工作评估。重庆市高级人民法院在全市各中级人民法院管理人名册中择优选定一级管理人,重大破产案件由重庆市高级人民法院从管理人名册中随机指定。这种管理模式,实现了名册编制、管理人选定和评估工作的有效衔接。根据《重庆市高级人民法院企业破产案件社会中介机构管理人指定办法》的规定,人民法院审理企业破产案件,一般应采用随机方式指定管理人。随机方式指定管理人的,即根据案件的具体情况在相应等级的管理人中进行指定。

三、完善竞争指定管理人工作机制

根据《重庆市高级人民法院企业破产案件社会中介机构管理人指定办法》的规定，为提升破产案件质量，对商业银行、证券公司、保险公司等金融机构或者在全国范围有重大影响、法律关系复杂、债务人财产分散的企业破产案件，人民法院一般采用邀请竞争方式指定机构管理人。受理破产案件的法院可以根据案件的具体情况，决定是否邀请编入外地法院管理人名册中的机构管理人参与竞争。机构管理人之间可以采用联合报名的形式参与竞争。

为使竞争方式选任管理人更具有可操作性，在重庆市高级人民法院的指导下，辖区部分法院陆续制定了竞争方式指定管理人工作实施办法和操作规程。如重庆市第五中级人民法院制定了《关于审理企业破产案件通过竞争方式选任管理人的实施办法(试行)》，根据该办法的规定，法院成立专门的评审委员会，负责从参与竞争的社会中介机构中选定管理人；采取竞争方式选任管理人的，在重庆市有影响的媒体上及承办法院门户网站发布公告；公告期满后，由评审委员会对报名的参与竞争的社会中介机构采取当面陈述和书面审查的方式予以审查；评审委员会委员结合案件的特点，综合考量社会中介机构的专业水准、从业经验、机构规模、初步报价等因素评定其综合分数，[①]并按照得分高低确定两名入围名单，以随机摇签方式确定一名中介机构担任管理人，另一机构确定为备选管理人；联合报名机构得分高于第二名50%(含本数)，并经评审委员会成员1/2以上票选通过的，直接指定为管理人，第二名确定为备选管理人。

四、推动建立破产管理人协会

目前，重庆市管理人行业队伍已初具规模，但仍缺乏统一的行业管理，缺乏统一的业务操作规范和执业纪律规范。从发达国家管理人制度的发展经验来看，建立管理人协会有利于强化管理人行业自治，提升管理人素质和水平。[②] 在重庆市高级人民法院等有关部门的共同推动下，重庆市破产管理人协会于2018年6月27日正式

① 为保证评分的公平公开，该办法附有《关于以竞争方式选任破产管理人评分细则》，其中专业水准18分、从业经验58分、机构规模20分、初步报价4分，满分共计100分。

② 参见杜军：《管理人制度完善的路径与思考——〈全国法院破产审判工作会议纪要〉的解读(一)》，载《人民法院报》2013年3月21日，第7版。

成立。协会成员主要包括进入重庆市高级人民法院和各中级人民法院管理人名册中的管理人，其性质为地方性、非营利性的社会团体，重庆市司法局为协会业务的主管单位。

破产管理人协会的成立将推动管理人队伍的发展，促进管理人工作的规范化，提高管理人业务素质和能力。重庆法院将通过破产管理人协会加强对管理人行业的组织、指导和协调，促进整个行业的健康发展。

五、推动设立管理人报酬保障制度

在实践中，由于破产企业没有财产或者全部财产已经被设定担保，导致管理人难以从企业财产中获得报酬，进而制约破产审判工作顺利推进。可以说，推动建立管理人报酬保障制度是今后破产审判机制完善的重点之一。[①] 在重庆市，大部分基层人民法院尤其是主城区法院，积极与同级政府协调，获得区级财政资金支持，初步设立了破产案件专项资金。例如，沙坪坝区人民法院早在 2013 年就由区政府出资 50 万元设立破产清算扶助基金；九龙坡区人民法院争取到区政府 200 万元的破产处置专项资金；江津区人民法院建立了 800 万元的破产案件财政周转性专项处置基金。远郊区县人民法院如垫江区人民法院争取到政府 50 万元破产资金，忠县人民法院设立了 200 万元破产工作基金。

在法院人财物收归市级统管后，重庆市高级人民法院积极从全市层面对破产专项资金进行协调。2016 年年初重庆市高级人民法院充分利用已建立的“府院协调”机制，协调市政府专门印发会议纪要，将安排筹措企业破产处置工作经费作为“府院协调”机制的主要职责之一。2017 年 4 月重庆市政府明确以市级国有资本经营预算支出兜底解决国有“僵尸企业”破产案件工作费用。重庆市高级人民法院将继续与相关部门进行协调，力争早日建立覆盖全市的管理人报酬保障制度。

---

① 参见杜军：《管理人制度完善的路径与思考——〈全国法院破产审判工作会议纪要〉的解读(一)》，载《人民法院报》2013 年 3 月 21 日，第 7 版。

第五章　债务人财产与破产债权

第一节　债务人财产的接管与清理

一、债务人财产概述

破产程序是对债务人所负全部债务的公平清偿程序，同时也为债权人和债务人提供了“一个综合解决争议的平台”。[①] 债务人财产的价值决定了债权人整体利益能否实现，同时也是决定“破产程序应否进行，如何进行，以何种情况终结的重要数据之一”，[②]故而债务人财产的确定必然在破产程序中居于基础地位。无论在破产清算、重整抑或是和解程序中，债务人财产的接管和清理都是破产程序顺利推进的重要基础。

（一）债务人财产的含义

债务人财产，在破产法理论上又称为破产财团或者财团财产。[③] 我国《企业破产法》第30条规定：“破产申请受理时属于债务人的全部财产，以及破产申请受理后至破产程序终结前债务人取得的财产，为债务人财产。”依照该规定，债务人财产，是指破产申请受理时属于债务人的全部财产，以及

---

① 许德风：《破产法论：解释与功能比较的视角》，北京大学出版社2015年版，第33页。

② 齐明：《中国破产法原理与适用》，法律出版社2017年版，第83页。

③ 参见安建主编：《中华人民共和国企业破产法释义》，法律出版社2006年版，第48页。

受理后至破产程序终结前债务人取得的财产。[①] 我国《企业破产法》在规定债务人财产的内涵与外延的基础上，还使用了破产财产的概念，该法第107条第2款规定："债务人被宣告破产后，债务人称为破产人，债务人财产称为破产财产"。依照该规定，债务人财产在破产宣告后便改称为破产财产，[②]破产财产是债务人财产在破产清算程序中的具体表现形态。[③]

我国1986年《企业破产法（试行）》中，清算程序居于主导地位，破产财产概念的使用并无不妥。但在我国《企业破产法》中新增了以企业复兴为目标的重整程序，该程序中破产企业的财产将在债务人或管理人的管理下进行继续经营，在成功的重整中，债权人要按照重整计划获得债权清偿，债务人的财产不再用于清算分配，此时破产财产的提法不能准确涵盖重整程序下的债务人财产状态。[④] 我国《企业破产法》中"债务人财产"这一概念的出现，不仅体现出我国立法表述的严谨，也反映了我国破产法理念的革新，即从侧重清算分配到注重企业重整再生。

在法教义学上，债务人财产的概念适用于破产清算、破产重整和破产和解程序，而破产财产概念则仅存在于破产清算程序。换言之，两个概念的主要区别在于"表明债务人即财产主体在破产程序中不同阶段的法律地位的不同"。[⑤] 在立法解释上，立法者也认为"破产法对债务人的财产在破产宣告前后的不同阶段，赋予了不同的称谓。但是，就债务人财产与破产财产的范围来看，二者是一致的"。[⑥] 无论是从理论还是立法来看，债务人财产和破产财产的基本内涵是一致的，[⑦]在实体范围上也并无不同，[⑧]但基于立法规定及本书主要内容的考虑，本书在该节中采用"债务人财产"这一概念。

（二）债务人财产的范围

债务人财产的范围，也称破产财产的构成，是指哪些财产属于破产程序中债务

---

① 参见范健、王建文：《破产法》，法律出版社2009年版，第123页。

② 参见王欣新：《破产法》（第3版），中国人民大学出版社2011年版，第107页。

③ 参见邹海林：《破产法：程序理念与制度结构解析》，中国社会科学出版社2016年版，第249页。

④ 参见李曙光：《论新破产法第30条中的债务人财产制度》，载《武汉理工大学学报》（社会科学版）2007年第1期。

⑤ 王欣新：《破产法》（第3版），中国人民大学出版社2011年版，第107页。

⑥ 安建主编：《中华人民共和国企业破产法释义》，法律出版社2006年版，第48页。

⑦ 参见王延川主编：《破产法理论与实务》，中国政法大学出版社2009年版，第212页。

⑧ 参见韩长印主编：《破产法学》（第2版），中国政法大学出版社2016年版，第94页。

人所有的“责任财产”。① 对债务人财产的构成范围存在两种不同的立法例：固定主义和膨胀主义。固定主义认为，债务人财产仅以债务人破产宣告之时或破产案件受理时所有的财产为限；而膨胀主义则认为，除此之外还应包括破产宣告或案件受理后至破产程序终结前新取得的全部财产。② 采取固定主义时，债务人财产的范围在破产宣告或案件受理时即已确定；采取膨胀主义时，债务人财产的范围在破产宣告或案件受理后仍有所扩大膨胀。

无论采取固定主义还是膨胀主义，对于开始时间的判断都至关重要。关于时间起点的确定，存在宣告开始主义和受理开始主义两种立法模式。如果采取宣告开始主义，则债务人财产的确认起始时间即为裁定宣告破产之日；而如果采取受理开始主义，则债务人财产的确认时点将提前至法院受理破产案件之时。但是，在实行破产宣告开始主义的国家，当事人对和解或者重整的申请是与破产清算的申请分别独立提出的，故破产宣告开始仅针对清算程序。③ 我国《企业破产法（试行）》采取破产受理开始主义模式，却规定破产财产的确认起始时间为破产宣告日。我国《企业破产法》坚持破产受理开始主义，明确破产程序开始之法律效力对债务人财产的影响随法院受理破产申请开始。④ 此外，我国《企业破产法》第30条规定：“破产申请受理时属于债务人的全部财产，以及破产申请受理后至破产程序终结前债务人取得的财产，为债务人财产。”根据该规定，我国采用的是受理开始主义加膨胀主义的立法模式，即债务人财产的时间范围始于“破产申请受理时”终于“破产程序终结前”。

确定债务人财产的范围不仅需要从时间上确定，还需要从对象上予以限定。债务人财产的对象范围，是指债务人财产的客体构成，其限定了债务人财产的外延边界。在类型上，可以依据不同标准对债务人财产的客体范围进行分类解析。根据财产物理属性的不同，可分为有形的债务人财产和无形的债务人财产。前者包括各种动产和不动产，后者包括知识产权、债权、各类用益物权以及商誉、证照许可等无形

---

① 责任财产即财产持有人或占有人得以承担清偿债务责任的财产，破产财产应限于债务人的责任财产。参见邹海林：《破产法：程序理念与制度结构解析》，中国社会科学出版社2016年版，第248～249页。

② 关于两种立法例的详细介绍以及优劣评价，参见邹海林：《破产法：程序理念与制度结构解析》，中国社会科学出版社2016年版，第254～260页；李永军：《破产法：理论与规范研究》，中国政法大学出版社2013年版，第233页。

③ 参见王欣新：《破产法》（第3版），中国人民大学出版社2011年版，第43～44页。

④ 关于破产程序开始的法律效力及其对破产人财产的影响，参见李永军：《破产法：理论与规范研究》，中国政法大学出版社2013年版，第108～116页。

财产利益和资源。根据财产权利法律属性的不同,还可分为物权性债务人财产和某些具有人身属性的债务人财产。前者主要是指那些以纯粹财产性利益为内容的权利,后者则主要包括经营牌照、证券交易所的成员权、商誉等具有一定人身属性的财产。[①] 依照我国《企业破产法》和《破产法司法解释(二)》的规定,债务人所有的货币、实物、债权、股权、知识产权、用益物权等财产和财产权益均属于债务人财产,此外,共有财产份额、股东出资、高级管理人员非正常收入等特殊财产利益也属于债务人财产范围。按照债务人财产取得的时间顺序,还可将债务人财产分为破产受理时即属于债务人的财产和破产宣告后至破产程序终结前债务人新取得的财产两类。[②]

上述讨论的内容均属债务人的积极财产,即哪些财产属于债务人财产。此外,为了实践操作的便利,还应当明确哪些财产不属于债务人财产。我国《企业破产法》未对不属于债务人财产的范围作出明确规定,但《破产法司法解释(二)》第 2 条规定:“下列财产不应认定为债务人财产:(一)债务人基于仓储、保管、承揽、代销、借用、寄存、租赁等合同或者其他法律关系占有、使用的他人财产;(二)债务人在所有权保留买卖中尚未取得所有权的财产;(三)所有权专属于国家且不得转让的财产;(四)其他依照法律、行政法规不属于债务人的财产。”

二、债务人财产的接管

在破产程序的结构安排和程序推进上,我国破产法在理论上和实践中奉行管理人中心主义,即“破产程序的事务性工作通过管理人来进行,管理人在破产程序开始后依法对债务人财产进行接管、清理、保管、运营以及必要的处分”。[③] 人民法院指定管理人后,管理人应根据债务人的经营性质以及具体状况全面接管和清理债务人财产,进而以此为基础确定债务人财产的管理和处分方案,并提交债权人会议表决。

(一)债务人财产的接管程序

人民法院指定管理人后,管理人应当及时与法院和债务人沟通确定接管债务人

---

① 参见许德风:《破产法论:解释与功能比较的视角》,北京大学出版社 2015 年版,第 365~368 页。

② 参见李曙光:《论新破产法第 30 条中的债务、财产制度》,载《武汉理工大学学报》(社会科学版)2007 年 7 月 1 日,第 11 版。

③ 邹海林:《破产法:程序理念与制度结构解析》,中国社会科学出版社 2016 年版,第 136 页。

企业的计划和方案。对债务人财产的接管属于管理人整体接管债务人企业的一部分,在程序时点上与管理人对债务人营业、印章和财务资料等的接管同步进行。我国《企业破产法》第25条第1款第1项、第2项确定了管理人接管债务人财产、印章和账簿、文书等资料,以及调查债务人财产状况、制作财产状况报告的职责,这属于法律对债务人财产接管的直接规定。

在法律效力上,债务人财产的接管实质上是债务人企业控制权的移转,即企业的财产管理和营业事务控制权由债务人移交至管理人。在此意义上,接管程序可以理解为"管理人取得对债务人的全部财产和营业事务的概括的占有与控制"。[①] 因此,债务人财产接管程序的主体既包括作为接收人和未来控制者的破产管理人,也包括作为移交人和财产所有人的债务人企业,还应包括作为监督者和协调者的人民法院以及依法负有财产交付义务的第三人。

在具体的接管程序上,管理人应首先制定债务人财产接管方案,组建财产接管人员团队,明确职责分工,确定接管的具体时间、步骤、内容和文档资料等。之后,管理人应在向债务人了解企业财产状况的基础上,与债务人法定代表人、主要财物管理人员办理债务人财产移交手续,制作财产交接清单和移交笔录,必要时还可请求人民法院到场监督协调财产接管流程。债务人财产由第三人占有、保管或者未予交付的,管理人应通知该第三人直接向管理人办理财产移交手续。如果债务人、第三人等拒绝配合管理人进行债务人财产接管工作的,管理人应及时向法院报告相关情况,并采取措施推动债务人财产接管进程。需要指出的是,债务人财产的接管只是债务人财产清理和确认的初步程序,对于债务人或第三人移交的财产,管理人还应在调查和审核的基础上进一步确定这些财产中是否包含除外财产,以及是否仍存在需予以追收的其他债务人财产。

(二)债务人财产的接管措施

为确定债务人财产的客观状况,管理人除需要从债务人相关责任人员处了解企业财产状况外,还需结合实际情况采取多种措施调查和接收债务人财产。具体而言,在破产程序中通常采取的债务人财产接管措施包括以下几种。

第一,财产状况调查措施,包括检查核对债务人账面资产与实物财产的对应情况,财产权利是否存在限制等法律障碍;调查债务人的财产涉及诉讼、执行以及司法

---

① 邹海林:《破产法:程序理念与制度结构解析》,中国社会科学出版社2016年版,第281~282页。

保全措施的相关情况;核查是否存在债务人有关人员隐匿财产或非法转移、处分财产行为,债务人股东出资情况以及董事、监事和高级管理人员是否存在利用职权从企业获取非正常收入和侵占企业财产的情况等。

第二,解除财产保全措施,包括全面梳理债务人涉及诉讼保全和执行保全的案件情况,制作工作台账,并及时依照我国《企业破产法》的规定向采取保全措施的人民法院发送告知函和解除保全措施申请,必要时还可申请受理破产案件的人民法院协调中止执行和解除保全等相关事宜。

第三,及时采取债务人财产保全措施,即对于被债务人有关人员或第三人侵占或存在转移风险的破产财产,管理人应及时查清情况,并根据需要向人民法院申请对相关财产采取保全措施。

第四,采取债务人财产专项审计和评估措施,即对于债务人所有的价值较大或价值难以确定的不动产、特殊动产或者无形财产,在人民法院许可后,管理人可根据实际情况按照规定程序选聘具有相应资质的审计和评估机构确定相关财产的价值。"财产的估算越接近破产财产可能在市场上变现的价值,破产程序的路径选择就会越合理,破产利害关系人对破产程序可能带来的收益之预期也更准确"。[1] 因此,在破产重整程序中选聘专业机构对债务人财产价值进行估算具有相当的必要性和重要性。

管理人在通过上述措施完成债务人财产接管后,应形成工作文档,并就债务人财产的总体状况以及存在的特殊问题形成书面的财产状况报告,提交人民法院备案以及第一次债权人会议审核。

三、债务人财产的清理

(一)债务人财产清理概述

管理人在接管债务人财产后,应当着手对其进行清理。所谓清理,即清查、梳理,旨在核实确定债务人财产的真实状况,为后续清算、重整或和解程序奠定基础。具体而言,对债务人财产进行清理的目的和价值包括以下几个方面。

首先,追收账面目录外的债务人财产,增加破产责任财产总值,以便破产程序推进,最大化债权人受偿利益的范围。前已述及,债务人财产接管仅是确定债务人财

---

① 傅穹、王欣:《破产债务人财产制度的法律解释》,载《社会科学研究》2013 年第 5 期。

产范围的初步程序，还应当通过破产企业债权清收制度，全面清理追收债务人财产。[①] 破产法设计有诸多追收债务人财产的程序制度，这些制度包括破产撤销权制度、破产无效行为制度、财产追回和追缴制度、赎回权制度等。

其次，核查债务人除外财产，保障程序外第三人合法利益，同时减少破产程序推进的外在阻力。这些清理措施实质上是剔除那些性质上不属于债务人所有的财物或权益，纯化债务人财产的外延边界。第三人的取回权、债权人的抵销权、出卖人保留所有权的标的物等均属此情形。

最后，呈现债务人财产的真实状况，以便债权人和人民法院获取破产企业的资产信息，为重整计划、和解方案以及财产分配方案的顺利通过奠定基础。尤其是对于破产重整程序来说，重整计划能否最终通过主要取决于各债权人之间以及债权人和债务人之间在利益配置和协调上能否达成合意。这些决策的形成则又进一步依赖相关主体对债务人财产状况信息的分析和判断。因此，在一定程度上可以说，债务人财产的接管和清理是整个破产程序制度的基石。

综上所述，债务人财产清理的制度功能决定了具体清理措施的主要指向和内容，即集中于债务人财产的追收和债务人财产的排除两个层面。

（二）债务人财产的追收

经过资产接管和清查，管理人如发现在账面资产之外存在其他应归属债务人的财产的，应当依法采取必要措施予以追收，并将相关财物归入债务人财产范围。根据我国《企业破产法》及其司法解释的规定，债务人财产追收主要包括追回、取回、出资追缴、执行回转和损害赔偿权益等具体内容。

1. 债务人财产的追回

我国《企业破产法》第 34 条和第 36 条规定了管理人应当追回债务人财产的三种情形，涉及破产撤销权、破产无效行为以及董事、监事和高级管理人员非正常收入或侵占企业财产而发生的债务人财产追回权。上述 3 种情形的共同特征是，导致产生债务人财产追回的原因行为均属于违法行为或不当行为，其行为结果均会直接造成债务人财产减少，进而会对债权人利益构成实质侵害。

首先，关于破产撤销权问题。在破产“临界期”内，债务人实施不当处分财产或者个别清偿行为，将使债务人财产减少，损害债权人利益，故管理人得依法请求人民

---

① 参见杨悦：《破产债权清收的制度完善》，载《人民司法》2012 年第 1 期。

法院予以撤销。因此,破产撤销权的制度功能在于确保债务人财产的最大化,保护全体债权人的平等受偿权。[①] 在理论渊源上,破产撤销权源于民法上的撤销权制度,是民法撤销权在破产法领域的特别应用,[②]与作为合同保全机制的债权人撤销权亦有密切关联。这可以从破产撤销权的行使主体予以印证。在一般情况下,管理人是提起破产撤销权诉讼的当然主体,但是在管理人未尽到勤勉审查义务的情形下,债权人亦有权依据合同法提起撤销诉讼。《破产法司法解释(二)》第13条即明确规定,破产申请受理后管理人未依据我国《企业破产法》第31条的规定请求撤销债务人无偿转让财产、以明显不合理价格交易、放弃债权行为的,债权人有权依照我国《合同法》第74条等规定提起撤销诉讼,并请求将因此追回的财产归入债务人财产。因此,从制度衔接和法律效果统一的角度,对于破产撤销权的追索期间和时效期间的完善,也应与民法上的撤销权制度进行有效衔接。[③]

其次,关于破产无效行为问题。我国《企业破产法》第33条列举了两类破产无效行为,即为逃避债务而隐匿、转移财产的行为和虚构债务或者承认不真实的债务行为。学理上,破产可撤销行为和破产无效行为都属于破产欺诈行为范畴,我国《企业破产法》在区分行为人主观恶性和对债权人损害程度的基础上,将破产欺诈区分为可撤销和无效两种情形,[④]体现了法律的适度性原则。对于债务人实施的涉及破产无效情形之行为,虽然其效力为当然、自始无效,但考虑到无效后的财产返还问题,《破产法司法解释(二)》规定了管理人可以诉讼的方式在确认相关行为无效的同时主张行为人返还相应债务人的财产。

最后,关于董事、监事和高级管理人员非正常收入的追回问题。根据公司法等相关法律的规定,董事、监事和高级管理人员对公司负有忠实义务和勤勉义务,如其违反法定义务利用职权便利从企业谋取非正常收入或侵占企业财产,应承担返还不当利益等民事责任,涉及犯罪的还将追究刑事责任。[⑤] 我国《企业破产法》第36条确定的非正常收入和侵占财产追回规则,对"董监高"能够起到很好的约束作用。但

---

① 参见许德风:《破产法论:解释与功能比较的视角》,北京大学出版社2015年版,第372页。

② 参见吴长波:《变革中的破产法:理论与实证》,知识产权出版社2012年版,第103页。

③ 就此问题的具体分析,参见唐军:《论破产撤销权》,载《社会科学研究》2013年第1期。

④ 参见彭真军、栗保卫:《论破产欺诈中债权人救济制度之完善》,载《求索》2011年第6期。

⑤ 如高级管理人员的有关行为涉嫌职务侵占等刑事责任,则可能同时涉及民刑交叉问题在破产程序中的处理。参见齐明:《中国破产法原理与适用》,法律出版社2017年版,第92页。

也有观点认为,侵占财产行为应归属于破产无效行为范畴,而不宜在此条中重复规定。①

2. 债务人财产的取回

破产管理人对债务人财产的取回不同于破产法规定的取回权,前者特指我国《企业破产法》第37条规定的对质物、留置物的取回,而后者则是指权利人对由债务人或管理人控制的不属于债务人财产范围的财物的取回。因此,管理人对债权人占有的质物和留置物的取回也称为赎回权,即通过清偿债务或者提供相应担保的方式赎回原担保物。值得注意的是,法律规定的是管理人"可以"取回质物和留置物,采取的是任意性规范模式,其理由在于仅当该质物或留置物对于债务人有较大价值或有利于增加债务人财产利益时,管理人才有必要依法予以取回。因取回质物或留置物属于涉及债务人财产变动的重要事项,故《破产法司法解释(二)》第25条规定管理人应及时向债权人委员会或人民法院报告。此外,在标的物所有权保留的买卖合同中,如果出卖人破产且管理人决定解除合同或在继续履行合同的情况下买受人存在违约或不当处分行为时,管理人亦可依照司法解释之规定行使取回权。

3. 股东出资的追缴

如实履行出资义务是股东对企业法人的法定义务,破产程序开始后股东尚未完全履行出资义务或者抽逃出资的,管理人有权向其追缴相应认缴的出资额或者要求其返还抽逃的出资本息,出资人以认缴出资尚未至缴纳期限或者违反出资义务已经超过诉讼时效为由抗辩的,人民法院不予支持。此时,追缴所得的资金或财产应归入债务人财产范围。同时,管理人还可通过诉讼的方式要求公司发起人和负有监督股东出资的董事和高级管理人员等,对出资追缴承担相应责任。

4. 执行回转财产

破产申请受理后,管理人应当依照我国《企业破产法》第19条的规定,告知涉及债务人执行程序的人民法院中止执行。采取执行措施的人民法院应当中止对债务人财产的执行,否则因破产申请受理后继续执行导致债务人财产减少的,管理人可以依照《破产法司法解释(二)》第5条的规定,主张启动执行回转程序,并将依法执行回转的财产归入债务人财产。

---

① 参见程春华:《破产救济研究》,法律出版社2006年版,第363页。

5. 损害赔偿权益

对债务人财产的完整和恒定负有法定义务的主体怠于履行职责造成债务人财产实质减损的，应当承担赔偿责任，以实现对债务人财产的"补足"。因此，这种情形下产生的损害赔偿权益可以视为债务人财产的特殊形式，并可通过权利行使的方式转化为客观化的债务人财产。根据我国《企业破产法》及其司法解释的规定，用以追收债务人财产的损害赔偿请求权主要有两种情形：一是管理人依照我国《企业破产法》第 128 条主张债务人的法定代表人和其他责任人员赔偿债务人财产损失。本条的适用前提是债务人有我国《企业破产法》第 31 条、第 32 条、第 33 条规定的行为，损害了债权人利益。二是债权人依照《破产法司法解释(二)》第 9 条第 2 款主张管理人因过错未依法行使撤销权造成债务人财产不当减损时的赔偿责任。管理人应当勤勉尽责，忠实执行职务，应尽善良管理人的注意义务，当管理人违反法律职责与义务造成债务人财产减损时，应当承担赔偿责任。

(三)债务人财产的排除

管理人自债务人处初始接管的财产，并非当然属于可供分配或清偿债务的最终责任财产。因权利人行使取回权、抵销权等事由，财产可能会发生"减少"情形。所谓减少，其实只是一种观念上的描述，因为只要权利人的主张有合法依据，则相应财产的性质自始即不应属于债务人财产。因此，更确切地说，这些财产是具备法定原因的债务人例外财产。

1. 破产取回权

破产取回权，是指所有人或其他权利人不受破产程序约束，请求破产管理人或破产债务人返还"不属于债务人财产"的权利，其权能基础既可是所有权，也可是合法产生的债权。[①] 在破产程序中，取回权是针对特定物行使的一种优先权利。[②] 通说认为，破产法上的取回权分为一般取回权和特别取回权，前者是指"以民法物的返还为基础"的财产取回权，后者则是指依特别法产生的出卖人取回权、行纪取回权和代偿取回权等。[③] 我国《企业破产法》第 38 条规定了一般取回权的基本情形，即人民法院受理破产申请后债务人占有的不属于债务人的财产，除破产法另有规定外，权利人可

---

① 参见许德风：《论债权的破产取回》，载《法学》2012 年第 6 期。

② 参见王欣新：《破产法》(第 3 版)，中国人民大学出版社 2011 年版，第 146 页。

③ 参见邹海林：《破产法：程序理念与制度结构解析》，中国社会科学出版社 2016 年版，第 321 页；王黎明：《破产取回权新论》，载《河南科技大学学报》(社会科学版)2010 年第 3 期。

以通过管理人取回。《破产法司法解释(二)》第29条进一步规定,当标的物为鲜活易腐等不易保管或不及时变现将严重贬值的财产时,权利人的取回权还可及于相应变价款。我国《企业破产法》第39条确立了出卖人取回权规则,即对于在途买卖标的物,债务人尚未收到货物且未付清全部价款的,出卖人可以主张取回该标的物。但是,管理人于此种情形下仍有选择权,即支付全部价款并请求出卖人交付该标的物,但前提无疑应是取得该货物能使债务人获益。我国破产法上未确立行纪取回权,但在司法实务中已建立关于代偿取回权的规则。《破产法司法解释(二)》第32条规定,在符合特定条件后权利人主张取回权的对象可及于保险金、赔偿金和代偿物。

此外,在所有权保留买卖的情形下,如果买受人破产且其管理人决定解除合同或者存在违约或不当处分标的物行为的,出卖人可依照《破产法司法解释(二)》第37条、第38条之规定主张取回买卖标的物。

2. 破产抵销权

我国《企业破产法》第40条规定,债权人在破产申请受理前对债务人负有债务的,可以向管理人主张抵销。这是我国破产法关于破产抵销权的规定。破产法上的抵销权源自民法上的抵销权,但二者又在权利主体、适用期间以及债务种类和履行期限限制等方面均有区别。① 权利人向债务人的管理人提出符合法定要件的抵销主张后,其债权即归于消灭,且对应的债务人财产数量相应受到减损。因破产抵销权使债权人的债权与其对债务人所负债务同归消灭,其所导致的法律效果使享有破产抵销权的债权人在破产程序中拥有比其他债权人更优越的地位,实际上也可能会导致债权人的债权更容易获得完全的清偿。

在司法实践中,经常有债权人通过各种手段人为增加对债务人负担的债务,或者次债务人通过各种手段低价收购对债务人的债权,以供抵销。② 为防破产抵销权的滥用,许多国家破产法对债权人行使破产抵销权均规定有禁止条款。我国《企业

---

① 关于两种抵销权的异同之比较,参见李培进编著:《企业破产法的理论与实践》,中国政法大学出版社2011年版,第106~107页。

② 参见范健、王建文:《破产法》,法律出版社2009年版,第169页。

破产法》也对破产抵销权的禁止作出明确规定。[①]《破产法司法解释(二)》第46条规定,债务人的股东在因欠缴债务人的出资或者抽逃出资,滥用股东权利或者关联关系损害公司利益等情形下所负债务也不得主张与债务人对其负有的债务进行抵销。

3. 破产别除权

破产别除权,是指债权人因其债权设有物权担保或享有法定特别优先权,而在破产程序中就债务人的特定财产享有的优先受偿权利。[②] 我国新、旧破产法中均未使用"破产别除权"的概念,亦未对破产别除权权利基础的具体范围作明确规定。从广义上来说,有学者将抵押权、质押权、留置权、定金、让与担保、所有权保留等均作为别除权的权利基础。[③] 但在实务中一般认为这里的担保权系指抵押权、质押权、留置权等典型担保物权。

对于别除权与债务人财产的关系,我国《企业破产法(试行)》第28条第2款规定:"已作为担保物的财产不属于破产财产;担保物的价款超过其所担保的债务数额的,超过部分属于破产财产。"根据该规定,别除权意味着债务人财产的排除。但我国《企业破产法》对此作出了改变,该法第30条规定:"破产申请受理时属于债务人的全部财产,以及破产申请受理后至破产程序终结前债务人取得的财产,为债务人财产。"《破产法司法解释(二)》第3条更是明确规定"已依法设定担保物权的特定财产"应当认定为债务人财产。

从我国《企业破产法》的规定来看,别除权并不产生债务人财产排除的效果。换言之,权利人行使别除权并非是将对应担保物从债务人财产中排除,而是指其在债务人财产分配中享有法定的优先性权利。

---

① 我国《企业破产法》第40条规定:"债权人在破产申请受理前对债务人负有债务的,可以向管理人主张抵销。但是有下列情形之一的,不得抵销:(一)债务人的债务人在破产申请受理后取得他人对债务人的债权的;(二)债权人已知债务人有不能清偿到期债务或者破产申请的事实,对债务人负担债务的;但是,债权人因为法律规定或者有破产申请一年前所发生的原因而负担债务的除外;(三)债务人的债务人已知债务人有不能清偿到期债务或者破产申请的事实,对债务人取得债权的;但是,债务人的债务人因为法律规定或者有破产申请一年前所发生的原因而取得债权的除外。"

② 参见王欣新:《破产法》(第3版),中国人民大学出版社2011年版,第291页。

③ 参见汪铁山:《论破产别除权的权利基础及其裁判规则的选择》,载《南京社会科学》2015年第3期。

第二节　破产债权的申报与确认

一、破产债权概述

破产程序的一个根本目的是通过集中清理或重组债务人的整体财产，使全部债权人的各类债权得到公平清偿。即使对于旨在促使困境企业重生的破产重整或破产和解程序，相关程序机制和制度设计也均以破产债权的申报、审查与确认为基础。破产债权在破产法中的功能和地位主要表现在三个方面：首先，破产债权种类和性质的甄别是破产财产分配或债权公平受偿的程序基础。其次，破产债权的申报和确认是债权人会议表决权确定的直接依据。最后，在评价重整计划或和解协议的可行性方面，破产债权的总体状况以及其与债务人财产整体之间的比例关系也属于决定性因素。

（一）破产债权的含义

一般而言，破产债权，是指破产程序开始前基于民法上的债的发生原因而成立的针对债务人的请求权。有学者将此种语境下的破产债权称为实质意义上的“静态”破产债权，而将“依照破产程序申报并受偿的财产请求权”称为形式意义上的“动态”破产债权。[①] 我国《企业破产法》第 44 条规定：“人民法院受理破产申请时对债务人享有债权的债权人，依照本法规定的程序行使权利。”该法第 107 条第 2 款又规定：“债务人被宣告破产后，债务人称为破产人，债务人财产称为破产财产，人民法院受理破产申请时对债务人享有的债权称为破产债权。”这里的“破产债权”可以理解为破产法规定的狭义上的概念称谓，即在破产清算程序中的特定概念。而本章中讨论的破产债权概念是指涉广义层面或学理层面上的含义，即依照破产法程序申报的所有类型的债权。

尤需指出的是，债权成立于破产程序开始之前，是认定破产债权的要件之一，也是法律关于破产债权范围的原则性规定。破产程序开始后新生的债权关系主要由共益债务和破产费用制度调整，这些债权亦可称为基于破产法之原因而发生的债权。但是，也存在一些例外情形。例如，我国《企业破产法》第 53 条规定，管理人或者债务人解除破产企业未履行完毕的合同而使对方当事人遭到损害时，其损害赔偿

---

① 参见李永军：《破产法：理论与规范研究》，中国政法大学出版社 2013 年版，第 189 页。

额虽发生于破产程序启动后，仍可作为破产债权受偿。我国《企业破产法》第54条、第55条也属例外情形。一般而言，在破产程序启动后发生的债权要作为破产债权受偿，应以法律明文规定为限。

（二）破产债权的类型

基于债权内容和性质的不同，破产债权表现出不同的类型特征。对破产债权进行类型分析，一方面，有助于明确各类别债权的申报规则，便于债权人及时准确申报债权；另一方面，有利于明晰不同类别债权人的表决规则以及破产债权最终的清偿顺序，增强破产程序的公开性和效率性。我国《企业破产法》列举了几类典型的破产债权类型，包括附条件和附期限债权、诉讼或仲裁未决债权、职工债权、连带债权、保证人求偿权、损害赔偿请求权、受托人的债权请求权以及票据权利相关请求权等。此外，破产法在规定重整计划草案表决规则时，确立了破产债权分类的基本方式，即划分为有担保债权、职工债权、税金债权和普通债权等债权组别，其中，普通债权中还可视情况再设小额债权组别。

在学理上，最主要的破产债权分类方法是依照债权清偿顺位关系，区分为优先受偿债权、普通债权以及劣后债权三类。[①] 其中，具有优先顺位的债权主要包括有财产担保的债权、工程款优先权、职工债权和税金债权等。另外，基于法律规定和实务经验，前述权利之间也存在顺位差别，如职工债权优先于税金债权受偿。

二、破产债权的申报

依照法定程序进行申报，既是破产债权内涵的构成要素，同时也是确认破产债权的必要条件。我国《企业破产法》第56条第2款规定："债权人未依照本法规定申报债权的，不得依照本法规定的程序行使权利。"此规定包含两层含义：一是未申报债权者不得行使破产程序内的所有权利，二是申报债权须依法定的程序并产生法定的效力。因此，债权申报不仅是债权人参与破产程序以及行使权利的基础，也是发挥保障破产程序"公正、及时、节俭"地推进，以及防止破产程序久拖不决等的制度功能。[②]

---

① 如有学者将破产债权分为：就特定财产优先受偿的债权、破产费用债权及共益债权；一般破产债权；后顺位破产债权。参见许德风：《破产法论：解释与功能比较的视角》，北京大学出版社2015年版，第163～189页。

② 参见邹海林：《破产法：程序理念与制度结构解析》，中国社会科学出版社2016年版，第100～101页。

(一)破产债权申报的一般规则

1. 债权申报的一般程序

破产债权申报程序中最能突显程序价值的核心要素包括主体、期限和流程三个方面。

首先,在主体层面,破产债权申报涉及债权人、管理人和人民法院。债权人无疑是申报债权的当然主体,其应当在人民法院指定期限内按照规定方式申报债权,并提交证明其债权真实性和合法性相关的证据,同时还负有一定的解释说明义务。其可以自行申报,也可以委托代理人代为申报。管理人负责接受债权申报,应当及时根据债务清册等资料通知已知债权人申报债权,做好债权申报的登记、调查、审查和造册等程序事务。人民法院在破产债权申报程序中负有协调推进的职责,包括确定债权申报期限、督促管理人发布债权申报公告、对债务人和债权人无异议的债权及时裁定确认等。

其次,关于债权申报期限。债权人应当在法律规定或者人民法院指定的期间内申报债权。规定债权申报期限,是破产法追求程序效率性价值目标的必然体现。我国破产法中的债权申报期限已由 1986 年我国《企业破产法(试行)》的法定主义模式变革为现行《企业破产法》第 45 条的"法定加酌定"模式。① 该条规定,人民法院受理破产申请后,应当确定债权人申报债权的期限;债权申报期限自人民法院发布受理破产申请公告之日起计算,最短不得少于 30 日,最长不得超过 3 个月。如债权人逾期申报债权,虽可在破产财产最后分配前补充申报,但其程序和实体权利将受到限制。这些不利益包括不得主张对已分配财产的受偿权利、②无法行使债权人会议表决权利、承担补充申报债权费用等。

最后,关于破产债权申报的具体流程。管理人在债权申报公告发出后,应当首先做好债权申报的准备工作,包括通知和提示已知债权人,编制《债权申报表》等文档资料,以及组织债权申报的接待和登记人员等。债权人在得知债权申报事宜后,应当收集整理与债权形成等事实相关的证据材料,采取书面申报的方式,按期向管理人提交申报表及相应证据,配合管理人完成有关债权人信息、债权金额、种类及依

① 参见李永军:《破产法:理论与规范研究》,中国政法大学出版社 2013 年版,第 203 ~ 204 页。

② 逾期未申报债权并非意味着实体权利的消灭,而是丧失在破产程序中的债权求偿权等利益,相应债权仍以"自然之债"的权利形式存在。参见杨淑敏、尚晓茜:《逾期未申报破产债权因第三人承诺而恢复请求权》,载《人民司法》2014 年第 8 期。

据等信息的登记记录程序。之后,管理人应结合债权人提交的申报材料以及债务人提供的账目资料,对申报事项进行初步审核,并在确认其形式完整性后向债权人出具《债权登记回执》,完成债权申报流程。

2. 破产债权的补充申报

除可通知的已知债权人外,在以公告方式送达债权申报通知的情形下,部分债权人可能确因客观原因错过债权申报期限。出于最大限度保护债权人利益的考虑,法律对逾期未申报的债权也规定了一定的补救措施,以保障其权利的实现。

我国《企业破产法》第 56 条第 1 款仅明确了破产清算程序中补充申报债权的最后期限,即破产财产最后分配前。在破产重整和破产和解程序中,破产法仅规定债权人未依法申报债权的,在重整计划或和解协议执行期间不得行使权利,在执行完毕后才可行使受偿权利。在司法实务中,有观点认为,债权人应在和解协议或重整计划草案提交债权人会议表决前补充申报。① 另有观点认为,债权人在重整计划执行完毕前可补充申报,管理人应接受申报并进行审查,但债权人只能在重整计划执行完毕后才可行使受偿权利;在重整计划执行完毕后补充申报的,管理人不应接受其申报,并告知债权人向债务人主张权利。② 相较而言,后一种观点似乎更合理,也更能充分保障各类债权人的公平受偿权利。

3. 债权申报的豁免

债权申报的豁免,是指某些特殊类型的破产债权,不须由权利人自行申报,而由管理人主动调查。我国《企业破产法》第 48 条第 2 款规定职工债权不须申报,由管理人调查后列出清单并予以公示。这是法律基于劳动者的弱势地位以及劳动权利保护优先性的价值目标,在破产程序中对职工债权给予特殊对待的体现。在理论上和实务中,对于税金债权、社会保险费用债权等是否可免予申报,存在诸多争议。我们认为,破产债权的申报与豁免是重要程序事项,应坚守程序法定的原则要求,在法无规定的情形下,不应扩大债权申报豁免的范围。

(二)特殊债权的申报规则

在破产债权申报的一般规则之外,破产法就几类特殊债权的申报设有单独规定。主要情形包括将来求偿权的申报、连带责任中的债权申报、损害赔偿债权的申

---

① 参见《北京市高级人民法院企业破产案件审理规程》第 150 条。

② 参见《深圳市中级人民法院破产案件审理规程》第 41 条、第 42 条。

报等。

作为破产债权的将来求偿权申报，主要是指对破产债务承担保证责任或连带责任的主体，在尚未代替债务人清偿其债务时，以其将来代偿债务后的求偿权作为债权予以预先申报。但我国《企业破产法》第51条第2款的但书部分对此作了限制，即债权人已经向管理人申报全部债权的除外。这意味着，保证人或其他连带债务人只有在债权人未就"全部"债权进行申报时才可独立申报将来求偿权。如此规定的立法目的在于，既合理保障保证人或连带债务人的追偿权，又确保破产财产的公平分配。①

涉连带责任的债权申报主要包括3种情形。一是对于连带债权人来说，可以由一人代表全体连带债权人申报债权，也可以由全部连带债权人作为同一债权的主体共同申报债权。二是承担连带责任的保证人或者其他连带债务人，如已经代替债务人清偿债务的，可以其求偿权申报债权。三是数个连带债务人均进入破产程序的，相应债权人可以就其全部债权分别向每个破产案件的管理人申报债权。最后一种情形所反映的问题在关联企业破产案件中表现得最突出。尤其当各个关联企业之间就同一笔债务进行互保联保时，债权人同时分别申报债权往往会造成同一笔债权在不同债务人企业的破产程序中重复计算。对此情形，应注意协调处理。

损害赔偿债权的申报多发生于双务合同解除的情形中。根据破产法的规定，管理人决定解除尚未履行完毕的双务合同的，合同相对方如因合同解除而遭受损失时可就相应损害赔偿请求权申报债权。此外，在债权人因标的物被违法转让而无法行使取回权，以及在所有权保留买卖合同的解除中遭受损失等情形中，债权人也可就相应财产损失以损害赔偿请求权申报债权。

三、破产债权的审查

破产债权申报完成后，应首先由管理人对债权申报资料登记造册，通过适当措施调查核实债权性质与内容，形成初步意见后编制债权表，并妥善保管债权审查过程中形成的档案资料，以供利害关系人查阅。在管理人中心主义模式下，管理人对已申报债权的登记、审查和初步确认程序，在整个破产债权核查制度中无

---

① 如果在债权人已经就全部债权进行申报后还允许保证人或连带债务人申报将来求偿权，则意味着破产财产对同一笔债权进行了两次清偿，这对其他债权人来说是不公平的。参见齐明：《中国破产法原理与适用》，法律出版社2017年版，第116页。

疑居于基础地位。

（一）破产债权审查的内容

概言之，破产债权的审查就是由法定主体对债权人申报之破产债权的真实性、合法性以及属性归类等进行调查核实的程序。根据我国《企业破产法》的规定，管理人负责对破产债权进行审查，债权人会议对管理人初步审查后的债权予以核查。虽然两个审查主体在程序推进上存在先后之分，但在具体审查内容和节点上并无不同。

破产债权审查的基本内容主要涉及债权的真实性、合法性和类型判断三个层面。破产债权的真实性审查应围绕债权主体资格、债权形成依据、债权数额等具体问题展开。对债权主体资格的审核，针对申报人提供的主体资料、身份信息等证明文件可以采用形式审查方式，审查是否符合法律的形式要求。至于债权人实质地位的确认，应当结合债权形成依据所反映的事实和信息进行判断。债权形成依据，是指债权债务所依存的实体法律关系以及作为承载法律关系内容的物质载体，包括合同书、公证文书、原始单据及凭证、往来函件、法律文书等。在形式类型上，可以将债权形成依据大致分为契约根据和执行依据两种，前者是指确定当事人之间权利义务及责任内容的法律事实根据，后者则是指当事人在纠纷解决过程中通过诉讼、仲裁、调解等方式取得的具有债权确定和可执行性的法律事实。对债权申报数额真实性的审查，需要在前面两项审核结论的基础上，针对债权人主张的债权计算方式、具体构成以及范围等，依照合同约定和法律规定予以审核。在实务中，破产债权的真实性审查中的信息来源和判断方法如下所示。

（1）债权人提交的申报资料。申报破产债权的主体负有信息提供和举证义务，就其主张的债权形成情况予以解释说明并提交相应证据。

（2）债务人移交的财务账簿资料。管理人应当将债权人提交的债权申报资料与债务人制作的原始账簿记录予以对照，如二者存在差异则应进一步调查核实。

（3）审计意见。在破产程序中需要对债务人资产负债状况予以审计的情形下，独立机构出具的审计意见也是辅助判断债权内容真实性的重要依据。

（4）询问债务人的财务和会计责任人员。如果破产企业财务账簿资料缺失或真实性存疑，则管理人应就债权申报情况问询债务人企业中负有会计责任的人员，要求其就债权资料真实性出具意见。

（5）管理人的调查措施。对于欠缺债权形成依据的部分债权，管理人还应当采取适当措施主动调查核实,包括向债权人或其他利害关系人调查询问,要求申报债权的主体进行补充陈述说明等。

(6)利害关系人提供的资料和信息。对管理人公开的债权申报信息或债权表有异议的利害关系人可以提交异议资料和相关说明,管理人应结合异议情况作进一步调查核实,综合判断申报债权的真实性问题。

破产债权的合法性审查包含两层含义:一是该债权本身应当属于合法权利。换言之,对应的债务不能是因违法犯罪行为产生的债务。二是该债权属于受法律保护或可予司法救济的权利,如不存在消灭时效等抗辩事由或情形。在实务中,审查破产债权的合法性时,可以从如下几个方面展开。

(1)合同效力问题。重点审查作为债权形成依据的民商事合同是否存在无效的情形,如相关合同无效,则应告知债权人变更其所申报债权的内容。

(2)诉讼时效问题。如果债权在破产案件受理前已经超过诉讼时效,该债权已丧失司法救济的机会,故不能作为破产债权予以确认。

(3)利息、欠缴税款滞纳金等计算问题。我国《企业破产法》明确规定,附利息的债权自破产申请受理时起停止计息。如果债权人申报时主张破产申请受理后的利息的,不应予以确认。对于欠缴税款滞纳金的问题,根据最高人民法院《关于税务机关就破产企业欠缴税款产生的滞纳金提起的债权确认之诉应否受理问题的批复》的规定,破产案件受理前因欠缴税款产生的滞纳金属于普通破产债权,受理后因欠缴税款产生的滞纳金不属于破产债权。[①]

(4)关联关系债权的审查问题。如果债权申报人是与债务人存在关联关系的股东、实际控制人或存在共同控制关系的公司,则管理人应着重审查债务人与该债权人之间是否存在违法转移资产或逃避债务等情形。

破产债权性质和类别审查的目的主要是确定各债权间的顺位关系,并用以作为表决或清偿程序的依据。审查的重点包括以下几方面。

(1)优先权问题,即该债权是否存在财产担保,是否属于符合法律规定的优先权

---

① 最高人民法院《关于税务机关就破产企业欠缴税款产生的滞纳金提起的债权确认之诉应否受理问题的批复》(法释〔2012〕9号)规定:"税务机关就破产企业欠缴税款产生的滞纳金提起的债权确认之诉,人民法院应依法受理。依照企业破产法、税收征收管理法的有关规定,破产企业在破产案件受理前因欠缴税款产生的滞纳金属于普通破产债权。对于破产案件受理后因欠缴税款产生的滞纳金,人民法院应当依照最高人民法院《关于审理企业破产案件若干问题的规定》第六十一条规定处理。"

类型等。

（2）劣后性问题，即审查判断诸如罚金、行政规费以及关联关系债权等特殊债权是否应当作为劣后债权，在普通债权清偿完毕后再行偿付。[①]《全国法院破产审判工作会议纪要》第 28 条指出："……破产财产依照企业破产法第一百一十三条规定的顺序清偿后仍有剩余的，可依次用于清偿破产受理前产生的民事惩罚性赔偿金、行政罚款、刑事罚金等惩罚性债权。"

（3）债权类型的归入。一方面，按照破产法确定的债权清偿顺序，将申报的破产债权纳入相应顺位序列。另一方面，对同一顺位内部的债权，也应根据其性质和内容确定其具体种类，以便集中审查。

此外，对于职工债权等无须申报的债权，管理人还应主动进行调查审核并予以公示。

（二）破产债权的审查程序

按照程序推进的时间顺序，破产债权的审查程序可以划分为如下几个阶段。

1. 前期准备阶段，具体内容包括对债权申报以及债权人所提供的证据资料进行登记、初步分类和造册，制作债权审查相关的格式文档资料等。

2. 形式审查阶段，主要应当对债权人主体资格、债权构成的形式要素及其依据、是否存在重复申报等内容予以确定，同时还应针对形式审查中所发现的特殊问题列明审查要点，在后续程序中予以重点调查和确认。

3. 实质审查阶段，即破产债权的调查审核程序，主要围绕已申报债权的真实性、合法性等问题展开调查，并形成管理人是否确认其为破产债权的审查意见。

4. 归类汇总阶段，主要是将前期审查确认的债权按其内容和性质予以归类列示，并编制债权表。在第一次债权人会议召开前，管理人对于因客观原因暂时无法作出确认意见的债权，应当单独编制债权登记表，并说明未予审核的原因和理由。

5. 债权人会议核查阶段，由债权人对管理人提交的债权表等资料进行核查，债权人或者债务人对管理人公示的债权初步确认情况有异议的，可以通过债权异议救济程序予以解决。经债权人会议核查无异的债权，人民法院即可裁定确认，并将其作为破产财产分配或债权清偿的根据。

---

① 参见于新循、彭旭林：《论我国破产债权例外制度——基于劣后债权的制度构建视角》，载《四川师范大学学报》（社会科学版）2015 年第 3 期。

四、破产债权的确认

破产债权的确认,是指人民法院对经过申报或者依法无须申报的,已经审查、核查的债权,依法裁定确认或者通过诉讼程序裁判确认的一项程序。① 经债权人申报、管理人和债权人会议核查后的破产债权,还须经人民法院裁定确认后才取得最终的法律效力。

(一)破产债权的确认方式

根据我国《企业破产法》的规定,人民法院为债权确认的法定机关,其对破产债权的确认方式分为两种:一是形式确认,即经管理人调查、债权人会议核查后,债务人和债权人对债权表记载的债权无异议的,由人民法院直接裁定确认。这种确认只涉及对管理人和债权人会议审查意见的认可,除非存在明显的错误或违法情形,人民法院的确认程序不涉及实质审查内容。二是实质确认,即对利害关系人提出异议的破产债权,通过诉讼等方式予以实质审查后进行确认,这实质上属于异议债权救济程序的范畴。

(二)破产债权确认的内容

在破产程序中,债权确认的内容主要有以下几项:申报债权的事实是否成立;债权依其性质能否在破产程序中受偿;债权的数额;债权有无财产担保,担保物价款预计是否足以清偿担保债权,可能清偿的数额;债权尚不能确定或存有争议者,在债权人会议是否享有表决权以及其代表的债权数额等。②

(三)破产债权确认的效力

依法申报债权的主体才能参与破产程序并行使法律规定的相关权利。③ 债权申报的事实仅能使债权人获得参与破产程序的部分权利和资格,破产债权确认之后,债权人方可享有破产程序中的表决权、分配权等权利。因此,破产债权经确认的效力,一方面表现为权利资格的取得,另一方面体现为债权强制执行效力的生成。

首先,破产债权确认后,债权人享有参与债权人会议并行使"完全"表决权等权利。我国《企业破产法》第 59 条第 2 款规定,债权尚未确定的债权人,除人民法院能够为其行使表决权而临时确定债权额外,不得行使表决权。在实务中,临时债权额

---

① 参见沈志先主编:《破产案件审理实务》,法律出版社 2013 年版,第 191 页。

② 参见王欣新:《破产法》(第 3 版),中国人民大学出版社 2011 年版,第 191 ~ 192 页。

③ 职工债权不必申报,由管理人调查后列出清单并予以公示。

的确定上仍存在诸多问题和争议，尚需统一法律适用标准。

其次，破产债权确认是债权人分配权的依据。破产程序是债务的集中清偿程序，只有确定享有破产债权的主体才能参与破产财产分配。"债权申报只是债权人单方意思表示，对于已申报债权并不当然取得参与破产程序权以及破产分配权"，是否参与分配还需对申报的债权进行调查和确认。[①] 在破产重整程序中，破产债权的确认还将影响重整计划草案中债权调整方案、债权受偿方案等内容的最终确定。

最后，人民法院裁定确认破产债权后，该债权即具有强制执行效力。主流观点认为，虽然我国破产法并未作出明确规定，但债权表由人民法院裁定确认后，其便具有与生效判决同等的法律效力。[②] 比较法上，《德国支付不能法》第 178 条第 3 款亦直接规定，就所确认的债权而言，登入债权表对管理人和全体债权人具有与确定该判决同一的效力。[③]

五、异议债权的救济

异议债权，是指在破产申请受理后，破产管理人依据债权人的申报，经审查编制债权表并公示，债权人、债务人对该债权表提出异议的那部分债权。[④] 我国《企业破产法》第 58 条第 3 款规定："债务人、债权人对债权表记载的债权有异议的，可以向受理破产申请的人民法院提起诉讼。"根据该规定，异议债权的提出主体应为债务人和债权人。[⑤] 债权人对自身债权在债权表上的记载有异议的，可以提出异议。同时，由于破产程序中的清偿是全体债权人依据各自的债权比例进行的不完全清偿，任何一个债权人的债权额变化都会对其他债权人产生影响，故债权人也可对他人债权提出异议。在处理方式上，我国《企业破产法》规定可以提出诉讼，并未排除以其他方式解决异议。在实践中，对异议债权的处理包括向管理人提出异议和诉讼方式两种。

---

① 参见付翠英：《论破产债权的申报、调查与确认》，载《政治与法律》2015 年第 2 期。

② 参见王欣新：《破产法》(第 3 版)，中国人民大学出版社 2011 年版，第 197 页；邹海林：《破产法：程序理念与制度结构解析》，中国社会科学出版社 2016 年版，第 131 页。

③ 参见《德国支付不能法》，杜景林、卢谌译，法律出版社 2002 年版，第 95 页。

④ 参见沈志先主编：《破产案件审理实务》，法律出版社 2013 年版，第 194 页。

⑤ 有学者认为，有权提起债权确认诉讼的还应当包括管理人，此时管理人是以债务人的法定代表身份提起债权确认诉讼。参见李永军等：《破产法》(第 2 版)，中国政法大学出版社 2017 年版，第 186 页。

(一)向管理人提出异议

我国《企业破产法》第48条第2款规定:"职工对清单有异议的,可以要求管理人更正;管理人不予更正的,职工可以向人民法院提起诉讼。"由此可见,职工对劳动债权有异议的,可先要求管理人更正。在实践中,对于其他的债权也允许异议人先向管理人提出更正请求。管理人在告知债权人审查结果的同时,往往也会同时告知对债权审查有异议的可在指定的期限内提出异议、申请复查、提交相关证据材料等。如果管理人对异议债权复查后认可的,即可不必通过诉讼途径解决。在实践中,管理人既要在编制债权表时勤勉尽责,又要对债权异议积极进行释明,从而尽量减少破产债权确认之诉的数量,进一步提高破产程序的效率。

重庆市高级人民法院《关于审理破产案件法律适用问题的解答》第9条第1款规定,管理人编制的债权表应当提交第一次债权人会议核查。债务人、债权人对债权表记载的债权有异议的,可以在管理人指定的期限内(根据案件实际情况确定不少于15日的期限)提出异议。债务人、债权人未在管理人指定的期限内提出异议的,视为无异议,人民法院可根据管理人的申请对债权表记载的债权裁定确认。债务人、债权人逾期提出异议的,管理人可不予审查。

(二)破产债权确认之诉

我国《企业破产法》第58条第3款规定了债权人和债务人对管理人审查结果持有异议时进行诉讼的权利,可以通过提起诉讼来确定债权。破产程序中的债权审查确认环节的实质就是简易的债权审查确认之诉,通过简化的、强调程序性的债权审查程序实现破产程序自身的效率性。① 当债权简易审查程序遭受质疑时就需要通过正常的民事诉讼程序对异议债权进行确认。

就破产债权确认之诉而言,其性质应属于确认之诉。其原因在于破产程序本身就是一个具有优先和排他性质的给付程序,其启动后便法定吸收其他给付程序而优先适用,并排除债权人个别给付程序的提起和进行。② 在这种情况下,提起债权确认诉讼的主要目的是对异议债权进行确认,并不涉及具体的给付问题,给付问题统一由破产程序解决。

对于破产债权确认之诉,为提高破产案件审判效率,重庆市高级人民法院《关于

---

① 参见齐明:《中国破产法原理与适用》,法律出版社2017年版,第125页。

② 参见李永军等:《破产法》(第2版),中国政法大学出版社2017年版,第187页。

审理破产案件法律适用问题的解答》第 9 条第 2 款规定，债务人、债权人在管理人指定期限内提出异议的，管理人应当予以审查，经管理人解释或调整后仍有异议的，应在管理人告知其异议审查结果之日起 15 日内向受理破产案件的人民法院提起破产债权确认诉讼。逾期未起诉的，视为无异议，人民法院可根据管理人的申请对债权表记载的债权裁定确认。债务人、债权人逾期起诉的，人民法院不予受理。

第三节　清理审查债务人财产与破产债权的司法实践

一、债务人财产清理的司法实践

重庆法院在审理企业破产重整和破产和解案件中，积极贯彻我国《企业破产法》的立法精神和理念，创新审理机制，助推困境企业“脱困重生”，服务供给侧结构性改革大局。

（一）厘清尚未支付的执行款项的债务人财产性质

针对被执行人的破产申请被受理时，其已经被执行法院控制的财产是否仍属于债务人财产，最高人民法院曾就不同案件作出过多个函文或批复。[①] 其中，在实践中被广泛使用的是 2004 年 12 月 22 日最高人民法院作出的《关于如何理解〈最高人民法院关于破产法司法解释〉第六十八条的请示的答复》（〔2003〕民二他字第 52 号，以下简称 52 号答复）。52 号答复制定于我国《企业破产法（试行）》施行时，彼时《企业破产法》尚未制定。当前，在破产案件中再适用 52 号答复的意见已经难以适应法律、司法解释、政策等的变化，重庆市高级人民法院对于“破产申请受理前已经划扣到执行法院账户尚未支付给申请执行人的款项是否属于债务人财产及执行法院收到破产管理人中止执行告知函后应否中止执行”的问题向最高人民法院进行了请示。

2017 年 12 月 12 日最高人民法院对重庆市高级人民法院的请示作出〔2017〕最高法民他 72 号答复：“人民法院裁定受理破产申请时已经扣划到执行法院账户但尚

---

① 如最高人民法院《关于人民法院受理破产案件后对以破产案件的债务人为被执行人的执行案件均应中止执行的批复》（法复〔1993〕9 号）、《关于山西省太原市中级人民法院执行深圳市罗湖对外经济发展公司房产问题的复函》（法函〔1996〕89 号）、《关于新疆石河子地区中级人民法院裁定转移给石河子八一棉纺织厂的财产不应列入承德市针织二厂破产财产问题的复函》（〔1997〕经他字第 23 号）、《关于破产受理之前已被执行的债务人银行存款不应列入破产财产问题的复函》（〔1998〕经他字第 49 号）、《关于如何理解〈最高人民法院关于破产法司法解释〉第六十八条的请示的答复》（〔2003〕民二他字第 52 号）。

未支付给申请执行人的款项，仍属于债务人财产。人民法院裁定受理破产申请后，执行法院应当中止对该财产的执行。执行法院收到破产管理人发送的中止执行告知函后仍继续执行的，应当根据《最高人民法院关于适用〈中华人民共和国企业破产法〉若干问题的规定（二）》第五条依法予以纠正，故同意你院审判委员会的倾向性意见。由于法律、司法解释和司法政策的变化，我院2004年12月22日作出的《关于如何理解〈最高人民法院关于破产法司法解释〉第六十八条的请示的答复》（〔2003〕民二他字第52号）相应废止。”

从上述答复可以看出，在破产程序中，法院裁定受理破产申请时款项已经划扣到执行法院的账户，但尚未支付给申请执行人的，仍属于债务人财产。该答复是最高人民法院针对具体案件请示所作的答复，对于请示涉及的案件具有直接效力，但对于其他案件，该答复内容同样也具有指导意义。

（二）“三级联动”协力解除债务人财产强制措施

进入破产程序的企业往往都已陷入债务缠身、诉讼众多的境地，其银行账户、主要经营资产等财产也随之处于查封、冻结等状态。在接管债务人企业后，管理人在清理债务人财产过程中首先需要通知、申请并协调有关人民法院解除对债务人财产的保全或强制措施。但是在实践中，由于管理人勤勉程度不足、有关法院出于利益考量而怠于行动等原因，债务人财产的相关保全措施迟迟不能排除，造成破产程序不当拖延。鉴于此，重庆法院在企业破产处置工作协调机制下，探索建立“三级联动”工作模式，由重庆市高级人民法院统筹组织，中基层人民法院依照职责分工，合力快速推动和协调相关法院停止强制执行措施、解除财产保全措施，及时固定债务人企业财产。

重庆市高级人民法院《关于审理破产案件法律适用问题的解答》第3条也对该问题作出了明确规定，人民法院受理破产申请后，有关债务人财产的保全措施，包括审理程序和执行程序中针对债务人财产采取的查封、扣押、冻结等措施均应当及时解除。原保全法院经告知后仍不解除保全措施的，受理破产案件的法院可以报请原保全法院的上级法院监督，其上级法院应当指令原保全法院依法解除保全措施。

（三）贯彻“营业保护”机制增加破产重整财产

破产法中的营业保护制度主要是围绕如何最大化保障债务人财产价值，平衡破产程序中相关主体的利益分配关系而设置的一系列程序机制。其所针对的企业一般为营业事项涉及公共福利事业的公众公司或大型企业集团等。破产重整视野下的营业保护主要是指对债务人企业营业体的保护，即通过特殊措施对营业进行扶持，保护其营业继续，完成再生重建，实现各方当事人的共赢。[①] 从债务人财产的资源性和效益性的角度，“积极经营破产财产，提高破产债权清偿率，是破产财产管理制度的应有内涵，也是商事法‘效益至上’理念的内在要求”。[②]

在重庆市第一中级人民法院审理的“重庆钢铁破产重整案”中，法院通过贯彻营业保护机制，维持上市公司正常生产经营，稳定了证券市场，极大地促进了企业重整成功。在重庆市渝北区人民法院审理的“重庆世盟物流发展有限公司破产重整案”中，债权人会议表决后人民法院裁定该企业在管理人监督下继续营业。受益于营业保护措施，重庆世盟物流发展有限公司继续经营累计收益现金资产 2000 余万元，不仅增加了债务人财产总量，还向战略投资人展示了企业的预期投资价值，为破产重整成功奠定了坚实基础。重庆市大足区人民法院在审理“重庆市华源天然气有限责任公司破产重整案”中，也通过实施营业保护措施，在保障居民生活用气利益的同时，有效推动重整计划草案的顺利通过。

（四）通过“模拟清算”清查重整企业资产状况

破产重整是各方利益诉求妥协与平衡的结果，债务人的资产、负债和营业状况的整体表现应使债权人和战略投资人对破产重整的预期达到趋于满意的程度。在此意义上，如何准确展示企业资产状况是重整的重要基础。

在“重庆钱塘钢铁集团有限公司破产重整案”中，重庆市合川区人民法院指导管理人在对债务人资产进行清查核算的基础上，采取“模拟清算”的方式对公司的资产和财务状况摸底，向债权人和战略投资人充分展示企业资产价值状况。在重整草案制定阶段，通过对债务人企业资产按照破产清算程序进行偿债能力分析，引导债权人和战略投资人达成更理性的资产“接盘结果”。以最直接、透明的方式将企业财产状况及运营价值呈现于债权人和战略投资人面前，增强了其支持重整计划方案的信心和心理预期。

二、破产债权审查的司法实践

针对关联企业破产债权合并调整、劣后债权认定以及第三方垫款债权处理等破产债权审查问题，重庆法院在审理相关破产案件中都进行了一定的实践创新和探

① 参见王福强：《破产重整中的营业保护机制研究》，法律出版社 2015 年版，第 18 页。

② 韦忠语：《破产财产经营论》，载《法商研究》2016 年第 2 期。

索，并形成了一些可供复制借鉴的经验做法。

(一)关联企业破产重整中的债权合并调整

关联企业已经成为我国经济生活中普遍存在的现象，关联企业一方面基于发展需要，相互之间时常进行资金调剂、担保和业务合作；另一方面也存在利用关联关系转移资产、逃避债务等不法行为的可能。[①] 近年来，随着关联企业破产案件日益增多，如何处理此类案件，已经成为实务界和理论界共同面对的重要课题。关联企业在破产程序中的合并有程序合并和实质合并之别。[②] 前者是指案件的合并审理，但企业仍保持法人人格的独立、债务清偿比例等分别确定。后者是指将多个关联企业视为一个单一企业，在统一财产分配与债务清偿的基础上进行破产程序。

《全国法院破产审判工作会议纪要》中指出，对于多个关联企业成员均存在破产原因但不符合实质合并条件的，人民法院可根据相关主体的申请对多个破产程序进行协调审理。协调审理不消灭关联企业成员之间的债权债务关系，不对关联企业成员的财产进行合并，各关联企业成员的债权人仍以该企业成员财产为限依法获得清偿。但关联企业成员之间不当利用关联关系形成的债权，应当劣后于其他普通债权顺序清偿，且该劣后债权人不得就其他关联企业成员提供的特定财产优先受偿。对于采用实质合并方式审理破产案件的，各关联企业成员之间的债权债务归于消灭，各成员的财产作为合并后统一的债务人财产，由各成员的债权人在同一程序中按照法定顺序公平受偿。

关联企业破产债权合并计算的目的，就是通过合并关联企业间的互保、联保债务，降低关联企业的整体负债率，为重整计划的实施创造条件。在重庆市江北区人民法院审理的"'新天泽系'企业合并破产重整案"中，3家破产企业相互负债、提供担保的破产债权金额总计达26.69亿元；债权合并计算后，"新天泽系"关联企业的实际负债数额由67.75亿元降至43.58亿元。因此可以说，合并调整关联企业之间的破产债权是降低重整难度、提升重整计划草案通过概率的重要影响因素。在重庆市江津区人民法院审理的"重庆秦谋科技开发有限公司与重庆昂龙冶金材料有限公司合并破产重整案"中，两家企业实质合并处理后，其债权、债务作归零处理，企业的财产整体处理，对外统一清偿债务和分配财产。有效解决了两家企业资产负债难以分离和不当利益输送等问题，公平地清理了债权债务、提高了司法效率、节约了司法成本。

---

① 参见郁琳：《关联企业破产制度的规范与完善——〈全国法院破产审判工作会议纪要〉的解读(四)》，载《人民法院报》2018年4月11日，第7版。

② 参见王欣新：《关联企业的实质合并破产程序》，载《人民司法(应用)》2016年第28期。

(二)民工工资认定及第三方垫款债权的处理

建筑企业和房地产开发企业破产程序中,当涉及在建工程项目时,债务人破产往往诱发大范围的劳务人员欠薪,由此引发的舆情风险和维稳问题便更突出。最高人民法院《关于正确审理企业破产案件为维护市场经济秩序提供司法保障若干问题的意见》第5条规定,对于职工欠薪等问题突出的破产案件,要及时向当地党委汇报,争取政府的支持;有条件的地方,可通过政府设立的维稳基金或鼓励第三方垫款等方式,优先解决破产企业职工的安置问题,政府或第三方就劳动债权的垫款,可以在破产程序中按照职工债权的受偿顺序优先获得清偿。这些指导规则可以为建筑企业和房地产企业破产中的民工工资支付问题提供化解危机的突破口。

重庆法院在审理此类案件中,积极贯彻最高人民法院上述司法政策的原则和精神,通过加强府院协调,争取地方党委和政府的支持,以政府专项资金或第三方垫款的方式先行支付劳务人员欠薪,减轻了破产程序推进的阻力。在"重庆长江中诚建设工程有限公司破产案"中,围绕挂靠工程项目劳务人员欠薪问题,采取以该项目发包方垫款的方式,先行清欠民工工资,清除社会稳定隐患,再由人民法院指导管理人依照司法政策规定将相应垫款确认为职工债权。

(三)劣后债权的认定与处理

在一般破产债权全部实现之后方可获得清偿的债权,称为"劣后债权"。① 从各国的立法规定来看,主要包括:债权在破产宣告后产生的利息;因破产宣告后不履行而产生的赔偿金、违约金;债权人为个人利益参加破产程序的费用;对破产人的行政罚款、刑事罚金、追缴金、追征金;等等。② 与"劣后债权"相关的概念是"除斥债权",是指破产法明文规定的不得依破产程序从破产财产中受偿的债权。③ 在理论上,多数学者认为,我国立法中采取的是"除斥债权"的立法模式,但"劣后债权"的立法模式更合理,建议未来立法中采取"劣后债权"模式。④《全国法院破产审判工作会议

---

① 参见[日]谷口安平主编:《日本倒产法概述》,佐藤孝弘、田言等译,中国政法大学出版社2017年版,第77页。

② 参见王欣新:《破产法》(第3版),中国人民大学出版社2011年版,第198页。

③ 参见范健、王建文:《破产法》,法律出版社2009年版,第175页。

④ 参见范健、王建文:《破产法》,法律出版社2009年版,第175~176页;王欣新:《论破产程序中劣后债权的清偿》,载《人民法院报》2018年7月4日,第7版;于新循、彭旭林:《论我国破产债权例外制度——基于劣后债权的制度构建视角》,载《四川师范大学学报》(社会科学版)2015年第3期;徐振增、宫艳艳:《破产法设置劣后债权的问题研究》,载《广西民族大学学报》(哲学社会科学版)2015年第2期。

纪要》第28条规定:“……破产财产依照企业破产法第一百一十三条规定的顺序清偿后仍有剩余的,可依次用于清偿破产受理前产生的民事惩罚性赔偿金、行政罚款、刑事罚金等惩罚性债权。”有学者认为这一规定“建立了劣后债权及其清偿制度,对司法实践具有重要的指导意义。”

从一般破产案件的实际清偿结果来看,除斥债权或劣后债权通常都得不到清偿,并无区别,但在破产财产清偿全部破产债权后仍有剩余的情况下,会对债权人的权利产生一定影响。在重庆市沙坪坝区人民法院审理的“西奥房地产开发有限公司破产清算案”中,债务人的主要财产就因市场变化导致大幅增值,从而在清偿完全部破产债权后仍有剩余财产。债权人与股东之间就剩余财产优先清偿破产债权的利息损失还是直接分配给债务人股东产生争议。法院认为,破产申请受理后停止计付的利息依照我国《企业破产法》第107条的规定不属于破产债权,不能作为破产债权参与分配,但仍属于破产企业应当偿付的债务。在清偿全部破产债权后,破产企业有剩余财产时,应按我国《公司法》的相关规定,参照《企业破产法》规定的原则和程序予以清偿。清偿后仍有剩余的,才可以按照出资比例分配给破产企业的股东。

此外,重庆法院在破产重整案件审理实践中,围绕破产案件中劣后债权的判断等问题进行了诸多有益探索。如重庆市高级人民法院《关于审理破产案件法律适用问题的解答》第6条规定:“管理人在拟定债权表时,应当对公司股东或实际控制人债权是否属于劣后债权作出认定,并提交债权人会议核查。债务人、债权人无异议的,人民法院应裁定确认。债务人、债权人有异议的,可以向人民法院提起破产债权确认诉讼。”具体而言,存在以下几种情形时,可将公司股东或实际控制人对公司债权确定为劣后债权,于普通债权之后受偿:(1)公司股东因未履行或未完全履行出资义务、抽逃出资对公司负有债务,其债权在未履行或未完全履行出资义务、抽逃出资范围内的部分;(2)公司注册资本明显不足以负担公司正常运作,公司运作主要依靠向股东或实际控制人负债筹集,股东或实际控制人因此而对公司形成的债权;(3)公司控股股东或实际控制人为了自身利益,与公司之间因不公平交易而产生的债权。并且,公司股东或实际控制人在前述情形下形成的劣后债权,不得行使别除权、抵销权。

第六章　债权人会议

第一节　债权人会议的职权

一、债权人会议概述

为使破产程序能够顺利进行,需要对各个债权人的意志、利益、行为等通过一定的组织方式进行自治协调,并体现到对破产程序的共同参与之中。因此,我国破产立法,设立债权人会议以表达债权人的共同意志,就有关其利益的破产事项协调意见,以决定共同采取的法律行动。我国破产程序中的债权人会议,是由依法申报债权的债权人组成,以保障债权人共同利益为目的,为实现债权人的破产程序参与权,讨论决定有关破产事宜,表达债权人意志,协调债权人行为的破产议事机构。债权人会议在破产程序中占有重要地位,它是债权人参与破产程序、维护其利益的自治团体。①

(一)债权人会议的性质

关于债权人会议的性质,现行破产法没有作出规定。破产法理论界存在多种学说,主要有以下几种:②(1)自治团体说。这是我国部分学者的主张。该说认为,债权人会议是非法人性质的特殊社团组织,是表达全体债权人共同意志的自

---

① 参见王欣新:《破产法》(第3版),中国人民大学出版社2011年版,第202页。

② 同上书,第203~204页。

治性团体。(2)债权人团体机关说。该学说的基础是破产债团理论,即基于债权人对破产程序中的诸多事项具有共同利益如破产财产的增加、破产费用和财团债务的减少、破产财产的处置价格高低等,认为全体债权人构成债权人团体,而债权人会议则是该团体的机关。(3)事实的集合体说。这是日本学界当前的通说。该说认为,法律并未规定债权人会议具有民事主体地位,且各个债权人之间的利益也存在不一致的地方,故债权人会议仅系债权人的临时性集合组织,是法院认为必要时临时召集成立的集会。

我们认为,对债权人会议的法律性质的讨论,应当建立在特定的立法政策选择和立法制度设计的框架内进行。毕竟,不同学说产生的法律基础可能是不同的,也适用于不同的国情,往往不具有简单、直接的可比性。所以,应根据各国立法对债权人会议的具体规定来分析其复杂的特性。从实务角度来说,债权人会议的性质应是对内协调以形成债权人的共同意思,对外通过破产程序的参与和监督,以实现全体债权人破产参与权的机构。①

(二)债权人会议的成员资格

我国《企业破产法》第 59 条第 1 款规定:"依法申报债权的债权人为债权人会议的成员,有权参加债权人会议,享有表决权。"根据该规定,依法申报了债权并经审查通过的债权人自然是债权人会议的成员。在司法实践中,需要重点关注以下几类人是否具有债权人会议成员资格。

一是债权尚未确定的债权人。在破产程序中,可能存在一些尚未确定的债权,如因诉讼或仲裁未决的债权、附停止条件的债权、将来求偿权等。我国《企业破产法》第 59 条第 2 款规定:"债权尚未确定的债权人,除人民法院能够为其行使表决权而临时确定债权额的外,不得行使表决权。"这些债权人虽然也属于债权人委员会的成员,但在债权人会议上是否享有表决权及代表的债权数额是多少,需要法院裁定解决。需要注意的是,该裁定仅决定在破产程序中该债权人在债权人会议上有无表决权及代表的债权数额事项,并不具有确认债权的实体判决的效力。② 对于因诉讼或仲裁未决的债权,待上述程序结束后即可确认债权;对于非因上述程序问题而未确定的债权,仍应通过债权确认之诉予以解决。

---

① 参见王欣新:《破产法》(第 3 版),中国人民大学出版社 2011 年版,第 204 页。

② 同上书,第 205 页。

二是职工债权人。根据我国《企业破产法》第 59 条第 5 款的规定,债权人会议应当有债务人的职工和工会的代表参加,对有关事项发表意见,但是对于职工债权人是否为债权人会议成员并具有表决权,则未作明确规定。对于该问题,在破产法理论界存在不同看法。有学者认为,该项债权依法不必申报,但与依法申报的效果是一致的,不影响拥有此项债权的职工债权人作为债权人会议的成员、参加债权人会议并享有债权人会议的表决权。[①] 也有学者认为,只有依法申报债权的债权人才能成为债权人会议的成员,职工债权不参加债权申报,不作为债权人会议的成员。[②] 对于职工债权人的债权人会议成员资格问题,一般认为职工债权人不宜作为债权人会议成员参加会议,尤其是享有表决权。但是,如果债权人会议的决议事项影响职工债权人的利益,在其优先清偿的权益可能受到影响时,应当允许职工债权人参加债权人会议并行使表决权。例如,在重整程序中,重整的目的并非仅仅是清偿债权,而我国《企业破产法》对职工债权并未如对第 82 条第 1 款第 2 项规定的社保债权一样作出"重整计划不得规定减免"的规定。在这个过程中,如果不能确保职工债权人优先受偿而仍将其排除在债权人会议之外,不赋予其表决的权利,显然不利于职工债权人合法权利的维护。此时,职工债权人可参加讨论重整计划草案的债权人会议,并组成职工债权组对重整计划草案进行表决。

(三)债权人委员会

债权人委员会的设立,国际上普遍实行任意设立主义。我国《企业破产法》第 67 条规定,债权人会议可以决定设立债权人委员会,这意味着债权人委员会并非法律强制规定必须设立的机构,而是由债权人会议根据实际情况决定是否设立。破产案件有难易之分,债权人会议在决定是否设置债权人委员会时,可综合考虑债权情况、破产财产等相关因素。

二、债权人会议职权

对债权人会议职权的规定,涉及债权人会议与管理人之间以及债权人会议与法院之间职责和权限的划分,由于各国和地区破产法对债权人会议的法律性质定位和设置模式有所不同,所以不同国家和地区对债权人会议的职权存在不同的规定。英

---

① 参见韩传华:《企业破产法解析》,人民法院出版社 2007 年版,第 223 页。

② 参见王卫国:《破产法精义》,法律出版社 2007 年版,第 169 页。

美法系国家及部分大陆法系国家的立法,赋予债权人会议的职权范围较广,债权人会议有权选任管理人,甚至有权决定债务人是否应被宣告破产等;多数大陆法系国家对债权人会议的职权范围,作出不同程度的限制,将其职权范围限定于监督管理人、调查债权、讨论、决议和解等方面。从我国立法关于债权人会议的职权设定内容上来看,我国采取了在债权人自治的基础上,突出法院主导和管理人中心的混合模式。①

与我国《企业破产法(试行)》相比,现行《企业破产法》对债权人会议的职权作了重大的修改完善。根据我国《企业破产法》第 61 条的规定,债权人会议的职权是:(1)核查债权;(2)申请人民法院更换管理人,审查管理人的费用和报酬;(3)监督管理人;(4)选任和更换债权人委员会成员;(5)决定继续或者停止债务人的营业;(6)通过重整计划;(7)通过和解协议;(8)通过债务人财产的管理方案;(9)通过破产财产的变价方案;(10)通过破产财产的分配方案;(11)人民法院认为应当由债权人会议行使的其他职权。针对上述职权,以下将逐项分析。

1. 对债权进行核查

债权的有无及其数额的多少,涉及每一个债权人的利益。因此,债权人会议对债权人申报的债权,要逐项进行审查,以认定其是否存在以及具体的债权数额。而且在逐项审查债权时,还应当查明每一债权的性质。在第一次债权人会议上通常要先对债权进行核查,以便及时确定债权人的参会资格、表决权,并确定该破产案件中债权人会议表决通过决议时的债权总额和有效债权额等问题。这是进行其他破产程序的前提条件,必须尽快解决。

核查债权的工作是债权人会议的职权,但准确来说,核查债权的工作应在债权人会议上进行。因为仅靠债权人会议是不可能完成核查债权工作的,必须有法院的主持、参加才可能解决债权核查中的问题。② 根据我国《企业破产法》第 58 条的规定,管理人对申报的债权进行审查后,编制的债权表应当提交第一次债权人会议核查,债务人、债权人对债权表记载的债权无异议的,由法院裁定确认。债权人、债务人对债权表记载的债权有异议的,可以向受理破产申请的法院提起诉讼。这意味着,债权人会议核查债权的对象,应当限于对管理人编制的债权表中所记载的债权,

---

① 参见韩长印主编:《破产法学》,中国政法大学出版社 2007 年版,第 113 页。

② 参见王欣新:《破产法》(第 3 版),中国人民大学出版社 2011 年版,第 217 页。

债权人、债务人对债权表如有异议，仍然可以向法院提起诉讼。

2. 决定更换管理人及管理人费用审查

管理人由人民法院指定并依法履行接受债权申报、审查并编制债权表、管理财产和营业事务或监督债务人自行管理财产和营业事务、制作重整计划草案、监督重整计划的执行等重要职责。管理人能否依法、公正地履行职责，直接关系债权人的切身利益。因此，企业破产法在赋予管理人上述职权的同时，也赋予了债权人会议当认为管理人不能公正、依法执行职务或者有其他不能胜任职务情形时，可以向法院申请变更管理人的权利。我国《企业破产法》第22条第2款即对管理人的更换作出了规定，此项规定有利于保证债权人会议对管理人履行职务的有效监督，确保管理人公正、依法履行职责。在实践中，如果债权人会议通过决议，申请人民法院更换管理人，人民法院通常可依申请更换管理人。

在实践中，值得讨论的问题是个别债权人能否申请更换管理人？各国破产法对管理人的更换问题均有相应规定，但具体做法不同。有的可依据法院作出的决定直接更换管理人，有的则需根据当事人提出的申请，或依据债权人会议作出的决议更换管理人。[①] 依照我国《企业破产法》的规定，法院可根据债权人会议的申请或依职权径行决定更换管理人，并未规定个别债权人的申请权。个别债权人如认为管理人不能公正、依法执行职务或者有其他不能胜任职务情形时，可将相应证据材料提交债权人会议或人民法院，由债权人会议或人民法院根据材料作出相应处理。

由于管理人的费用和报酬属于破产费用，即管理人的费用和报酬优先于债权人的债权，其费用和报酬的支付情况直接影响债权人的利益，因此，法律也赋予了债权人会议审查管理人费用和报酬的职权。债权人会议在审查管理人费用和报酬时，应当按照我国《企业破产法》和《管理人报酬规定》，对管理人的费用和报酬的合理性进行审查。若债权人会议认为管理人的费用和报酬不合理的，应当作出决议，并向人民法院提出异议，由人民法院进行审查。

3. 对管理人实施监督

管理人能否依法履行职务，是否勤勉尽责，直接关系债权人自身的利益。为保证其依法、公正行使职权，法律明确规定了管理人应当向法院报告工作并接受债权人会议和债权人委员会的监督，应当列席债权人会议，向债权人会议报告职务执行

---

① 参见王欣新：《破产法》（第3版），中国人民大学出版社2011年版，第85页。

情况并回答询问。

债权人会议对管理人的监督,可分为直接监督与间接监督。直接监督主要通过听取管理人关于执行职务情况的报告并加以询问、主动要求管理人对其职责范围内的事务予以说明或提供相关文件等方式进行。间接监督则是通过债权人委员会对管理人的日常活动进行监督。

4. 对债权人委员会进行选任

为了更好地保护债权人的合法权利,根据我国《企业破产法》第67条的规定,债权人会议有权决定设立债权人委员会作为债权人会议的常设机构,在债权人会议闭会期间代表全体债权人行使债权人会议的有关权利。除一名债务人的职工代表或工会代表外,其他债权人委员会的成员由债权人会议选任。对于不认真履行债权人委员会职权,可能损害债权人利益的债权人委员会成员或无法履行债权人委员会职权的债权人委员会成员,经债权人会议决议后也可以予以更换,但债权人会议在选任或更换债权人委员会成员后均应报告人民法院,由人民法院书面决定认可。

5. 决定债务人企业的营业状态

破产案件受理后,债务人的营业是否继续,关涉破产财产的增加或减损,对债权人利益影响极大。继续经营既包含了实现债务人财产更大化的机遇,也包含了债务人财产进一步损耗的风险。根据我国《企业破产法》的规定,在第一次债权人会议召开后,此事项应由债权人会议决定,而不能由管理人自行决定。但是,管理人可以根据其对破产企业情况的了解,向债权人会议提出是否继续营业的建议。债权人会议决定继续或者停止债务人营业的唯一判断标准是,能否使债权人获得更多的清偿。

根据2002年《破产法规定》及最高人民法院的相关批复,①破产企业自破产宣告之日起应当停止生产经营活动,但人民法院或清算组认为有必要继续生产经营的除外。如果交由人民法院或者管理人来决定,难免掺杂除前述判断标准以外的其他考虑因素。因此,我国《企业破产法》对此问题作出了与过去不同的规定。在实践中,第一次债权人会议召开之前,继续或停止债务人营业由管理人决定,但应经人民法院许可。在第一次债权人会议召开后,继续还是停止营业则由债权人会议决定。在重整程序中,债务人的财产和营业事务可能由管理人进行管理,也可能经人民法

---

① 参见《破产法规定》第33条及最高人民法院《关于企业被人民法院依法宣告破产后,在破产程序终结前经人民法院允许从事经营活动所签合同是否有效问题的批复》。

院批准由债务人在管理人的监督下自行管理。但无论是何种情形,债权人会议均有权决定债务人是否继续或停止营业。

6. 对重整计划草案进行表决

在重整程序中,讨论和通过重整计划是债权人会议的核心职权。重整计划是重整程序中最重要的法律文件,其内容直接关系重整的合理性和可行性,直接影响债权人的切身利益。目前我国《企业破产法》规定有权制作重整计划草案的主体仅限于债务人和管理人,债权人并无权制作重整计划草案。为了保证重整的成功,债务人或管理人提出重整计划草案可能会对债权人的权利进行调整,包括延迟、减少对某类债权人的清偿,甚至包括限制担保债权人权利的行使等。可以说,重整计划的实施极大影响全体债权人,包括职工债权人和担保债权人的利益。因此,法律明确规定了重整计划需经债权人会议讨论通过。对于经两次表决仍未获通过的重整计划草案,如果符合我国《企业破产法》第 87 条相关规定的,债务人或者管理人可以申请人民法院强制批准该重整计划草案。

7. 对和解协议草案进行表决

破产和解,往往是以债权人同意债务人延期偿还债务或减免偿还一定比例或数额的债务为前提而成立的。由于是否同意和解关涉全体债权人的利益,故法律规定对和解协议草案进行表决属于债权人会议的职权,是否接受和解必须由债权人会议决定,个别债权人或其他机构、人员无权作出决定,人民法院也无权强迫债权人接受和解协议。是否进行和解影响破产程序的走向,故应尽早作出决定。如果债务人提出以避免破产为目的的和解申请,债权人会议一般应在第一次会议上作出是否同意和解的协议。

8. 对破产财产管理方案进行表决

债务人的财产是债权人获得清偿的物质基础,也是债务人重整再生的物质来源之一,债权人财产的管理情况与债权人的利益息息相关。债务人财产的管理分为管理人接管债务人财产后的清点性管理以及以后的保管、营业性管理。前者是对债务人的及时登记,必要时可请求人民法院对财产进行保全。后者包括收回债务人债权、收回担保物、行使撤销权、解除或者继续合同等。

在重整程序中,债务人的财产可能由管理人管理,也可能由债务人在管理人的监督下自行管理。在债务人的财产由管理人负责管理的情况下,管理人应当按照维护债权人利益、实现债务人财产价值最大化和有利于重整顺利进行的原则制定债务人财产管理方案,并提交债权人会议讨论通过。依照我国《企业破产法》第 73 条的规定,债务人自行管理财产和营业事务的,管理人应当向债务人移交财产和营业事务,破产法规定的管理人职权由债务人行使。此外,债权人会议行使通过财产管理方案的职权时,并未因管理主体不同而作区分对待。因此,在债务人自行管理的情况下,可由债务人制定财产管理方案,提交债权人会议讨论通过,并在管理人的监督下,按照债权人会议通过的方案进行财产管理。

9. 对破产财产变价方案进行表决

破产财产的变价方案包括估值和处置两个方面。在实践中,估值一般由管理人委托的评估机构对破产财产进行评估。破产财产处置多采用拍卖方式,但债权人会议另有决议的除外。

10. 对破产财产分配方案进行表决

破产财产分配,是指依照法律的规定,按破产债权清偿顺序以及受偿比例进行清偿。破产财产分配直接关系债权人的债权能否得到公平清偿。为确保分配的公正性,管理人提出的破产财产分配方案,需经债权人会议讨论通过。破产财产分配方案具体包括:(1)各财产种类及其价值;(2)破产债权总额和清偿比例;(3)债权清偿顺序;(4)各顺位清偿数额;(5)分配方式、时间以及地点等。

11. 人民法院认为应当由债权人会议行使的其他职权

在实务操作中,可能遇到法律没有明文规定的,但其性质属于应当由债权人会议决定的其他情况。此时,人民法院可以将这些职权交由债权人会议行使。一方面可以减少人民法院的工作压力,另一方面也充分尊重了债权人的自治权,有利于作出的决定在债权人之中顺利执行。① 对于债权人会议行使的上述职权,应当作出书面决议。

第二节 债权人会议的筹备与召开

一、债权人会议的召集

债权人会议的召集方式应以能保障债权人的破产参与权、有利于维护债权人的共同利益、保障破产程序的公正顺利进行为原则。债权人会议分为第一次债权人会

---

① 参见范健、王建文:《破产法》,法律出版社 2009 年版,第 189 ~ 190 页。

议和其他债权人会议。我国《企业破产法》第 62 条规定："第一次债权人会议由人民法院召集，自债权申报期限届满之日起十五日内召开。以后的债权人会议，在人民法院认为必要时，或者管理人、债权人委员会、占债权总额四分之一以上的债权人向债权人会议主席提议时召开。"据此，债权人会议的召开具体可分为两种情形：一是法律规定必须召开的债权人会议，如第一次债权人会议；二是在必要时召开的债权人会议，也被称为临时会议，是基于法院要求或法定提议人提议召开会议时召开的债权人会议。

第一次债权人会议，是指在破产程序开始后在法律规定的期限内必须召开的债权人会议，又称法定债权人会议。第一次债权人会议由人民法院召集，自债权申报期限届满之日起 15 日内召开，而债权申报期限自人民法院发布受理破产申请公告之日起计算，最短不得少于 30 日，最长不得超过 3 个月。由此可见，第一次债权人会议，最迟应该是法院发布受理破产申请公告（重整程序中为重整公告）之日起 3 个月零 15 日内召开。一般来讲，清算程序中最重要的债权人会议为第一次债权人会议和讨论表决破产财产变价、分配方案时的债权人会议，重整程序中最重要的债权人会议为第一次债权人会议和讨论表决重整计划草案时的债权人会议。

临时会议，其提议召开的主体分为两类：一是人民法院，其认为有必要时可自主决定召开；二是管理人、债权人委员会、占债权总额 1/4 以上的债权人，该类提议人可向债权人会议主席提议召开。虽然立法中没有明确规定债权人会议主席有会议召集权，但这应是立法所包含的本意。① 临时会议一般分为两种情况：一种情况是法院或者管理人遇到必决事项的时候，如分配方案提议召开债权人会议；另一种情况是债权人或者其他破产利害关系人认为管理人履职不当，需债权人会议决定是否向人民法院申请更换破产管理人。

二、人民法院的筹备工作

根据我国《企业破产法》的规定，第一次债权人会议由人民法院召集。法院在第一次债权人会议召开前要进行充分的准备工作，如选定开会时间、地点等。此外，人民法院主持召开债权人会议的，若涉及和解、变卖破产财产等重要问题的，还要和主要的债权人交换意见，会前做好充分的准备工作。

---

① 参见王欣新：《破产法》（第 3 版），中国人民大学出版社 2011 年版，第 216 页。

(一)债权人会议的通知和公告

根据我国《企业破产法》第14条的规定,人民法院应当在裁定受理破产申请之日起25日内通知已知债权人,并予以公告。通知和公告载明的事项中应当包括第一次债权人会议召开的时间和地点。通知和公告,是法院依法定程序和方式,向债权人以及其他利害关系人送达破产案件文书的司法行为。通知的意义在于,法院以书面形式告知已知的债权人已开始破产程序的事实和有关事项;公告的意义在于,法院以布告或者登报刊载等方式,向全社会不特定的人公开告知已受理破产申请的有关事项。①

公告的形式除在受理破产案件的法院公告栏内张贴外,还应根据有关债权人、债务人和利害关系人的分布区域、破产财产所在的区域等具体情况,选择在报刊、网络、电视或广播上公告。此外应注意,通知和公告不能相互代替,人民法院发布公告后,仍应对已知的债权人进行通知。

(二)拟定债权人会议议程

一般而言,第一次债权人会议的核心议程为核查债权、宣布债权人会议主席、听取管理人的阶段工作报告、决定是否成立债权人委员会及选任债权人委员会成员等,其他的议程如财产管理方案、管理人的报酬方案等,则视具体情况而定。

(三)指定债权人会议主席

根据我国《企业破产法》第60条的规定,债权人会议主席由人民法院从有表决权的债权人中指定并主持债权人会议。因此,人民法院一般应当在第一次债权人会议之前指定债权人会议主席,告知其债权人会议主席的职责,以便其能切实履行职责,保障债权人会议的顺利进行。

(四)其他与会议相关的准备工作

其他准备工作,具体包括准备会议所需材料、债权人代表证、列席证、不同事项的表决票、划分债权人座位分区、完成会场布置等。这些具体工作可在管理人的协助下完成。

三、管理人的筹备工作

管理人在债权人会议召开前,应当在法院的指导下,协助做好以下准备工作。

---

① 参见李国光主编:《新企业破产法条文释义》,人民法院出版社2006年版,第119页。

（一）编制债权表和撰写报告

管理人需要准备的文件资料主要包括：（1）根据前期债权人的申报材料和申报债权登记表，编制债权表，以供利害关系人查阅；（2）根据前期对债务人财产的调查状况，制作包含财产状况报告在内的财产管理方案；（3）撰写管理人阶段性工作报告，在债权人会议上向各债权人报告并接受询问；（4）制定债权人会议议程和安保预案。

（二）会场的确定

会场的确定随债权人会议的召开方式而有所不同，从总体上来讲，应选择与债权人人数匹配、实用性强、能确保债权人会议顺利召开的会场。先要根据案件中债权人的特点确定会议的具体形式。如果采用现场会议或"现场＋网络"的会议形式，要事先预估现场参会人数，然后选择合适的会场。即使是采用网络会议形式，也要选择有利于网络直播的场所。该部分内容将在下文专节详述。

（三）会议通知

根据我国《企业破产法》第63条的规定，召开债权人会议，管理人应当提前15日通知已知的债权人。如何通知已知的债权人，法律没有具体的规定，在实务中的做法也不尽一致。通常在公告的同时，对住址明确的债权人采用书面通知的形式。从管理人勤勉尽责的履行义务角度考虑，除统一发布公告外，还应当辅以书面或电话、微信、短信通知。管理人以邮寄、公告方式发出通知的，宜进一步通过电话等方式联系，确定是否收到通知，以免遗漏了债权。鉴于当前微信等通信工具的广泛应用，管理人可以设立微信公众号并将二维码放置在公告栏或债权申报现场。在债权人申报债权时，管理人应当告知债权人加入该微信公众号，并以此作为通知和发布与债权人有关的信息渠道之一。此外，还应通知债务人职工和工会代表参会。管理人还应准备会议须知、主持词、事项表决票、债权人委员会成员推荐表、会议签到表、坐席号牌等。

（四）确定并通知列席人员

为了加强与债权人的沟通，回答问询，债权人会议还可以根据会议需要通知债务人的法定代表人及相关负责人，债务人的出资代表，破产财产的评估、审计人员等到场列席会议。列席会议人员确定后，应在会议召开3日前发出通知。

（五）会场布置与签到

我国《企业破产法》以及相关司法解释中对会场如何布置均未规定。在实践中，会议会场一般需要设置主席台、管理人坐席区、债务人代表坐席区、债权人坐席区、列席人员坐席区等区域。会场主席台上方一般悬挂或显示“××公司债权人会议”字样的会标，主席台设合议庭成员席位，主席台右侧设管理人席位、左侧设债务人席位、对面设债权人及列席人员席位。债权人坐席区最好区分为有表决权的坐席区和无表决权的坐席区，以方便统票、计票。

会场工作人员的组织安排是会议筹备极重要的内容。为了确保工作的有条不紊，最好按照职责分工对会场工作人员予以分组。根据具体情况，可将人员分为会场布置组、签到组、监票计票组、录音录像组、安全保卫组、舆情引导组和后勤保障组等，由各组人员分别负责会议召开期间的具体事务。另外，会场中还应准备签到台、投票箱、音响设备、拍摄设备等。

根据我国《企业破产法》第64条的规定，债权人会议的决议，要统计出席会议有表决权的债权人。因此，管理人还应在会场的入口处设置“签到处”并根据债权人的人数安排工作人员，以保证债权人及时通过身份核对签到入场。管理人应在会议前设置“签到组”，签到组一组至少3人，其中一人负责核对出席会议的债权人身份，核对身份无误后，由第二人监督已经核对身份无误的债权人在签到表上本人序号栏内签字，以证明该债权人参加了会议，由第三人发放会议文件资料和坐席号，也可以发放具有编号的债权人会议证。① 会场门口也要设置工作人员，审核坐席号或会议证后方可允许进入。

四、筹备中的注意事项

（一）核查债权人身份情况

对债权人身份的核查，是债权人会议召开程序合法及债权人会议决议程序合法的重要前提。召开债权人会议时，必须进行会议签到，查明到会债权人人数及其所占的债权份额，以保障会议召开的合法性。必须仔细核对出席的债权人的身份，如果债权人委托代理人出席的，应当核查其授权委托书，特别是涉及表决方面的授权，若授权委托书没有注明该代理人享有代为表决权利的，应认定该代理人无权代表债权人进行表决。

（二）做好应对突发事件的预案

制定会议预案的目的是增强会议的组织性、可预见性，通过细化工作环节，落实

① 参见徐根才：《破产法实践指南》（第2版），法律出版社2018年版，第149页。

责任要求,防范突发事件,以保证会议的顺利召开。召开债权人会议要“精心筹备、充分评估、确保平稳”。由于破产案件中利益主体多元、诉求矛盾对立,很容易诱发激烈情绪。会议预案要将会议组织工作中的每个环节都予以涵盖,并尽量考虑工作细节。债权人会议如果组织得不好,不仅影响破产程序的进程,甚至还会引发不稳定事件,造成不良的社会效果。因此,对已有信访、闹访风险的破产案件,人民法院应将情况向当地党委、人大进行汇报,通过政府相关部门的协助,事先与情绪激烈的债权人充分沟通,做好思想工作,同时制定相应的预案,以确保会议平稳召开。

五、债权人会议的召开

债权人会议作为债权人行使权利的组织,须通过会议召集才能进行工作。经法定人员申请召开债权人会议并由人民法院、管理人作出必要筹备工作后,债权人会议将正式召开。

(一)债权人会议的主持

我国《企业破产法》第60条规定:“债权人会议设主席一人,由人民法院从有表决权的债权人中指定,债权人会议主席主持债权人会议。”根据该规定,债权人会议主席并非由债权人会议选举产生,而是由人民法院指定。在第一次债权人会议上,人民法院宣布和通报规定事项后,该次债权人会议以及以后的债权人会议,一律由债权人会议主席主持。

债权人会议主席主持的具体职责表现为:(1)宣布会议开始,说明会议议题和注意事项;(2)引导会议进程,维护会议秩序,如安排发言顺序、限定发言时间、宣布表决结果、决定会议休会;(3)就会议议题的有关事项询问出席会议的债权人和债务人;(4)宣布会议闭会,并于事后向人民法院报告会议情况。[①]

在实践中,存在管理人实际主持债权人会议的情形。由管理人主持债权人会议,与法律赋予管理人的职权并不相符,也缺乏法律依据,法院对此做法应予以纠正。

(二)债权人会议的一般流程

在实践中,一些债权债务关系简单、债权人人数较少、争议不大的破产案件,在第一次债权人会议上,有关债权审核、管理人报酬审核、债务人财产管理方案、破产

---

① 参见李国光主编:《新企业破产法条文释义》,人民法院出版社2006年版,第336~337页。

财产变价方案等事项均一并讨论通过,无再次召开债权人会议的必要。而对于复杂的案件,却往往需要多次召开债权人会议,债权人会议的流程也因讨论事项的不同而有所差异。本书将以第一次债权人会议为例,介绍债权人会议的一般流程。

债权人会议的一般流程包括:(1)宣布会议纪律;(2)宣布合议庭组成人员;(3)通报到会债权人人数及所代表的份额;(4)宣布债权人会议职权;(5)人民法院通报案件审理情况,包括宣读受理裁定书、指定管理人决定书等;(6)宣布会议议程;(7)指定债权人会议主席;(8)管理人报告执行职务情况;(9)管理人报告债权申报审核情况,核查债权;(10)管理人报告报酬及相关费用情况,核查管理人报酬方案;(11)管理人报告财产管理方案;(12)对决议事项进行讨论、表决并统计结果;(13)宣布休会。对于破产财产变价方案、破产财产分配方案等可根据具体情况安排在第一次债权人会议或以后的债权人会议上进行表决。

(三)重整计划草案与和解协议草案

重整计划草案、和解协议草案是债权人最关心的内容,也是债权人会议表决的对象。一般而言,第一次债权人会议中并不涉及上述草案,往往需要通过再次召开债权人会议进行表决。虽然在会前的信息披露中,债权人可能已获知方案的内容,但披露的方案有可能经过修改,即使未修改也有必要由管理人或债务人(方案制作人)向会议作出全文报告。对于与债权调整直接相关的内容,以及一些需要特别作出解释的地方,管理人或债务人应该在会前了解掌握债权人关心的问题,有针对性地对相关内容作出说明。

提请表决前,债权人认为管理人或债务人对方案说明得不够充分,或者其仍然存有疑问的,可以向管理人或债务人提出问询,管理人或债务人有义务予以解答。问题的收集与回答方式可以视会议的形式及问题的多少灵活掌握,既可统一收集并回答,也可以逐一收集并回答。采用网络会议形式的可以开通网上提问的通道,并以现场直播或者专人输入的方式予以解答。考虑整个会议的进程及会场的秩序问题,债权人会议主席应注意合理掌控回答债权人问询环节的时间。

(四)债权人会议的表决

表决是债权人会议的核心程序,可分为投票、监票计票、宣布表决结果等环节。在债权人问询完毕后,债权人会议主席可先对表决规则进行说明,然后组织债权人投票表决。为了保证程序公正,可以随机选出两名监票人,对表决票统计过程进行监督。投票表决结果应当在初次统计后,再仔细复核一次。整个统计过程可安排进行全程录像，以作为电子证据存卷备查。完成统计后，表决结果要呈送合议庭，由审判长当场宣布。债权人会议通过表决形成的决议，对全体的债权人均具有约束力。

关于二次表决的问题，我国《企业破产法》第 87 条第 1 款规定："部分表决组未通过重整计划草案的，债务人或者管理人可以同未通过重整计划草案的表决组协商。该表决组可以在协商后再表决一次。双方协商的结果不得损害其他表决组的利益。"从该规定可以看出，对于重整计划草案可以进行再次表决，但受到严格的限制，即再次表决系双方协商的结果，要建立在债权人同意的基础之上，未通过重整计划草案的表决组若拒绝再次表决，不得强制进行。

对于何为拒绝再次表决，我国《企业破产法》没有明确，在实践中也较难把握。对此，有些法院作出了有益的尝试。例如，北京市高级人民法院《企业破产案件审理规程》第 218 条第 3 款规定："未通过重整计划草案的表决组就是否再次表决进行程序表决时，过半数的成员或者代表表决权额三分之二以上的表决权人反对再次表决；或者在指定的时间不参加再次表决会议；或者以书面形式明确表示不接受债务人或者管理人再次表决的建议的，视为该表决组拒绝再次表决重整计划草案。"再次表决一般应当在首次表决后的 3 个月内完成。

第三节　债权人会议的形式

一、债权人会议形式概述

召开债权人会议的形式，我国《企业破产法》并无明确、具体的规定《破产法司法解释（三）》第 11 条对此进行了完善，该条规定，债权人会议的决议除现场表决外，可以由管理人事先将相关决议事项告知债权人，采取通信、网络投票等非现场方式进行表决。在实践中，债权人会议的形式主要包括现场会议、书面会议和网络会议 3 种。

（一）现场会议

现场会议是各方主体在会议室等场所以面对面方式召开的会议形式，是在实践中采用最多的方式。债权人会议召开采用现场会议是长期以来的传统做法，一般适用于涉及人数较少的有限责任公司等企业破产案件。采取现场会议的，应当根据破产案件的具体情况提前选定合适的会场。

现场会议的最大特点是直观。通过现场讨论、质询等交流方式获得审议事项的必要信息,有利于债权人充分参与会议程序,保障其意思的正确表达。从这个意义上来讲,现场方式具有其他会议形式不可替代的作用。但由于现场会议需要提前预计参会人数、选取合适地点、考虑安保问题等,因此筹备时间周期较长,且对于债权人参会人数众多的案件,往往需要公安机关派出警务人员协助维持秩序。在司法实务中,有些债权人因住所地距离较远,或者所持债权较小,参加现场会议极不便或者成本太高等原因,往往不愿意出席现场会议。如何提高债权人参与度、降低债权人会议成本、保证会议效率,是大多数案件中管理人所面临的难题。在实践中,为了保障此类债权人参会的权利,通常都会对"现场"作合理的扩大解释。只要人民法院组织了现场会议,并在会议召开之前或同时,甚至人民法院确定的会后合理时间内能够收到债权人的表决意见,就可以视为该债权人到会行使了表决权。

(二)书面会议

书面会议,顾名思义,是指以书面方式召开的债权人会议。一般来讲,如果债权人人数较少,且表决事项较少,可以采用该种方式。

(三)网络会议

网络会议是近年来借助网络和信息化而发展起来的会议形式,其具有会议组织成本低、现场维稳压力小、会议信息透明度高、参会方式简单便捷等特点。本书在下部分专门详述。

此外,"现场+网络"的方式也常常被采用,这种方式吸收了二者的优点,并弥补了各自的不足。债权人可以选择现场参会与管理人或债务人就相关问题予以沟通、交流,也可以通过网络进行参会。但需要注意的是,无论采取什么方式参会,其表决权只能以一种方式行使。

二、网络债权人会议

(一)网络债权人会议

网络债权人会议是互联网时代的产物,其借助QQ、微信、多方视频等通信手段,以网络方式召开非现场债权人会议无疑可以有效解决现场会议中的诸多难题。最高人民法院《关于企业破产案件信息公开的规定(试行)》第11条第1款规定:"人民法院、破产管理人可以在破产重整案件信息网召集债权人会议并表决有关事项,网上投票形成的表决结果与现场投票形成的表决结果具有同等法律效力。"该规定为网络会议的召开及网上投票提供了制度支撑。2018年3月4日最高人民法院印发的《全国法院破产审判工作会议纪要》也明确指出,全国法院要进一步加强破产审判的信息化建设,鼓励和规范通过网络方式召开债权人会议,提高效率,降低破产费用,确保债权人等主体参与破产程序的权利。应该说,网络会议具有广阔的适用前景。

(二)网络会议的比较优势

采用传统的现场会议方式召开大型债权人会议,存在的问题是显而易见的:(1)会务组织成本高。对于人数众多的大型现场会议,从经济成本上来看,需要为场地租金、安保防控和后勤保障等支付不菲的费用,这对于本身就入不敷出的破产企业来讲,无异于雪上加霜;从时间成本上来看,还需要将会议资料提前寄出并在合理时间内保证收回,难免出现邮寄在途、地址错漏等不确定因素。(2)会务组织压力大。面对几百人甚至上千人的会议现场,要确保会前的签到入场、会议流程安排、会场秩序控制等环节的顺利进行,必然要投入大量的人力、物力到场进行组织、协调,难度之大,可想而知。(3)参会人员易受他人影响。债权人会议的议程中会涉及数项表决,现场参会人员易受到其他人员意见的影响,甚至可能出现极个别债权人为不当目的而煽动投票的情况,这显然不利于会议议程的顺利推进。

采用网络方式召开债权人会议,可以克服现场会议的不足,具有一些明显的优势:(1)降低会务组织成本。采用网络会议能有效节省场地费用及现场工作人员的劳务支出。同时,网络直播和采用电子计票更是大大节约了会议的经济和时间成本。(2)减轻现场会务组织压力。网络会议模式下,会务组织方仅需在会前做好网络技术准备,组织简便易行,有效避免了大量人员现场签到、秩序维护等问题,大大减轻了组织方的会务压力。(3)提高会议出席率。网络会议方式超越了地理位置和距离对参会人员的限制,债权人无须往返会议现场参会,仅需在指定时间内于网络环境下登录会议网址即可进行参会,简便易行。(4)充分保障债权人参与权。债权人可通过同步直播、文档下载等方式查阅文件资料并听取报告,可以通过网络投票方式及时表达自身诉求并行使权利。异地债权人、小额债权人或不便参加现场会议的债权人的程序参与权得到实质的保障。

从以上分析可以看出,采取网络方式召开债权人会议,不但极大减少了债权人参加会议的时间成本和资金成本,提高了债权人的参会意愿,提升了表决效率,而且充分保障了债权人参会及行使表决权的权利,对于债权人众多尤其是异地小额债权人众多、债务人职工众多、存在维稳压力的案件,无疑具备明显优势,值得推广运用。

（三）网络债权人会议的现状

近年来，各地法院纷纷开始探索利用信息化手段和互联网优势来审理破产案件。采用网络方式召开债权人会议，对计算机和网络技术条件有一定的要求，需要聘请专门的技术机构或人员进行技术支持。2016 年 8 月 1 日全国企业破产重整案件信息网平台正式开通。该平台由全国企业破产重整案件信息网、企业破产案件法官工作平台、破产管理人平台三部分组成。其中，全国企业破产重整案件信息网是按照案件流程全公开原则，对破产案件各类信息分级进行发布的互联网资讯平台，投资人可以在债务人信息披露栏目中获得相关案件债务人企业的信息情况，并可以通过网站开展投资需求发布、债务人企业动态信息订阅、与破产管理人进行互动交流等活动。债权人、债务人、出资人等案件相关主体可以通过该网依法行使破产法规定相关权利，进行预约立案、申报债权、提交异议申请、参与债权人会议并进行表决等线上活动。企业破产案件法官工作平台、破产管理人工作平台作为支持系统，以法院和破产管理人的不同法律职责为基础自动完成工作推送。[①] 为保障破产信息网的顺畅运行，最高人民法院还发布了《关于企业破产案件信息公开的规定（试行）》。此后，利用破产信息网召开网络债权人会议的方式迅速在全国推广开来。

需要注意的是，网络虚拟特性使表决主体身份的确定具有一定的难度，表决程序的公开、公正也可能受到质疑。因此，在表决系统的设计上，应根据债权表的登记数据事前严格审查债权人的行权资格，债权人也需按照表决系统规定的程序进行身份认证之后才能进行电子投票。在电子投票结束后，表决系统向债权人提供实时查询投票结果的功能，以保证电子投票的公开、公正。在实践中，管理人在具体筹备时需注意：（1）编制网络会议方案并报请人民法院审查。会议方案主要包括会务组织方案、参会须知、投票规则、债权表、表决事项、维稳预案等。（2）委托网络技术部门提供技术支持。利用全国企业破产重整案件信息网审理的，一般委托该网技术支持服务部门，技术支持内容包括：设置登录账户密码、编写计票程序、现场会议直播上传、网络会议全程维护等。

---

① 参见罗书臻：《以信息化开拓破产案件审判新局面　深入推进供给侧结构性改革》，载《人民法院报》2016 年 8 月 2 日，第 2 版。

第四节　债权人会议的表决规则及策略

一、债权人会议的决议及其表决规则概述

债权人会议的决议，是指债权人会议在权限范围内，对会议议题进行讨论，由出席会议的有表决权的债权人通过表决，形成的一致意见或决定。可以说，债权人会议的所有作用和功能，集中体现在债权人会议决议上。[①] 债权人的表决权既可由自己行使，也可由其委托的代理人行使。代理人既可以是其他债权人，也可以是债权人以外的人。代理人出席现场会议行使表决权的，需向管理人提交授权委托书、委托人及代理人身份材料等文件。债权人或其代理人出席网络会议行使表决权的，可凭借人民法院或管理人事前发送的账号和密码登录相关网络平台进行表决。

债权人会议决议的产生应遵循一定的规则，各国基本上都采用多数决原则，即要求债权人会议表决的事项，无须征得全体债权人的同意，只需符合法定的多数即可通过。多数决原则自15世纪的葡萄牙立法创建以来，被世界各国立法借鉴发展。目前，国外立法关于多数决的认定标准主要分为三类：一是以同意的债权人所代表债权额的多数或绝对多数为准。二是以同意的债权人人数和所代表的债权额双重多数为准，如英国破产法规定，在通过和解等特殊事项时，以人数的多数和债权额的3/4以上为成立条件；[②]日本破产法要求出席会议的有表决权的债权人过半数，以出席会议的债权人所代表债权额过半数通过方为形成决议。三是以出席会议的人数多数同意为依据。上述立法例中，单独采用人数标准的，虽然能保障多数债权人的利益，但未必符合少数大额债权人的利益；单独采用债权额标准的，又可能损害多数小额债权人的利益。因此，我国对决议规则的设立主要考虑通过决议时赞成的债权人人数和其所代表的债权数额，以兼顾债权大小不等的债权人的利益来保证决议的公平。

我国《企业破产法》把债权人会议的决议事项，分为一般决议事项和特殊决议事项，分别设立不同的决议规则：对一般决议事项，除有特别规定外，由出席会议的有表决权的债权人过半数通过，并且其所代表的债权额占无财产担保债权总额的1/2

---

① 参见上海市高级人民法院民事审判第二庭编：《破产案件审理与破产清算实务》，上海人民出版社2003年版，第57页。

② 参见韩长印主编：《破产法学》，中国政法大学出版社2007年版，第224页。

以上。对特殊事项的决议,包括对和解协议和对重整计划的表决。债权人会议对和解协议进行表决时,必须由出席会议的有表决权的债权人过半数同意,并且其所代表的债权额占无财产担保债权总额的2/3以上才能通过。对重整计划草案的表决,则采取分组表决,出席会议的同一表决组的债权人,过半数同意重整计划草案,并且其所代表的债权额占该组债权总额的2/3以上的,即为该组通过重整计划草案,各表决组均通过重整计划草案时,重整计划即为通过。由此可见,无论针对哪类事项进行表决,我国债权人会议的决议均采取人数和债权额结合的双重表决标准。这个表决标准,既能保证大多数债权人的利益,又能兼顾大额债权人的利益,较有效地平衡了不同债权人群体的利益和诉求。

需要注意的是,人数的计算应以出席会议的债权人人数为准。债权人未亲自出席而有代理人出席的,视为债权人已出席;一名代理人代理数个债权人的,按其代理的总人数计算。关于一名债权人享有数项债权的情况,在对重整计划草案进行分组表决时,该债权人可依据其享有的不同性质的债权参加相关各组的表决;在未进行分组的其他表决中,则该债权人即使享有数项债权,也仅能以一名债权人计算。此外,依照我国《企业破产法》第59条的规定,债权尚未确定的债权人,除人民法院能够为其行使表决权而临时确定债权额外,不得行使表决权。对债务人的特定财产享有担保权的债权人,未放弃优先受偿权利的,对通过和解协议、通过破产财产的分配方案不享有表决权。

二、债权人会议的分组表决

所谓分组表决制,即依据一定标准将权利的实质性质及利害关系相似的债权人分配为同一组,所有债权人和出资人可分为若干组别,以组为单位分别对待决事项或草案进行表决。分组的原则是以同组债权人都能够得到公平、公正的待遇为基本要求,确保同组的债权人能够在同一表决条件下获得相同的待遇。

债权人会议的分组表决,既涉及债权人权益的保护,又涉及表决事项能否顺利通过的技术性安排,还需要体现债权的平等性和一定意义上的差异性。至于表决分组的标准,可分为任意分组和强制分组。任意分组以美国为典型代表,其分组方法十分灵活,只要有助于该事项或草案进行表决通过,符合利益衡平原则即可分配为同一组,以不能发生同一组债权人或股东无法获得相同待遇为基本要求。我国实行强制分组,即分组的标准由法律规定,不能随意改变。根据我国《企业破产法》第82

条第1款的规定,下列各类债权的债权人参加讨论重整计划草案的债权人会议,依照下列债权分类,分组对重整计划草案进行表决:(1)对债务人的特定财产享有担保权的债权;(2)债务人所欠职工的工资和医疗、伤残补助、抚恤费用,所欠的应当划入职工个人账户的基本养老保险、基本医疗保险费用,以及法律、行政法规规定应当支付给职工的补偿金;(3)债务人所欠税款;(4)普通债权。

(一)大额债权组与小额债权组的设置

我国《企业破产法》第82条第2款规定:“人民法院在必要时可以决定在普通债权组中设小额债权组对重整计划草案进行表决。”在破产重整案件中,是否设置小额债权组,是人民法院在通常情况下都需要考虑的一个问题。一般而言,人民法院会根据重整的目标和债权人的实际情况来综合考虑是否设立小额债权组。

小额债权的债权人,系指无担保的债权数额较小的债权人。小额债权组,是指债权类型属于普通债权,以一定的、较小的债权数额为界限而划分的、独立于普通债权组之外的债权表决组别。[①] 一般情况下,普通债权组与小额债权组分为同一组,但在仅设置普通债权组而不进一步区分大、小额债权组时,大额债权人与小额债权人所面临的风险是不同的。大额债权人因其债权份额巨大,无疑对重整计划草案享有相当程度的决定权;相应地,如果破产重整失败,他们的损失也必然远远大于小额债权人。而对于小额债权人来说,其债权金额并不算大,受债权人会议表决规则所限,他们的意愿和意见可能在表决中被忽略,所以小额债权人的利益存在无法得到公平、公正对待的可能。根据重整计划草案表决规则,投赞成票的人数及其所代表的债权金额达到法定比例,就会按照这部分人的意愿进行重整。因此,债务人或者管理人为了能够使债权人会议通过重整计划草案,有可能会牺牲少部分债权人,特别是小额债权人的利益。这显然与公平原则和破产法的平等保护理念相悖。

在司法实践中,小额债权人往往人数众多,应当引起重视。第一,小额债权人人数众多,如果其切身利益无法得到应有的重视和维护,一旦爆发集体维权和信访等事件,不仅对破产重整工作的顺利推进影响极大,还可能引发严重的社会问题,不利于社会秩序的稳定。第二,从工作效率的角度来讲,小额债权人人数众多、意愿多样,可能导致表决时间拖延,小组表决时可能出现组别内难以达成一致意见的情况。

---

① 参见郭毅敏主编:《企业破产与重整案件法律适用关键词与典型案例指导》,法律出版社2015年版,第215页。

以广东省深圳市中级人民法院审理的“深圳市国基房地产开发有限公司破产案”为例，以20万元为界，债权金额不超过20万元的小额债权人454家，债权金额超过20万元的大额债权人74家。房地产企业资产权属状况较复杂，相关利害关系人利益诉求不同。小额债权人很大比例为购房者，相对其他各方利害关系人来说，个体数量多而分散，处于弱势地位。① 此种情形下，若不区分小额债权人与大额普通债权人，易导致小额债权人利益被忽视，同时影响重整效力。

综上所述，我们认为在决定是否划分大、小额债权组的时候，要按照公平、效率的原则来进行考量，以期最大化保障各方的利益。这不但有利于重整程序效率的提高，也有利于更好地维护全体债权人的利益，做到真正的公平。

（二）金融普通债权与非金融普通债权的设置

在破产案件中，商业银行往往作为债务人的大额债权人出现。由于银行的信贷资金主要来自社会公众基于利息对价交易下的存款余额，银行业务本身就具有负债经营的独特性，因此，我国非常注重对商业银行安全性经营原则的强调。如我国《商业银行法》第43条规定，商业银行在中华人民共和国境内不得从事信托投资和证券经营业务，不得向非自用不动产投资，或者向非银行金融机构和企业投资，但国家另有规定的除外。然而近年来，破产重整案件中重整企业采取“债转股”方式清偿债务的做法非常普遍，显现出作为一种重整工具所具有的制度合理性。② 如何在现有法律框架内保护商业银行的债权，成为新形势下所要面对的新问题。

金融机构作为债权额较大的债权人，在分组表决时无疑具备相当的“话语权”，那么是否有必要对其予以特别对待？我国《企业破产法》对普通债权组中是否还应当继续细分，并未作出特别规定，但在司法实践中对此已有新的尝试出现，在四川省德阳市中级人民法院审理的“中国第二重型机械集团公司和二重集团（德阳）重型装备股份有限公司破产重整案”中，在国资委等有关部门的支持下，以农业银行、中国银行、广大银行为主席行，组织涉及两家公司的近30家金融债权人成立了中国二

---

① 参见丁海湖、李欣婷：《房地产企业破产重整若干司法实务问题探讨》，载《法律适用》2016年第3期。

② 据统计，截至2016年12月31日，50家上市公司中有21家公司采取了“债转股”方式进行偿债，占全部上市公司的42%，非上市公司中也不乏如广东佛山的焕发排栅、浙江杭州的南望集团、云南昆明的聚仁兴橡胶等。

重金融债权人委员会。[①] 在充分考虑债务人的承受能力、未来现金流以及各类债权人的利益等基础上，特别针对金融债权人明确提出经营性债权人占用股票资源易致使抵股价格攀升，经营性债权人自身对以股抵债的接受程度很低，以及非金融普通债权（主要由经营性债权构成）人数多、抗风险能力弱等一系列特殊情况下。为了平衡金融债权人与非金融普通债权的不同清偿诉求，在法定的普通债权组内，创造性地将普通债权组细分为金融普通债权组和非金融普通债权组，并分别安排了不同的清偿方式。具体为金融债权采取现金清偿与以股抵债相结合的方式；非金融普通债权采取全部现金分期清偿方式。虽然清偿方式不同，但因为这两类债权基本都没有减免债务，金融债权全额受偿，非金融债权可以选择延期全额不打折，即使选择了2～3年打折，但现金清偿与股票受偿的时间和金额不确定性相比也是公平的，符合非金融债权人的普遍要求。因此，并不违反破产法公平受偿的原则。

第五节　召开债权人会议的司法实践

一、加快清产核资提升审理效率

法谚有云，“迟来的正义非正义”。在破产案件审理中，因案件法律关系复杂、利益主体多元、专业化程度高、审理周期长，与破产企业及各债权人要求法院降低破产程序的时间成本和管理成本、提高审理效率构成了一对现实矛盾。为此，重庆法院在破产案件审理中秉承了“公正”和“效率”两大理念，从受理破产申请开始就注重对各时间节点的控制，力争高效、有序推进各项工作进程。

在债权人会议的筹备阶段，重庆法院尤为注重前期工作的充分程度，力争每次债权人会议都具有实质性内容，不虚耗各债权人的时间。一般而言，第一次债权人会议的主要议程有：（1）对管理人编制的债权表进行核查；（2）由法院指定债权人会议主席；（3）表决成立债权人委员会；（4）表决财产管理方案或财产变价方案。与之对应，进入破产程序后，管理人的先期基础性工作就主要包括两个方面：一是进行资产调查、保全及评估，确定可偿债的资产范围及价值，在必要的时候制定财产的变价方案；二是接受债权申报登记并进行审查，以确定债务人的负债总额。在上述基础

① 该案入选人民法院依法审理破产案件推进供给侧结构性改革典型案例，参见徐阳光主编：《中国破产审判的司法进路与裁判思维》，法律出版社2018年版，第569页。

性工作完成后，人民法院召集债权人会议对债权进行审核，对资产的管理和变价方案进行表决。为此，人民法院在选任管理人之后，即要求管理人尽快接管破产企业，并在此基础上，全力推进对破产企业的清产核资工作。这不仅是效率的要求，更是顺利召开第一次债权人会议的题中应有之义。

二、全面公开信息保障司法公正

在破产程序中，将法律实施的公平、公正建立在公开的基础之上，充分尊重各方利害关系人的参与权、知情权、监督权、异议权，进而保障其自由选择权，是实施破产法治化的应然要求。

第一次债权人会议是法院、管理人与债权人之间的第一次集中全面的交流，整个会议议程的公开透明、会议资料的方便查询，是满足债权人知情权、监督权的重要前提。因此，管理人应当在第一次债权人会议之前就准备好债权申报表、破产企业会计账目、破产企业现实状况、资产评估资料等各项能够客观、真实反映破产企业和债权债务的全部资料，以供各债权人查阅。在不影响管理人日常工作的前提下，管理人应当及时满足任何债权人的咨询、查阅权。

以“重庆钢铁破产重整案”为例，为及时有效地满足债权人多元化信息需求，切实提升破产审判透明度和公信力，重庆市第一中级人民法院力求以审判信息公开体现程序公平、实体公正：一方面，督促指导管理人依法全面向利害关系人公开债务人财务会计、审计评估、债权申报等资料，及时披露案件信息；另一方面，积极利用最高人民法院网络信息平台、公众服务网全流程公开案件基本信息，既为案件利害关系人提供表达诉求、行使权利的有效渠道，也为人民法院案件审理提供对外公开和宣传的窗口。应该说，重庆钢铁重整计划草案能够获得各表决组的高票支持，且在案件审理过程中未发生一起信访事件，与法院对于债务人信息和审理流程信息的全面公开不无关系。

三、利用网络方式创新会议形式

随着市场经济的不断发展，市场交易的进一步活跃，破产企业的债权人数量呈现逐年增长态势。以前的破产企业，一般而言，债权人不过几十人，而今的破产企业的债权人却动辄上千人，这无疑给法院顺利召开债权人会议提出了新的挑战。

近年来，最高人民法院大力开展法院信息化建设，重庆法院积极践行“互联网+"思维,探索在审理中运用手机短信、微博微信、专题网站等科技化方式,并适时利用网络方式召开债权人会议。例如,"重庆钢铁破产重整案"中,不仅涉及2700余名债权人和上万名职工,还涉及17万余名中小股东,巨大的维稳压力和对会议组织能力的考验,是案件审理中所必须面对的问题。经过深入考察论证,重庆市第一中级人民法院坚持问题和需求导向,决定利用最高人民法院全国企业破产重整案件信息网这一平台召开债权人会议,并依法设置网络债权人会议议事规则、程序事项等,创新推出债权人问答环节,切实保障债权人的实体性和程序性权利。

虽然这是重庆法院利用网络召开债权人会议的首例案件,但从两次全网络召开债权人会议的实际效果来看,这种方式极大地减少了债权人参加会议的时间成本和资金成本,充分保障了债权人参会及行使表决权,因而提高了债权人参会的意愿,也提高了实际的表决效率。据网站平台公司透露,"重庆钢铁破产重整案"是目前为止利用该平台的案件中涉案债权额最大的案件,也是通过率最高的案件。

重庆法院以"重庆钢铁破产重整案"为契机,积极适应信息化发展趋势,鼓励和规范通过网络方式召开债权人会议。在该案之后,"重庆第十建设有限公司等关联企业破产重整案""重庆君融置业有限公司破产重整案""重庆上宏物业(集团)有限公司、重庆嘉恩置业有限公司、重庆医药工业有限责任公司、国旅联合重庆颐尚温泉开发有限公司破产重整案"等案件均利用网络方式召开了债权人会议。与此同时,网络债权人会议的适用范围也在不断扩展,一些中小微企业债权人会议开始利用网络方式召开,在实践中也取得了不错的效果。

第七章　出资人组会议

第一节　出资人组会议的任务

一、出资人权益调整

（一）出资人权益调整的原因

我国《企业破产法》第85条第2款规定："重整计划草案涉及出资人权益调整事项的，应当设出资人组，对该事项进行表决。"出资人权益调整，是指在重整程序中所采取的对重整企业原出资者所持有的投资份额或股份进行消减、出让等利益调整，以清偿企业所欠债务，改变企业投资构成，优化企业治理结构，促进企业获得重生的一种方案。

出资人权益调整的正当性理由主要在于利益平衡。破产法发展到20世纪初，其立法价值已从单纯保护债权人的利益演进到债权人利益与债务人利益并重且同时注重社会利益的多元化阶段。而重整制度的设立正是这种演进的重要体现。与破产清算制度相比，重整制度将公平、秩序、效率等基本的法律价值巧妙地融入破产程序中，以社会整体利益为基本立法价值取向，追求社会利益与个人利益的协调。①重整程序中对出资人权益之所以予以调整正是不同利益协调的结果。重整企业的出资人虽然不因重整程序的启动而

① 参见郭毅敏主编：《破产重整·困境上市公司复兴新视野》，人民法院出版社2010年版，第3～6页。

当然丧失其基于出资而形成的出资人权益，但从企业治理责任来讲，其对于企业走到目前的境地理应担负起应有的责任；而作为对企业经营直接具有决策权的出资人（尤其是企业的控股股东和实际控制人），对于企业陷入破产困境更应当负主要责任。在企业重整的情况下，无辜的债权人为了企业的重生尚且作出了利益牺牲，出资人的权益无疑也应根据重整的需要而作出适当的调整。最高人民法院于2012年10月29日印发的《关于审理上市公司破产重整案件工作座谈会纪要》更是明确指出："控股股东、实际控制人及其关联方在上市公司破产重整程序前因违规占用、担保等行为对上市公司造成损害的，制定重整计划草案时应当根据其过错对控股股东及实际控制人支配的股东的股权作相应调整。"再则，从行为效果来看，如果企业进入破产清算，出资人将一无所获。但如果重整成功，出资人还可能分享到重整利益，或者为社会利益做出贡献。因此，对于重整成本，出资人理应与其他利害关系人共同负担。正是基于以上利益权衡，各国均规定了重整计划可以削减任何种类的股权。①

相对于其他利害关系人来说，出资人是一类具有自身特性、权利义务要求的利益关系主体。因而，我国《企业破产法》赋予其重整程序参与主体的法律地位，可以自己的名义参与重整，行使法律规定的相应权利。

（二）出资人的表决权

在破产清算程序中，出资人无权参加债权人会议，对破产分配方案更不享有表决权。但在重整程序中，出资人虽然丧失了剩余财产分配请求权，但是否享有对重整方案的表决权，理论界存在不同的认识。

有观点认为，重整程序下企业出资人是否享有表决权，取决于企业净资产是否为负，如果企业已经资不抵债，出资人的表决权也就没有存在的必要了。在公司达到破产界限而进入重整程序后，股东对公司已不享有潜在利益，因此，它此时虽然可以作为一个独立的组别而存在，但立法却不应赋予其表决权。② 由于股东没有权益，制定重整计划的管理人或者债务人可以强制对出资人权益进行任意削减，甚至百分之百的削减，在资不抵债的情况下，股东可以出席讨论重整计划的债权人会议，但却

---

① 参见丁燕：《上市公司破产重整计划法律问题研究：理念、规则与实证》，法律出版社2014年版，第75页。

② 参见张小炜、尹正友：《〈企业破产法〉的实施与问题》，当代世界出版社2007年版，第171页。

不拥有对重整计划通过与否的表决权。[①] 此种观点也有相应的立法例。如日本《公司更生法》第129条规定:“公司有作为破产原因的事实时,股东无表决权。”

也有观点认为,赋予股东表决权,可以调动股东对债务人公司重整的积极性,鼓励股东继续投入资金挽救公司;赋予股东表决权也可以在一定程度上防止重整计划的内容过分侵害股东权益。[②] 承认重整程序下的股东权益,并赋予股东对其权益调整事项的表决权,更合乎公平原则的要求,重整计划在执行过程中也会面临更小的阻力。[③]

我国《企业破产法》规定,出资人享有表决权的条件为“重整计划草案涉及出资人权益调整事项”,而没有企业净资产为正的条件限制。我们认为,法律之所以赋予重整程序中相关出资人以表决权,是由重整制度对社会利益的追求所决定的。在现代立法由个体本位逐步向社会本位的转变之中,重整制度体现国家公力透过司法程序对私人经济活动的主动干预,更多强调的是保护社会的整体利益。[④] 从具体的重整案件来看,重整程序的实施具有多重目标,其中最主要的是债务的合理清偿与企业的营业拯救。单纯的债务清偿并不符合重整的制度价值,只有实现企业营业的更生,并在此基础上减少破产清算给债权人造成的损失,以及对其他利害关系人与社会造成的震荡和消极影响,进而实现个人利益与社会利益的协调,才是其制度追求的目标。而出资人是拯救企业的一支积极力量,重整程序的顺利推进需要其支持和配合。

正如有学者所说,陷于困境的企业的重整,并不是单纯涉及债权人的利益,也涉及股东的利益,为充分调动各方利害关系人的积极性,必须让股东也参与到重整程序之中。在对重整方案进行表决时,应当允许出资人参与,设置出资人组,对重整方案中的相关事宜进行表决。[⑤] 至于企业净资产的正负并不是赋予出资人表决权的主要考虑因素,净资产为负也并不代表企业毫无价值,反而可能蕴含着更多的社会矛盾,更需要正视出资人的利益诉求,通过赋予其正当的法律权利以提高其参与企业拯救的积极性。当然,重整程序毕竟也是一种破产程序,对出资人权益的保护不能

---

① 参见郑志斌、张婷:《公司重整制度中的股东权益问题》,北京大学出版社2012年版,第161页。

② 参见郭毅敏主编:《破产重整·困境上市公司复兴新视野》,人民法院出版社2010年版,第37页。

③ 参见唐旭超:《论上市公司重整中的股东权益》,载王欣新、郑志斌主编:《破产法论坛》(第10辑),法律出版社2015年版,第80页。

④ 参见王欣新:《新破产立法纵横谈》,载《首都师范大学学报》(社会科学版)2005年第4期。

⑤ 参见王利明:《破产立法中的若干疑难问题探讨》,载《法学》2005年第3期。

超过债权人,出资人在重整程序中应当处于从属地位。

(三)出资人权益调整的方式

对于权益调整事项的具体方式,我国《企业破产法》没有明确规定,从实践来看大体包括以下几种,而且各种方式常常因案件需要而组合使用。

1. 股权让渡。即指股东将其对公司所有的股权让渡给受让人(一般为重组方),由受让人继受取得股份而成为公司新股东的法律行为。破产重整中由股东让渡股权以引进重组方是一种传统的市场化、常态化的法律手段,为多数案件所采用。在具体案件中,有无偿让渡与有偿让渡、全部让渡与部分让渡等区别。此种股权让渡不同于公司法一般意义上的股权转让,只要列入出资人权益调整方案并由出资人组会议表决通过即成立并生效,不受公司法上诸如股权转让条件的限制。股权让渡虽为一种常态方式,但在实践中常受到股权已质押、被司法冻结等操作性难题的限制和困扰,往往需要与质押权人或者实施保全措施的法院多次协调。对于股权已质押的问题,有学者提出,在重整程序中,可以强制调整,且该等股权的调整不以质权人的同意为必要前提条件。[①] 但该观点毕竟缺乏法律依据,且在实践中并不能得到证券登记机构的有效配合。对于司法冻结的问题,最高人民法院曾在"四川方向光电股份有限公司破产重整案"请示答复中明确提出,因严重资不抵债而进入破产重整程序的公司如不能实施重整,其股权将失去经济价值和变现可能,继续保全相关股权没有实际意义,应立即解除保全措施。[②] 但该答复仅针对的是个案及相关冻结法院,在他案中执行起来仍有困难。因而,笔者认为,最高人民法院有必要以司法解释的形式对上述问题正式出台具有更高效力的解决方案。

2. 债权转股权。即指债权人将所持债权转为其对债务人股权的投资行为,但不包括可转换债券的"债转股"。[③] 对于债权能否出资,我国《公司法》没有明示,但其第 27 条、第 83 条规定,能够以货币估价并可依法转让的非货币财产,可以用于出资。国家工商行政管理总局于 2014 年 2 月 20 日公布的《公司注册资本登记管理规定》第 7 条更是明确规定:"债权人可以将其依法享有的对在中国境内设立的公司的债权,转为公司股权。转为公司股权的债权应当符合下列情形之一……(三)公司破产重整或者和解期间,列入经人民法院批准的重整计划或者裁定认可的和解协议。"

---

① 参见丁燕:《上市公司重整中股东权益调整的法律分析》,载《东方论坛》2014 年第 3 期。

② 参见最高人民法院(2011)民二他字第 17 号答复。

③ 参见王欣新、徐阳光:《上市公司重整法律制度研究》,载《法学杂志》2007 年第 3 期。

在重整实践中,债权转股权也是一种常规的方式,其有利于破产企业减轻债务负担、维系生产能力,也有利于债权人减少损失,同时还可以为银行等金融机构处理不良资产创造条件。虽然目前理论界对于重整程序中债权转股权是否属于可以由债权人会议集体决定的事项存在争议,①但从积极发挥重整程序挽救功能的角度出发,在实践中将债权转股权的方案纳入债权人会议表决却是一种比较普遍的做法。由于债权转股权的结果将带来企业投资者结构、治理结构等的变化,必然涉及原出资人权益的调整问题,因而出资人表决组也将成为必设的表决组,最终的债权转股权方案需要同时得到债权人与出资人的双重同意。②

3. 缩股。又称减资,主要是通过直接注销部分股权或者股份,或者直接减少每个股份金额的方式,运用会计手段来调节公司净资产,抵消本应弥补的公司亏损。缩股是形式减资,并不影响债权人利益。在实践中,上市公司重整往往将缩股与股份让渡相结合使用,利用这种方式对出资人权益进行调整能有效解决重整程序中公司股本过大导致的重组方进入成本过高、持股比例较低的难题。③

4. 增资扩股。即指通过发行新股或增加公司注册资本金的形式,由原股东增加投资或新股东投资入股,从而增加企业资本金的一种方式。④ 由于此时公司已经资不抵债或者具有明显丧失偿债能力的可能,而公司的股东依法本应只承担有限责任,因而此种增资扩股必须以原有股东或新的股东自愿为前提。此种方式一般适用于重整前景明朗、未来发展可期的企业,但在权益调整中如何协调好与不愿增加投资的股东之间的关系,仍然是一个比较复杂的问题。

5. 资本公积金转增。这是上市公司重整中经常采用的一种方式。上市公司资本公积金是公司在生产经营之外,由资本、资产本身及其他原因形成的股东权益收入,其中股份溢价款为其重要组成部分,而上市公司的股价实行"双轨制",即发起人和社会公众对于股票的认购价格不同,发起人按照股票面值认购,而社会公众则需要在证券交易所溢价认购。采用资本公积金转增股份的方式实质是让大股东与中

---

① 参见王欣新:《企业重整中的商业银行债转股》,载《中国人民大学学报》2017 年第 2 期;李曙光:《债转股应遵循六个法治原则》,载《经济参考报》2016 年 11 月 8 日,第 8 版。

② 参见韩长印:《破产法视角下的商业银行债转股问题——兼与王欣新教授商榷》,载《法学》2017 年第 11 期。

③ 参见丁燕:《上市公司破产重整计划法律问题研究:理念、规则与证实》,法律出版社 2014 年版,第 81 页。

④ 参见刘宁、贾洪香:《论破产重整程序中出资人权益的调整》,载《中国律师》2008 年第 10 期。

小股东同比例缩股让渡，所增股份可以用来偿债，也可以用来引进重组方，还可以用来改善公司后续经营。但并不是每个公司都适合采用此种方式，这取决于公司的具体财务状况以及案件的具体债务情况，对于总股本已经很大、债务负担沉重的公司来说就存在很多困难。

二、出资人组会议的任务

根据我国《企业破产法》第 85 条第 2 款规定，出资人组会议的任务比较单一，即由出资人对重整计划草案中所涉及的其权益调整事项予以表决。

对于出资人组会议与债权人会议之间的关系，有观点认为，在重整计划草案表决的环节，出资人组会议是债权人会议的分组之一，因而将该会议表述为“第 × 次债权人会议之出资人组会议”。① 我们认为，出资人组会议与债权人会议是两种不同的会议。理由在于，两者参会人员不同、会议任务不同、表决事项不同、决议标准不同，不能混为一谈。在我国《企业破产法》立法时，有学者早已注意到了这个问题，明确提出“由于股东组的参与，对重整计划进行表决的会议就应当改称为关系人会议，而不再是债权人会议，否则便名不符实，新破产法草案中应对此称谓作出纠正”。② 虽然该意见最终没有被采纳，但也应注意到我国《企业破产法》第 82 条有关“债权人会议对重整计划草案的分组表决”的规定中并不包括出资人组，理由主要在于出资人并非债权人。

第二节　出资人组会议的形式

一、参会人员范围

由于企业性质的不同，出资人的数量也相应存在差异。如有限责任公司股东只能是 50 人以下，而股份有限公司尤其是上市公司对股东人数的上限并没有限制。在企业内部，出资人之间的地位根据出资比例、所持股性质等的不同也存在差异。如大股东与小股东、控股股东与中小股东、流通股股东与非流通股股东等。从理论上来说，按照股权平等原则，重整中对出资人权益进行缩减时，应当按照出资人所持

---

① 刘宁、张庆等著：《公司破产重整法律实务全程解析：以兴冒达公司破产重整案为例》，北京大学出版社 2014 年版，第 184 ~ 188 页。

② 王欣新：《论新破产立法中债权人会议制度的设置思路》，载《法学家》2005 年第 2 期。

股份的同比例予以调整，而无论股份的持有人是谁。但在重整实践中，出资人权益调整的实际并非如此。有限责任公司因股东较少，同比例调减持股较普遍。但上市公司的情况更复杂。个别上市公司采取所有股东同比例让渡的方案，如*ST金顶全体股东让渡23%，*ST锌业全体股东让渡10%。而大多数上市公司控股股东与中小股东、流通股股东与非流通股股东之间股份让渡存在较大差异，如S*ST星美全体非流通股股东让渡50%，流通股股东不让渡；S*ST鑫安前三大股东分别让渡70%、67%、50%，流通股股东仅让渡15%；*ST夏新控股股东让渡100%，其他股东仅让渡10%；*ST重钢控股股东让渡100%，其他股东不让渡。由此可见，在实践中，出资人权益调整比例呈现出差异化的特征，而大股东往往调整较多。其原因主要在于，在我国公司治理实务中，大股东往往对公司陷入财务困境负有主要责任，其有义务多让渡一部分股份，只有这样重整计划制订人才能说服小股东同意让渡，从而有利于平衡股东之间的利益。①

我国《企业破产法》虽然赋予了出资人以表决权，但对出资人组会议具体应有哪些人组成并没有明确的规定。如果重整计划草案中涉及全部出资人权益的调整，那么由全体出资人参加会议，应是题中应有之义。但出资人权益调整的差异化实践为该问题带来了复杂性。有学者认为，出资人组会议的组成人员应当是债务人的所有出资人，而不限于与出资人权益调整有关的出资人。② 也有学者认为，因出资人权益调整绝大多数表现为对原出资人股权的削弱，因此，对于出资人权益调整方案的表决，应由纳入调整范围的出资人行使表决权。非纳入调整范围的出资人可以列席会议，并提出相关意见和建议。③

对此，笔者认为，从涉及谁的利益谁才有权参会并享有表决权的角度来看，后一种观点无疑是正确的。但问题的关键是如何界定权益的调整。虽然从直观上来看，出资人权益的调整表现为其所持股份的变动，但在股份变动之余仍然存在其他影响权益的因素。以有限责任公司为例，其具有封闭性、人合性的特点，重整计划草案即使只对部分股东的股权进行调整，但由于重组方的加入，也必然会对其他股东的权

---

① 参见丁燕：《上市公司破产重整计划法律问题研究：理念、规则与证实》，法律出版社2014年版，第86页。

② 参见韩传华：《企业破产法解析》，人民法院出版社2007年版，第291页。

③ 参见陶蛟龙、史和新：《司法实务视野下破产重整制度若干问题研究》，载《法律适用》2012年第11期。

益产生影响。再以上市公司重整中所采用的资本公积金转增股票用于偿债为例,资本公积金本来应属股东权益收入,正常情况下所转增的股票应当按照投资者所持有公司的股份份额比例的大小分到各个投资者的账户中,以此增加每个投资者的投入资本,但却在重整程序中用于偿债,重整计划草案即使对股东所持股权形式上不予调整,但实际上也直接影响了股东权益。综上所述,在实践中不能机械地判断出资人权益调整的对象,要根据案件实际充分保护出资人参加会议的权利,以减少不必要的矛盾。

二、会议形式

(一)现场会议

现场会议是出资人组会议的最传统、最基本的形式。会议召开方式与前文债权人的现场会议召开无实质区别,在此不作赘述。

(二)网络会议

对于一般的重整案件来说,是否采用网络会议的形式召开出资人组会议要视出资人人数的多少来确定,股东人数较多的股份有限公司出资人组会议可尝试采用这种形式。最高人民法院虽然鼓励使用"全国企业破产重整案件信息网"平台,但遗憾的是,该平台并没有单独设置"出资人组会议"通道,目前在实践中也尚未出现应用的实例。

在实践中,上市公司重整中的出资人组会议大多通过上海证券交易所和深圳证券交易所提供的股东大会网络投票系统以网络的形式进行。这种方式为中小股东参会表决提供了便利,同时也解决了股东身份的认证问题,但也存在一些不足。具体来说,一是两个交易所提供的网络投票系统主要着眼于为股东行使表决权提供服务,而缺少股东与管理人等有效互动的通道;二是参会的名称依然是"股东大会",而非"出资人组会议"。为避免混淆,需要管理人在会议公告中予以特别说明。问题的原因主要在于,该系统是为股东参加股东大会投票而设计的,与出资人组网络会议的需求并不完全契合。这些问题需要相关部门予以协调解决。

(三)其他形式

不专门召开会议,只进行书面表决也是一种选择。召开出资人组会议的目的主要在于保障出资人的表决权,对于出资人人数很少的企业重整,经法院批准即可以采用只进行书面表决的形式。此种会议形式,国外已有立法例。如韩国《统一倒产法》第240条就规定了一种书面表决制度，即法院在重整计划提出，并认为适当时，可以作出把重整计划提交书面表决的裁定，在可以不召开关系人集会的案件中免除关系人集会的召开，视书面表决为在关系人集会中通过的表决，从而提高重整的效率。①

三、表决权行使方式

依照我国《企业破产法》第82条的规定，债权人对重整计划草案进行表决时，应按照债权分类进行分组表决。但该法对于出资人组如何设立，是否应区分出资人类型进行分组表决没有作出规定。有观点认为，“对于股东来说，由于控制股东和中小股东的明显分界，利益诉求也有较大不同，因此也应当进行分组表决，这有利于中小股东将其表决权累积起来，以对抗控制股东可能的侵犯”。② 我们认为，该观点虽然具有一定的合理性，但实践起来并不容易。首先，对于一般的企业，如有限责任公司重整而言，虽然出资人持股比例存在差异，但按同股同权的原则同比例调减持股为普遍做法，似无再进行分组的必要。其次，对于上市公司重整来说，股权结构通常较复杂，虽然存在大股东和中小股东的理论区分，但界限也并非明显。最后，出资人组的表决标准本已复杂，如果再分为不同的组，情况将更加难料，必将增大法院强裁的可能性。在上市公司重整案例中，出资人组会议均参照股东大会的模式未区分股权性质，以共同表决的方式行使表决权的实践，也表明各地法院对分组表决均持谨慎的态度。但在上市公司出资人权益调整过程中，大股东与中小股东、流通股东与非流通股股东之间的利益矛盾是客观存在的。在目前的法律框架下，为了减少这种矛盾冲突，法院重点还是要监督指导好管理人或债务人坚持公平公正的原则，按照绝大多数上市公司重整案例的处理方式制定好重整计划草案：区分股份类型，规定不同股份类型采取不同的让渡比例；区分持股数量划分区间，规定各区间采取不同让渡比例。③

---

① 参见郑志斌、张婷：《困境公司如何重整》，人民法院出版社2007年版，第354~355页。

② 唐旭超：《论上市公司重整中的股东权益》，载王欣新、郑志斌主编：《破产法论坛》（第10辑），法律出版社2015年版，第87页。相似观点参见郭琰：《上市公司重整中股东权益的保护》，载《黑龙江社会科学》2014年第4期。

③ 参见丁燕：《上市公司破产重整计划法律问题研究：理念、规则与证实》，法律出版社2014年版，第88页。

四、表决标准

对于出资人组会议的表决标准,我国《企业破产法》未明确规定,在实践操作中的标准也不统一。理论上的争议主要集中于是采取单一标准还是双重标准、"出资额"是企业出资总额还是出席会议出资人的出资总额两个问题。

单一标准是指以所代表出资额达到一定的比例为标准作为表决通过的要求;双重标准是指以出资人人数和所代表出资额均达到一定比例为标准作为表决通过的要求。双重标准因既能防止金额上的"以大欺小",又能防止人数上的"以多欺少",而被称为利益平衡的典范,我国《企业破产法》第 84 条第 2 款对债权人会议表决的标准即为双重标准。鉴于此,有学者提出,"在出资人组表决通过重整计划时设置如下双重标准是必要的:第一重标准:出席债权人会议的出资人过半数同意;第二重标准:其所代表的出资额在 2/3 以上"。① 江苏省高级人民法院《关于妥善审理破产案件、维护经济社会稳定若干问题的讨论纪要》(苏高法审委〔2009〕2 号)也规定:"重整计划草案涉及出资人权益调整事项需要设出资人组的,出资人组的表决按照破产法第八十四条第二款的规定执行。"

笔者认为,出资人组会议有自身的特点,在表决标准上不宜比照债权人会议,采用单一标准更恰当。因为重整计划草案直接涉及债权的受偿方式与比例,通常情况下债权人都非常关注,因而参会的积极性也非常高。然而对于出资人来说,除人数少的企业如有限责任公司的股东外,对于上市公司的中小股东来说很难保证他们有参会积极性。上市公司的中小股东一般为社会公众股股东,绝大多数社会公众股股东关心的是股票的流转收益,而不关心或不太关注公司经营管理,因此缺乏参与股东大会的积极性。② 从实践来看,上市公司重整中出资人组会议参会股东一般都比较少。例如,* ST 宏盛 638 人、* ST 川化 637 人、* ST 科健 247 人、* ST 重钢 221 人、* ST 锦化仅为 2 人。如果大部分中小股东都不参会,按照双重标准对重整计划草案中出资人权益调整方案的表决明显难以通过。即使按照上述学者提出的以"出席债权人会议的出资人过半数同意"为人数标准,也会很容易造成比例非常小的中

---

① 陶蛟龙、史和新:《司法实务视野下破产重整制度若干问题研究》,载《法律适用》2012 年第 11 期。相似观点参见闻长智、李力:《对上市公司破产重整程序中股东权益调整的思考》,载《中国审判》2010 年第 52 期。

② 参见周友苏:《新公司法论》,法律出版社 2006 年版,第 316 页。

小股东轻松否决出资人权益调整方案的局面。

在实践中,出资人组会议的召开方式一般比照公司股东会的模式,而我国《公司法》中无论对于有限责任公司的股东会,还是股份有限公司的股东大会的表决标准均采用的是资本多数决原则,而未采用双重标准。从国外立法来看,也有很多国家采用的是单一标准。如《日本公司更生法》第 196 条第 5 款规定,股东组应经代表可行使表决权的股东表决权总数的过半数者同意。美国《联邦破产法》第 1126 条第(a)款对债权人会议像我国一样规定的是双重标准,在第(d)款却规定,如果该计划已经被持有该权益总额超过 2/3 的权益持有人所接受,就意味着某一类权益持有人已经接受了重整计划。美国法对出资人组的表决标准也采用的是单一标准。

2012 年 10 月 29 日最高人民法院印发的《关于审理上市公司破产重整案件工作座谈会纪要》规定,出资人组对重整计划草案中涉及出资人权益调整事项的表决,经参与表决的出资人所持表决权 2/3 以上通过的,即为该组通过重整计划草案。由此反映出,最高人民法院的意见也是采用单一标准。

在实践中,对于"出资额"是企业出资总额还是出席会议的出资人出资总额的理解,也存在争议。有观点认为,应经出席会议的股东所持表决权的 2/3 以上同意。①而北京市高级人民法院于 2013 年 7 月 22 日发布的《企业破产案件审理规程》第 217 条第 2 款却规定:"出资人组对重整计划草案中涉及出资人权益调整事项进行表决,同意重整计划草案的出资人的出资额占债务人注册资本三分之二以上的,即为该组通过重整计划草案。"笔者认为,可以参照我国《公司法》的规定来确定出资人组会议的表决标准。具体来说,由于对重整计划草案中涉及出资人权益调整事项的表决涉及公司的重生与死亡,因而对出资人组会议的表决标准应比照公司合并、分立、解散的表决标准来掌握。即有限责任公司重整中的表决标准应比照我国《公司法》第 43 条第 2 款的规定确定为,必须经代表 2/3 以上表决权的股东通过;股份有限公司重整中的表决标准应比照我国《公司法》第 103 条第 2 款的规定确定为,必须经出席会议的股东所持表决权的 2/3 以上通过。有限责任公司与股份有限公司之间之所以存在差异,主要是因为有限责任公司具有人合性的特征,且股东人数较少,在重整中有必要关注每一位股东的权利,而股份有限公司具有明显的资合性,股东人数通

---

① 参见丁燕:《上市公司破产重整计划法律问题研究:理念、规则与证实》,法律出版社 2014 年版,第 133 页。

常众多,在重整中更加需要关注合计持有出资额多数股东的权利。

第三节　出资人组会议的筹备与召开

一、会议前的信息披露

出资人表决权的有效行使建立在知情权得以充分保障的基础上。之所以需要会前进行信息披露,主要是因为出资人需要依赖真实、准确、充分、完整的信息对重整计划草案中的权益调整方案,以及经营方案等的合理性、可行性作出事前评估和理性判断,以便其对是否支持草案作出选择。另外,企业重整旨在实现不同主体、利益和价值之间的调和平衡,充分的信息披露也有利于化解矛盾冲突。

在企业重整中根据管理模式的不同,信息披露主体也不相同。采用管理人管理模式的,由管理人进行信息披露;采取债务人自行管理模式的,由债务人进行信息披露,管理人予以监督。信息披露的方式以出资人能够及时收到为原则,包括但不限于公告、通知等方式。在实践中,在法院指定的报纸上刊登、在企业住所地张贴、向出资人邮寄等方式较常用。另外,利用互联网在"全国企业破产重整案件信息网"平台、法院公众服务网、企业对外网站发布也为有效的方式。

所需披露信息的内容最为出资人所关注。笔者认为,如果能够全文披露重整计划草案是最好的;否则,至少也应向出资人披露以下三方面的内容:一是权益调整情况。这部分内容是出资人会议的表决对象,直接关系出资人权益,也是其会前评估的重点。二是重组方基本情况。重组方进入企业的目的主要获取控制权,出资人被调整的权益也多流向了重组方,出资人的权益虽然被调整,但多数依然还是企业的投资人。重组方的情况直接影响企业的前途,也是出资人表决时重点考量的因素。三是经营方案。经营方案涉及挽救企业的重要举措,更事关企业的持续经营,其是否切实、可行,对出资人的表决判断也产生重要的作用。

管理人或债务人除要履行好信息披露义务外,还要注意收集出资人对权益调整方案的意见和建议,在及时修改完善后再将其提交出资人组会议进行表决。

二、会议前的筹备工作

(一)拟定会议议程

与债权人会议相比,出资人组会议的议程相对比较简单。会议议程一般主要包括两项:一是由管理人或债务人报告出资人权益调整方案并作出说明;二是出资人表决出资人权益调整方案。当然,根据案件的具体情况,经法院同意,也可以设置与会议目的相符合的其他议程。

(二)制定表决规则

如前所述,我国《企业破产法》对出资人组会议的表决标准没有作出规定,为了避免产生不必要的争议,在会议召开前有必要制定表决规则并对该问题予以明确。另外,表决规则还可以列明表决项的设置、表决的具体方式、表决结果的统计方式、违规投票的后果等内容。采用“现场+网络”会议形式的,还要列明网络投票的平台与时间,并需特别强调同一出资人只能选择现场投票与网络投票中的一种方式,而不能重复投票。

(三)发出会议通知

发出会议通知是出资人组会议筹备的一个必要环节,但我国《企业破产法》对如何通知未予明确规定。在实践中,一般根据出资人的多少、住址是否明确等而采用不同的通知方式,对上市公司的中小股东通常采用公告的形式,对住址明确的股东也可采用书面通知的形式。

对通知期限,各地法院掌握并不一致。如北京市高级人民法院《企业破产案件审理规程》第214条第3款规定:“重整计划草案涉及出资人权益调整事项的,管理人应当在债权人会议召开前十五日通知出资人参加会议进行表决。”深圳市中级人民法院于2009年6月18日公布施行的《企业破产重整案件审理规程(试行)》第98条第2款规定:“重整计划草案涉及出资人权益调整事项的,应当设出资人组,对该事项进行表决。管理人应当在债权人会议召开前二十日通知全体出资人……”笔者认为,召开出资人组会议的通知期限可以参照我国《企业破产法》第63条有关召开债权人会议提前通知的规定,只要提前时间不少于15日应该都是合理的。但从规范性、严肃性的角度来讲,我国《企业破产法》有必要对此作出统一的规定。

(四)准备会场

上市公司重整中出资人组会议选择利用交易网络投票系统的,法院还要指导管理人根据中国证监会《上市公司股东大会规则》、上海证券交易所和深圳证券交易所各自颁布的《上市公司股东大会网络投票实施细则》的要求做好诸如申请建立会议、参会登记、申请股东名册、上传股东名册等事项。

(五)准备会议文件

出资人组会议需要准备的文件一般分为两类:一是议案类,即出资人权益调整方案;二是程序类,包括参会须知、会议议程、签到表、表决规则、表决票、表决票统计表等。

(六)制定会议预案

在实践中,法院往往将主要精力集中于债权人会议,而忽略了出资人组会议在组织工作上的细化。事实上,在出资人权益调整过程中,普遍存在出资人之间(如大股东与中小股东、流通股股东与非流通股股东)、出资人与债权人、出资人与重组方等的矛盾,而且很容易爆发和激化。有些重整案件,如上市公司重整中出资人众多、社会影响大、矛盾突出,会议组织不好极易引发群体性事件,甚至成为引发社会不稳定的因素。因而,制定细致翔实的出资人组会议预案非常必要。

三、出资人组会议的召开

出资人组会议的召开形式、会议流程等,可以参照债权人会议进行。需要注意的是,对于出资人组是否进行再次表决的问题,由于出资人的表决规则一般采用的是单一标准,可以考虑根据具体案件的情况灵活判断。而重点在于,管理人或债务人要仔细分析第一次表决时出资人到会及投票选择的情况,并结合会后与投反对票的大额出资人沟通的情况等因素,综合考虑有无再次表决的必要。再次表决是否必须像首次表决一样以正式会议的形式进行,法律也无规定。我们认为,如果对出资人权益调整方案进行了涉及多数出资人利益的大变动,再次表决亦应当按照首次表决时的程序进行;如果对出资人权益调整方案没有变动,仅涉及与个别出资人的沟通问题,可以再由个别出资人单独书面表决一次。

第四节 召开出资人组会议的司法实践

一、探索出资人权益调整的路径

出资人权益调整的过程也是利益博弈的过程。其中的利益冲突既存在于出资人与债权人之间,又存在于出资人之间,甚至于出资人与重组方之间。对于利益冲突的解决,“应认识所涉及的利益、评价这些利益各自的分量、在正义的天平上对它们进行衡量,以便根据某种社会标准去确保其间最为重要的利益的优先地位,最终达到最为可欲的平衡”。①

在重庆法院的破产重整实践中，非常重视案件的利益平衡，积极因案施策，指导和监督管理人或债务人按照公平、公正的原则进行出资人权益调整，力求实现各方的共赢。具体来说，一是根据案件不同情况采用不同的权益调整方式。如“重庆钢铁破产重整案”采用了股权让渡和公积金转增偿债的方式；“重庆隆迪塑业有限公司等3家企业合并破产重整案”中，公司股东在全部让渡股权的同时又制定了股权回购的激励制度。二是根据出资人责任的不同予以区别对待。如“重庆钢铁股份有限公司破产重整案”中，控股股东让渡全部所持股份，而其他股东未予让渡；“重庆世盟物流发展有限公司破产重整案”中，4位股东虽然持股比例不同，但股东之间因个人矛盾巨大致使公司经营出现僵局并导致破产，且公司确已资不抵债，故股东全部无偿让渡股权。三是积极尝试采用对股权价值进行评估等方式以保证股权调整的公允性。如“重庆秦谋科技开发有限公司与重庆昂龙冶金材料有限公司合并破产重案”中，法院探索采用委托资产评估机构对股权价值进行评估，并将其作为出资人权益调整的参考依据的方式，以提升出资人的认同度，并为法院审查权益调整方案的公正性提供证据支撑。

二、完善出资人组会议工作流程

出资人组会议的召开流程，虽然大同小异，但上市公司重整因涉及众多中小股东需要通过网络投票系统投票等问题，而呈现出自身的一些特点。通过“重庆钢铁破产重整案”的审理，重庆法院对上市公司出资人组会议的组织和流程取得了如下经验。

1. 管理人、公司提前召开动员大会，就出资人可能提出的问题、出资人组会议可能遇到的问题进行预先沟通，以便对相关问题事先做好应答准备，并制定好会议预案。

2. 管理人、公司均与出资额前100位出资人进行电话沟通，争取其参加出资人组会议，并向其介绍重整方案和出资人权益调整方案，争取其支持。

3. 根据股东身份识别报告，管理人、公司、财务顾问前往香港特别行政区，协同

---

① ［美］E. 博登海默：《法理学：法律哲学与法律方法》，邓正来译，中国政法大学出版社1998年版，第151页。

当地律师与部分H股出资人沟通，争取其参加出资人组会议并支持出资人权益调整方案。

4. 管理人提前15日在A股及H股信息披露平台发布召开出资人组会议的公告，披露出资人权益调整方案。

5. 根据出资人组会议的召开日期确定股权登记日（参照中国证监会《上市公司股东大会规则》第18条的规定，股权登记日与会议日期之间间隔不应多余7个工作日）。有权出席会议参与表决的出资人为截至股权登记日下午收市时登记在册的、持有公司股票的股东。

6. 公司证券法务部在管理人的指导下，在财务顾问、香港特别行政区律师的协助下，就出资人组会议网络投票事项与上海证券交易所、香港联合交易所进行沟通，并向上海证券交易所申请参照临时股东大会的召开形式，使用网络系统召开出资人组会议，其中：A股股东可以现场参会，也可以网络投票。选择网络投票的，可以通过上海证券交易所交易系统投票平台（指定交易的证券公司交易终端）投票，投票时间为出资人组会议召开当日的交易时间段，即9：15～9：25，9：30～11：30，13：00～15：00；也可以通过互联网投票平台（网址：vote. sseinfo. com）投票，投票时间为出资人组会议召开当日的9：15～15：00。H股股东则仅能通过现场参会方式投票，其可以亲自参会，也可以委托代理人参会。A股、H股股东凡选择现场参会的，均需提前到公司进行现场登记，登记所需材料包括身份证明、股东账户卡、授权委托书等文件。

7. 会议召开当天，管理人、公司证券法务部工作人员要将现场参会、表决情况统计后即时发送给上海证券交易所监管员。上海证券交易所监管员结合网络投票结果统计出出资人组会议最终的表决结果。

8. 出资人组会议形成表决结果后，管理人依法履行信息披露义务。

三、召开类别股东大会的豁免

"重庆钢铁破产重整案"是目前全国首例股票同时在上海证券交易所和香港联合交易所挂牌交易的"A＋H"股上市公司破产重整案，如何协调好香港联合交易所交易规则与破产法程序规则之间的关系，是法院在出资人组会议筹备与召开中重点考虑的问题之一。

重整计划草案涉及控股股东让渡股权、资本公积金转增股票用于偿债等出资人权益调整事项,依照我国《企业破产法》第 85 条的规定,案件需设立出资人组对相关事项进行表决。然而,依照《香港联合交易所有限公司证券上市规则》(以下简称《联交所上市规则》)第 19A. 38 条的要求,如属认可、分配、发行或授予股份等事项需要按程序召开类别股东会议获得内资股及境外上市外资股股东以特别决议批准。在案件审理过程中,香港联合交易所向重庆钢铁专门发出问询函,询问仅召开出资人组会议是否符合《联交所上市规则》第 19A. 38 条的要求。接函后,管理人立即向法院进行了报告。法院经过审慎研究认为,如果召开类别股东大会,需要提前 45 天通知股东,且召开程序烦琐冗杂,不利于重整程序的迅速推进。另外,我国《企业破产法》第 85 条已明确规定重整计划草案涉及出资人权益调整事项的,应当设出资人组对该事项进行表决。事实上,在重整程序中,出资人组会议已承担了类别股东大会的相应功能,股东作为出资人对其权益调整事项的表决权通过出资人组会议能够得到充分保障。经过管理人与香港联合交易所多轮次的问询与沟通,重庆钢铁向向香港联合交易所提交了豁免召开类别股东会议的申请,并最终取得了香港联合交易所的认可。这是香港联合交易所首次对《联交所上市规则》第 19A. 38 条召开类别股东会议的豁免。这一问题的解决,为上市公司重整中涉及 H 股股东权益调整的程序适用提供了先例。

四、调整除权参考价格计算公式

上市公司重整中,以资本公积金转增股票用于偿债是在实践中比较普遍的做法。此种做法涉及出资人权益调整,而转增后原股东所持股票是否除权或者说如何除权,更是关系原股东尤其是中小股东的切身利益。

根据《上海证券交易所交易规则》第 4. 3. 1 条的规定,上市证券发生公积金转增股本的需要作除权处理。在重庆钢铁重整之前,50 家上市公司破产重整案件中涉及资本公积金转增的有 17 家,其中在上海证券交易所上市的公司有 6 家,而该 6 家公司在资本公积金转增后均按照《上海证券交易所交易规则》中的除权参考价格计算公式进行了除权。在"重庆钢铁重整案"中,将公司资本公积金转增股票用于偿债是重整计划草案中债权清偿方案的重要内容。如果重庆钢铁公积金转增股票后也按照该价格计算公式除权,其每股价格将仅为 1 元,大大低于债权人取得股票的抵债价格和重整时股票的停牌价格,这将严重偏离股票的真实价值,既对中小股东不公平,更不利重整程序的平稳推进。法院与管理人通过深入研究后认为,本次资本公积金转增股本不同于一般意义上公司用资本公积金向股东转送股票，而是破产程序中法院裁定用于清偿公司普通债权及相关费用的股份，公司原股东实际并未获得转增股份。另外，在重整中将资本公积金转增股票全部用于向债权人抵偿债务的行为在扩大股本的同时，抵消了公司债务，增加了公司的所有者权益。因此，本次权益调整与通常情况下的转增前后公司所有者权益维持不变的情形存在差异，也与原有投资者保持除权前后总投资成本一致性的原理相违背。为了维护中小股东利益，并最大限度扩充公司资本进而用于偿付债权人，法院指导管理人及相关方多次与上海证券交易所沟通、协商，说明本案情形与普通转增股本的区别。最终，上海证券交易所同意按照《上海证券交易所交易规则》第 4.3.2 条第 3 款的规定对重整中资本公积金转增除权参考价格计算公式进行调整，调整后重庆钢铁股票除权参考价与停牌价相同。重庆钢铁也成为上海证券交易所首例调整重整中除权参考价格计算公式的上市公司。

第八章　重整计划的制订与批准

第一节　重整计划概述

一、重整计划的性质

在破产重整制度中，重整计划无疑处于核心地位。甚至可以说，重整程序就是围绕重整计划的拟定、批准和执行而展开的债务清理程序。[①] 对于"重整计划"的概念，基于对重整计划本质属性认识的不同，学界大致从以下三个角度对重整计划进行定义。

（一）特殊契约论

该观点认为，重整计划的本质是一种"特殊性质的合同"，[②]重整计划的制订者向关系人会议提出要约，在会议投票通过后，即形成对各方具有法律效力的契约。[③] 重整计划作为合同的特殊性主要表现在合同主体的团体性、协商机制的非全自愿性、经法院批准后约束力的强制性几方面。特殊契约论强调重整计划中当事人协商和妥协的色彩，提出方案

---

① 参见李永军等：《破产法》，中国政法大学出版社 2009 年版，第 196 页。

② 王欣新：《谈重整计划执行中的协助执行》，载《人民法院报》2016 年 7 月 13 日，第 7 版。

③ 参见郭毅敏主编：《企业破产与重整案件法律适用关键词与典型案例指导》，法律出版社 2015 年版，第 196 页。

和采纳方案几乎总是协商而非诉讼的结果。[①] 该观点重申了破产重整的私法精神,但未能充分解释破产重整程序和实体规则以及司法权力行使对重整计划的影响机制。

(二)程序性法律文书论

该观点认为,重整计划是由重整人或其他利害关系人拟定的,以清理债务、复兴企业为内容的、并经过关系人会议表决和法院认可的程序性法律文书。[②] 重整计划的程序性特征体现在依法有序开展重整的过程即体现为重整计划的制订、表决、批准和执行的一系列过程。该观点凸显了重整计划的程序性功能,但忽略了重整计划对重整企业利害关系人的利益梳理、调整以及对重整企业经营具体安排的实体性功能。

(三)委托制定法律规则论

德国学者哈佩(Happe)认为,重整计划是私人因行使被委托的国家规范制定权而制定的一种形式独特的法律规则。[③] 委托制定法律规则论看似能够完美涵盖重整计划从磋商制订、表决到批准的整个过程,又能够通过其规则属性解释重整计划对程序性事项和实体性权益的约束效力。但该观点却缺少必要的正当性基础,即国家有无权力委托私人制定法律规则。如果有,其委托的正当性何在?

综上所述,学者基于对重整计划本质的不同认识而对重整计划有所侧重的阐述至少能带来以下启示:重整计划是债权人、债务人、重组方、管理人等利益相关方内部之间及相互之间利益博弈结果的反映,这一利益博弈过程发生在破产重整法律框架和司法权力指导监督之下;重整计划既是当事人基于私法意思自治而达成的协商妥协结果,也是国家公权力适度干预、保障债权人权益最大化、维护社会公共利益的结果。因此,重整计划无论从程序事项或是实体权益上对利益相关方均具有约束力。

二、重整计划的意义

(一)重整计划的程序意义

重整计划是重整程序的核心,在整个重整程序中起到枢纽作用。重整申请、受

---

① 参见[美]大卫·G.爱波斯坦等:《美国破产法》,韩长印等译,中国政法大学出版社2003年版,第731页。

② 参见汤维健:《破产程序与破产立法研究》,人民法院出版社2001年版,第437页。

③ 参见崔明亮:《我国破产重整计划性质研究》,载《河南社会科学》2018年第7期。

理到管理人选定及关系人会议组建,是重整计划制订、表决和批准的基础。重整计划本身的科学可行与否,又将直接影响重整计划能否顺利执行以及重整能否取得实质成功。因此,重整计划前承重整申请、受理、管理人的选定及关系人会议的组建,后继重整计划的执行,串联了整个重整程序。此外,在重整计划从形成到最终执行的过程中,重整计划本身也涉及了分组体系、表决标准、执行期限等程序性规则,对前述程序性规则的严格遵循,保障了重整利害关系人公平参与的程序性权益,其程序的正当性又得以进一步增强重整计划实体内容的公正。

(二)重整计划的实体意义

破产重整的目的在于通过维持公司营运,使债权人取得比破产清算更大的利益回报,同时保障职工就业机会,维护公司产业供应链上下游关系的稳定,实现对社会经济秩序的促进。这一目的的实现有赖于重整计划的具体安排及执行,然而个案中何种形式和内容的重整计划为最佳选择,必然会因行业状况、公司经营能力、资产情况乃至债权人的利益需求而有所不同。因此,重整制度中也并未就个案中的备选方法范围及特定案件中的选择设置过多的具体规则,而是通过债权人最大利益等原则性规定,为个案中的重整计划预留充分的空间。个案重整计划中的债权债务的清理调整以及公司经营的整顿规划内容实则成为利害关系人的行动纲领和行为准则。

对债权人来说,重整计划是其债权确认和债权实现的依据。债权人放弃了即期获得清偿的机会而希望通过重整程序获得更高比例的清偿。重整计划对债权人债权进行确认,根据重整法律规定及债权人的意思自治对债权进行调整,并就债权清偿计划作出具体安排,对重整关系人产生约束力,债权人可依据重整计划主张并行使债权。

对重整公司来说,重整计划是其恢复经营能力、实现公司复兴的行为纲领和行动指南。重整计划的重点是公司减债之后恢复经营能力的方案,方案中应当包括切实可行的融资措施、业务重组及经营人员重组等具体内容,这些内容都是重整公司摆脱财务和经营困境,走向复兴之路的行动指南。

三、重整计划批准后的法律后果

(一)对债务人和全体债权人均有约束力

无论重整计划是否对债权进行削减,也无论债权人对重整计划支持、反对还是未参加对重整计划的表决,经人民法院裁定批准的重整计划,对债务人和全体债权人具有广泛的约束力。债务人和全体债权人,在重整计划执行期间均应遵守经债权人会议讨论通过、人民法院批准生效的重整计划。重整计划一经人民法院裁定批准,任何债权不依重整计划均不得对重整财产行使权利。

(二)未申报债权在重整计划执行期间不得行使权利

根据我国《企业破产法》的规定,人民法院受理破产申请时对债务人享有债权的债权人,依照我国《企业破产法》规定的程序行使权利。债权人未在人民法院确定的债权申报期限内向管理人申报的,依照我国《企业破产法》第 92 条第 2 款的规定,在重整计划执行期间不得行使权利。在重整计划执行完毕后,债权人仍未申报债权,也只可以按照重整计划规定的同类债权的清偿条件行使权利,而无权要求债务人清偿全部债务。

(三)债权人对债务人的保证人和其他连带债务人享有的权利不受影响

债权人对债务人的保证人和其他连带债务人所享有的权利不受重整计划的影响。也就是说,重整计划中所规定的债务减免清偿或延期偿还,效力不及于债务人的保证人或连带债务人,他们仍应按原来债的约定或法定责任承担保证或连带责任。在此问题上,不适用主债务减轻则从债务也随之减轻的原则,其主要原因在于:第一,债权人设立保证之本义,就是为了使保证人或连带债务人在债务人无力清偿债务尤其是破产时承担责任,如债权人在重整计划中不得已减免债务人的部分债务,便相应减轻保证人或连带债务人的责任,这就与保证或连带债务设立的宗旨相违背,债权人设置保证或连带债务的目的也就无从实现,且违反了法律规定的诚信、公平原则。[①] 第二,重整计划是依据“多数决”原则表决通过,如果重整计划的效力及于保证人和连带债务人,设有保证或连带债务的债权人可能为了维护自身利益在表决时反对重整计划草案,从而使重整计划草案通过的可能性降低。第三,重整计划的强裁可能未经设有保证担保债权人的同意,如在他们反对重整计划的情况下将债务人的保证人的责任再随之减免,这样就有可能双重侵害此部分债权人的利益。

---

① 参见王欣新:《破产法》(第 3 版),中国人民大学出版社 2011 年版,第 235 ~ 236 页。

第二节 重整计划的内容

一、重整计划的条款

(一)域外立法例的考察

通常而言,重整计划(草案)应当基本符合公平性、合理性、可能性、科学性和详尽性的标准。① 为了指引重整计划(草案)对前述标准的落实,立法应当对重整计划的必要条款作出强制规定,同时可列举任意条款供当事人参考。基于这一立法思路,美国和日本破产法将重整计划内容分为必要条款和非必要条款两类。

《美国破产法典》第1123条第(a)项规定了债权分类、未受重整计划削减的债权种类、被削减的债权的对待方法、同组中的债权应当被同等对待、提供计划实施的具体方法、公司章程的表决权事宜以及公司董事经理的选任7项必要条款。对如何提供计划实施具体方法,该条规定更是详尽列举了包括债务人合并、资产处置、债务调整、债务人章程修改、债务人债券发行在内的10种方式。该法第1123条第(b)项就任意条款作出规定,如对债务人待执行合同或未到期租赁继续履行、拒绝履行或转让,对债务人财产出售及出售分配等。

《日本公司更生法》虽然仅适用于股份公司,但对重整计划的必要和任意条款也作出了详尽规定。必要条款包括资金筹措方法、共益债权清偿、债权人及股东权利变更,公司董事、监事、财务负责人的变更等。任意条款包括发行债权、公司合并分立转让、章程变更、业务转让等。

此外,《德国破产法》第219条规定破产计划分为陈述部分和形成部分,第220条规定陈述部分应阐述变更议案基于何种构想,包括所有关于计划基本内容和效果的信息。该法第221条规定了形成部分应阐述参与人法律地位将如何因为破产计划而改变。该法第229条还就重整计划如何详细陈述重整构想作出了特别要求,即应附具财产一览表即盈亏和财务方案,以表明未来将产生的费用和收益,以及将来如何保障企业的支付能力。②

各国立法关于重整计划应有条款的规定虽不尽相同,但总体来说,债务调整、清

---

① 参见汤维建:《破产程序与破产立法研究》,人民法院出版社2001年版,第438页。

② 参见[德]莱茵哈德·波克:《德国破产法导论》(第6版),王艳柯译,北京大学出版社2014年版,第171~173页、第189页。

偿以及重整措施和执行的内容必不可少。美国和日本的立法模式,因其必要条款的底线设置以及非必要条款的丰富内容,既保障了重整计划的功能实现,也赋予了重整计划的制订人进行商业判断和利益调整的灵活空间,可以借鉴。

(二)我国立法及实践检视

我国《企业破产法》第81条规定:"重整计划草案应当包括以下内容:(一)债务人的经营方案;(二)债权分类;(三)债权调整方案;(四)债权受偿方案;(五)重整计划的执行期限;(六)重整计划执行的监督期限;(七)有利于债务人重整的其他方案。"根据该规定,重整计划草案主要包括三个方面的内容:一是经营的安排;二是债权债务的安排;三是执行期限和监督期限的时间安排。比较好的重整计划草案往往能从这三个方面兼顾各方的利益,从而为大多数债权人所接受。

我国立法对重整计划内容的规定还比较简单,[①]在具体适用中存在可操作性不足的问题。从实践情况来看,一些公司的重整计划草案制订得过于粗糙,特别是涉及债权人利益的关键内容,如普通债权人清偿比例的模拟计算依据等,往往缺乏详细说明甚至不加说明,债权人无法得到充足的信息以维护其权益。[②] 此外,作为重整计划的核心内容之一的债权调整方案应当遵循一定的原则,但我国《企业破产法》却没有从正面规定制订重整计划的任何实质标准或准则(涉及正常性批准条件),仅仅在我国《企业破产法》第87条中反向规定了普通债权清偿比例不得低于清算程序下普通债权清偿比例。[③] 在实践中,由于立法规定得过于简单且又缺失实质性的标准,常导致重整计划草案难以通过,即使通过表决也可能因为缺乏可行性内容而不被批准或者虽然批准但难以执行,最终导致重整失败的结局。

(三)重整计划条款的丰富

针对重整计划内容规则存在的前述问题,有学者提出,可以在立法或司法解释中增加具体规定,重整计划草案中包括该草案被提请批准时普通债权依照破产清算程序所能获得的清偿比率的计算依据,以及按照重整计划草案普通债权所能获得清偿比率计算依据的详细说明。立法还应明确规定,重整计划中的债务人经营方案要

---

① 参见张世君:《破产重整计划研究》,载顾功耘主编:《公司法律评论》(2011年卷总第11卷),上海人民出版社2011年版,第174页。

② 参见王欣新:《试论重整制度之立法完善》,载《昆明理工大学学报》(社会科学版)2010年第5期。

③ 参见池伟宏:《论重整计划的制定》,载《交大法学》2017年第3期。

包括债务人的经营管理方案、融资方案、资产与业务重组方案等重整具体措施，重整的实质性内容也必须纳入计划，供各方利害关系人审查表决。[①] 还有的学者提出，在立法上可以借鉴美国联邦破产法典中关于重整计划说明书制度，通过说明书可以对债务人的重整计划进行详细说明，既可以避免重整计划本身的复杂化，同时又可说明细节问题。[②] 上述建议在未来破产法修改时，都不失为一种可供选择的路径。

面对重整计划复杂的制定过程和繁复的内容，在立法尚未作调整的情况下，法院至少可以采取以下措施，丰富重整计划条款，增加重整计划通过的可能性：其一，加强破产重整司法实践经验总结及交流，根据公司类型、所属行业、经营状况、重整模式、债权人的不同状况等，对破产重整计划条款作类型化梳理，形成对司法实务有指导意义、对立法完善有参考价值的经验成果；其二，加强对重整计划草案制订人的指导，指引其完善重整计划的形式和内容，提高重整计划草案的质量，提升重整效率。

二、债务人的经营方案

债务人的经营方案，也可以被称为重整措施或重整手段，它是重整人提出的旨在维持企业营业，摆脱危机以达到再生目的的方法，重整程序的主要目的在于清偿债务及复兴企业，而清偿债务又依赖企业的复兴，经营方案因此实为重整计划的核心内容。法律赋予重整人在计划中规定各种各样措施的权利，以达到再生的目的，故措施的丰富多样是重整程序的特点之一。[③] 经营方案中采取的措施可包括借入资金、出售或出租资产、发行新股或公司债、公司合并、营业事务转让、变更管理层和业务部门及人员的精简调整等。

（一）经营方案的制订基础：陷入困境的原因分析

陷入财务困境并进入破产重整程序的公司背后存在不同的问题，因此在制订经营方案时，应当首先分析公司陷入财务困境的具体原因，以便设计有针对性的经营方案，助力重整目标的顺利实现。

---

① 参见王欣新：《试论重整制度之立法完善》，载《昆明理工大学学报》（社会科学版）2010 年第 5 期。

② 参见张世君：《破产重整计划研究》，载顾功耘主编：《公司法律评论》（2011 年卷总第 11 卷），上海人民出版社 2011 年版，第 174 页。

③ 参见李永军：《破产法：理论与规范研究》，中国政法大学出版社 2013 年版，第 365 页。

无论公司类型、规模及所属行业，导致公司陷入困境的一般主要包括以下几个方面的原因：一是资金周转不灵。公司因流动资金不足而遭遇资金周转障碍，引发债权人申请法院对其采取财产保全措施，从而进一步导致公司资金链断裂的情况在实践中屡见不鲜。二是资产结构劣化。不少公司以较高的成本取得了非流动资产，但是因长期存在的管理问题，导致非流动资产无法发挥应有的价值或是严重折旧，在模拟清算评估中只能得出极低的价值。三是盈利能力不足。如公司因营业重心偏移、产品结构单一、创新性不足等，导致主营业务持续亏损，并逐渐失去市场占有份额及行业竞争力。四是治理结构混乱。如公司股东滥用权利、公司内部风险控制及财务工作等各项制度不规范、管理模式落后、人才体制欠缺等。

对公司陷入困境的原因进行分析，不仅是重整计划制订人拟定计划草案的基础和逻辑起点，也是债权人和法院判断经营方案是否具有针对性、可行性的重要依据。因此，经营方案中应当包括陷入困境的原因分析。

（二）经营方案的内容

总体而言，债务人的经营方案形式多样、内容复杂。根据各重整公司主营业务、行业性质及资金需求的不同，其个体的经营方案更是千差万别。对于经营方案中的具体措施，我国《企业破产法》并没有进行规定，而且这一问题更多涉及经营性经验，经营方案的制订既要遵循法律、行政法规及特定行业准则规范，又要符合商业判断且具有针对性，其内容通常包括融资方案、资产和业务重整方案、经营管理重整方案等。在拟定经营方案时，往往需要借助专业的商业评估咨询人员。

从实践来看，企业重整中经常涉及资产重组的问题，经营方案中也需要对资产重组作出安排。但资产重组带有较强的技术性色彩，管理人往往对上述问题中的法律问题比较擅长，但对于公司未来如何经营管理，更多的是依靠债务人、重组方的行业内专业人士。资产重组作为挽救企业、恢复企业生机的一项重要措施，有必要对其进行专门的介绍。

资产重组的的内容和方式主要包括以下几种：（1）股权转让。股权转让是资产重组方案中的常见内容。战略投资者支付转让款取得公司股权或控制权，公司获得资金用于清偿债务或恢复经营。该种方式不仅可为公司筹措资金，而且战略投资人的引入也可能会为公司带来业务或管理上的调整和升级。（2）资产剥离。该种方式通常适用于规模不大，难以通过发行债券、引入战略投资人等其他方式融资的公司。通过资产剥离为公司融资，不需要依靠外部力量，也不会产生新的债务，对于保有大量非流动性资产的公司来说更具有可行性。可剥离的资产通常是包括机器设备、土地、经营业务等在内的不良资产和非核心业务。通过对前述资产的剥离，公司不仅能够筹措资金，也可以减少营业负担、调整营业结构、实现公司复兴。(3)资产置换。资产置换是上市公司资产重组的重要方式之一，且通常被认为是效果最明显的资产重组方式。资产置换通常发生在重整公司及与其具有相同或相似业务的投资方之间，置换资产为投资方的优质资产及业务与重整公司的劣质资产及业务。与伴随货币性资产流动的资产剥离相比，资产置换可以通过股权、实物产权等方式进行，极大降低了交易成本。

三、债权分类、调整及受偿方案

重整计划的经营方案旨在维持公司营运，而债权分类、调整及受偿方案主要解决债权的清理问题，二者共同形成了重整计划的主要内容。债权调整方案的制订需要以债权分类为前提，债权调整后的具体落实和保障又需债权受偿方案加以明确，三者在逻辑上呈递进关系。

(一)债权分类

债权分类是债权人就重整计划草案进行表决的基础，也会对债权最终的清偿和分配造成实质影响，其分类主要以破产财产的分配顺位为基础。关于破产财产分配的顺位，各国破产法规定有所不同。如德国将其分为别除权债权人、非后顺位破产债权人和后顺位债权人。根据日本破产法的规定，破产债权主要分为优先破产债权、一般的破产债权、劣后债权。①

我国《企业破产法》第82条规定了债权的法定分类：对债务人的特定财产享有担保权的债权；债务人所欠职工的工资和医疗、伤残补助、抚恤费用，所欠的应当划入职工个人账户的基本养老保险、基本医疗保险费用，以及法律、行政法规规定应当支付给职工的补偿金；债务人所欠税款；普通债权。该条还规定法院在必要时可在普通债权组中设小额债权组。

(二)债权调整

债权调整是关系人在破产重整法律制度和司法权监督所确定的权利边界内进行私法自治的最直观体现。首先，债务人欠缴的应当划入职工个人账户的基本

---

① 参见李国光主编：《新企业破产法条文释义》，人民法院出版社2006年版，第499~500页。

养老保险、基本养老费用以外的社会保险费用属于法定不得调整的债权，关系人并无发挥意思自治的空间；其次，担保债权、职工债权、税收债权和普通债权的调整可由关系人自行磋商形成调整的合意；最后，法院将通过正常批准或强制批准程序，分别运用最大利益原则、绝对优先原则与公平对待原则，对利益调整状况进行监督。

从重庆的破产重整实践来看，担保债权、职工债权及税收债权基于其优先地位和特殊性质，在方案中通常都未作调整，而是计划全额清偿。因此，债权调整的关注重点通常是普通债权的调整尤其是其清偿率确定的问题。

虽然普通债权的清偿率由关系人协商确定，但重整清偿率至少不应低于清算程序中的清偿率，这既是基于对债权人的保护，也是实现破产重整程序价值的必然结果。公司若能通过重整获得新生，则债权人、公司、股东及社会公共利益都将得到不同程度的增益，但若这一增益仅以债权人做出巨大牺牲为代价，实与公平原则相悖。债权清偿率的确定，需要以科学的估值判断结果为支撑。在实践中，通常由管理人委托第三方中介机构对清算程序中普通债权的清偿比例进行评估测算，作为确定普通债权最低清偿比例的参考依据。对于缺少商业判断知识和经验的法院来说，应严格履行对评估机构选定程序、评估机构资质、评估报告内容是否完整、详细等方面的审查义务，减少因估值判断结果有误对重整关系人的权益损害。

（三）债权受偿

1. 债权受偿的一般问题

债权受偿方案中应当载明债权的清偿方式（尤其是资金来源）及清偿期限。在实践中，为了促进重整计划草案通过，也可增加清偿担保的内容。在重庆破产重整实践中，担保债权、职工债权和税收债权通常都以现金方式偿付，其资金来源通常为资产处置、战略投资等。重整计划草案通过批准后，所有债务应当按照计划安排进行清偿，债务人未按计划履行清偿义务的，将导致重整执行程序的终止。

2. 破产重整中的债转股问题

（1）关于“债转股”的争论

2016 年 10 月 10 日国务院下发《关于积极稳妥降低企业杠杆率的意见》及《关于市场化银行债权转股权的指导意见》，明确指出“有序开展市场化银行债权转股权”，这让热议中的“债转股”再次成为焦点。从破产法角度来看，“债转股”实质上是以股偿债，公司以增发的股权清偿债权人，债权人以对公司的债权作为出资抵消缴纳,实现“债转股”的目的。[1] 债权人借贷给企业的最初动机是期望通过事先约定好的利率获取相应回报,困境企业的债权人之所以愿意选择将债权转化为股权,源于债权人在权衡清算与重整的成本收益后,认为给予企业一个再生的机会将会使自己享有的债权获得高于直接清算所获得的清偿。[2]

近年来,破产重整中“债转股”的做法非常普遍,“债转股”被作为一种重整的工具,商业银行的“债转股”现象尤为突出。但从历史来看,“债转股”在我国的司法实践中并非一个陌生的概念,早在20世纪末,我国在大规模处置银行不良资产的过程中就大量采用“债转股”的形式,在当时曾起到了消化银行不良贷款和降低企业负债率的效果。但当时的“债转股”主要是以原四大资产管理人公司[3]的“债转股”,属于政策性“债转股”,与现在所采用的市场化“债转股”存在差异。

“债转股”通过将债权人的债权转为对企业的股权,降低企业负债,缓解债务危机,为企业摆脱困境获得重生及债权人减少损失提供了可能。然而在理论上,对破产重整中“债转股”的属性、表决机制及重整程序转为破产清算程序后的债权救济等问题具有极大争议。[4] 正是因为学者在上述问题上的激烈争议,导致实务界对于破产重整中“债转股”的运用开始产生担忧,无论从理论还是实务的角度都需要对“债转股”问题进行讨论与澄清。

(2)“债转股”的表决机制

据统计,仅从2016年10月至2017年12月,在实践中正式签署市场化“债转股”相关协议的企业就有70多家,涉及项目金额约1.15万亿元。[5] 由此可见,在实践中已经跨越理论上所争议的“债转股”自身合法性等基础问题,而是直接进入了实施阶段。在“债转股”的诸多问题中,“债转股”的表决机制问题,往往会在重整中困扰法院和管理人。

关于“债转股”的表决机制,理论上存在不同的观点:第一种观点认为,“债转

① 参见王欣新:《企业重整中的商业银行债转股》,载《中国人民大学学报》2017年第2期。

② 参见李曙光:《债转股应遵循六个法治原则》,载《经济参考报》2016年11月8日,第8版。

③ 为了对银企间的不良贷款进行处置,1999年国有四大商业银行在政府主导下各自成立了中国信达资产管理公司、中国华融资产管理公司、中国东方资产管理公司、中国长城资产管理公司,对各自拥有的国有企业不良贷款进行债转股。

④ 参见韩长印:《破产法视角下的商业银行债转股问题——兼与王欣新教授商榷》,载《法学》2017年第11期。

⑤ 参见何恩良、张伟、王玉:《中国市场化债转股背景下的银行债权转化》,载《河南社会科学》2018年第8期。

股”是在重整程序启动后对当事人权利的变更设定，所以不属于重整程序可以限制或调整的权利范围。“债转股”是不受重整集体清偿程序限制的权利，是否转股应当由每一个债权人个别同意决定，它不属于债权人会议的职权范围，不受债权人会议少数服从多数表决机制的约束，法院无权以强制批准重整计划草案的方式强迫债权人进行“债转股”。[①] 第二种观点认为，“债转股”具有代为清偿的性质，“债转股”中的债权并非不受破产重整这一概括清偿程序的限制。“债转股”无须经过债权人个别的单独同意，债权是否进行“债转股”同样应当遵守破产程序中的多数决规则。[②]

在实务中多采纳第二种观点，从债务清偿的角度来看，“债转股”的本质即是以公司股权清偿个别债务，基于破产程序否定债权人个别债权的实现的强制程序特征，“债转股”应受破产重整程序的规制，这也是公平原则的体现。“债转股”方案作为重整程序的重要组成部分，债权人在表决程序上与其他方案应当采取同样的标准，即应适用双重多数决表决机制，这也是重整程序的制度架构和重整程序的效率价值理念的体现。此外，“债转股”方案与出资人权益调整方案密切关联，故应当同时由股东对出资人权益调整方案进行表决。

（3）商业银行“债转股”问题

由于我国资本市场不健全，企业融资渠道有限，通常而言，企业最大的债权人都是银行，所以“债转股”的实施中大部分都是银行的“债转股”。[③] 鉴于银行信贷资金主要源于社会公众的存款余额，立法对商业银行的安全性经营进行了严格规范，但这并非意味着对重整程序中商业银行“债转股”的全盘否定。国务院《关于积极稳妥降低企业杠杆率的意见》（国发〔2016〕54 号）第 16 条指出：“鼓励多类型实施机构参与开展市场化债转股。除国家另有规定外，银行不得直接将债权转为股权。银行将债权转为股权应通过向实施机构转让债权、由实施机构将债权转为对象企业股权的方式实现。鼓励金融资产管理公司、保险资产管理机构、国有资本投资运营公司等多种类型实施机构参与开展市场化债转股；支持银行充分利用现有符合条件的所

---

① 参见王欣新：《企业重整中的商业银行债转股》，载《中国人民大学学报》2017 年第 2 期。

② 参见韩长印：《破产法视角下的商业银行债转股问题——兼与王欣新教授商榷》，载《法学》2017 年第 11 期。

③ 在前文所述的“债转股”统计中，从“债转股”的实施机构来看，以国有银行为主，其中建设银行开展的“债转股”项目金额约 5300 亿元，工商银行金额约 2540 亿元，仅上述两家就占“债转股”总金额的 71%。参见何恩良、张伟、王玉：《中国市场化债转股背景下的银行债权转化》，载《河南社会科学》2018 年第 8 期。

属机构,或允许申请设立符合规定的新机构开展市场化债转股……”国家发改委《关于市场化银行债权转股权实施中有关具体政策问题的通知》(发改财金〔2018〕152号)就“债转股”实施机构实施“债转股”措施的具体方式,如设立私募股权投资基金、以发股还债模式等作出了进一步规定。

为了降低银行经营风险,银行债权人可以采取在重整方案中设置股权回购条款、与控制股东或者战略投资者订立对赌条款等防范措施,也可以与实施机构就重整失败后债权返还与否、返还价格和条件等作出约定。

四、重整计划的执行期限和监督期限

(一)重整计划的执行期限

我国《企业破产法》第81条虽然规定重整计划中应当包括执行期限和监督期限,但对其期限的长短,并未作出明确规定。各国立法通常规定了6~12个月的执行期限。根据学者对我国重整实践的考察,重整计划执行期限从1个月到3年不等,也有个别上市公司确定了长达8年的执行期限。[①] 重整执行期限的长短与重整制度的功能发挥密切相关,执行期限过长,则债权人的利益实现难有保障,执行期限过短,可能又未给重整企业充足的经营恢复时间,一旦重整计划执行失败,之前因重整而产生的成本都将是对社会资源的浪费。

我国立法未强制规定重整计划执行期间是基于这样一种考量:破产法只应对重整计划的提出和批准设定时限,至于重整计划执行的年限则应是债权人和债务人合意协商的范畴,是市场行为,法律不宜作硬性规定。在重庆的司法实践中,有的执行期限很短,如“重庆钢铁破产重整案”;有的执行期限较长,如“重庆鑫业船舶件有限公司破产重整案”“重庆市华源天然气有限责任公司破产重整案”“重庆钱塘钢铁集团有限公司破产重整案”均将重整执行期限设置为5年,这一相对较长的执行期限是与债务清偿安排及经营方案相对应的,就重整计划执行的当前阶段而言具有一定合理性,其最终效果尚待时间检验。

(二)重整计划的监督期限

重整计划的监督期限不同于重整计划的执行期限,但在多数重整案件中,二者长短是一致的。重整计划的监督期限依旧是关系人合意的结果,确定具体期限的考

---

① 参见沈志先主编:《破产案件审理实务》,法律出版社2013年版,第283页。

量因素主要为监督效果和监督成本,即在执行期限不长的情况下,全程监督更有利于监督效果的实现,若执行期限过长,考虑监督成本的问题,则需要关系人结合经营方案实现的难易程度及可行性等因素确定是否有必要适当缩短监督期限。

第三节　重整计划与战略投资人

一、战略投资人的概念和作用

(一)战略投资人的概念

重整程序中的战略投资人,通常在重整计划中又被称为“重组方”,是指在重整程序中除债务人股东、原债权人外向重整企业进行投资的主体。

在经济学概念中,因投资目的和投资方式上的区别,投资人被分为财务投资者和战略投资者两类。前者以获取高额贷款利润为目的,资金流进流出的期限较短。后者以投入资金作为自身入主公司的途径,在取得公司控制权的基础上通过注入优质资产、改善公司经营管理等方式,谋求企业发展所带来的长远利益。与财务投资人相比,战略投资人通常还在市场、管理或技术等方面具有较强的实力。

相对于正常经营的企业来说,对重整企业投资的风险和投资回报更具有不确定性。在破产重整实践中,投资人既需为陷入困境的企业注入充足资金,又要防范自身投资风险,其投资目的和方式通常具有复合性,并可能在一定的条件下相互转化。如投资人既出资收购重整企业股权,又同时向重整企业提供借款或收购重整企业资产等。另外,投资人在进行财务投资的同时,设置投资转化条款,若重整企业的经营复兴态势良好,投资人再进行战略投资。考虑这一实践状况,本书未采用经济学概念对财务投资者和战略投资者的划分,而是用战略投资人概念统一指代破产重整中的投资人。

(二)战略投资人的作用

战略投资人是企业重整成败的关键。企业因陷入财务困境进入重整程序,既有可能是因为资金状况不佳,也有可能在生产经营、管理方式等方面存在一定的问题。战略投资人一方面向公司注入新的资金,解决公司的债务清偿问题,为公司换取生存的空间;另一方面战略投资人可以通过向公司注入优质资产、改善公司经营管理方式等,向公司提供资金、设备、技术、人员等方面的支持,持续增进公司的经营能力和盈利能力,从根本上拯救公司。

二、战略投资人的选择

(一)战略投资人的条件

战略投资人需要为公司清偿债务和恢复经营注入资金,首先,应当拥有较强的经济实力,且能够明确为公司注入资金的具体金额和投入时间;其次,战略投资人应当具备较强的经营实力,尤其是拥有改善公司经营困境所应具备的设备、技术、人员等;再次,若重整企业是上市公司,战略投资人还应当满足证券法、上市公司重大资产重组管理办法等证券法律法规规定的基本条件,如应当具有对上市公司进行战略投资的条件、拟注入的资产应当保证完整性和独立性,与重整公司自身业务不存在同业竞争和关联交易,且资产应是权属清晰、可独立核算的经营性资产,并能在约定期限内办理完权属转移手续;最后,若重整企业是对当地产业和经济发展影响较大的大型企业,战略投资人可能还需要满足当地政府因产业规划、职工安排等具体事项所作出的具体要求。对战略投资人是否符合前述条件,重整计划制订人可以委托专业中介机构进行尽职调查,调查重点可包括战略投资人的业务资质、主要资产、财务状况、治理结构、营利能力及商业信誉等,同时可就其所属行业的未来发展趋势进行判断。

破产重整的实质是要将资金、技术、管理、土地、劳动力等要素重新组合、补齐"短板",使企业扭亏为盈。战略投资人一方面来自行业的"龙头"企业,另一方面还可以是集资金、技术、管理、市场于一体的拯救企业的企业。例如,在"重庆钢铁股份有限公司破产重整案"中,法院监督指导管理人依托市场化手段,引入我国第一支钢铁产业结构调整基金作为重组方。①

(二)战略投资人的招募方式

债权人获得不低于破产清算的受偿,是破产重整中债权人让步的底线,然而债权人仍追求最大化受偿,这一诉求在重整企业营运价值的范围内,亦为合理。当企业具有较大重整价值时,有多个战略投资人同时表明投资意向的情况并不少见。在此种情形下,可确立重整投资人的候补制度,确定多个候选重整投资人,确保在上一

---

① 重组方系重庆长寿钢铁有限公司,其股东为四源合基金与重庆战新基金。四源合基金系中国宝武钢铁集团有限公司联合美国 WL 罗斯公司、中美绿色基金、招商局金融集团共同组建的中国第一支钢铁产业结构调整基金,基金投资总规模 800 亿元。

人违约时，有下一人替补，进一步降低重整失败的风险。[①]

战略投资人的招募方式可分为公开征集与非公开谈判两种。公开征集即通过市场化的竞标方式选择战略投资人，大体流程为管理人通过纸质、网络媒体等公开渠道对外发布招募公告和招募指南，意向战略投资人提交意向书并缴纳一定的保证金，管理人初步筛选后确定入围的意向战略投资人，并展开对意向战略投资人的尽职调查、投资方案磋商等工作，通过竞价最终确定的投资方案，还需作为重整计划的组成部分并经各组表决。非公开谈判则可能用于需尽早确定重整投资人或因商业秘密等原因不易公开征集重整投资人的情形。非公开谈判并不排除意向战略投资人之间的竞争，债务人、股东、债权人等均可推荐意向战略投资人，经谈判确定的投资方案，同样需要列入重整计划并经各组表决。

鉴于战略投资人除需有相应的经济和经营实力外，还需要考虑其与重整公司的适应性以及引进成本和效率等问题。因此，两种招募方式并无绝对优劣之分，具体方式选择仍需视情况而定。

（三）重整计划中的战略投资人条款

无论以何种方式选择战略投资人，战略投资人身份及投资方案的内容都需要列入重整计划并经表决通过后确定。重整计划中涉及战略人的条款主要包括融资条款及经营方案的部分内容。

1. 融资条款

（1）一般内容

战略投资人向重整企业提供资金是解决债务人财务困境并恢复持续经营能力的关键，因此，投入资金的金额、期限必须在重整计划中加以明确。对战略投资人通过股权性投资而取得的股权比例以及涉及出资人权益调整的内容也需规定在重整计划中。

（2）战略投资人投资债权

为了降低投资风险、确保投资得到清偿，战略投资人向重整企业投资后，可能要求在重整计划中加入债权优先受偿的条款，而在没有法律特别规定的情况下，该优先受偿条款极有可能遭到原有债权人的强烈反对，但若无法引入新资金，则破产重

---

① 参见陆晓燕：《运用法治手段化解产能过剩——论破产重整实践之市场化完善》，载《法律适用》2016年第11期。

整难以实现,不仅原有债权人的利益得不到保障,还可能造成因公司主体消灭而带来的对社会公共利益的减损。因此,有必要通过具体法律规则的设置,赋予战略投资人投资债权一定的优先权地位,以平衡战略投资人与原债权人之间的利益冲突,推动重整程序的进行。

从各国立法考察来看,对战略投资人债权赋予优先权主要采取了作为破产费用优先受偿和作为共益债权优先受偿两种模式。以美国破产法为例,投资人债权是作为破产费用而优先受偿。《美国破产法典》第503条规定,维持破产财产实际所必需的成本和费用,包括破产财产启动后为破产程序顺利进行而提供服务的酬金、薪金。传统上维持破产企业运行的费用与律师费、会计师费、投资银行家的费用都属于管理费用。而赋予管理费用优先权的立法考虑在于为促进破产托管人或经营债务人作出复兴企业的努力,从而有利于破产财团的所有债权人。如果不赋予重整过程中设定的债务相对于其他债务的优先权地位,人们就不会愿意与债务人发生经济上的往来,这样就会阻止企业的复苏,从而损害债权人的利益。[①] 以日本破产法为例,投资人投资债权作为共益债权优先受偿。根据《日本民事再生法》的规定,再生债务人于再生程序后依资金贷入等行为所生之请求权为共益债权。共益债权可不经再生程序随时清偿并优先于再生债权清偿。

我国《企业破产法》第41条规定,破产费用包括:破产案件的诉讼费用、管理、变价和分配债务人财产的费用;管理人执行职务的费用、报酬和聘用工作人员的费用。战略投资人债权显然不能涵盖其中。而该法第42条规定的"为债务人继续营业而支付的劳动报酬和社会保险费用以及由此产生的其他债务"的开放式共益债务规定则为战略投资人债权设立优先权提供了可能。

如果将战略投资人投入的资金认定为共益债务,便可依据法律规定随时获得清偿,这可能会对原有债务清偿顺序造成强烈冲击。因此,在破产重整实践中,对是否及如何赋予战略投资人债权优先权的问题,一般持审慎态度。在实践中,应尽量利用金融创新方式,通过提供担保、授予较高信用等级的企业授信额度以新还旧方式等其他安排,削减战略投资人的投资风险。但是,如果获取战略投资人的投资至关重要,而上述方式又无法削减战略投资人风险的情况下,可考虑赋予战略投资人债

---

① 参见[美]大卫·G.爱泼斯坦等:《美国破产法》,韩长印等译,中国政法大学出版社2003年版,第466~467页。

权以优先权。例如，在重庆市武隆区人民法院审理的“重庆市贵尔达房地产开发有限责任公司破产重整案”中，重整计划中载明，在还款期内，若公司无法按期偿还债务，又无法通过以房抵债方式清偿债务，管理人将依法提请法院裁定终止重整程序，宣告债务人进行破产清算。在清算情况下，投资人金港湾公司的投资款将作为共益债务由债务人财产随时清偿。在“重庆东寰科技开发有限公司破产重整案”中，重整计划亦明确规定，债务人企业另行引进战略投资者或因不能执行重整计划被宣告破产的，前期融资及利息将作为共益债务随时清偿。

2. 经营方案

为了恢复债务人的持续经营能力，重整投资人除提供重整融资外，通常还可以通过剥离不良资产、注入优质资产、改善公司治理结构等方式增进公司的营利能力。相关安排应当在经营方案部分予以明确，这些内容也是判断重整计划是否具有可行性的重要依据。详尽合理的计划内容，更易获得债权人会议的表决通过及法院的批准，对重整执行也更具指导意义。

第四节　重整计划的磋商

一、破产重整中的利益平衡与利益博弈

利益平衡理论是针对概念法学与分析实证法学固有弊端而产生的一种法律方法。立法层面的利益平衡体现在“通过立法颁布一些评价各种利益的重要性和提供调整各种利益的一般性规则，来确认什么样的利益应当被视为是值得保护的利益，对利益予以保障的范围和限度应当是什么以及对各种主张和要求又应当赋予何种相应的位序”。① 司法层面的利益平衡体现在“法官不仅仅在法律规则的框架内对案件的事实进行判断，而且还应在法律规则出现漏洞的地方构建新的法律规则，以弥补法律规则的不足。换言之，法官不仅应当运用一些法律命令，而且他还必须保护那些立法者认为值得保护的一般利益”。②

重整制度中的利益平衡一方面体现在重整制度的具体法律规则的设计上，即诸如重整计划的提出主体、重整计划的内容、重整计划应当满足的实质标准、重整计划

---

① [美]E. 博登海默：《法理学：法律哲学与法律方法》，邓正来译，中国政法大学出版社1998年版，第412页。

② 吕世伦：《法理的积淀与变迁》，法律出版社2001年版，第553页。

磋商的规则和模式等;另一方面体现在司法活动对重整活动的监督和调整上,法院通过自由裁量权的行使,对重整计划中的各方利益进行衡量判断,并作出正常批准、强制批准或不予批准的裁决,矫正重整计划可能对重整目标的背离。

重整计划是为了重整目标而在各方个体利益以及整体利益之间作出的一种公正或合理的妥协。但无论是利己的还是利他的,理性人在最大化偏好时,需要相互合作,而合作中又存在冲突。[①] 从重整计划的静态层面(如计划的内容)及动态层面(如计划的制订、表决和批准)都体现出债权人、债务人、重组方等关系人之间的博弈,博弈的焦点集中在关系人在重整中可以获得的收益分配上。[②] 这一利益博弈过程发生在破产重整法律框架和司法权力指导监督之下,因此,重整计划既是当事人基于私法意思自治而达成的协商妥协结果,也是国家公权力适度干预、平衡债权人权益最大化与社会公共利益的结果。

二、重整磋商中的利益诉求

为了描述一个博弈,通常需要从参与者、参与者的策略空间、参与者的目标函数、参与者的行动顺序以及信息结构着手。其中的核心要素是参与者本身的利益诉求,放到法律关系中去考量,便是法律关系主体的利益诉求。[③] 在破产重整中涉及债权人、债务人、出资人、投资人以及管理人、政府等诸多参与者,这些主体的利益诉求具有多元化的特征。

(一)债权人

债权人在重整磋商中的利益诉求体现得比其他主体更复杂,因为其既有作为债权人整体而与其他主体之间的利益冲突,债权人内部之间也会在利益分配上产生矛盾。

1. 担保债权人

担保债权是享有优先权的债权,担保债权人在破产程序中首先要承受的限制就是其变现权暂时中止行使。在实践中,重整计划获得通过的最大阻力往往来自担保

---

① 参见张维迎:《博弈论与信息经济学》,上海人民出版社、上海三联书店2004年版,第1页。

② 参见丁燕:《上市公司破产计划法律问题研究:理念、规则与实证》,法律出版社2014年版,第19页。

③ 参见丛立先:《论著作权制度中的利益博弈与利益平衡》,载《政法论丛》2013年第3期。

权人,因为在重整计划中,其债权在获得实现之外并不会得到额外的保护。① 在破产清算情况下,担保债权可以在较短的时间内获得清偿,而进入重整程序将大大延误担保财产变现,也会增加担保债权获得清偿的不确定性。在部分案件中,担保权人不仅在债权人会议中强烈反对重整,还通过信访等方式反映其诉求。

2. 普通债权人

普通债权人的受偿顺序排在优先权人、税收债务和职工债务之后,其享有在破产程序中按照比例获得清偿的权利。普通债权人的首要利益诉求为获得全额清偿,其次是将自身的损失降低到最低限度。普通债权人对重整计划的接受与否基于其对重整可能性、重整后公司经营能力以及破产清算中自身获得清偿数额的综合分析。因此,若普通债权人在清算程序中一无所获,则其通常会因为并不会有更大的损失而选择接受重整计划。在方案中加入与将来经营利润挂钩的补偿条款,更容易驱动普通债权人同意重整计划。

3. 职工债权人

职工因企业拖欠工资、福利保障等而具有债权人的身份,基于对弱势群体的倾斜保护,职工债权在债务清偿中具有优先于普通债权人的地位。此外,职工保持就业的诉求也与公司重整所追求的目标相契合。

(二)股东(出资人)

股东作为公司剩余财产的最后索取者,其在重整计划中的利益诉求取决于公司无力清偿债务的程度。若公司已经资不抵债,此时股东权益为零,如果公司有望复兴,则股东可能会积极参与重整磋商,以期在将来的营业中获得利润。与破产清算时,企业注销、股权归零等后果相比较,股东一般有促成重整计划通过的动力。但在出资人权益调整方面,各股东均希望尽量少调整自身的权益,尤其是对中小股东来说,其更希望增大大股东的调减比例。

(三)战略投资人

战略投资人向重整公司注入资金,一方面可能面临重整失败而导致的投资风险,另一方面又可能因公司复兴而实现较大收益。战略投资人认为公司具有极大的复兴可能时,其通常愿意冒着一定风险促成重整计划。但为了降低自身投资风险,战略投资人往往要求在重整计划中明确对其投资债权予以优先保障。

---

① 参见许德风:《破产法论:解释与功能比较的视角》,北京大学出版社2015年版,第340页。

(四)管理人

管理人是连接重整各方主体的桥梁。管理人因履行管理职责而取得相应报酬,且报酬作为破产费用将优先于其他债权受偿。管理人对重整计划的促成动力通常源于其报酬的取得以及完成重整对其能力评价所带来的增益。

(五)政府

政府基于对经济秩序、社会稳定等公共利益的维护而间接参与重整程序。政府往往能为重整程序的推进提供很大的助力,为便利重整而对某些规定或政策进行一定的调整,如税收优惠、经营准入资质等。对于涉及国计民生的特殊企业,政府更是会积极提供政策支持和帮助。但是,有的地方政府为了地方政绩或地方稳定,在重整程序中也可能向法院或部分债权人施加不当的压力。

三、重整计划磋商中的措施

重整磋商中交织了各方主体的不同利益诉求。一方面,重整计划将不同目标的利益诉求集中在有限的范围内,造成了冲突的激化。另一方面,进入重整程序的企业因其财务困境而在相关资源上极有限,这种资源的有限性更加剧了各方主体的利益冲突。在重整磋商中因利益诉求目标不一致和资源有限性而造成的利益冲突背景下,法院应当在促进信息充分披露、各方充分沟通的前提下,援入政府助力增加可用资源,通过与管理人的联络,实现关系人之间通过权利义务的具体配置而达到的利益平衡,使各方主体的利益共同指向整体利益最大化的公平结果,实现各方共赢。

(一)充分披露信息

掌握充分、全面、正确的信息,既有助于重整关系人判断重整计划是否合理、自身利益是否能得到充分保护,也是法院审查重整计划是否可行、权益调整是否公平的重要依据。因此,法院可以通过加强对重整计划制订人的指导,促进信息的披露与公开,如制订人既可提供重整计划的制订说明以及形成方案所需的计算财产价值和分配额的会计方法和估值方法、企业资产负载表、损益表、资金周转情况表等材料,也可通过向重整关系人当面说明或接受质询等方式,就重整计划草案的具体内容进行解释说明。

(二)畅通沟通渠道

从重整计划草案的制订到重整计划的表决,是一个各方反复磋商、反复谈判并反复修改的过程。法院、管理人、重整关系人之间均应建立畅通的沟通渠道,保障各方充分的沟通。同时,在对关系人利益诉求以及重整计划推进状况充分掌握的基础上,找到重整计划磋商难以形成一致意见的症结所在,有针对性地沟通协调。

(三)援入政府助力

鉴于重整程序中企业因陷入困境而在各方面的资源上都极有限,法院应当建立与政府间的协调工作机制,援入政府在政策等方面的强大助力,有效解决重整程序中各方主体自行无法解决的税收政策、企业信用恢复、相关经营资质等问题,实现法院和政府共同追求的维护经济秩序的目标。

(四)化解利益冲突

针对重整计划磋商难以推进的具体情况,法院应当梳理利益冲突症结,并协调冲突各方,促使各方调整重整计划条款,对具体权利义务进行重新配置,化解利益冲突。例如,设置投资人达到一定盈利目标对债权人的额外补偿条款,减少债权人追求更多清偿与有限分配金额的冲突;又如,设置融资优先受偿条款,在一定程度上消除投资人因无法预判重整成功的可能性而对投资风险的担忧。

第五节　重整计划的正常批准

重整计划的批准,是指法院对经过债权人会议表决通过的重整计划予以批准,从而赋予重整计划以法律效力的行为。[①] 法院对重整计划的批准是重整计划生效的必要条件。重整计划是债权人、债务人、重组方、出资人等利益相关方内部之间及相互之间利益博弈结果的反映,法院对重整计划的审查和批准体现了国家权力对当事人意思自治的适度干预,保障了重整计划的公平合法并促进了破产重整制度功能的实现。

一般来说,多数重整计划都能按照正常表决程序获得通过,并获得法院批准。但也存在重整计划虽符合法定条件,却无法获得表决通过的情形。为避免重整程序陷入困境,法院可依法裁定批准该重整计划。前一种情形的重整计划批准为正常批准,后一情形的批准为强制批准。二者在适用对象、审查标准上有明显的差别,基于强制批准的特殊制度功能,本书将在下一章中予以专章论述,本节重点关注正常批准的内容。

---

① 参见范健、王建文:《破产法》,法律出版社2009年版,第219页。

一、重整计划正常批准的立法及实践现状

(一)立法现状

我国《企业破产法》第86条规定了正常批准的内容,即“各表决组均通过重整计划草案时,重整计划即为通过。自重整计划通过之日起十日内,债务人或者管理人应当向人民法院提出批准重整计划的申请。人民法院经审查认为符合本法规定的,应当自收到申请之日起三十日以内裁定批准,终止重整程序,并予以公告”。该规定并未对正常批准中法院的审查事项、批准标准及审查程序等予以规定。

最高人民法院在《全国法院破产审判工作会议纪要》中指出:“重整不限于债务减免和财务调整,重整的重点是维持企业的营运价值。人民法院在审查重整计划时,除合法性审查外,还应审查其中的经营方案是否具有可行性。重整计划中关于企业重新获得盈利能力的经营方案具有可行性、表决程序合法、内容不损害各表决组中反对者的清偿利益的,人民法院应当自收到申请之日起三十日内裁定批准重整计划。”该规定将重整计划的批准标准明确为经营方案具有可行性、表决程序合法、内容不损害各表决组中反对者的清偿利益,对破产实践具有显著的指导意义。

(二)实践现状

从破产重整的司法实践中来看,法院对于已由各表决组表决通过的重整计划草案,几乎无不予批准的实例。过高的正常批准率背后,可能有法院如下的合理考量:首先,各表决组都以双重多数的法定标准通过了重整计划草案,意味着根据多数债权人的利益判断,重整计划草案对债权人有利,无特别之理由,不应否定多数人的意思自治;其次,在重整计划草案中涉及的诸多商业判断的事项上,法院并不比一般重整关系人更专业;最后,通过的重整计划草案有多大概率取得成功,在具体执行前都不可能得出绝对的结论,若法院直接不予批准,则从根本上断绝了重整成功的可能性。

无论原因如何,在实践中的正常批准制度功能似乎并未得到充分发挥,法定的审查制度几乎形同虚设,法院在该环节的作用也被批评为“实质上相当于一个橡皮图章”。[①] 因此,法院在正常批准的过程中,要准确把握重整制度的法律精神和价值取向,从程序和实体两个方面对重整计划草案的合法性、公平性和可行性进行实质

---

① 王建平、张达君:《破产重整计划批准制度及反思》,载《人民司法》2010年第23期。

审查，实现对重整关系人利益博弈过程和结果的监督和平衡。

二、重整计划的程序性审查事项

法院应当对重整计划中的各表决组会议召开、表决等程序性事项进行合法性的审查，以构建重整计划批准中的程序正义。

（一）表决权的合法性审查

1. 一般情形

在实践中，法院应当根据我国《企业破产法》第59条的规定，对各表决组成员是否具有表决权进行核查，即依法申报债权且经管理人审查确认的债权人依法享有对重整计划的表决权；债权尚未确定的债权人在法院临时确定其债权额之前不得对重整计划行使表决权；职工债权人享有对重整计划的表决权，不享有劳动债权的职工和工会代表虽有权对有关事项发表意见，但不得行使表决权。前述有表决权的主体可委托代理人代为行使表决权，但应提供相应的委托手续。

2. 债权转让后表决权的确定

关于在重整程序中债权转让后表决权如何确定的问题，在重整实践中有不同的认识。有观点认为，人民法院受理债务人重整之日起，债权人转让债权的，受让人行使原债权人在重整程序中的权利，但抵销权除外。债权人将债权转让给多个受让人的，多个受让人在总债权额内按照一名债权人行使表决权；受让人收购多个债权的，仍按一名债权人行使表决权。

根据上述观点，受让人收购多个债权的，按一名债权人行使表决权在适用中并不存在争议，但若债权人将债权转让给多个受让人，因多个受让人在人数上仅算一人，则会引发多个受让人中谁来享有并行使表决权以及当对同一表决事项意见不一致时如何认定问题。对此，为了防止债权人利用债权转让机制恶意拆分债权，增加表决人数，以实现操纵表决结果的目的，在"'新天泽系'企业合并破产重整案"的实践中，法院采取了债权人总数计为一人，按照受让债权比例分别计算每个受让人对应的人数份额，各自行使相应的表决权，兼顾了防止债权人滥用权利和表决的可操作性。

（二）表决结果的合法性审查

1. 一般情形

依据我国《企业破产法》第84条第2款之规定，出席会议的同一表决组的债权人过半数同意重整计划草案，并且其所代表的债权额占该组债权总额的2/3以上的，即为该组通过重整计划草案。法院应当依上述规定，既要审查单一表决组的表决结果是否符合规定，也要审查各表决组是否均通过了重整计划草案。在人数的实际计算上，一名债权人享有数项债权的，在对重整计划草案进行分组表决时，该债权人可依据其享有的不同性质的债权分别参加各组的表决。

2. 出资人组的表决标准

我国《企业破产法》第84条第2款规定了债权人会议的表决程序和表决标准，但未涉及出资人组的表决机制，从而引出了出资人组表决标准的适用难题。笔者认为，出资人组对重整计划草案中的表决，经所代表的出资额达到2/3以上通过的，即为该组通过重整计划草案。对于“出资额”是企业出资总额还是出席会议的出资人出资总额因有限责任公司和股份有限公司而有所不同，前者的决议标准应比照我国《公司法》第43条第2款的规定确定为，必须经代表2/3以上表决权的股东通过；后者的决议标准应比照我国《公司法》第103条第2款的规定确定为，必须经出席会议的股东所持表决权的2/3以上通过。详细的理由可参见本书“出资人组会议”一章，此处不作赘述。

3. 表决票的设置

在破产重整的早期实践中，主要为了解决因银行的分支机构无法及时取得总行审批而无法对债权调整方案进行表决的问题，法院对表决票种类进行了各种设计，如设置“弃权”“同意依法由法院裁决”等表决票，并将“弃权”和“同意法院裁决”的票数与“同意”票数合并计算。大部分金融机构的债权人表示同意由法院依法裁决，并没有直接反对重整计划草案，主要是由于金融机构的减免债务授权表决制度还没有与破产重整制度相衔接，导致在破产重整计划草案的分组表决中，债权人银行因未获得总行免除债务核销坏账的授权而难于表决，因此，即使其同意重整计划草案，也只能表决同意由法院依法裁决，这实质是对重整计划草案的认同。① 这种将“弃权”视为“同意”的做法，显然不能成立，而将“同意依法由法院裁决”的表决票视为“同意”，也可能存在循环论证的逻辑问题，②无法根本解决银行债权人审批制度带

---

① 参见王建平：《清算转为重整 债务人再踏征程——解析风华集团公司破产重整案》，载《法制资讯》2009年第5期。

② 参见刘敏、池伟宏：《法院批准重整计划实务问题研究》，载李曙光、郑志斌主编：《公司重整法律评论》（第2卷），法律出版社2012年版，第75页。

来的问题。因此，为真正解决银行债权人行使表决权的难题，一方面，可加强法院与银行的协调机制，促使银行建立高效的重整债务调整表决机制；另一方面，对于确实不能通过表决的，还可依法运用强制裁决予以救济。

三、重整计划的实体性审查原则

法院应当对重整计划内容的合法性、债权人和出资人权益调整方案的公平性、经营方案的可行性进行审查，以构建重整计划批准中的实体正义。

（一）重整计划的合法性审查

法院应当就重整计划的内容是否符合法律规定进行审查，即重整计划不仅需要具备我国《企业破产法》规定的必要条款，形式上详尽完备，而且其内容也不应违反其他法律和行政法规的强制性规定。

（二）重整计划的公平性审查

从美国等其他国家的立法经验来看，法院对重整计划内容公平性的审查涉及的基本原则包括债权人利益最大化原则（最大利益标准）、绝对优先原则和公平对待原则（填满标准）三项。① 有观点认为，前述三项原则仅适用于强制批准的场合，②但其实在正常批准的情形中，重整计划虽经双重多数标准表决通过，仍可能构成对少数人权益的损害。正常批准的立法目的在于防范各表决组多数决之滥用，由法院以超然立场再次审核，俾重整计划能符合公正合理之要求，以维护公司、公司债权人以及股东之权益。③ 因此，法院仍需运用前述原则对表决通过的重整计划中的债权调整、受偿及出资人权益调整内容进行审核，这也是法院监督和利益平衡功能的体现。

当然，对于债权人利益最大化原则、绝对优先原则和公平对待原则在正常批准和强制裁决中的具体适用也并非全然一致。正常批准建立在重整计划草案已由各个组别表决通过的基础上，法院的审查重点在于运用债权人利益最大化原则和公平对待原则对各组中每一个持反对意见的债权人的利益是否受到损害进行审查。强制批准要在保障持反对意见的个体债权人利益之外，保障未通过重整计划草案的债

---

① 参见［美］大卫·G. 爱泼斯坦等：《美国破产法》，韩长印等译，中国政法大学出版社 2003 年版，第 731 页。

② 参见刘敏、池伟宏：《法院批准重整计划实务问题研究》，载李曙光、郑志斌主编：《公司重整法律评论》（第 2 卷），法律出版社 2012 年版，第 81～82 页。

③ 参见柯芳枝：《公司法论》，台北，三民书局 1997 年版，转引自李志强：《关于我国破产重整计划批准制度的思考——以债权人利益保护为中心》，载《北方法学》2008 年第 3 期。

权人组别的法定清偿利益。

1. 债权人利益最大化原则

债权人利益最大化原则又称为清算价值保障原则，即债权人或出资人在重整计划中获得分配的数额，不得少于其在适用破产清算程序时能获得的清偿或清算利益。

在破产清算程序中能获得的清算价值，相当于债权人或出资人能够实现的最低利益，若其在重整程序中可获得的清偿甚至少于清算价值，考虑破产重整为利害关系人额外增加的时间成本等，破产重整对债权人或出资人来说仅有损害。因此，在正常批准程序中，法院应当运用该原则分别对每一表决组中的持反对意见的债权人或出资人依照重整计划所能获得的清偿进行审查，确保其至少能够获得适用破产清算程序的清算利益，防止形式上的公平掩盖实质上的不公平。

2. 公平对待原则

公平对待原则，是指对处于同一受偿顺序的利害关系人，在重整计划中应获得相同的清偿利益。我国《企业破产法》第 87 条"重整计划草案公平对待同一表决组的成员"的规定，即是对公平对待原则的体现。在正常批准中，若出现了同一受偿顺序的权利人被划分于不同的表决组组别中，如普通债权组中设立小额债权组，那么法院应当适用该原则，对同意计划组别中的反对者利益是否与其同等权利受到同等清偿进行审查，除非该债权人自愿放弃清偿利益。因此，该原则既适用于对反对重整计划的债权人组别利益的保护，也适用于同意重整计划的组别中反对者利益的保护。

3. 绝对优先原则

绝对优先原则，是指任何一个反对重整计划的利害关系人组别，在重整计划中所处的清偿顺序，应与其在破产清算程序中的受偿顺序相同，而且在其获得全额清偿之前，清偿顺序在其后的利害关系人不能获得任何清偿。因其设置的目的是保障反对重整计划的利害关系人组别的利益，所以仅适用于法院强制批准重整计划草案的情形，在此不再详述。

（三）重整计划的可行性审查

考虑重整制度所追求的恢复公司运营的价值目标，法院应当就重整计划是否具有可行性作出审查，重点关注的内容应当包括两方面：一是重整计划中的债务清偿方案切实可行，即能够顺利筹集资金以清偿债务，不存在估值虚高、行政许可方面的障碍；二是公司经营方案的切实可行，公司可以据此摆脱困境，恢复经营能力及盈利水平。

对于重整计划可行性的审查，从本质上来说应当是一种取决于对债务人的资本结构、公司治理结构、管理水平、技术研发能力和技术水平、市场盈利能力等方面分析和预测的商业判断。面对重整计划可行性审查的必要性和审查专业性之间的冲突，法院可要求重整计划制订人提供计划可行性论证的书面材料，也可借由会计师、商业顾问或行业专家等提供的专业咨询意见，对经营方案是否具有恢复公司经营能力的可能性作出判断，力求实现在有限商业经验下对可行性审查功能的最大限度发挥。美国的法官认为，判断重整计划是否具有可行性时需注意六个因素：资本结构的充分性、营业的盈利能力、经济情况、管理能力、原有管理层继续存在的可能性、其他与成功实现重整计划相关的影响。① 在实践中，我国可对上述经验加以借鉴。

第六节　制订和批准重整计划的司法实践

一、拓展融资渠道

资金筹措，是破产重整程序中解决企业财务困境并恢复持续经营能力的关键。重庆法院在破产重整实践中，协调指导管理人、债务人在重整计划制订过程中，综合运用招募战略投资人、债权人内部融资、资产处置等多种方式，帮助重整企业最大化募集资金。

（一）灵活运用投资人招募方式

公开征集是招募投资人的重要形式，通过公开招募方式的运用，有利于拓宽投资人的选择范围，选择优质的战略投资人。在公开招募过程中，可以充分利用网上平台和传统媒体，面向全国公开招募，同时制订严格评审标准，公开评选合格投资人。在"重庆市华源天然气有限责任公司破产重整案"中，法院即指导监督管理人以公开招募方式引进战略投资人。

此外，债务人、股东、债权人等也可推荐战略投资人，在经过谈判后确定投资方案，纳入重整计划。在"重庆世盟物流发展有限公司破产重整案"中，出资人与意向战略投资人在前期磋商中就出资权益调整产生了重大分歧。为防止谈判破裂致使

---

① 参见王欣新：《破产法》（第 3 版），中国人民大学出版社 2011 年版，第 276 页。

公司重整陷入僵局，法院指导管理人灵活运用招募方式，赋予债权人、出资人及第三人平等寻找并推荐战略投资人的权利，通过公平参与推荐的程序性保障，平衡了出资人与债权人争夺重整中公司控制权的冲突，通过内部推荐方式，最终确定由一位债权人与第三方共同组成战略投资人团体进行出资，方案确定后各表决组均顺利通过。

（二）多举措扩展融资方式

在破产重整中，资金问题往往成为企业能否重整成功的关键因素，这一点在房地产企业重整中体现得尤为明显。投资人基于各种因素的考量，对破产企业的资金投入未必充足。在此情形下，如何多渠道获取资金成为制约重整成功与否的"瓶颈"。

在"'新天泽系'企业合并破产重整案"中，法院督导企业运用市场化手段引进战略投资人江苏汉唐国际集团有限公司，在以让渡大股东重庆恒德远景公司50%股权的方式，成功筹得外部融资5亿元的同时，经重庆市银监局、银行业协会协力，加强与金融机构债权人的沟通，指导破产管理人优化重整计划，对金融机构提出的利息补足、引进战略投资人、锁定清债资金来源等合理诉求逐一回应，最终与金融机构债权人达成共识，取得了金融机构债权人以增量资金贷款方式提供的债权人内部融资。外部引资、内部增贷并行的融资方式，为"新天泽系"企业恢复项目开发建设提供了有力保障。

在重庆市九龙坡区人民法院审理的"重庆隆迪塑业有限公司等3家企业合并破产重整案"中，法院在未能招募到战略投资人的情况下，结合重庆隆迪塑业有限公司作为当地生产塑料及橡胶类制品的"龙头"企业的优势地位，以及其固定资产所处电子信息产业园的地理优势，指导管理人制订了盘活闲置资产募集资金的融资方案，最终确定由政府下属平台公司收购企业厂房和土地，企业筹措资金用于清偿债权、回租厂房及生产经营。在无法招募战略投资人注入资金的情况下，处置资产的融资方式，不仅实现了重整企业从"重资产"向"轻资产"结构的成功转型，在清偿部分债权后，重整企业还可利用剩余资金，在确保传统产业稳步发展的基础上，通过调整自身资产和业务结构，优化商业模式，大力发展国家提倡的环保及高新科技技术产品，增加新的利润增长点。

二、创新投资条款

（一）股份出让限制条款

在“债转股”后，债权人大多会在企业经营情况有所好转后选择退出，以获得最初期望的现金回报。对于部分战略投资人来说，也会有相同的想法。针对这一情况，可以通过对控股权转让期限的限制，将重组方取得投资收益的诉求与企业恢复持续盈利能力的长期发展目标相绑定，进而激发了重组方为企业改造升级生产技术、提升管理水平及产品价值的动力，增强各方对企业未来发展的信心。

在“重庆钢铁破产重整案”中，法院监督指导管理人依托市场化手段，通过控股股东重钢集团全部让渡重庆钢铁股票引入我国第一支钢铁产业结构调整基金作为重组方。该案重整计划中的出资人调整方案就重组方受让股份设置了四重具体条件，即现金 1 亿元支付股票受让金；以不低于 39 亿元的价格竞拍公司处置资产；计划执行完毕起 5 年内，不得向指定受让公司之外的其他第三方转让控股权；在计划执行期间，向重庆钢铁提供年利率不超过 6% 的借款。前述股份受让条款的设置，不仅为企业复兴注入充足资金，还将重组方和企业利益追求牢牢绑定，进一步增强了重整成功的可能性。

（二）融资转股条款

重整计划中往往规定战略投资人投入的融资款作为共益债务，以保障战略投资者的资金安全。但在实践中，可根据企业的具体情况对症下药，在此基础上作出变通，融资转股条款即为一种新的尝试。在“重庆东寰科技开发有限公司破产重整案”中，重整计划设置了融资转股条款，即战略投资者在重整计划执行之初通过借款方式向债务人企业注入资金，待其投资风险缩小后，将前期借款转化为股权对价金，若企业另行引进战略投资者或因不能执行重整计划被宣告破产的，将前期融资及利息作为共益债务随时清偿。融资转股条款的设置及将融资债权作为共益债务的处理，极大降低了投资人因重整失败而难以收回投资的风险，对公司及时筹措资金具有积极的推动作用。

（三）对赌协议

对赌协议就是投资方与融资方在达成融资协议时，对未来不确定的情况进行一种约定，其本质是期权的一种形式。如果约定的条件出现，一方可行使一种权利；如果约定的条件不出现，另一方则行使一种权利。对赌协议产生的根源在于企业未来盈利的不确定性，目的是尽可能实现投资交易的合理和公平。对赌协议在破产重整中体现为对赌条款。

在“重庆光大机械厂有限公司破产重整案”中，管理人与战略投资人协商确定了对赌条款，即战略投资人应保证每年新增加业务 2000 万元，否则每年调减股份 6%，减调股份由管理人指定第三人代持，待重整结束后，变现为股权用于偿债。该对赌条款将战略投资人为企业生产经营创造的价值大小作为对其持有股权份额的约束，保持了战略投资人权利义务的一致性，增强了其拯救企业的动力和压力，推动了企业的发展。

（四）附期限和附条件条款

在重整计划草案制订时，针对投资转股、“债转股”可以设计附条件条款，其实质在于用“时间”换取“空间”，延长了招募战略投资者以及实现“债转股”的时间，给予战略投资人及转股债权人充分了解债务人企业机会和决策时间。此外，债务人企业重整成功的关键在于重整计划的执行初期，处于该期间的债务人企业往往因资金匮乏、人才流失、设备陈旧等问题举步维艰。此时最需要注入外来资金或减轻企业负债。一旦债务人企业跨过该困难期，往往能有序地执行重整计划，投资转股以及“债转股”的风险将大大降低。

在重庆市江津区人民法院审理的“重庆德运模具制造有限公司破产重整案”中，管理人与战略投资人、债权人就投资转股以及“债转股”谈判久未达成共识，致使重整计划草案迟迟不能提交表决。为解决这一问题，该案的重整计划草案中设置了附期限和附条件的投资转股及“债转股”条款。① 运用资产基础法评估重庆德运模具制造有限公司股权价值，以股权评估价值作为计算将来投资转股、“债转股”对应股权份额的依据，并据此确定后续阶段意向投资人受让股权的具体条款，且该条款在 6 个月的期限内有效。6 个月后将不再按照上述原条款进行投资转股和“债转股”，需在股权计算基数中加入重庆德运模具制造有限公司截至转股时的利润。

前述附期限和附条件条款将投资转股和“债转股”延伸到重整计划的执行期间，

---

① 法院批准本重整计划草案之日起 6 个月内，“债转股”的债权人、资产注入的投资人的股权份额计算方式为：股权份额 = 拟转为股权的债权金额或资产注入额/（拟转为股权的债权总金额 + 资产注入总额 + 德运公司通过重整计划草案时的股权价值）；原股东所持股权份额作相应调整；在法院批准本计划草案之日起 6 个月后，有新的战略投资者愿意注入资产的，股权份额的计算方式为：股权份额 = 资产注入额/（累计转为股权的债权总金额 + 资产注入总额 + 德运公司通过重整计划草案时的股权价值 + 重整计划草案通过后的利润总额），原“债转股”和资产注入的股权以及原股东的股权份额均作相应调整。

给予战略投资人及转股债权人充分了解债务人企业的机会和决策时间，将重整计划的执行与引进战略投资者、实现“债转股”并轨实施，缩短了执行期，提高了债权清偿率。

三、合理选择重整模式

从各国立法及地区相关规定与实务情况来看，重整有三种模式：第一种是传统的企业存续型重整；第二种是营业让与型重整；第三种是在部分国家与地区存在的清算型重整。其中，前两种模式最具典型意义，是重整制度在实践中发挥其社会调整作用的主要操作模式。[①] 存续型重整，是指保持企业主体资格存续，仅在企业“外壳”之内进行重整，常见措施为通过债务减免、延期清偿以及“债转股”等方式解决债务负担，并改善公司业务经营、治理结构等。营业让与型重整，又称为出售型重整，是指将债务人之全部或主要部分营业让与他人，而以所得对价分配于诸债权人。

重庆法院在破产重整实践中，深刻认识重整制度维持企业营运价值的本质，并不拘泥于保持重整企业“外壳”的存续，而是结合重整企业的不同情况，因“案”制宜，合理选择存续型重整和出售型重整模式，真正实现重整制度以避免或减少职工失业，保障社会投资与企业经营的价值追求，充分发挥司法在深化供给侧结构性改革中的积极作用。

（一）存续型重整

“重庆钢铁破产案”采取了存续型重整模式，重整计划保留了重庆钢铁作为在上海证券交易所及香港联合交易所上市的股份有限公司的主体资格，确定了继续原有钢铁经营业务，重新优化生产经营格局，提升经营效率和持续盈利能力的经营思路，从治理结构、资产结构、产品结构、工艺流程、管理制度等入手，从根本上改善经营质量。

该案重整计划中的经营方案部分，明确了不同阶段经营改善的施行措施及预期目标，按照“近期止血”“中期造血”“远期升级”的路径稳步推行。近期阶段快速恢复停产失修的产线，充分发挥现有产线的能力，达到一定生产目标，同时去除无效低效资产，实施管理变革；中期阶段通过提高产能、新增产品线等措施，实现生产目标升级；远期阶段通过产品升级和流程升级，进一步提升重庆钢铁的盈利能力。该重

---

① 参见王欣新：《重整制度理论与实务新论》，载《法律适用》2012 年第 11 期。

整计划的顺利推行,将对区域性供给侧结构性改革和经济持续向好发展具有重大意义。

(二)出售型重整

“重庆市华源天然气有限责任公司破产重整案”则采用了出售型重整模式,重整计划将重庆市华源天然气有限责任公司涉及的与天然气业务相关的全部运营资产及其他优质资产剥离,投入另行新设的天然气公司,原公司仅保留天然气安装业务和相关的应收债权,战略投资人出资收购新公司的全部股权,全盘接收现有职工,并采取补充气源、建设天然气管道生产基地,延长天然气产业链等改善经营措施,促进公司经营升级。

这一出售型重整规划,有效利用重庆华源天然气有限责任公司原有营运资产,保障经营天然气营业的连续性,整体解决了职工就业问题,促进了民营经济转型升级,推动了当地供给侧结构性改革和经济持续向好发展,实现了法律效果与社会效果的有机统一。

四、确保债权人利益最大化

重庆法院运用债权人利益最大化原则、绝对优先原则与公平对待原则,对债权调整和受偿方案的制订过程和结果予以指导和监督。从重整实践反映出的共性结果来看,债权中的担保债权、职工债权及税收债权基于其优先地位和特殊性质,在重整计划中通常均未作调整,且根据金额大小的不同而采取分期支付或一次性支付的方式予以清偿。此外,重庆法院积极探索个案中债权调整和受偿的最优方案,通过利用公司特定资产进行清偿、增加债权人保障条款等手段,平衡重整关系人利益,促进重整关系人就重整计划达成合意。

(一)普通债权调整和受偿

1.普通债权的调整范围及受偿期限

普通债权的调整范围,根据案件的不同情况有所区别,其调整范围通常包括对全部普通债权确定统一的偿债比例和根据债权金额的不同确定浮动的偿债比例两种,清偿方式则包括现金一次性或分期清偿、以物清偿等。

在重庆市北碚区人民法院审理的“重庆美华光电有限责任公司与重庆智威光电仪器有限公司合并破产重整案”中,重整计划将债权金额分为20万元、20万元至300万元、300万元以上3个区间段,分别将清偿比例确定为70%、60%、50%,清偿方式确定为现金。在"重庆市贵尔达房地产开发有限责任公司破产重整案"中,重整计划依据债权金额确定了不同的偿还比例及还款期限,债权金额在20万元以下的,将全额一次性清偿,其他区间段债权分别在1~5年内清偿完毕。

2. 小额债权组的设置

在不少破产重整案件中,法院都在普通债权之中单独设立了小额债权组,并对小额债权的清偿予以"倾斜"保护。上述做法的依据在于:第一,小额债权所涉人数众多,先满足小额债权人的债权,会减少通过重整计划的障碍,有利于加快重整进度,提高重整计划通过率;第二,小额债权所涉债权总额一般较小,不至于对债务人造成太多负担;第三,小额债权人一般属于弱势群体,这种区别对待的做法对维护债权人之间的实质公平具有重要意义。在"重庆市华源天然气有限责任公司破产重整案"中,普通债权组中债权本金小于100万元的债权被纳入小额普通债权组,考虑该组债权金额较小、人数较多,且大部分为职工借款,从有效保障职工权利、维护社会稳定的角度出发,最终确定该组债权按照100%的比例清偿。

(二)利用企业特定资产分期分类清偿债务

"'新天泽系'企业合并破产重整案"中的债务构成比较复杂,包括金融债权、民间借贷、工程欠款、购房款、员工及农民工工资等。作为以房地产项目为主要业务的企业,其资产类型主要包括在建工程、运营中的商场、未开发土地等多种形态。如何以特定的资产偿还债务,成为涉案各方特别是债权人关注的焦点和处置难点。

为彻底化解"新天泽系"企业债务难题,经债权人同意,根据债权金额和种类,分别采取了现金清偿、以物抵债、延期还款3种清偿方式。对职工债权、税款债权、32万元以下的普通债权,以现金方式全额清偿;对32万元以上的普通债权、有财产担保的民间债权,以在建工程完工后的房屋清偿;对有财产担保债权的金融债权,采取延长还款期或以物抵债自愿选择的方式分6年逐步清偿。同时,对普通债权以物抵债进行实物分配时,确立了资产端与负债端数据由高到低排列原则、资产评估价值与债权金额接近原则、差额补偿原则、房产整体利用原则。通过以上措施,该案妥善地解决了110家债权人、上千套房屋的利益分配难题,实现了多方共赢。

(三)增设债权人保障条款平衡关系人之间利益

1. 附条件的战略投资人额外补偿条款

在"重庆市华源天然气有限责任公司破产重整案"中,根据重整方案,在保证担保债权、破产费用、共益债务和职工债权优先受偿后,低于100万元的小额债权的清偿率为100%,大于100万元的大额债权在重整计划执行期间内逐年清偿,综合清偿率为32.93%。另外,按照重整方案,在重庆市华源天然气有限责任公司的其他应收账款得以收回的情况下,逐年将收回的款项专项用于归还破产重整债权,按此计算,大额债权的最终清偿率可达到48.16%。该重整计划成功获得了担保债权组、职工债权组、小额普通债权组、大额普通债权组的表决通过。

大额普通债权组之所以表决通过该重整计划,不仅是因为重整方案使其获得了超过破产清算的受偿比例,还在于弥补了大额普通债权人在债权调整上的损失,重整计划制订了战略投资人对大额债权人的额外附条件补偿条款,即重整计划开始执行5年内,如果当地政府对新设公司出台了新的补贴政策或战略投资人实现了确定的净利润目标,则战略投资人将以超过净利润目标金额的部分为基础,按照一定比例给大额债权人以额外补偿。这一额外补偿条款,有利于驱动大额债权人表决通过重整计划,实质平衡了重整关系人之间的利益。

2. 债权人的"债转股"保底回购条款

在"重庆钱塘钢铁集团有限公司破产重整案"中,债权人的全部债权按照比例转为股权,为保障债权人的利益,法院协调战略投资人与债权人签订了保底回购条款,在一定期限内按照高于普通债权清偿率的标准回购不愿继续持股的债权人股权,具体为在重整计划经人民法院裁定批准后第5年,战略投资人应对"债转股"债权人提出股份收购要约,按照破产清算确定的清偿率,额外增加1%确定收购对价,并且按收购对价年化4.65%的利息给予债权人补偿。如果期间分配股利的,分配金额应当从对价中扣除,"债转股"债权人可以按照约定的条件接收重整方的收购要约,也可继续保留股份。

这一战略投资人对"债转股"债权人的保底回购条款,有效消除了债权人对"债转股"后因公司经营不善而难以获得清偿的担忧,顺利推进了债权向股权的转化,减轻了公司的债务负担,为实现公司复兴提供了可能。

第九章 重整计划的强制批准

重整计划是整个重整程序的核心,重整计划的好坏将直接影响重整工作的推进和结果。根据我国《企业破产法》的规定,重整计划的批准包括两种情形:一是正常批准,即人民法院对债权人会议通过的重整计划草案进行批准;二是强制批准,即虽然部分表决组未表决通过,但在一定条件下人民法院仍以裁定方式批准重整计划草案。本书第八章中已对重整计划的正常批准进行了论述,本章重点关注重整计划强制批准的内容。

重整计划草案的强制批准,又被简称为"强裁",是指对于部分表决组未表决通过的重整计划草案,法院在企业有重整希望,重整计划草案又符合一定条件时,可以裁定批准重整计划草案。最早采用强裁制度的为美国破产法。美国法学界形象地把这种批准称为"cram down",即重整计划草案是"被硬塞进反对者的喉咙"。[①] 根据我国《企业破产法》的规定,在部分表决组未表决通过重整计划草案的情况下,债务人或者管理人可以与未通过重整计划草案的表决组就未能达成共识的问题再次进行协商。该表决组可以在协商后再行表决一次,如果表决通过,债务人或者管理人应提请法院批准。如果再行表决仍未通过或其拒绝再次表决的,则可

---

① 参见武卓:《我国重整计划强制批准制度的完善路径》,载《中国政法大学学报》2017 年第 3 期。

提请人民法院强制批准重整计划草案。它是国家通过立法借助法院对相关法律关系及当事人利益进行的一种强制调整，是法院审判权的延伸，充分体现了司法权力对重整计划的干预。

第一节　强制批准制度概述

一、强制批准的立法现状

我国《企业破产法》第87条第2款、第3款就人民法院强制批准重整计划草案作了规定："未通过重整计划草案的表决组拒绝再次表决或者再次表决仍未通过重整计划草案，但重整计划草案符合下列条件的，债务人或者管理人可以申请人民法院批准重整计划草案：（一）按照重整计划草案，本法第八十二条第一款第一项所列债权就该特定财产将获得全额清偿，其因延期清偿所受的损失将得到公平补偿，并且其担保权未受到实质性损害，或者该表决组已经通过重整计划草案；（二）按照重整计划草案，本法第八十二条第一款第二项、第三项所列债权将获得全额清偿，或者相应表决组已经通过重整计划草案；（三）按照重整计划草案，普通债权所获得的清偿比例，不低于其在重整计划草案被提请批准时依照破产清算程序所能获得的清偿比例，或者该表决组已经通过重整计划草案；（四）重整计划草案对出资人权益的调整公平、公正，或者出资人组已经通过重整计划草案；（五）重整计划草案公平对待同一表决组的成员，并且所规定的债权清偿顺序不违反本法第一百一十三条的规定；（六）债务人的经营方案具有可行性。人民法院经审查认为重整计划草案符合前款规定的，应当自收到申请之日起三十日内裁定批准，终止重整程序，并予以公告。"

值得注意的是，法院强制批准重整计划草案是一项重要的司法权力，应当依法行使，更不能肆意以维护社会公共利益为名，行侵害破产利害关系人之实。[①] 对此，最高人民法院也多次下文强调强制批准重整计划草案的慎用。2009年最高人民法院《关于正确审理企业破产案件为维护市场经济秩序提供司法保障若干问题的意见》第7条规定，人民法院适用强制批准裁量权挽救危困企业时，要保证反对重整计划草案的债权人或者出资人在重整中至少可以获得在破产清算中本可获得的清偿。对于重整计划草案被提请批准时依照破产清算程序所能获得的清偿比例的确定，应

---

① 参见齐明：《中国破产法原理与适用》，法律出版社2017年版，第165页。

充分考虑其计算方法是否科学、客观、准确,是否充分保护了利害关系人的应有利益。人民法院要严格审查重整计划草案,综合考虑社会公共利益,积极审慎适用裁量权。对不符合强制批准条件的,不能借挽救企业之名违法审批。上级人民法院要肩负起监督职责。2012 年最高人民法院印发《关于审理上市公司破产重整案件工作座谈会纪要》的通知,强调贯彻依法公正审理原则。确保各种性质的债权人享有其原来对上市公司责任财产的清偿顺序,并且按照比例公平地获得不低于上市公司即时破产清算获得的清偿。兼顾上市公司以及出资人利益。该纪要第 6 条还要求上市公司的重整计划草案中的经营方案应当尽量细化。该纪要第 7 条强调出资人组对重整计划草案中涉及出资人权益调整事项的表决,经参与表决的出资人所持表决权 2/3 以上通过的,即为该组通过重整计划草案。最高人民法院于 2018 年 3 月 4 日出台了《全国法院破产审判工作会议纪要》,其中第 17 条规定:"重整计划的审查与批准。重整不限于债务减免和财务调整,重整的重点是维持企业的营运价值。人民法院在审查重整计划时,除合法性审查外,还应审查其中的经营方案是否具有可行性。重整计划中关于企业重新获得盈利能力的经营方案具有可行性、表决程序合法、内容不损害各表决组中反对者的清偿利益的,人民法院应当自收到申请之日起三十日内裁定批准重整计划。"该会议纪要第 18 条规定:"重整计划草案强制批准的条件。人民法院应当审慎适用企业破产法第八十七条第二款,不得滥用强制批准权。确需强制批准重整计划草案的,重整计划草案除应当符合企业破产法第八十七条第二款规定外,如债权人分多组的,还应当至少有一组已经通过重整计划草案,且各表决组中反对者能够获得的清偿利益不低于依照破产清算程序所能获得的利益。"

二、强制批准的必要性分析

重整程序之所以能够较有效地使企业避免破产,一个重要的特征就是具有较其他程序更强的强制性。强制批准作为法院批准重整计划草案的重要方式,是重整程序区别于其他企业拯救制度的一个重要特征。强制批准权体现了司法权力对重整计划的干预,是重整程序区别于和解程序的一大特色,它的存在具有自身的合理性与必要性。

(一)社会公共利益最大化

随着市场经济的发展,破产法的立法宗旨经历了债权人本位到债权人与债务人的利益平衡本位，再到社会利益本位的变化过程。重整制度则是围绕社会利益最大化这一核心价值而构建的，它实现了私权本位与社会本位的相互协调。从立法本位的角度考虑，甚至可以说经历了债权人本位，到债务人与债权人利益平衡本位，再到社会利益与债权人债务人利益并重的变化和发展。[①] 重整程序的核心思想就是要为利害关系人创造比企业停业、关闭或清算情况下更高的价值。[②]

重整程序开始后，各表决组对重整计划草案予以表决，原本为利害关系人自治的固有内容。但各表决组及其成员均有其特定的利益，甚至存在激烈的利益冲突。如债权人只关注自身利益，尽管企业仍有重整希望，但债权人依旧会出于不同的考虑，选择不通过重整计划草案进入清算。各表决组及其成员表决重整计划草案出现"僵局"时，破产重整的目的将无法实现。为了社会利益的实现，就有必要通过司法手段对其加以干预。只有债务企业重整成功，才能把企业这块"蛋糕"做大，[③]各方当事人才有可能从复兴的企业中获得更多的利益。因此，为最终实现社会、债务人、债权人、股东多方利益共赢的局面，人民法院以强制批准取代当事人的意思自治。这是强制批准在立法论上的理由。

（二）解决"搭便车"问题

"搭便车"是指某些人或者团体在不付出代价或付出极小代价的情况下从他人或社会获得收益的行为。例如，某一项决定必须经全体当事人同意，如果其中有一位当事人不同意，就会使整个提案不能通过而无法执行。法律经济学将这种问题称为"钳制问题"。因此，同意的当事人为使提案获得通过，就不得不以提高该不同意当事人的待遇来劝说其同意。既然表示反对可以为自己换取较佳的结果，每一位当事人就都有去表示反对而产生僵局的诱因。这在很大程度上阻碍了全体同意的达成。

在破产重整程序中，只要有一个表决组未通过重整计划草案，重整程序就将归于失败。在一般情况下，重整计划草案都会对债权人的利益作出某些程度上的限制和削减。即使债权人意识到债务人企业重整成功后自己将获得更大的收益，但他们总是期望其他债权人能够放弃更多的利益，而自己能够通过"搭便车"的方式获得较

---

① 参见韩长印：《企业破产立法的公共政策构成》，中国人民大学2001年博士学位论文，第19页。

② 参见王欣新：《论破产法在市场资源配置中的重要作用》，载《中共杭州市委党校学报》2014年第6期。

③ 参见江顺心：《企业破产重整计划强行批准的原则及限制》，载《淮南职业技术学院学报》2009年第4期。

他人更加优厚的待遇。因此,这类债权人往往对重整计划草案采取否定的态度。强制批准的存在不仅可以很好地解决该问题,同时也为当事人推进重整提供了重要的谈判工具,以降低债权人"搭便车"的心理倾向。

(三)提高重整效率

在企业的破产重整中,时间是很重要的因素,拖延会错过进行重整的最佳时机,大大降低企业重整的价值。在债务人有重整价值的情况下,公司重整计划草案未获各表决权组一致通过时,如果法院不予强行批准,就会造成程序的拖延,企业经济资源的流失,使公司重整成功概率越来越小。相反,如果法院依照法定条件强行批准该计划草案,则可缩短重整程序的时间,节约有限的财产和资金,使公司尽快开展重建业务,从而可以实现效率的最大化,达到重整程序效率优先、兼顾公平的目的。①

三、强制批准适用的原则

(一)债权人利益最大化原则

债权人利益最大化原则,是指要保证反对重整计划草案的债权人或者出资人在重整程序中至少可以获得其在破产清算程序中本可获得的清偿,即无论表决人所属的表决组是否通过重整计划草案,只要该表决人没有投赞成票,法院就应保证他们得到不低于债务人破产清算可得到的金额。② 破产程序中的债权通常无法得到全额清偿。要证明通过重整计划草案得到的金额不低于债务人破产清算可得到的金额,确定债务人资产的价值就成为问题的关键,而这往往是相关各方进行博弈之所在。通常来说,债务人或管理人证明重整计划符合债权人利益最大化原则,是通过分析债务人的资产价值实现的。但是,那些持反对意见表决权人不会轻易地接受这个估价。他们认为,管理人提出的债务人清算价值被严重低估,使他们所能获得的清偿远低于其理应得到的数额。对假设清算条件下破产财产预估价值的确定往往成为重整计划强裁中最受争议的问题之一。

(二)绝对优先原则

绝对优先原则,是指如果任何一组表决权人反对重整计划草案,则重整计划就必须保证,只有这个组的成员获得充分清偿后,在清偿顺位上低于这个组的其他组

---

① 参见王磊、张莹莹:《破产重整计划强制批准制度完善路径探析——社会本位下债权人利益的衡平保护为视角》,载《山东审判》2013年第2期。

② 参见霍敏主编:《破产审判前沿问题研究》,人民法院出版社2012年版,第277页。

才可以获得清偿。[①] 根据我国《企业破产法》第 87 条第 2 款第 1 项、第 2 项和第 5 项"重整计划草案所规定的债权清偿顺序不违反本法第 113 条的规定",担保债权、劳动债权和税款债权获得全额清偿是法院强制批准重整计划草案的必要前提,部分体现了绝对优先原则。确定绝对优先原则对于保护债权人的利益免遭非法侵害意义重大。如果债权人因对重整计划草案不满意而投反对票,此时要想使重整计划得到通过并生效,就必须得到法院的强制批准。而要想符合强制批准的审查标准,债务人就不能在方案中向那些清偿顺序比投反对票的请求权靠后的任何次级请求权或者利益提供任何清偿,除非这类持反对意见的请求权人获得了财产分配,而且分配财产的当前价值等于他们被确认的请求权数额。[②]

(三)最低限度接受原则

最低限度接受原则,是指至少有一个或几个权益受到影响的表决组已经接受了重整计划草案,法院才可以强制批准重整计划。这一原则在我国《企业破产法》中并无直接规定,但在《全国法院破产审判工作会议纪要》中有所体现,即"确需强制批准重整计划草案的,重整计划草案除应当符合企业破产法第八十七条第二款规定外,如债权人分多组的,还应当至少有一组已经通过重整计划草案,且各表决组中反对者能够获得的清偿利益不低于依照破产清算程序所能获得的利益"。

(四)公平对待原则

公平对待原则,又称无歧视原则,是指应当保证反对通过重整计划草案的各组当事人与在破产清偿中处于同一顺序的其他当事人得到同一比例的清偿。也就是说,位于同一顺序的债权人必须获得相同比例的清偿。获得强制批准的重整计划草案所确定的内容,对那些持反对意见的表决组来说必须是公平的,否则法院不得强行批准。我国《企业破产法》第 87 条第 2 款第 5 项"重整计划草案公平对待同一表决组的成员"的规定在一定程度上体现了该原则的精神。这一原则要求重整计划草案必须公平对待那些反对重整计划的表决组,对清偿顺位相同的表决组应提供相同的清偿率,不能为某一个或者某几个表决组提供更优厚的清偿率,以防止管理人将清偿顺位相同的表决权人分在不同的表决组,并给予歧视性待遇的情形。

(五)可行性原则

可行性原则,是指法院在决定是否强制批准前,应当对其在将来有无实现的可

---

① 参见王欣新:《破产法》(第 2 版),中国人民大学出版社 2007 年版,第 375 页。

② 参见李永军:《破产法:理论与规范研究》,中国政法大学出版社 2013 年版,第 373 页。

能性作出审查，只有那些具有可行性的重整计划草案，才能得到法院的批准。可行性原则为1898年的美国《破产法令》首次确立。美国理论界较有代表性的是“三要素说”和“四要素说”，两者均定位于财务性标准。“三要素说”认为，在对重整计划草案进行可行性判断时应当考虑包括债务人的资本结构、未来的现金流和债务人所涉诉讼三个方面。“四要素说”认为，在对重整计划草案进行可行性判断时应当考虑四个方面的因素，即资本结构的充足性、经营事项的赢利能力、债务人的经济状况、债务人管理层的管理能力。

任何计划如果想要实现其所设定的目标，必须具有可行性和现实依据，没有可行性的计划就没有存在的必要。重整计划草案如果获得批准，将会对相关当事人之间的利益作出重新调整和划分，因此，是否能够得到有效执行并实现预定的效果就显得意义重大。如果法院批准一项没有可行性的重整计划草案，不仅在执行过程中会浪费大量的人力、时间和金钱，而且很有可能会带来很多负面效应，将原本就比较复杂的重整推向更加难以控制的境地，最终的结果必然是使所有当事人的利益都受到损害。我国《企业破产法》第87条第2款第6项对可行性原则作了规定，“债务人的经营方案具有可行性”。但是，由于可行性原则比较笼统，容易导致各方在理解上的差异，引发对重整可能性的质疑。

第二节　关于强制批准制度的论争

一、关于强制批准的正当性

强制批准重整计划草案以社会利益为本位，保证重整的顺利推进为目标。但重整的基石是意思自治，还是需要各利害关系人从根本上达成利益的一致。只有在部分相关人员不同意，而强制通过重整方案符合整体利益的情况下，强制批准重整计划草案才具备其正当性。在实践中强制批准重整计划草案确实带来了一些问题，由此遭到理论界质疑，需要法院在行使强裁批准权时予以注意。

（一）超越强制性边界对破产债权自治性构成损害

破产程序是债权人意思自治的集中体现。意思自治在破产重整中体现为当事人的谈判。当事人谈判的最重要、最直接的成果为重整计划的形成。重整计划在理论上是私法自治和意思合议的结果，代表了各利益主体之间的平衡、博弈。重整计划的表决程序就是为了平衡保障各主体的利益，防止利益失衡结果的出现。但是，为什么在重整计划草案不能通过时,就要借用法院的强制力来改变债权人的意思自治;当事人的自治为何要为他治所代替;在破产重整的语境中,如不同表决权组对重整计划草案意见不同,作为中立者的法官强制批准重整计划草案,这个重整计划就一定是正确的吗;法官对重整计划草案的强制批准,虽是以社会利益最大化为目标,但法官对社会利益最大化的判断就一定正确吗?从这一辩证观点来审视破产计划草案的强制批准,强制性边界的超越对破产债权自治性构成损害即成为理论界质疑的重要理由。

(二)缺乏对强制批准的知识基础和信息基础

每个理性经济人都可以从利己的目的出发,作出正确的投资决定,包括对重整计划草案的表决。但这是以有足够和畅通的信息为前提。如果公开透明度不足,所有局中人没有人会主动改变自己的策略。对破产重整计划草案的表决也常遭遇这一困境:尽管重整计划草案在总体上有助于提高破产企业整体经济价值,但在债权人没有足够的信息表明其个人在重整计划执行的情况下会获取比现状更好的利益时,债权人仍会投票反对重整计划草案。

法律作为一种机制设计,本身就代表了多方利益的博弈。德国学者指出,法官的强裁正是作为一种不合作的惩罚方式。法官能代表不同意重整计划的表决权人作出决策的两个前提是法官对重整及重整计划有较他们更全面、完整的信息;法官有能力对企业重整的整体局面进行把握和判断。但这两个前提真的成立吗?关于信息的获取问题,我国《企业破产法》对债务人或者管理人就重整计划草案的说明义务作出明确的规定,如果是上市公司的重整,信息披露要求则更严格。但在实践中,即使是上市公司重整案件,上市公司主要是依据证券监管部门的要求进行信息披露,而对于有关重整的个性化、实体性的一些重大信息,投资者仍缺乏获取全面了解的途径。而对于非上市公司重整,信息披露的现状就更令人担忧了。信息披露不充分、不透明甚至故意隐瞒重要信息等现象,成为债权人利益受损的重要原因之一。而法官对破产重整的专业性也受到一定质疑。审理破产案件的法官或许对于破产法的问题较专业,但我国破产审判毕竟刚刚起步,这类法官数量不多,兼具破产法律知识和商业运营专业知识的法官数量就更少了。破产重整中的问题并非仅仅局限于法律,破产企业的价值和经营方案涉及企业内部庞杂的部门,如生产部门、销售业务部门的具体运转,以及外部市场环境的预测,这并非法官所擅长。法官即使可以依靠专家证人来预测重整后的市场和企业的情况,囿于信息的有限性,这种判断仍面临困难。[①]

(三)难以把握强制批准的成本

人类共有的资源是有限的,当每个人都试图从有限的资源中多拿一点儿时,就产生了局部利益与整体利益的冲突。重整目的是通过债务的调整使企业摆脱困境从而获得新生,那么让破产企业重生而不是走向清算肯定是因为破产重整计划草案所带来的整体效益高于重整成本,而且强裁的效益高于破产清算的效益。在这里,就存在如下两个判断。

第一,破产重整计划草案强裁后成本如何计算。企业重整成本与清算状态下的企业成本应是不一样的,破产重整评估与破产清算评估的方法和结果也应是不一样的。很多企业进入重整程序就是依靠其优质的品牌效应、销售渠道、地理位置等,投资人也是看中了债务人的这些软资源。因此在估值上,应该结合企业实际盈利情况、现金流等企业真实的经营情况来综合考虑,将企业无形资产、隐形资产用动态的方法计入重整程序中的资产估值之中。但在实践中,对破产重整企业的估值往往缺乏科学计数依据,有的甚至简单地用企业破产清算时的财产价值作为重整估计的计算基础。[②] 对资产估值的不准确,常常会引发债权人对法院强制批准的不满。

第二,重整计划强裁效益高于破产清算效益如何判断。"卡尔多—希克斯"补偿效率标准提出:可以使一些人受损,另一些人受益,但总体收益要大于损失,并可以用获得的收益对所受到的损失补偿,以实现社会总收益的增加。如将这一理论作为法院强制批准重整计划草案的基础,那么各表决权组利益受损是否带来总收益的增加,受损的表决权组利益是否受到补偿?近年来,通过"债转股"方式实现企业重整成为较普遍模式,因原债权人与重整企业之间由固定收益的债权关系直接变成股权投资关系,从形式上来看,各债权人的利益相较破产清算均实现了增加,但实质上却面临更大的资金回收风险,最终可能导致低于破产清算的收益。因此,当债权人表决不同意"债转股"方案时,如法院不顾债权人的异议权而作出强裁决定,很容易造成债权人利益受损。

---

① 参见高丝敏:《重整计划强裁规则的误读与重释》,载《中外法学》2018年第1期。

② 重整清偿率仅仅相对于模拟破产清偿率象征性地提高几个百分点,如ST宝硕从10.12%到13.28%,ST沧化从9.09%到14.38%。参见贾纯:《企业破产重整中债权人利益保护研究》,载《金融理论与实践》2011年第1期。

此外，在实践中因重整计划将出资人权益调整为零、投资人组对重整计划投反对票的比例也较高。在市场经济环境下，企业的现实价值并不完全取决于其资产负债的比例，更多取决于企业的营利能力和在市场中的综合价值。如简单依据资产负债表，对出资人权益进行调整，也不利于对出资人权益的公平保障。①

二、关于我国《破产企业法》第87条

（一）债权人利益最大化原则的规定错位

我国的强制批准制度移植于《美国破产法》，但又是不完全的移植。《美国破产法典》第1129条是很庞杂的体系，包含不可分割的a款（一致同意批准）和b款（强制批准）。a款蕴含着进入强裁程序的必要条件。而我国移植时仅把b款的部分条款引入，并且安放的位置和文字上都有差别，“债权人利益最大化原则”没规定在《企业破产法》第86条“正常批准”条款中，而是规定在《企业破产法》第87条“强制批准”条款中，这一立法安排容易让人误以为正常批准不需要遵循该原则。同时，我国《企业破产法》第87条第2款规定中“或者该表决组已经通过重整计划草案”的表述，似意味着如果该表决组已通过重整计划草案，重整计划所规定的清偿比例应高于清算清偿比例的债权人利益最大化原则也可以不得到遵守。这样可能导致债权人认识发生偏差，为得到最低限度保护，各表决权组更倾向投重整计划反对票。

（二）最低限度接受原则标准过于简略模糊

我国《企业破产法》第87条规定“部分表决组未通过重整计划草案的”，协商后仍未通过的，适用强裁规则。这一规定没有相应的细则作为操作指引，难以防范强裁规则被滥用的风险。例如，“部分表决组未通过”在字面上可以理解为“部分表决组”通过了。但是，法律没有规定需要有多少组通过，法律也没有要求通过的组必须是利益受到影响的组。在实践中存在只有利益没有受到影响的组，如职工组、税务组通过，而利益实际受到影响的组，如有担保债权组、普通债权人组和出资人组均没有通过，而人民法院仍强行批准重整计划的情形。这无疑违背了强裁规则保护大多数利益的基本目的。此外，我国《企业破产法》对不同意重整计划的债权人在重整情形下补偿计算标准也不清楚。担保债权人关心的担保物无法变现的风险和担保物

---

① 刘敏、池伟宏：《法院批准重整计划实务问题研究》，载《法律适用》2011年第10期。

的损益补偿计算标准均过于简单，通常只采用担保债权本金同期人民银行资金存贷款利率作为足额的占用损失补偿，无法体现市场变化视角下担保物的充分补偿，可能导致在实践中担保债权人实际获得的清偿缩水。

（三）绝对优先权原则和公平原则立法缺失

我国《企业破产法》第 87 条第 2 款第 1 项、第 2 项、第 5 项部分体现了绝对优先权。但对于无担保债权人组内以及无担保债权人和出资人组之间的关系并未明确和细化，公平原则应为实质公平还是形式公平也存在争议。在实践中，即使对于同一清偿顺序的无担保债权人组，因债权金额的不同，有些重整计划草案也对普通债权人组分为大额债权组与小额债权组，并给予不同清偿比例和补偿，该规则的合理性受到质疑。同样，对于无担保债权人中是否区分优先债权人和劣后债权人，我国《企业破产法》也未明确规定，虽然《全国法院破产审判工作会议纪要》第 28 条指出“民事惩罚性赔偿金、行政罚款、刑事罚金等惩罚性债权”的劣后性，但对于股东对债务人的债权等破产债权的受偿顺位问题，目前依然尚未形成较成熟的裁判规则。此外，对于一些资不抵债的破产企业，对债权人的债权大幅削减的同时，出资人权益却未受影响，引起债权人的不满。而对出资人权益的调整，破产法虽要求“公平、公正”，但是没有任何具体标准，在实践中，即存在小股东被区别对待、利益受损的情形，①也存在公司主要出资人被“净身出户”的情形。这些均需立法就相关规则进行细化。

（四）强制批准适用程序缺乏具体规定

我国《企业破产法》第 87 条未规定强裁是否需经过听证程序，也没有规定可以借助专家证人。我国企业重组经理人市场的匮乏，导致法院以一般人的视角审视重整计划的可行性，裁判结果有可能与商组织理性行为之间存在明显差距。

第三节　强制批准制度的谦抑适用

“谦抑性原则”是现代刑法终极价值之一，又被称为必要性原则，它是指立法机关只有在该规范确属必不可少——没有可以代替刑罚的其他适当方法存在的条件

---

① 如在“天颐科技破产重整案”中，重整计划对出资人权益的调整为：将除控股股东以外的所有非流通股股东所持 660.4 万股股票以每股 1 元价格让渡给重组方，对处于同一优先顺序的控股股东和非流通股股东采取了区别对待，显然有违反公平对待原则。参见陈义华：《破产重整计划强制批准制度之检讨——由“天颐科技破产重整案”引发的思考》，载《天津商业大学学报》2013 年第 5 期。

下,才能将某种违反法律秩序的行为设定成犯罪行为。现在谦抑性也逐渐被运用于其他强制法领域。强制的界限应该是内缩的,而不是外张的。对于重整计划的强裁来说,法院的强制是为达到社会利益最大化的最后手段和机制保障,如能使用其他手段达到上述目的,则应当放弃强裁的手段。

一、强制批准适用的程序条件

(一)强制批准的时间要求

这里涉及3个时间:一是重整计划草案再次提交的时间。我国《企业破产法》规定,债务人或者管理人提交重整计划草案的期限是自人民法院裁定债务人重整之日起6个月内。但对第一次表决未通过,债务人或管理人应在什么期限内提交债权人会议二次表决重整计划草案未作规定。我们认为,这里的期限应是合理期限,总体时间不宜过长。如果表决期限过长,重整计划长期不能获得通过,担保债权人迟延受偿的损失会持续扩大,企业因无法决定是否继续营业、如何营业,其重整价值也会明显降低。二是债务人或管理人申请人民法院批准的时间。同上,债务人或管理人与未通过重整计划草案的表决权组商议后,该表决组拒绝再次表决或再次表决仍无法通过的,债务人或管理人如决定报请人民法院强制批准的,应及时报请。三是人民法院收到管理人或债务人申请后强制批准的时间。我国《企业破产法》第87条第3款规定,"人民法院经审查认为重整计划草案符合前款规定的,应当自收到申请之日起三十日内裁定批准,终止重整程序,并予以公告"。

(二)强制批准的申请人

我国《企业破产法》第79条第1款规定,"债务人或者管理人应当自人民法院裁定债务人重整之日起六个月内,同时向人民法院和债权人会议提交重整计划草案"。该法第87条规定,债务人或管理人可以申请人民法院强制批准重整计划草案。根据上述规定,重整计划草案的提交主体与强制批准的申请主体是一致的,即在重整计划草案未通过时,只有管理人或债务人才能申请人民法院强制批准。

(三)对信息披露充分性的要求

要保证信息披露充分性,可以从以下几方面着手:

第一，对应披露的信息范围作出明确规定。① 在重整计划草案提出时，可提交一份详细的说明书，详细披露以下信息：债务人的历史、背景以及发生财务危机的经过；债务人的债权、债务清单；债务人的资产负债表、现金流量表、资产清单以及资产评估报告；为解决债务人财务问题和经营问题已采取和计划采取的措施；重整计划草案内容提要；债权人在破产清算程序中可能得到的分配额和从重整程序中可能得到的清偿额，及其确定依据及比较性分析；重整计划的可行性分析与预测等。

第二，对重整计划草案披露的时间作出要求。重整计划草案的制作人必须在表决之前就重整计划草案的核心内容以及重整计划草案可能对相关权益人所受的影响向债权人和其他表决权人作出解释。提交表决的重整计划草案应在合理时间内披露。对于第一次表决未通过的重整计划草案，草案制作人更应注重与投反对票人的沟通，尽早将重整计划修改方案提交投反对票的人知晓。只有在相关表决权人充分了解债务人信息及重整计划草案信息时，他们作出的表决才可能是尽可能理性、合理的。

第三，在第二次重整计划表决未通过、人民法院拟强裁前，人民法院应召开听证会。鉴于法官在商业判断方面的非专业性，由法官直接作出重整计划草案是否可行的结论可能比较困难，可建议重整企业聘请的法律、财务和行业方面专业机构或权威学者出具书面意见。② 此外，法院认为重整计划草案的商业可行性有较大不确定性或关系人对此存在重大争议的时候，还应由法院召开听证会以听取各方意见。③

（四）表决程序合法性审查

根据我国《企业破产法》的规定，部分表决组未通过重整计划草案的，债务人或者管理人可以同未通过重整计划草案的表决组协商。该表决组可以在协商后再表决一次。表决组拒绝再次表决或者再次表决仍未通过重整计划草案，符合一定条件的，债务人或者管理人可以申请人民法院批准重整计划草案。这里涉及以下几方面程序问题。

---

① 联合国国际贸易法委员会制定的《破产立法指南》第4章重整第23条、第24条、第25条规定了重整计划草案应当附带提供的信息，以供各国在进行破产立法是参考适用。《美国破产法》第11章规定了首次信息披露义务，在第1125条、第2004条也有信息披露的相关规定。参见王欣新：《重整制度理论与实务新论》，载《法律适用》2012年第11期。

② 参见张海征、王欣新：《论法院强制批准重整计划制度之完善》，载《首都师范大学学报》（社会科学版）2014年第4期。

③ 参见张俊：《法院批准重整计划之标准研究》，中国政法大学2016年硕士学位论文，第41页。

第一,部分表决组未通过重整计划草案的,债务人或者管理人可以同未通过重整计划草案的表决组协商。理解这里“部分”的含义,应当是指至少有一组已表决通过重整计划草案,如全部组别均未通过重整计划草案的,则不存在二次表决的空间,更不存在强制批准的可能。

第二,关于债权人表决的标准。根据我国《企业破产法》第 84 条第 2 款的规定,“出席会议的同一表决组的债权人过半数同意重整计划草案,并且其所代表的债权额占该组债权总额的三分之二以上的,即为该组通过重整计划草案”。依照上述规定,对人数过半的计算应以“出席会议”的债权人人数为准,债权人未亲自出席由代理人出席的,视为债权人已出席。而对“其所代表的债权额占该组债权总额的三分之二以上”如何理解,在计算债权总额时应以包括所有该组债权总额为准还是以出席会议债权人所持的债权总额为准?一种观点认为,未出席会议的债权人应视为对自身权益漠不关心,在计算债权额时不应再计入他们的份额,否则重整计划很难通过。笔者认为,在法律无明文规定情况下未出席会议不能当然视为债权人放弃实体权利。如果按所有该组债权总额作为分母确定表决权比例,则对重整计划表决通过的持权比例要求更高,也就对计划制作人在与债权人沟通效果方面的要求更高。因此,计划制作人在重整计划草案表决前与债权人必须进行更加充分的沟通;债权人意思自治也更能受到尊重,其权益能得到更大的保护。因此,在计算债权总额时不应只以出席会议的债权人所持债权总额为准。

第三,出资人组的表决标准。出资人组对重整计划的表决适用公司法还是破产法的相关规定?我们认为,出资人组会议有自身的特点,在表决标准上不宜比照破产法关于债权人会议的标准,而应采用公司法中资本多数决原则,即所代表出资额达到一定的比例为标准,作为表决通过的要求,而不必考虑出资人人数。对于“出资额”是所有出资的出资总额还是出席会议出资人的出资总额,我们认为,有限责任公司重整中的决议标准应比照我国《公司法》第 43 条第 2 款的规定确定为,必须经代表 2/3 以上表决权的股东通过;股份有限公司重整中的决议标准应比照我国《公司法》第 103 条第 2 款的规定确定为,必须经出席会议的股东所持表决权的 2/3 以上通过。对于该问题“出资人组会议”一章中已有详细介绍,此处不再赘述。

(五)上市公司重整计划草案强制批准的特别规定

上市公司破产重整案件强裁时应遵照我国《企业破产法》的一般规定,但又应遵循公司法、证券法等规定,故相较于一般破产重整案件,上市公司的强裁更具复杂性。为更好地审理上市公司破产重整案件,最高人民法院会同中国证券监督管理委员会专门召开工作座谈会,并形成了《关于审理上市公司破产重整案件工作座谈会纪要》。此外,中国证券监督管理委员会也专门出台了《上市公司重大资产重组管理办法》,对上市公司重大资产重组行为予以规范。鉴于上市公司重整案件涉及的法律关系复杂、利益主体众多、社会影响较大,人民法院在对其重整计划进行强裁时,应当特别注意以下问题。

1. 关于出资人组的表决

出资人组对重整计划草案中涉及出资人权益调整事项的表决,经参与表决的出资人所持表决权 2/3 以上通过的,即为该组通过重整计划草案。考虑出席会议表决需要耗费一定的人力、物力,一些中小投资者可能会放弃参加会议的权利。为最大限度地保护中小投资者的合法权益,上市公司或者管理人应当提供网络表决的方式,为出资人行使表决权提供便利。

2. 关于重整计划草案的会商机制

上市重整计划草案涉及证券监管机构行政许可事项的,受理案件的人民法院应当通过最高人民法院,启动与中国证券监督管理委员会的会商机制。即由最高人民法院将有关材料函送中国证券监督管理委员会,中国证券监督管理委员会安排并购重组专家咨询委员会对会商案件进行研究。并购重组专家咨询委员会应当按照与并购重组审核委员会相同的审核标准,对提起会商的行政许可事项进行研究并出具专家咨询意见。专家咨询意见可以分为肯定意见、否定意见和附条件肯定意见。①对于上述专家咨询意见,人民法院在作出是否批准重整计划草案的裁定前,应予以充分考虑。

3. 关于重整计划涉及行政许可部分的执行

人民法院裁定批准重整计划后,重整计划内容涉及证券监管机构并购重组行政许可事项的,上市公司应当按照相关规定履行行政许可核准程序。重整计划草案提交出资人组表决且经人民法院裁定批准后,上市公司无须再行召开股东大会,可以直接向证券监管机构提交出资人组表决结果及人民法院裁定书,以申请并购重组许可申请。并购重组审核委员会审核工作应当充分考虑并购重组专家咨询委员会提

① 参见宋晓明、张勇健、赵柯:《〈关于审理上市公司破产重整案件工作座谈会纪要〉的理解与适用》,载《人民司法》2013 年第 1 期。

交的专家咨询意见。并购重组申请事项获得证券监管机构行政许可后，应当在重整计划的执行期限内实施完成。

二、强制批准适用的实体条件

我国《企业破产法》规定了重整强裁应符合的条件，具体而言，人民法院在审查重整计划时应重点审查以下事项。

（一）各类表决权权益未受损害

我国《企业破产法》第 87 条第 2 款第 3 项即体现了该原则。按不同表决权进行如下分类。

1. 担保物权人权益不受影响

对债务人的特定财产享有担保权的债权人的权益不受重整计划草案的实质性影响包括：(1)就该特定财产将获得全额清偿，即能够在担保物价值的范围内获得清偿；(2)其因延期清偿所受的损失将得到公平补偿；(3)其担保权未受到实质性的损害，即该债权的清偿安排与其优先权性质相适应。当然，如果该表决组已经通过重整计划草案，则不必考虑上述规定。在实践中，常被担保物权人用来反对重整计划的理由有以下两个。

其一，担保物权延期清偿的损失未得到公平补偿。这里涉及补偿期间与补偿标准两个问题。关于补偿期间，一种观点认为，重整计划应对担保人在重整计划通过后到清偿前的利益予以补偿；另一观点认为，自人民法院裁定重整时起至重整计划通过时这一段时间也应对担保物权人予以补偿。理由在于，担保物权在担保物价值范围内得到全额清偿，对未设定担保的其他债权的清偿没有实质影响。根据担保范围，包括本金、利息和实现债权的费用的规定，受理裁定后的利息也可以不受影响地计入担保范围内。① 但该观点的问题在于破产财产是有限的，如担保权人得到更多的补偿，相应地会减少一般债权人受偿比例，易遭到一般债权人的反对。关于补偿的标准，现在较常见的为按人民银行同期贷款利率计算。而担保权人往往认为这一补偿标准过低。如何确定合理补偿标准，一般只能根据个案的实际情况予以确定。

其二，担保物本身价值贬损使担保债权不能得到全额清偿。例如，当担保财产为机器设备时，债务人对该设备的长期使用，难免造成该设备使用寿命的减少，从而

---

① 参见王欣新、宋玉霞：《重整计划强制批准法律问题研究》，载《江汉论坛》2014 年第 10 期。

使其价值减损。对此,我国《企业破产法》第75条规定:担保物有损坏或者价值明显减少的可能,足以危害担保权人权利的,担保权人可以向人民法院请求恢复行使担保权。此外,担保物权人也可以要求债务人对设备的使用向有担保债权人提供相应的现金补偿,或者提供其他担保。

2. 职工优先债权组和税款债权组将获得全额清偿

职工优先债权组和税款债权组未通过重整计划草案的,要保证职工优先债权和税款将获得全额清偿。按照重整计划草案,我国《企业破产法》第82条第1款第2项、第3项所列债权将获得全额清偿,或者相应表决组已经通过重整计划草案。该法第82条第1款第2项、第3项分别规定的是债务人所欠职工的工资和医疗、伤残补助、抚恤费用,所欠的应当划入职工个人账户的基本养老保险、基本医疗保险费用,以及法律、行政法规规定应当支付给职工的补偿金和债务人所欠税款。这两类债权在破产清算程序中处于优先地位,在这两类债权人组未通过重整计划草案,人民法院强制批准时,按照该重整计划草案,这两类债权应当获得全额清偿,不应减免。

3. 普通债权人组清算状态下最大利益可以保障

普通债权人组未通过重整计划的,要保证普通债权所获得的清偿比例不低于其在破产清算中所能获得的清偿比例。对普通债权人利益给予充分保护,重点在于对破产清算程序下的债务清偿率给予准确分析。因为重整程序并不会实际处置债务人的全部资产,确定普通债权在清算程序下的清偿比例,只能由评估机构在假设清算的状态下作出。那么重整计划下的清偿率又是如何确定的?它不是简单地在清算价值上加上1% ~2%,而是由债权人、出资人、原股东等利益主体通过在清算价值标准这个最低标准与重整企业营运价值这个最高标准之间博弈出来的。

重整状态下普通债权所获得的清偿比例应高出破产清算清偿比例,但高于多少算是合理?继续运营价值是衡量重整补偿是否合理的另一参考数据。但是在实践中一般评估公司采用成本法对企业进行评估,而成本法仅从资产重置的角度予以评估,不能全面、合理地体现各项资产综合的营利能力及企业成长性,也无法涵盖客户资源、产品研发、人力资源等无形资产的价值。为了更好地保护普通债权人利益,就应从以下方面努力:其一,重整计划草案的制订者应当向债权人提供清算分析的相关数据。债权人如果认为清算分析中对清算清偿比例分析过低,可以对清算分析提出异议。其二,债权人充分参与重整计划的谈判过程。其三,在重整程序中引入收益评估法或适合重整程序的会计准则，使各方可以更深入地了解重整企业历史盈利情况、无形资产价值情况。

4. 出资人权益的调整公平、公正

如何调整出资人权益才能做到“公平、公正”？我国《企业破产法》未就调整范围、方式作出具体规定。企业一旦进入破产重整，债权人会面临破产重整企业资产状况更加恶化的可能，当重整计划不能执行时，债权人可分配的资产会进一步减少；相反，如重整计划执行顺利，债权人利益可能有所改善，而股东的受益却可能更可观。从这一层面来说，重整计划的执行是债权人对出资人的一种权益让渡，股东理应付出相应的股权成本。

在实践中，调整出资人权益应注意以下几点：一是区分不同情况进行调整。我国《企业破产法》只规定重整计划草案可以对出资人权益进行调整，但没有明确公司资不抵债、资大于债的情况下对出资人权益调整是否应有所区别。根据我国《企业破产法》第 2 条的规定，企业资大于债时同样可能进入重整。从清偿顺位来看，债权人利益应当优先于股东利益得到保护，重整计划仅对债权进行调整而不对出资人权益进行削减显然有失公平。股东削减权益的比例，一般应高于债权人削减债权的比例。而在破产企业资不抵债时，企业的所有财产都要按照法定的清偿顺序分配给债权人，出资人无任何利益可言，出资人权益可以全部削减。但考虑资不抵债的破产企业可能还存在壳资源较有价值或无形资产未计入重整价值的情况，故也有可能对出资人权益并不调整为零。

二是可适用新价值补偿原则。新价值补偿是指在重整程序中，在债权人未获得全部清偿时，股东通过贡献新价值而得以保留部分股东权益。[①] 按绝对优先原则，股东未向无担保债权人全额清偿前，不应保留对公司财产的任何权益，除非与无担保债权人达成一致。但股东为企业作出新的投入，应另外受到补偿。这部分新价值应是股东新投入的资金或实物，而不是由以前企业资产价值转化而来；同时，应是对重整公司有用的投入，为重整经营所必需。当然，对新投入价值的补偿应与其投入的新价值相当。

三是应注意实质公平。如在上市公司重整案件中，不同类型的股东在重整中所处地位不同，不同股东对于处于破产重整状态所负有的责任也不同，大股东及小股

---

① 参见王欣新、宋玉霞：《重整计划强制批准法律问题研究》，载《江汉论坛》2014 年第 10 期。

东可以对股权作出不同的让渡，流通股股东与非流通股股东也可以作出不同股权调整安排。

5. 同组及各表决组间公平清偿原则得到体现

重整计划草案公平对待同一类表决组的成员，并且所规定的债权清偿顺序不违反我国《企业破产法》第 113 条的规定。对于同一表决组的成员来说，其债权或者权利的性质是相同的，重整计划草案规定的调整方案、受偿比例应当相同。当然，如果基于该表决组的部分成员自愿作出更大的让步，因而重整计划草案对同一表决组成员的权利作出不同的安排，并不违反这一原则。同时，对不同表决组的成员来说，其债权性质是不同的，在破产清算程序中的清偿顺序有先后，重整计划草案规定的债权清偿顺序应当与破产清算程序中的清偿顺序相符方为合理，除非优先顺位的债权人同意。

（二）债务人的经营方案具有可行性

重整企业的经营方案是否具有可行性决定了重整是否能够获得成功，人民法院在强制批准重整计划时应当对此进行审查。法院对经营方案的审查除重点审查是否违反法律、行政法规的强制性规定外，还应当对经营方案的可行性进行审查。但在实践中，经营方案的可行性审查往往被忽视。

重整制度是拯救企业的制度，拯救债务人的营运价值是重整制度的基本价值目标。根据我国《企业破产法》第 87 条的规定，重整计划中的经营方案是否具有可行性是法院是否批准重整计划的审查标准之一。只有重整计划中的经营方案足以反映重整中的公司具有营运可行性，重整计划才可以得到批准。问题的关键是如何对经营方案的可行性进行判断？对债务人经营方案的可行性判断是一个商业判断，取决于对债务人的资本结构、公司治理结构、管理水平等方面的商业因素的分析和预测。法院作为司法审判机关，往往缺乏审查的专业能力，难以判断重整后的公司能否真正恢复持续经营能力。在实践中可以从以下几方面着手以提升审查能力。

第一，要求重整计划的制订者，对其制订的经营方案进行可行性论证并向法院提交书面的说明。

第二，管理人或债务人可以通过制订详细的商业计划，向法院提供由财务人员、会计师、商业顾问或其他专家出具的证明意见来证明，通过重整完全有能力使债务人财务状况恢复正常。[①]

第三,参考域外立法例,在判断重整计划是否具有可行性时,法院可以着重考虑以下几个因素:(1)健康的资本结构,即债务人的资产负债率要限制在一定范围内,过高的负债率将丧失重整成功的可能性;(2)充足的现金流,现金流是企业的命脉所在,债务人继续从事经营活动、改善资本结构以及偿还债务都依赖相应数量的现金流,如果这一点得不到保证,对债务人进行重整就缺乏可行性;(3)债务人的管理水平,重整计划获得批准后债务人的管理水平,直接决定重整计划执行的好坏以及目的能否实现,决定债务人未来的前途和命运,低下的管理水平是无法承担起帮助债务人起死回生的重任,反而有可能将债务人带入更加糟糕的境地;(4)与债务人有关的诉讼,诉讼风险会直接影响债务人重整成功的可能性,同时也会对债务人的资本结构、现金流量和管理水平产生影响。

三、强制批准与权利救济

破产重整计划随着债权人的权益牺牲,债权人往往需要作出包括削债、延期清偿、强制置换股权、停止行使担保物权等在内的多项实体权益让渡来支持困难企业重整。[②] 但对涉及债权人重大利益调整事项,我国《企业破产法》规定破产重整计划草案强制裁定批准后即生效,债权人并没有任何救济手段。这对于权益受到实质损害的债权人来说是极不公平的。因此,对于那些反对强裁而权益又受到实质影响的债权人,笔者认为立法上应予以完善相应的救济途径。

第一,赋予债权人对强裁制度提起复议的权利。我国《企业破产法》第66条规定:"债权人对人民法院依照本法第六十五条第一款作出的裁定不服的,债权额占无财产担保债权总额二分之一以上的债权人对人民法院依照本法第六十五条第二款作出的裁定不服的,可以自裁定宣布之日或者收到通知之日起十五日内向该人民法院申请复议。复议期间不停止裁定的执行。"上述规定虽系针对人民法院强制裁定通过债务人财产管理、变价和分配方案时债权人的救济,但对人民法院强制批准重整计划也有借鉴意义。

---

① 参见[美]大卫·G.爱波斯坦等:《美国破产法》,韩长印译,中国政法大学出版社2003年版,第757页。

② 参见于春露、卜祥瑞:《一场破产强裁大案给银行业带来的启示》,载《中国银行业》2017年第4期。

第二，修正重整计划后提交人民法院重新裁定。江西赛维重整计划的强裁虽遭受匪议，但之后江西赛维就重整计划进行修改却可谓开创了实践先河，为其他重整提供了实践范本。2015年江西赛维经法院强裁的重整计划受监管政策发生变化影响而终止。[①] 之后，管理人经人民法院同意决定继续重整，并最终通过了新的重整计划。在总结实践的基础上，《全国法院破产审判工作会议纪要》第19条规定，债务人应严格执行重整计划，但因出现国家政策调整、法律修改变化等特殊情况，导致原重整计划无法执行的，债务人或管理人可以申请变更重整计划一次。

① 2017年2月17日中国证监会发布了《关于修订〈上市公司非公开发行股票实施细则〉的决定》在关于上市公司配套融资的定价基准日、配套融资规模上限、发行股份购买资产等方面均作出了调整。这项政策变动对2016年江西赛维重整计划中重大资产重组交易方案构成影响，鉴于此，河南易成新能源股份有限公司决定终止本次发行股份及支付现金购买资产并募集配套资金事宜。

第十章　重整计划的执行与监督

重整计划的执行与监督是保护债权人利益、实现重整目的需要，其最终结果直接决定破产企业是重获新生还是走向湮灭。然而，我国现行《企业破产法》关于重整计划的执行和监督的规定仅有 6 条，即我国《企业破产法》第 89 条至第 94 条。短短 6 条规定却涵盖短则几月、长则数年的重整计划的执行，显然略显粗略。本章立足破产重整计划执行与监督的现状，试图厘清重整计划执行与监督的主体、程序、期限、保障等内容，以期构建符合当前需求的执行与监督模式。

第一节　重整计划的执行

重整计划，是指为旨在维持债务人的继续营业，谋求债务人的再生并清理债权债务关系为内容的协议。[①] 重整计划执行的好坏直接关系重整目的能否实现，可以说，重整计划的执行是对重整计划的具体实施，是重整程序的最终落脚点，也是能否达到重整目的的实际检验。[②]

一、执行的主体

按照我国《企业破产法》之规定，重整计划的执行主体

---

① 参见李永军：《破产重整制度研究》，中国人民公安大学出版社 1996 年版，第 290 页。

② 同上书，第 310 页。

需要接管债务人的财务和经营事务,并按照重整计划方案经营业务、清偿债务,其对整个重整计划来说至关重要。

(一)比较法上执行主体之考察

综观各国立法,对于重整计划执行主体的规定大相径庭。《美国破产法典》第1141条第(b)款规定:“除非计划或批准计划的裁定另有规定,计划的批准使全部财团财产授予债务人。”美国立法对债务人采取较宽容的态度,推行DIP(debtor-in-possession)制度,债务人享有重整中经营控制权、一定期间内重整计划的专属提出权等权利,重整计划也由其负责执行,除重整计划或法院批准的裁定另有规定外,重整计划的批准使全部财团财产授予债务人。①《日本会社更生法》第247条规定,原则上由管理人负责重整计划的执行,例外情况下可委付于公司的董事执行。②《法国司法重整与司法清算法》第147条规定,如果法院任命了重整人,那么重整计划的执行人即为重整人;在没有任命重整人的前提下,由债务人在方案实施监督员的帮助下执行重整计划。由此可见,各国规定的重整计划执行主体并不单一,在特殊情况下其他主体亦可参与重整计划的执行。

我国《企业破产法》第89条第1款规定:“重整计划由债务人负责执行。”该法第93条规定:“债务人不能执行或者不执行重整计划的,人民法院经管理人或者利害关系人请求,应当裁定终止重整计划的执行,并宣告债务人破产。”据此可见,我国重整计划执行主体采用单一化的立法模式,即使债务人能力不足或怠于执行重整计划,并无申请更换执行主体的规定,只能依法径直宣告破产。在立法上,将债务人作为重整计划的执行主体有其自身合理性:第一,债务人了解企业经营状况;第二,债务人具有挽救企业的积极性;第三,可以保障企业经营的连续性。然而,重整计划的实施可能会经历漫长的过程,如果采取绝对单一化的立法模式,则可能出现重整计划实际可行,但因执行主体不履行或履行不能,进而导致企业进入破产清算的尴尬境地。

(二)我国完善执行主体之选择

各国破产法选任的执行主体通常为债务人、管理人(重整人)或董事,选择管理人或重整人担任重整计划执行主体,更多侧重其公平公正的地位,而选择债务人则

---

① 参见崔明亮:《破产重整计划执行法律问题研究》,载《中国政法大学学报》2018年第2期。

② 参见付翠英编著:《破产法比较研究》,中国人民公安大学出版社2004年版,第75页。

更看重执行的效率及可操作性。结合各国立法及实践需要，我国《企业破产法》虽然规定了重整计划由债务人负责执行，但应当考虑对债务人董事、监事、高级管理人员中有违法行为者和不称职者的更换，以免重整计划在由债务人执行的过程中发生道德风险、能力不足的问题。此外，关于重整计划只能由债务人负责执行的规定过于绝对化，难以适应重整实践的需要，不利于对债权人利益的保障，建议加以修改完善。在债务人存在破产欺诈或者其他严重损害债权人利益的违法行为等情况下应当允许管理人暂时负责重整计划的执行。[①] 及时通过人事任免的方式调整造成困境的债务人经营管理人员等，再由更换主体后的债务人执行事务。其优点在于既可以避免管理人经营经验不足造成的决策失误及自营自管的现象，同时可以减轻债权人承担的重整计划执行阶段管理人报酬的额外负担，更重要的是，防止因债务人原因导致的人为因素破产清算。

二、执行的变更

目前，美国、日本等国家均对重整计划执行中的变更作出规定，但我国《企业破产法》中并没有规定重整计划的变更问题，一旦出现重整计划因客观情况变化等原因无法全部执行时，不得不按照我国《企业破产法》第 93 条的规定，“裁定终止重整计划的执行，并宣告债务人破产”。根据实践的需要，最高人民法院于 2018 年印发的《全国法院破产审判工作会议纪要》第 19 条中对重整计划执行中的变更条件和程序进行了规定。为更好地理解该规定，有必要对重整计划变更的必要性、启动变更的原则、范畴等进行讨论。

（一）变更的必要性

首先，重整计划的变更要符合客观经济规律。重整计划实际是重整各方在当时的市场环境下，对破产企业经营前景作出的价值判断，在较长的重整计划执行期间可能出现因不可抗力、重大事项变更等因素，而不得不调整重整计划的情况。同时，允许重整计划变更亦符合情势变更原则，有利于提高企业重整成功的可能性。

其次，重整计划的变更符合破产重整的价值取向。破产重整让濒危企业延减债务、重置资源，最终恢复营运能力；债权人得到更高比例的受偿；职工因为破产企业的延续，继续就业。这意味着，各方通过破产重整实现了特殊状况下的利益最大化。

---

① 参见王欣新：《破产法》（第 3 版），中国人民大学出版社 2011 年版，第 279 ~ 280 页。

如果机械地禁止变更重整计划，极有可能丧失企业重生的机会，浪费重整期间投入的人力、物力、财力等资源。

最后，重整计划的变更符合意思自治原则。破产重整是在人民法院的主持下，以协商或强制调整方式平衡各方利益，最终实现债务清理、重塑经营能力的制度。由于重整结果与各方主体的利益戚戚相关，因此，法律赋予利害关系人意思自治的权利。因此，重整计划的执行也应当充分尊重意思自治的原则。当然，意思自治并非无边界，在违反法律规定或影响利害关系人合法权利时，司法权力亦会强制介入，以调整各方关系。

（二）变更的原则

在实践中，重整计划并非可以不加节制地随意变更，应当符合一定条件时才能启动变更。《日本会社更生法》规定，“因不得已的事由需要改变更生计划”。结合实际情况，重整计划的变更应当遵循必要性原则、信息披露原则、可行性原则、债权人利益保护原则。

必要性原则即因不可预见的事由导致重整计划无法继续执行，且执行人穷尽重整计划规定的一切方法、措施后，仍执行不能，利害关系方应当通过一定的程序，判断是否有继续重整之必要。如有必要，则可以变更重整计划的相应内容；如无必要，应当直接转为破产清算程序。

信息披露原则是指在重整计划变更前，应当向全体债权人、投资人等通报申请主体、变更原因、变更内容、变更后的影响等。在维护商业秘密的前提下，尽可能地向当事人披露变更的相关事宜，避免因信息不对称误导利害关系人，损害其合法权益。

可行性原则要求对重整计划的变更应当建立在客观的评估标准基础上，而非一种主观推断或臆想。重整计划变更以前，申请人应当提出重整计划变更方案，利害关系各方必须讨论研究该方案是否能够持续履行并符合破产重整的最终目的。

债权人利益最大化原则，又称清算价值保障原则，其应该是法院审查批准（无论是正常批准还是强制批准）重整计划草案的标准。变更后的重整计划草案依然需要遵守该原则，即确因客观原因导致债权人能够获得预期收益降低的，应不得低于依清算程序债权人所能获得的清偿，否则重整计划的变更或者整个重整程序即失去意义，应当裁定终止重整程序转入破产清算。

（三）变更的范畴

变更范畴包含执行主体、内容及程序三部分。关于重整计划执行主体的变更，前文已经提到,不再累述。重整计划的内容可以大致分成两个部分,即经营方案和债务清偿方案。对于债务清偿方案原则上是不得变更的,除非债务人可以得到实质上更多的清偿,或者受到不利益影响的债权人全部同意,而债务人的经营方案有时候会由于情况变化而不得不进行一些变更,这应当是允许的。[①] 在实践中,往往也是因技术创新、政策变化、市场需求等特殊情况,导致经营方案需要及时调整,进而导致重整计划的变更。关于重整计划变更的程序问题,应从以下几个方面予以把握。

第一,关于申请变更的主体问题。《美国破产法典》第 1127 条第(b)款规定,申请主体限于重整计划的提出者或者重整后的债务人。《日本会社更生法》规定的变更的申请主体为财产管理人、公司、已进行申报的更生债权人、更生担保权人或股东皆可申请变更重整计划,其范围较宽泛。[②] 相较于以上立法例中申请主体的多元化,《全国法院破产审判工作会议纪要》中将申请变更的主体仅限定为债务人、管理人,而债权人、投资人等利害关系人均无权提出。

第二,关于重整计划变更适用的程序问题。《日本会社更生法》第 271 条第 2 款规定,申请变更被认为将对更生债权人、更生担保人或股东产生不利影响的计划时,准用有关更生计划提出时的程序规定。与上述立法例的做法相一致,《全国法院破产审判工作会议纪要》中明确规定,债权人会议决议同意变更重整计划的,应自决议通过之日起 10 日内提请人民法院批准。表决、申请人民法院批准以及人民法院裁定是否批准的程序与原重整计划的相同。

第三,关于重整计划变更后的重新表决问题。在对变更后的重整计划进行表决时,不受变更事项影响的表决组,原则上可不安排其重新表决。《日本会社更生法》第 271 条规定,对不因计划变更而受到不利影响的权利人,无须让其参加程序。此规定的逻辑类似享有担保的债权人不能对财产分配方案进行表决,因为该类债权人的权利已受到保护,如赋予该类主体表决权,则可能因为利益分歧导致恶意反对的情形。另外,不受变更影响的利害关系人不参与表决,也符合效率原则的价值取向,否则无论事务大小、影响范围,均让所有人员参与表决不仅不符合实际,并且可能耗费大量的人力、物力,让整个破产重整的进度更加缓慢。但若重整计划的变更会导致可支配财产的增加,则须让全体利害关系人参与决定,以确定适当的分配比例。[③]

---

① 参见王欣新:《破产法》(第 3 版),中国人民大学出版社 2011 年版,第 280 页。

② 参见崔明亮:《破产重整计划执行法律问题研究》,载《中国政法大学学报》2018 年第 2 期。

③ 参见许德风:《破产法论:解释与功能比较的视角》,北京大学出版社 2015 年版,第 501 页。

《全国法院破产审判工作会议纪要》已明确，变更后的重整计划应当提交给因重整计划变更而遭受不利影响的债权人组和出资人组进行表决，表决程序同样与原重整计划相同。

三、执行的期限

我国破产法未对执行期限进行规定，债务人、债权人在相互博弈中，为了追逐各自利益最大化，可能会造成重整计划无休止的持续进行。我国理论界和实务界普遍认为，重整计划应当明确执行期限，在如何设计重整计划的执行期限上，应当找到意思自治和司法权力介入的平衡点。

（一）理论与立法实践

李曙光教授在《关于新破产法中的重整制度》一文中曾提到，新破产法草案制定时针对重整计划执行期限的问题存在不同观点：一种观点认为，应设定一个重整保护期，认为自人民法院裁定债务人重整之日起，至人民法院裁定批准重整计划或者终止重整程序之日止，为重整保护期。重整保护期不超过 6 个月。经管理人请求，债权人会议同意，人民法院可以裁定批准延长重整保护期，但延长期不得超过 6 个月。另一种观点认为，重整保护期是一个不准确、很含糊的概念，特别是何为终止重整程序，在法条表述上含混不清，严格来说，重整程序分为两个阶段：第一个阶段为重整程序的提出和批准阶段；第二个阶段为重整计划的执行阶段，这两个阶段都可以视为重整期间。还有一种观点认为，重整计划的执行不应是无限期的，应该设定一个重整的最后期限，比如，企业破产法中有关整顿的期限是两年，《法国司法重整与司法清算法》规定的期限是 12 年。反对的观点认为，新破产法草案只应对重整计划的提出和批准设定时限，至于重整计划执行的年限则应是债权人和债务人合意协商的范畴，是市场行为，法律不宜作硬性规定。① 最终我国《企业破产法》对重整计划的执行期限未作强制性规定，可见立法将重整计划的执行归入市场行为范畴，故未加以限制。

（二）执行期限的规范

重整计划的执行期限主要聚焦于两个方面：一是执行期限的延长。该延长实际上属于变更重整计划，因此，申请延长应当遵循《全国法院破产审判工作会议纪要》

① 参见李曙光：《破产法的转型：李曙光破产法文选》，法律出版社 2013 年版，第 99 页。

中关于重整计划变更的相关规定。二是执行期限的上限。目前,法律没有对重整计划执行期限的上限作出规定,但过长的执行期限并不利于债权人及时获得清偿。虽然每件破产重整案件均存在差异,不宜规定统一的执行期限,但立法可以考虑设定重整执行期限的上限,合理平衡重整执行中的效率与收益。

四、协助执行

重整成功的关键不仅在于重整计划的制订与提出,更有赖于重整计划的顺利执行。执行中的诸多事项,往往需要政府部门和职能机构的配合,但碍于立法上的空白,单靠债务人、管理人难以突破现实困境。此时,法院能否介入,如何介入?则需要从法理及现实角度加以探讨。

(一)理论争议

关于重整计划的效力,我国《企业破产法》第92条规定,经人民法院裁定批准的重整计划,对债务人和全体债权人均有约束力。但重整计划是否仅为当事人协商一致的意思合意,只对参与合意当事人产生约束力,其是否具有公法上的强制执行力,立法未予以明确。

重整计划主要包括两部分内容:一是债务清偿方案;二是企业重组与经营方案,如股权、资产、营业业务的重组及企业并购等,两者的部分内容具有关联乃至交融关系。其中,债务清偿方案是不得强制执行的,在债务人不执行或者不能执行重整计划时,债权人只能请求人民法院裁定终止对重整计划的执行,并宣告债务人破产。而重整计划中关于企业经营重组方面的方案,如股权与资产变更归属、营业业务的调整等,是否具有强制执行力效力,人民法院能否据此出具协助执行通知书?在理论上存有争议。

有观点认为,重整计划是经法院裁定批准生效的,其效力就不仅是当事人之间自行履行的一般合同效力,而是兼具有司法强制执行效力的生效法律文书,应当得到法院的执行保障。更何况破产程序本身就具有概括执行的性质,即为全体债权人进行的集体执行程序。既然是具有法律效力的裁判,在需要强制执行时法院便应当出具协助执行通知书。① 但也有观点认为,重整制度旨在通过司法程序提供濒临破产企业一个自我挽救的机会,而不是凭借公权力挽救濒临破产的企业,二者之间的

① 参见王欣新:《谈重整计划执行中的协助执行》,载《人民法院报》2016年7月13日,第7版。

界限即为重整程序中司法公权力行使的边界。赋予强制执行力的观点没有法律依据,在实践中也不具有可操作性。[①] 如果重整计划具有强制执行力,重整程序中的司法公权力将没有边界,将成为滋生权利滥用的土壤。[②] 法院出具协助执行通知书的依据来源执行事项的强制执行力,此时法院出具协助执行通知书不具有正当性。

(二)现实路径

在实践中,仅凭人民法院批准重整计划的民事裁定书往往难以办理部分诸如股权变更等事宜,相关单位或部门还要求人民法院出具相关手续,人民法院一般也会出具协助执行通知书或相应函件。虽然我国《企业破产法》第 19 条规定,人民法院受理破产申请后执行程序应中止,但其目的在于避免破产程序开始后的个别清偿,保障全体债权人能够公平分配债务人财产。当重整计划经过债权人会议讨论通过并经人民法院裁定确认后,债务清偿方案已经确定,为重整计划的执行人民法院出具协助执行通知书不仅不会造成分配不均,反而有助于重整计划的顺利实施,使债务人早日恢复生产经营、清偿债务。

此外,在实践中有些事项仅靠债务人无法完成,需要政府相关职能部门、管理人、债权人以及人民法院共同推进才能保证重整计划的有效实施,如税收、社保、股权变更、解除保全等事项。由于我国《企业破产法》未明确规定相关部门协助执行的义务,给重整计划的实施带来很大的不便。因此,立法有必要规定协助执行的义务。重整计划执行过程中如需相关职能部门协助的,债务人、管理人可向人民法院提出申请,经审查符合规定的,由人民法院出具协助执行通知书等法律文书,相关单位或个人应依法予以协助。另外,还应完善与破产法相适应的规章制度及沟通机制,促进相关职能部门之间的协调与配合。

五、执行中的若干法律问题

(一)执行完毕后申报债权的处理

我国《企业破产法》第 92 条第 2 款规定:“债权人未依照本法规定申报债权的,在重整计划执行期间不得行使权力;在重整计划执行完毕后,可以按照重整计划规定的同类债权的清偿条件行使权力。”该规定明确允许重整计划执行完毕后申报债

① 参见齐明:《我国上市公司重整中出资人权益强制调整的误区与出路》,载《法学》2017 年第 7 期。

② 参见王欣:《重整计划执行问题的法律分析——由某公司破产重整案件引发的思考》,载吉林省法学会主编:《东北振兴与破产法适用》,吉林出版集团股份有限公司 2016 年版,第 56 页。

权,实际上保障了权利人不因为时间的延迟而丧失债权。但对于怠于行使权利的当事人,司法是否应予以保护,值得商榷。

在一般的民事诉讼中,我国《民事诉讼法》虽然允许当事人在经过诉讼时效后提出诉讼,但亦规定此时债务人获得诉讼时效抗辩权。而在破产程序中,依照我国《企业破产法》的规定,债权人申报债权及获得清偿并不会因时间迟延而受到本质上的影响。由于管理人或法院对延期申报债权的原因不进行审查,容易造成部分债权人恶意迟延申报债权,即事前不予申报以提高普通债权清偿率,重整计划执行完毕后再行申报,冲击破产制度公平清偿债务的价值目的,损害战略投资人、"债转股"债权人等利害关系人的利益。

我们认为,针对延期申报的债权,立法应当区分不同情形规定不同的法律后果:(1)对管理人未通知的已知债权人,按照重整计划规定的同类债权的清偿条件进行清偿;(2)对其他迟延申报的债权人,则由其举证证明是否具有合理理由。对债权人故意不按期申报的,不予清偿。对迟延申报存在重大过失的,应作为劣后债权清偿。同时,迟延申报的债权人均应承担因迟延申报债权而产生的额外支出。

(二)破产重整转清算的程序处理

我国《企业破产法》规定,债务人不能执行或不执行重整计划的,人民法院经管理人或者利害关系人请求,应当裁定终止重整计划的执行,并宣告债务人破产。该条款规定了破产重整转为破产清算的条件、申请主体,但并未明确相应的转化程序。有观点认为,因债务人企业出现我国《企业破产法》第78条之情形被人民法院宣告破产的,另行编立破产清算案件,不利于提高破产案件的审理效率,且最高人民法院的"破产重整案件法官工作平台",也未针对重整期间被宣告破产而重新编立清算案件进行相应程序设计。因此,不宜再另行编立破产清算案件。

最高人民法院于2011年印发了《人民法院破产程序法律文书样式(试行)》,其文书样式77为终止重整计划的执行用民事裁定书,裁定的主文为:"一、终止×××(债权人名称)重整计划的执行;二、宣告×××(债权人名称)破产。"上述文件对于终止破产重整程序宣告破产,或终止破产重整执行宣告破产是否另行重新编立破产清算案件并未明确。最高人民法院在2015年发布了《关于人民法院案件案号的若干规定》(法〔2015〕137号),该规定于2016年1月1日起施行。最高人民法院在该规定的理解与适用中对"030802 破产重整案件"载明,破产重整案件的结案方式,可分为以下5类,其中包括终止重整程序并宣告破产,并予以阐明终止破产重整程序并宣告破产的,另行编立破产清算案件,包括我国《企业破产法》第78条(债务人存在财产经营状况恶化、欺诈恶意减少财产致使管理人无法执行职务等被宣告破产)、第79条第3款(未按期提交重整计划草案被宣告破产)、第88条(重整计划或草案未获批准被宣告破产)、第93条第1款(债务人对重整计划执行不能或不执行被宣告破产)4种情形。该规定第17条第2款指出:“最高人民法院以前涉及案号的其他规定与本规定不一致的,以本规定为准。”因此,重整计划执行不能,债务人企业被宣告破产的,应另行编立清算案件。

此外,对于新编立的清算案件审理过程中是否需要重新申报核查债权,指定管理人、召开债权人会议等问题。我们认为,鉴于原申请破产重整一案中已经完成破产审理主要程序,如在转化后的破产清算程序中再次重复上述工作,将会浪费不必要的人力、物力以及时间等司法资源。因此,如无法律规定或特殊事由不应再更换管理人,也无须重新成立债权人委员会、进行评估鉴定、核查债权等。

(三)重整执行期间的担保债权清偿处理

我国《企业破产法》第93条第4款规定,重整计划执行不能转为破产清算的,为重整计划的执行提供的担保继续有效。在实务操作中,由于重整企业的信用缺失,在对外签订合同时,第三方往往会要求债务人提供担保,以保障自身权利。此时,债务人的财产大多已设定抵押或质押,故通常会以债权人、投资人的财产提供担保。但债权人、投资人对外承担担保责任后,再向破产企业追偿时,依担保法的相关规定其并不具有优先受偿权。我们认为,债权人、出资人为重整计划的执行而对外设定担保,其目的是帮助企业继续生产经营、恢复营运能力,进而保障和提高全体债权人的清偿率。因此,承担该担保责任产生的债务,可以作为共益债务优先清偿。

此外,我国《企业破产法》第92条第3款规定,债权人对债务人的保证人和其他连带债务人所享有的权利,不受重整计划的影响。该条款规定了重整程序中,保证人和连带债务人的责任承担问题,即担保人的责任不受重整计划的影响,担保责任不能当然免除。关于破产程序中上述债权如何申报的问题,我国《企业破产法》第51条规定:“债务人的保证人或者其他连带债务人已经代替债务人清偿债务的,以其对债务人的求偿权申报债权。债务人的保证人或者其他连带债务人尚未代替债务人清偿债务的,以其对债务人的将来求偿权申报债权。但是,债权人已经向管理人申报全部债权的除外。”在实践中,存在债权人已经申报了债权,但在重整计划执行期间,债权人又向债务人的保证人或者其他连带债务人主张权利并获得清偿的情形。此时,保证人、其他连带债务人还能否向债务人补充申报债权;其申报的债权金额如果包含了破产申请受理后的利息,是否应予确认并清偿?在“四川江华泵业有限公司、重庆道隆机械有限公司破产重整案”中,法院认为有保证或连带债务人的债权系一个整体,系同一笔债务,在重整计划执行期间,若保证人或其他连带债务人向债权人承担了责任,可替代债权人在债权人申报确认的债权额度内享受同等条件下的清偿权利。

第二节　重整计划的监督

上至一个国家,下到一个企业,如果不能做到对权力的监督和制约,权力就会遭到滥用,就会导致腐败。[①] 由于权力与生俱来的侵略性和扩张性,使任何权力都需要相应的监督才能尽可能地保障权力的正常行使。[②] 我国《企业破产法》第 90 条规定:“自人民法院裁定批准重整计划之日起,在重整计划规定的监督期内,由管理人监督重整计划的执行。在监督期内,债务人应当向管理人报告重整计划执行情况和债务人财务状况。”该法第 91 条第 2 款规定:“管理人向人民法院提交的监督报告,重整计划的利害关系人有权查阅。”由此可见,现行立法对重整计划监督的规定较原则,执行过程中也缺乏明确、统一的详细规范。我国《企业破产法》实施至今已有 10 余年,各地审理工作及管理人体系的发展却参差不齐。近年来,西部地区破产重整工作虽然有长足的进步,但碍于起步较晚、管理人经验不足等因素,在实践中,负有监督职责的管理人事事向法院请示汇报的现象屡见不鲜。此外,债权人、投资人等利害关系人与重整计划执行结果关系密切,是否需要赋予上述主体监督的权利亦值得思考。

一、必要性评析

破产重整作为企业破产制度的重要组成部分,自引入我国以来,在清偿破产企业债务、恢复破产企业生产营运能力方面发挥了重要作用,有效避免了困境企业进

---

① 参见梅慎实:《现代公司权力机关构造论:公司治理结构的法律学分析》,中国政法大学出版社 1996 年版,第 503 页。

② 参见杨蓉馨、谭秋桂:《标本兼治,解决“执行难”——民事强制执行法专家建议稿起草问题研究》,载《政法论坛》2004 年第 4 期。

入破产清算，提高了债权人的清偿率。然而，每个利益主体都希望自己的利益能够在重整计划的执行中得到最大的实现，债务人也同样有追求自身利益最大化的本性。[①] 债务人的管理层有可能在重整计划执行过程中实施欺诈、转移、恶意减少债务人企业财产、个别偏袒性清偿等行为，造成债权人的损失，浪费前期投入的人力、物力等资源，甚至阻碍破产重整程序的有序开展。此外，债务人进入重整计划执行后，其信用也需要一定程度的修复，若完全由债务人主导重整计划的后期工作，也可能加剧债权人或相关利害关系人的担忧。因此，在重整计划执行过程中，选任适当的监督人对债务人实施重整计划进行全方位的监督确有必要。

重整计划的具体实施是一个复杂的过程，其中牵涉的主体众多。现行立法仅规定债务人向管理人报告重整计划执行情况和债务人财务状况，但未对债务人在执行重整计划过程中有哪些行为应当限制作出具体规定。立法的缺失，可以通过完善重整计划执行的监督制度来进行弥补。[②] 然而，通过规定债务人未尽义务时的责任属于事后监督，仅能惩罚债务人的不当行为，对于因此造成的经营状况恶化或者直接转为破产清算等不利后果却无法挽回。因此，监督主体提前介入重整计划执行，可以有效避免债务人的不当行为，促进利害关系人获得重整计划预设的清偿或利益，实现破产重整程序的最终目的。

二、监督机构

我国《企业破产法》第 90 条规定，重整计划的执行由管理人进行监督。从各国和地区相关规定来看，整个重整计划执行期间能够行使监督职权的主体具有多元化的特征，且每种立法模式均有自身的优缺点。

（一）多元监督主体之评析

其他国家或地区破产法中设定的重整监督主体主要有下列 3 种类型：

第一种以法院监督为主导，主要以日本为代表。日本 2002 年《公司会社更生法》第 68 条规定，“由法院行使更生计划的监督职责”。该法第 120 条规定，“更生债权人委员会为了全体债权人的利益，可以向法院提出命令财产管理人就更生公司业务及财产的管理状况做出报告。并且规定财产管理人有向更生债权人委员会提交

① 参见谢俊林：《中国破产法律制度专论》，人民法院出版社 2005 年版，第 211 页。
② 参见赵泓任：《企业破产重整计划可行性的法律分析》，载《法学杂志》2010 年第 6 期。

报告书、借贷对照表以及财产目录等文件的义务"。① 但法院作为重整计划监督执行的主要机构,可能存在干预市场之嫌。此外,法院主要通过情况汇报等方式进行监督,很难以主动调查的方式获取重整执行信息,加之专业知识的欠缺,容易造成监管错位的不良后果。

第二种以债权人委员会为主导。《美国破产法典》规定:"债权人委员会负责调查、监督债务人企业的行为、财产、负债、金融状况和是否有继续营业的前景以及同类案件相关的其他事项。"②该法亦规定:"在债务人企业执行重整计划受到对其不良行为的指控时,法院将任命监察员。其将监督、调查债务人执行计划的行为是否合法,债务人是否有欺诈、不诚实、不正当行为、经营管理不善等行为。"③债权人委员会作为监督主要机构的弊端在于,其同样可能不具备经营管理能力,而且在某些情况下,由于利益冲突容易与其他债权人产生矛盾。

第三种以专职监督机构为主导。我国台湾地区"公司法"第289条规定,应就对公司业务,具有专门学识及经营经验者或金融机构,选任为重整监督人。该模式下的监督主体由法院选派,具备与公司重整计划执行相关的专业知识和技能,并具备企业的业务经营管理经验。④ 引入专业的监督机构既能保证公正性又能避免缺乏专业知识的缺憾,然而费用偏高,部分中小型企业可能难以承受。

(二)我国监督主体之选择

我国《企业破产法》将管理人作为重整计划的监督主体有其合理性:首先,管理人在破产重整初始阶段即介入重整程序,熟悉债权人、债务人、投资人等各方主体的基本情况,对于破产企业的经营情况亦有较深入的了解;其次,管理人与破产重整中的各方当事人均无利害关系,能够保证其客观、中立地履行监督职能。但在实践中,仅靠作为社会中介机构的管理人,可能难以完全保障重整计划执行的监督到位。在实践中,破产管理人多为律师事务所或者会计师事务所,缺乏企业经营所需的专业知识,容易导致被动式、滞后性监管。管理人也可以在执行阶段聘请相关的专业人才,以弥补管理人专业知识缺失的问题。根据《全国法院破产审判工作会议纪要》的

---

① [日]石川明:《日本破产法》,何勤华、周桂秋译,中国法制出版社2000年版,第237页。

② 潘琪:《美国破产法》,法律出版社1999年版,第216页。

③ [美]大卫·G.爱泼斯坦等:《美国破产法》,韩长印等译,中国政法大学出版社2003年版,第746页。

④ 参见李国光主编:《新企业破产法理解与适用》,人民法院出版社2006年版,第426页。

精神,在甄选破产重整管理人时,将相关专业人才的配置纳入法院评判范围,让管理人能够真正胜任其监督职能。

三、监督主体的职权及义务

如前所述,由于立法未就重整执行监督作出详细规定,加之目前管理人队伍良莠不齐,容易导致监管缺位或者过度监管的情形,因此,细化执行监督的职权及义务确有其现实必要性。

(一)执行监督之职权设计

为避免出现监督空白或监督错位,重整计划执行的监督职权内容包括从以下几个方面。

一是监督印章的使用。债务人在正常生产经营中难免会频繁使用印章,包括公司公章、财务专用章、合同专用章等。在实践中,管理人会向债务人移交财产和营业事务,但往往会继续保管印章。通常管理人会制订印章使用审批流程,并对债务人每次使用印章的情况进行登记。但生产经营行为的效率优先与用印审查程序烦琐之间的矛盾,往往难以有效避免。为了解决这一问题,在实践中一般将印章交予管理人管理,由债权人委员会提出审查意见,此操作方式的好处是:一方面,管理人能及时了解重整计划的执行情况;另一方面,债权人代表组成的债权人委员会能够利用丰富的经验判断生产经营行为的正当性。

二是监督重要决策。债务人在实施经营行为时,所作的决策分为一般决策和重要决策。一般决策可以由债务人的实际控制人或高级管理人员签字许可,并经盖章确认即可发生效力;重要决策除依照公司法规定及公司章程进行决策外,还应接受管理人监督。重要决策主要是指决定正常营业行为以外的重大开支、提供担保,重要合同的签订和解除,放弃权利和企业重要人员的人事任免等。

三是监督资金的使用。监督资金的使用,由债务人设立的专用资金账户用于重整计划的执行,重整计划执行期间债务人的所有收入均存入该账户。债务人每季度或每半年应向管理人提交资金使用计划,还需向管理人汇报该季度的资金收入、支出情况,并附上账户流水明细。若资金使用情况与流水明细不一致,管理人有权询问经办人员,并要求其提交相应的收入、支付依据,经办人员及其高级管理人员负有如实告知的义务。

四是监督重大事项。重大事项,是指在重整计划执行期限内,对重整计划的执行及债权人利益有较大影响的事项。若有重大事项,债务人应及时报告管理人,并说明事件的起因、经过以及可能产生的后果。重大事项主要是指公司的重大债务、重大违约行为、重大亏损,公司资产被查封、扣押,公司经营发生重大变化,对公司产生重大影响的额外收益等。

五是建立监督例会制度。除日常监督外,设立例会监督制度,定期召开例会,督促债务人及时、全面、客观地向管理人汇报重整计划的执行情况。例会采取固定的时间,参会人员包括债务人各个部门负责人、债务人的实际控制人、管理人、债权人委员会成员等。会议的主要内容为债务人汇报重整计划的执行情况、遇到的困难以及下一步工作计划,重整计划执行情况的内容包括但不限于资金使用情况、债权清偿情况、日常工作开展情况以及公司近期的重大情况等。

(二)执行监督之义务设计

没有无义务的权利,也没有无权利的义务。监督主体在履行前述职权时,同样应当承担相应的义务,以促使其积极履行职责。

一是忠实勤勉义务。监管主体应当向债务人移交财产、财务账簿及经营事务等;定期询问重整企业经营状况、检查有无渎职现象、跟踪债权清偿情况;发现渎职或怠于执行重整计划的人员,应当及时按照重整计划予以更换;保守监督过程中知悉的商业秘密,如因故意或过失泄露商业机密的,应当承担相应的赔偿责任;发现重整企业无法继续经营或按期清偿债务的,应当及时提请人民法院裁定终止重整计划执行。

二是保持中立义务。破产重整是挽救企业、清偿债务的一种程序,所涉及的各方主体既有一致的目标,又存在各自的利益,重整计划执行期间同样存在利益博弈的情形。监督主体必须站在公正的立场上处理事务,同时也要注意平衡利益。

三是信息公开义务。仅在监督期限届满后提交监督报告显然不足以披露执行期间的事项,亦不利于利害关系人了解重整计划执行情况。在实践中可以通过邀请人民法院、政府职能部门、债权人委员会参加监督工作例会,定期向利害关系人提交监督报告等方式公开监督情况。

四、监督期限

我国《企业破产法》第 90 条第 1 款规定:“自人民法院裁定批准重整计划之日起,在重整计划规定的监督期内,由管理人监督重整计划的执行。”依照该规定,重整计划的监督期限由重整计划规定。一般情况下,为了保障重整计划的顺利执行,监督期限通常与重整计划的执行期限相一致。在实践中因个案的差异,重整计划执行期限少则几个月,多则几年。如果重整计划执行期限过长,而监督期限仍与重整计划的执行期限保持一致,会浪费不必要的人力、物力和财力,也不利于激发管理人的工作积极性。因此,监督期限也可以短于重整计划执行的期限。① 在重整企业稳定执行重整计划,即企业能有稳定收益,且能按照重整计划开展还债事宜时,管理人可终止重整计划执行监督期。

此外,因管理人的监督期限并不要求与重整计划的执行期限相同,故可能也存在监督期限需要延长的情况。对此,我国《企业破产法》第 91 条规定,经管理人申请,人民法院可以裁定延长重整计划执行的监督期限。该规定虽然对申请主体及批准主体作出了规定,但并未明确管理人申请延长监督期限,是否需经债权人会议同意。如将该事项视为重整计划的变更,则需依照《全国法院破产审判工作会议纪要》第 19 条的规定,经债权人会议同意后提请人民法院批准。但此种模式不仅程序烦琐,而且可操作性不强。为了解决这一问题,在实践中制订重整计划时,可以在计划中明确规定需延长监督期限的具体情形,并明确直接由管理人提请法院裁定。

五、监督保障机制

我国《企业破产法》将监督主体限定为管理人,通常而言,管理人能够忠实勤勉地履行监督职能,然而不可否认的是确实存在管理人怠于履行职责,甚至与债务人、个别利害关系人恶意串通,损害其他主体利益的情形。为确保管理人尽职尽责履行监督职权,应当从以下几方面入手。

(一)明确管理人的责任

我国《企业破产法》第 27 条规定:"管理人应当勤勉尽责,忠实执行职务。"如果管理人违反上述义务就应当承担相应责任。根据我国《企业破产法》第 130 条、第 131 条的规定,管理人责任包括民事责任和非民事责任,前者主要是指民事赔偿,后者主要包括法院的罚款及刑事处罚。

民事责任方面,按照法律规定未忠实勤勉履行职务时,应当依法承担赔偿责任,但承担责任的主体是中介机构还是具体执行职务的个人,法律未作明确规定。如果

---

① 参见李永军:《破产法:理论与规范研究》,中国政法大学出版社 2013 年版,第 380 页。

管理人为中介机构担任,管理人的工作成员只是履行所在中介机构的职务,故相应赔偿主体应为中介机构。

人民法院可以依法对未忠实勤勉履行职务的管理人进行罚款,但法律未对罚款幅度加以规定,倘若处罚过轻则无法达到规制管理人的效果,处罚过重则容易挫伤管理人的积极性。在实践中,各地可根据经济发展情况、管理人报酬、未履行职责程度等因素,确定不同情况的罚款幅度。

刑事责任方面,我国《企业破产法》第 131 条规定:"违反本法规定,构成犯罪的,依法追究刑事责任。"该规定主要对应我国《刑法》第 162 条规定的妨碍清算罪和隐匿、故意销毁会计凭证、会计账簿、财务会计报告罪,该法第 313 条规定拒不执行判决、裁定罪,该法第 314 条规定的非法处置查封、扣押、冻结的财产罪以及《刑法修正案(六)》规定的破产欺诈罪。[①]

(二)债权人监督

债权人会议拥有更换管理人的申请权,需要由出席会议的有表决权的债权人过半数通过,并且其所代表的债权额占无财产担保总额的 1/2 以上,该决议才有效,且最终由人民法院决定是否更换管理人。但债权人会议并非常设组织,行使相应的权利可能会存在一些客观障碍。在实践中,一方面,可以考虑通过信息化方式召集债权人会议,如通过网络、手机、专业 App 的方式进行表决,即在现行立法范围内最大限度保障债权人的参与度;另一方面,可以考虑债权人会议授权债权人委员会申请更换管理人。

此外,现行立法规定,监督期限届满时,管理人应当向人民法院提交监督报告,利害关系人有权查阅。故债权人亦有权查阅该报告,但此时监督期限已经届满,该方式属于事后监督具有滞后性。为弥补这一缺憾,人民法院可要求管理人定期提交监督报告,债权人可申请查阅该报告。

(三)人民法院监督

人民法院可以通过决定更换不能胜任职务的管理人、要求制作监督计划、审查监督报告等方式,督促管理人依法履行职责。管理人若存在《指定管理人规定》第 33 条、第 34 条规定之情形时,人民法院可依职权径直更换管理人。在管理人开展重整计划监督工作前,人民法院可要求管理人制作监督计划,内容包括监督人员、监督

---

① 参见齐明:《中国破产法原理与适用》,法律出版社 2017 年版,第 218 页。

方式、监督事项，其中最重要的是如何及时知晓债务人的经营情况以及重大事项的决策。针对管理人提交的计划，人民法院可向其指出其中缺失或者需要进一步完善的部分，管理人则应依照修改完善后的监督计划对债务人执行重整计划的行为展开监督。

由于人民法院的中立地位，不宜直接介入或过问债务人的经营状况，大多通过管理人了解相关情况，但我国《企业破产法》仅规定管理人在监督期限届满时提交监督报告。在实践中，为保障法院及时知晓债务人的经营状况、管理人履行监督职能的情况，可根据具体情况，要求管理人按月、季度、年度提交监督报告。人民法院对该报告应当进行全面、客观地审查，必要时可通过调查或听证程序保证监督报告的客观真实。

（四）其他保障机制

前文提到债权人会议可以通过申请更换管理人的方式确保管理人积极履行监督职责，但债权人会议召开的条件较严格，且重整计划通过以后，再组织债权人召开债权人会议，难度比较大。此外，更换管理人后可能会导致管理人费用增加的问题，所以依靠更换管理人的方式进行监督也存在一些不足之处。可以考虑通过调整管理人报酬的方式，督促其严格履行监督义务，在实践中，该方法运用得较广泛且效果较佳。重整计划实施时间短则几个月，长则数年，尤其是履行期间较长的案件，通常不会在裁定终结重整程序时支付所有费用，而选择分期支付管理人报酬。同时，加大终结重整程序及重整计划执行完毕两个时点支付的管理人报酬金额，上述两个时点支付的报酬可占到管理人报酬总额的50%及以上。当管理人未尽监督职责时，人民法院可扣减管理人的相应报酬。因此，可以有效调动管理人的积极性，避免管理人因重整计划履行时间过长而怠于行使职权的情形。

第三节　重整计划执行和监督的司法实践

近年来，重庆法院在破产重整计划的执行和监督方面进行了有益的探索，并取得了一定的经验。

一、重整计划执行的司法实践

（一）执行内容之变更实践

根据《全国法院破产审判工作会议纪要》的规定，债务人应严格执行重整计划，但因国家政策调整、法律修改变化等特殊情况，导致原重整计划无法执行的，债务人或管理人可以申请变更重整计划一次。在实践中，依照重整计划的调整程序，重新按照我国《企业破产法》的规定召开债权人会议进行表决，无疑将加重重整程序的负担。在破产重整的重庆实践中，充分考量重整计划执行过程中可能出现变更的情形，尝试在重整计划中设定重整计划债权清偿和执行期限的备选方案和预估方案。在满足不同条件时，由债委会代表各类债权人组依照重整计划中载明的方案进行切换，从而增强了重整计划变更处理的针对性和及时性。

例如，在"重庆东寰科技开发有限公司破产重整案"中，在债务人提交重整计划前，与战略投资者协商谈判引进战略投资者的相关事项迟迟无结果。为保证重整方案的快速批准执行，在重整计划的债权清偿方案和出资人权益调整方案中，设定了战略投资者进入与未进入情形下的不同经营方案与清偿方案，避免在重整执行过程中，重新表决的复杂程序，使其重整计划能够在执行过程中灵活选择适用。

（二）执行期限之自治实践

我国现行立法未规定重整执行期限，因为期限的长短往往取决于市场价值的判断，而在实务中关于重整执行的合理期限并无统一界定，但通过具体案件归纳总结，仍可以找寻当中的规律。特殊情形下，尤其是面临退市的上市公司重整可以设定较短的执行期限，而工业制造企业的执行期限则相对长一些。由于工业制造企业利润空间较小，故其盈余累积速度较慢，若设定期限过短，企业将很难满足重整计划规定的条件，但期限过长亦不利于保护债权人利益。

例如，在"重庆钢铁破产重整案"中，由于企业连续两年亏损，股票于 2017 年 4 月 5 日被上海证券交易所实施退市风险警示，股票由"重庆钢铁"变更为"*ST 重钢"，如果在 2017 年内无法实现主营业营利，则会被上海证券交易所作暂停上市处理。考虑债务人存在退市的巨大风险，因此仅设定 1 个月左右的重整执行期限，最终债务人提前成功执行重整计划，并于当年实现扭亏为盈。

又如，在"重庆秦谋科技开发有限公司与重庆昂龙冶金材料有限公司合并破产重整案"中，考虑重庆昂龙冶金材料有限公司主要业务为利用废旧金属铝生产钢水脱氧改质剂等，企业营利周期较长，故设定 5 ~ 6 年重整计划执行期限。同时，还将重整计划执行期限的延长纳入重整计划中予以表决，解决了重整计划执行中可能延长执行期限的问题。在"重庆隆迪塑业有限责任公司等 3 企业合并破产重整案"中，重整计划规定如因经营成果达不到预期等客观原因，导致重整计划无法在规定时间内执行完毕的,管理人或债务人可以在执行期限届满前,向人民法院提交延长重整计划执行期的申请,但延长期限不超过6个月。

二、重整计划执行监督的司法实践

(一)执行监督主体的多元化

我国《企业破产法》赋予了管理人监督重整计划执行的监督主体地位。在实践中,仅靠作为社会中介机构的管理人,难以完全保障重整计划执行的监督到位。在涉及关联企业、房地产企业等债权债务关系复杂、债务规模较大的重整案件中,上述问题体现得更突出。在"重庆市贵尔达房地产开发有限责任公司破产重整案"中,在重整计划执行监督方式上,充分发挥了债权人委员会的监督职责。债务人在向管理人报告重整计划的执行情况、公司财务状况、重大经营决策、重要资产处置等事项的同时,重整计划还明确规定,债权人委员会在重整执行期间有权对重庆市贵尔达房地产开发有限责任公司的经营情况进行监督,有权要求债务人报告重整计划的执行情况、公司财务状况、重大经营决策、重要资产处置等事项。

(二)执行监督内容具体化

为了解决监督重整计划执行的有效性和可操作性,涉及监督方式等内容应当具体明确。如重庆市北碚区人民法院审理的"重庆市巨航实业有限公司破产重整案"中,管理人就重整计划的执行监督,针对债务人的财务、印章、人事任命、重大经营事项的报告与审批分别制订了详细的监督方案,该监督方案可操作性强,监督效果明显。

第十一章　破产和解

第一节　破产和解制度概述

破产和解制度,是指经由具备破产原因或已进入破产程序的债务人申请,在法院的主持下,由债务人与债权人会议达成协议,就债务人延期清偿债务、减免债务等事项达成协议,以了结债权债务关系从而避免进入破产清算程序或进行破产分配的破产预防制度。[①] 和解制度的目的在于克服破产制度的弊端,避免破产宣告或者破产分配,其既是对有复兴希望的债务人的一种挽救,也是对破产可能引起的某些消极效应的预防。[②]

破产和解制度,首创于1883年比利时颁布的《预防破产之和解制度》。[③] 该法律颁布期间恰逢欧洲各国纷纷创设避免企业消亡的破产程序,破产和解制度遂为瑞士、丹麦、意大利、法国、德国、奥地利、挪威等国所响应,一时蔚成风气。对于和解制度之确立及风靡,有学者将之称为"现代破产法之趋势"。[④] 我国1986年《企业破产法(试行)》中设立有破产和解制度,但是并未发挥出预想的效果,在司法实践中采用

---

① 参见范健、王建文:《破产法》,法律出版社2009年版,第225页。

② 参见齐树洁主编:《破产法研究》,厦门大学出版社2004年版,第219页。

③ 参见王欣新:《破产法》(第3版),中国人民大学出版社2011年版,第226页。

④ 吴传颐编著:《比较破产法》,商务印书馆2013年版,第45页。

破产和解结案的几乎为零。[1] 我国新《企业破产法》对破产和解制度进行了较大的改进,并专章规定了破产和解,该规定不仅符合各国立法之惯例,还与我国的司法实际情况相结合,具有一定的可操作性。目前,在各国破产立法改革中,一个新的趋势就是不断突出破产重整的作用,扩大其适用范围,同时,破产和解制度被弱化,逐渐出现被边缘化的趋势。[2] 但也应当看到,随着我国破产案件的增多,在司法实践中破产和解的案件在不断增加,破产和解制度也为更多的当事人所选择。因此,破产和解制度在我国仍具有一席之地,它不仅为当事人提供更多的法律选择路径,还在供给侧结构性改革和企业拯救中发挥重要作用。

现代各国破产法对于破产和解程序规定了两种不同的立法模式,即和解先试主义与和解分离主义。"和解先试主义者,乃于有破产声请时,一概令其先试行和解,如和解不成立,始为破产之宣告。和解分离主义者,则和解程序与破产程序分别行之。"[3]英美法系采取和解先试主义,而大陆法系多采取和解与破产分离主义。由于立法例的不同,各国在破产和解程序方面有许多不同之处,而我国破产和解的程序更接近于大陆法系的和解分离主义。

第二节 破产和解的程序

一、破产和解申请的提出

破产申请的提出与受理,在我国破产法中构成破产程序的独立阶段。破产申请是当事人或利害关系人向人民法院提出的要求启动对债务人的破产程序以清偿债务的请求。依我国破产法的规定,法院不得依职权启动破产程序。享有提出破产申请权利的人称为破产申请权人。我国破产法将当事人提起破产清算程序、和解程序和重整程序这三个程序的申请统一规定于"破产申请"一章中。故而,破产和解申请的提出除例外规定外,还应遵循破产申请的一般规定。

(一)申请主体

从世界各国的破产和解立法来看,债务人为申请主体是破产和解制度的应有之

---

① 参见孙应征主编:《破产法律原理与实证解析》,人民法院出版社2004年版,第79页。

② 参见张钦昱:《破产和解之殇——兼论我国破产和解制度的完善》,载《华东政法大学学报》2014年第1期。

③ 吴传颐编著:《比较破产法》,商务印书馆2013年版,第42页。

义,立法的差异性主要体现为债务人之外的主体能否成为申请主体、法院能否依职权强制启动和解程序。针对该问题,我国《企业破产法》第 95 条第 1 款规定:"债务人可以依照本法规定,直接向人民法院申请和解;也可以在人民法院受理破产申请后、宣告债务人破产前,向人民法院申请和解。"由此可见,在我国提出破产和解申请的主体是特定的,只能是债务人,其他利害关系人诸如债权人和债务人的股东均不得申请启动破产和解程序,人民法院也不得依职权强制启动破产和解程序。

其他主体之所以不能成为申请启动破产和解的主体,主要是基于以下几个原因:第一,破产和解制度的目的在于保护善意、不幸的债务人的利益,使其能够得以重生。债务人希望能通过和解来维持其经济主体资格,而债务人的事业有无维持的价值及可能,只有债务人自己最清楚,而其他利害关系人往往难以对此作出判断。第二,和解的目的是避免债务人破产清算,故应由拟通过和解挽救自己并避免破产的债务人提起,如果债务人没有和解的意愿,即使债权人或人民法院愿意启动破产和解程序,也达不到和解的目的。此外,债权人同意和解更多是因为和解能使其获得比破产清算更高的清偿率,而不是因为其真正关心债务人的事业有无维持的可能与价值。第三,从和解协议的内容及履行来看,除可以免除部分债务、分期偿还外,最为重要的保障是债务人拿什么还债以及能否提供担保等,而这些都是需要债务人自身去承诺和履行的,无论是债权人还是人民法院都无法替代。

(二)申请时间

我国《企业破产法》第 95 条第 1 款规定:"债务人可以依照本法规定,直接向人民法院申请和解;也可以在人民法院受理破产申请后、宣告债务人破产前,向人民法院申请和解。"由此可见,我国破产法中债务人申请破产和解的时间有两个:一是可以在发生破产原因时直接提出破产和解申请;二是可以在人民法院受理破产清算申请后,宣告债务人破产前提出破产和解申请。

和解制度的主要目的在于避免债务人破产清算,但亦有尽快终结破产程序的目的。在申请人直接向法院申请和解的情况下,由于此时破产清算程序尚未开始,申请和解的目的不可能是简化清算程序,更多是预防破产。而在破产清算申请受理后才申请和解的,其目的更多是加快破产财产的分配,尽快终结破产程序。从破产和解申请的提出时间来看,我国的破产和解制度兼具预防破产和简化破产程序的双重目的。

企业法人不能清偿到期债务,并且资产不足以清偿全部债务或者明显缺乏清偿能力时，在未有债权人申请其破产的情况下，债务人为避免破产清算可以主动向人民法院申请破产和解，以求通过和解程序请求债权人会议同意减免债务或缓期履行，从而使企业得到挽救和重生。在债权人提出破产申请的情况下，债务人则可以在破产案件受理后、破产宣告前这段时间内申请和解。而在破产宣告之后，债务人已被裁定宣告破产，此时即失去申请破产和解之资格，债务人除能够与全体债权人达成全面和解而申请法院终结破产程序的特定情形外，不能再申请和解。

值得注意的是，《破产法规定》第 25 条第 1 款规定："人民法院受理企业破产案件后，在破产程序终结前，债务人可以向人民法院申请和解。人民法院在破产案件审理过程中，可以根据债权人、债务人具体情况向双方提出和解建议。"依照该规定，在人民法院破产宣告后程序终结前，债务人仍可申请和解。此规定使破产和解的设置目的得以扩张，还使破产和解在破产宣告后具有了改变破产结果的效力，有所不妥。对于破产和解的申请时间还是应当以我国《企业破产法》的规定为准。为解决破产宣告后当事人的和解问题，我国《企业破产法》第 105 条规定："人民法院受理破产申请后，债务人与全体债权人就债权债务的处理自行达成协议的，可以请求人民法院裁定认可，并终结破产程序。"这种和解的达成不受债务人是否被宣告破产的影响，其性质属一般的民事和解，[①]此种和解与严格意义上的破产和解存在一定差异。

（三）申请人应提交的材料

当事人在提出破产和解申请时应符合法定的形式要件，即应提交相应的材料。我国《企业破产法》第 8 条第 1 款规定："向人民法院提出破产申请，应当提交破产申请书和有关证据。"此外，我国《企业破产法》第 95 条第 2 款规定，"债务人申请和解，应当提出和解协议草案"，根据上述规定，债务人申请破产和解时除提供破产和解申请书及相关证据外，还需要提交和解协议草案。

作为债务人表明与债权人进行和解的意思表示，债务人应向人民法院提交和解申请书及相关证据。破产和解申请书应载明下列事项：第一，破产申请人的基本情况；第二，申请目的，即申请开始破产和解程序；第三，申请的事实和理由，应列明企业不能清偿到期债务，且资产不足以清偿全部债务或者明显缺乏清偿能力以及企业

① 参见王欣新：《破产法》（第 3 版），中国人民大学出版社 2011 年版，第 231 页。

希望通过破产和解继续经营的请求等情况；第四，人民法院认为应当载明的其他事项。债务人提交的申请书还应载明的内容，包括债务人的财产状况、债务清册、债权清册、有关财务会计报告等。其中，债务人财产状况应简要列明财产即债务的总额、类别、现状等。对于有争议的债务，债务人应当单独列明争议数额、争议的原因、是否涉诉等事项。

破产和解申请中最核心的是和解协议草案。所谓和解协议草案，是指债务人向人民法院提交的，供债权人会议讨论的具体和解方案。和解协议草案是和解程序继续进行的前提，也决定了和解能否成功。与重整计划相比，和解协议草案以减少债务为主要内容，不涉及债务人经营方案等内容。我国《企业破产法》并未对和解协议草案的必备内容作出具体规定，但在司法实践中，和解协议草案一般应包括以下内容。

1. 债务人资产及负债说明。和解协议草案应当客观介绍债务人的债权债务和资产状况，包括债务总额多少、有财产担保的债权人人数和债权数额、普通债权的债权人人数和债权数额、债务人对外应收债权多少、资产现状如何等。上述情况的介绍能够使债权人对债务人的资产情况有所了解。

2. 清偿债务的方案。包括应偿还的债务数额、减免债务的数额、偿还期限、方式等。和解协议草案需要详细分析如果按照和解协议履行债权人能得到多少清偿，并将该清偿数额与破产清算中的清偿数额进行对比，以显示该和解协议能更好地维护债权人的利益并使债权人获取更多的清偿。在偿还方式上可以根据债务人的实际情况分期偿还，并明确每期偿还的数额和比例，除货币偿还外，还可以采取实物折价等其他多种方式进行偿还。

3. 清偿债务的财产来源或担保。这是和解协议草案中决定和解能否成功最关键的内容。清偿债务的财产来源包括能确保破产和解实现的现有的或将来的财产，其中包括债务人的现有的企业资产（包括有形资产和无形资产）、回收债务人应收账款、追讨对外投资收益、转让部分闲置资产、出租或发包厂房或设备等收入方案。①如果债务人已经取得担保作为和解条件的，应当将担保的性质、范围、担保的实施等在和解协议草案中载明。

在实践中，可以根据案件的具体情况在和解协议草案中适当增加内容，但总体

① 参见李永祥、丁文联主编：《破产程序运作实务》，法律出版社2007年版，第306页。

而言，债务人在提出具体和解协议草案时，既要考虑有利于企业今后进一步恢复和发展，又要考虑不能使债权人或者部分债权人利益受到不当损害。所以提出的和解条件应尽量使双方都能够接受。但在实践中，这一点是很难平衡的，所以要由债权人会议对草案进行讨论和磋商，并进行修改和补充。从债务人的角度来看，既然提出和解，就应当有实现和解的诚意。虽然和解协议草案一般不可能不经过修改就通过，但还是应当尽量照顾各方利益，尽量把条件订立得更合理、更公平，以避免和解协议草案讨论时间过长、修改地方过多，甚至因此导致和解协议草案不能通过的情况。

二、破产和解申请的审查和受理

破产和解程序的启动是债务人和法院共同作用的结果，债务人提出破产和解申请后尚需人民法院进行审查。

（一）破产和解申请的审查

债务人提出破产和解申请后，法院应通过审查作出是否受理的裁定。我国《企业破产法》第 96 条第 1 款规定："人民法院经审查认为和解申请符合本法规定的，应当裁定和解，予以公告，并召集债权人会议讨论和解协议草案。"对于法院如何把握审查标准的问题，鉴于破产和解主要是当事人之间的意思自治，因此，法院对和解申请的审查主要是形式意义上的审查，债务人是否具备和解的实质要件则由债权人会议审议决定。① 在司法实践中，人民法院一般从以下几个方面进行审查。

1. 法院是否具有管辖权

我国《企业破产法》第 3 条规定："破产案件由债务人住所地人民法院管辖。"根据最高人民法院《关于适用〈中华人民共和国民事诉讼法〉的解释》第 3 条之规定，法人的住所地是指其主要办事机构所在地，主要办事机构所在地不能确定的，注册地或者登记地为住所地。确定人民法院对破产案件有无管辖权，应以破产案件受理时债务人的情况为准，破产案件受理后债务人改变住所地的，根据管辖恒定原则，不影响管辖权的确定。

对于破产和解案件的级别管辖问题，我国《企业破产法》未作专门规定。依照最高人民法院于 2002 年颁布的《破产法规定》，破产案件的级别管辖一般依据破产企

① 参见王欣新：《破产法》（第 3 版），中国人民大学出版社 2011 年版，第 232 页。

业的工商登记情况确定。基层人民法院一般管辖县、县级市或者区的工商行政管理机关核准登记企业的破产案件;中级人民法院一般管辖地区、地级市(含本级)以上的工商行政机关核准登记企业的破产案件。上级人民法院审理下级人民法院管辖的企业破产案件,或者将本院管辖的企业破产案件移交下级人民法院审理,以及下级人民法院需要将自己管辖的企业破产案件交由上级人民法院审理的,依照我国《民事诉讼法》的规定办理;省、自治区、直辖市范围内因特殊情况需对个别企业破产案件的地域管辖作调整的,须经共同上级人民法院批准。

2. 当事人是否适格

根据我国《企业破产法》的规定,适用破产和解程序的适格主体是企业法人。企业法人以外的组织进行破产清算的,参照适用破产法规定的程序。但对于企业法人以外的组织能否参照适用破产和解程序,法律未作规定。有学者认为,对于债务人为个体工商户、个人的,因其不具备法律规定的主体资格而不得适用破产和解程序。①

3. 是否具有破产原因

对于直接申请启动破产和解程序的,法院应审查债务人是否具有破产原因。我国《企业破产法》第2条规定:"企业法人不能清偿到期债务,并且资产不足以清偿全部债务或者明显缺乏清偿能力的,依照本法规定清理债务。企业法人有前款规定情形,或者有明显丧失清偿能力可能的,可以依照本法规定进行重整。"上述规定对破产清算和破产重整的原因进行了规定,但是未对破产和解的原因进行规定。一般认为,破产和解的原因与破产清算的原因相同。关于破产原因本书第三章中已有详细论述,此处不再赘述。

4. 是否符合申请时间

根据我国《企业破产法》第95条第1款的规定,债务人可以在发生破产原因时直接提出和解申请,也可以在法院受理破产申请后、裁定宣告债务人破产前申请和解。因此,法院需要审查债务人的和解申请是否符合时间的要求,尤其是在法院已受理破产清算申请的情形下,如果债务人已经被宣告破产,则不能启动破产和解程序。

5. 是否提交必要材料

债务人申请破产和解时应当提交和解协议草案。和解协议草案内容要明确具体。

---

① 参见沈志先主编:《破产案件审理实务》,法律出版社2013年版,第332页。

如果债务人提供的和解协议草案过于笼统,法院应当要求债务人限期修改完善。

(二)破产和解申请的受理

法院对和解申请审查的结果不外乎两种情形,驳回和解申请或受理和解申请,这两种结果都应以裁定为载体出现。根据我国《企业破产法》第96条的规定,法院经审查后认为破产和解申请成立的,应裁定和解并予以公告。需要注意的是,对于债务人直接申请破产和解的,人民法院还应及时做好以下两项工作:一是选定破产管理人。人民法院裁定受理后,应着手管理人的选任工作。破产和解的管理人选任与破产清算、破产重整的选任并无区别。二是通知破产债权人。法院应公告裁定受理和解、申报债权时间、召开债权人会议时间等事项。

法院裁定受理和解申请将产生以下法律后果:第一,启动和解程序,债务人与各债权人围绕破产和解的内容,在梳理债权债务的基础上,对和解协议草案进一步协商,从而使和解协议草案获得债权人会议通过及法院认可,并最终由债务人按约履行。第二,人民法院受理和解申请后,已经开始而尚未终结的有关债务人的民事诉讼或者仲裁应当中止。在管理人接管债务人财产后,该诉讼或者仲裁继续进行。第三,人民法院受理和解申请后,有关债务人财产的保全措施应当解除,执行程序应当中止。第四,对于已经进入破产清算程序的债务人来说,正在进行的破产清算程序中止。

应当注意的是,虽然债务人提出的破产和解对享有别除权的债权人行使权利不构成障碍,但在法院审查和解申请的期间,别除权人的权利暂时还不能行使。对此,我国《企业破产法》第96条第2款规定:“对债务人的特定财产享有担保权的权利人,自人民法院裁定和解之日起可以行使权利。”根据该规定,在破产和解申请被裁定受理之后,享有别除权的债权人方可主张针对债务人的特定财产优先受偿。

三、和解协议草案的表决

(一)债权人会议的准备工作

法院裁定受理和解申请后应予以公告,确定日期召开债权人会议并对和解协议草案进行表决。和解程序中的债权人会议与破产清算程序中的债权人会议的目的不同,会议的议题也不相同。和解程序中债权人会议的主要目的和议题在于商讨债务人提供的和解方案是否可行。需要说明的是,如果债权人仅为一人时,无须召开债权人会议,债务人可以将和解方案直接递交债权人,并与债权人直接协商和解事项。

人民法院在第一次债权人会议中应完成以下几项工作：第一，向债权人会议宣读债务人和解申请、受理破产和解的民事裁定的内容；第二，确定债权人会议主席，并宣布债权人会议主席的职权；第三，告知和解程序中债权人和债务人享有的权利和应承担的义务及不履行义务的后果。上述内容完成后，债权人会议即可进入实质阶段——讨论债务人提出的和解方案。

（二）和解协议草案的表决

在债权人会议对和解协议草案进行审查讨论时，债务人应首先对和解协议草案进行解释和说明，有表决权的债权人可以围绕和解方案向债务人发问，也可以针对和解协议草案提出补充修改意见，还可以要求债务人在某些方面提供担保或其他方式的承诺等。对债务人最终提供的和解协议草案应以表决方式决定是否通过。

我国《企业破产法》第 97 条规定："债权人会议通过和解协议的决议，由出席会议的有表决权的债权人过半数同意，并且其所代表的债权额占无财产担保债权总额的三分之二以上。"根据该规定，和解协议的表决通过需要同时符合两个条件：一是同意和解协议草案的和解债权人占实际参加债权人会议的和解债权人人数的一半以上；二是同意和解协议草案的和解债权人所持债权额，必须占无财产担保债权总额即全体和解债权人所持的债权总额（无论和解债权人是否参加债权人会议，其所持的财产担保债权额均须纳入债权总额计算）的 2/3 以上。

关于和解债权人的范围，应当注意的是，职工债权和税收债权均不属于和解债权，职工和国家税务机关也不作为债权人参加通过和解协议的债权人会议的表决。[①]这与破产重整时将债权分类，分别设立担保债权、劳动债权、税收债权、普通债权 4 个组别，分别对重整计划草案进行表决有所不同。如果劳动债权需要分期支付，应由劳资双方按照劳动法、劳动合同法协商解决。而税收债权的减免或延期，应由债务人向主管税务机关提出申请，由国家税务机关根据实际情况依税法作出决定。这些债权在破产程序中处于优先受偿顺位，不能因债权人会议对和解协议的表决而影响其法定权利，如被迫减免清偿或延期清偿等。此外，根据我国《企业破产法》第 59 条第 3 款的规定，对债务人的特定财产享有担保权的别除权人未放弃优先受偿权的，虽然可以参加债权人会议，但对和解协议草案不得行使表决权。

在司法实践中，对于第一次债权人会议未通过和解协议草案，但债务人或者赞

---

① 参见王欣新：《破产法》（第 3 版），中国人民大学出版社 2011 年版，第 233 页。

同和解协议草案的债权人请求修改方案后进行第二次表决的，法院应否准许的问题，我国《企业破产法》未作出明确的规定。从鼓励和解并尽量挽救债务人企业的理念出发，法院对于债务人或者债权达到一定比例的债权人请求二次表决的，可以在一定期间内给予二次表决的机会。[①]

无论和解协议草案是否经过修改，债权人会议都有可能因同意该草案的债权人数量或其所代表的债权额度不符法定要求而无法通过该草案。如果和解协议草案被债权人会议否决，和解程序应终结，并将破产和解程序转换为破产清算程序。对此，我国《企业破产法》第 99 条规定："和解协议草案经债权人会议表决未获得通过，或者已经债权人会议通过的和解协议未获得人民法院认可的，人民法院应当裁定终止和解程序，并宣告债务人破产。"

四、和解协议通过后的审查及处理

破产程序是一个司法程序，除最大限度体现当事人的意思自治外，最终还需司法权力予以保障。依照我国《企业破产法》第 98 条、第 99 条的规定，对于债权人会议通过的和解协议只有经过人民法院裁定认可才能生效。和解协议已经由债权人会议通过但未获人民法院认可的，其效果与和解协议未获债务人会议通过相同，即和解程序应终结，并将破产和解程序转换为破产清算程序。对于和解协议草案的审查与对重整计划草案的审查有所不同。重整计划草案经法院裁定批准后生效，和解协议则是经法院裁定认可后生效。一个是"批准"，另一个是"认可"，这表明法院对和解协议的干预程度大大弱于对重整计划草案的干预程度，同时也意味着和解程序中当事人意思自治的程度相对较强。

法院对和解协议草案的审查一般通过两个方面进行：一是看决议的程序是否合法；二是看决议的内容是否合法。具体而言，人民法院审查的主要内容有：第一，和解协议是否有违反法律、法规，损害国家、社会或他人利益的内容，有无损害持反对意见的少数债权人利益、违反公平清偿原则（经不利益者同意除外）的内容；第二，决议通过程序是否合法，表决票数及债权额统计等有无错误，表决中有无欺诈或者胁迫现象等；第三，债务人有无和解诚意，如有无破产欺诈行为，和解之目的是否正当，

---

① 参见王欣新主编：《破产法原理与案例教程》（第 2 版），中国人民大学出版社 2015 年版，第 275 页。

和解协议是否有预计明显不能实现的情况等。

即使债权人会议表决通过了和解协议草案,如果经审查发现和解程序或者已经表决通过的和解协议确实存在违法的问题,法院仍有权裁定不认可和解协议,并宣告债务人破产。对于在审查中发现的能够通过修改和解协议纠正的问题,可要求当事人纠正;无法纠正的,裁定不认可和解协议。破产法赋予法院对和解协议行使司法审查权的宗旨和目的在于,充分保障破产和解程序在合法的前提下进行,体现法律的价值和作用,保障债权人利益。法院经审查确认和解协议草案及对表决的程序等符合法律规定,作出裁定予以认可的,和解协议自法院裁定认可之日起生效。

五、自行和解

我国《企业破产法》第 105 条规定:"人民法院受理破产申请后,债务人与全体债权人就债权债务的处理自行达成协议的,可以请求人民法院裁定认可,并终结破产程序。"该条所规定内容即属于自行和解。自行和解体现了当事人完全的意思自治,标志着债务人破产偿债问题已经自行协商解决完毕。事实上,此种和解在破产程序的任何阶段均可进行。但此种自行和解不具有强制和解的强制性,其法律后果也与经债权人会议表决通过的和解协议有所不同。表决通过的和解协议被法院裁定认可后,结果是终止和解程序,而自行和解被法院认可后,结果是法院裁定终结破产程序,因为此时已经没有必要进行后续的司法程序。

自行和解后,如果债务人完全履行了其与债权人之间的协议,则债务人是存续,还是自行注销,由其自行决定。在强制和解中,若和解协议不能执行,依照我国《企业破产法》第 104 条的规定,法院将宣告债务人破产,进而转入破产清算程序。但在自行和解中,因自行和解协议经法院裁定认可后,产生的法律后果是终结破产程序,即意味着如果自行和解协议不能得到执行,债务人将无法直接转入破产清算程序。

第三节　和解协议的执行

一、和解协议的效力

债权人会议通过后,和解协议并不当然发生法律效力,而是要经法院审查并裁定认可后,和解协议才正式生效,并产生程序上和实体上的双重效力。

(一)和解协议程序上的效力

和解协议程序上的效力,是指和解协议对于破产程序所产生的法律效力。依照我国《企业破产法》第98条的规定:“债权人会议通过和解协议的,由人民法院裁定认可,终止和解程序,并予以公告。管理人应当向债务人移交财产和营业事务,并向人民法院提交执行职务的报告。”据此,和解协议具有导致和解程序终结的效力。

(二)和解协议实体上的效力

1.对债务人的效力

和解程序系债务人启动且和解协议由债务人提出草案并经债权人会议表决和法院裁定认可,因此,和解协议对债务人当然具有约束力。这种约束力主要表现在以下几方面。

第一,债务人应严格执行破产和解协议的内容。我国《企业破产法》第102条明确规定:“债务人应当按照和解协议规定的条件清偿债务。”债务人最基本的义务就是忠实、不折不扣地履行破产和解协议,不为破产法所禁止的行为。破产和解协议是债权人做出重大让步的产物,债务人在执行破产和解协议时不应提出附加条件或者执行协议有所怠慢。

第二,债务人在和解协议的履行中,不得违背和解协议中关于清偿比例、清偿条件等约定,给予个别和解债权人以特别的优待。如果允许债务人给予个别债权人以超出破产和解协议的特殊利益,将会使债权人之间产生不平等,违反平等清偿的原则,同时还可能会影响破产和解协议的正常执行。但公平地给予全体和解债权人增加同等清偿利益者除外,如对全体和解债权人均提前清偿,或者同等提高清偿比例等。

第三,债务人取得原由管理人行使的破产财产管理和处分权。一般来说,在破产和解程序中,债权人对债务人按照和解协议清偿债务的能力较信任,否则也难以达成和解协议。因此,法律没有必要剥夺债务人对破产财产的管理与处分权。在和解协议达成后,破产管理人即可将破产财产的管理和处分权转移给债务人。对此,我国《企业破产法》第98条规定:“债权人会议通过和解协议的,由人民法院裁定认可,终止和解程序,并予以公告。管理人应当向债务人移交财产和营业事务,并向人民法院提交执行职务的报告。”在债务人自行管理与处分破产财产期间,为使和解协议得到严格执行,债务人仍须受到必要的监督。

第四,解除对债务人财产的保全措施。在破产程序中对破产财产进行财产保全的目的是,防止破产财产流失或债务人给予个别债权人以额外的优惠清偿。和解协议生效后,财产保全措施应当予以解除,交由债务人管理。债务人为履行和解协议,可以自己的意思签订新的合同并对财产加以使用和处分,当然这种使用和处分行为以不得侵犯破产债权人的利益为前提。

第五,免除债务人的部分清偿责任。和解协议的达成,往往给予债务人延期履行债务或减免清偿债务的机会。和解协议生效后,债务人只要按照和解协议规定的期限、数额和方式清偿债务,债权人所获得的清偿额与原债权额之间的差额或损失均归于免除,除非和解协议另有约定。

2. 对债权人的效力

和解协议对债权人的效力因债权人类型的不同而略有差异。

(1)对和解债权人的效力

我国《企业破产法》第100条规定:“经人民法院裁定认可的和解协议,对债务人和全体和解债权人均有约束力。和解债权人是指人民法院受理破产申请时对债务人享有无财产担保债权的人……”和解协议经人民法院认可生效后,所有和解债权人必须按照和解协议的约定来行使权利。无论其是否申报债权、是否出席债权人会议、是否参与讨论表决,亦无论其是否表决同意和解方案,均受到和解协议的约束。债权人不得再依据原债权主张权利或接受个别清偿。

(2)对有财产担保的债权人的效力

有财产担保的债权人,可以参加债权人会议,但对其债权中与担保财产价值相当的部分,不得享有和行使对和解协议草案的表决权,除非其自愿放弃对特定担保财产的优先受偿权,转变成普通债权的债权人。有财产担保的债权人,既无权行使对和解协议草案的表决权,也不能按照和解协议的约定受偿,他们不受和解协议的约束。根据我国《企业破产法》第96条第2款规定:“对债务人的特定财产享有担保权的权利人,自人民法院裁定和解之日起可以行使权利。”如因和解需暂缓担保物的执行,债务人应与此类债权人逐一达成和解。

(3)对共益债权人的效力

在破产案件受理后,债务人为全体债权人的利益因生产经营等需要新产生的债务,属于共益债务,共益债务的债权人享有优先受偿权,不受和解协议的约束,债权人可以随时要求清偿。否则,将没有人愿意与和解程序中的债务人进行交易,不利于债务人通过和解获得挽救和重生,最终也会影响债权人的利益。

(4)对未依法申报债权的债权人的效力

我国《企业破产法》第100条第3款规定:“和解债权人未依照本法规定申报债权的,在和解协议执行期间不得行使权利;在和解协议执行完毕后,可以按照和解协议规定的清偿条件行使权利。”由于和解协议的效力及于所有和解债权人,因而无论和解债权人是否申报债权,是否出席对和解协议草案进行表决的债权人会议,是否赞成和解协议草案,和解协议均对其产生约束力。此类债权人与依法申报债权的和解债权人相比,权利行使进一步受到了限制。在和解协议执行期间内不得要求清偿,在和解协议执行完毕后,他们才可以按照和解协议约定的清偿条件向债务人行使权利。[①] 未申报债权的和解债权人,不能得到比其他和解债权人更优越的清偿,否则对依法申报债权并按和解协议获得清偿的债权人来说是不公平的。

3. 对债务人的保证人、其他连带债务人的效力

我国《企业破产法》第101条规定:“和解债权人对债务人的保证人和其他连带债务人所享有的权利,不受和解协议的影响。”和解协议的效力不及于债务人的保证人或连带债务人,这是各国破产立法上的普遍规定。也就是说,即使和解协议中规定了延期清偿、债务减免等内容,债权人仍有权按原来的约定内容对保证人及其他连带债务人行使权利。破产法的这一规定与最高人民法院《关于适用〈中华人民共和国担保法〉若干问题的解释》第30条[②]的规定不同,由于破产法是特别法,担保法是一般法,在此应适用特别法优于一般法的原则。破产法之所以如此规定,主要是基于以下几个因素。

其一,和解协议中已包含有债务延期清偿或减免的条款,如果再允许和解协议的效力及于保证人、连带债务人,会使债权人进一步丧失维护自身债权利益的保障。

其二,债权人设立保证或连带债务的本义,就是为了使保证人或者其他连带债务人在债务人无力清偿债务尤其是破产时承担责任,债权人在和解协议中的让步更

---

① 参见王欣新主编:《破产法原理与案例教程》(第2版),中国人民大学出版社2015年版,第281页。

② 最高人民法院《关于适用〈中华人民共和国担保法〉若干问题的解释》第30条规定:“保证期间,债权人与债务人对主合同数量、价款、币种、利率等内容作了变动,未经保证人同意的,如果减轻债务人的债务的,保证人仍应当对变更后的合同承担保证责任;如果加重债务人的债务的,保证人对加重的部分不承担保证责任。债权人与债务人对主合同履行期限作了变动,未经保证人书面同意的,保证期间为原合同约定的或者法律规定的期间。债权人与债务人协议变动主合同内容,但并未实际履行的,保证人仍应当承担保证责任。”

多是不得已而为之,如因此而相应减轻保证人的责任,就与保证及连带债务设立的宗旨相违背,债权人设置担保的目的就无法达成。

其三,和解协议是依据"多数决"的原则表决通过的,如果和解协议效力及于保证人、连带债务人,就意味着和解协议达成的债务减免将同时减轻保证人及连带债务人的责任。此时,就可能迫使设有保证担保及连带债务的债权人为了维护自身利益在表决时反对和解协议,从而使和解成功的可能性降低甚至丧失。

(三)和解协议的效力瑕疵

和解协议基于其契约属性以及契约效力的一般规定,其法律效力也存在有效、无效、可撤销及效力待定的情形。但是,由于和解协议经过了债权人会议表决通过且经法院认可,并且一经生效还会发生按照和解协议清偿的后果,因而除非存在严重的意思表示瑕疵,不应否定其效力或使其效力处于不确定状态。因此,各国(地区)破产法基本上都不按照契约效力的一般规定来处理和解协议的效力。① 关于和解协议瑕疵的法律后果,我国破产法未规定可撤销制度,仅规定了无效制度。我国《企业破产法》第103条规定:"因债务人的欺诈或者其他违法行为而成立的和解协议,人民法院应当裁定无效,并宣告债务人破产。有前款规定情形的,和解债权人因执行和解协议所受的清偿,在其他债权人所受清偿同等比例的范围内,不予返还。"

对和解协议的无效事由,应从当事人的意思行为、和解协议的内容是否违法等方面进行判断和认定。如果和解协议因债务人的欺诈或者其他违法行为而成立,如存在债务人与部分债权人恶意串通损害其他债权人利益,和解协议内容违反法律、公共道德或者社会公共利益等情况,法院经审查确认,应裁定和解协议无效,同时宣告债务人破产。

根据民法的原理,协议被认定无效是具有溯及力的,即追溯到协议成立之时自始无效。有些被裁定无效的和解协议,可能已经履行了一段时间,无效和解协议履行期间债权人所受到的清偿,根据法理应当返还给债务人。但若其他债权人都已经得到了同等比例的清偿,该债权人并未因和解协议的履行造成比其他债权人多受偿,故不须返还,以免再重复进行分配,徒增负担。故我国《企业破产法》第103条第2款规定:"有前款规定情形的,和解债权人因执行和解协议所受的清偿,在其他债权人所受清偿同等比例的范围内,不予返还。"若因和解协议的履行造成部分债权人

① 参见范健、王建文:《破产法》,法律出版社2009年版,第242页。

比其他债权人多受偿,则裁定和解协议无效后,必须由该部分债权人将较其他债权人多受偿的部分返还给债务人用于公平分配,以维护破产法的公平清偿原则。

二、和解协议的执行

(一)和解协议的执行

我国《企业破产法》第 102 条规定:“债务人应当按照和解协议规定的条件清偿债务。”和解协议草案经债权人会议表决通过,并经法院审查裁定认可后即生效。生效的和解协议对债务人发生约束力。作为和解协议的执行主体,债务人应当全面履行和解协议条款的具体内容,包括管理和处分财产、清偿债务等。

和解在很大程度上体现了债权人和债务人的自由意志,但债务人控制企业的所有资产以及债务人继续经营企业的现状,使债权人与债务人双方存在较大的信息不对称,和解协议可能不被严格执行,诸如欺诈性转移资产等债务人侵害债权人利益的情况时有发生。[①] 为了避免债务人通过恶意转移、隐匿财产等行为侵害债权人的利益,确保债务人诚实履行和解协议,设置相应的监督机制是十分必要的。关于和解协议的执行监督破产法并没有作出相应规定。在实践中,为了解决和解协议执行过程中的监督问题,有些法院参照破产重整程序的监督机制,由债权人委员会对和解协议的执行情况进行监督,此种模式不失为一种有效的手段。

此外,债务人履行和解协议还面临担保物权人要求行使担保权的挑战。由于有财产担保的债权人不属于和解债权人,不受和解协议的约束,如果担保债权人坚持行使担保权,要求拍卖债务人生产经营必需的土地、厂房、机器设备等资产,企业可能难以正常经营,挽救债务人的目的很可能会落空。如果没有外部力量如重组方、担保方对和解协议的履行提供支持,和解往往很难得到保障。因此,在实践中和解协议能否执行,最大的问题在于能否取得有财产担保的债权人的支持。

(二)和解协议的终止执行

和解协议的终止执行,是指在和解协议生效后,由于出现了法定事由,法院依和解债权人的请求裁定终止和解协议的执行。对于和解协议的终止执行,我国《企业破产法》第 104 条作出了详细的规定,债务人不能执行或者不执行和解协议的,人民

---

① 参见张钦昱:《破产和解之殇——兼论我国破产和解制度的完善》,载《华东政法大学学报》2014 年第 1 期。

法院经和解债权人请求，应当裁定终止和解协议的执行，并宣告债务人破产。人民法院裁定终止和解协议执行的，和解债权人在和解协议中作出的债权调整的承诺失去效力。和解债权人因执行和解协议所受的清偿仍然有效，和解债权未受清偿的部分作为破产债权。前款规定的债权人，只有在其他债权人同自己所受的清偿达到同一比例时，才能继续接受分配。有本条第1款规定情形的，为和解协议的执行提供的担保继续有效。

根据上述规定，关于和解协议的终止执行应注意以下几个问题。

1. 债务人不能执行或者不执行和解协议是和解债权人申请终止执行和解协议的唯一法定事由。所谓“不能执行”意味着债务人客观上缺乏履行能力，无力履行。所谓“不执行”意味着债务人客观上具备一定的履行能力，但主观上不愿履行、拒绝履行。法院裁定终止执行和解协议的同时，还要宣告债务人破产，从而将破产和解转换为破产清算。这也就意味着，和解协议不具有强制执行的法律效力。在债务人不能执行或者不执行和解协议时，和解债权人只能请求人民法院裁定终止和解协议的执行，并宣告债务人破产，不能向法院申请强制执行和解协议。

2. 和解协议终止执行的实质是和解协议被解除。和解协议终止执行后，和解债权人和债务人在和解协议中达成的债权调整及让步均失去效力。之前未申报债权的债权人，可依据我国《企业破产法》第56条的规定，在破产财产最后分配前补充申报债权。

3. 和解协议终止执行后，债权人依和解协议已经获得的清偿仍然有效，无须返还。和解协议之所以被解除，并非是因为协议本身具有违法或无效的情形，而是因为债务人不履行或不能履行协议，和解协议已无存在必要而被解除。和解协议本身是依法成立，在协议解除前的部分履行是有法律依据的，因此和解协议终止执行后债权人依和解协议已经获得的清偿仍然有效，无须返还。但如果依据和解协议对部分债权人的清偿具有明显的欺诈故意，是债权人和债务人双方恶意串通进行的偏袒性清偿，其他债权人可以请求人民法院对偏袒性清偿中超过其他债权人所受清偿同等比例以外的部分予以追回，在破产程序中统一分配。①

4. 为和解协议的执行提供的担保继续有效。债权人要求提供担保的目的在于防止因债务人不履行和解协议而受到损害。如果因债务人不能执行或者不执行和

① 参见王欣新：《破产法》（第3版），中国人民大学出版社2011年版，第240页。

解协议,导致和解协议终止执行,而担保条款也随和解协议的终止而失效,实际上相当于没有提供担保,这与当事人当初设立担保的本义是相违背的。

第四节　破产和解的司法实践

一、"重庆博尔斯泰汽车配件有限公司破产和解案"

重庆博尔斯泰汽车配件有限公司(以下简称博尔斯泰公司)成立于2006年6月27日,注册资本500万元,主要经营范围为汽车零部件和摩托车零部件的技术开发及生产、销售。近年来,由于原材料价格上升、产品更新换代较慢、生产线老化等原因,导致市场订单减少,公司销售额逐年下滑。2016年8月23日博尔斯泰公司以资金严重不足、现有财产无法清偿到期债务为由向重庆市第五中级人民法院申请破产清算。重庆市第五中级人民法院于2016年11月16日裁定受理博尔斯泰公司破产清算申请,并指定重庆市南岸区人民法院审理。

在破产清算过程中,管理人对博尔斯泰公司的资产及债权债务进行了全面清理。经查,公司资产负债率高达243.56%,申报债权人14名,涉及债权395.42万元。如果仅就现有资产进行清算处理,清偿率不足5%。而博尔斯泰公司破产仅仅是因为流动资金出现困难,公司的生产、销售框架仍然是完整的,公司仍有挽救的可能性。如果通过和解给予企业一定的宽限期,由企业生产自救,则既能保留企业的主体资格,也能最大限度保护债权人的利益,实现债权人和企业的双赢。重庆市南岸区人民法院通过了解发现,股东对公司有追加投资的意愿,职工对公司也抱有存续的期望,只要制订出切实可行的和解方案,公司完全能够起死回生。法院在初步征求部分债权人的意见后,引导博尔斯泰公司在第一次债权人会议之前,向法院申请和解,并要求管理人协助债务人制定和解协议草案。

2017年8月24日重庆市南岸区人民法院主持召开第一次债权人会议,管理人在公布债务人博尔斯泰公司的财产状况和相关债权申报情况的同时,就债务人申请和解事宜以及和解协议草案的内容向债权人进行了披露和通报。和解协议草案主要载明,由博尔斯泰公司股东自愿承担公司所有债务,职工债权、税收债权等100%清偿,普通债权按照75%的比例进行清偿,偿还期限为和解协议通过后3个月。出席会议的14名债权人对债务人提出的和解申请均无异议,对和解协议草案的内容也全部予以认可,表决通过率达100%。在债权人会议上,法院在裁定破产清算转破产和解的同时,还裁定认可和解协议并终止和解程序。随后,在3个月的和解协议执行期间,管理人严格监督债务人执行和解协议,债务人股东依约将全部款项转入管理人专户,由管理人按照和解协议内容向债权人进行清偿。截至2017年12月20日,债权按照和解协议的约定清偿完毕,企业恢复了生产经营。

该案对于破产清算转为破产和解时,如何简化程序以提高案件审理效率进行了有益探索。我国的破产和解制度设计颇为烦琐,如何在不影响对债权人、债务人及其他利害关系人的权利保护的前提下,对程序进行适当合并和简化,是在司法实践中面临的重要问题。该案中,法院受理破产清算申请后进行了公告,确定了第一次债权人会议召开的时间,其后债务人向法院申请和解。按照破产法的规定,在法院受理破产申请后、宣告债务人破产前,法院经审查认为和解申请符合法律规定的,应当裁定和解并公告,召集债权人会议讨论和解协议草案。如果重新进行公告,案件的审理周期就会延长。为了尽快推进程序,本案对相关程序环节进行了合并,在法院裁定受理破产和解申请之前,直接在债权人会议上对和解协议草案进行表决,既提高了审理效率、节约了司法资源,也丰富了破产和解的实践。

二、"重庆市江津区朝禄机械有限公司破产和解案"

重庆市江津区朝禄机械有限公司(以下简称朝禄公司)系民政福利企业,成立于2004年3月20日,注册资本52万元,经营范围为生产、销售通用机械零配件、发动机零部件等。因无法取得金融贷款,朝禄公司不得不采用民间借贷的方式融资,高额利息加重了企业的负担,造成企业资金链断裂。加之,经济形势下行、市场不景气导致企业部分应收账款无法及时收回,最终企业陷入困境。2016年6月8日重庆市江津区人民法院根据重庆市第五中级人民法院的指定立案审理"朝禄公司破产重整案"。经管理人清理,朝禄公司的资产约为1000万元。截至2017年3月10日,管理人审核确认的债权人为60家,金额为81,796,485.18元。若进行破产清算,扣除破产费用和共益债务、职工债权、税收债权,普通破产债权的模拟清偿率约为8.18%。

在审理过程中,债务人及管理人均无法提出具备可行性的重整计划草案。第一次债权人会议召开后,债务人与债权人就和解问题进行了协商,多数债权人同意和解。朝禄公司向重庆市江津区人民法院申请和解并提交了和解协议草案。2017年3月12日重庆市江津区人民法院裁定转和解程序。2017年3月24日朝禄公司召开第二次债权人会议,对和解协议草案进行表决,最终通过了和解协议。和解协议的主要内容为:和解清偿率为100%;偿债资金主要源于应收账款及公司恢复生产后的经营利润,另外,股东承诺对所有债务承担连带责任,并自愿拿出个人资产用于清偿债务;和解协议的执行期限为18年,第1~5年每年清偿2%,第6~10年每年清偿4%,第11~15年每年清偿8%,第16~18年每年清偿10%,每年清偿一次。债权人会议还决定设立债权人委员会对企业执行和解协议进行监督,并帮助解决企业在经营过程中的相关问题。2017年3月28日法院裁定认可和解协议并终止和解程序。

该案对于和解协议的执行监督问题进行了有益的探索。由于该案和解协议执行期限较长,如果不对债务人履行和解协议设定有效的监督方式,一旦发生债务人侵害债权人的情形,就难以及时发现并采取补救措施。该案中,采取的是由债权人会议选举出债权人委员会对债务人履行和解协议及经营情况进行监督,从而解决了债权人对债务人执行和解协议的监督问题,也比较便于操作。

第十二章　拯救企业与“基本解决执行难”

第一节　“基本解决执行难”面临的问题

一、“执行难”的概念

正确认识“执行难”是“基本解决执行难”的首要问题。社会公众意识里的“执行难”与司法层面的“执行难”存在较大差异。执行申请人认为,只要判决确认的“纸上权利”未转换为实实在在的“真金白银”都应当归入“执行难”。社会公众对于执行的认识存在偏差和过高的期望,忽视了执行的前提是有可被执行的财产,故而会有无法全部转化为实质权利的法律文书均是“法律白条”这样的意识。事实上,在财产执行案件中,被执行人的履行能力是相对静止的,即被执行人的财产是固定的。以被执行实际可控执行的财产为基础,可将执行案件分为两类:即有财产类执行案件和无财产类执行案件,后者也就是通常意义上的执行不能。执行不能的案件,不存在执行的前提,无财产可供执行,无论采取何种手段和方式都不能实现权利的转化,这类客观执行不能的情况是属于当事人在商业活动中应当承担的商业风险或者法律风险,不应该被纳入“执行难”的外延。①

社会公众将以上两种分类均视为“执行难”虽可理解,

---

① 参见胡志光、尚彦卿:《解决执行难问题的实施标准——以深圳中院基本解决执行难为样本》,载《人民司法(应用)》2016 年第 19 期。

但是这不属于当前“基本解决执行难”的准确定位。“执行难”是指存在可供执行的财产而在执行过程中因存在各种阻碍执行的因素,例如,当事人转移财产、“人间蒸发”逃避执行、相关单位的不协助甚至地方政府的干预等,①使存在可供执行财产的案件最终无法“变现”。最高人民法院在《关于解决“执行难”问题的报告》中指出的“被执行人难找、被执行人财产难寻、协助执行人难求、应执行财产难动”是“执行难”典型表现形式。正确认识和分辨“执行难”和执行不能是“基本解决执行难”的前提和基础,只有作出正确的认识和区分,才能稳步有序地推进“基本解决执行难”。如果将无财产可供执行的案件也纳入“执行难”,这会让“基本解决执行难”演变成一个遥不可及的任务。②

既然辨别执行不能与“执行难”是“基本解决执行难”的前提,那么首先要明确的是何为执行不能?执行不能通常是指无财产可供执行的案件,现有的财产处置后亦无法履行,或者虽有财产但事实上无法执行的一种执行状态。③ 笼统来说,就是被执行人无财产或者客观上属于无法执行。生效法律文书能否转化为实实在在的财产利益的基础是案涉当事人是否具备可供执行的财产以及有多少财产,如果案涉当事人客观上没有财产,或是财产不足以清偿债务,这就意味着执行程序启动之前,案件已处于事实执行不能或是不能执行到位。④ 据相关统计数据显示,目前在法院立案的强制执行案件中大概有40%的案件是这一类。通常而言,又可分为两种情况,即企业法人债务和自然人债务。首先是企业法人债务,被执行企业负债率奇高无净资产、早已停止运营,完全符合破产标准,更有甚者属于“三无企业”,即无财产、无人员、无场所的“僵尸企业”,对这类企业的执行产生了大量“僵尸案件”;2017年发布的执行案件的数据显示,进入执行的“僵尸企业”多达20万家,相关联的执行案件超

---

① 参见景汉朝、卢子娟:《“执行难”及其对策》,载《法学研究》2000年第5期。也有人认为,“执行难”是个历史范畴的概念,其本身是一个执行过程或者司法过程,将执行难分为狭义和广义的“执行难”。认为狭义的“执行难”是指执行人员在执行个案中,因某种来自内部或外部的非法对抗执行的行为,而使其不能实施执行行为或实施的执行行为不能继续进行的执行过程。广义的“执行难”是指人民法院在执行程序中,因受到社会、政治、经济、舆论等诸多方面的非法干预和影响,而使其组织实施执行措施不能或者实施的执行措施失去功效,致使执行当事人的合法权益受到损害、执行秩序遭受破坏的司法过程。参见高执办:《“执行难”新议》,载《人民司法》2001年第5期。

② 参见冯一文:《我国民事强制执行模式变革论——以回应当事人“执行难”责难为归宿》,载《河北法学》2010年第8期。

③ 参见胡志光、尚彦卿:《解决执行难问题的实施标准——以深圳中院基本解决执行难为样本》,载《人民司法(应用)》2016年第19期。

④ 参见莫国繁、黎静:《法院判决“执行难”现状、原因及对策研究》,载《江南论坛》2009年第12期。

过100万件,一些规模较大的“僵尸企业”关联的执行案件多达万余件。其次是自然人债务,诸如交通事故纠纷、人身伤害纠纷等偶发性和突然性案件一旦发生,可能导致大量的赔偿,而被执行人自始财力有限,有些更是“家徒四壁”,无力清偿。①

最高人民法院在第十二届全国人大第四次会议上庄严承诺“要用两到三年时间,基本解决执行难问题,破除实现公平正义的最后一道藩篱”。要实现“基本解决执行难”,就要在区分案件性质的基础上,集中有限的司法资源努力解决有财产可执行的案件,确保这类案件能够得到及时有效的执行。推进“基本解决执行难”,应当也必须将“执行不能”和“执行难”划界区分。只有在区分“执行不能”案件的基础上节约司法资源,才有可能将财力和物力集中用于真正的“执行难”案件,否则将会变相增加“基本解决执行难”的难度。②

二、“执行难”的成因

“执行难”已成为一种普遍社会现象,导致这一现象出现的原因十分繁杂。既有法治文化氛围欠佳、社会信用体系缺失、相关法律法规滞后等外部宏观因素,也有执行制度缺位不畅、执行落实力度不够、人员素质不到位等内部微观因素;既有制度、程序、环境等客观原因,也有不够重视、不够尽力等主观原因。③ “基本解决执行难”就是要通过完善程序、变革机制和建设制度等一系列措施,补齐执行工作“短板”,为最终解决“基本解决执行难”,实现“纸上权利”转化为实质财产打好基础。根据最高人民法院《关于落实“用两到三年时间基本解决执行难问题”的工作纲要》,“基本解决执行难”的目标有四个方面:“一是使被执行人规避执行、抗拒执行和外界干预执行现象基本得到遏制;二是执行法院消极执行、选择执行、乱执行的情形基本消除;三是无财产可供执行案件终结本次执行的程序标准和实质标准把握不严、恢复执行等相关配套机制应用不畅的问题基本解决;四是有财产可供执行案件在法定期限内基本执行完毕,人民群众对执行工作的满意度显著提升,人民法院执行权威有效树立,司法公信力进一步增强。”

---

① 参见《如何正确看待“执行不能”——坚决如期打赢“基本解决执行难”决胜仗系列评论》,载《人民法院报》2018年7月2日,第1版。

② 参见刘建国:《分清“执行难”与“执行不能”》,载《人民法院报》2018年7月13日,第2版。

③ 参见江必新:《强化内部治理 有效解决“执行难”》,载《法律适用》2010年第7期。

第二节　“执转破”制度概述

执行案件移送破产的制度简称“执转破”，具体是指执行过程中人民法院发现被执行人的财产无法清偿到期债务，依据已掌握的证据，符合破产法所规定的申请条件，从而通过法定程序将案件移送破产审判部门进行审查，以期通过破产程序统一解决相关的“执行难”问题，进而化解社会矛盾的法律制度。①

破产程序和执行程序作为两个独立的程序，长期以来缺乏有效的互动、衔接。2015 年 2 月 4 日施行的《民事诉讼法解释》确立了“执转破”制度，其中第 513 条至第 516 条的相关内容对此进行了详细的规定，进而从制度上建立了企业法人作为被执行主体的案件从执行程序转入破产程序的途径。在历经两年的司法实践探索之后，②最高人民法院于 2017 年 1 月 20 日公布实施《执转破意见》，进一步完善了“执转破”制度的相关规则。

一、“执转破”制度的现实意义

（一）推动解决“执行难”

通常情况下，当事人通过司法程序解决争端、实现债权，需经历“立案—审判—执行”3 个环节，最后通过执行将“纸上权利”转换成实际的财产权，这是司法实现债权的常规方式。但是由于市场主体退出机制不完善，许多“僵尸企业”未正常退出市场，与其相关的执行案件无法实现实质执行，导致大量的积案已成为执行工作的“拦路虎”。通过“执转破”可以对“僵尸企业”进行正常清算完成退市，每一家“僵尸企业”的破产清算退市，都将有效解决相关的长期未结的执行案件。

---

① 参见丁海湖、田飞：《“执转破”操作模式及相关实务问题研究》，载《法律适用》2017 年第 11 期。

② 《民事诉讼法解释》颁布后，全国多家法院先后出台了“执转破”相关的规范性文件。如浙江省高级人民法院 2016 年 5 月 9 日通过了《关于执行程序与破产程序衔接若干问题的纪要》、江苏省高级人民法院于 2016 年 7 月 4 日通过了《关于规范执行案件移送破产的若干规定》、广东省高级人民法院 2016 年 11 月 17 日通过了《关于执行案件移送破产审查的若干意见》、重庆市第五中级人民法院 2015 年 3 月 5 日通过了《执行案件转破产程序的规定（试行）》、温州市中级人民法院于 2016 年 6 月 7 日通过了《关于执行移送破产程序的会议纪要》、吉林市中级人民法院于 2016 年 6 月 15 日通过了《关于规范执行程序与破产程序衔接若干问题的意见》。另外，江苏省常熟市人民法院、江苏省淮安市洪泽区人民法院、江苏省启东市人民法院等基层人民法院也出台了相应规范性文件。

(二)实现债权人公平受偿

强制执行程序是当事人实现债权最直接的首要选择。但通过执行实现债权的前提条件是被执行人存在能够被执行的财产,被执行人能够履行而不履行。但在实践中仍有不少执行案件的被执行人所持有的财产并不能清偿全部债务。有的当事人在诉讼启动时就已对债务人财产采取了相关的保全措施,保全了可供执行财产,强制执行程序是最快速的实现清偿的方式。但对于那些未保全到可供执行财产的债权人甚至是未进入诉讼程序的债权人,无法获得清偿的风险是极大的。执行转入破产程序可以将多个执行案件以及尚未进入诉讼的其他债权全部进行统一处理,使每一个债权人都能够公平受偿。这样不仅可以解决"执行难",还可以有效保障所有债权人的合法权益。

(三)维护交易秩序

在一个信用体系缺失或者不健全的社会,债权人、政府、司法机构、第三人均难以得知企业的资信状况,已经符合破产条件的企业继续从事市场活动,会大大增加交易风险,使不了解情况的交易相对人陷入困境,阻碍市场秩序,影响交易安全。① 而在执行程序中将发现符合破产条件的企业通过一定的法定程序转入破产程序后,企业活动将在管理人监督下进行,为继续经营的必要而产生的费用也将转为破产的共益费用,不仅相对人的知情权能够得到保障,而且也降低了交易风险。

(四)拯救有挽救价值的企业

通过"执转破"制度,将具备破产原因的企业转入破产程序,尤其是通过重整或者和解程序,可以挽救仍有重整价值,仅因短暂的资金周转或经营出现问题,而无法清偿债务的企业。要探索有针对性的运用破产制度化解企业债务负担和经营风险的可行性路径,"执转破"制度正是这一路径的重要起点。

二、"执转破"程序的启动

(一)"执转破"启动的理论设计

"执转破"的启动主要有申请主义、职权主义和有限职权主义三种理论思路和制

---

① 参见沈志先主编:《破产案件审理实务》,法律出版社 2013 年版,第 64 页。

度设计。①

1. 申请主义

申请主义,是指债务人存在不能清偿到期债务且资产不足以清偿全部债务或明显缺乏清偿能力等破产原因的,由债权人或债务人向法院请求对债务人适用破产程序。没有破产申请,法院不能对债务人适用破产程序。② 即使是在执行过程中发现债务人符合破产条件,仍然应当依据债权人或者债务人主动的申请,才能转入破产程序。

2. 职权主义

职权主义,即“法院不俟当事人之声请,依职权宣告债务人破产之主义”,③很多国家或地区将法院依职权开始破产程序作为申请主义的补充。④

3. 申请主义之下的职权主义辅助模式

《民事诉讼法解释》及《执转破意见》均未规定法院可以依职权将执行不能的案件移送破产审查。主要原因是目前法律层面上并无“执转破”的规定,如果允许法院依职权启动“执转破”程序,将突破我国《企业破产法》的规定,全国人大法工委认为,以司法解释或司法政策形式突破现行法律规定有所不妥,不同意采用职权主义。⑤ 因此《执转破意见》规定,需申请执行人与被执行人书面同意,才能将执行案件移送破产审查。⑥

针对“执转破”申请主义模式在实践中的运行困境,有学者认为,将法院依职权启动“执转破”程序作为申请主义的补充,十分必要。“构建法院依职权启动执转破程序,作为申请主义的有益补充,是完善和落实执转破制度的可行路径;有利于将本就丧失经营资格、应当强制清算的企业借助破产程序完成市场出清;有利于节约有

① 参见郭洁、郭云峰:《论执行与破产的对接程序》,载《人民司法》2015 年第 11 期。

② 参见邹海林:《破产法:程序理念与制度结构解析》,中国社会科学院出版社 2016 年版,第 68 页。

③ 吴传颐编著:《比较破产法》,商务印书馆 2013 年版,第 159 页。

④ 参见王欣新主编:《破产法原理与案例教程》,中国人民大学出版社 2015 年版,第 43 页。

⑤ 《民诉法司法解释(征求意见稿)》关于直接移送破产制度征求人大法工委意见时,人大法工委反馈“该规定与破产法的规定不一致,是否妥当,建议进一步研究”。参见沈德咏主编:《最高人民法院民事诉讼法司法解释的理解与适用》,人民法院出版社 2015 年版,第 1364 页。

⑥ 参见王富博:《〈最高人民法院关于执行案件移送破产审查若干问题的指导意见〉的理解与适用》,载杜万华主编:《商事审判指导》(总第 43 辑),人民法院出版社 2017 年版,第 46 页。

限的司法资源。”①破产法不仅具有保障债务公平清偿、保护债权人债务人合法权益的私法属性,而且还具有保障市场经济优胜劣汰规则充分发挥效用、维护市场有序运行的社会法属性,在市场主体退出机制失灵的情况下,国家公权力适当介入和调整破产程序的启动,作为申请主义的补充,具有必要性和正当性。特别是在当前执行案件多、化解难与破产案件少、启动难并存的情况下,对无财产、无住所、无人员的“三无”案件以及被执行人已经解散但未自行清算的执行不能案件等部分特殊类型的案件,采用人民法院依职权启动“执转破”程序具有现实合理性。在今后破产法进行修订时,有必要增加法院依职权启动“执转破”的规定,弥补现行破产法的不足。

(二)我国“执转破”制度的选择与突破

在坚持申请主义的前提下,我国的“执转破”制度较传统的申请主义,有以下几方面的突破。

一是在主动申请之外增加了书面同意的方式。传统的破产申请,需要利害关系人向法院提交破产申请书,载明其申请企业破产的意思表示。但“执转破”案件有所不同,根据《执转破意见》的规定,只需要利害关系人书面同意将执行案件移送破产审查即可。即利害关系人想要申请企业破产,有3种途径:(1)直接申请破产,向破产受理法院提交破产申请书。(2)向执行法院提交将案件移送破产审查的书面申请。(3)在执行法院征询其是否同意将案件移送破产审查时,书面表示同意。书面同意的方式,既可以在法院征询笔录上签字确认,也可以在移送破产审查同意书上签字确认。

二是彻底排除企业法人适用参与分配制度,倒逼债权人申请破产。参与分配是在被执行人的财产不能清偿所有债权人的全部债权时,申请执行人以外的,已取得执行依据的债权人,申请加入已经开始的执行程序,法院用可供执行财产对各债权人按法定顺序公平清偿的一种制度。根据最高人民法院《关于人民法院执行工作若干问题的规定试行》(以下简称《执行规定》)第96条的规定,参与分配制度适用的对象,不仅包括自然人、其他组织,还包括企业法人。参与分配制度体现了执行中的

① 韩蓉、徐阳光:《执行不能转破产之问题与对策研究》,载王欣新、郑志斌主编:《破产法论坛》(第12辑),法律出版社2016年版,第313页。持肯定观点的文献还有:王欣新:《破产与执行程序的合理衔接与转换》;郭毅敏:《发挥破产审判职能建立执行不能案件退出机制》;李季宁:《法院依职权将执行程序转入破产程序相关问题研究》;等等。参见王欣新、郑志斌主编:《破产法论坛》(第9辑),法律出版社2015年版。

多数债权平等而不是个别债权优先原则。[①] 客观而言,参与分配制度抑制了在后申请的债权人提起破产申请的意愿。[②] 但《民事诉讼法解释》实施后,企业法人的其他已经取得执行依据的普通债权人申请根据参与分配制度,按比例受偿得不到人民法院的支持,而需要按对财产进行查控的先后顺序进行清偿。[③] 从而促使未能查封、扣押、冻结被执行人财产的普通债权人,为了避免毫无所获,积极申请或同意被执行企业破产,以便在破产程序中获得相应利益。

三是强化了法院的征询告知义务,强调法院对“执转破”的推动作用。“执转破”可以在一定程度上解决破产程序启动难的问题,人民法院在执行程序中发现被执行人具备破产原因后,并非完全消极被动地等待当事人申请,而是要发挥一定的主动性、能动性,通过司法引导积极推动“执转破”程序的开启。[④] 执行法院在进行征询告知时,应注意以下 3 点:(1)询问要及时。所谓及时,是指一旦发现被执行人具备破产原因,即应启动征询程序,而不是将便于处置的财产先行处置,待被执行人已经无财产可供执行时,才启动征询程序。(2)利害要讲清。对于破产程序的优势,不进入破产程序的劣势,转与不转的利弊,要给当事人讲清楚、说透彻,通过分析释明,以帮助当事人正视现实、增强紧迫感、改变“宁执不破”的投机心理,使其真正认识到只有尽早进入破产程序才能充分实现各方主体利益。[⑤] (3)工作要细致。所谓工作细致,主要是指询问对象的选择要有策略。如果对申请执行人进行告知,应尽量选择通过执行程序无法获得清偿,而通过破产程序能够获得部分清偿的申请执行人,重点做工作。对于已经查控到被执行人财产,进入破产后,能够获得清偿的债权可能会少于个案执行的申请执行人,以及债权金额过小,在破产程序中按比例清偿所得可以忽略不计的申请执行人,因其对申请破产缺少利益驱动,通常不宜作为征询的首选对象。

---

① 参见王欣新:《参与分配制度不应与破产法相冲突》,载《人民法院报》2014 年 4 月 30 日,第 8 版。

② 参见沈志先主编:《破产案件审理实务》,法律出版社 2013 年版,第 63 页。

③ 《民事诉讼法解释》第 516 条规定:“当事人不同意移送破产或者被执行人住所地人民法院不受理破产案件的,执行法院就执行变价所得财产,在扣除执行费用及清偿优先受偿的债权后,对于普通债权,按照财产保全和执行中查封、扣押、冻结财产的先后顺序清偿。”

④ 参见王富博:《〈最高人民法院关于执行案件移送破产审查若干问题的指导意见〉的理解与适用》,载杜万华主编:《商事审判指导》(总第 43 辑),人民法院出版社 2017 年版,第 48 页。

⑤ 参见周建良:《加强执转破有关事宜的告知和征询工作》,载《人民法院报》2017 年 9 月 27 日,第 7 版。

三、"执转破"条件的审查

《执转破意见》第 2 条规定,"执转破"需被执行人不能清偿到期债务,并且资产不足以清偿全部债务或者明显缺乏清偿能力。而"不能清偿到期债务,并且资产不足以清偿全部债务或者明显缺乏清偿能力"正是我国《企业破产法》第 2 条对破产原因的规定。因此,执行法院在判断是否应该移送破产审查时,与受移送法院在判断是否应该受理破产申请时,其判断标准一致,都以我国《企业破产法》第 2 条以及《破产法司法解释(一)》的相关规定,来具体认定是否具备破产原因。

既然判断标准一致,为什么受移送法院对于"执转破"的案件,仍然要进行审查,而不是直接裁定受理? 主要原因在于,二者是在不同的程序阶段、依据不同的证据分别作出的判断,即便是相同的证据,分析的角度也不尽相同,因此在结论上也可能会出现不一致的情况。① 受移送法院的审查,除是否具备破产原因外,还应重点审查三个方面的内容:一是"执转破"是否为当事人的真实意思表示,执行法院在执行过程中,未如实告知当事人"执转破"的后果,当事人因误解而同意"执转破"。根据我国《企业破产法》第 9 条的规定,受理破产申请前,申请人可以撤回申请。受移送法院查明"执转破"并非当事人真实意思表示,经过释明当事人仍不愿意被执行人破产的,应参照我国《企业破产法》第 9 条的规定,允许当事人撤回"执转破"申请。二是审查债务人的股东是否愿意提前缴纳出资或增加投资,使企业的破产原因消除。根据我国《企业破产法》第 35 条的规定,受理破产后,股东未到期的出资加速到期。我国《公司法》修订后,多数企业是认缴制,出资期限尚未届满,如果股东能够提前缴纳出资,企业可以清偿到期债务,避免破产。但除破产法外尚无法律规定,在企业不能清偿到期债务时,可以要求股东提前出资,因此股东并无紧迫感,受移送法院应向企业及其股东释明相关规定。三是审查是否具有管辖权。

四、"执转破"案件的管辖

"执转破"案件的管辖问题与审判管理、审判任务配置、"执转破"的效率直接相关,影响破产审判专业化建设。对于"执转破"案件的地域管辖,仍然应当坚持破产

① 参见王富博:《〈最高人民法院关于执行案件移送破产审查若干问题的指导意见〉的理解与适用》,载杜万华主编:《商事审判指导》(总第 43 辑),人民法院出版社 2017 年版,第 44 ~45 页。

案件的地域管辖原则，由被执行人住所地法院管辖。具体可参见前文中关于破产案件管辖的一般规定。对于级别管辖，在实务中的认识并不一致。在司法实践中，对于非“执转破”破产案件的级别管辖，一直是按照我国《破产法规定》第2条确定级别管辖。虽然有学者认为，“执转破”案件应以基层人民法院管辖为原则，以中级人民法院管辖为例外，①但《执转破意见》第3条却采相反的观点，即“执转破”案件实行以中级人民法院管辖为原则、基层人民法院管辖为例外的级别管辖制度。中级人民法院经高级人民法院批准，也可以将案件交由具备审理条件的基层人民法院审理。

2016年6月21日最高人民法院下发了《关于在中级人民法院设立清算与破产审判庭的工作方案》，要求直辖市应当至少明确一个中级人民法院设立清算与破产审判庭，省会城市、副省级城市所在地中级人民法院应当设立清算与破产审判庭。该方案中同时规定，中级人民法院设立的清算与破产审判庭一般管辖地（市）级以上（含本级）工商行政管理机关核准登记公司（企业）的强制清算与破产案件。而随着企业登记制度的改革，地（市）级以上（含本级）工商行政管理机关核准登记公司（企业）数量较少，由中级人民法院审理的破产案件数量不多。《执转破意见》将“执转破”案件主要分配给中级人民法院审理，主要是希望保障中级人民法院的破产案件数量，提高破产审判人员的素质，促进中级人民法院的破产审判专业化建设。②

第三节　“执转破”对执行的影响

破产程序是概括执行，可以将多个债权人的利益作综合考虑，而民事执行程序是满足个别债权人利益的程序，概括执行与个别执行不能并存，破产程序作为特别执行程序，关系多数人的利益，故破产程序应优先于个别性的民事执行程序。当通过“执转破”制度启动概括执行后，正在进行中的有关债务人财产的民事执行程序应中止。

---

① 参见范健、王建文：《商法学》，法律出版社2009年版，第372页。

② 参见王富博：《〈最高人民法院关于执行案件移送破产审查若干问题的指导意见〉的理解与适用》，载杜万华主编：《商事审判指导》（总第43辑），人民法院出版社2017年版，第47～48页。

一、中止执行效力提前

我国《企业破产法》第19条规定:“人民法院受理破产申请后,有关债务人财产的保全措施应当解除,执行程序应当中止。”各国破产法均规定破产程序的开始具有中止民事执行程序的效力。具体来说,人民法院受理破产案件后,不得新立以债务人为被执行人的执行案件;已经开始而尚未执行完毕的,不得继续进行。[①] 在实践中,有的法院基于各种原因,会在破产申请后受理前加速执行,产生“先下手为强”“抢跑道”的不公平现象和偏颇受偿问题。《执转破意见》第8条规定,执行法院作出移送决定后,应当书面通知所有已知执行法院,执行法院均应中止对被执行人的执行程序。该规定将“执转破”程序中的中止执行时间前移至执行法院作出移送决定之后,有利于尽早固定被执行人财产数量,防止决定移送后仍继续个别清偿,保障债权人公平清偿。[②]

如果执行法院未按规定中止执行,如何救济?《执转破意见》并没有作出规定。虽然《破产法司法解释(二)》第5条规定,破产申请受理后,有关债务人财产的执行程序未依照我国《企业破产法》第19条的规定中止的,采取执行措施的相关单位应当依法予以纠正。依法执行回转的财产,应当认定为债务人财产。但该规定强调的是“破产申请受理后”,与《执转破意见》“作出移送决定后”不同,虽然有观点认为,在《民事诉讼法解释》第513条、《执转破意见》第8条均对中止执行有明确规定的情况下,如执行法院仍继续执行,相关当事人可以按《破产法司法解释(二)》第5条的规定,通过执行异议、执行复议等制度寻求救济,纠正违法执行后执行回转的财产,应当认定为债务人财产。[③] 但该观点与《破产法司法解释(二)》第5条的文义存在冲突,建议最高人民法院通过司法解释等方式对此进行明确。在今后破产法修订过程中,若能规定中止效力溯及申请之日,能够更加有效地保护债权人的合法权益。

人民法院受理破产案件后,对债务人财产已经开始而尚未执行完毕的,不得继续进行。如何理解执行程序“尚未执行完毕”的含义?最高人民法院曾在2004年12

---

① 参见李永军:《破产法:理论与规范研究》,中国政法大学出版社2013年版,第99页。

② 参见王富博:《〈最高人民法院关于执行案件移送破产审查若干问题的指导意见〉的理解与适用》,载杜万华主编:《商事审判指导》(总第43辑),人民法院出版社2017年版,第50页。

③ 同上书,第51页。

月22日作出的《关于如何理解〈最高人民法院关于破产司法解释〉第六十八条的请示的答复》(〔2003〕民二他字第52号)中指出:“人民法院针对被执行财产采取了相应执行措施,该财产已经脱离债务人实际控制,视为已向权利人交付,该执行已完毕,该财产不应列入破产财产。”因为该答复在我国《企业破产法》《物权法》颁布前作出,与我国《物权法》中规定的动产的交付或者不动产的登记是所有权转移的基本原则相冲突。该答复能否继续适用,在实践中分歧较大。直到最高人民法院于2017年对重庆市高级人民法院《关于破产申请受理前已经划扣到执行法院账户尚未支付给申请执行人的款项是否属于债务人财产及执行法院收到破产管理人中止执行告知函后应否中止执行问题的请示》的答复函(〔2017〕最高法民他72号)中指出:“人民法院裁定受理破产申请时已经扣划到执行法院账户但尚未支付给申请人执行的款项,仍属于债务人财产,人民法院裁定受理破产申请后,执行法院应当中止对该财产的执行。执行法院收到破产管理人发送的中止执行告知函后仍继续执行的,应当根据《最高人民法院关于适用〈中华人民共和国破产法〉若干问题的规定(二)》第五条依法予以纠正,故同意你院审判委员会的倾向性意见,由于法律、司法解释和司法政策的变化,我院2004年12月22日作出的《关于如何理解〈最高人民法院关于破产司法解释〉第六十八条的请示的答复》(〔2003〕民二他字第52号)相应废止。”对此分歧,方才盖棺定论。

此外,应当注意在宣告破产前,法院可能裁定驳回破产申请,或者可能因债务人还清债务而裁定终结破产程序。对于前者,可能需要恢复执行。[①] 而对于后者,还清债务后,自然无须再恢复执行,但是仍需要执行法院核对。因此,执行程序的中止,不能理解为“终止”,而是因破产案件的受理而暂时停止。[②]《破产法解释(二)》第8条第1款规定:“人民法院受理破产申请后至破产宣告前裁定驳回破产申请,或者依据企业破产法第一百零八条的规定裁定终结破产程序的,应当及时通知原已采取保全措施并已依法解除保全措施的单位按照原保全顺位恢复相关保全措施。在已依法解除保全的单位恢复保全措施或者表示不再恢复之前,受理破产申请的人民法院

---

① 参见李永军:《破产法:理论与规范研究》,中国政法大学出版社2013年版,第100~101页。

② 最高人民法院《关于人民法院执行工作若干问题的规定(试行)》(法释〔1998〕15号)第102条第1项规定,人民法院已受理以被执行人为债务人的破产申请的,人民法院应当依照《民事诉讼法》第234条第1款第5项(2017年修正后《民事诉讼法》第256条第1款第5项)的规定裁定中止执行。最高人民法院《关于执行案件移送破产审查若干问题的指导意见》(法发〔2017〕2号)第8条第1款规定,执行法院作出移送决定后,应当书面通知所有已知执行法院,执行法院均应中止对被执行人的执行程序。

不得解除对债务人财产的保全措施。”

二、终结本次执行程序

《执行规定》第108条规定了4种执行结案方式,但没有明确无财产可供执行案件的结案方式。一段时间内,法院对这类案件一般以中止执行的方式报结。而“中止执行”的结案方式存在诸多缺陷,部分地方法院遂开始探索以“发放债权凭证”“终结本次执行程序”等方式处理这类案件。2009年中央政法委、最高人民法院联合发布《关于规范集中清理执行积案结案标准的通知》,以规范性文件的形式认可了“终结本次执行程序”这一结案方式。2015年1月1日起施行的最高人民法院《关于执行案件立案、结案若干问题的意见》(以下简称《执行立案、结案意见》)对终结本次执行程序的结案方式、结案标准,作出了明确和具体的规定。2015年2月4日施行的《民事诉讼法解释》,则以司法解释的形式正式确立了终结本次执行程序制度。2016年12月1日起施行的最高人民法院《关于严格规范终结本次执行程序的规定(试行)》(以下简称《规范终本规定》)明确了终结本次执行程序的条件。①

《执转破意见》第8条第2款规定,在移送破产审查时,案件符合终结本次执行程序条件的,执行法院可以同时裁定终结本次执行程序。根据《规范终本规定》第1条的规定,人民法院终结本次执行程序,应当同时符合下列条件:(1)已向被执行人发出执行通知、责令被执行人报告财产;(2)已向被执行人发出限制消费令,并将符合条件的被执行人纳入失信被执行人名单;(3)已穷尽财产调查措施,未发现被执行人有可供执行的财产或者发现的财产不能处置;(4)自执行案件立案之日起已超过3个月;(5)被执行人下落不明的,已依法予以查找;被执行人或者其他人妨害执行的,已依法采取罚款、拘留等强制措施,构成犯罪的,已依法启动刑事责任追究程序。依照上述规定,未发现被执行人有可供执行财产是终本的必要条件之一,而经强制执行无可供执行财产,又是认定债务人明显缺乏清偿能力的标准之一。因此,执行法院裁定终本的案件,一般都具有破产原因。

三、终结执行

《执行规定》第105条规定,在执行中,被执行人被人民法院裁定宣告破产的,执

① 参见张美欣:《终结本次执行程序案件的彻底终结制度研究属性标签》,载《法律适用》2016年第4期。

行法院应当依照我国《民事诉讼法》第235条第6项(2017年修正后的第257条第6项)的规定,裁定终结执行。《执行立案、结案意见》第17条第1款第8项规定,被执行人被人民法院裁定宣告破产的,可以“终结执行”方式结案。[①] 终结执行与终结本次执行程序有本质区别。终结执行,是民事诉讼法明文规定的结案方式,且一旦终结,不会因为任何原因恢复执行。[②]

和解和重整制度不存在宣告破产,《执行规定》及《执行立案、结案意见》中均没有规定重整程序和和解程序结束后,是否可以终结执行。《执转破意见》注意到了这个漏洞,该意见第20条规定,受移送法院裁定宣告被执行人破产或裁定终止和解程序、重整程序的,应当自裁定作出之日起5日内送交执行法院,执行法院应当裁定终结对被执行人的执行。

根据《破产法解释(二)》第8条第1款的规定,“人民法院受理破产申请后至破产宣告前裁定驳回破产申请,或者依据企业破产法第一百零八条的规定裁定终结破产程序的,应当及时通知原已采取保全措施并已依法解除保全措施的单位按照原保全顺位恢复相关保全措施。”我国《企业破产法》第108条规定:“破产宣告前,有下列情形之一的,人民法院应当裁定终结破产程序,并予以公告:(一)第三人为债务人提供足额担保或者为债务人清偿全部到期债务的;(二)债务人已清偿全部到期债务的。”裁定终止和解程序或重整程序后,已无裁定驳回破产申请及裁定终结破产程序的可能。因为批准重整计划或认可和解协议后,要么重整计划或和解协议能够执行完毕,要么不执行和解协议及重整计划,人民法院裁定终止重整计划或和解协议的执行,并宣告破产,没有为驳回破产申请或者按我国《企业破产法》第108条的规定裁定终结破产程序留下适用的空间。如果重整计划与和解协议执行完毕,作为已知债权人的执行案件申请人,已经通过重整或者和解受偿,执行案件自无恢复的必要。如果重整计划与和解协议未能执行,宣告破产后,直接进入清算程序,所有执行案件也当然终结。

---

① 与之相同的规定还有:《民事诉讼法解释》第515条第1款规定,被执行人住所地人民法院裁定受理破产案件的,执行法院应当解除对被执行人财产的保全措施。被执行人住所地人民法院裁定宣告被执行人破产的,执行法院应当裁定终结对该被执行人的执行。

② 参见江必新主编:《新民事诉讼法理解适用与实务指南》,法律出版社2012年版,第1048页。

第四节 “执转破”对企业的拯救

一、执行制度对企业的拯救

不少债务人企业并不是市场淘汰的企业，而是出现困境的“生病”企业，如果能辨证施治，是有可能重返市场的。在执行的理念和制度中，也同样追求拯救企业，力求债权人与债务人双赢。主要体现在“生道”执行的理念及执行和解制度中。

（一）“生道”执行

时任最高人民法院江必新副院长于2009年在《人民法院报》发表题为《经济危机下执行理念之调适》的文章，正式提出了“生道”执行的理念。“生道”思想体现在执行工作中，具体要求包括以下几方面。[①]

第一，在执行工作的指导思想上，“欲其生，而不欲其死”。被执行人为企业的，应采取能够维持企业生存和发展的执行措施，并尽量避免因执行而使企业倒闭。企业倒闭，会带来许多的社会问题，就整体而言，也不利于债权人最终实现债权。

第二，在执行决策的谋划上，“力求其生，力避其死”。要“放水养鱼”，避免“竭泽而渔”。有些企业具备营利能力，只是暂时缺少流动资金，法院应采取有效措施帮助企业渡过难关。这样既保存了被执行企业、维护了社会和谐稳定，又能保证债权人利益的实现。

第三，在执行措施的实施上，“勿暴勿残，生机与人”。生命权、生存权优于债权，两者冲突时，应当考虑保护被执行人的生存权，即在坚持维护债权人合法利益原则的同时还坚持比例原则。

第四，在申请人和被执行人面对生死抉择、只能维持一方生存时，“两死相逼，适法者生”。当法院穷尽所有“生道”措施之后，如果不执行被执行人企业，就会导致申请人企业倒闭时，就只能“适法者生”，以维持申请执行人的生机。让诚实守信的企业生存，让不诚信的企业死亡。

（二）执行和解

顾名思义，执行和解是发生在执行程序中，当事人之间对于生效法律文书确定的权利义务经过自愿协商，达成一致意见予以变更的法律制度。最高人民法院《关

---

① 参见江必新：《经济危机下执行理念之调适》，载《人民法院报》2009年3月31日，第5版。

于执行和解若干问题的规定》(法释〔2018〕3号)第1条第1款规定:“当事人可以自愿协商达成和解协议,依法变更生效法律文书确定的权利义务主体、履行标的、期限、地点和方式等内容。”之所以法院生效法律文书确定的权利义务,还能够通过执行和解变更,主要是基于当事人私权自治的处分权。经过民事生效法律文书确认的权利义务在本质上仍然是私权,当事人可以处分。申请执行人之所以愿意与被申请人达成和解协议,也是为了更好地实现生效法律文书确定的权利。

二、执行转破产重整与破产和解

“生道”执行与执行和解虽然也能起到挽救企业的作用,但受制于个案的因素,无法解决个案以外的被执行人债务,对帮助被执行人恢复正常经营的作用依然有限。而破产制度中的重整、和解,都不是债务人与单个债权人之间达成一致,而是债权人会议通过表决方式决定的。符合法定条件的决议一旦作出,对于持反对意见的债权人也有约束力。因此,在具备破产原因时,通过“执转破”程序转入破产重整、和解程序,将对债务人企业更有利,进而最终使债权人获益。

我国《企业破产法》规定了破产清算程序、和解程序和重整程序3种程序。尽管《民事诉讼法解释》并没有明确执行案件移送审查的破产类型,但《执转破意见》第20条规定:“受移送法院裁定宣告被执行人破产或裁定终止和解程序、重整程序的,应当自裁定作出之日起五日内送交执行法院,执行法院应当裁定终结被执行人的执行。”根据该规定,“执转破”应该包括执行案件移送破产清算、破产和解和破产重整3种程序。

前文所述,虽然在执行过程中,也有与重整类似的“生道”执行的理念,与破产和解类似的执行和解的制度,但因无法使全体债权人公平受偿,也难以让债务人企业彻底“放下包袱、轻装前进”。因此,“执转破”更具优势。目前“执转破”案件多数为执行转破产清算,执行转重整或者和解的情况较少。出现这种现象,客观上与“执转破”的整体工作部署有关。考虑执行不能案件中符合“执转破”条件的案件数量庞大,短时间内都进入破产程序,破产审判力量不足。所以首先将具备破产原因且属于无经营资金、无营业场所和企业管理机构、人员下落不明的案件以及有关当事人申请尽快移送破产审查的案件,率先对其启动执行转破产审查工作。也就是说,率先进行“执转破”案件中的企业,多数缺乏挽救可能性。

同时也必须注意到,执行转破产重整、和解的案件数量较少,也与认识不到位,执破衔接不畅密切相关。随着“执转破”工作的进一步推进，应通过“执转破”拯救更多的企业。

1. 扭转执行胜于破产的观念

执行程序的启动门槛低，持有生效法律文书即可申请执行。近年来，随着执行力量的加强和手段的完善，执行的效果明显增强。尤其是已经通过财产保全措施查控被执行人财产的债权人，其本可通过执行获得全部或者大部分清偿，进入破产后，清偿率反而会降低。因此，对“执转破”不仅申请执行人会有疑惑，部分执行法官也提出质疑。笔者认为，权利的行使以不损害他人为前提。在债务人具备破产原因的情况下，根据债权平等原则，所有债权人均应公平受偿，否则有害其他债权人。

《民事诉讼法解释》中对参与分配适用主体的修改，目的不是进一步确立执行先到先得原则，而是为了促使债权人申请破产。通过破产程序，对债务人的财产依法进行分配，全体债权人均能公平受偿。破产程序中，无论债权人是否取得执行依据，均可申报债权，总体上也节省了诉讼的时间和成本。

2. 正确把握“执转破”的时机

执行程序和破产程序的衔接是“执转破”制度的前提和基础，也是执行法官和破产法官需要形成的共识。在实践中，在企业已具破产原因，但尚有部分可供执行财产时，部分执行法官仍会优先选择先执行已经查控的财产，待被执行人确无财产可供执行时，再移送破产审查。导致本可以通过破产重整、和解获得新生的企业，只能进行清算而退市。

从形式上来看，虽然立、审、执、破有先后顺序。但如果认为只有在执行不能时才能启动破产程序，这种理解是片面的。破产当然是解决“执行难”的重要手段，但破产程序有其独立的价值，不能简单理解为是执行环节的延续和执行不能的处置手段，其是一项独立的债务清理和企业拯救制度。

启动破产程序的前提是债务人具备破产原因。而法院发现债务人存在破产原因，并不一定是在执行不能时，甚至不一定在执行程序中，有可能是在立案、审理、执行的任何一个阶段。如果是在立案程序或者审理程序中，发现债务人具备破产原因时，就可以引导当事人启动破产程序。在哪个阶段发现破产原因就在哪个阶段引导适用破产程序，可以节省时间和成本，最大限度地保护各方当事人和社会的利益。①

① 参见王欣新：《破产法前沿问题思辨》，法律出版社2017年版，第102~103页。

第十三章　府院协调机制

第一节　府院协调机制概述

一、府院协调的作用

破产审判工作中的府院协调，是指在党委的领导下，政府与法院在法定职责范围内协调联动，解决破产审判问题、推动破产审判程序依法顺畅运行的工作机制。它具体体现了中国特色社会主义制度的优越性，是一项源于破产实践、服务于破产实践的成功经验，已经成为我国破产审判工作中的重要工作机制。

最高人民法院在破产审判工作的指导性意见及其他文件中多次提及府院协调。最高人民法院在2009年印发的《关于正确审理企业破产案件为维护市场经济秩序提供司法保障若干问题的意见》中指出："人民法院审理企业破产案件，一定要坚持在当地党委的领导下，充分发挥地方政府建立的风险预警机制、联动机制、资金保障机制等协调机制的作用，努力配合政府做好企业破产案件中的维稳工作。"最高人民法院在2016年印发的《关于破产案件立案受理有关问题的通知》中强调："各级法院要在地方党委的领导下，同地方政府建立破产工作统一协调机制，积极争取机构、编制、财政、税收等方面的支持。"在2018年3月4日印发的《全国法院破产审判工作会议纪要》中再次强调："要进一步完善破产重整企业识别、政府与法院协调、案件信息沟通、合法有序的利益衡平四项破产审判工作机制。”虽然上述文件在提法上有细微的差别，但均反映出府院协调已成为最高人民法院高度重视的一项破产审判工作机制。

企业破产程序是法定的司法程序，法院应当发挥主导作用。但破产案件的处理又是一项复杂的社会工程，所涉及的领域往往超出司法可能作用的范围。在实践中，企业破产过程中遭遇的一些问题并非法律问题，或者虽为法律问题但应当由行政机关处置。处置这些问题时，又需要考量破产程序的合法性和破产程序顺畅进行的需要。一方面，企业进入破产程序后，法院主要发挥监督和指导管理人依法履职的作用，侧重对破产程序合法性的把控，缺乏对经济发展、民生保障等问题进行处置的权力和资源。如战略投资人的引荐、欠缴社保费用职工的安置、土地房屋权证的办理、税费的减免、重整成功后企业信用的恢复等，均无法以司法裁判的方式解决，需要政府在党委的领导下通过多种行政手段才能化解。另一方面，破产往往涉及众多主体，关系债务人、债权人、债务人的职工及其他利害关系人利益的取舍，潜藏着较大的社会稳定风险。保障和促进地方经济社会持续健康发展，维护社会稳定，党委、政府既责无旁贷，又能调集多种社会资源综合施策。而且在实践中，如果不建立一套常态化对接机制，法院难以和其他职能部门有效沟通，会极大地影响破产案件的审理进程。①

二、府院协调的法律地位

我国《企业破产法》没有规定政府及其职能部门在企业破产中如何发挥相应职能的问题，但是企业破产却又不能离开政府的参与。由此，学界提出了府院协调“入法”的问题。

（一）府院协调符合我国政体

我国的政体是人民代表大会制度，各级人民代表大会是国家权力机关，行政机关、审判机关等均由其产生并对其负责。我国《宪法》赋予行政机关和审判机关明确的职责和相应定位。各级政府既是行政机关，也是各级国家权力机关的执行机关。人民法院作为经各级人民代表大会选举产生并对其负责的国家审判机关，本身并没有相应的行政管理职责和权力。但破产案件审理中需要解决的并非只是单纯的法

---

① 参见程品芳主编：《人民法院企业破产审判实务疑难问题解析》，法律出版社 2016 年版，第 198 页。

律问题，仅靠人民法院一家之力是难以解决的。尤其是在破产企业的职工安置、破产财产的处理上，政府的参与和支持就不可缺位。也正是在法院和政府的协同推动下，众多疑难复杂的破产案件才得以化腐朽为神奇，众多破产企业才能经过破产重整置之死地而后生。即使是在破产清算中，府院协调机制也能在统筹解决各种矛盾方面发挥重要作用。

（二）府院协调是国家对破产现实需求的一种主动供给

"破产法是一个社会外部性极强的实践性法律，在企业破产程序中除了要解决债务清偿、财产分配、企业挽救等破产法问题外，还会产生一系列需要政府履行职责解决的与破产相关的社会衍生问题，如职工的救济安置、重整企业信用修复、涉破产的税费缴纳与工商注销登记问题等，需要进行大量的社会协调工作。"[①]诚如所言，企业的破产已经远远越出了单纯解决债权人与债务人之间法律关系的范围，而是延伸到了其他社会领域和法律部门，被社会赋予了更多的要求和任务。在当今中国，企业破产中需要加以解决的问题并非由法院一家可以独自解决。如前所述，职工安置、税费缴纳等问题的处理，都需要政府的大力支持。这一局面既是法院作为审判机关所具有的中立性、被动性所致，也系因法院自身的权力属性和职责范围所决定。作为裁判者的法院不可能也不应当在破产审判中仅凭一家之力解决全部问题。从某个角度来讲，企业破产中府院协调联动是一种必然。既然法院无法单独提供现实所需求的全部服务，政府的补位就显得迫切而重要。

从总体上来看，制约我国破产法实施的社会经济和法律体系环境因素主要有以下几个方面：一是社会保障体系尚不完善；二是劳动力过剩，就业机会不足；三是国有企业在国民经济中的比重大，地位重要；四是信用制度尚未成熟；五是法律体系尚不健全。解决问题的关键，不在法律规定本身，而在于有关方面要为企业依法破产创造良好的环境。[②] 政府肩负着创造这一良好环境的职责。作为我国国家权力机关的执行机关，政府具有可主动作为、可使用的资源广大而有效、科层制贯彻决策等诸多优势，有利于集中协调相关行政部门和资源高效解决破产中的难题，从而与法院一道满足企业破产中产生的司法、行政服务需求，对其提供有效供给。尽管政府无法以其职能代替市场，但对企业破产法实施中的制度障碍，政府则应当承担起相应

---

① 王欣新：《府院联动机制与破产案件审理》，载《人民法院报》2018 年 2 月 7 日，第 7 版。

② 参见谭丽红：《国有及市属集体企业破产案件法院主导政府协调机制研究——以兖州市破产案件为例》，载《山东审判》2010 年第 5 期。

的制度支持职能,发挥相应的作用。破产法是市场经济的基本法律制度,政府有义务保障其有效实施,并解决破产法实施中遇到的各种障碍。无论是理念问题还是现实问题,政府均应予以解决,以便为市场运行提供制度环境,维护社会经济秩序。①

(三)府院协调是破产法治发展中的过渡安排

虽然肯定府院协调对于企业破产工作所具有的重要及积极的现实意义,但也必须看到,这一制度安排的法治化程度相对较低。府院间的协调一开始并非出于法律的规定,更多的是基于个案的特殊需要,在法院与政府之间进行单独、个别的协调。随着企业破产工作体量不断加大,这种单独、个别的协调也逐渐开始具有普遍的需要并开始成为一种普遍的形式。

无法回避的是,由于地位与职责的不同,法院实施破产法要实现的目标与地方政府在企业破产案件中要实现的目标之间,有时可能会存在落差,所以法院还得注意防范地方政府可能出现的不当利益冲动。要把破产工作中的府院协调真正固定下来,明确各方的权责界限,实现政府参与破产工作的制度化和法治化,这才是长久之策。有学者曾经指出,从某种程度上来讲,府院协调机制的产生,就是因为目前没有制度化、法律化的社会问题解决渠道,所以当相关法律与制度真正健全之时,也就是府院协调机制完成其历史使命之日。为此,在府院协调机制的实施中,要逐步用制度和法律去约束人,要推动目前以联席会议、人际协商的方式向以制度和法律解决问题发展转化。②

关于府院协调"入法"的问题,应当充分总结破产审判工作中推行府院协调的正反经验,归纳提炼为具有可行性的法律行为模式。但这一过程显然不可能一蹴而就,需要有关工作经验的不断积累并于实践中反复予以检验。根据目前的经验和现实需要,建议我国《企业破产法》在下一步修法时应当规范并明确以下问题:一是在总则中明确政府及其有关职能部门在企业破产中应当予以配合的基本原则,以此确立政府参与和配合法院推进破产进程的基本义务和职责。二是明确政府在破产企业职工安置中的有关职责和管理事项,特别是对于职工安置资金存在缺口时的处理原则,政府在相应情形下如何施行对待安置职工的生活救济、再就业安排与其他保障措施。三是明确税务机关在企业破产中经过专门程序对破产企业税收进行相应

---

① 参见王欣新、王斐民:《政府与市场之间的经济法——以政府保障破产法实施为例》,载王欣新:《破产法前沿问题思辨》(上册),法律出版社2017年版,第36页。

② 参见王欣新:《府院联动机制与破产案件审理》,载《人民法院报》2018年2月7日,第7版。

减免或优惠的职责和权限,并强调税务、工商等部门对于破产企业有关主体资格注销的职权及相应责任。四是明确公安机关在发生管理人强制接管过程中的配合职责及对企业破产过程中有关秩序的维护职责。五是明确发改、规划、国土、房管、金融证券监管机构在企业破产有关环节中的配合职责等。

曾几何时,破产法无可争议地属于商法的组成部分,相应烙上了深刻的私法印记。但随着企业破产越来越多地牵涉众多社会领域,从而与社会的整体利益相关联,破产法也越来越带有社会本位的色彩,从而逐渐开始带有经济法的属性。府院协调应当被视为企业破产法从纯粹的私法转变为更多具有经济法属性的法律范畴这一过程的必然产物。经济法是社会本位的法,从某种意义来讲,也是资源本位的法,它要求实现资源在符合社会整体利益要求下的合理配置。经济法作为一个资源本位的法律部门,以资源合理配置作为其调整目的。在资源的合理配置中,市场是最基础的手段,尤其是配置自然资源的基础手段。① 企业破产首先应当属于市场化的范畴,即由市场发挥基础的配置作用,按照市场规律行事。但是企业破产又并非属于纯市场化的范畴,它需要政府生产出相应的制度资源给予相应的再配置,府院协调正是这一再配置的实现形式。这一再配置最终是要实现企业破产过程中资源配置的实质公平。

第二节 府院协调的主要事项

一、职工安置

(一)政策性破产时期的职工安置经验

1989 年沈阳防爆器械厂在我国《企业破产法(试行)》颁布实施的前夕宣布破产,成为中华人民共和国第一家宣布破产的公有制企业,从而也提出了国有企业、集体企业等公有制企业在内的企业破产中的职工安置问题。20 世纪 90 年代,部分国有企业虽经过 10 余年改革,但仍然存在结构不合理、资产负债率高等各种矛盾和问题,活力缺失、亏损严重。国有企业破产导致的职工安置费用非常巨大,加上跨企业的统筹不完全,使很多企业的破产因为缺乏资金而长期拖延。对银行债务冲销的严

① 参见王欣新、王斐民:《政府与市场之间的经济法——以政府保障破产法实施为例》,载王欣新:《破产法前沿问题思辨》(上册),法律出版社 2017 年版,第 38 页。

格限制也使很多企业的破产被推迟。很多长期亏损的国有企业迟迟不能退出市场。

为了尽快让这些企业平稳地退出市场而不引起社会动荡,从1994年起,政府以强有力的行政手段推行政策性破产。[①] 1996年国务院在当年的政府工作报告中首次提出“抓大放小”的方针,国有经济需要“有进有退、进而有为、退而有序”。国家开始寻求那些长期亏损、资不抵债、扭亏无望的国有企业妥善退出市场的有效途径。虽然此前已经于1989年施行的我国《企业破产法(试行)》为此先行提供了法律通道,但国有企业破产的推进并非易事。相比打掉其铁饭碗,让职工在思想上认同、感情上接受是国有企业破产更难做的工作。而在当时下岗职工基本生活保障、失业保障和最低生活保障这3条“保障线”建设尚处开端,国家财政对此还没有足够的财力予以包干解决。破产企业职工安置的资金来源问题成为难点。

为推动国有企业破产工作,1994年10月25日国务院下发了《关于在若干城市试行国有企业破产有关问题的通知》(国发〔1994〕59号),明确了职工安置费用的资金来源,即以企业依法取得的土地使用权转让所得,不足部分从处置其他破产财产所得中拨付,仍有不足的再由同级财政负担。这一规定就有关国有企业破产后职工安置的资金来源作了制度性规定,标志着国有企业政策性关闭破产工作的正式开始,也随之开启了从国家最高层面部署企业破产中职工安置工作的历史进程。1997年3月2日国务院又下发了《关于在若干城市试行国有企业兼并破产和职工再就业有关问题的补充通知》(国发〔1997〕10号)。其后,各省、区、市及试点城市在国家政策规定的基础上,陆续制定了各自相关配套政策和具体规定,标志着国有企业政策性关闭破产体系初步形成。自1999年起,政策性关闭破产逐步推向全国。随着国家宏观经济形势不断好转,国家财政收入逐年增加,也为解决国有企业关闭破产中的突出问题创造了有利条件。

2006年1月国务院办公厅转发了《全国企业兼并破产和职工再就业工作领导小组关于进一步做好国有企业政策性关闭破产工作的意见》(国办发〔2006〕3号),确定了全国国有企业政策性关闭破产工作总体规划实施期限为2005~2008年,2008年以后不再实施政策性关闭破产项目,此后的国有企业破产将完全纳入依法破产的轨道当中。而正是在2008年8月27日,我国现行《企业破产法》经全国人大常委会

---

① 参见王力新:《国企破产操作过程与政府责任——以衡阳轧钢厂为例》,国防科学技术大学2009年硕士学位论文,第20页。

通过并定于次年6月1日起施行，标志着中国的破产法治开启了一个新的时代。

综观整个政策性关闭破产工作开展的15年，由于各级政府组织有力、精心安排、措施得当，加上社会保障体系不断完善，破产企业职工得到妥善分流安置，生活保障问题基本解决，开创了政府在企业破产中开展职工安置工作的先河，也为在我国《企业破产法》框架下解决企业破产中的职工安置问题积累了丰富经验。

（二）职工安置的资金来源

我国《企业破产法》第132条规定："本法施行后，破产人在本法公布之日前所欠职工的工资和医疗、伤残补助、抚恤费用，所欠的应当划入职工个人账户的基本养老保险、基本医疗保险费用，以及法律、行政法规规定应当支付给职工的补偿金，依照本法第一百一十三条的规定清偿后不足以清偿的部分，以本法第一百零九条规定的特定财产优先于对该特定财产享有担保权的权利人受偿。"该规定对职工债权就担保物的优先清偿采取"新老划断"的做法，我国《企业破产法》颁布前形成的职工债权优先于担保债权，颁布之后新形成的职工债权则不具有该优先性。[①] 现在距我国《企业破产法》施行的时间已经有10余年之久，该条款适用的案例也越来越少，因此随着时间的推移，新旧破产法之间的衔接越来越通畅，该条规定也逐渐没有适用的空间。[②] 历史地考察新旧破产法之间的差异，应该说这是在我国特定历史条件下的产物。在我国《企业破产法》的框架下，职工债权不再优先于担保物权，其清偿资金保障压力更大，此时更加需要政府介入给予支持和解决。若政府财政资金、安置政策不确定，安置措施未到位，极易引发群体社会矛盾，导致社会动荡不安。[③]

无论国有企业还是民营企业，职工安置始终是企业破产必须直面的重要问题。随着我国社会保障体系的不断发展，企业职工享有的社会保险权利覆盖领域逐渐增多，截至目前，已经涵盖了养老保险、基本医疗保险、工伤保险、失业保险、生育保险等领域，此外，特殊工种退休有关待遇、病残津贴和遗属津贴也应当属于其中的应有组成部分。由于破产企业一般都存在一段持续经营不善乃至亏损的期间，在此期间往往无力为职工缴纳社保费用并造成欠缴结果。出现破产情形后，破产企业通常已

---

① 参见王欣新、杨涛：《破产企业职工债权保障制度研究——改革社会成本的包容与分担》，载《法治研究》2013年第1期。

② 参见齐明：《中国破产法原理与适用》，法律出版社2017年版，第219页。

③ 参见程品芳主编：《人民法院企业破产审判实务疑难问题解析》，法律出版社2016年版，第198页。

自身不保,更无能力安置失业职工,对职工的安置已经实际转化为政府的责任。我国《企业破产法》第 8 条第 2 款规定,债务人提出破产申请,还应当向人民法院提交包括职工安置预案在内的其他材料。所谓要求企业提交职工安置方案,很多情况下实际上也是提交由政府制订的职工安置方案。[①] 但如何解决支付欠缴资金的来源问题,也成为企业破产中的一大难点。

虽然国家在 2008 年以后不再继续安排国有企业政策性关闭破产,但仍然有国有企业因为各种原因持续经营不善而进入破产企业队列之中。对于企业特别是国有企业欠缴社保费用所形成的职工债权,如果简单地按照"破产关门,分钱走人"的思路进行处理,则既没有照顾到中华人民共和国后相当长一段时期里囿于客观需要实行高积累、低工资,职工创造的大量财富大部分上缴国家,职工的生老病死主要依靠企业这一历史事实,也不利于维护和实现社会稳定与和谐。因此,对于破产企业的职工安置应当尽力妥善解决,而且必然需要法院与政府及其有关职能部门进行协调联动。政府作为社会管理者,其角色是维护社会稳定、保护公共利益、维护就业、促进当地经济发展等社会管理目标。目前,我国的社会保障体制尚不完善,保障职工基本生活的难题,应由政府承担。[②] 在依法按顺序获偿的前提下,法院应当协调政府进行相应研究和统筹,了解依法清偿职工债权的资金缺口,特别是对于以破产财产按比例清偿的部分以外的兜底资金进行政策性安排,以求切实解决破产企业职工的社会保障资金问题。同时,对于破产企业职工确需安排再就业以解决其生计的,法院还应协调政府与人社保障部门进行统筹,一并作出妥善安排。

(三)职工安置与破产案件的立案审查

凡事预则立,不预则废。企业破产中有关职工安置的府院协调也不例外。虽然我国《企业破产法》对于法院受理破产申请有严格的期限要求,相应地,对府院协调增大了时限上的压力,但法院应当予以妥善应对,依法统筹并协调好受理破产申请前后的审查及协调工作,争取在裁定受理破产申请前与政府就职工安置问题进行初步协调并取得相应成果。在实务操作中的一大难点在于,债权人申请债务人破产,债务人经审查符合破产的各项法定要件,但尚未对破产企业的职工安置问题形成妥

---

① 参见谭丽红:《国有及市属集体企业破产案件法院主导政府协调机制研究——以兖州市破产案件为例》,载《山东审判》2010 年第 5 期。

② 同上。

善安排的,法院是否应当裁定受理破产申请。

提出这一问题的制度背景是法院目前实行的立案登记制。2015 年 4 月最高人民法院发布了《关于人民法院推行立案登记制改革的意见》(法释〔2015〕8 号),该意见特别规定:“对符合法律规定的起诉、自诉,人民法院应当当场予以登记立案。”2016 年 7 月 28 日最高人民法院又发布了《关于破产案件立案受理有关问题的通知》(最高法明传〔2016〕469 号),进一步明确规定:“立案部门经审查认为申请人提交的材料符合法律规定的,应按 2016 年 8 月 1 日起实施的《强制清算与破产案件类型及代字标准》,以‘破申’作为案件类型代字编制案号,当场登记立案。”故法院对破产案件一律实行立案登记不应当存在任何疑义。

根据我国《企业破产法》的规定,在债务人自行申请破产的情形下,除提交破产申请书和相应证据外,还需要提交一系列其他材料,如财产状况说明、债务清册、债权清册、有关财务会计报告、职工安置预案以及职工工资的支付和社会保险费用的缴纳情况等。如果债务人没有交齐有关材料,人民法院应当告知债务人补充、补正,而相关期间是不计入我国《企业破产法》第 10 条规定的审查期限之内的。这与立案登记制度的规定和要求并不相违背。

我国《企业破产法》第 10 条同时规定:“债权人提出破产申请的,人民法院应当自收到申请之日起五日内通知债务人。债务人对申请有异议的,应当自收到人民法院的通知之日起七日内向人民法院提出。人民法院应当自异议期满之日起十日内裁定是否受理。”依照该规定,法院一般应在债权人提出申请之日起的 22 日内作出是否受理破产申请的裁定。从工作统筹的角度出发,法院在收到债权人提出的破产申请后,应当及时向当地政府(包括街道办事处、信访部门)及行业主管部门通报相关情况,并通过听证会等多种方式了解被申请人的生产经营状况,特别是其是否存在亏损、是否欠付职工工资和欠缴社保费用、企业生产经营中是否存在矛盾纠纷、是否存在影响社会稳定的因素等。全面了解和掌握相关信息后,还应就企业一旦进入破产后的职工安置问题进行前期沟通,推动法院和政府就有关职工安置问题提前做好评估及处置预案,争取在法定审查期间内促成有关工作预案的形成,顺利推进破产工作的进程。另外,法定审查期间内即使政府部门暂时不能形成最终安排的,人民法院也应当裁定受理破产申请,并在审理过程中继续进行有关协调联动工作。

二、企业接管及会议安保

(一)接管破产企业过程中的府院协调

法院裁定受理破产申请后,依法应当同时指定管理人。管理人在接到法院的指定决定后,应立即着手拟定接管计划,及时做好接管债务人的财产、印章和账簿、文书等资料的准备。在实务中,出现了有的债务人消极抵制甚至制造各种障碍阻挠管理人接管的事例。该问题的处理方法在本书“管理人”一章中已有所提及,但更多是通过完善破产法来解决。对于债务人拒绝履行配合接管的有关法律义务,违反治安管理处罚法乃至刑法时,管理人还可向公安机关报案,对相关责任人员进行治安处罚或追究刑事责任。

有观点认为,管理人经人民法院指定后已成为债务人财产及有关资料在法律意义上的有权管理者,管理人可以通过解除拒不配合接管的债务人工作人员的有关职务给予相应制裁。同时,债务人有关责任人员拒不配合接管妨碍管理人行使其法定管理职责的,可以援引我国《治安管理处罚法》第 23 条第 1 款第 1 项规定的情形,即以有关责任人员存在“扰乱企业单位秩序,致使工作、生产、不能正常进行,尚未造成严重损失的”为由,向当地公安机关报警立案,要求对有关行为予以相应制裁。同时,债务人拒绝履行配合接管的有关法律义务,具有拒不履行生效裁判文书的性质,如果情节严重,则构成拒不履行生效裁判罪,可以依法追究其刑事责任。在实践中,对于上述观点是否成立仍存在分歧和争议,最高人民法院也未就此出台明确的司法解释或指导意见。部分地区公安机关在实务中对上述观点也不尽认同,尚需破产审理法院与当地公安机关进行协调沟通,结合具体案件案情,准确适用法律,以保障管理人依法履行职责,顺利实施接管破产企业工作。

(二)债权人会议中有关工作的协调联动

债权人会议中,由于债权人组成结构相对复杂,个别乃至部分债权人对于债权申报认定工作存有异议且情绪激动,可能会在债权人会议召开时哄闹会场,影响会议正常召开。为维护正常的会议秩序,保证参加会议的法官、审判辅助人员、管理人工作人员及其他债权人代表的人身安全,法院一般会调派司法警察维护现场秩序,管理人也会视情况及有关条件组织安保人员在法院指导下配合维护现场秩序。但从维持正常治安秩序及保证社会稳定角度出发,管理人一般会在会前根据案件实际情况向会议所在地派出所报备有关会议情况,并在必要时通过法院协调公安机关派警到场维持会议现场及周边秩序,防控不稳定因素。故对于公安机关就债权人会议会场内外正常秩序的维护,也应当是府院之间特别是法院与公安机关之间的协调内容。

三、税收减免

在实践中,破产企业的税务处理主要包括两大类:一类是欠税的补缴;另一类是破产过程中新产生的税款缴纳。关于欠税,破产企业欠税的涉及范围比较广泛,有增值税、消费税、城市维护建设税、房产税、土地使用税、印花税、契税、企业所得税等。① 对于欠税,应当依法由税收机关申报债权并由管理人予以确认。税收债权依法也应当在破产财产中按照法定顺位予以清偿,在实践中就此并无异议。受到普遍关注的问题是,破产程序中新产生的税款是否应予豁免及如何依法减免的问题。

依照我国《立法法》第 8 条的规定,税种的设立、税率的确定和税收征收管理等税收基本制度,属于法律保留事项,只能由全国人大及其常委会立法决定。该法第 9 条规定,税收基本制度属于相对保留事项,如果尚未制定法律,全国人大及其常委会可以授权国务院根据实际需要先制定行政法规。我国《税收征管法》第 3 条及第 33 条规定,税收减免依照法律的规定执行。法律授权国务院规定的,依照国务院制定的行政法规的规定执行。任何机关、单位和个人不得违反法律、行政法规的规定,擅自作出减免税决定。地方各级人民政府、各级人民政府主管部门、单位和个人违反法律、行政法规规定,擅自作出的减免税决定无效,税务机关不得执行,并向上级税务机关报告。基于上述规定,只有法律和行政法规有明确规定或者经过国务院批准的情况下税务机关才有权决定减免有关税收。因此,法院与税务机关直接就某一税种的减免进行协调的空间极其狭窄,或者说可能性微乎其微。即使是地方政府也不能违反法律和行政法规规定擅自对破产中的税收减免作出决定。

在实践中,有关税收的具体实施多由财政部、国家税务总局以联合发布公告的形式予以执行。法院在破产审判中可以与政府相关部门进行税务事项协调的前提是在有关公告的税收政策范围内,结合破产企业的实际情况进行相应甄别,厘定其是否符合有关减免税政策,在有关认定标准的具体掌握上进行沟通,最大限度保护包括破产企业职工在内的全体债权人利益。在实践中,法院也建议税务部门能够推

---

① 参见王海燕:《破产清算的税务处理》,载《会计师》2015 年第 6 期。

出一定的减少甚至免除相关税款的优惠政策，以使破产企业债权人的利益实现最大化，从而缓和债权人的激烈情绪，维护社会的和谐与稳定。①

（一）债权清收中的税务处理

在破产实务操作中，常常遇到的问题是管理人对外清收债权过程中因为欠缴税款而被税务机关限制开票。企业在破产程序开始前已履行完毕己方义务，如交付货物、服务成果等，但直到破产申请被法院裁定受理后，对方当事人还尚未支付货款的情形并不少见。管理人接管破产企业后，依法向这些债务人清收债权时，因为无法提供税务发票，正常的债权清收工作往往因此而陷入困境。从目前的税法规定来看，要恢复破产企业正常的开票功能就需要向税务机关缴纳以往的欠税，但这与破产法的有关规定显然不符——破产程序中不允许对个别债权即使是税收债权进行个别清偿。同时，从清偿顺位上来看，税收债权也不得先于职工债权优先受偿。在实践中有观点认为，在尚无法律明确处理方法的情况下，可以采用下列方式解决。

第一，如果清收债权数额不大的，由管理人协商法院及税务机关，先行支付税务机关小部分的开票费用作为破产费用或共益费用以恢复破产企业正常的开票功能。

第二，如果清收债权数额较大的，由管理人协商法院及税务机关，将该部分清收债权所产生的税收债权作为“新生税收”处理，即将这部分税收债权作为破产费用或共益费用，随时清偿给税务机关，而税务机关需配合法院和管理人及时开具发票。②

上述思路具有一定的灵活性，照顾到了破产工作的实际情况。税收债权的计算截至破产申请被法院裁定受理之日。也就是说，进入破产程序后因为清收债权、处置破产财产而产生的税费就其性质而言均不宜再作为税收债权处理，基于其用途和目的是实现全体债权人的共同利益，增加破产财产或对其进行必要的变价处理，将其作为破产费用或共益债务进行考虑具有一定合理性，也能够推进破产工作的顺利进行，有利于全体债务人共同利益的尽快实现。但对该问题也存在不同的观点，认为将清收债权所产生的税收债权作为“新生税收”处理仍值得商榷。如果将有关税收债权作为破产费用或共益债务处理，固然有利于税务机关优先得到清偿，但仍然会因此挤压到用于实际清偿普通债权的破产财产空间，也不符合破产法将税收债权

---

① 参见浙江省温州市中级人民法院课题组：《政府在企业破产审判中的定位及职能》，载王欣新、郑志斌主编：《破产法论坛》（第10辑），法律出版社2015年版，第394页。

② 参见姚彬、陈亮：《破产程序中税务问题综合研究》，载江苏博事达律师事务所网站：http://www.boomstarlaw.com/ctt/26/14.htm，最后访问日期：2018年8月21日。

置于职工债权顺位之后的安排。

(二)增值税

关于增值税征收问题,涉及破产重整的主要税收政策有以下几份规范性文件。国家税务总局《关于纳税人资产重组有关增值税问题的公告》(国家税务总局公告2011年第13号,以下简称13号公告)中规定:"纳税人在资产重组过程中,通过合并、分立、出售、置换等方式,将全部或者部分实物资产以及与其相关联的债权、负债和劳动力一并转让给其他单位和个人,不属于增值税的征税范围,其中涉及的货物转让,不征收增值税。"国家税务总局《关于纳税人资产重组有关增值税问题的公告》(国家税务总局公告2013年第66号)对前述公告规定的享受不征税政策条件进一步放宽,即经多次转让后,最终的受让方与劳动力接收方为同一单位和个人的,仍适用13号公告的相关规定,其中货物的多次转让行为均不征收增值税。

"营改增"前,国家税务总局《关于纳税人资产重组有关营业税问题的公告》(国家税务总局公告2011年第51号)规定,对于13号公告资产重组方式下涉及土地、不动产的转让,不属于营业税征收范围,不征收营业税。"营改增"后,财政部、国家税务总局《关于全面推开营业税改征增值税试点的通知》(财税2016年36号)对上述政策进行了延续,其中附件2《营业税改征增值税试点有关事项的规定》第1条第2项"不征收增值税项目"包括"在资产重组过程中,通过合并、分立、出售、置换等方式,将全部或者部分实物资产以及与其相关联的债权、负债和劳动力一并转让给其他单位和个人,其中涉及的不动产、土地使用权转让行为"。

结合上述有关税收政策,可以明确的是,破产重整(在其中进行资产重组)不征收增值税的前提是全部或者部分实物资产以及与其相关联的债权、债务和劳动力须一并转让。那么,如果战略投资方仅看中破产企业的某项特定资产,要消除缴纳增值税的成本,必须考虑一并接收相关联的债权、债务和劳动力。至于如何接收相关联的债权、债务和劳动力,政策并未明确。法院应当指导管理人充分运用有关税收优惠政策,在重整方案中予以全面筹划,充分论证享受税收优惠的可行性,在此基础上与税务机关进行协调研究,促进重整计划成功落实。

(三)企业所得税

根据财政部、国家税务总局《关于企业清算业务企业所得税处理若干问题的通知》(财税〔2009〕60号)第2条的规定,应进行清算的所得税处理包括按我国《公司法》《企业破产法》等规定需要进行清算的企业。该通知第3条又对企业清算的所得税处理内容进行了规定:一是全部资产均应按可变现价值或交易价格,确认资产转让所得或损失;二是确认债权清理、债务清偿的所得或损失。

在破产实践中,即使重整成功,债权人的债权一般仍然是仅得到部分清偿。由于破产清偿分配最终发生债权消灭的效力。按前述规定,破产企业无法偿还的债权应当作为债务重组收益并计企业应纳税所得额。这样就产生了一种不尽合理的现象,即破产企业本已因无力偿还全部债务而进入破产程序,但却因债务的无法偿还还要被视为产生额外收益,这实际与破产程序的性质有所抵触,不符合破产企业的特殊性质,也不利于对包括职工在内的全体债权人利益的整体保护。破产企业如果重整成功,将产生大额清算所得并相应缴纳企业所得税。即使财政部、国家税务总局《关于企业重组业务企业所得税处理若干问题的通知》(财税〔2009〕59 号)、《关于促进企业重组有关企业所得税处理问题的通知》(财税〔2014〕109 号)、《关于非货币性资产投资企业所得税政策问题的通知》(财税〔2014〕116 号)等有关特殊重组条件享受企业所得税的优惠政策,即企业债务重组确认的应纳税所得额占该企业当年应纳税所得额 50% 以上,可以在 5 个纳税年度的期间内均分纳税。但对于接盘破产企业的战略投资者来说,即使允许其在 5 年内分批缴纳高额的企业所得税也是一个沉重的负担,从而必将促使战略投资者重新评估接盘破产企业的利害损益。在这种情况下,法院应当协调税务机关,促请税务机关充分考虑破产程序的特殊性,适当放宽资产损失认定条件,为企业重整成功创造必要条件。

2017 年 9 月 15 日浙江省温州市政府召开企业金融风险处置工作府院联席会议,出台了《企业金融风险处置工作府院联席会议纪要》,明确了破产企业处置不动产、股权时不得预征企业所得税。该会议纪要明确规定,法院裁定受理债务人企业进入破产程序,即表明该企业已经具备资不抵债的情形,其财产处置不应当预缴企业所得税(包括财产在执行程序中处置,但处置所得由破产程序分配的情形)。这一举措无疑为破产企业减轻了不小的经济压力,有关思路和政策精神值得我们在实践中借鉴和参考。

四、在建工程处置

企业破产中涉及房地产问题的府院协调突出表现在对在建工程的处置上。企业破产中的有关在建工程一般是指房地产企业取得施工许可证开工建设后,因资金、技术、规划等原因而停工,或者超过预计竣工时间一定期限以上没有竣工的工程，俗称“烂尾楼”。工程主体已经建成，但水、电、交通等配套设施不齐全的房地产项目也包括在内。[①] 在建工程“烂尾”的主要成因在于破产企业(房地产开发商)资金链断裂，项目继续运营的流动资金不足，施工无法继续进行。近年来，国家出于保障民生和确保经济可持续发展的目的，对房地产市场始终保持了较大的调控力度，以破除经济中的泡沫成分。受市场宏观形势影响，金融机构对房地产项目的放贷审查不断趋严趋紧。部分中小房地产企业转而以各种形式通过民间借贷渠道进行融资，进一步刺激了民间借贷的市场需求，也相应抬升了民间借贷的融资成本，进而为自身经营背上了沉重的资金负担。一旦房地产施工过程中的资金缺口无法弥补，销售回款不畅，或出现其他意外情形，极易出现“烂尾楼”现象，并导致房地产企业出现我国《企业破产法》第 2 条规定的情形，促使其走入破产程序。

(一)在建工程“烂尾”的社会危害

破产企业如存在“烂尾楼”工程，对于金融安全和社会稳定将形成重大风险。一方面，破产企业因“烂尾楼”工程占用大量资金，一般而言，银行等金融机构往往是最大的债权人群体。目前，我国银行业的信贷资产大多是以房地产形式或与房地产有关的形式存在。此外，民间借贷中的非金融机构债权人，特别是自然人也是债权人群体中不可忽视的组成部分。随着近年来 P2P 等融资模式不断趋热，房地产企业通过相关融资模式向不特定多数人群借贷资金的行为极易踩踏非法集资犯罪的刑法红线。房地产企业开发项目“烂尾”，金融机构和民间借贷债权人将是最直接的受害者，一旦有关贷款债权难以得到较高比例清偿，势必严重影响金融安全。另一方面，除资金借贷债权人外，“烂尾楼”工程还涉及多方利益，如开发项目的实际施工人、劳务分包人、建材供应商、农民工、预售商品房购买人等。一旦开发企业进入破产程序，“烂尾楼”工程涉及的法律关系将十分复杂，不稳定因素较多，如处理不好将会严重影响社会的稳定。而正是基于“烂尾楼”工程对经济和民生的相应危害，在有关破产案件审理中法院与政府之间进行相互协调也就显得十分重要。

(二)对“烂尾楼”的处置路径

处理破产案件涉及的在建工程，根据其具体情况有不同选择。但最优化选择一般是续建交付。在建工程实现复建完工，将更有利于实现债务人财产价值最大化，

---

① 浙江省杭州市余杭区人民法院课题组、罗鑫：《涉房破产企业在建工程续建的困境与解决方法的探索》，载《法律适用》2016 年第 3 期。

提高债权受偿率,公平保障各方当事人的权益,实现社会和谐稳定。[①] 但续建交付因主体不同仍存在方式和适用情形上的差异。

一是整体变价出售,由破产企业外的其他主体承接项目予以续建。这一方式多用在项目尚未进行预售时,项目上负担的他项权利较少,管理人以此方式对属于破产财产的在建工程进行变价处理,以所得价款按照债权清偿方案进行清偿。

二是仍以破产企业名义续建交付。这一方式主要针对项目已经进行了预售,存在较多购房者的情况。相对而言,这一选择更具有优越性。首先,尚未竣工的房地产项目是破产财产的主体部分,其能否恢复施工并竣工交付,意味着能否实现该项目的价值最大化,进而直接关系广大债权人利益。其次,有关房地产项目已通过各种渠道事先销售了,其上可能存在多种竞合的请求权,如建设工程承包人、在建工程抵押权人甚至预告登记权利人等多方主体权利,其中购房者是无法回避的特殊债权人群体,其对交付房屋的需求是一个必须妥善解决的社会矛盾。如对在建工程在完工前即进行变价处理,将不可避免地损害购房者的利益。所以在有关房地产企业破产案件审理过程中无论选择进行破产清算还是破产重整,对在建工程以破产企业名义进行续建并实现房屋交付往往成为最优的选择,但也因此产生通过府院协调解决其中种种难题的现实需要。

(三)府院协调在处置在建工程中的作用

在建工程的续建交付需要解决两大问题,一是资金来源及其运行管理;二是交房、办证。在资金来源上,一方面,政府可以作为招商引资的主导方指导搭建相应募资平台并提供相应支持,当管理人在市场上募集到相应资金后监督建立有关资金监管机制,确保专款专用。在此情形下,政府的支持对债权人无疑具有巨大的安抚作用。政府还可以调动有关行政资源,通过行政管理方式确保募资平台的规范性和有效性。同时,法院也应加强与政府之间的协调,就募资程序及资金安全发挥积极的监督作用。另一方面,对于案情特殊的破产案件,出于维稳需要,法院还可以协调政府通过相关国有投融资平台向破产企业(管理人)出借资金(有关资金根据实际用途可以作为共益债务或参照破产费用确定款项性质和清偿顺位),并协调政府分工协作,建立严格的监管机制,对所有续建款项的使用进行严格审核。在项目续建完

---

① 参见王欣新、张思明:《房地产开发企业破产中的房屋产权界定与合同履行》,载王欣新:《破产法前沿问题思辨》(上册),法律出版社2017年版,第159页。

成并竣工交付后，法院还需协调政府相关职能部门，如国土、房管、规划、住房建设、消防、税务等部门密切协作，根据购房债权人的具体情况进行办证交房处理，并就项目建成后的相应变价处置所得资金按照清偿方案进行清偿。

第三节　府院协调的司法实践

重庆法院在破产审判中与政府间的协调联动工作起步较早，几乎同步于全国国有企业政策性破产关闭工作的启动。在重庆罐头厂、重庆灯泡厂、重庆搪瓷总厂等一系列企业破产案件审理中，重庆法院通过府院间的协调联动，有效解决了职工安置、财产处置等破产工作中的复杂疑难问题，取得了良好的政治效果、法律效果和社会效果。

一、政策性破产时期的司法实践

自20世纪90年代，重庆市政府先后出台了一系列文件，对国有企业政策性破产关闭中的破产工作作出了诸多规定，这些规定也成为我国现行《企业破产法》施行后有关府院协调工作参考的历史经验。

1996年2月17日重庆市政府发布了《重庆市国有企业实施破产若干规定（试行）》（重府发〔1996〕28号），该文件规定了企业主管部门（含资产运营机构或监督机构）在企业实施破产中应履行相应职责，包括“协助保护破产资产、协调解决破产预案中的问题、配合有关部门和接收方作好破产企业职工安置工作”。该规定指出：“经委、计委、体改委、财政、税务、银行、劳动、审计、国资、工商、国土、房管、工会等部门和单位组成工作机构，在同级人民政府领导下开展工作，统筹协调解决企业实施破产中的问题。前款所列部门和单位共同派员组成企业破产清算筹备组和清算组，经法院认可并在法院领导下，负责企业破产清算筹备和清算工作。”该规定构建了一个法院主导下的、全面的破产工作协调格局。该规定还对职工安置、企业房地处理、税收减免问题作出了规定。1997年5月13日中共重庆市委办公厅、重庆市人民政府办公厅联合印发了《关于当前破产企业有关问题的处理意见》（渝委办〔1997〕65号），对破产工作中职工安置费用的来源和有关保障方式进一步予以了明确，特别提出：“企业破产立案到终结期间，企业设备保养，职工医疗费，危重病人住院费、留守人员工资，水、电、气开支（生产自救部分除外）、法院诉讼费等应急费用，由破产企业清算组提出,法院核定签章后,向市财政按月核借,在破产企业资产变现后偿还。"2005年1月27日重庆市政府又印发了《重庆市城镇集体所有制工业企业破产指导意见(试行)》(渝府发〔2005〕15号),对集体企业的破产工作作出了比较全面的规定。应当说,这些文件的出台和实施,为重庆地方上的国有企业政策性破产关闭工作提供了制度保障,并为之后施行的我国《企业破产法》框架下相关破产工作的府院协调提供了可以参照的历史"坐标",为今后的府院协调工作起到了积极的指引作用。

二、新时期的司法实践

2016年4月重庆市政府召开专题会议,研究建立企业破产处置工作协调机制事宜并下发了会议纪要。会议决定建立市级企业破产处置工作联席会议,由市政府常务副市长、市高级人民法院院长及市政府副秘书长、市高级人民法院副院长分任总召集人、副总召集人和召集人。市政府办公厅、市高级人民法院和各中级人民法院、信访、发改委、财政、经信、公安、人力社保、国土房管、环保、规划、国资、税务、工商、金融办、工商局、人行、银监等部门负责人为会议成员。联席会议办公室设在市政府办公厅。主要职责为:研究有关企业破产处置重大事项,指定企业破产处置有关政策;研究协调区县难以解决、确需联席会议协调解决的企业破产事项;研究制订企业破产的分类处置方案,明确有关部门和单位的工作职责;研究企业破产处置中涉及的法律问题,协调解决企业破产中可能涉及的企业职工安置、社保费用缴纳、财产变现、土地资产处置、房屋土地产权确认、财务人事档案存放、工商登记注销、战略投资人引进等问题;安排筹措企业破产处置工作经费等。该会议纪要构建了重庆市市级破产工作府院协调机制的最新形式。在此基础上,截至2017年12月,重庆市已有26家基层人民法院与当地区县政府建立了区县一级的联席会议制度。重庆市三级法院经努力,已初步构建起了全市破产审判工作中的多级府院协调机制,并在破产审判实践中取得了较好的工作成效。

例如,江北区人民法院积极与区政府对接沟通,设立了以区长为总召集人,以发改委、公安、财政、经信、信访等16家部门为成员单位的联席会议,负责对破产案件审理中涉及的职工安置、税收减免、财产变现、土地资产处置、房屋土地产权确认、工商登记注销、战略投资人引进,以及涉及的维稳等问题予以专题解决。联席会议成立后,多次召开会议,最终推动了重庆石英玻璃厂、重庆化工机械厂等一批长期未决的破产积案的处理。

此外，江北区人民法院还协调区财政设立了150万元/年的破产处置工作专项资金，支付“僵尸企业”“无产可破企业”在破产过程中产生的必要费用。对于上述资金，该院制定了《破产专项资金管理和使用办法》，对费用支付标准、用途、申请材料、支付流程进行了明确，规定每件破产案件援助额度一般不超过10万元，由企业破产处置工作联席会议审查决定专项资金的具体使用。

另外，重庆市第一中级人民法院在审理“重庆钢铁股份有限公司破产重整案”中，及时启动府院协调机制，就职工安置、维护稳定、化解矛盾、政策扶持，以及战略投资人引进、金融债权人沟通等问题主动向重庆市高级人民法院报告，通过重庆市高级人民法院积极协调市政府办公厅、市国资委、金融监管等部门，保障了案件顺利推进。协调过程中，法院通过事前论证、事中协作，会同政府相关部门认真研判破产重整的必要性与可行性，制订破产重整各个环节的工作方案，把好法律关，确保在法律框架内有效推进重整工作。同时，通过府院协调机制妥善解决了诸多疑难问题。

第二编
典 型 案 例

最高人民法院发布10起全国法院破产典型案例

(2018年3月6日)

案例1 “浙江南方石化工业有限公司等三家公司破产清算案”

(一)基本案情

浙江南方石化工业有限公司(以下简称南方石化)、浙江南方控股集团有限公司、浙江中波实业股份有限公司系绍兴地区最早一批集化纤、纺织、经贸为一体的民营企业,三家公司受同一实际控制人控制。其中,南方石化年产值20亿余元,纳税近2亿元,曾入选中国民营企业500强。由于受行业周期性低谷及互保等影响,2016年上述三家公司出现债务危机。2016年11月1日浙江省绍兴市柯桥区人民法院(以下简称柯桥法院)裁定分别受理上述三家公司的破产清算申请,并通过竞争方式指定联合管理人。

(二)审理情况

由于南方石化等三家公司单体规模大、债务规模大,难以通过重整方式招募投资人,但具有完整的生产产能、较高的技术能力,具备产业转型和招商引资的基础。据此,本案采取“破产不停产、招商引资”的方案,在破产清算的制度框架内,有效清理企业的债务负担,阻却担保链蔓延;后由政府根据地方产业转型升级需要,以招商引资的方式,引入战略性买家,实现“产能重整”。

三家企业共接受债权申报54.96亿元,裁定确认30.55亿元,临时确认24.41亿元。其中,南方石化接受债权申报18.58亿元,裁定确认9.24亿元,临时确认9.34亿元。鉴于三家企业存在关联关系、主要债权人高度重合、资产独立、分散以及南方石化“破产不停产”等实际情况,柯桥法院指导管理人在充分尊重债权人权利的基础上,积极扩展债权人会议职能,并确定三家企业“合并开会、分别表决”的方案。2017年1月14日柯桥法院召开南方石化等三家企业第一次债权人会议,高票通过了各项方案。2017年2月23日柯桥法院宣告南方石化等三家企业破产。

2017年3月10日破产财产进行网络司法拍卖,三家企业550亩土地、26万平方米厂房及相关石化设备等破产财产以6.88亿余元一次拍卖成交。根据通过的《破产财产分配方案》,职工债权获全额清偿,普通债权的清偿率达14.74%。破产财产买受人以不低于原工作待遇的方式接受员工,1310余名员工中1100余人留任,一线员工全部安置。本案从宣告破产到拍卖成交,仅用时54天;从立案受理到完成财产分配仅用时10个半月。

(三)典型意义

本案是在清算程序中保留有效生产力、维持职工就业、实现区域产业整合和转型升级的典型案例。审理中,通过运用政府的产业和招商政策,利用闲置土地70余亩,增加数亿投入上马年产50万吨FDY差别化纤维项目,并通过托管和委托加工方式,确保“破产不停产”,维持职工就业;资产处置中,通过债权人会议授权管理人将3家企业资产可单独或合并打包,实现资产快速市场化处置和实质性的重整效果。此外,本案也是通过程序集约,以非实质合并方式审理的关联企业系列破产清算案件。对于尚未达到法人人格高度混同的关联企业破产案件,采取联合管理人履职模式,探索对重大程序性事项尤其是债权人会议进行合并,提高审理效率。

案例2 “松晖实业(深圳)有限公司执行转破产清算案”

(一)基本案情

松晖实业(深圳)有限公司(以下简称松晖公司)成立于2002年12月10日,主要经营工程塑料、塑胶模具等生产、批发业务。2015年5月松晖公司因经营不善、资金链断裂等问题被迫停业,继而引发1384宗案件经诉讼或仲裁后相继进入强制执行程序。在执行过程中,深圳市宝安区人民法院(以下简称宝安法院)查明,松晖公司名下的财产除银行存款3483.13元和机器设备拍卖款1,620,000元外,无其他可供执行的财产,459名员工债权因查封顺序在后,拍卖款受偿无望,执行程序陷入僵局。2017年2月23日宝安法院征得申请执行人深圳市宝安区人力资源局同意后,将其所涉松晖公司执行案移送破产审查。2017年4月5日广东省深圳市中级人民法院(以下简称深圳中院)裁定受理“松晖公司破产清算案”,松晖公司其他执行案件相应中止,所涉债权债务关系统一纳入破产清算程序中处理。

(二)审理情况

深圳中院受理松晖公司破产清算申请后,立即在报纸上刊登受理公告并依法指定管理人开展工作。经管理人对松晖公司的资产、负债及经营情况进行全面调查、审核后发现,松晖公司因欠薪倒闭停业多年,除银行存款3483.13元和机器设备拍卖款1,620,000元外,已无可变现资产,而负债规模高达1205.93万元,严重资不抵债。2017年6月28日深圳中院依法宣告松晖公司破产。按照通过的破产财产分配方案,可供分配的破产财产1,623,645.48元,优先支付破产费用685,012.59元后,剩余938,632.89元全部用于清偿职工债权11,347,789.79元。2017年12月29日深圳中院依法裁定终结松晖公司破产清算程序。

(三)典型意义

本案是通过执行不能案件移送破产审查,从而有效化解执行积案、公平保护相关利益方的合法权益、精准解决“执行难”问题的典型案例。由于松晖公司财产不足以清偿全部债权,债权人之间的利益冲突激烈,尤其是涉及的459名员工权益,在执行程序中很难平衡。通过充分发挥执行转破产工作机制,一是及时移送、快速审查、依法审结,直接消化执行积案1384宗,及时让459名员工的劳动力资源重新回归市场,让闲置的一批机器设备重新投入使用,有效利用破产程序解决了“执行难”问题的“最后一公里”,实现对所有债权的公平清偿,其中,职工债权依法得到优先受偿;二是通过积极疏导和化解劳资矛盾,避免了职工集体闹访、上访情况的发生,切实有效地保障了职工的权益,维护了社会秩序,充分彰显了破产制度价值和破产审判的社会责任;三是通过执行与破产的有序衔接,对“生病”企业进行分类甄别、精准救治、及时清理,梳理出了盘根错节的社会资源,尽快释放经济活力,使执行和破产两种制度的价值得到最充分、最有效的发挥。

案例3 “重庆钢铁股份有限公司破产重整案”

（一）基本案情

重庆钢铁于1997年8月11日登记注册，主要从事钢铁生产、加工和销售，其股票分别在香港联交所和上交所挂牌交易。截至2016年12月31日，重庆钢铁合并报表资产总额为364.38亿元，负债总额为365.45亿元，净资产为-1.07亿元。因连续两年亏损，重庆钢铁股票于2017年4月5日被上交所实施退市风险警示。经债权人申请，重庆一中法院于2017年7月3日依法裁定受理“重庆钢铁重整案”。

（二）审理情况

在法院的监督指导下，管理人以市场化为手段，立足于依托主营业务，优化企业内涵，化解债务危机，提升营利能力的思路制订了重整计划草案。该重整计划通过控股股东全部让渡所持股份用于引入我国第一支钢铁产业结构调整基金作为重组方；针对企业“病因”制订从根本上重塑其产业竞争力的经营方案；处置无效低效资产所得收益用于债务清偿、资本公积金转增股份抵偿债务等措施，维护重庆钢铁1万余名职工、2700余户债权人（其中申报债权人1400余户）、17万余户中小股东，以及企业自身等多方利益。重整计划草案最终获得各表决组的高票通过。

2017年11月20日重庆一中法院裁定批准重整计划并终止重整程序；2017年12月29日裁定确认重整计划执行完毕。据重庆钢铁发布的2017年年度报告显示，通过成功实施重整计划，其2017年获得归属于上市公司股东的净利润为3.2亿元，已实现扭亏为盈。

（三）典型意义

“重庆钢铁重整案”是以市场化、法治化方式化解企业债务危机，从根本上实现企业提质增效的典型案例。该案因系目前全国涉及资产及债务规模最大的国有控股上市公司重整、首例股票同时在上交所和联交所挂牌交易的“A+H”股上市公司重整、首家钢铁行业上市公司重整，而被认为属于“特别重大且无先例”。该案中，人民法院发挥重整程序的拯救作用，找准企业“病因”并“对症下药”，以市场化方式成功剥离企业低效无效资产，引入产业结构调整基金，利用资本市场配合企业重组，实现了企业治理结构、资产结构、产品结构、工艺流程、管理制度等的全面优化。另外，人民法院在准确把握破产法精神实质的基础上积极作为、协同创新，促成了重整程序中上交所首次调整资本公积金转增除权参考价格计算公式、联交所首次对召开类别股东大会进行豁免、第三方担保问题成功并案解决，既维护了社会和谐稳定，又实现了各方利益共赢，为上市公司重整提供了可复制的范例。

案例4 “江苏省纺织工业(集团)进出口有限公司等六家公司破产重整案”

(一)基本案情

江苏省纺织工业(集团)进出口有限公司(以下简称省纺织进出口公司)及其下属的五家控股子公司江苏省纺织工业(集团)轻纺进出口有限公司、江苏省纺织工业(集团)服装进出口有限公司、江苏省纺织工业(集团)机电进出口有限公司、江苏省纺织工业(集团)针织进出口有限公司、无锡新苏纺国际贸易有限公司，是江苏省纺织及外贸行业内有较高影响力的企业，经营范围主要为自营和代理各种进出口业务及国内贸易。在国际油价大幅下跌的背景下，因代理进口化工业务的委托方涉嫌违法及自身经营管理等原因，省纺织进出口公司及其五家子公司出现总额高达20余亿元的巨额负债，其中80%以上为金融债务，而六家公司经审计总资产仅为6000余万元，资产已不足以清偿全部债务。

(二)审理情况

根据债权人的申请，江苏省南京市中级人民法院(以下简称南京中院)分别于2017年1月24日、2017年6月14日裁定受理“省纺织进出口公司及五家子公司(其中，无锡新苏纺国际贸易有限公司经请示江苏省高级人民法院指定南京中院管辖)重整案”，并指定同一管理人接管六家公司。管理人对六家公司清理后认为，六家公司存在人员、财务、业务、资产等人格高度混同的情形，据此申请对六家公司进行合并重整。南京中院在全面听证、审查后于2017年9月29日裁定省纺织进出口公司与五家子公司合并重整。基于六家公司在纺织及外贸行业的影响力及经营前景，管理人通过谈判，分别引入江苏省纺织集团有限公司及其母公司等作为战略投资人，投入股权等优质资产增资近12亿元，对债务人进行重整并进行资产重组，同时整合省纺织进出口公司与子公司的业务资源，采用“现金清偿+以股抵债”的方式清偿债权。2017年11月22日合并重整债权人会议及出资人组会议经过分组表决，各组均高票或全票通过管理人提交的合并重整计划草案。经管理人申请，南京中院审查后于2017年12月8日裁定批准省纺织进出口公司及五家子公司的合并重整计划；终止省纺织进出口公司及五家子公司的合并重整程序。

(三)典型意义

该案是探索关联企业实质合并重整、实现企业集团整体脱困重生的典型案例。对分别进入重整程序的母子公司,首先在程序上进行合并审理,在确认关联企业人格高度混同、资产和负债无法区分或区分成本过高以致严重损害债权人利益,并全面听取各方意见后,将关联企业进行实质合并重整。合并重整中,通过合并清理债权债务、整合关联企业优质资源,同时综合运用"现金清偿+以股抵债"、重整的同时进行资产重组等方式对危困企业进行"综合诊治",不仅使案件审理效率大为提升,债权人的整体清偿利益得到有效维护,还化解了20余亿元的债务危机,有效防范了金融风险,实现了六家企业整体脱困重生,凸显了破产审判的制度功能与社会价值,为国有企业深化改革提供有益经验。

案例5 "云南煤化工集团有限公司等五家公司破产重整案"

(一)基本案情

云南煤化工集团有限公司(以下简称煤化工集团)系云南省国资委于2005年8月组建成立的省属大型集团企业,下辖近百家企事业单位,并系上市公司云南云维股份有限公司(以下简称云维股份)的控股股东。2012~2015年煤化工集团经营性亏损合计超过100亿元,涉及经营性债权人1000余家,整个集团公司债务约650亿元,云维股份则面临终止上市的紧迫情形。如债权人维权行为集中爆发,煤化工集团进入破产清算,集团旗下4.3万名职工中大多数将被迫离开工作岗位,72亿元债券面临违约,数百亿元金融债权将损失惨重。

(二)审理情况

2016年债权人先后分别申请煤化工集团及下属四家企业(分别为云维集团、云维股份、云南大为、曲靖大为)重整。基于五家公司的内部关联关系和不符合实质性合并条件等客观情况,云南省高级人民法院决定分别受理上述系列案件,并指定云南省昆明市中级人民法院(以下简称昆明中院)集中管辖。2016年8月23日昆明中院裁定受理了上述五家企业破产案件,确保了该系列案件的统一协调、系统处理和整体推进,提升了破产案件的处理效率,减少了破产费用。

由于煤化工集团五家公司之间存在四级股权关系,债权结构复杂、偿债资源分布不均匀,呈现出"自下而上,债务总额越来越大,偿债资源越来越少"的趋势。为了最大化实现债权人在煤化工集团多家重整主体的整体利益,该系列重整案件确定了“自下而上”的重整顺序,由子公司先完成重整,保证了下层公司通过偿还上层公司内部借款,向上输送偿债资源,解决了债务和偿债资源不匹配的问题,奠定了成功实现重整整体目标的基础。云维股份及其子公司率先完成重整,确保云维股份“保壳”成功;同时,通过资本公积金转增股票向云维集团和煤化工集团提供股票,并通过债务关系、担保关系实现偿债资源的有序输送,使两家公司能够制定最合理的重整计划,绝大部分金融债权能够获得100%兜底清偿。该系列重整案件前后历时10个月,五家公司重整方案均获得债权人会议表决通过,重整计划付诸执行,系列重整案件基本圆满终结。

(三)典型意义

本案是在供给侧结构性改革及“去产能、调结构”背景下,人民法院切实发挥破产审判功能,积极化解产能过剩,保障地方就业稳定,并最终实现困境企业“涅槃重生”的典型案例。通过重整程序,集团旗下关闭煤矿18家,清理过剩煤炭产能357万吨/年,分流安置职工14,552人,化解债务危机的同时为企业后续持续健康发展奠定基础,得到了债权人、债务人、股东、职工的高度肯定和支持。

案例6 “北京理工中兴科技股份有限公司破产重整案”

(一)基本案情

北京理工中兴科技股份有限公司(以下简称京中兴公司)现系在全国中小企业股转系统代办股份转让的非上市公众公司,成立于1992年12月1日,注册资本2.5亿余元。1993年4月经海南省证券管理办公室批准,公司定向募集1.2亿股在中国证券交易系统(NET系统)上市交易,流通股17,090万股,股东达1.4万余名。截至2017年,公司资产总额979.66万元,负债总额近亿元,已严重资不抵债。债权人以不能清偿到期债务为由,向北京市第一中级人民法院(以下简称北京一中院)申请京中兴公司破产重整,北京一中院于2017年9月15日裁定受理。

(二)审理情况

为提高重整成功率,北京一中院采用预重整模式,以听证形式多次组织相关主体开展谈判协商,并在对公司是否具有重整价值和挽救可能进行有效识别的基础上,引导主要债权人与债务人、投资方签署“预重整工作备忘录”等文件,就债权调整、经营方案以及重整路径等主要问题达成初步意向。同时,还通过预先摇号方式选定管理人提前开展工作。

通过有效对接预重整工作成果，加快审理节奏，本案在受理80余天后便召开债权人会议表决重整计划草案，债权人组100%表决通过（申报债权均为普通债权），出资人组经现场和网络投票，通过率亦超过87%。2017年12月21日北京一中院裁定批准破产重整计划、终止重整程序。根据重整计划，投资人承诺在受让京中兴公司1万股后，注入不低于8亿元的优质旅游资产并转增股份用于偿还公司债务，预计债权清偿率达69.25%（不含复牌后可能溢价的部分）。

截至2018年2月底，投资人已实际受让1万股，并完成对注入资产的审计评估工作，重大资产重组的相关工作亦进展顺利。

（三）典型意义

本案系全国首例在全国证券交易自动报价系统（STAQ系统）和NET系统（以下简称“两网”系统）流通转让股票的股份公司破产重整案。1999年9月上述“两网”系统停止运行后，“两网”公司普遍存在经营困难、股份流动性差等问题，但由于存在可能申请公开发行的政策优势，因而仍具有一定的重整价值。本案中，京中兴公司通过重整引入优质旅游资产，实现社会资源的重新整合配置，培育了发展新动能，并为公司在符合法律规定条件时申请公开发行奠定了基础，也为其他“两网”公司通过重整重返资本市场提供了借鉴。同时，对拓宽企业投融资渠道，落实北京金融工作会议关于“促进首都多层次金融市场体系建设，把企业上市作为一个重要增长点来抓”的要求，对于营造稳定公平透明、可预期的首都营商环境亦具有积极意义。

此外，在本案中，北京一中院采用预重整方式，通过对识别机制、重整听证程序、沟通协调机制的综合运用，大大提高重整的效率和成功率，充分发挥了预重整的成本优势和效率优势，实现了多方利益的共赢。

案例7 “庄吉集团有限公司等四家公司破产重整案”

（一）基本案情

庄吉服装是温州地区知名服装品牌，庄吉集团有限公司（以下简称庄吉集团）、温州庄吉集团工业园区有限公司（以下简称园区公司）、温州庄吉服装销售有限公司（以下简称销售公司）、温州庄吉服装有限公司服装公司（以下简称服装公司）4家企业长期经营服装业务，且服装业务一直经营良好。但因盲目扩张，投资了并不熟悉的造船行业,2014 年受整体经济下行影响,不但导致投入造船业的巨额资金血本无归,更引发了债务人的银行信用危机。2014 年 10 月 9 日除服装公司外,其余 3 家公司向浙江省温州市中级人民法院(以下简称温州中院)申请破产重整。

(二)审理情况

2015 年 2 月 27 日温州中院裁定受理庄吉集团、园区公司、销售公司三家企业的重整申请,并根据企业关联程度较高的情况,指定同一管理人。本案中债权人共有41 人,申报债权约 20 亿元,确认约 18 亿元。2015 年 8 月 20 日管理人请求温州中院将重整计划草案提交期限延长 3 个月。2016 年 1 月 27 日服装公司亦进入重整程序。由于 4 家企业存在人格高度混同的情形,符合合并重整的基础条件,且合并重整有利于公平清偿债务,符合我国《企业破产法》的立法宗旨。温州中院在经债权人会议决议通过 4 家企业合并重整的基础上,经过该院审委会讨论决定,对管理人提出的实质合并重整申请予以准许。随后管理人制订整体性的重整计划草案,并在债权人会议表决的过程中获得了绝大部分债权人的认可,仅出资人组部分股东不同意。经与持反对意见的股东沟通,其之所以反对主要是对大股东经营决策失误有怨言,对重整计划本身并无多大意见。2016 年 3 月 17 日温州中院强制裁定批准该重整计划草案。在重整计划草案通过后,温州中院及时根据《中共温州市委专题会议纪要》[(2016)9 号文件]对重整企业进行信用修复,使重整企业隔断历史不良征信记录、恢复正常使用包括基本户在内的银行账户、正常开展税务活动、解除法院执行部门的相关执行措施,为重整企业营造了良好的经营环境。

(三)典型意义

本案是法院依法审慎适用重整计划草案强制批准权、积极协调保障企业重整后正常经营的典型案例。在实践中,一些企业在重整计划通过后,因相关配套制度的缺失又重新陷入困境。因此,重整是否成功,并不仅仅体现在重整计划的通过上,虽然重整司法程序在法院裁定批准后终止,但重整后的企业能否迅速恢复生机,还需要在信用修复、适当的税收优惠等方面予以支持,使其顺利恢复生产经营活动,才是完整发挥重整制度价值的关键。本案中,在庄吉服装系列公司重整计划通过后,温州中院积极协调,为重整后的庄吉服装系列公司赢得良好经营环境。此外,法院依法审慎适用强制批准权,维护了各方主体利益平衡以及整体利益最大化,庄吉服装系列公司在重整成功后的第一个年度即成为当地第一纳税大户。

案例8 “福建安溪铁观音集团股份有限公司及其关联企业破产重整案”

(一)基本案情

福建省安溪茶厂有限公司(以下简称安溪茶厂)成立于1952年,是我国历史最为悠久的三大国营茶厂之一,系福建安溪铁观音集团股份有限公司(以下简称铁观音集团)全资子公司。铁观音集团成立后,投入大量资金用于启动上市计划并于2012年6月进行IPO预披露,由于国家政策及市场变动等因素,2013年铁观音集团终止上市计划。之后随着国家宏观经济下行、消费环境变化和市场调整等不利因素的影响,尤其是担保链断裂等因素,铁观音集团和安溪茶厂陷入资金和经营困境。2016年1月债权人分别申请铁观音集团和安溪茶厂重整,泉州市中级人民法院(以下简称泉州中院)、安溪县人民法院(以下简称安溪法院)分别受理两个案件。安溪法院受理后以案件疑难复杂为由将案件移送泉州中院审理。

(二)审理情况

泉州中院受理后,共裁定确认铁观音集团债权41家合计约4.78亿元、安溪茶厂债权137家合计约3.32亿元(其中茶农债权人83名,债权金额合计约776万元)。管理人采用公开遴选的方式,引入投资人向铁观音集团增资2.2亿元,持有铁观音集团股权76.2%,原股东的股权稀释为23.8%;铁观音集团普通债权清偿率为7.54%(其中10万元以下部分清偿率30%),比清算条件下的清偿率提高3倍;安溪茶厂普通债权清偿率为16%(其中10万元以下部分清偿率为40%),两案重整计划草案均获得高票通过。2016年11月3日泉州中院裁定批准重整计划,终止重整程序。2017年8月31日重组方投资全部到位,2017年10月31日泉州中院裁定确认两案的重整计划执行完毕。

(三)典型意义

本案是通过破产重整制度促进传统农业企业转型升级的典型案例。安溪茶厂、铁观音集团等企业共同形成了茶叶种植、生产、研发、销售的产、供、销一体化涉农企业。重整成功使“安溪铁观音集团”这一著名商号得以保留,带动茶农、茶配套生产商、茶叶营销加盟商相关产业发展;且投资方“互联网+”思维模式、合伙制商业模式、“制茶大师工作室”等创新模式的引入,对传统农业企业从营销模式、产品定位、科研创新等方面进行升级转型,同时化解了金融债权约5.8亿元,有效防控金融风险。此外,本案中,经审计机构和管理人调查,两家企业在主要财产、交易渠道、账册等方面不存在高度混同情形，故未采用实质性合并重整的方式，而是采取分中有合、合中有分的审理模式对安溪茶厂和铁观音集团两个关联企业进行重整。基于两家企业母子公司的关系，招募同一个投资人作为重整案件的重组方，最大限度整合两家企业的资源，提高重整价值，实现债务人和债权人利益最大化。

案例9 "中顺汽车控股有限公司破产重整案"

(一)基本案情

中顺汽车控股有限公司(以下简称中顺汽车)成立于2002年，主要业务为轻型客车的制造、销售。受2008年全球金融危机和市场竞争加剧等因素影响，企业陷入困境。2009年开始停产，诉讼集中爆发，职工大规模上访。截至2017年1月，累计负债27亿元，其中拖欠职工工资、社保1440人，普通债权人130余家，相关执行案件130余件，严重资不抵债。2017年1月13日辽宁省沈阳市中级人民法院(以下简称沈阳中院)根据债权人申请，裁定受理"中顺汽车破产重整案"。

(二)审理情况

法院裁定受理后，基于该企业停产时间长、社会稳定压力突出、协调审批事项复杂等现实情况，法院通过"沈阳工业企业依法破产(重整)工作小组"会商后决定指定清算组担任管理人。在重整工作中，法院牵头抓总，主导重整程序推进；清算组除管理人基本职责外，侧重解决职工安置、维护稳定，协调、审批，产业政策把握等事务。

针对企业的困境成因，在重整计划草案制订中，一方面，立足于化解债务问题、保证公平清偿；另一方面，着眼于促进企业提质增效、增强营利能力。在重整投资人引入过程中，采用市场化招募方式，将引入新能源产业作为目标，指导管理人利用全国企业破产重整案件信息网发布招募公告，将符合国家政策支持导向并具有技术创新能力作为核心要件，通过严格的招募遴选程序，从报名的主体中择优选定威马汽车制造温州有限公司(以下简称威马汽车)及其子公司沈阳思博智能汽车技术有限公司作为重整投资人。威马汽车作为致力于新能源汽车研发、生产的企业，给中顺汽车注入活力，构建绿色出行，智慧出行，实现了中顺汽车由传统汽车制造企业向新能源汽车产业基地的转型升级。2017年6月30日债权人会议各组均表决通过重整计划草案。2017年7月6日沈阳中院裁定批准重整计划。2018年1月中顺汽车管理人提交重整计划执行完毕报告。

(三)典型意义

“中顺汽车重整案”是充分发挥政府与法院协调机制的优势,以常态化工作平台有针对性地指导个案,同步化解困境企业债务和经营问题,促进实体经济转型升级、实现振兴的典型案例。中顺汽车案件审理中,充分利用“沈阳工业企业依法破产(重整)工作小组”平台优势,判断企业的救治价值和可能性,把握重整产业发展方向,搭建引资平台,促进项目落地,并在重整计划执行阶段,督促、协调有关部门快速完成变更、审批事项,在法院依法完成程序推进工作的基础上,共同实现成功重整,助力老工业基地产业结构调整。

案例10 “桂林广维文华旅游文化产业有限公司破产重整案”

(一)基本案情

桂林广维文华旅游文化产业有限公司(以下简称广维公司)拥有全球第一部山水实景演出、广西旅游活名片、阳朔旅游“晴雨表”的《印象·刘三姐》剧目。该公司为股东及其关联控制人代偿或担保债务涉及总额超过15亿元,导致不能清偿到期债务且资不抵债,据此提出破产重整申请。

(二)审理情况

2017年8月15日广西壮族自治区高级人民法院(以下简称广西高院)裁定受理本案并指定管理人。管理人采取邀请招标方式并经公开开标,从交纳投标保证金、具体重整方案的细化可行性情况确定北京天创文投演艺有限公司(以下简称文投公司)以7.5亿元出资额成为重整投资方。2017年11月8日第一次债权人会议召开,重整计划草案确定相关债权数额并将出资人权益调整为零,明确文投公司的义务。享有担保权的债权组,代表债权金额为275,892,800.36元,表决通过该草案;普通债权组过半数同意,代表债权金额为761,128,974.33元,占该组债权总额的77.30%,超过2/3以上;出资人组表决未通过该草案。2017年12月4日广西高院裁定批准重整计划草案,终止重整程序。2018年1月文投公司出资资金到位;2018年1月26日广西高院裁定确认柳州银行股份有限公司等15位债权人债权共计1,469,526,673.18元,其受偿金额分配共计589,207,646.36元;2018年2月中旬文投公司完成股权过户。

(三)典型意义

本案系全国首个直接由高级人民法院受理的破产重整案件。由于考虑公司经营项目为国际知名大型实景《印象·刘三姐》剧目，对广西旅游业、地方经济影响较大，且公司所有资产被国内、区内数十家法院查封、涉及职工人数众多且成分复杂等情况，广西高院依据我国《企业破产法》第4条、《民事诉讼法》第38条第1款之规定，将本案作为全区重大有影响案件裁定立案受理。为确保《印象·刘三姐》剧目演出不受破产重整影响，本案实行演出相关业务自行经营、管理人监督、法院总协调的模式，确保重整期间公司正常经营，各项收入不减反增。该案历经3个月零21天顺利终结并进入重整计划执行阶段，广维公司摆脱债务困境重焕活力，确保800多名演职人员的就业机会，也解决关联公司548名职工的安置问题，相关产业通过《印象·刘三姐》项目实现升级改造，推动了地方经济发展。

最高人民法院发布 10 起关于依法审理破产案件、推进供给侧结构性改革典型案例

(2016 年 6 月 15 日)

2016 年 6 月 15 日最高人民法院发布 10 起破产审判典型案例,其中既有破产重整案件,也有破产清算案件,还包括关联企业合并破产、重整程序向清算程序转化、执行案件移送破产审查等案件。这些案例分别在依法维护职工合法权益、充分发挥政府与法院联动协调机制的作用、法院慎重行使强制批准权、注重运用市场化的方式推动企业重整、依法创新资产处置方式、探索采取综合模式挽救企业等方面取得了良好法律效果和社会效果。

一、"长航凤凰股份有限公司破产重整案"

(一)基本案情

长航凤凰股份有限公司(以下简称长航凤凰)系上市公司,是长江及沿海干散货航运主要企业之一。自 2008 年全球金融危机以来,受财务费用负担沉重、航运运价长期低迷等因素影响,长航凤凰经营逐步陷入困境。截至 2013 年 6 月 30 日,长航凤凰合并报表项下的负债总额合计达 58.6 亿元,净资产为 -9.2 亿元,已严重资不抵债。经债权人申请,湖北省武汉市中级人民法院(以下简称武汉中院)于 2013 年 11 月 26 日依法裁定受理"长航凤凰重整案",并指定破产

管理人。因连续3年亏损，长航凤凰股票于2014年5月16日起暂停上市。

（二）审理情况

在武汉中院的监督指导下，管理人以市场化的重组方式为基础，制订了重整计划草案，获得了债权人会议及出资人会议表决通过。由于无外部重组方参与长航凤凰破产重整，如何通过长航凤凰自身筹集足够的资产以提高普通债权清偿比例，以促使普通债权人支持重整是重整工作有序推进的重点。为解决偿债资金筹集的问题，经过武汉中院与管理人多番论证，最终制订了以公司账面的货币资金、处置剥离亏损资产的变现资金以及追收的应收款项、出资人权益调整方案以及股票公开竞价处置等多种渠道的资金筹集方案。实践证明，上述资金筹集方案具有可行性。通过资产公开处置、出资人权益调整以及股票公开竞价处置，长航凤凰不但清偿了重整中的全部债务，同时，由于股票公开竞价处置产生溢价，公司在重整程序中依法获得了约7000万元的资金用于补充公司现金流。

2014年3月18日武汉中院裁定批准了重整计划并终止重整程序。通过成功实施重整计划，在无国有资产注入及外部重组方资金支持的情况下，长航凤凰于2014年年底实现净资产约1.2亿元、营业利润约2.24亿元，成功实现扭亏，股票于2015年12月18日恢复上市。

（三）典型意义

"长航凤凰重整案"是以市场化方式化解债务危机的典型案例。借助于破产重整程序，长航凤凰摆脱了以往依赖国有股东财务资助、以"堵窟窿"的方式挽救困境企业的传统做法，以市场化方式成功剥离亏损资产、调整了自身资产和业务结构、优化了商业模式，全面实施了以去杠杆为目标的债务重组，最终从根本上改善了公司的资产及负债结构，增强了持续经营及营利能力，彻底摆脱了经营及债务困境。

二、"深圳中华自行车（集团）股份有限公司破产重整案"

（一）基本案情

深圳中华自行车（集团）股份有限公司（以下简称深中华）系上市的中外合资股份有限公司，成立于1984年8月24日，注册资本及实收资本均为人民币5.5亿余元。深中华生产的自行车曾远销欧美，市场占有度和知名度较高，但市场环境发生变化后，企业深陷亏损境地。曾经亚洲最先进的全自动化自行车生产线被迫下马停产，企业靠代工生产业务和物业出租养活187名员工。深中华原有的厂区经过多轮查封、冻结,无法变现和更改用途,且被出租给各个小企业用于生产,厂区存在严重的环保、安全、交通和监管隐患。因长期亏损,深中华连续多年被深交所退市风险警示,如其不能在2013年会计年度内通过重整计划,其股票将被终止上市。2012年10月12日深圳中院根据债权人申请,裁定受理“深中华破产重整案”。

(二)审理情况

2012年10月29日深中华向深圳中院申请自行管理财产和营业事务,深圳中院审查后于2012年10月31日依据我国《企业破产法》第73条第1款之规定,批准深中华在管理人的监督下自行管理财产和营业事务。

2013年8月22日债权人会议表决重整计划,普通债权组未能表决通过,税款组、出资人组均表决通过。深圳中院在综合考察深中华的现状后,指导管理人积极作为,针对仍存疑虑的债权人进行沟通和释法,充分阐释通过重整企业原本无法变现资产的清偿率可以获得大幅提升,通过获取股权可以分享重组收益等有利因素,取得了债权人的支持。在2013年10月15日的第二次表决中,高比率通过重整计划;同日,深圳中院裁定批准重整计划。2013年12月27日执行重整计划完毕。

(三)典型意义

本案是人民法院充分尊重当事人意思自治,慎重行使强制批准权,确保市场主体充分进行博弈后,帮助企业恢复生机的典型案例。强制批准重整计划草案,主要适用于需要打破利益壁垒、平衡保护当事人利益的情形,应当慎重适用。深中华的重整计划草案经历了两次表决,法院在面临可能需要强制批准的情况下,没有简单化处理问题,而是指导管理人积极作为,以利益导向、发展导向促成债权人的态度转化,避免了司法权对市场的干预。通过重整,安置在职职工187人,解决积欠社保问题400余人,债权人获得了70%的清偿,盘活了企业存量资产,为深圳市的城市发展释放土地资源12.73万平方米。深中华通过重整解决了历史包袱,实现了产业转型,保留了上市公司地位,通过重整迎来了新的产业注入,保留了股权价值。

三、“浙江安吉同泰皮革有限公司执行转破产清算案”

(一)基本案情

浙江省安吉县人民法院(以下简称安吉法院)执行局在执行浙江安吉同泰皮革有限公司(以下简称同泰皮革公司)作为被执行人的系列案件中,将被执行人的厂房、土地依法拍卖,所得价款2484万元。但经审查发现,截至2015年2月27日,同泰皮革公司作为被执行人的案件全省共有29件,标的额为2200万元;作为被告的案件全省共达94件,标的额为3327万元,同泰皮革公司已不能清偿到期债务,而且资产不足以清偿全部债务。安吉法院执行局根据最高人民法院《关于适用〈中华人民共和国民事诉讼法〉的解释》第513条的规定,向部分申请执行人征询意见,并得到其中一位申请执行人的书面同意,将本案移送破产审查。2015年3月17日安吉法院根据申请人安吉县博康担保有限公司的申请,裁定受理"同泰皮革公司破产清算案"。

(二)审理情况

受理破产申请后,安吉法院立即通知相关法院中止诉讼、执行程序,解除财产保全措施,由管理人接管了同泰皮革公司的全部资产。为公平保障全部债权人的利益,对全省范围内涉同泰皮革公司执行案件进行检索,执行人员提醒外地债权人申报债权224.3万元。2015年6月4日"同泰皮革公司破产清算案"召开第一次债权人会议,会议高票通过了《财产管理、变价和分配方案》等两项议案。2015年6月26日安吉法院裁定确认上述财产管理、变价和分配方案。目前,财产分配方案已执行完毕。同泰皮革公司作为被执行人的案件共53件,债权金额累计4213.1万元,个案执行时间最长达1年半。启动执行转破产程序后,3个月即审结完成,并实现职工债权和税收债权全额清偿,普通债权清偿比例达到22.5%。

(三)典型意义

符合我国《企业破产法》规定条件的企业法人应该通过破产程序来清理债务,以实现对全体债权人的公平清偿。安吉法院在执行同泰皮革公司系列案件的过程中,发现被执行人已经符合我国《企业破产法》第7条规定的破产案件受理条件,即根据民事诉讼法司法解释的有关规定,在征得债权人同意后,将执行案件及时移送破产审查,经审查符合破产案件受理条件,即裁定受理,进入破产程序。执行人员还提醒其他执行案件的申请人及时申报债权,实现了案件执行程序和破产程序的有序衔接。案件由执行程序转入破产审查,不仅可以迅速启动破产程序,还有助于执行案件的及时结案,化解"执行难"问题。

四、“中国第二重型机械集团公司与二重集团(德阳)重型装备股份有限公司破产重整案”

(一)基本案情

中国第二重型机械集团公司(以下简称二重集团)为中央直接管理的国有重要骨干企业,是国家重大技术装备制造基地。二重集团(德阳)重型装备股份有限公司(以下简称二重重装)为二重集团的控股子公司。自2011年起,二重集团、二重重装多年连续亏损,生产经营以及员工工资、社保基本靠向银行举债和股东提供的资金勉强维持。截至2014年年底,二重集团、二重重装金融负债总规模已经超过200亿元。二重重装已经严重资不抵债。

在国资委等有关部门的支持下,以农业银行、中国银行、光大银行为主席行,组织涉及二重集团、二重重装的近30家金融债权人成立了中国二重金融债权人委员会,与二重集团、二重重装及其股东展开了庭外重组谈判。2015年9月11日在银监会的组织下,各方达成了框架性的重组方案,其核心内容为在2015年内以“现金+留债+股票”清偿全部计息金融负债。2015年9月11日债权人机械工业第一设计研究院等向四川省德阳市中级人民法院(以下简称德阳中院)提起了针对二重集团、二重重装的破产重整申请。2015年9月21日德阳中院裁定受理“二重集团、二重重装重整案”,并指定管理人接管了二重集团和二重重装。

(二)审理情况

2015年11月27日债权人会议和出资人会议召开,各表决组均通过了《重整计划(草案)》。2015年11月30日德阳中院作出民事裁定,批准重整计划并终止了二重集团和二重重装重整程序。在重整计划执行中,120亿元金融债权通过现金清偿和“债转股”,已得到100%清偿;对于非金融债权,按照重整计划已向各家债权人分别支付25万元,其余在2~5年内付清。2015年重整计划整体完成90%。

(三)典型意义

庭外重组是陷入困境但有价值的企业与其债权人之间以协议的方式,对企业进行债务调整和资产重构,以实现企业复兴和债务清偿的一种庭外拯救手段。本案中,在有关部门的推动、指导下,二重集团、二重重装与主要债权人金融机构进行了庭外重组谈判,并达成了框架性的金融债务重组方案。进入重整后,法院在司法框架范围内,尽可能维持了重组方案确定的原则,依法合规纳入重整计划,得到了金融债权人的认可。二重集团和二重重装重整成功,为这两家资产总额达210亿元的国有企业卸下了沉重的债务负担,优化了金融债务结构。本案积极探索实践庭外重组向司法重整转换,为陷入困境但有再生可能的大型国有企业司法重整提供了可复制的范例。

五、"浙江玻璃股份有限公司及其关联公司合并破产案"

(一)基本案情

浙江玻璃股份有限公司(以下简称浙江玻璃)成立于1994年5月,2001年12月10日在香港联合交易所上市。2003~2005年浙江玻璃先后投资成立浙江工程玻璃有限公司、浙江长兴玻璃有限公司、浙江平湖玻璃有限公司、浙江绍兴陶堰玻璃有限公司,上述企业均从事玻璃生产、加工和销售,职工共计4350人,日熔化总量达5150吨。由于经营不善,盲目投资、高成本融资等原因,浙江玻璃及其4家关联公司生产经营遭遇巨大困难,陷入债务危机。2010年5月3日浙江玻璃因未能如期公布2009年度财务报告被香港联合交易所处以暂停交易。鉴于浙江玻璃已具备破产原因,且作为一家尚具生产能力的境外上市股份公司,具有一定的重整价值,2012年6月28日浙江省绍兴市中级人民法院(以下简称绍兴中院)裁定受理债权人对浙江玻璃的重整申请并指定管理人,启动破产重整程序。

(二)审理情况

2012年7月4日管理人以浙江玻璃与其四家关联公司存在人格混同情形、合并重整有利于公平清偿债权为由,申请浙江玻璃与其四家关联公司合并重整,并提交了相关证据。其中,审计报告结论显示,浙江玻璃与其四家关联公司系作为一个整体进行运作,四家子公司虽然均为法人主体,但都在浙江玻璃的实际控制下运营,资金收支均由浙江玻璃掌控,已丧失其法人实体应当具备的财务独立性。2012年7月23日绍兴中院组织召开合并重整听证会,听取各方对合并重整的意见。经听证,大部分债权人代表和浙江玻璃及其关联公司支持合并重整。经审查,绍兴中院依照我国《企业破产法》第1条、第2条规定,裁定浙江玻璃前述四家关联公司并入浙江玻璃重整。

2013年3月10日在前期继续经营、成功招募重整投资人的基础上,浙江玻璃及其四家关联公司破产案召开第三次债权人会议,分组表决重整计划草案。受多种客观因素影响,普通债权组未通过重整计划草案,导致重整计划草案未能获得债权人会议通过。2013 年 3 月 25 日，绍兴中院依照我国《企业破产法》第 88 条的规定，裁定终止重整程序，转入破产清算。

转入破产清算后，继续维持生产的压力更加突出。玻璃生产具有特殊性，一旦生产线停产，将涉及停火冷窑、危化品处置等安全问题，并将导致资产大幅贬值和维护费用大幅增加。为此，经管理人在债权人会议中广泛征求意见，采取"托管经营"的方式，委托第三方公司继续生产经营，实现了破产清算条件下的正常生产。2013 年 4 月 13 日第四次债权人会议表决通过《破产财产变价方案》。经公开拍卖或变卖，公司的资产变价金额合计约 23.02 亿元。2013 年 9 月 22 日第五次债权人会议表决通过了《破产财产分配方案》。2013 年 10 月 10 日绍兴中院裁定认可破产财产分配方案。2013 年 12 月 12 日经管理人申请，绍兴中院裁定终结破产程序。

(三)典型意义

"浙江玻璃及其关联公司合并破产案"系在充分尊重当事人意思自治的基础上，在重整计划草案经表决未获通过的情况下，及时由重整转入清算的案件。本案在审理过程中，充分尊重市场规律，所有重大事项均在充分考虑破产企业的行业状况、商业风险等市场因素的基础上，经由债权人会议依法表决。对于债权人会议否决的事项，法院尊重当事人的意思自治，均未采取强制批准措施。此外，浙江玻璃及其关联公司在破产中维持正常生产，使大部分职工保持了稳定的工作和经济收入，维护了社会的和谐稳定。

六、"山东海龙股份有限公司破产重整案"

(一)基本案情

山东海龙股份有限公司(以下简称山东海龙)系在深圳证券交易所挂牌的上市公司。主导产品在国内外享有较高的知名度和良好的信誉度。受整体市场环境及经营问题的影响，公司自 2010 年连续两年亏损，出现经营危机及债务危机。2012 年 3 月 1 日中国建设银行股份有限公司潍坊寒亭支行向山东省潍坊市中级人民法院(以下简称潍坊中院)提出申请，要求依法对山东海龙进行重整。2012 年 4 月 23 日被深圳证券交易所实施退市风险警示，面临退市的严重风险。2012 年 5 月 18 日潍坊中院裁定予以受理。

(二)审理情况

根据山东海龙的资产评估情况、偿债能力分析结论、债权审查和确认情况，结合上市公司重整案件的经验,管理人制订了适合山东海龙实际情况的重整计划草案。该重整计划将保留上市公司全部有效经营性资产,通过保障债权人获得不少于破产清算的清偿率,来清理上市公司全部债务,使上市公司以自有业务重获持续经营和营利能力,节约社会资源,维护了企业、职工、股东、债权人、上下游经营者多方的利益。2012年10月"山东海龙重整案"出资人组会议及第二次债权人会议均表决通过了重整计划。2012年11月2日潍坊中院裁定批准重整计划,重整计划进入执行阶段。2012年12月26日重整计划执行完毕,重整程序终结。自2013年7月3日起,深圳证券交易所撤销山东海龙股票交易的退市风险警示及其他风险警示。通过重整,该公司扭亏为盈。

(三)典型意义

"山东海龙重整案"维持了上市公司的主业不变、产品不变、没有进行资产置换、没有停产半停产,实现了企业就地重生、保障了社会和谐稳定。如果以我国目前的上市公司重整案件中普遍采用的将上市公司全部资产进行处置,重新注入新的经营性资产的方式重整,则可能一方面债权人的债权清偿比例会很低,另一方面山东海龙的主业和优质资源无法得以保留,影响近万名公司职工就业以及债权人和中小股民的利益。"山东海龙重整案"中采取了保留公司的全部有效经营性资产,通过保障债权人获得不少于破产清算的清偿,清理其全部债务。该模式使该公司的主业和优质资源得以保留,且公司职工就业基本未受影响,债权人和中小股民利益得到了最大限度的保护,企业、股东、职工、债权人、重整投资人、政府等实现多方共赢,取得了法律效果和社会效果的有机统一。

七、"中核华原钛白股份有限公司破产重整案"

(一)基本案情

中核华原钛白股份有限公司(以下简称中核钛白)股票在深圳证券交易所挂牌交易,在钛白粉市场竞争加剧的情况下,中核钛白经营陷入困境。特别是2008年发生全球金融危机后,钛白粉产成品价格暴跌,当年钛白粉行业全面亏损。中核钛白连续亏损,面临退市及破产风险。2009年、2010年重大资产重组和托管均未成功。2011年4月22日债权人向甘肃省嘉峪关市中级人民法院(以下简称嘉峪关中院)申请对中核钛白进行破产重整。2011年7月29日为维持职工队伍稳定和企业继续经营,中核钛白公司股东在全国范围内公开遴选,决定由安徽金星钛白(集团)有限公司(以下简称金星钛白)对中核钛白进行托管经营。2011 年 11 月 30 日嘉峪关中院裁定受理重整申请。

(二)审理情况

嘉峪关中院受理本案重整申请后,中核钛白继续营业,继续履行与金星钛白的托管协议,并继续履行中核钛白与对方均未履行完毕的 42 份合同,保证了重整工作的有序推进。截至 2012 年 1 月 6 日,共有 146 家债权人申报债权 147 笔,申报债权总额为 3.3 亿余元,管理人初步确认 128 笔,确认的债权额约 3 亿元。嘉峪关中院要求管理人制订重整计划草案时一并考虑后续的资产重组,并在提交重整计划草案的同时提交重组框架方案,避免了重整、重组分开运作实施可能带来的弊端。

嘉峪关中院针对小额债权人人数众多、清偿率低、利益受损大、对立情绪严重的特点,为了最大限度地保护他们的利益,决定设立小额债权组,将债权额在 600 万元以下的债权人都纳入该组,并动员大股东额外拿出 2000 万元补偿小额债权人的损失,将其清偿率由 41.69% 提高至 70%,有效保障了出资人和债权人的利益平衡。2012 年 7 月 27 日债权人会议 4 个债权人组表决通过了重整计划草案,出资人组表决通过了出资人权益调整方案。2012 年 7 月 31 日嘉峪关中院裁定批准《中核华原钛白股份有限公司重整计划》。经各方努力,2012 年 11 月 15 日重整计划执行完毕,比原计划提前 1 个半月。2012 年 12 月 17 日法院裁定终结中核钛白重整程序。2012 年 12 月 19 日经中国证监会审核,中核钛白发行股份购买资产并募集配套资金事项获有条件通过。至此,中核钛白破产重整程序与资产重组程序对接,中核钛白破产重整获得圆满成功。本案普通债权的清偿率为 41.69%,小额普通债权的清偿率达到了 70%,远远高于模拟清算条件下的清偿率。

(三)典型意义

"中核钛白破产重整案"通过将托管、重整与重组并行考虑,实现了托管、重整、重组的紧密衔接,做到了同行业并购和业务整合紧密衔接,持续经营与技术改造同步进行。既实现了企业经营的连续性,摆脱了清算退市的命运,实现了较高的清偿率,又实现了 1200 名职工全员就业,稳定了职工队伍。

八、"北京利达海洋生物馆有限公司破产清算案"

(一)基本案情

北京利达海洋生物馆有限公司(以下简称利达公司)是 1993 年经批准成立的中

外合作经营企业,其投资经营的北京海洋馆于1999年正式开业。北京海洋馆集观赏、旅游、科普、教育和休闲娱乐为一体,是北京旅游行业的"名片"工程。由于利达公司在成立和建设过程中的大量贷款导致企业财务成本负担过重,同时,公司内部管理混乱,各类有效资产也被法院采取了司法保全措施,客观上已经直接危及北京海洋馆的正常经营,当时300多名职工情绪也严重不稳,导致公司难以维持正常经营。截至2003年7月,利达公司的资产总额为6.55亿元,负债总额为21亿元,资产负债率高达320%,属于严重资不抵债。2003年1月经债权人北京国际信托投资有限公司申请,北京市高级人民法院(以下简称北京高院)依法受理了"利达公司破产清算案"。

(二)审理情况

北京高院受理后,依据最高人民法院《关于审理企业破产案件若干问题的规定》第18条的规定,决定成立利达公司监管组,主要负责清点、保管公司财产,核查公司债权债务,为公司利益而进行必要的经营活动等工作。监管组监管期间,北京海洋馆得以维持运营,避免了因停业可能带来的混乱和影响,同时也有效防范了各债权人对企业财产的争相哄抢,稳定了职工情绪,解决了社会稳定问题。

2007年6月1日开始实施的《企业破产法》规定了重整制度,基于对北京海洋馆仍具有良好的持续运营和持续营利能力的价值分析,北京高院与监管组多次与债权人协商沟通,力争通过重整程序对利达公司进行拯救。利达公司的多数债权人系金融机构债权人,没有通过利达公司进行的相关重整安排。加之利达公司管理混乱,存在一系列历史遗留问题,导致重整投资人疑虑重重而陆续放弃。

2013年10月30日北京高院裁定宣告利达公司破产。基于对利达公司下属的北京海洋馆经营事业进行拯救的目的,北京高院指导管理人采取在企业持续经营的状态下,将利达公司的全部财产、业务、正在履行的合同等整体打包,通过公开拍卖的方式变价处置。该变价方案在债权人会议表决中获全票通过。经过公开拍卖,北京信沃达海洋科技有限公司整体承接了利达公司的全部资产。承接后,北京海洋馆名称不变。拍卖价款用于清偿全体债权人,职工债权、税收债权100%清偿,普通债权清偿率为37.60%,307名企业职工全部得到了安置。在破产财产分配工作全部完结后,2014年12月19日北京高院依法裁定终结破产程序。利达公司在破产清算程序终结后予以注销。

(三)典型意义

本案是人民法院充分发挥司法能动作用,指导管理人依法提升资产处置效益,实现困境企业营业拯救的典型案例。在未能通过重整程序拯救利达公司的情形下，法院依法指导管理人通过在持续经营条件下整体打包处置破产财产的变价方式，依法保护了职工、税务部门以及其他债权人的权益，同时拯救了利达公司的经营事业即北京海洋馆，取得了良好的法律效果、经济效果和社会效果。

九、“上海超日太阳能科技股份有限公司破产重整案”

（一）基本案情

上海超日太阳能科技股份有限公司（以下简称超日公司）是国内较早从事太阳能光伏生产的民营企业，注册资本 1.976 亿元。2010 年 11 月超日公司股票在深圳证券交易所中小企业板挂牌交易。2012 年 3 月 7 日超日公司发行了存续期限为 5 年的“11 超日债”。此后，公司整体业绩持续亏损，生产经营管理陷于停滞，无力偿付供应商货款，银行账户和主要资产处于被冻结、抵押或查封状态，应付债券不能按期付息，“11 超日债”也因此成为我国债券市场上的首个公司债违约案例。受制于财务负担沉重以及光伏产业整体处于低谷时期等因素的影响，超日公司已经很难在短期内通过主营业务的经营恢复持续营利能力。2014 年 4 月 3 日债权人上海毅华金属材料有限公司以超日公司不能清偿到期债务为由，向上海市第一中级人民法院（以下简称上海一中院）申请对该公司进行破产重整。上海一中院经审查，于 2014 年 6 月 26 日裁定受理。因连续 3 年亏损，超日公司被暂停上市。

（二）审理情况

上海一中院指定一家律师事务所和一家会计师事务所组成联合管理人。管理人通过公开招标，确定由 9 家公司作为联合投资人。2014 年 10 月 8 日管理人公告发布《超日公司重整计划草案》《关于确定投资人相关情况的公告》等文件。管理人结合超日公司的实际情况以及对意向投资人综合考察，确定由江苏协鑫能源有限公司等九家单位组成联合体作为“超日公司重整案”的投资人。九家联合投资人将出资 19.6 亿元用于超日公司重整，其中 18 亿元用于支付重整费用和清偿债务，剩余 1.6 亿元作为超日公司后续经营的流动资金。

《超日公司重整计划草案》于 2014 年 10 月 23 日向第二次债权人会议提交。经分组表决，各表决组均通过了重整计划草案。依管理人申请，上海一中院于 2014 年 10 月 28 日裁定批准超日公司重整计划并终止重整程序。根据重整计划，超日公司职工债权和税款债权全额受偿；有财产担保债权按照担保物评估价值优先受偿，未能就担保物评估价值受偿的部分作为普通债权受偿;普通债权20万元以下(含本数)部分全额受偿,超过20万元部分按照20%的比例受偿。此外,长城资产管理公司和久阳投资管理中心承担相应的保证责任,“11超日债”本息全额受偿。超日公司更名为协鑫科技股份有限公司,并于2014年实现盈利。2015年8月12日*ST超日更名后在深交所恢复上市。至此,超日公司重整成功。

(三)典型意义

本案是全国首例公司债违约的上市公司破产重整案件,选择同行业企业作为重整方是本案迅速重整成功的关键。超日公司若要恢复上市、避免破产清算,必须在2014年内重整成功、扭亏为盈,这意味着重整工作的有效时间最多半年。而超日公司负债规模大、资产情况复杂,还涉及6万多位股民及大量海外资产,重整难度较大,因此,引入同行业有实力的重组方是较优选择,经过公开征集投资人,最终确定由同行业的江苏协鑫能源有限公司等作为重整方。引入同行业投资人可以加快推进重整进程,还可以解决企业现有员工的就业问题,有利于保障社会稳定。基于此,超日公司迅速恢复生产并具备持续经营能力,实现了较好的法律效果和社会效果。

十、“无锡尚德太阳能电力有限公司破产重整案”

(一)基本案情

无锡尚德太阳能电力有限公司(以下简称无锡尚德)成立于2001年1月22日,主要经营业务为研究、开发、生产、加工太阳能电池及发电产品系统等。尚德电力控股有限公司(以下简称尚德电力)是2005年在美国纽约证券交易所上市的民营企业。无锡尚德则是尚德电力旗下资产规模最大的生产基地,集中了95%以上的产能,10年内成长为全球最大的光伏组件生产商之一。2012年由于行业恶性价格战、全球产能过剩,以及自身决策频繁失误和内部管理问题等原因,无锡尚德运行陷入极端困境,并导致尚德电力股价一度跌至0.6美元以下,3次收到纽约证券交易所停牌警告,并一度被强制进入退市程序。2013年3月18日中国银行股份有限公司无锡高新技术产业开发区支行等8家银行以无锡尚德不能清偿到期债务为由,向江苏省无锡市中级人民法院(以下简称无锡中院)申请对无锡尚德进行破产重整。2013年3月20日无锡中院裁定批准无锡尚德进入破产重整程序。

(二)审理情况

无锡中院受理后,指定由地方政府职能部门组成的清算组担任管理人,同时建议清算组通过市场化运作遴选审计、评估、法律、财务等中介机构，充实清算组团队，发挥中介机构在市场价值判断、营业管理咨询等方面的专业优势。

由于无锡尚德是一家高科技型生产企业，营业事务涉及面广、专业要求高，需要熟悉公司业务和企业管理的专业人员参与，在无锡中院的指导下，管理人聘请了在资产重组领域及企业管理等方面具备人才优势和丰富经验的公司负责管理无锡尚德重整期间的营业事务，实现了无锡尚德的复工。为了彻底恢复无锡尚德的持续经营能力，从 2013 年 6 月下旬开始，在无锡中院的指导下，管理人从全球范围内上百家光伏行业及上下游企业中，筛选潜在战略投资者，通过报名、资格审查、尽职调查、提交投标文件、工作小组专业评议等严格的招募程序，江苏顺风光电科技有限公司（以下简称顺风光电）获得无锡尚德战略投资者资格。

2013 年 10 月底管理人提交了重整计划草案，重整计划中明确顺风光电作为战略投资者支付 30 亿元现金，用于解决无锡尚德相关费用与债务的清偿。出资人持有的无锡尚德 100% 股权全部无偿让渡。职工债权、税收债权、担保债权均按照 100% 比例以现金方式一次性受偿。为提高普通债权的清偿比例，每家债权人 10 万元以下部分的债权全额受偿；10 万元以上部分在“现金”及“现金 + 应收款”两种方式中择一受偿。以“现金”方式受偿，受偿比例为 31.55%。以“现金 + 应收款”方式受偿，即每家债权人除按照 30.85% 的清偿比例获得现金受偿外，还可以无锡尚德账面 9 笔应收款予以受偿。2013 年 11 月 12 日召开的第二次债权人大会上，职工债权组、税收债权组、担保债权组均全票表决通过上述重整计划草案，人数最多的普通债权组也高票通过。出资人组表示弃权。2013 年 11 月 15 日无锡中院依法裁定批准《重整计划草案》，并终止重整程序。2013 年 12 月底偿债资金 30 亿元全部到位并分配完毕。

（三）典型意义

无锡中院在审理过程中，依法保护金融债权、有效化解金融风险。本案中，金融债权占债权总额的 75.45%，为依法保护金融债权、有效化解金融风险，一方面，加大资产清收力度，根据应收款的具体情况采取发催收函催收、直接接洽、论证后起诉等多种方式，共追回应收款 7.08 亿元，增加了破产财产总额；另一方面，制订重整计划时引入“现金 + 应收款”与“现金”两种清偿方式供债权人选择。从结果来看，有多家金融债权人选择了“现金 + 应收款”的清偿方式，该部分债权额达 40.95 亿元。这也为其他困境企业重整提供了有益的借鉴。“无锡尚德重整案”充分发挥破产程序在清理金融债权方面的集中优势、效率优势和经济优势，切实维护了经济秩序稳定和金融安全。

“重庆钢铁股份有限公司破产重整案”

一、债务人基本情况及重整前困境

（一）债务人基本情况

重庆钢铁是由重钢集团作为独家发起人设立的股份有限公司，于1997年8月11日登记注册，分别于1997年10月17日和2007年2月28日在香港联合交易所和上交所挂牌交易。截至2017年9月24日，重庆钢铁总股本为443,602.26万股，其中，A股总股本为389,789.54万股，H股总股本为53,812.72万股，公司资本公积金共计719,365.40万元，公司股东共计170,246户。公司的第一大股东是重钢集团，其持有重庆钢铁209,698.16万股A股流通股，持股比例为47.27%。

从全国范围来看，重庆钢铁破产重整是目前涉及资产、债务规模最大，股票同时在联交所和上交所挂牌交易的国有控股上市公司的破产重整案，涉及债务近400亿元、职工10,000余人（其中在职职工8200余人）、中小股东17万余户、债权人2700余户，在重庆市乃至全国范围内均属“特别重大且无先例”。

（二）债务人破产重整前困境

1. 重整受理前债务人的资产负债情况

重庆钢铁2011～2016年累计发生账面亏损144亿元，此外，该期间内另有94亿元非经常性损益，合并计算2011～2016年实际亏损238亿元，平均年亏损近40亿元。根据已披露半年报，截至2017年6月30日，重庆钢铁账面资产总额为365亿元，负债总额为376亿元，净资产为-11亿元，资产负债率为103%。加上潜在的资产减值损失和预计潜在债务，重庆钢铁实际已严重资不抵债。

2. 债务人破产重整的主要原因

重庆钢铁之所以走到破产重整的地步，除受国内外宏观经济增速放缓、钢铁行业产能过剩等因素的影响外，在企业自身经营中产品结构、工艺流程严重错配，形成巨额低效、无效和亏损资产也是其主要原因。

产品结构与目标市场需求错配表现在：一是市场空间的错配，定位于造船板为主的280万吨中厚板，供销两端在外、物流成本高；二是与市场衔接的错配，350万吨热轧产品，在坐拥重庆区域市场汽车、家电用板的优势环境下，却因缺乏冷轧镀锌产线和技术而错失市场；三是忽视优势市场的错配，140万吨棒线材产品因原样搬迁，废品率高等因素，2017年4月30日前处于停产状态，与区域市场建材净输入700万吨、价格高形成强烈反差。

生产工艺流程与区位资源条件和生产产能实际错配表现在：一是公司长流程生产工艺流程所需的原燃料（铁矿石、煤焦），主要依赖进口或远距离运输，较沿海钢厂存在天然劣势；二是环保搬迁项目整体按650万吨产能设计生产工艺流程，在重庆钢铁老区原样180万吨产能跟随搬迁到新区后，导致铁前生产、炼钢与轧材产能互不匹配。

3. 债务人股票交易情况

2015年开始，重庆钢铁逐步陷入经营和财务危机，此后连续两年亏损，且2016年净资产为负，股票于2017年4月5日被上交所实施退市风险警示，股票简称由“重庆钢铁”变更为“*ST重钢”。如果在2017年内无法实现主营业营利，则会被上交所作暂停上市处理。

4. 重整受理前采取的措施

为了摆脱退市危机，2016年6月重庆钢铁停牌并启动与重庆渝富资产经营管理集团有限公司（以下简称渝富集团）的重大资产重组。但是，经过近1年的专业论证，因重组方案中拟置出的钢铁资产和业务难以取得债权人同意，拟置入重庆钢铁的渝富集团主要资产在目前的监管政策下，面临不能逾越的法律和操作障碍，难以满足中国证监会和香港证监会的监管要求，重庆钢铁于2017年5月终止重大资产重组。

二、案件受理情况

2017 年 4 月 24 日重庆来去源商贸有限公司以重庆钢铁不能清偿到期债务并且资产不足以清偿全部债务为由，向重庆一中法院申请对重庆钢铁进行重整。

重庆一中法院经审查并层报最高人民法院审批后，于 2017 年 7 月 3 日裁定受理重庆来去源商贸有限公司对重庆钢铁的重整申请，并于同日指定由重庆市政府副秘书长，以及市信访办、市发展和改革委员会、市经济和信息化委员会、市公安局、市人力资源和社会保障局、市金融工作办公室相关负责人，北京市金杜律师事务所组成的重庆钢铁清算组担任重庆钢铁管理人。

三、债权申报及审查情况

（一）债权申报情况

截至 2017 年 10 月 26 日，共有 1456 名债权人向重庆钢铁管理人申报债权，申报的债权总金额共计 39,096,792,355.22 元，其中，有财产担保债权人 5 名（2 名同时为普通债权人），金额为 9,611,214,650.86 元；普通债权人 1453 名，金额为 29,485,577,704.36 元。

（二）债权审查情况

1. 确认债权

已申报债权中，经第一次债权人会议核查并经重庆一中法院裁定确认的债权总额为 3,464,286.75 万元，其中，有财产担保债权为 961,121.47 万元，普通债权为 2,503,165.28 万元。

2. 职工债权调查情况

经重庆钢铁管理人调查，重庆钢铁职工债权总额约 65,060.05 万元，涉及职工 10,046 名。其他无须纳入职工债权组但依法应当予以支付的金额约为 31,700.94 万元，系公司为内退人员计提的内退费用，该等费用将待实际发生时由重庆钢铁进行支付。

3. 预计债权

重庆钢铁预计债权主要包括如下两种情形：（1）债权人已进行债权申报，但截至重整计划提交之日尚未经债权人会议核查的债权共计 212,361.44 万元，该部分债权性质均为普通债权。（2）根据公司财务账簿记载及公司说明，未在债权申报期限内申报但账面记载的债权尚有约47,270.99万元,性质均为普通债权。

四、重整计划草案主要内容

(一)出资人权益调整方案的主要内容

1.资本公积金转增股票。以重庆钢铁现有A股总股本为基数,按每10股转增11.50股的比例实施资本公积金转增股票,共计转增约448,257.97万股A股股票(最终转增的准确股票数量以中证登上海分公司实际登记确认的数量为准),转增后重庆钢铁总股本将由443,602.26万股增至891,860.23万股。上述转增股票不向股东分配,全部由重庆钢铁管理人根据重整计划的规定进行分配并支付相关费用。

2.重庆钢铁集团让渡其所持上市公司的2,096,981,600股股票,用于引入重组方。

(二)重组方投入的主要内容

参与本次重整的重组方系重庆长寿钢铁有限公司,其股东为四源合基金与重庆战新基金。四源合基金系中国宝武钢铁集团有限公司联合美国WL罗斯公司、中美绿色基金、招商局金融集团共同组建的中国第一支钢铁产业结构调整基金,基金投资总规模为800亿元,基金普通合伙人为四源合股权投资公司,该公司由华宝投资有限公司(系中国宝武钢铁集团有限公司下属企业)、WL ROSS & Co. LLC、中美绿色东方投资管理有限公司、深圳市集盛投资发展有限公司(系招商局金融集团下属企业)合资设立。

1.重组方向上市公司提供1亿元流动资金作为受让重庆钢铁集团2,096,981,600股股票的现金条件。

2.重组方承诺以不低于39亿元资金用于购买管理人通过公开程序拍卖处置的铁前资产。

3.重组方提出经营方案,对重庆钢铁实施生产技术改造升级,提升重庆钢铁的管理水平及产品价值,确保重庆钢铁恢复持续营利能力;为贯彻实施上述经营方案,保障公司恢复可持续健康发展能力,增强各方对公司未来发展的信心,重组方承诺,自重整计划执行完毕之日起5年内,不向除中国宝武钢铁集团有限公司或其控股子公司之外的第三方转让其所持有的上市公司控股权。

4.在重整计划执行期间,由重组方向重庆钢铁提供年利率不超过6%的借款,以供重庆钢铁执行重整计划。

(三)债权调整方案及债权清偿方案的主要内容

1. 有财产担保债权以其经确认的担保债权额就担保财产变现价款优先受偿,或在对应的担保财产清算评估价值范围内优先获得清偿,未受偿的债权作为普通债权,按照普通债权的调整及受偿方案获得清偿。

2. 职工债权全额清偿,不作调整。

3. 每家普通债权人 50 万元以下(含 50 万元)的债权部分,按照 100% 的比例以现金方式清偿;超过 50 万元的债权部分,每 100 元普通债权将分得约 15.990483 股重庆钢铁 A 股股票,股票的抵债价格按 3.68 元/股计算,该部分普通债权的清偿比例约为 58.844978%。

4. 预计债权的受偿方案。已申报但截至重整计划提交之日尚未经债权人会议核查的债权,在其债权依法确认后,将按照重整计划规定的同类债权的清偿条件受偿。未申报但账面有记载的债权,在重整计划执行完毕后,债权人可以按照重整计划规定的同类债权的清偿条件向重庆钢铁主张权利。

(四)经营方案的主要内容

结合重庆钢铁的资源条件、能力禀赋、重庆区域市场特点和钢铁行业竞争态势,在基本维持 800 万吨产能的情况下,以“满产、满销、低成本”作为核心战略目标,对产品结构、产线配置、工艺流程进行优化,纠正与优势市场的错配,弥补竞争力的差距,并谋求在目标区域市场上产品组合的差异性优势,按照“止血、造血、升级”的脉络分阶段实施,逐步从根本上重塑重庆钢铁的产业竞争力。

(五)重整计划执行完毕的标准

下列条件全部满足之日起,重整计划视为执行完毕。

1. 应当向债权人分配的清偿款项以及抵债股票已经分配完毕;

2. 应变现的担保财产未处置完毕或两浦项合资公司未清算完毕的,已按照预计其转入普通债权的额度及重整计划规定的普通债权调整方案将其可获得的偿债资金与偿债股票全额提存至管理人指定的银行账户和证券账户;

3. 债权人未领受的偿债资金与偿债股票以及预计债权对应的偿债资金与偿债股票,已按照重整计划的规定全额提存至管理人指定的银行账户和证券账户;

4. 根据重整计划的规定应当支付的重整费用已经支付完毕;

5. 重庆钢铁集团将其持有上市公司的 2,096,981,600 股股票划转至重组方名下;

6. 债权人与重庆钢铁就执行重整计划的债权清偿另行达成协议且不损害其他债权人利益的,视为债权人已按照重整计划的规定获得清偿。

五、第一次债权人会议召开情况

2017 年 8 月 18 日上午,重庆一中法院依托全国企业破产重整案件信息网组织召开"重庆钢铁破产重整案"第一次债权人会议,此系重庆法院系统首例采取全网络形式召开的债权人会议。据统计,共有 1305 名债权人参加第一次债权人会议,占应到会有表决权的债权人数的 94.36%。经网络投票,《财产管理及变价方案》以同意票数占出席会议的有表决权的债权人数的 97.78%,且所代表的债权额占无财产担保债权总额的 97.94% 的比例表决通过;《关于成立债权人委员会相关事项的议案》以同意票数占出席会议的有表决权的债权人数的 97.24%,且所代表的债权额占无财产担保债权总额的 97.66% 的比例表决通过。

六、重整计划草案表决情况

(一)职工债权组表决情况

2017 年 11 月 16 日上午,重庆一中法院主持"重庆钢铁破产重整案"职工债权组会议,共有 15 名职工债权人参加会议,其同时作为代理人代表职工债权人 8742 人。经现场投票,重整计划草案以赞成票数占出席会议的职工债权组债权人数的 100%,其代表的债权额占该组债权总额的 99.33% 的比例表决通过。

(二)有担保债权组与普通债权组表决情况

2017 年 11 月 17 日上午,重庆一中法院借助全国企业破产重整案件信息网,以全网络方式召开"重庆钢铁破产重整案"第二次债权人会议。经投票,重整计划草案以 5 票同意获有财产担保债权组表决通过,以 1340 票同意获普通债权组表决通过。其中,有财产担保组同意票数占出席会议的有财产担保债权组债权人数的 100%,代表债权额占该组债权总额的 100%;普通债权组同意票数占出席会议的普通债权组债权人数的 96.68%,代表债权额占该组债权总额的 95.54%。

(三)出资人组表决情况

2017 年 11 月 17 日下午,重庆一中法院采取现场投票和网络投票相结合的方式，主持召开“重庆钢铁破产重整案”出资人组会议。经现场和网络投票，出资人权益调整方案以2,537,043,523股同意获得出资人组表决通过。据统计，现场参与投票表决的股东（含委托代理人的股东）共计4户，其中A股股东3户、H股股东1户，共代表股份2,150,391,337股，占重庆钢铁总股本的48.48%；通过上交所股东大会互联网投票平台进行投票表决的A股股东共代表股份403,999,961股，占重庆钢铁总股本的9.10%。表决同意的出资人所代表的表决权额为2,537,043,523股，占与会有表决权股份总数的99.32%。

七、重整计划的裁定批准情况

经管理人申请，重庆一中法院于2017年11月20日裁定批准重庆钢铁重整计划，并终止重整程序。

八、重整计划执行及确认情况

（一）重整计划执行情况

1. 现金清偿情况

（1）有财产担保债权

有财产担保债权金额为961,121.47万元，共计5户债权人。该5户有财产担保债权中，有3户获得清偿，受领的偿债资金合计为817,920.80万元；另外2户因优先受偿的额度暂无法确定等原因暂未清偿，但已予以提存。

（2）职工债权的清偿

重庆钢铁已经通过融资方式获得职工债权偿债资金65,060.05万元，该笔资金将专项用于清偿职工债权，对于计提的内退费用，将在实际发生时进行支付。

（3）普通债权现金清偿

重庆钢铁已向1376家普通债权人偿付资金共计101,375.73万元，剩余41家普通债权人或尚未提供银行账户，或其提供的银行账户有误被银行退回偿债款项，或其债权被第三方人民法院以司法文书予以保全或执行暂无法分配，故公司无法进行支付，已将对应的清偿款共计1,229.76万元进行提存。对于仍属于暂缓确定的普通债权以及未申报的普通债权所应受领的清偿款项共计23,439.20万元，公司已进行预留。

2. 资本公积金转增股本情况

根据重整计划规定的出资人权益调整方案,重庆钢铁以现有 A 股总股本为基数,按每 10 股转增 11.50 股的比例实施资本公积金转增股票,共计转增 4,482,579,687 股 A 股股票,转增的股票全部用于清偿债务及支付相关费用。上述 4,482,579,687 股资本公积金转增股票划转工作已经完成。转增股票中,4,247,145,944 股已直接划转至债权人指定的 602 个证券账户,13,000,000 股已支付管理人报酬及财务顾问费用,剩余 222,433,743 股将提存至管理人账户,包括为有财产担保债权人按照预计其转入普通债权的额度及重整计划规定的普通债权调整方案预留的 12,703,094 股,未申报债权等预留的 39,450,176 股,以及债权暂缓确定、债权人未提供证券账户信息,导致管理人无法划转、暂时存放在管理人账户的 170,280,473 股。

3. 重庆钢铁集团股票让渡情况

重庆钢铁集团让渡其持有上市公司的 2,096,981,600 股股票已划转至重组方名下。

(二)确认重整计划执行完毕

2017 年 12 月 28 日重庆钢铁管理人向重庆一中法院提交《关于重庆钢铁股份有限公司重整计划执行情况的监督报告》,并申请确认重整计划执行完毕。

经审查,重庆一中法院认为,重庆钢铁在管理人的监督下,已完成重整计划规定的现金清偿、股票划转、未领受分配款项及抵债股票提存等事项,执行工作已满足重整计划所确定的执行完毕标准。依照我国《企业破产法》第 4 条、第 91 条第 1 款、第 94 条,《民事诉讼法》第 154 条第 1 款第 11 项的规定,重庆一中法院于 2017 年 12 月 29 日裁定确认重庆钢铁重整计划执行完毕。

“‘新天泽系’企业合并破产重整案”

一、债务人基本情况及重整前困境

（一）债务人基本情况

新天泽实业（集团）有限公司（以下简称新天泽公司）成立于1997年9月，注册资本1亿元。重庆新华立地产（集团）有限公司（以下简称新华立公司）成立于2000年6月，注册资本5000万元，新天泽公司100%控股。重庆恒德远景实业有限公司（以下简称恒德远景公司）成立于2009年12月，注册资本17,667万元，新华立公司持股比例为94.34%。

新天泽公司、新华立公司、恒德远景公司（以下简称“新天泽系”）均从事房地产开发、销售等业务，股权关系上依次为“母—子—孙”结构，作为重庆市中型房地产开发企业，在重庆市多个区、县开发有多个综合性房地产项目，累计开发房地产体量87万方，销售房屋4099户，其中包括国家工信部确定的西南地区物联网核心平台——“新天泽国际总部城”工业地产项目，持有的“新天泽国际广场”系重庆市大渡口区商圈地标性商场。

（二）债务人破产重整前困境

2015年受经济下行压力、房地产市场低迷等因素影响，“新天泽系”3家公司资金链断裂。截至2015年11月，“新天泽系”账面资产总额31.19亿元，账面负债总额67.75亿元，净资产-36.56亿元，涉及重大诉讼案件54宗，涉案标的额8.4321亿元。诉讼过程中，“新天泽系”资产遭遇多轮查封、冻结,难以获得银行融资贷款支持,公司经营、工程建设陷入停滞。

二、案件受理情况

2015 年 11 月 30 日债权人彭某某以新天泽公司、新华立公司不能清偿到期债务,且明显缺乏清偿能力为由,分别向重庆市江北区人民法院(以下简称江北区法院)提出破产重整申请。收到申请后,法院通知债务人并组织召开听证会,两家公司的股东均表态支持公司重整,两家公司未对重整申请提出异议。2016 年 1 月 28 日江北区法院裁定受理“新天泽公司、新华立公司破产重整案”。

因恒德远景公司工商注册地位于重庆市南岸区,恒德远景公司债权人但某某于 2015 年 12 月以恒德远景公司不能清偿到期债务,且明显缺乏清偿能力为由,向重庆市第五中级人民法院(以下简称重庆五中法院)申请破产重整。2016 年 1 月 11 日重庆五中法院裁定受理“恒德远景公司破产重整案”。后因恒德远景公司与新天泽公司、新华立公司具有股权关联关系,债权债务交叉,合并处理有利于整体协调。经层报重庆市高级人民法院,重庆五中法院于 2016 年 1 月 21 日裁定将“恒德远景公司破产重整案”移送江北区法院审理。

三、债权的申报及确认情况

(一)债权申报情况

2016 年 6 月 15 日江北区法院发布公告,确定债权申报的截止日期为 2016 年 8 月 4 日。2016 年 8 月 16 日、17 日“新天泽系”召开第一次债权人会议,审核了管理人编制的债权表,并给予债权人 15 日的异议期。会后,部分债权人在异议期提出异议,管理人逐一予以回复,部分债权人认可管理人意见未再提出异议,部分仍有异议债权人依法向江北区法院提起诉讼。2017 年 1 月管理人根据债权人的异议情况及核实情况,将债权人及债务人核查均无异议的债权编入《无争议债权表》并提交法院确认。

(二)债权确认情况

2017 年 2 月 28 日江北区法院裁定确认了上述 3 家公司债权。其中:新天泽公司确认有财产担保债权 145,528,523.95 元,职工债权 4,303,499.53 元,税款债权 44,738.20 元,普通债权 1,976,053,154.66 元,合计债权金额为 2,125,929,916.34 元。新华立公司确认有财产担保债权 1,626,235,338.89 元,工程款优先权

15,537,165.35元,职工债权4,843,714.76元,税款债权15,811,234.46元,普通债权1,718,647,397.17元,合计债权金额为3,381,074,850.63元。恒德远景公司确认有财产担保债权407,258,704.96元,职工债权1,801,320.72元,税款债权11,542,380.97元,普通债权847,049,587.13元,合计债权金额为1,267,651,993.78元。

三家公司另有因诉讼未决、工程类结算而暂缓确认的债权金额共计73,169,976.85元,其中,有财产担保债权2,035,470.97元,其余均为普通债权。

(三)合并重整模式下债权调整情况

经审计及管理人调查,"新天泽系"三家公司虽然具有一定关联关系,但尚未达到法人人格混同的程度,为解决关联负债,最大限度发挥"新天泽系"整体资产的运营价值,案件探索采用"程序分立、整体重整"模式。即分别进行三家公司的债权确认、资产清理和分组表决程序,充分保障每个企业债权人的知情权和对该企业财产的处分权利,在管理人依法调查和法院裁定确认的债权结果的基础上,消除三家企业的互负债务和重合的共同担保债务,降低整体负债率;在对各关联企业资产清查的基础上,根据审计机构、评估机构确认的相关数据,对关联企业的资产进行合并调整后,确定企业集团的整体资产价值,并作为债务清偿方案和恢复经营方案的依据。

按照整体重整模式,审计机构对三家公司全部负债进行合并,扣减重复债权之后,审计确认"新天泽系"有财产担保债权2,033,069,422.01元,工程款优先权15,537,165.35元,职工债权10,948,535.01元,税款债权27,398,353.63元,普通债权2,186,152,407.96元,合计金额4,273,105,883.96元。暂缓确认的债权金额71,134,505.88元。其中,有财产担保债权2,035,470.97元,普通债权69,099,034.91元。

四、债务人财产的调查及管理情况

(一)管理人对债务人财产的调查及接管情况

"新天泽系"管理人一经指定,管理人立即接管企业,并联合债务人、审计、评估机构积极清查债务人资产情况,启动对"新天泽系"财务账簿的审计和资产的评估,全面清理了三家公司的货币资金、机器设备及办公电子设备、存货、对外应收债权、长期股权投资、土地使用权、房产及构筑物、知识产权及其他财产性权利。管理人梳理了"新天泽系"三家公司数百份合同后,为了保护"新天泽系"企业的持续经营并维护社会稳定,与债务人沟通后决定与数百家租赁户、购房户全部继续履行合同,对施工企业等其他正在履行中的合同,结合实际情况有选择性地继续履行合同。为保障工程安全,在建工程全部停工并等待债权人会议决定复工期限。

(二)债务人财产评估情况

根据审计机构及评估机构提供的相关数据,新天泽公司资产在清算状态下评估价值为34,950.05万元,新华立公司资产在清算状态下评估价值为129,229.16万元,恒德远景公司资产在清算状态下评估价值为104,258.84万元,三家公司合计清算状态下价值为268,438.05万元。在对新天泽公司、新华立公司及恒德远景公司全部资产进行汇总合并之后,“新天泽系”重整评估价值为4,661,095,827.06元,如将“新天泽系”现有在建工程续建完工,资产重整评估价值将增至4,812,150,527.06元。

(三)债务人自行管理财产和营业事务情况

2016年9月1日“新天泽系”以债务人已基本完成重整的前期基础工作,由债务人自行管理财产和营业事务并负责制作重整计划草案有利于重整工作的顺利推进为由,请求法院批准重整期间债务人在管理人的监督下自行管理财产和营业事务。随后,管理人向法院提交报告,认为债务人对公司运营情况及市场行情的了解更具优势,符合自主经营的条件,并拟定了《自行管理期间管理人与债务人职责划分的通知》《自行管理期间管理人监管方案》。江北区法院审查后认为,“新天泽系”在裁定重整之前已经聘请了法律顾问和财务顾问进行自救,管理人已就自行管理期间的职责划分及监督管理工作制订了相关工作方案,具备自行管理的基础条件。“新天泽系”熟悉自身的财产、业务及债权债务情况,自行管理财产和营业事务并制作重整计划草案有利于实现债务人财产价值最大化和提高企业再建的效率,有利于债务重整和资产重组工作的推进。2016年11月23日江北区法院准许3家公司在管理人的监督下自行管理财产和营业事务,并责令“新天泽系”及其相关负责人在自行管理财产和营业事务过程中,遵循诚实信用原则,履行忠实义务和勤勉义务,自觉接受法院及管理人的监督;管理人积极履行监督职责,对于在监督过程中发现债务人的违法行为和不当行为及时提出纠正意见并向法院报告。

五、重整计划草案的主要内容

(一)“新天泽系”整体重整原则

为最大限度发挥“新天泽系”整体资产的运营价值,公平保护全体债权人权益,统一制订“新天泽系”重整计划草案,统筹考虑三家公司的资产、负债及经营情况,即根据审计机构、评估机构的相关数据，对三家公司的资产进行合并调整；按照管理人依法调查及法院裁定确认的债权结果，将三家公司债权进行合并计算，对于在三家公司申报并经确认的同一笔债权按照一笔计算；对三家公司经营性资产、房地产开发项目进行整合后，综合预测经营能力及盈利状况。

（二）出资人权益调整方案

1. 股权调整

战略投资人江苏汉唐国际贸易集团有限公司（以下简称江苏汉唐）于2008年1月在南京创立，注册资本35,800万元，是一家以经营服装、能源、矿产、进出口国际贸易为主，国内外大宗商品贸易为辅，兼营股权投资、品牌管理、新材料开发、物业租赁、采矿、家电家具、水泥生产、蔬菜食品批发以及电子商务的综合型企业集团。

按照股权调整方案，江苏汉唐将对恒德远景公司投入重整专项资金，通过增加注册资本17,667万元、投入资本公积32,333万元的方式获得恒德远景公司50%股权，增资完成后，新华立公司所持有股权由94.34%降至47.17%，新天泽消防工程有限公司（以下简称新天泽消防公司）所持有股权由5.66%降至2.83%。

2. 股权收益调整

因恒德远景公司股东新华立公司、新天泽消防公司对恒德远景公司之前的经营行为负有一定责任，新华立公司、新天泽消防公司所持恒德远景公司股权对应收益在重整计划执行期限内用于执行重整计划。

（三）债权分类和调整方案

1. 债权分类方案

根据“新天泽系”债务具体情况，分为有财产担保债权组、职工债权组、税款债权组、普通债权组。

2. 债权调整方案

有财产担保债权在对应的担保财产（或与该担保债权等值资产）重整评估价值范围内优先获得清偿，不作调整。

经管理人调查确认的职工债权和经法院裁定确认的税款债权将获全额清偿，不作调整。

经法院裁定确认金额为32万元以上的普通债权，以实物分配方式进行清偿，差额部分以现金补足。经法院裁定确认金额为32万元以下的普通债权，以现金方式全额清偿。

(四)债权受偿方案

1. 有财产担保债权

(1)有财产担保金额债权,根据抵押物物业所在的不同组团,分为延长还款期、延长还款期与可转换的实物分配相结合的方式获得全额清偿。

延长还款期方式为:自法院裁定批准重整计划之日起,以法院裁定确认的债权本金为基数,前三年按年利率2%计息,第四年按五年以上同期贷款基准利率上浮15%计息,第五年按五年以上同期贷款基准利率上浮25%计息,第六年进行利息补足,使延长还款期六年中的每年利率均达到五年以上同期贷款基准利率。利息支付方式为自法院裁定批准重整计划之日起每满一年支付当期利息。

可转换的实物分配方式为:如债务人未就对抵押物所在整体物业组团享有优先受偿权的债权进行清偿或清偿比例在20%(含本数)以下,则对组团享有优先受偿权的债权人可在书面报告法院后,以不低于重整评估价值作为实物分配价值,将该组团分配给享有优先受偿权的债权人或其指定的第三方。如债务人已就对组团享有优先受偿权的债权清偿比例超过20%,则享有优先受偿权的债权人需同债务人协商一致,在书面报告法院后,将偿债方案变更为实物分配。

(2)有财产担保民间债权

采用实物分配的方式进行全额清偿,以"新天泽系"两处在建工程续建完工达到销售条件的资产进行实物分配,实物资产与债权金额之间存在差额的部分以现金补足。自裁定批准重整计划之日起一年内,完成房产综合验收并达到房产交付及权证办理条件;自裁定批准重整计划之日起一年半内,完成差额部分现金补足工作。

(3)工程款优先权

与有财产担保民间债权受偿方案一致。

2. 职工债权

自裁定批准重整计划之日起一年内,以现金方式全额清偿完毕。

3. 税款债权

与职工债权受偿方案一致。

4. 普通债权

(1)金额为32万元以上的普通债权,与有财产担保民间债权、工程款优先权受偿方案一致。

(2)金额为32万元以下普通债权,自裁定批准重整计划之日起一年半内,以现金方式一次性全额清偿完毕。

（五）债务人经营方案

“新天泽系”以战略投资人投入的重整专项资金、银行增贷资金、现有资产的清理与处置资金、自持商业后续经营所得收益作为续建资金及开发资金来源，将在1年内完成在建工程的续建工作，并继续对名下未开发土地进行投资开发。

1. 启动在建工程续建工作，实现资产价值最大化

在一年内完成新华立公司、恒德远景公司名下两处在建工程的续建工作，为有财产担保债权、普通债务的实物分配工作创造条件。

2. 土地开发。

（1）新华立公司名下土地开发

由两家债权人银行增量贷款提供资金支持，进行投资开发，项目封闭运行。土地开发收益分配顺序为：清偿提供增量贷款的两家债权人银行优先收回新增融资款项及利息；清偿对该土地享有优先受偿权的债权；剩余款项中的50%清偿前述两家银行债权人的有财产担保债权，另外50%清偿剩余享有优先受偿权的债权。

（2）恒德远景公司名下土地开发

江苏汉唐作为战略投资人在增资恒德远景公司后将实际持有恒德远景公司50%股权，作为恒德远景公司股东，对剩余土地进行开发。土地开发收益分配顺序为：清偿对开发土地享有优先受偿权的债权；新华立公司、新天泽消防公司持有恒德远景公司股权对应的收益用于清偿剩余享有优先受偿权的债权。

六、重整计划草案表决情况

2017年3月23日江北区法院组织召开第二次债权人会议，对重整计划草案进行讨论，并于2017年5月前完成了首轮表决。首轮表决结果为新天泽公司的职工债权组、税款债权组，新华立公司、恒德远景公司的职工债权组、税款债权组、普通债权组表决通过，三家公司的有财产担保债权组及新天泽公司的普通债权组未能通过重整计划草案，未投票同意的债权人主要为银行等金融机构，主要顾虑在于战略投资人身份未明确和落实。

按照我国《企业破产法》第87条第1款的规定，债务人可以同未通过重整计划草案的表决组协商后再表决一次。“新天泽系”据此开展与未通过债权组的协商，调整优化重整计划，逐一回应金融机构提出的利息补足、引进战略投资人、锁定清债资

金来源等合理诉求。在引进战略投资人的过程中,因部分项目商业体量规划过大,战略投资人提出将商业用地规划调整为商住用地作为参与重整的先决条件。该需求符合商业地产领域"去库存"的供给侧结构性改革政策导向。经江北区法院的申请,重庆市高级人民法院启动府院协调机制,市、区两级政府及相关部门及时给予大力支持,解除战略投资人顾虑,促成重组协议迅速签署。

在重整计划草案调整优化后,2017 年 11 月 28 日"新天泽系"管理人向涉及方案调整的三家公司的有财产担保债权组及新天泽公司的普通债权组发布通知,组织对调整后方案的表决。截至 2017 年 12 月 25 日表决期届满,三家公司的有财产担保债权组及新天泽公司的普通债权组均表决通过重整计划草案。

七、重整计划批准情况

重整计划草案经两次表决,所有组别的过半数债权人均已同意重整计划草案,代表债权额均超过 2/3,恒德远景公司出资人权益调整事项已经恒德远景公司出资人组表决通过。"新天泽系"据此向江北区法院提出申请,请求裁定批准重整计划。江北区法院审查后裁定批准新天泽公司、新华立公司、恒德远景公司重整计划,终止重整程序。

八、重整计划执行情况

2017 年 12 月 28 日起,"新天泽系"进入重整计划执行期。重整计划执行期间法院指导管理人制订《监督方案》,对公司的经营行为、资金使用、财务状况、债权清偿等重大事项严格监督,并以月报表、季小结、年总结的方式及时报告法院。

目前,战略投资人阶段性重整专项资金到位 7000 万元。新华立公司名下在建工程于 2018 年 3 月进场复工,于 2018 年 8 月完成竣工备案,正逐步进行重整计划中的以物抵债清偿程序。恒德远景公司名下在建工程于 2018 年 6 月进场复工。新华立公司名下土地开发于 2018 年 7 月底进场开展土石方施工开盘销售后的销售回款将逐步归还金融机构债权。恒德远景公司名下所涉及的项目规划调整事宜已经政府初步同意,相关具体工作正在进一步办理之中。

“重庆隆迪塑业有限公司等三家企业合并破产重整案”

一、债务人基本情况及重整前困境

（一）债务人基本情况

重庆隆迪塑业有限公司（以下简称隆迪公司）于2010年11月29日成立，注册资本1000万元；重庆联丰塑胶有限公司（以下简称联丰公司）于2004年3月17日成立，注册资本200万元；重庆诚联塑料工业有限公司（以下简称诚联公司）于2000年2月3日成立，注册资本500万元（以下统称三家公司）。

三家公司的实际控制人皆系自然人唐某某，主要经营范围均为制造加工、销售塑料橡胶制品等，是重庆市九龙坡区金凤电子信息产业园中的重要传统制造企业，主要给海尔集团公司、华润雪花啤酒（中国）有限公司等国内及本土中大型知名企业配套生产，具有较高的产品知名度及信誉保证。三家公司中隆迪公司为生产实体，有职工150余人，拥有土地面积46,417.10平方米、房产面积34,859.92平方米、机器设备89台、车辆4台等固定资产。

（二）债务人破产重整前困境

1. 重整受理前债务人的资产负债情况

截至2016年8月31日，三家公司资产总金额为266,647,358.33元，负债总金额为330,025,069.07元，股东权益价值为－63,377,710.74元，已严重资不抵债。

2. 债务人破产重整的主要原因

三家公司陷入困境的主要原因系在长期的生产经营中，产品结构单一且明显缺乏市场竞争力，加之受国家整体经济下行和金融形势的影响，生产及销售举步维艰，从而牵涉大量的民间借贷纠纷、销售合同纠纷及建筑施工合同纠纷，最终因民间高息及生产经营负债过多导致企业严重缺乏流动资金，若维持现状继续经营，将严重影响广大债权人的利益。

二、案件受理情况

由于三家公司负债大且不能按时偿还债务，部分债权人多次上门讨要欠款，严重影响了企业正常的生产经营活动，加之企业长期拖欠经营期间所产生的工资、水电等，职工情绪波动较大，三家公司已面临停产边缘。2016 年 5 月 16 日债务人联丰公司以其不能清偿到期债务，且资产不足以清偿全部债务为由向重庆五中法院申请破产重整；2016 年 7 月 6 日隆迪公司、诚联公司也以其不能清偿到期债务，且资产不足以清偿全部债务为由分别向重庆五中法院申请破产重整。重庆五中法院于 2016 年 8 月 22 日分别裁定受理隆迪公司、诚联公司、联丰公司的重整申请，并指定由重庆市九龙坡区人民法院（以下简称九龙坡区法院）审理。

管理人在对三家公司清产核资的过程中查明，三家公司作为一个整体，均在实际控制人唐某某的控制下运作，经营决策不具有独立性；管理层人员及财务人员混同；生产厂房及土地混用；对外共同使用隆迪一个品牌形象进行宣传；产、供、销一体化生产经营且互相担保现象严重。基于三家公司之间存在高度人格混同，为最大限度提升三家公司的重整价值，更好地维护债权人利益，以利于公平清偿债权，2017 年 2 月 20 日九龙坡区法院在结合审计报告的结果进行综合评判后，裁定三家公司合并破产重整。

三、债权申报及审查情况

（一）债权申报情况

截至 2017 年 2 月 14 日召开第一次债权人会议召开前，有 136 家债权人申报债权，申报债权总额为 275,217,402.27 元，其中优先债权为 117,076,705.70 元，普通债权为 157,882,913.57 元。截至 2017 年 9 月 21 日召开第二次债权人会议前，补充申报债权 15 户，申报总额为 85,110,069.31 元，优先债权为 20,880,000 元，普通债权为64,230,069.31元。

(二)债权审查情况

1.确认债权

经法院裁定确认的债权为:有财产担保债权10户,债权金额为120,396,628.38元;税金债权2户,债权金额为6,006,951.08元;社保债权1户,债权金额为1,074,503.32元;普通债权140户(其中,两户既为担保债权人又为普通债权人),债权金额为166,843,420.70元。

2.职工债权调查情况

经管理人调查,三家公司的职工债权人为118名,职工债权总额为1,065,952.06元。

四、重整计划草案主要内容

(一)重整资金的引入方案

为挽救园区危困企业,九龙坡区政府引入资产收购方收购隆迪公司全部房产及土地,初步收购价为91,296,400.00元,根据《九龙坡区产业发展扶持办法》扣除产业扶持基金7,562,844.00元,最终支付价为83,733,556.00元(该价格为收购方初步意向的购买价格,最终支付价格以《收购协议》中载明的为准)。

(二)出资人权益调整方案

三家公司出资不低于10万元设立新公司,债务人的出资人无偿让渡三家公司100%的股权至新公司,新公司成为三家公司的控股股东,选择全部或部分“债转股”的债权人可将其债权增资到新公司,债权转为对新公司的股权,该部分债权可通过股权转让或公司分红的方式得以实现。

债权人全部或部分成为新公司的股东后,有利于三家公司的债务延缓清偿;同时,也可以通过新公司行使股东权利监督管理三家公司。

对三家公司股权享有质押权的债权人,在人民法院裁定批准重整计划草案后应当解除对相应股权的质押。

出资人权益调整后,三家公司原出资人持股比例为0。

(三)债权调整方案

1.有特定不动产担保的债权

为清偿部分债权,三家公司将处置全部厂房及土地。处置被抵押资产涉及的税金、费用由有特定不动产担保的债权人承担。有特定不动产担保的债权金额为

90,534,345.96元,对应的含税、费变现值为63,579,412.55元。其中,重庆三峡担保集团股份有限公司、重庆市沙坪坝区新世纪小额贷款股份有限公司超出不动产担保物变现值部分的债权金额23,871,082.56元由其他动产抵押物快速变现值清偿;重庆巴南浦发村镇银行股份有限公司、重庆市两江新区海侨小额贷款有限公司超出不动产担保物变现值部分的债权金额3,083,850.85元转为普通债权,并按照普通债权调整、清偿。

2.有特定动产担保的债权

(1)机器设备

有特定动产担保的债权所对应的机器设备因生产需要暂不予处置变现。有特定动产担保的债权金额为43,358,178.80元,对应设备的快速变现值为7,471,897.00元,超出快速变现值部分的38,693,701.80转为普通债权,并按照普通债权予以调整、清偿。

(2)应收账款

重庆民生银行股份有限公司重庆分公司享有诚联公司对重庆海尔物流有限公司应收账款质押债权金额11,340,665.88元,诚联公司对重庆海尔物流有限公司应收账款账面值2,478,502.02元,超出应收账款账面值部分的8,862,163.86元转为普通债权,并按照普通债权予以调整、清偿。

3.职工债权、其他社会保险债权、税金债权、普通债权均不予调整。

(四)债权清偿方案

鉴于遭遇经济危机后的三家公司需要时间完成产业修复、完善,本清偿方案下的清偿期起算时间(除特殊约定)均为第二期收购资金到达管理人账户后6个月期满之日。

1.有财产担保债权

(1)有特定不动产担保的债权

人民法院裁定批准重整计划草案,且第二期收购资金到达管理人账户之日起1个月内,按照收购价款中对应抵押物变现价款扣除交易税费后的70%,用于清偿对应的有特定不动产担保债权人的担保债权;剩余的30%,清偿期为3年,清偿期内以该部分未支付的价款为基数,按照银行同期同类贷款基准利率计算延迟清偿补偿;未就不动产变现值获得清偿的部分转为动产债权或普通债权,按照动产债权或普通债权的清偿方式予以清偿。

人民法院裁定批准重整计划草案，且第二期收购资金到达管理人账户后，若本重整计划出现执行不能的情形时，收购价款中对应抵押物变现价款扣除交易税费后的30%应当优先偿还给原对不动产享有担保权的债权人。

(2)有特定动产、应收账款担保的债权

对特定动产、应收账款享有担保权的债权清偿期为4年，按照快速变现值9,950,399.02元，第一年清偿10%、第二年清偿20%、第三年清偿30%、第四年清偿40%，清偿期间未获清偿部分按照银行同期同类贷款基准利率计算延迟清偿补偿。剩余部分转为普通债权，按照普通债权的清偿方式予以清偿。

2. 职工债权

人民法院裁定批准重整计划草案，且第二期收购资金到达管理人账户之日起2个月内，职工债权1,082,342.06元全额清偿。

3. 其他社会保险债权

人民法院裁定批准重整计划草案，且第二期收购资金到达管理人账户之日起2个月内，其他社会保险债权1,074,503.32元全额清偿。

4. 税金债权

人民法院裁定批准重整计划草案，且第二期收购资金到达管理人账户之日起2年内，税金债权6,006,951.08元，全额清偿。

5. 普通债权

人民法院裁定批准重整计划草案，且第二期收购资金到达管理人账户后，普通债权合计215,228,559.33元，对普通债权人债权金额3万元以下(含3万元)部分进行第一次清偿；普通债权3万元以上部分，10%的债权在6年内分期清偿，剩余90%的普通债权分为两种方案：A方案“债转股”清偿，B方案现金清偿。债权人可在A方案和B方案中自由选择。

A方案：“债转股”清偿

债务人的出资人无偿让渡三家公司100%的股权至新公司，选择“债转股”的债权人将其对三家公司享有的债权通过增资的方式转为新公司的股权。“债转股”完成后，由新公司享有对三家公司的债权，该债权在本重整计划草案执行完毕之后予以清偿。

债权人选择“债转股”方式清偿的，需在人民法院裁定批准本重整计划草案之日起1年内向管理人提出书面申请并办理登记手续。

B 方案:现金清偿

债权人未选择"债转股"的,其债权由三家公司在清偿完前述债权后 6 年内清偿,加上前述 10% 债权 6 年清偿期,共计 12 年最终实现债权 100% 清偿。

(五)经营方案的主要内容

三家公司将投入资金用于自动化和智能化升级改造,扩大公司生产规模,提高公司转换效率,研发新材料新技术,实现产业链全新升级。三家公司产业链全新升级后,产品销量将成倍提高,同时也将提升三家公司的市场空间占有量。三家公司有望在 10 年内通过"新三板"进入资本市场,增加资本流动率,实现"债转股"后现金回收。

(六)重整计划执行

本重整计划执行期限为 12 年,自人民法院裁定批准重整计划之日起计算。债务人提前执行完毕重整计划的,执行期按照实际执行时间计算。如因经营成果达不到预期等客观原因导致重整计划无法在规定时间内执行完毕的,管理人或三家公司可以在执行期届满前向九龙坡区人民法院提交延长重整计划执行期的申请,延长期限不超过 6 个月,以人民法院的生效法律文书为准。

五、债权人会议召开情况

2017 年 2 月 24 日上午九龙坡区法院召开三家公司实质合并重整后的第一次债权人会议,对申报的债权进行核查,另外,管理人对其执行职务的情况以及债务人财产状况向大会作了汇报。2017 年 9 月 21 日九龙坡区法院召开第二次债权人会议,债权人会议对补充申报的债权进行核查,设立了债权人委员会,并表决通过了《重整计划草案》。

六、重整计划草案表决情况

第二次债权人会议设立有财产担保债权组、职工债权组、税款类债权组及普通债权组分别对《重整计划草案》进行表决。另设出资人组对《重整计划草案》中涉及出资人权益调整事项进行表决。

(一)有财产担保债权组表决情况

有财产担保债权组共计 10 家,享有表决权的债权总额为 121,737,294.26 元。出席会议的债权人有 9 家,同意《重整计划草案》的有 7 家,代表债权额 103,425,453.54

元，同意《重整计划草案》人数占该组出席会议人数的77.78%，其所代表的债权额占该组债权额总额的84.96%。

（二）职工债权组与税款债权组表决情况

职工债权组共计债权人118名，债权总额为1,065,952.06元，重整计划草案未对职工债权作调整。出席会议的职工债权人共69名，同意重整计划草案69名，占该组出席会议人数的100%。其所代表的债权额为728,414.21元，其所代表债权额占该组债权总额的68.3%。

税款债权组共计2家，债权总额为6,006,951.08元，表决同意的有2家。

（三）普通债权组表决情况

普通债权组共计139家，债权总额为164,588,842.82元，出席会议的债权人有102家，表决同意的有91家，占该组出席本次会议债权人总数的89.2%，表决同意金额为97,181,321.91元，占该组债权总金额的59.04%。普通债权组未通过《重整计划草案》。根据我国《企业破产法》第87条的规定，经债务人及管理人与该表决组进行协商后，以信函方式进行了再次表决，表决同意的有101家，占该组出席本次会议债权人总数的72.66%，所代表的债权金额为116,217,582.84元，占该组债权总金额的70.61%。普通债权组中的债权人均选择B方案，即现金清偿。

（四）出资人组表决情况

出资人组共计6家，均同意重整计划草案中的出资人权益调整方案。

以上各组均表决通过重整计划草案。

七、重整计划的裁定批准情况

经管理人申请，九龙坡区法院于2017年12月8日裁定批准隆迪公司、联丰公司、诚联公司重整计划，并终止重整程序。

八、重整计划执行情况

现隆迪三家公司已经开始恢复生产。重整计划中明确清偿方案为“第二期收购资金到达管理人账户后6个月期满之日开始清偿”，现因收购款未足额到位，未达到重整计划确定的清偿条件，故尚未进行清偿。

“重庆钱塘钢铁集团有限公司破产重整案”

一、债务人基本情况及重整前困境

（一）债务人基本情况

重庆钱塘钢铁集团有限公司（以下简称钱塘钢铁）是由廖某某、杜某某于2011年5月24日在重庆市工商行政管理局合川区分局登记设立的有限责任公司。公司注册资本800万元，住所地为重庆市合川工业园区城北拓展园内（合阳办马岭村一社）。经营范围包括：钢铁生产、加工、销售；建筑材料、装饰材料、化工产品（以上经营项目不含化学危险品）、铝材、五金、工程机械、机电设备、家用电器、电子产品、农副产品、汽车配件、日用百货销售。

（二）债务人破产重整前困境及原因

钱塘钢铁在进入重整程序前，已经停止经营。钱塘钢铁之所以走到破产重整的地步，既有宏观经济形势因素的影响，也有自身经营管理不善的原因。

一是市场需求下降，企业发展动力不足。钱塘钢铁成立之初，具有一定的区位优势，但由于民间借贷纠纷的大面积爆发，导致区域内市场的迅速萎缩，加之宏观经济增速放缓，尤其是房地产市场的波动，市场需求下降明显，致使生产销售情况恶化较快，导致企业后继乏力。

二是产销预期有误，负债经营风险失控。由于企业经营者对生产经营预期判断有误，在企业运行期间大量负债经营，缺少风险防范意识，经营成本居高不下，在面临困难时未能作出有效的应对方式,致使经营风险在短时间内爆发,从而导致企业经营状况失控。

三是经营管理不善,企业创新能力不足。近年来,钢铁企业整体产能过剩的趋势依然存在,需要企业加强核心技术的创新工艺,加大成本控制力度,促使产品具有更强的竞争力。但由于企业经营者创新能力不足,管理观念比较陈旧,未能及时适应市场形势变化,导致企业营利能力逐渐下降,从而迅速被市场淘汰。

二、案件受理情况

2016 年 7 月 13 日申请人杜某某以钱塘钢铁经营困难处于亏损状态且不能清偿其到期债务为由向重庆市合川区人民法院(以下简称合川区法院)申请对钱塘钢铁进行重整。被申请人在法定期限内未提出异议。合川区法院于 2016 年 8 月 31 日裁定受理杜某某对钱塘钢铁的重整申请,并指定立信会计师事务所(特殊普通合伙)重庆分所担任管理人。

三、债权的申报及审查情况

(一)债权申报情况

截至 2017 年 5 月 30 日,共有 32 家债权人向管理人申报债权,申报债权总额为 172,375,514.47 元。对于债权人申报的债权,管理人经初步审查确认有 32 家。

(二)债权审查情况

1. 确认债权

管理人将编制的债权表分别提交第一次债权人会议和第二次债权人会议核查。根据两次债权人会议对债权的核查情况,合川区法院于 2017 年 7 月 20 日作出民事裁定书,确认债权 32 笔,金额为 136,428,336.55 元(担保债权 1 笔,合计金额为 12,409,303.45 元;普通债权 31 笔,合计金额为 124,269,033.10 元)。

2. 职工债权调查情况

经管理人调查,钱塘钢铁职工债权金额为 24 万元,涉及企业职工 2 名。

四、重整计划草案主要内容

(一)战略投资人的引进

鉴于钱塘钢铁现金流枯竭,主要资产已经设置抵押担保,自身也无法进一步开展融资,无法通过自身完成重整工作,必须引入战略投资人作为重整方,完成钱塘钢铁的重整工作。

根据钱塘钢铁主要资产为工业用地和厂房,资产用途主要用于生产钢构制品的现状,且重整方也必须为钱塘钢铁注入资金,用于恢复经营,经管理人邀请,本案最大的债权人晋邦钢铁(债权金额为83,717,299.47元,占普通债权比例为67.37%)同意作为重整方对钱塘钢铁进行重整。晋邦钢铁作为钢铁企业,熟悉钢铁企业的生产、销售等环节,且具备渠道资源优势,可以帮助钱塘钢铁恢复生产。

(二)债权清偿方案的主要内容

1.有财产担保债权

有财产担保债权人1家,金额为12,409,303.45元。自法院裁定批准重整计划草案之日起4年内,分4次以现金方式进行全额清偿。在钱塘钢铁出现1次逾期偿还本金或累计2次逾期偿还利息时,担保债权人有权向人民法院申请裁定终止重整计划的执行,并宣告债务人破产。

2.职工债权

职工债权24万元,由钱塘钢铁向晋邦钢铁筹借资金,以现金全额清偿。

3.普通债权

普通债权总额为124,269,033.10元。对普通债权,由债务人现有股东让渡全部股权,以债务人现有注册资本金为基数,经人民法院裁定确认的普通债权人按债权比例进行"债转股"。

在重整计划草案经法院裁定批准后第五年届满之日起3个月内,重整方晋邦钢铁应当对所有"债转股"债权人提出股份收购要约,晋邦钢铁承诺按照重整计划草案确定的普通债权清偿率(14.94%),额外增加1%,即按照15.94%确定收购对价,并按收购对价年化4.65%的利息给予"债转股"债权人补偿。届时,"债转股"债权人可以接受重整方的收购要约,也可继续保留股份。

(三)出资人的权益调整方案

钱塘钢铁已严重资不抵债,股东权益为0。为争取钱塘钢铁重整成功,本着公平调整各方权益及股东让渡股东权益弥补债权人损失的原则,现有出资人让渡全部股权,用于"债转股"。

(四)经营方案

在正式恢复生产经营前,先将厂房进行对外出租,对外出租期间,依托钱塘钢铁历史生产经营中累积的专业与行业优势以及客户资源，以现有的土地和工业厂房吸引战略投资者投入现金或机器设备进行合作经营，主要经营方向为钱塘钢铁的原主要业务，即钢结构产品的生产与销售。同时，由重组后的最大股东晋邦钢铁积极寻求国内钢结构制造行业的“龙头”企业（如杭萧钢构、精工钢构、鸿路钢构等）以合资的方式进行钢结构的生产与销售。

（五）重整计划的执行期限及执行完毕的标准

自下列条件全部满足之日起，本重整计划视为执行完毕：(1)职工债权已获得现金清偿；(2)普通债权已经转为钱塘钢铁股权或债权人与钱塘钢铁就“债转股”达成新的协议；(3)破产费用按期足额现金支付；(4)对有财产担保的债权进行清偿；(5)晋邦钢铁在满足本重整计划约定的条件时，按约定发出股份收购要约，并按收购要约完成股份收购行为。

五、债权人会议召开情况

2016 年 12 月 29 日合川区法院召集和主持了第一次债权人会议。听取了管理人的《管理人执行职务工资报告暨财产状况报告》，债权人对债权表进行了核查，并对《债务人财产管理办法》和《破产财产变价方案》等进行了审议并表决。

2017 年 5 月 31 日合川区法院召集和主持了第二次债权人会议。听取了管理人关于第一次债权人会议后的破产管理工作情况，并由债权人会议依法核查了管理人提交的第二批债权表。管理人详细介绍了《重整计划草案》的内容，并由出资人组及各债权人组对《重整计划草案》进行表决。

六、重整计划草案表决情况

在第二次债权人会议上，各债权组一致通过重整计划草案。其中，出资人组、职工债权组、担保债权组全票通过。普通债权组表决同意的债权人，占出席会议的有表决权的债权人数的 60%，占该组总债权额的 85%。

七、重整计划修订及裁定批准情况

2017 年 6 月 6 日管理人提请合川区法院裁定批准《重整计划草案》。为进一步保护全体债权人的合法利益，强化债务人履行重整计划的义务，经合议庭建议，管理人拟定了《关于重庆钱塘钢铁集团有限公司重整计划草案执行期限、执行完毕的标准及股份收购条款修订的报告》,并于2017年8月8日将该修订报告寄送全体债权人审议。

修订后的《重整计划草案》对债务人履行重整计划提出了更加严格的要求和标准。在重整执行期间内,如债务人没有按照修订后的《重整计划草案》完成执行,债权人或管理人均可以向人民法院申请宣告债务人破产;股份收购条款的修改,对于5年后不愿意继续保留钱塘钢铁股份的债权人,增加1%的清偿率。

在修订报告规定的时间内,有三家债权人提出异议,分别是:(1)重庆明俊物资有限公司,债权金额为1,399,387.04元,占无担保债权总额的1.1284%;(2)重庆万华物资有限公司,债权金额为1,300,755.1元,占无担保债权总额的1.0488%;(3)江阴市玺力机械设备有限公司,债权金额为112,000元,占无担保债权总额的0.0903%;其余债权人均未对修订报告提出异议。

根据我国《企业破产法》的规定,结合修订后《重整计划草案》的内容以及债权人会议表决情况,合川区法院认为重整计划草案已经债权人会议表决通过,修订后的《重整计划草案》并未加大债权人的利益让渡和负担,反而强化了对债权人利益的保护,增大了债权人在重整计划中的利益;更加强调了管理人和人民法院对重整计划的执行监督,可以有效防止债权人非经营性损失的扩大。依照我国《企业破产法》第86条之规定,2017年8月31日合川区法院裁定批准修订后的《重整计划草案》,并终止重整程序。

八、重整计划执行情况

在重整计划执行阶段,合川区法院要求管理人及债务人定期汇报重整计划的执行情况,并着重强调监督债务人按计划清偿债务,及时协助执行出资人权益调整方案,办理股权过户手续。

截至2018年7月25日钱塘钢铁已按《重整计划》对职工债权全额清偿完毕,并在规定时间内足额清偿当期对担保债权人的120万元现金债务,足额支付了约定的利息补偿金。

“重庆世盟物流发展有限公司破产重整案”

一、债务人基本情况

重庆世盟物流发展有限公司(以下简称世盟公司)是2003年9月10日在重庆市工商行政管理局北部新区高新园分局成立的有限责任公司。股东为曾某、吴某、陈某某和谭某,注册资本3000万元,其中曾某出资1530万元,吴某出资570万元,陈某某出资300万元,谭某出资600万元,分别占出资的51%、19%、10%、20%。

世盟公司的经营范围包括仓储服务(不含危险品)、装卸、货物保险、组织展览,物流信息咨询服务,停车服务,物业管理。据世盟公司说明,截至2013年3月4日,公司对外负债2亿元,公司资产为1.2亿元,公司已涉及多起债务诉讼。其中,曾某、吴某、陈某某和谭某之间互不信任,股东与债权人之间、股东与股东之间多有诉讼,形成僵局。

二、案件受理情况

2013年债权人重庆泰润建筑劳务有限公司、中城北方重庆海丰建设集团有限责任公司以世盟公司资不抵债、无法清偿到期债务为由向重庆市渝北区人民法院(以下简称渝北区法院)申请世盟公司破产清算。2013年5月23日渝北区法院裁定受理“世盟公司破产清算案”,并指定重庆公鸣律师事务所担任世盟公司管理人。

世盟公司下辖的西南物流中心项目有50多家物流企业

入驻，为周边工业、食药品等企业提供物资生产配送、运输仓储服务，涉及相关库管、搬运、叉车员工数千人。一旦停止营业将对这些企业造成巨大损失，同时影响地区物流市场的稳定，而且世盟公司将承担违约责任、加重债务负担。继续营业将对公司资产无损害，可以产生现金流，保障物流租户的利益。2013 年 10 月管理人在第一次债权人会议召开前向法院申请批准世盟公司继续营业。渝北区法院认为，继续营业有利于世盟公司资产保值、维护物流市场稳定，批准了该申请。

三、从破产清算到破产重整的转换

渝北区法院受理世盟公司破产清算后，债权人泰润建筑劳务有限公司、重庆旭庆建筑工程有限公司等以引入新的投资人快速清偿债权，可避免破产清算费用高、时间长为由向渝北区法院申请对世盟公司进行破产重整。渝北区法院认为，世盟公司有再生希望，于 2017 年 5 月 3 日裁定对世盟公司进行破产重整。

四、债权申报、审查及确认情况

本案中，渝北区法院确定的债权申报期为 45 日。截至债权申报期满，管理人共收到 19 家债权人申报的债权，申报债权总金额 328,051,117.24 元，均为普通债权。经管理人审查确认债权金额合计 290,658,807.09 元。经管理人调查，本案无职工债权。

根据第一次债权人会议及管理人对债权的核查情况，渝北区法院裁定确认普通债权 19 笔，债权金额为 290,658,807.09 元。

五、重整计划草案主要内容

2017 年 10 月管理人向渝北区法院提交了《重整计划草案》，主要内容如下所示。

（一）战略投资人的招募

管理人已与战略投资人罗某、蒋某某洽谈，双方已签订投资合同，且战略投资人已向管理人缴纳保证金 100 万元。

（二）出资人权益调整方案

若世盟公司进行破产清算，现有资产在清偿各类债权后，无剩余资产向出资人分配，出资人权益为零。为了公平保护债权人、债务人的权益，同时不影响各表决组的清偿利益,《重整计划草案》对世盟公司出资人的出资权益进行调整。

世盟公司四位原股东无偿将各自所持股权全部让渡给战略投资人。战略投资人以现金方式向世盟公司支付偿债资金,其中,罗某支付70%偿债资金,蒋某某支付30%偿债资金。重整完成后,世盟公司的股权结构发生变化,战略投资人对世盟公司享有100%的股权,其中,罗某享有世盟公司70%股权,蒋某某享有世盟公司30%股权。

(三)债权调整方案

按照渝北区法院裁定确认的债权数额的50%予以清偿,即所有普通债权现金清偿率为50%,普通债权人获得上述清偿后,与世盟公司的债权债务关系终结。

根据我国《企业破产法》第92条之规定,债权人对世盟公司的保证人和其他连带债务人所享有的权利,不受重整计划的影响,债权人仍可向保证人和其他连带债务人主张权利。

(四)债权清偿方案

普通债权清偿期限为30日,自渝北区法院裁定批准重整计划后,战略投资人获得世盟公司100%股权并完成工商变更登记之日起计算。

(五)经营方案

世盟公司作为重庆大型物流公司,享有西南物流中心项目的开发权,而重庆市作为中国西南地区的核心城市,是西南地区的物流产业链中重要的一环。世盟公司重整完成后,世盟公司将继续进行西南物流中心项目。

(六)重整计划执行期

本重整计划执行期限为60日,自法院裁定批准重整计划后战略投资人获得世盟公司100%股权并完成工商变更登记之日起计算。债务人提前执行完毕重整计划的,执行期按照实际执行时间予以计算。

如因战略投资人办理股权过户等客观原因导致重整计划无法在规定时间内执行完毕的,管理人或世盟公司可以在执行期届满前向渝北区法院提交延长重整计划执行期的申请,延长期限不超过6个月,以法院的生效法律文书为准。

(七)重整计划执行监督期

重整计划执行监督期限为6个月,自法院裁定批准重整计划之日起计算。债务人提前执行完毕重整计划的,监督期至重整计划执行完毕。

管理人或世盟公司在执行期届满前向渝北区法院提交延长重整计划执行期申请的,监督期与执行期同时延长。重整计划监督期满,管理人向人民法院提交监督报告,自监督报告提交之日起管理人的监督职责终止。

六、重整计划草案表决情况

世盟公司于2017年12月30日召开第二次债权人会议,债权人组和出资人组对《重整计划草案》进行了表决。

债权人组,普通债权人组应到19人,实到15人,同意的15人,所持债权额占该组债权总额的99.19%,超过普通债权组债权总额的2/3。

出资人组,应到4人,实到4人,同意的2人,同意者所持股份占股份总额的70%。

七、重整计划的裁定批准情况

经管理人申请,2017年11月14日渝北区法院依法裁定批准了《重整计划》并终止重整程序。

八、重整计划执行及确认情况

(一)监督并协助执行出资人权益调整方案

为顺利实施出资人权益调整方案中的原股东将股权无偿让渡给战略投资人,根据管理人以及债务人的申请,渝北区法院依法出具相关民事裁定书以及协助执行通知书,请求重庆两江新区市场与质量监督管理局协助办理世盟公司股权划转登记手续。

(二)监督战略投资人投入资金,债务人清偿债务

在渝北区法院依法裁定确认债权之后,因债权人依法转让债权、依法清偿债权等原因,最终债权清偿对象、清偿方式以及清偿金额与民事裁定书中记载的债权情况有所变动。对此,渝北区法院指导管理人以及债务人对相关变动情况的合法性逐一进行了核实。

(三)确认重整计划按期执行完毕

2018年2月1日管理人向渝北区法院提交了《关于重庆世盟物流发展股份有限公司重整计划执行情况的监督报告》,依法向渝北区法院报告了债务人执行完毕《重整计划》的情况。同时,提交了《关于管理人终止执行职务的报告》,并申请渝北区法院裁定确认《重整计划》已执行完毕。

经审查及复核,渝北区法院依法确认世盟公司重整计划执行完毕,并裁定终结破产程序。

“重庆德运模具制造有限公司破产重整案”

一、债务人基本情况及重整前困境

（一）债务人基本情况

重庆德运模具制造有限公司（以下简称德运公司）于2008年3月13日在重庆市工商行政管理局江津区分局登记成立，法定代表人为李某东，公司注册资本5000万元，股东为李某东（持股85%）、李某安（持股15%）。

德运公司经营范围为：模具、摩托车零配件、汽车零配件、飞机零配件、通用机械零配件的生产、销售与研发；云计算技术、物联网系统技术研发及应用；货物及技术进出口（国家禁止和限制的除外）；本企业自有房屋租赁。

（二）债务人重整前困境及主要原因

自2014年以来，为开拓新的市场和客户，德运公司不断以银行贷款和融资租赁的方式增添生产线和购置生产设备及检测设备。同时，各客户因市场整体形势调整的影响，无法按时支付货款，均向德运公司延长付款周期，因垫付资金额大，企业只能通过向银行贷款以满足客户的需求，进而稳定整体业务网络的运行，最终导致德运公司资金短缺。因德运公司资金链断裂，小额贷款、民间借贷债权人将德运公司诉至法院并对公司银行账户、房产、应收账款等采取保全措施，至此德运公司无法正常经营。

此外，德运公司主要从事汽车配件加工行业，虽然产值较大但实际利润仅有6%左右，企业实际控制人试图扩大企业收益,将大量资金投入房地产等行业,进一步加剧了企业困难。

二、案件受理情况

2016 年 8 月 8 日债务人德运公司以不能清偿到期债务,但有重整基础为由,向重庆五中法院申请破产重整。2016 年 9 月 5 日重庆五中法院裁定受理德运公司的破产重整申请,并将该案交由重庆市江津区人民法院(以下简称江津区法院)审理。

三、债权申报及审查情况

截至 2017 年 9 月 11 日,管理人共收到 118 笔债权申报,申报金额合计 298,518,882.31 元,经管理人核查,最终确认债权共计 100 笔,债权金额共计 213,460,316.12 元。

四、重整计划草案主要内容

(一)债权调整、"债转股"和资产注入方案

1."债转股"的债权人、战略投资者的股权份额

"债转股"的债权人、战略投资者股权份额的计算方式为:股权份额 = 拟转为股权的债权金额或资产注入额/(拟转为股权的债权总金额 + 资产注入总额 + 德运公司通过重整计划草案时的股权价值)。

原股东李某东、李某安所持股权份额作相应调整。"债转股"的截止时间为法院批准本重整计划草案之日起 6 个月内,期满后将根据"债转股"和资产注入的情况计算"债转股"和战略投资者的股权份额。德运公司通过重整计划草案时的股权价值,以《股东权益价值分析报告》为准。

在法院批准本计划草案之日起 6 个月后,有新的战略投资者愿意注入资产的,股权份额的计算方式为:股权份额 = 资产注入额/(累计转为股权的债权总金额 + 资产注入总额 + 德运公司通过重整计划草案时的股权价值 + 重整计划草案通过后的利润总额)。原"债转股"和资产注入的股权以及李某东、李某安的股权份额均作相应调整。

2."债转股"及债权转让的限制

(1)有担保债权又有普通债权的债权人"债转股"的,重整计划执行期间担保财

产不得转让或者为其他债权人提供担保。如果重整计划无法执行,债务人被宣告破产的,债权人担保债权仍就担保财产优先受偿。

(2)债权人在重整计划草案表决后转让债权的,债权受让人享有原债权人的所有权利,包括但不限于按照计划草案参与清偿、参与"债转股"、行使表决权。

(3)重整期间,德运公司利润不分配。

(4)重整成功后,"债转股"的债权人、战略投资人可向第三人转让股权,也可以继续持有股权,按照公司法规定参与经营并享有德运公司的发展红利。"债转股"的债权人,还可以按照减资程序由德运公司回购股权(回购对价以当时的评估价为准,但不超过该债权人登记之债权金额),以德运公司的实物资产作价支付。

(5)若重整失败,"债转股"的债权人以其原债权按照同类债权人的实际清偿比例参与财产分配;对战略投资者,其投入资金的本金按共益债务优先清偿。

(二)债权清偿方案

1. 重整的宽限期

重整的宽限期为6个月。宽限期内按重整计划的内容,进行应收账款的催收、未结案件的应诉、生产设备及人员的调试调整、生产经营规模的扩大等相关工作。

2. 有财产担保债权

该组债权不作调整,就特定财产将获得全额清偿。

3. 职工债权

该组债权不作调整,将予以全额清偿。

4. 普通债权

区分债权额在100万元以上(含本数)债权人和债权金额为100万元以下债权人,分别制订偿还方案,但作为一个债权组进行统一表决。

(1)债权金额为100万元以上(含本数)普通债权人,设置两种偿还方案供对应债权人选择。

方案A:自人民法院裁定批准重整计划且宽限期满36个月后的12个月内偿还5%、自人民法院裁定批准重整计划且宽限期满48个月后的12个月内偿还8%,自人民法院裁定批准重整计划且宽限期满60个月后的12个月内偿还12%、自法院裁定批准重整计划且宽限期满72个月后的12个月内偿还15%。

方案B:自人民法院裁定批准重整计划且宽限期满84个月后的6个月内偿还30%、12个月内偿还30%。

(2)债权金额为100万元以下普通债权人,设置3种偿还方案供对应债权人选择。

方案A:偿还比例20%,自人民法院裁定批准重整计划3个月内偿还。

方案B:偿还比例30%,自人民法院裁定批准重整计划且宽限期满12个月内偿还。

方案C:偿还比例60%,自人民法院裁定批准重整计划且宽限期满36个月后的6个月内偿还15%、12个月内偿还15%,自人民法院裁定批准重整计划且宽限期满72个月后的6个月内偿还15%、12个月内偿还15%。

(三)经营方案

通过精简机构、裁减冗员、优化工艺等方式控制成本,利用现有流动资金,在客户的帮助下,选择附加值最高的产品进行恢复性生产,扭亏为盈。第一步的目标已经在2016年11月达成,并恢复了所有客户的信心、生产经营进入了正常轨道、经营实现了扭亏为盈。

为了进一步获得债权人的支持和实现重整成功,德运公司现已获得江西腾勒动力配套合作资质,开发镁合金汽车发动机缸盖罩产品,预计客户需求将达到10,000件每月,计划年产值为1200万元;同时,该系列产品已经得到众泰汽车发动机公司、华泰汽车发动机公司、川汽野马发动机公司的购买意向,预计总需求将达到20,000件每月。

(四)管理人监管方案

在重整计划执行期间,德运公司于下季度的前5个工作日内向管理人作季度报告,并在每一会计年度终结后15个工作日内向管理人提交年度报告。报告至少应当包含以下内容:(1)重整计划的执行情况;(2)德运公司的财务状况;(3)董事、监事、高级管理人员的任职及变动情况;(4)报告期内重大事件、行为及对公司的影响;(5)管理人认为应当报告的其他事项。若在执行期内成立董事会的,还包括董事会报告。

五、债权人会议召开情况

2017年3月28日江津区法院主持召开第一次债权人会议,会议对债权进行了核查。

2017年9月11日江津区法院主持召开第二次债权人会议,债务人向债权人会议正式提交《重整计划草案》,经各分类债权人组债权人对提交的《重整计划草案》进行审议,普通债权人组未表决通过《重整计划草案》。会后,债务人在管理人的监督下与普通债权人组进行协商,并对《重整计划草案》进行调整。

2017 年 12 月 8 日江津区法院主持召开第三次债权人会议,此次债权人会议采用现场表决与书面表决相结合的方式进行,经债权人会议充分酝酿讨论,所有表决组均通过重整计划草案。

六、重整计划草案表决情况

截至 2017 年 12 月 25 日,第三次债权人会议的表决结果包括以下几方面。

(一)有担保债权组

担保权债权人 1 户,出席会议债权人 1 户,同意《重整计划草案》1 户。

(二)普通债权组

享有表决权的普通债权人 100 户,出席会议 88 户,同意《重整计划草案》75 户,占出席会议无财产担保普通债权人总人数的 85.23%。同意《重整计划草案》的普通债权金额为 162,997,976.59 元,占普通债权金额的 74.84%。

(三)职工债权组

出席会议的职工债权人 186 人,同意《重整计划草案》的职工债权人 185 人,占职工债权人数的 69.55%。同意《重整计划草案》的职工债权金额为 1,157,723.85 元,占职工债权金额的 72.42%。

(四)出资人组

有表决权的出资人 2 人,出席会议的出资人 2 人,同意重整计划草案的出资人 2 人。

七、重整计划的裁定批准情况

经管理人申请,江津区法院于 2017 年 12 月 28 日裁定批准德运公司重整计划,并终止重整程序。

八、重整计划执行情况

(一)生产经营情况

裁定重整后,德运公司恢复正常生产经营。重整计划通过后的次月即完成生产量318.5吨,实现收入688万元。

为提高产品质量,截至2018年6月底德运公司已投入216.92万元用于生产线技术改造,包含燃气式铝合金熔代炉、1300t压铸机、气体保护压铸镁合金连续熔化浇铸炉、缸盖数控摆辗铆接机等设备。

(二)债务清偿情况

按照债权清偿方案的选择情况,普通债权100万元以下选择方案A的债权应于德运公司重整批准之日起3个月内偿还,截至2018年3月底实际偿还100万元以下的普通债权32家,实际偿还金额为283,372.24元。

德运公司所欠社保费用已于2018年3月开始分期偿还(每月约5万元),2018年1~6月实际偿还职工债权金额为326,259.72元。

“重庆美华光电有限责任公司与重庆智威光电仪器有限公司合并破产重整案”

一、债务人基本情况及重整前困境

(一)债务人基本情况

1. 重庆美华光电有限责任公司

重庆美华光电有限责任公司(以下简称美华公司)成立于1994年11月4日,公司住所地为重庆市北碚区缙云大道8号,注册资本1380万元,股东陈某某(持股98.19%)、股东杨某庆(持股1.81%),法定代表人为杨某伦。经营范围为:制造加工光电产品制造、光电机械零部件制造、精密机械零件精加工;由具备经营权的分支机构零售饮食、饮料、酒。

美华公司现有在册员工197人,经营场地占地面积30亩;拥有18项专利技术、4条装配生产线、10多台进口光轴测试仪、多台国内最先进的屈光度调节仪器,其他各种生产、测试仪器共40余台;拥有年生产望远镜各种结构零件达180多万套,装配望远镜200多万套的生产能力,系国内望远镜生产“龙头”民营企业。

2. 重庆智威光电仪器有限公司

重庆智威光电仪器有限公司(以下简称智威公司)于2015年10月28日在重庆市工商行政管理局北碚区分局登记设立,公司注册资本1000万元,股东为刘某某,公司性质为一人有限责任公司。经营范围为:光学仪器、机械零部件制造、销售；货物进出口。

（二）债务人破产重整前困境

近年来，看到房地产市场利润丰厚，美华公司参与房地产开发项目经营，经营重心发生变化，公司资金没有完全用于主营业务，导致主营业务逐渐流失。尤其是在2016年，公司将产品生产业务外包给其他公司经营，公司实际只收取设备和场地的租金。由于自身无经营房地产项目的经验，受房地产政策调控的影响，并与合作方发生经济纠纷，大量对外举债投资无法及时回收，公司资金链断裂，陷入严重的经营困境。

截至2016年6月30日，美华公司资产账面价值19,014.95万元，评估值21,838.87万元；负债账面价值39,305.68万元，评估值39,305.68万元；净资产账面价值-20,290.73万元，评估值-17,466.81万元。

二、案件受理情况

2016年6月24日债务人美华公司以其不能清偿到期债务，且资产不足以清偿全部债务，但有通过重整获得新生的可能为由向重庆市北碚区人民法院（以下简称北碚区法院）申请破产重整。2016年6月30日北碚区法院裁定受理美华公司破产重整申请，并指定重庆百君律师事务所担任管理人。

三、合并破产重整情况

（一）合并破产重整原因

管理人在履行职责过程中发现，美华公司于2015年10月28日通过股权代持方式设立全资子公司智威公司。2016年12月9日智威公司股东刘某某向管理人提交《终止挂名智威公司股东申请书》。经管理人向刘某某询问，刘某某未对智威公司出资，智威公司的设立是基于美华公司发生债务危机，为维持美华公司生产经营活动，避免大量债权人对其采取财产保全、诉讼等行为而设立的应对债务危机的公司。智威公司在设立后以资产低价转让的方式承继了美华公司的机器设备及物资，承继了美华公司的业务，刘某某为美华公司代持智威公司的股权。

（二）合并破产重整申请

2017年1月26日管理人以美华公司与智威公司法人人格高度混同为由向北碚区法院提出申请，请求将美华公司与智威公司合并破产重整。

2017年2月10日北碚区法院主持召开美华公司与智威公司合并破产重整听证会,邀请两家公司的主要债权人参加,美华公司债权人代表与智威公司债权人代表对两家公司法人人格高度混同、进行合并破产重整等事项均无异议。

(三)合并破产重整裁定

北碚区法院经审理查明,智威公司法定代表人刘某某代持美华公司在智威公司中的股权,两家公司主要业务混同、主营业务场地混同、资产混同、管理混同、人员混同,智威公司的股东及法定代表人刘某某仅是美华公司的普通员工,对公司生产经营活动不具有决策权。智威公司重大经营决策权由美华公司及其实际控制人陈某某行使,智威公司不具备独立性。智威公司存在公司财产不独立、公司意志不独立的情形,美华公司和智威公司法人人格高度混同。

2015年10月美华公司为应对债务危机,新设立智威公司避免债权人申请法院冻结美华公司银行账户,并将机器设备及物资低价转让给智威公司。美华公司的财产在美华公司进入破产程序后,应按照破产程序向各债权人公平清偿。美华公司在受理破产申请前一年内,以明显不合理的价格进行交易,严重损害了美华公司债权人公平受偿的权利,应予以撤销。

美华公司和智威公司法人人格高度混同,损害了美华公司债权人在破产程序中公平受偿的权利。两家公司合并破产重整,更有利于美华公司破产重整的顺利推进。2017年2月16日北碚区法院裁定美华公司与智威公司合并破产重整。

四、债权申报及确认情况

(一)债权申报情况

截至2016年12月16日,管理人共接受债权申报150户,债权申报金额为480,234,130.15元,其中:有财产担保债权为40,208,522.62元,税款债权为102,554.13元,普通债权为439,923,053.40元。

(二)债权确认情况

北碚区法院裁定确认的债权为:担保债权2户,债权金额为32,062,342.49元;税款债权1户,债权金额为102,554.13元;普通债权141户,债权金额为302,525,430.31元。

五、重整计划草案主要内容

(一)可变现资产价值评估及偿债能力分析

根据《审计报告》《资产评估报告》的结论,结合管理人了解的债务人资产负债情况,美华公司、智威公司实施破产清算,假定其全部财产能够按评估价值实现,按照我国《企业破产法》规定的清偿顺序,担保财产变现所得将优先用于清偿有财产担保债权,剩余其他财产变现所得在依法支付破产费用及共益债务、职工债权、税款债权后,美华公司与智威公司合并清算条件下普通债权人的清偿比例为37.64%。

(二)重整计划草案的整体思路

本案采取公司存续型重整方式进行重整。具体内容为:美华公司、智威公司存续,公司主营业务事业持续经营,公司股权不进行调整,由债务人公司通过未来的经营活动,以对外催收债权、未来盈利增加的现金流,以及处置公司现有资产,或通过其他渠道获得的资金或资产,通过以物抵债、现金或其他方式按本计划清偿债务。本计划执行后,债务人的事业持续经营、公司恢复运营能力。

(三)债权调整方案

1.有财产担保债权

有财产担保债权人就担保财产享有优先受偿的权利,担保物价值按评估值可以足额清偿担保债权,因此,担保债权不作调整,全额清偿。

2.税款债权

税款债权不作调整,全额清偿。

3.普通债权

为最大限度保护债权人的合法权益,根据美华公司与智威公司的实际情况,重整计划将对普通债权的清偿比例作较大幅度的提高。普通债权的具体调整如下所示。

(1)对每户债权人债权金额20万元以下(含本数)的债权部分,按照70%的比例由债务人以现金方式进行清偿;

(2)对每户债权人债权金额20万元~300万元(含本数)的债权部分,按照60%的比例由债务人以现金方式进行清偿;

(3)对每户债权人债权金额超过300万元的债权部分,按照55%的比例由债务人以现金方式进行清偿。

(四)经营方案主要内容

停止房地产开发项目投入,全力清收房地产项目投资款项,力争在5年内合川项目实现资金或其他资产回笼1.75亿元,其他应收款项实现清收500万元。全面恢复既有望远镜等光电产品的生产,根据市场需要研发新产品,努力提高产品的科技含量,实现公司经营利润的最大化,在5年内力争公司税后纯利润达到7000万元,为达到偿债目标创造条件。公司经营资金集中用于主营业务,努力实现主营业务的满负荷生产,力争达到设备利用率90%以上,全员生产率达到90%以上。

(五)重整计划执行完毕的标准

具备下列全部条件的,视为重整计划执行完毕:(1)本重整计划的规定应当支付的重整费用(包括破产费用、共益债务等)已经支付完毕;(2)在重整计划执行期间内应向债权人清偿的款项已经支付完毕;(3)债权人未领受的分配款项以及预计债权对应的偿债资金,已经按照重整计划的规定全额提存至管理人指定的银行账户;(4)智威公司股权完成变更登记,美华公司成为智威公司登记在册的股东。

六、《重整计划草案》表决情况

2017年4月14日北碚区法院组织召开债权人会议,对管理人提交的《重整计划草案》进行审议。根据该案的实际情况,设立担保债权组、税款债权组、普通债权组、出资人组进行表决。因美华公司和智威公司不拖欠职工工资和社会保险费,故不设立职工债权组。根据第一次表决结果,担保债权组和普通债权组未达到我国《企业破产法》第84条规定的表决通过的条件,故《重整计划草案》未获表决通过。

随后,管理人、债务人与未通过《重整计划草案》的表决组充分协商,并对《重整计划草案》进行适当调整后,进行了第二次表决。其中,担保债权组、税款债权组、出资人组均全票通过。普通债权组表决同意的债权人占出席会议的有表决权的债权人数的91.49%,占改组总债权额的85%。根据我国《企业破产法》第84条第2款的规定,出席会议的同一表决组的债权人过半数同意《重整计划草案》,并且其所代表的债权额占该组债权总额2/3以上的,即为该组通过《重整计划草案》。根据上述规定,4个表决组均表决通过《重整计划草案》。

七、重整计划的裁定批准情况

2017年10月10日管理人向法院提出书面申请,称各表决组均表决通过《重整计划草案》,请求法院裁定批准破产重整计划。2017 年 10 月 19 日北碚区法院裁定批准美华公司、智威公司合并破产重整计划,并终止合并破产重整程序。

八、重整计划执行情况

美华公司、智威公司负责执行破产重整计划,执行期间为 5 年,管理人负责监督美华公司、智威公司对重整计划的执行。

目前,该案已进入破产重整计划执行阶段,企业经营能力显著提升,2017 年全年共完成各类望远镜 601,362 具,2018 年全年完成各类望远镜 41,3316 具,利润较 2017 年增长 6 倍。新产品开发以光电相结合的高新技术产品为目标,以中远距离的民用测距仪为主,自主研发两筒测距仪 7 款、三筒中远距离测距仪 3 款、双目调焦远距离测距仪 2 款,销售团队主要与欧洲等国家的外贸公司进行洽谈,预计订单 15 万具。

根据重整计划,美华公司、智威公司在重整计划执行第一年度内应当清偿的担保债权 5,150,000 元、普通债权 18,824,093. 95 元、税款债权 102,554. 13 元,均已清偿完毕。

“重庆市巨航实业有限公司破产重整案”

一、债务人基本情况及重整前困境

（一）债务人基本情况

重庆市巨航实业有限公司（以下简称巨航实业）成立于2005年9月28日，公司住所地为重庆市涪陵区建陶一路86号，注册资本1600万元，股东况某某（持股100%），法定代表人为况某某。公司主要经营范围为长江上中下游干线及其支流省际普通货船运输。

（二）债务人破产重整前困境

1. 重整受理前债务人的资产负债情况

截至2017年6月6日，巨航实业申报的资产账面价值26,131.94万元，负债账面价值86,061.40万元，股权权益账面价值－59,929.46万元。经过评估，资产评估价值19,828.82万元，负债评估价值86,061.40万元，股东权益减值额6,303.13万元，股东权益减值率10.52%。

2. 债务人破产重整的主要原因

2010年4月至2012年4月，巨航实业为扩大经营规模，出资自主建船，同时委托第三方建船共计20余艘，建船钢材购置均价约6500元/吨，单船直接投入成本1500万元左右。从2013年开始，水运市场行情持续下行，钢材价格也随之下跌，导致巨航实业资产大幅缩水。

2012年12月为变现固定资产还贷，并补充经营流动资金，巨航实业与工银金融租赁有限公司（以下简称工银租赁）签订《船舶融资租赁合同》，巨航实业以出售回租方式向工银租赁出售船舶22艘，转让款总价2.5亿元，工银租赁将船舶租给巨航实业经营，租期6年，总租金3.1亿元。巨航实业因建船对外负债巨大，且其中部分为高利民间借贷，巨航实业转让船舶所获资金主要用于归还部分借款本息。

水运市场和钢铁市场双双下行，以及高利借贷建船，是巨航实业资不抵债，并走向破产重整的三大主因。此外，巨航实业因对外负债陆续到期，各债权人相继启动司法程序，并冻结了巨航实业的各银行账户，致使主要优质客户流失，经营状况雪上加霜。

二、案件受理情况

2017年5月4日巨航实业以其不能清偿到期债务，且资产不足以清偿全部债务为由向重庆市涪陵区人民法院（以下简称涪陵区法院）申请破产重整。2017年6月6日涪陵区法院裁定受理巨航实业的重整申请。

三、债权申报及审查情况

（一）债权申报情况

债权申报期内，有81户债权人申报91笔债权，申报债权总额为1,036,172,784.41元。申报期限届满后，补充申报债权5笔，申报债权总额为29,247,825.22元。

（二）债权审查情况

1.债权确认情况

已申报债权中，经第一次债权人会议核查并经涪陵区法院裁定确认债权总额为897,547,283.84元，其中，普通债权为890,810,857.54元，税款债权为1,301,380.98元，社会保险费债权为5,435,045.32元。

2.职工债权调查情况

经管理人调查职工债权总额为8,396,598.70元，涉及职工238人。

四、《重整计划草案》主要内容

（一）债权清偿方案

1.职工债权

职工债权金额为8,396,598.70元，其中含工银租赁已垫付工资2,984,765元，巨航实业目前实际欠付职工工资5,411,833.7元,全额清偿。法院裁定批准重整计划后15日内,偿还60%的职工债权(5,411,833.7元×0.6);法院裁定批准重整计划后3个月内,偿还40%的职工债权(5,411,833.7元×0.4)。自法院裁定批准重整计划之日起12个月后的6个月内,偿还工银租赁职工债权2,984,765元。

2. 社会保险费债权

社会保险费债权金额为5,435,045.32元,其中含工银租赁已垫付社保费196万元,全额清偿。自法院裁定批准重整计划之日起12个月内,偿还实际欠缴社会保险费3,475,045.32元,不计利息。自法院裁定批准重整计划之日起18个月后的6个月内,偿还工银租赁社会保险费债权196万元。

3. 税款债权

税款债权1,301,380.98元,全额清偿。自法院裁定批准重整计划之日起18个月后的6个月内还清,不计滞纳金。

4. 普通债权

普通债权统一按3%折减后,应清偿债权总额为26,724,325.73元,自法院裁定批准重整计划后按以下方式予以清偿,不计利息。

(1)未持股债权人优先于持股债权人受偿,自法院裁定批准重整计划之日起24个月后的12个月内偿还应清偿债权总额的40%(约10,689,730.29元),且优先用于偿还未持股债权人;

(2)自法院裁定批准重整计划之日起36个月后的12个月内偿还应清偿债权总额的30%(约8,017,297.72元),且优先用于偿还未持股债权人;

(3)自法院裁定批准重整计划之日起48个月后的12个月内偿还应清偿债权总额的30%(约8,017,297.72元),且优先用于偿还未持股债权人。

(二)工银租赁融资租赁关系处理及债权清偿方案

工银租赁申报债权的基础依据是与巨航实业就22艘船舶签订的《船舶融资租赁合同》,工银租赁对22艘船舶享有所有权。工银租赁就其享有所有权的特定财产在评估报告载明的清算价值范围内将获得全额清偿,其未受偿部分作为普通债权予以清偿。

工银租赁申报普通债权总额321,828,718.39元,扣除22艘船清算残值112,597,600元,不认可申报利息1,009,573.67元,确认工银租赁普通债权208,221,544.72元,按3%折减后应当清偿6,246,646.34元。工银租赁调减后的普通债权按上述普通债权的一般清偿方案获得清偿,工银租赁未获清偿的债权有权继续向船舶融资租赁合同项下的担保人进行追索。

工银租赁在本重整计划下的债权清偿金额、比例和顺序不受上述追索结果的影响。但如果工银租赁通过上述追索,担保人向其清偿全部债权,则已获得全额清偿的工银租赁在本重整计划中对应的普通债权分配权利由代偿的担保人享有,但工银租赁仍享有职工债权和社会保险费债权的权益以及其与巨航实业新达成的15艘船舶光租合同下的权利。

在巨航实业与工银租赁就15艘船舶签订的经营性租赁合同中,由巨航实业第一大新股东为巨航实业向工银租赁承担连带保证担保。如重整计划发生不能执行、执行完毕或修改,上述连带保证依然有效。巨航实业第一大新股东就以上担保事项,有权要求巨航实业的其他新股东向其提供连带责任的保证反担保。

(三)出资人权益调整

现有股东况某某愿意将其股权全部调整给有意向成为巨航实业股东的债权人。新股东依本重整计划应受偿的债权金额仍对巨航实业享有普通债权,但劣后于其他未持股债权人在重整计划执行完毕后才获得清偿。在其他未持股债权人的债权优先清偿完毕和依本重整计划应付款项全部支付后,如巨航实业资产不足以完全清偿新股东的应受偿金额,则对应的意向持股债权人自行承担投资风险和经营风险。

若因重整计划未顺利执行完毕,巨航实业被人民法院宣告破产的,意向持股债权人所作劣后分配之承诺仍然有效,只有在其他未持股债权人按本重整计划比例获偿完毕和应付款项全部支付后,才能进行分配,且实际劣后受偿分配比例不超过未持股债权人的清偿比例。在重整计划执行完毕前,巨航实业不得向新股东分配利润。

在重整计划执行完毕,且向分配了股权的意向持股债权人清偿了依本重整计划应受偿的债权以后,股东才有权利分配利润。在重整计划执行完毕后,向分配了股权的意向持股债权人清偿债权的顺序,比照意向持股债权人依本重整计划应受偿的债权顺序。清偿时根据清偿额度安排情况,不能满足同一顺序意向持股债权人时则按比例进行分配。

(四)债务人的经营方案

法院裁定批准重整计划后,巨航实业召开新股东大会,就精简人员、优化管理、改善运输货品质量等经营管理事宜再行讨论审议,制订新的管理制度和经营方案。法院裁定批准重整计划后,巨航实业与工银租赁签署解除原融资租赁合同的协议。同时,巨航实业与工银租赁就15艘标的船舶另行签订经营性租赁合同。

五、《重整计划草案》表决情况

2017年12月6日涪陵区法院召开第二次债权人会议,依照债权分类对《重整计划草案》进行了分组表决,同时允许场外表决。最终各表决组的表决结果如下所示。

(一)职工债权组

享有表决权的职工债权人共计238户,债权金额合计8,396,598.70元,表决同意《重整计划草案》219户,占职工债权人数的92.02%,表决同意《重整计划草案》的债权份额占职工债权总额的92.92%。

(二)税款债权组

税款债权人1户,债权金额为1,301,380.98元,同意《重整计划草案》。

(三)普通债权组

享有表决权的普通债权人共计80户,债权金额合计890,810,857.54元,表决同意《重整计划草案》59户,占普通债权人户数的73.75%,表决同意《重整计划草案》的债权份额占普通债权总额的85.55%。

(四)出资人组

巨航实业唯一出资人况某某表决同意《重整计划草案》。

根据以上各组表决结果,债权人会议表决通过《重整计划草案》。

六、重整计划裁定批准情况

经管理人申请,涪陵区法院于2017年12月15日裁定批准巨航实业重整计划,并终止重整程序。

七、重整计划执行情况

巨航实业重整计划的执行期限为5年,在第一个执行年度即2017年12月16日至2018年12月16日内,应清偿的费用与债权包括管理人报酬180万元、职工债权5,411,833.7元、社会保险费债权3,475,045.32元。截至2018年6月底,管理人报酬已支付150万元,职工债权已清偿完毕,社会保险费债权按月分期偿付。巨航实业原股东所持公司全部股权已按比例调整分配给所有意向持股债权人,并完成有关工商备案登记。在重整计划执行期间,巨航实业经营状况良好,2018年企业实现净利润882.71万元,净利润率为8.37%。

“重庆市华源天然气有限责任公司破产重整案”

一、债务人基本情况及重整前困境

(一)债务人基本情况

重庆市华源天然气有限责任公司(以下简称华源公司)成立于2001年12月3日,住所地为重庆市大足区龙岗街道办事处北环西路,注册资本2010万元,法定代表人为任某某。华源公司主要从事天然气、燃气设备安装工程施工、燃气器具销售维修及压缩天然气零售,是重庆市大足区最主要的天然气公司。

华源公司有职工163人,拥有各类专业技术人才110余人,具备燃气管道、燃气设备设施、燃气器具安装资质和设计能力,建有高、中压配气站6座,CNG加气站1座,LNG调峰站1座,各种输气管道1200余公里,日供气能力达50万立方米,目前实际日供气15万立方米。华源公司承担着大足区24个街镇13万余户民用气、2043家商业、集体用气、101家工业用气和700余辆各类汽车供气。

(二)债务人破产重整前困境

1. 重整受理前债务人的资产负债情况

截至2016年11月28日,华源公司债务共计约9.2亿元,债权和资产共计约9.6亿元,涉及的法院执行案件约20余件。华源公司的股权、房屋、土地等资产均已被各级法院进行了司法查封、冻结,无法开展正常的生产经营,实际已严重资不抵债。

2. 债务人破产重整的主要原因

由于近年来全球经济形势普遍转冷,公司领导层未及时察觉,仍盲目加大开发投入,使公司财务负担急剧增加,各项业务相继出现资金紧张问题。

因公司无力偿付巨额到期债务,各债权人纷纷起诉并争相对公司资产进行查封、冻结及执行,公司融资能力受到严重影响,资金链断裂,生产经营难以维系,广大职工随时面临失去工作岗位的可能。

二、案件受理情况

2016 年 10 月 8 日华源公司以无法正常经营、严重资不抵债为由,依法向重庆市大足区人民法院(以下简称大足区法院)申请破产重整。2016 年 11 月 28 日大足区法院裁定"受理华源公司破产重整案"。

三、债权审查情况

1. 债权确认情况

已申报债权中,经第二次债权人会议核查并经大足区法院裁定确认的债权总额为 1,870,716,476.53 元,其中:小额普通债权人(本金在 100 万元以下)117 户,金额为 39,705,260.04 元;大额普通债权人(本金在 100 万元以上)60 户,金额为 1,706,011,216.49 元(包含临时确定表决权的金额为 87,739,555.90 元);对特定财产享有担保的债权人 1 户,金额为 12,500 万元。

2. 职工债权调查情况

经管理人调查,职工债权共计 128 笔,债权总额为 4435 万元。

四、《重整计划草案》主要内容

(一)战略投资人引入情况

本次破产重整采用出售式重整方案,参与本次重整的投资人系山东胜利股份有限公司或其实际控制的企业(以下统称胜利股份)。山东胜利股份有限公司成立于 1994 年 5 月,1996 年在深圳证券交易所挂牌上市,是山东省重点扶持的骨干企业。胜利股份以天然气产业为主导产业和重点发展方向,在全国范围内投资、建设、运营天然气业务,是中石油、中石化、中海油的重要合作伙伴,拥有成品油批发经营权与进口燃油经营权，在成品油批发市场上具有较强的区域影响力。

1. 出售式重整方案

华源公司以其与天然气业务相关的全部运营资产及其他优质资产，设立新的天然气公司（以下简称新公司）。胜利股份收购新公司股权。自新公司设立之日起至胜利股份受让新公司的100%股权全部完成在工商登记机关的变更登记手续，胜利股份取得完整、无瑕疵的受让股权之前，新公司由胜利股份与华源公司双方共同管理、经营，由胜利股份指派专人代管新公司所有的印鉴及证照。

胜利股份按约向胜利股份与管理人共管账户支付首期股权转让款后，华源公司将持有的新公司100%的股权全部转让给胜利股份，因股权交割涉及的相关税费由各方依法承担。股权转让过户完毕后3个工作日内，股权转让款由共管账户付至管理人账户，专项用于清偿华源公司破产重整债权。

2. 出资金额及支付方式

胜利股份本次破产重整出资由基础价格出资及额外价格出资两部分组成。

（1）胜利股份为本次破产重整基础价格出资为66,380万元，5年内以现金分期支付。

《重庆市华源天然气有限责任公司之重整投资协议》生效且满足约定的交割条件之日起5个工作日内，胜利股份须向管理人支付3.1亿元股权转让款，存放于胜利股份和管理人共同开立的共管账户；股权转让过户完毕后3个工作日内，由共管账户付至管理人账户，专项用于清偿华源公司破产重整债权。

剩余的股权转让款，在胜利股份按约定向管理人支付股权转让款之后的次年起，在连续4个会计年度内由胜利股份于每年12月31日之前按年平均数额支付给管理人，专项用于清偿华源公司破产重整债权。

（2）额外价格出资

除注入新公司的资产外，其余资产仍归华源公司所有。胜利股份除基础价格出资外，根据新公司运营情况对债权人作额外价格出资。

（二）债权调整及清偿方案

1. 担保债权

全额清偿，金额上不作调整。

2. 职工债权

全额清偿，金额上不作调整，按照100%的比例清偿。

3. 小额普通债权

小额普通债权人数较多,且大部分为职工借款,从有效保障职工权利、维护社会稳定的角度出发,该组债权拟按照100%的比例清偿。

4. 大额普通债权

拟按本金基数清偿。

5. 或有债权

(1)未按规定申报债权的债权,在重整计划执行期间不得行使权利;在重整计划执行完毕后,该债权人可以按照本重整计划规定的调整方式予以调整。

(2)存在诉讼、仲裁未决的债权,在诉讼或者仲裁终结后,根据判决或仲裁裁决所确认的债权金额、偿付时限,按照本重整计划规定的调整方式予以调整。

(三)重整计划执行完毕的标准

各类债权已经按照本重整计划的规定获得清偿,债权人未领受的分配额已经按照本重整计划的规定提存。债权人与华源公司另行达成清偿协议且不损害其他债权人利益的,视为债权人已按照本重整计划的规定获得清偿。

五、第一次债权人会议召开情况

2017年4月7日大足区法院主持召开第一次债权人会议,应到债权人183人,实到164人,有表决权的债权人157人,全部到会债权人均同意继续营业,代表债权金额为1,542,046,882.78元,占无财产担保债权总额的99.17%。

六、《重整计划草案》表决情况

2017年9月27日大足区法院召开华源公司破产重整案第二次债权人会议。会议正式提交《重整计划草案》,经各分组债权人组对提交的《重整计划草案》进行充分酝酿讨论、多次协商,各分类债权人组中小额普通债权组、大额普通债权组、职工债权组表决予以通过,担保债权组表决不予以通过。

债务人就担保债权组的债务清偿、担保权保障措施及利息补偿方式重新制订了《担保债权组清偿细则》,对《重整计划草案》进行补充完善。各表决组对修改后的《重整计划草案》重新进行表决,最终表决结果如下所示。

(一)职工债权组

职工债权组共计128位债权人表决同意《重整计划草案》,占该组出席本次会议债权人总数的100%；表决同意金额为4435万元，占该组债权总金额的100%。

（二）有担保债权组

担保债权组共计1位债权人表决《同意重整计划》草案及《担保债权组清偿细则》，占该组出席本次会议债权人总数的100%；表决同意金额为12,500万元，占该组债权总金额的100%。

（三）小额普通债权组

小额普通债权组共计112位债权人表决同意《重整计划草案》，占该组债权总人数的99.11%；表决同意金额为38,089,559.92元，占该组债权总金额的95.93%。

（四）大额普通债权组表决情况

大额普通债权组共计46位债权人表决同意《重整计划草案》，占该组出席本次会议债权人总数的77.96%；表决同意金额为1,297,089,917.44元，占该组债权总金额的76.03%。

七、重整计划的裁定批准情况

经管理人申请，大足区法院于2017年11月20日裁定批准《重整计划》及《担保债权组清偿细则》并终止华源公司重整程序。

八、重整计划执行及确认情况

1. 新公司成立及战略投资人投入情况

2017年11月新公司重庆胜邦燃气有限公司经重庆市工商行政管理局大足区分局核准设立。随后，债务人华源公司按照《重整计划》及重整投资协议，在债权人、行政部门的相互配合下，将相关资产剥离注入新公司。

2018年1月华源公司与战略投资人胜利股份就重庆胜邦燃气有限公司的股权交割事宜办理完毕。现首期股权转让款已支付至管理人账户，用于专项清偿华源公司所负债务。

2. 债务清偿情况

（1）担保债权

根据《重整计划》及《担保债权组清偿细则》，首期股权转让款及第三方支付代为支付的款项共计4000万元，已支付至担保债权人确认的收款账户。根据《担保债权组清偿细则》，关于债权分期受偿后的利息补偿方式，以未付款金额为基数，按中国人民银行同期人民银行基准贷款利率标准按月支付,利随本清。加上 2016 年 12 月至 2017 年 1 月扣划利息,截至报告之日已共计支付利息 4,254,152.78 元。

(2)职工债权

已按照《重整计划》从首期股权转让款中支付职工债权总额的 50%,即 22,175,000 元。该款项已付至职工债权人确认的收款账户。

(3)小额普通债权

已按照《重整计划》从首期股权转让款中一次性全额现金支付。债权清偿款已付至部分小额普通债权组债权人确认的收款账户,共计 115 户,金额为 39,583,839.04 元。余下 1 户因账户手续不齐全,暂无法支付。

(4)大额普通债权

已按照《重整计划》,按本金基数清偿,从新公司首期股权转让款中支付 16.15%。部分债权清偿款已付至债权人确认的收款账户,共计 55 笔,金额为 203,227,599.6 元。

“重庆市贵尔达房地产开发有限责任公司破产重整案”

一、债务人基本情况及重整前困境

(一)债务人基本情况

重庆市贵尔达房地产有限责任公司(以下简称贵尔达公司)成立于2010年3月16日,住所地为重庆市武隆区仙女山镇罗家槽居民点,法定代表人及实际控制人均为徐某某。公司注册资本2000万元,其中徐某某出资1800万元(持股90%),叶某某出资200万元(持股10%)。公司主要从事房地产开发,旗下设江北分公司,经营范围为物业管理。

(二)债务人破产重整前困境

1. 重整受理前债务人的资产负债情况

截至2015年8月15日,贵尔达公司总资产为133,294,628.66元,债务总计194,786,371.35元,公司资产负债率为95.99%。

2. 重整受理前债务人的经营情况

贵尔达公司已取得“仙女山上的院子”的开发项目,该项目分三期建设,其中第一期、第二期已完工销售,第三期尚未完工。此外,公司法定代表人徐某某还设立了重庆森护木材综合加工有限公司,因公司自身财务管理的不规范,导致两家公司出现财务混同。因贵尔达公司及公司法定代表人和关联企业重庆森护木材综合加工有限公司均有较多诉讼案件,且两家公司均已进入破产重整程序,导致收回重庆森护木材综合加工有限公司应收款项难度较大,公司只能以土地、房屋及在建工程等实物资产作为清偿资产,公司难以在短期内通过主营业务的经营恢复持续营利能力。

二、案件受理情况

2015 年 9 月 1 日贵尔达公司以不能清偿到期债务并且资产不足以清偿全部债务为由,向重庆市武隆区人民法院(以下简称武隆区法院)申请破产重整。2015 年 9 月 11 日武隆区法院裁定受理贵尔达公司的破产重整申请。

三、债权申报及审查情况

(一)债权的申报情况

购房者债权人共计 267 户,享有的房款、代收费用、违约金等债权总额为 86,287,729 元,其中优先债权金额为 81,157,142 元;建设工程优先债权人 2 家,享有的优先债权为 10,753,444 元;抵押担保债权人 5 家,债权金额为 164,010,675 元;职工债权人共计 25 家,债权金额为 993,436 元;税款债权共计 1 家,债权金额为 6,121,713 元;普通债权人共计 69 家,债权总金额为 19,417,325 元。

(二)债权的确认情况

武隆区法院确认的债权为:建设工程款优先债权 1 笔,债权金额为 24 万元;担保债权 4 笔,合计债权金额为 147,166,062 元;职工债权 20 笔,合计债权金额为 719,036 元;普通债权 59 笔,合计债权金额为 83,752,039 元。

四、重整计划草案主要内容

2017 年 4 月 10 日管理人依法向武隆区法院及债权人会议提交了《重整计划草案》,主要内容如下所示。

(一)“债转股”的主要内容

将选择“债转股”的债权人重庆沙坪坝新世纪小额贷款股份有限公司、陈某、曾某某对贵尔达公司的全部债权按照清算情况下的受偿率确定的受偿金额进行“债转股”。其债权不再进行现金清偿。

(二)战略投资人引入的主要情况

重庆金港湾实业发展有限公司现金出资 3000 万元成为贵尔达公司新股东,具体出资方式为《重整计划草案》通过后7日内支付1000万元,剩余2000万元于《重整计划草案》通过后3个月内支付。

重庆金港湾实业发展有限公司持股比例=3000万元/(按照受偿率计算的总的"债转股"额×0.85+3000万元)。

(三)债权调整方案及债权清偿方案的主要内容

1.购房者债权

(1)对于已经交付全部购房款的债权人,贵尔达公司继续按约履行合同,在2016年12月31日前交付房屋,并按合同约定办理房屋产权证,其债权不再以现金方式进行清偿,免除逾期交房违约金和逾期合同备案登记违约金。

对于涉及赖某与夏某某的"一房二卖"问题,贵尔达公司将争议房屋交付夏某某,赖某享有优先债权340,905元,于2017年6月1日前全额受偿。

(2)对于支付大部分购房款(占总房款50%以上)的债权人,由债权人自行选择继续履行合同或解除合同。

若债权人自愿继续履行合同,则应在"仙女山上的院子"A、B标段办理完竣工验收手续之日起30日内一次性缴纳剩余房款,贵尔达公司在收到全部剩余房款30日内交付房屋,并按合同约定办理房屋产权证;债权人不能一次性交付购房款的视为解除合同。

若债权人自愿选择解除合同,免除贵尔达公司的违约金及利息,其支付的购房款及代收费用作为优先债权在2017年6月1日前以现金方式全额受偿。对于债权人已将代缴费用代为缴纳给相关部门的,在合同解除情况下,购房者应持相关手续自行前往相关部门进行退还。

(3)对于仅支付小部分购房款(未达到总房款50%)的债权人,由债权人自行选择是继续履行合同还是解除合同。

若债权人自愿继续履行合同,则应在"仙女山上的院子"A、B标段办理完竣工验收手续之日起30日内一次性缴纳剩余房款,贵尔达公司在收到全部剩余房款30日内交付房屋,并按合同约定办理房屋产权证;债权人不能一次性交付购房款的视为解除合同。

若债权人自愿选择解除合同,免除贵尔达公司的违约金及利息,其支付的购房款及代收费用作为普通债权按普通债权清偿比例及方式进行受偿。对于债权人已将代缴费用代为缴纳给相关部门的,在合同解除的情况下,购房者应持相关手续自行前往相关部门进行退还。

2. 担保债权

担保债权依法全额支付。无法优先受偿的部分转为普通债权,按照普通债权的受偿方案受偿。建设工程优先债权部分不予调整,依法全额清偿。

3. 职工债权

依法全额支付。

4. 税款债权

依法全额支付,滞纳金予以免除。

5. 普通债权

普通债权根据其债权金额分段确定偿还比例。债权总金额在 20 万元以下的,不予调整,全额清偿。债权金额在 20 万元以上的,20 万元以下的部分不予调整,全额清偿,20 万元 ~ 60 万元部分按照债权金额的 70% 清偿,60 万元以上部分按照债权金额的 18.7% 清偿。

6. 预计债权

预计债权按照同类债权的受偿标准预留分配额,并在其债权性质及金额获得确认后按照各债权性质受偿。

7. 选择“债转股”的债权

按照清算情况下的受偿率确定的受偿金额进行“债转股”。其债权不再进行现金清偿。

8. 以签订买卖合同作为债权担保的债权

在依法按照本重整计划(草案)受偿债权后,应于 10 日内配合债务人办理网签及合同备案解除手续。

(四)经营方案的主要内容

贵尔达公司对已经建成的 A、B 标段房屋进行修复,完善绿化及配套设施,力争在重整计划(草案)通过后 60 日内办理工程竣工验收手续,按照合同约定为购房者办理房屋产权证书。

同时,启动 C 标段的工程建设。组建专业的经营团队和销售团队,启动后续销售程序,通过销售回笼资金,在公司通过销售房屋具备一定资金后,再进行后续土地开发工作。

(五)重整计划执行完毕的标准

各类债权已经按照《重整计划草案》的规定获得清偿,债权人未领受的分配额以及预计债权对应的分配额已经按照《重整计划草案》的规定预留,经管理人申请,人民法院裁定确认,《重整计划草案》即执行完毕。

五、债权人会议召开情况

(一)第一次债权人会议召开情况

2016 年 1 月 20 日在武隆区法院的召集和主持下,贵尔达公司召开第一次债权人会议。会上成立了债权人委员会,指定了债权人会议主席;听取管理人关于前期各项重整工作进展情况、债权申报情况及下一步工作计划的汇报;通过了管理人报酬方案并就公司破产重整前期费用如何清偿的问题进行讨论。

(二)第二次债权人会议的召开情况

2016 年 5 月 30 日贵尔达公司召开第二次债权人会议。会上管理人对《重整计划草案》进行了简要说明,各债权人分组对《重整计划草案》进行表决。

(三)第三次债权人会议的召开情况

2016 年 7 月 7 日贵尔达公司召开第三次债权人会议。会上管理人对《重整计划草案》进行简要说明,由各债权人对《重整计划草案》内容发表询问意见。

(四)第四次债权人会议的召开情况

2017 年 4 月 10 日贵尔达公司召开第四次债权人会议。会上管理人对补充申报的债权进行解释,同时对修改后的《重整计划草案》进行简要说明,由各债权人分组进行《重整计划草案》的表决。

六、《重整计划草案》表决情况

(一)第二次债权人会议表决《重整计划草案》的情况

在 2016 年 5 月 30 日召开的第二次债权人会议上,由债权人分组对《重整计划草案》进行了表决。因部分债权人未及时授权他人参会表决,为保障债权人的合法权益,武隆区法院宣布将债权人投票表决期限延期至 2016 年 6 月 2 日前。截至延期表决期限届满,由于较多债权人未表明态度,导致《重整计划草案》在第二次债权人会议上未获得通过。

(二)重整计划草案再次表决情况

2017 年 4 月 10 日召开的第四次债权人会议,再次对《重整计划草案》进行表决,表决结果如下。

1. 购房者债权组

应到 143 人,实到 115 人,同意《重整计划草案》人数为 112 人,占出席总人数的 97.39%,出席人员所持债权总额为 48,495,933 元,同意《重整计划草案》人员所持债权金额为 39,537,178 元,占总金额的 81.53%,该组债权人组表决通过《重整计划草案》。

2. 职工债权组

应到 25 人,实到 22 人,同意《重整计划草案》人数为 22 人,出席人员均同意《重整计划草案》,出席人员所持债权总额为 1,536,353 元,占总金额的 98.11%,该组债权人组表决通过《重整计划草案》。

3. 税务债权组

应到 1 人,实到 1 人,出席人员均同意《重整计划草案》,该组债权人组表决通过《重整计划草案》。

4. 出资人债权组

应到 4 人,实到 4 人,出席人员均同意《重整计划草案》,该组债权人组表决通过《重整计划草案》。

5. 普通债权组

应到 71 人,实到 56 人,同意《重整计划草案》的人数为 54 人,占出席总人数的 96.43%,出席人员所持债权总额为 147,637,561 元,同意《重整计划草案》人员所持债权金额为 129,205,530 元,占总金额的 87.52%,该组债权人组表决通过《重整计划草案》。

6. 优先债权组

应到 7 人,实到 7 人,同意《重整计划草案》的人数为 6 人,占出席总人数的 85.71%,出席人员所持债权总额为 175,793,096.5 元,同意《重整计划草案》人员所持债权金额为 141,764,119.8 元,占总金额的 80.64%,该组债权人组表决通过《重整计划草案》。

七、重整计划的裁定批准情况

债权人会议召开后,管理人向武隆区法院提交裁定批准重整计划的请求。2017 年 4 月 13 日武隆区法院裁定批准重整计划,终止重整程序。

八、重整计划执行情况

除职工债权已全部清偿完毕外,其余债权均采取了分期履行的方式进行清偿,最长还款期限至2020年6月1日。考虑贵尔达公司的债务履行内容,武隆区法院要求管理人及债务人在履行债务结点定期汇报清偿情况。

“重庆鑫业船舶件有限公司破产重整案”

一、债务人基本情况及重整前困境

(一)债务人基本情况

重庆鑫业船舶件有限公司(以下简称鑫业船舶)成立于2008年5月26日,公司注册资本1.2亿元,公司股东为:重庆市大足区鑫业船舶见有限公司出资2700万元(持股22.5%),重庆科技风险投资有限公司出资1300万元(持股10.83%),刘某列、刘某羽各出资4000万元(分别持股33.33%)。鑫业船舶的经营范围主要为船舶件生产。鑫业船舶的产品曾获得中国“CCS”、美国“ABS”、英国“LR”等船级社资质认可证书,同时拥有5项专利技术,国际驰名商标及商誉等无形资产。

(二)债务人破产重整前困境

1. 重整受理前债务人的资产负债情况

鑫业船舶2015~2016年累计发生账面亏损2378万元,此外,该期间内尚有约560万元非经营性债务,合并计算2015~2016年实际亏损约2938万元,平均年亏损近1469万元。根据已披露财务报告,截至2017年7月20日,鑫业船舶账面资产总额2.928亿元,负债总额3.191亿元,净资产为-2630万元,资产负债率为109%。

2. 债务人破产重整的主要原因

近年来,由于鑫业船舶搬迁修建新厂、购买老厂土地,导致财务费用增加,导致公司资金紧张,加上世界船运业萧条,导致公司因资金链断裂,资不抵债。

二、案件受理情况

2017 年 4 月 24 日张某某、陈某某、刘某某以鑫业船舶长期拖欠工人工资不能清偿到期债务且资产不足以清偿全部债务为由,向重庆大足区法院申请对鑫业船舶进行破产清算。2016 年 12 月 14 日大足区法院裁定受理“鑫业船舶破产清算案”。

三、破产清算向破产重整的转换

2017 年 6 月 30 日鑫业船舶以重整有利于广大债权人、职工和相关各方的利益保护,有利于社会稳定为由,申请由清算转入重整程序。

大足区法院认为,鑫业船舶系船舶件铸造行业的“龙头”企业,鑫业船舶的船舶件铸造水平得到了主要发达国家的船级社认证,具有非常优质的客户资源和完备的销售渠道,其产品远销海外,得到国际市场的认可。同时,鑫业船舶拥有多项专利技术、驰名商标及商誉等无形资产,鑫业船舶具有挽救可能性,应当利用重整程序挽救企业,避免破产清算给社会和债权人造成重大损失。重整能够有效地利用鑫业船舶现有的资源保障广大债权人、职工和相关各方的利益,有利于社会稳定。2017 年 7 月 27 日大足区法院裁定鑫业船舶重整。

四、债权审查情况

(一)确认债权情况

普通债权人 132 户,金额为 127,992,976.03 元,对特定财产享有担保的债权人 5 户,金额为 125,630,570.79 元,税款债权组的债权人 2 户,金额为 8,190,805.53 元。

(二)职工债权调查情况

经管理人调查,职工债权共计 264 笔,债权总额为 17,494,206.05 元。

五、《重整计划草案》主要内容

(一)重整方式

鑫业船舶采取存续型重整方式进行重整。具体内容为:鑫业船舶存续,公司主营业务持续经营,公司股权不进行调整,由鑫业船舶通过剥离非经营性资产、恢复经营活动,以对外催收债的、未来盈利增加的现金流,以及处置公司现有资产,或通过其他渠道获得的资金或资产,通过以物抵债、现金或其他方式按《重整计划草案》清偿债务。

《重整计划草案》执行后,债务人的事业持续经营,公司恢复运营能力。

(二)债权调整及清偿方案的主要内容

1. 有财产担保债权

以其经确认的担保债权额就担保财产变现价款优先受偿,或在对应的担保财产清算评估价值范围内优先获得清偿,未受偿的债权作为普通债权,按照普通债权的调整及受偿方案获得清偿。

2. 职工债权

全额清偿,不作调整。

3. 税款债权

全额清偿,不作调整。

4. 普通债权

(1)每户普通债权人债权本金金额在5万元以下(含本数)的债权部分,按照100%的比例由债务人以现金方式进行清偿;

(2)每户普通债权人债权本金金额在5万元~20万元(含本数)的债权部分,按照80%的比例由债务人以现金方式进行清偿;

(3)每户普通债权人债权本金金额在20万元~50万元(含本数)的债权部分,按照60%的比例由债务人以现金方式进行清偿;

(4)每户普通债权人债权本金金额在50万元~200万元(含本数)的债权部分,按照55%的比例由债务人以现金方式进行清偿;

(5)每户普通债权人债权本金金额超过200万元的债权部分,按照50%的比例由债务人以现金方式进行清偿。

5. 预计债权

(1)预计担保债权共计14,188,698.44元,《重整计划草案》按照担保债权受偿方案进行预留,用于向预计担保债权进行清偿;

(2)预计税款债权共计1,809,984.4元,《重整计划草案》按照税款债权的受偿方案进行预留,用于向预计税款债权进行清偿;

(3)预计普通债权共计40,012,467.66元,《重整计划草案》按照普通债权的受偿方案进行预留，用于向预计普通债权进行清偿。

（三）偿债资金来源

根据重整计划，鑫业船舶支付重整费用并清偿各类债权所需资金将通过如下方式筹集：（1）通过自有资金、公司资产的变现等途径筹集；（2）通过执行重整计划，鑫业船舶恢复经营，经营盈利所得筹集资金；（3）通过加大债权催收力度的方式筹集。

（四）经营方案

1. 产品定位及生产经营调整。剥离非经营性资产，以拍卖、变卖方式出售闲置土地，减少财务费用；全面恢复船舶件、铸钢等产品的生产，根据市场需要，扩大销售品种，努力提高产品的科技含量，实现公司经营利润的最大化。

2. 营销。加强营销队伍建设，吸收优秀营销人才。保留现有客户的同时继续拓展国际市场，尤其是拓展欧美市场。

3. 提升市场竞争力。提升生产设计技术含量，提高自主研发能力，调整现有的产品结构，加快具有独特性产品的投放，注重品牌开发。

（五）执行期间

重整计划执行期间为 5 年。自大足区法院裁定批准重整计划之日起计算。重整计划已经得到部分执行，确有必要延长的，债务人应于重整计划执行期限届满前 30 日内向大足区法院申请延长执行期限，是否延长由法院裁定。

（六）重整计划执行完毕的标准

全部满足具备下列条件的，为重整计划执行完毕：根据重整计划的规定应当支付的重整费用（包括破产费用、共益债务等）已经支付完毕；根据重整计划，在重整计划执行期间内应向债权人清偿的款项已经支付完毕；债权人未领受的分配款项以及预计债权对应的偿债资金，已经按照重整计划的规定全额提存至管理人指定的银行账户。

六、第一次债权人会议召开情况

2017 年 3 月 24 日大足区法院主持召开第一次债权人会议，对债权进行了核查并成立了债权人委员会。

七、《重整计划草案》表决情况

2017 年 8 月 22 日大足区法院主持召开第二次债权人会议。各债权人组对《重整计划草案》进行了表决，其中，职工债权组表决通过，担保债权组、税款债权组、普通债权组未表决通过。

管理人与未通过重整计划草案的债权人多次协商了，得到了其他多数债权人的理解。在不损害其他债权组利益的情况下，债务人就担保债权组的债务清偿进行了调整。最后表决结果如下所示。

（一）担保债权组

担保债权组共计5位债权人，其中，表决同意《重整计划草案》的为4人，占该组出席本次会议债权人总数的80%；表决同意的金额为89,852,354.99元，占该组债权总金额的71.52%。

（二）职工债权组

职工债权组共计264位债权人，表决同意《重整计划草案》的为231人，占该组出席本次会议债权人总数的87.5%；表决同意金额为2,325,299.57元，占该组债权总金额的82.36%。

（三）税款债权组

税款债权组共计2位债权人表决同意《重整计划草案》，占该组债权总人数的100%；表决同意金额为8,190,805.53元，占该组债权总金额的100%。

（四）普通债权组

普通债权组共计132位债权人，其中，表决同意《重整计划草案》的为102人，占该组出席本次会议债权人总数的77.27%；表决同意金额为99,829,219.45元，占该组债权总金额的78%。

八、重整计划的裁定批准情况

经管理人申请，大足区法院于2017年12月21日裁定批准鑫业船舶重整计划，并终止重整程序。

九、重整计划执行情况

2018年1～10月，鑫业船舶销售收入4272万元，产量7010吨，共计缴纳税金410万元，缴纳职工五险共计189万元，暂无利可供分配。2018年年底满负荷生产销售后预计能抽出200万元供债权人进行分配。2019年将享受已达成的中新（中国和新加坡石油平台焊接锚产品的合作）互联互通政策的影响，可望新增出口1000万美元，出口产品有望增加利润10%。

“重庆博尔斯泰汽车配件有限公司破产和解案”

一、债务人及破产申请基本情况

(一)债务人基本情况

重庆博尔斯泰汽车配件有限公司(以下简称博尔斯泰公司)成立于2006年6月27日,住所地为重庆市南岸区江迎路11号附7号,法定代表人为印某某。企业注册资本500万元,股东为上海高奇汽车配件有限公司(以下简称高齐公司,持股75%),深圳华美和汽车部件制造有限公司(持股25%)。公司经营范围为:汽车零部件和摩托车零部件的技术开发;生产、销售汽车零部件(不含发动机)、摩托车零部件(不含发动机);房屋租赁。

(二)债务人破产申请前困境

1. 债务人的资产负债情况

经重庆勤业会计师事务所有限公司审计,截至2016年11月18日,博尔斯泰公司资产总额为137.62万元,负债总额为335.18万元,所有者权益总额为-197.56万元。资产负债率为243.56%。

2. 债务人破产清算的主要原因

近年来,因原材料价格上升、产品更新换代较慢、生产线老化等原因,导致市场订单减少,公司销售额逐年下滑。从2012年起连续出现亏损,亏损金额达770万元,并有大量货款未按时支付,已有部分案件进入诉讼程序。

二、案件受理情况

2016年8月23日博尔斯泰公司以资金严重不足、现有财产无法清偿到期债务为由向重庆五中法院申请破产清算。重庆五中法院于2016年11月16日裁定受理博尔斯泰公司破产清算申请，并指定由重庆市南岸区人民法院（以下简称南岸区法院）审理。

三、债权申报及审查情况

（一）债权申报情况

在债权申报期限内，截至2017年8月9日，共计15户债权人进行了申报，申报债权总额为352.88万元。截至2018年2月8日，有2户债权人进行补充申报，申报债权金额为18.21万元。

（二）债权审查情况

截至2018年2月8日，管理人核实审查已申报债权总额为324.88万元（含大额医保0.24万元，税款滞纳金1.65万元），除34.94万元大额医保及税款为优先债权外，其余289.94万元债权均为普通债权。截至2016年11月18日，债务人共有在册职工（退休职工）6名，债务人已全部结清职工工资、经济补偿金，并缴清社会保险款。

四、从破产清算到破产和解的转换

博尔斯泰公司资产负债率达243.56%，涉及债权395.42万元，如果仅就现有资产进行清算处理，通过评估拍卖，资产将大幅缩水，清偿率不足5%，不利于保护债权人权益。博尔斯泰公司破产仅系资金存在困难，生产、销售的框架尚完整且有挽救的可能。如果通过和解，给予企业一定的期限，由企业自救再生，能够最大限度实现债权人和企业的“双赢”。为此，南岸区法院在征求债权人、债务人及债务人股东的意见后，引导双方进行和解。债务人向南岸区法院提出和解申请并提出和解协议草案。

2017年8月24日南岸区法院主持召开第一次债权人会议，会议应到债权人14人，债权总额为271.72万元，实到债权人14人，代表债权总额为271.72万元。出席会议的14名债权人对债务人提出的和解申请均无异议，对和解协议草案的内容也全部予以认可，表决通过率达 100% 。

在债权人会议上，法院在裁定破产清算转破产和解的同时，还裁定认可和解协议并终止和解程序。

五、和解协议草案主要内容

2017 年 8 月 24 日高齐公司、博尔斯泰公司债权人及管理人三方签字达成《和解协议》，约定由高齐公司在 3 个月内偿还经审核优先债权总额的 100% ，普通债权总额的 75% ，对于未申报债权按和解协议同等条件偿付。

高齐公司将接受博尔斯泰债权人、管理人的监督。高齐公司的清偿款统一划入管理人账户，由管理人进行资金监管，按协议约定的条件及比例偿还债权。

六、和解协议执行情况

在法院、管理人的监督下，和解协议履行期限届满前，高齐公司按照和解协议将款项转入管理人专户，由管理人按照协议内容分别向已知债权人进行了清偿。截至 2017 年 12 月 20 日，全部债权人的债权已按照和解协议的约定清偿完毕，企业生产得以恢复。

“重庆市江津区朝禄机械有限公司破产和解案”

一、债务人基本情况及重整前困境

(一)债务人基本情况

重庆市江津区朝禄机械有限公司(以下简称朝禄公司)于2004年3月20日登记成立,公司注册资本52万元,法定代表人为刘某某,住所地为重庆市江津区德感圣泉陡石坡。朝禄公司经营范围为:生产、销售通用机械零配件、发动机零部件等。

(二)债务人破产重整前困境

因金融市场整体收紧,朝禄公司采用民间借贷的方式融资。民间借贷的高利息最终造成企业资金链断裂,企业陷入困境。加之经济形势下行和市场不景气,也直接导致企业部分应收账款无法及时收回,进一步造成企业现金流枯竭。

二、案件受理情况

债务人朝禄公司以其不能清偿到期债务但有重整基础为由,向重庆五中法院申请破产重整。2016年5月24日重庆五中法院裁定受理朝禄公司破产重整申请,并将该案交由江津区法院审理。

三、债权申报及审查情况

在债权申报期限内,共有70户债权人申报70笔债权,申报的债权总额为93,911,202.09元。经管理人审查,成立的债权共65户合计65笔,总额为86,771,005.09元,其中,主张对债务人的特定财产享有担保权的债权共1户合计1笔,总额为645,757.66元;普通债权共64户合计64笔,总额为86,125,247.43元。

四、债权人会议召开及程序转换情况

2016年11月10日江津区法院主持召开第一次债权人会议,会议核查了债权,审议了管理人工作报告,表决通过朝禄公司继续重整。第一次债权人会议召开后,债务人提出与债权人和解并进行了协商,多数债权人表达了和解的意愿,并同意债务人转入和解程序。

五、和解协议草案主要内容

(一)清偿方案

1. 税款债权

因企业欠税无法开具发票,导致大量应收账款无法收回,故先行偿付欠税款,恢复企业的正常生产经营。

2. 破产费用和共益债务

按照我国《企业破产法》第43条的规定,破产费用和共益债务由债务人财产随时清偿。

3. 职工债权

职工债权共计542,853.00元,加上应支付的社保费用为626,573.33元。和解后,先行发放继续工作职工工资大约30万元,同时缴纳职工部分社保费用30万元。社保费用全额清偿后,管理人退出并注销管理人账户,由债权人委员会接管。

4. 设备回购

回购两江融资租赁公司和裕融租赁公司融资租赁的5台保证正常生产的必需设备,预计100万元,用售房款支付。

5. 普通破产债权的清偿

管理人确认的无异议普通破产债权共计60笔,合计81,796,485.18元,本金66,742,811.76元在18年内清偿,第1~5年每年清偿2%,第6~10年每年清偿4%,第11~15年每年清偿8%,第16~18年每年清偿10%。每年清偿一次,清偿工作由债权人委员会承担,在每年2月20日前支付完毕。

6. 未申报债权的处理

因和解协议执行期为18年,周期长,对未申报债权人的影响大。故预留30日,未申报债权的债权人可以在债权人会议后30日内补充申报,确认后按照和解协议确定的方案受偿;逾期仍未作申报的,按照和解协议在执行期间不得行使权利。和解协议执行完毕后,可以按照和解协议规定的清偿条件行使权利。

7. 特殊情况的处理

公司如遇拆迁,拆迁款由债权人委员会统一按比例分配。如果因市场原因导致债务人不能按时归还的,经债权人委员会决定,归还期限顺延。一个年度内清偿比例未达到约定清偿比例的,在下一年度进行补充偿还。债务人经营状况转好的,经债权人委员会决定,应当提前清偿。债权人不得因为债务人一个年度未按时清偿即依据我国《企业破产法》第104条的规定,申请法院终止和解协议的执行并宣告债务人破产。债务人连续两年不能达到约定即每年至少清偿100万元,可以按照我国《企业破产法》第104条规定,申请法院终止和解协议的执行,并宣告债务人破产。

(二)偿债资金来源

1. 应收账款及经营利润

公司每年度的经营利润一般应当全部用于清偿债务,清偿当期应付债务后仍有剩余的,经债权人委员会决定,可以对后期债务进行提前清偿。若因扩大生产规模等原因,需要留存剩余利润的,应经债权人委员会决定;未经债权人委员会决定的,不得留存利润。

2. 股东连带责任

和解后,股东凌某某、刘某某承诺对所有债务承担无限连带责任,并自愿拿出个人资产用于清偿债务。和解后债权人不向法院申请诉讼、执行,恢复个人信用,以利于公司未来经营。

3. 资产变卖

解除海南房产和江津滨江新城别墅的查封,由债权人委员会组织拍卖和按比例分配。200万元用于偿还本金,剩余的作为公司的流动资金。

(三)债权人监督委员会的设立与经营管理

债权人委员会设常务委员5名,监事2名,对全体债权人负责。委员、监事不得徇私,债权人可以提议召开会议更换委员会成员。在和解协议执行期间,债务人将扩大生产、压缩成本、增大生产利润,用以偿还公司债务。具体的经营方案、资金使用及人员聘用,由债权人委员会决定。

(四)财务管理

企业在债权人委员会的直接管理下建立规范的财务管理制度。由债权人委员会为朝禄公司聘请一名财务人员负责和解协议执行期间的财务管理,该财务人员定期向债权人委员会报告工作。财务人员的聘请、辞退、职责、工资报酬等由债权人委员会决定,公司必须执行。公司必须依法设置会计账簿,严禁不依法设置账簿或设置"账外账"。公司违反财务管理制度的,应根据财务人员的要求或债权人委员会的要求立即改正。拒不改正或严重违反财务管理制度的,视为不执行和解协议,债权人有权申请人民法院终止和解程序,并宣告债务人破产。

(五)和解协议执行期的提前或延长

在和解协议执行期间,债务人经营状况好转,可以提前清偿债权的,经债权人委员决定,应提前清偿债权;债务人不能清偿完毕债务的,经全体尚未得到全额清偿的债权人同意,可以延长和解协议的执行期间。

(六)和解债务的豁免

按照和解协议减免的债务,自和解协议执行完毕时起,债务人不再承担清偿责任。和解协议执行完毕后,债务人自破产受理日后到和解协议执行完毕期间的利息、违约金,债务人不再承担。

六、和解协议表决情况

2017 年 3 月 24 日朝禄公司召开第二次债权人会议,并对和解协议草案进行表决。同意和解协议草案的债权人为 49 户,占出席会议的债权人人数的 75%,其所代表的债权占无担保债权总额的 78%。

七、和解协议的裁定批准情况

2017 年 3 月 27 日朝禄公司请求江津区法院裁定认可和解协议。2017 年 3 月 28 日江津区法院裁定认可朝禄公司和解协议,并终止和解程序。

八、和解方案执行情况

和解方案生效后,现朝禄公司按计划执行,已支付首期和解款。

第三编
法律法规、司法解释及相关规定

中华人民共和国企业破产法

（2006年8月27日第十届全国人民代表大会常务委员会
第二十三次会议通过 2006年8月27日中华人民共和国主席令
第五十四号公布 自2007年6月1日起施行）

第一章 总 则

第一条 为规范企业破产程序，公平清理债权债务，保护债权人和债务人的合法权益，维护社会主义市场经济秩序，制定本法。

第二条 企业法人不能清偿到期债务，并且资产不足以清偿全部债务或者明显缺乏清偿能力的，依照本法规定清理债务。

企业法人有前款规定情形，或者有明显丧失清偿能力可能的，可以依照本法规定进行重整。

第三条 破产案件由债务人住所地人民法院管辖。

第四条 破产案件审理程序，本法没有规定的，适用民事诉讼法的有关规定。

第五条 依照本法开始的破产程序，对债务人在中华人民共和国领域外的财产发生效力。

对外国法院作出的发生法律效力的破产案件的判决、裁定，涉及债务人在中华人民共和国领域内的财产，申请或者请求人民法院承认和执行的，人民法院依照中华人民共和国缔结或者参加的国际条约，或者按照互惠原则进行审查，认为不违反中华人民共和国法律的基本原则，不损害国家主权、安全和社会公共利益，不损害中华人民共和国领域内债权人的合法权益的，裁定承认和执行。

第六条 人民法院审理破产案件，应当依法保障企业职工的合法权益，依法追究破产企业经营管理人员的法律责任。

第二章　申请和受理

第一节　申　　请

第七条　债务人有本法第二条规定的情形，可以向人民法院提出重整、和解或者破产清算申请。

债务人不能清偿到期债务，债权人可以向人民法院提出对债务人进行重整或者破产清算的申请。

企业法人已解散但未清算或者未清算完毕，资产不足以清偿债务的，依法负有清算责任的人应当向人民法院申请破产清算。

第八条　向人民法院提出破产申请，应当提交破产申请书和有关证据。

破产申请书应当载明下列事项：

(一)申请人、被申请人的基本情况；

(二)申请目的；

(三)申请的事实和理由；

(四)人民法院认为应当载明的其他事项。

债务人提出申请的，还应当向人民法院提交财产状况说明、债务清册、债权清册、有关财务会计报告、职工安置预案以及职工工资的支付和社会保险费用的缴纳情况。

第九条　人民法院受理破产申请前，申请人可以请求撤回申请。

第二节　受　　理

第十条　债权人提出破产申请的，人民法院应当自收到申请之日起五日内通知债务人。债务人对申请有异议的，应当自收到人民法院的通知之日起七日内向人民法院提出。人民法院应当自异议期满之日起十日内裁定是否受理。

除前款规定的情形外，人民法院应当自收到破产申请之日起十五日内裁定是否受理。

有特殊情况需要延长前两款规定的裁定受理期限的，经上一级人民法院批准，可以延长十五日。

第十一条　人民法院受理破产申请的，应当自裁定作出之日起五日内送达申请人。

债权人提出申请的,人民法院应当自裁定作出之日起五日内送达债务人。债务人应当自裁定送达之日起十五日内,向人民法院提交财产状况说明、债务清册、债权清册、有关财务会计报告以及职工工资的支付和社会保险费用的缴纳情况。

第十二条 人民法院裁定不受理破产申请的,应当自裁定作出之日起五日内送达申请人并说明理由。申请人对裁定不服的,可以自裁定送达之日起十日内向上一级人民法院提起上诉。

人民法院受理破产申请后至破产宣告前,经审查发现债务人不符合本法第二条规定情形的,可以裁定驳回申请。申请人对裁定不服的,可以自裁定送达之日起十日内向上一级人民法院提起上诉。

第十三条 人民法院裁定受理破产申请的,应当同时指定管理人。

第十四条 人民法院应当自裁定受理破产申请之日起二十五日内通知已知债权人,并予以公告。

通知和公告应当载明下列事项:

(一)申请人、被申请人的名称或者姓名;

(二)人民法院受理破产申请的时间;

(三)申报债权的期限、地点和注意事项;

(四)管理人的名称或者姓名及其处理事务的地址;

(五)债务人的债务人或者财产持有人应当向管理人清偿债务或者交付财产的要求;

(六)第一次债权人会议召开的时间和地点;

(七)人民法院认为应当通知和公告的其他事项。

第十五条 自人民法院受理破产申请的裁定送达债务人之日起至破产程序终结之日,债务人的有关人员承担下列义务:

(一)妥善保管其占有和管理的财产、印章和账簿、文书等资料;

(二)根据人民法院、管理人的要求进行工作,并如实回答询问;

(三)列席债权人会议并如实回答债权人的询问;

(四)未经人民法院许可,不得离开住所地;

(五)不得新任其他企业的董事、监事、高级管理人员。

前款所称有关人员,是指企业的法定代表人;经人民法院决定,可以包括企业的财务管理人员和其他经营管理人员。

第十六条 人民法院受理破产申请后,债务人对个别债权人的债务清偿无效。

第十七条 人民法院受理破产申请后,债务人的债务人或者财产持有人应当向管理人清偿债务或者交付财产。

债务人的债务人或者财产持有人故意违反前款规定向债务人清偿债务或者交付财产,使债权人受到损失的,不免除其清偿债务或者交付财产的义务。

第十八条 人民法院受理破产申请后,管理人对破产申请受理前成立而债务人和对方当事人均未履行完毕的合同有权决定解除或者继续履行,并通知对方当事人。管理人自破产申请受理之日起二个月内未通知对方当事人,或者自收到对方当事人催告之日起三十日内未答复的,视为解除合同。

管理人决定继续履行合同的,对方当事人应当履行;但是,对方当事人有权要求管理人提供担保。管理人不提供担保的,视为解除合同。

第十九条 人民法院受理破产申请后,有关债务人财产的保全措施应当解除,执行程序应当中止。

第二十条 人民法院受理破产申请后,已经开始而尚未终结的有关债务人的民事诉讼或者仲裁应当中止;在管理人接管债务人的财产后,该诉讼或者仲裁继续进行。

第二十一条 人民法院受理破产申请后,有关债务人的民事诉讼,只能向受理破产申请的人民法院提起。

第三章 管 理 人

第二十二条 管理人由人民法院指定。

债权人会议认为管理人不能依法、公正执行职务或者有其他不能胜任职务情形的,可以申请人民法院予以更换。

指定管理人和确定管理人报酬的办法,由最高人民法院规定。

第二十三条 管理人依照本法规定执行职务,向人民法院报告工作,并接受债权人会议和债权人委员会的监督。

管理人应当列席债权人会议,向债权人会议报告职务执行情况,并回答询问。

第二十四条 管理人可以由有关部门、机构的人员组成的清算组或者依法设立的律师事务所、会计师事务所、破产清算事务所等社会中介机构担任。

人民法院根据债务人的实际情况,可以在征询有关社会中介机构的意见后,指定该机构具备相关专业知识并取得执业资格的人员担任管理人。

有下列情形之一的,不得担任管理人:

(一)因故意犯罪受过刑事处罚;

(二)曾被吊销相关专业执业证书;

(三)与本案有利害关系;

(四)人民法院认为不宜担任管理人的其他情形。

个人担任管理人的,应当参加执业责任保险。

第二十五条 管理人履行下列职责:

(一)接管债务人的财产、印章和账簿、文书等资料;

(二)调查债务人财产状况,制作财产状况报告;

(三)决定债务人的内部管理事务;

(四)决定债务人的日常开支和其他必要开支;

(五)在第一次债权人会议召开之前,决定继续或者停止债务人的营业;

(六)管理和处分债务人的财产;

(七)代表债务人参加诉讼、仲裁或者其他法律程序;

(八)提议召开债权人会议;

(九)人民法院认为管理人应当履行的其他职责。

本法对管理人的职责另有规定的,适用其规定。

第二十六条 在第一次债权人会议召开之前,管理人决定继续或者停止债务人的营业或者有本法第六十九条规定行为之一的,应当经人民法院许可。

第二十七条 管理人应当勤勉尽责,忠实执行职务。

第二十八条 管理人经人民法院许可,可以聘用必要的工作人员。

管理人的报酬由人民法院确定。债权人会议对管理人的报酬有异议的,有权向人民法院提出。

第二十九条 管理人没有正当理由不得辞去职务。管理人辞去职务应当经人民法院许可。

第四章 债务人财产

第三十条 破产申请受理时属于债务人的全部财产,以及破产申请受理后至破产程序终结前债务人取得的财产,为债务人财产。

第三十一条 人民法院受理破产申请前一年内，涉及债务人财产的下列行为，管理人有权请求人民法院予以撤销：

（一）无偿转让财产的；

（二）以明显不合理的价格进行交易的；

（三）对没有财产担保的债务提供财产担保的；

（四）对未到期的债务提前清偿的；

（五）放弃债权的。

第三十二条 人民法院受理破产申请前六个月内，债务人有本法第二条第一款规定的情形，仍对个别债权人进行清偿的，管理人有权请求人民法院予以撤销。但是，个别清偿使债务人财产受益的除外。

第三十三条 涉及债务人财产的下列行为无效：

（一）为逃避债务而隐匿、转移财产的；

（二）虚构债务或者承认不真实的债务的。

第三十四条 因本法第三十一条、第三十二条或者第三十三条规定的行为而取得的债务人的财产，管理人有权追回。

第三十五条 人民法院受理破产申请后，债务人的出资人尚未完全履行出资义务的，管理人应当要求该出资人缴纳所认缴的出资，而不受出资期限的限制。

第三十六条 债务人的董事、监事和高级管理人员利用职权从企业获取的非正常收入和侵占的企业财产，管理人应当追回。

第三十七条 人民法院受理破产申请后，管理人可以通过清偿债务或者提供为债权人接受的担保，取回质物、留置物。

前款规定的债务清偿或者替代担保，在质物或者留置物的价值低于被担保的债权额时，以该质物或者留置物当时的市场价值为限。

第三十八条 人民法院受理破产申请后，债务人占有的不属于债务人的财产，该财产的权利人可以通过管理人取回。但是，本法另有规定的除外。

第三十九条 人民法院受理破产申请时，出卖人已将买卖标的物向作为买受人的债务人发运，债务人尚未收到且未付清全部价款的，出卖人可以取回在运途中的标的物。但是，管理人可以支付全部价款，请求出卖人交付标的物。

第四十条 债权人在破产申请受理前对债务人负有债务的，可以向管理人主张抵销。但是，有下列情形之一的，不得抵销：

（一）债务人的债务人在破产申请受理后取得他人对债务人的债权的；

（二）债权人已知债务人有不能清偿到期债务或者破产申请的事实，对债务人负担债务的；但是，债权人因为法律规定或者有破产申请一年前所发生的原因而负担债务的除外；

（三）债务人的债务人已知债务人有不能清偿到期债务或者破产申请的事实，对债务人取得债权的；但是，债务人的债务人因为法律规定或者有破产申请一年前所发生的原因而取得债权的除外。

第五章 破产费用和共益债务

第四十一条 人民法院受理破产申请后发生的下列费用，为破产费用：

（一）破产案件的诉讼费用；

（二）管理、变价和分配债务人财产的费用；

（三）管理人执行职务的费用、报酬和聘用工作人员的费用。

第四十二条 人民法院受理破产申请后发生的下列债务，为共益债务：

（一）因管理人或者债务人请求对方当事人履行双方均未履行完毕的合同所产生的债务；

（二）债务人财产受无因管理所产生的债务；

（三）因债务人不当得利所产生的债务；

（四）为债务人继续营业而应支付的劳动报酬和社会保险费用以及由此产生的其他债务；

（五）管理人或者相关人员执行职务致人损害所产生的债务；

（六）债务人财产致人损害所产生的债务。

第四十三条 破产费用和共益债务由债务人财产随时清偿。

债务人财产不足以清偿所有破产费用和共益债务的，先行清偿破产费用。

债务人财产不足以清偿所有破产费用或者共益债务的，按照比例清偿。

债务人财产不足以清偿破产费用的，管理人应当提请人民法院终结破产程序。人民法院应当自收到请求之日起十五日内裁定终结破产程序，并予以公告。

第六章 债权申报

第四十四条 人民法院受理破产申请时对债务人享有债权的债权人，依照本法规定的程序行使权利。

第四十五条 人民法院受理破产申请后，应当确定债权人申报债权的期限。债权申报期限自人民法院发布受理破产申请公告之日起计算，最短不得少于三十日，最长不得超过三个月。

第四十六条 未到期的债权，在破产申请受理时视为到期。

附利息的债权自破产申请受理时起停止计息。

第四十七条 附条件、附期限的债权和诉讼、仲裁未决的债权，债权人可以申报。

第四十八条 债权人应当在人民法院确定的债权申报期限内向管理人申报债权。

债务人所欠职工的工资和医疗、伤残补助、抚恤费用，所欠的应当划入职工个人账户的基本养老保险、基本医疗保险费用，以及法律、行政法规规定应当支付给职工的补偿金，不必申报，由管理人调查后列出清单并予以公示。职工对清单记载有异议的，可以要求管理人更正；管理人不予更正的，职工可以向人民法院提起诉讼。

第四十九条 债权人申报债权时，应当书面说明债权的数额和有无财产担保，并提交有关证据。申报的债权是连带债权的，应当说明。

第五十条 连带债权人可以由其中一人代表全体连带债权人申报债权，也可以共同申报债权。

第五十一条 债务人的保证人或者其他连带债务人已经代替债务人清偿债务的，以其对债务人的求偿权申报债权。

债务人的保证人或者其他连带债务人尚未代替债务人清偿债务的，以其对债务人的将来求偿权申报债权。但是，债权人已经向管理人申报全部债权的除外。

第五十二条 连带债务人数人被裁定适用本法规定的程序的，其债权人有权就全部债权分别在各破产案件中申报债权。

第五十三条 管理人或者债务人依照本法规定解除合同的，对方当事人以因合同解除所产生的损害赔偿请求权申报债权。

第五十四条 债务人是委托合同的委托人，被裁定适用本法规定的程序，受托人不知该事实，继续处理委托事务的，受托人以由此产生的请求权申报债权。

第五十五条 债务人是票据的出票人，被裁定适用本法规定的程序，该票据的付款人继续付款或者承兑的，付款人以由此产生的请求权申报债权。

第五十六条 在人民法院确定的债权申报期限内，债权人未申报债权的，可以在破产财产最后分配前补充申报；但是，此前已进行的分配，不再对其补充分配。为审查和确认补充申报债权的费用，由补充申报人承担。

债权人未依照本法规定申报债权的，不得依照本法规定的程序行使权利。

第五十七条 管理人收到债权申报材料后，应当登记造册，对申报的债权进行审查，并编制债权表。

债权表和债权申报材料由管理人保存，供利害关系人查阅。

第五十八条 依照本法第五十七条规定编制的债权表，应当提交第一次债权人会议核查。

债务人、债权人对债权表记载的债权无异议的，由人民法院裁定确认。

债务人、债权人对债权表记载的债权有异议的，可以向受理破产申请的人民法院提起诉讼。

第七章 债权人会议

第一节 一般规定

第五十九条 依法申报债权的债权人为债权人会议的成员，有权参加债权人会议，享有表决权。

债权尚未确定的债权人，除人民法院能够为其行使表决权而临时确定债权额的外，不得行使表决权。

对债务人的特定财产享有担保权的债权人，未放弃优先受偿权利的，对于本法第六十一条第一款第七项、第十项规定的事项不享有表决权。

债权人可以委托代理人出席债权人会议，行使表决权。代理人出席债权人会议，应当向人民法院或者债权人会议主席提交债权人的授权委托书。

债权人会议应当有债务人的职工和工会的代表参加，对有关事项发表意见。

第六十条 债权人会议设主席一人，由人民法院从有表决权的债权人中指定。

债权人会议主席主持债权人会议。

第六十一条 债权人会议行使下列职权：

（一）核查债权；

（二）申请人民法院更换管理人，审查管理人的费用和报酬；

（三）监督管理人；

（四）选任和更换债权人委员会成员；

（五）决定继续或者停止债务人的营业；

（六）通过重整计划；

（七）通过和解协议；

（八）通过债务人财产的管理方案；

（九）通过破产财产的变价方案；

（十）通过破产财产的分配方案；

（十一）人民法院认为应当由债权人会议行使的其他职权。

债权人会议应当对所议事项的决议作成会议记录。

第六十二条　第一次债权人会议由人民法院召集，自债权申报期限届满之日起十五日内召开。

以后的债权人会议，在人民法院认为必要时，或者管理人、债权人委员会、占债权总额四分之一以上的债权人向债权人会议主席提议时召开。

第六十三条　召开债权人会议，管理人应当提前十五日通知已知的债权人。

第六十四条　债权人会议的决议，由出席会议的有表决权的债权人过半数通过，并且其所代表的债权额占无财产担保债权总额的二分之一以上。但是，本法另有规定的除外。

债权人认为债权人会议的决议违反法律规定，损害其利益的，可以自债权人会议作出决议之日起十五日内，请求人民法院裁定撤销该决议，责令债权人会议依法重新作出决议。

债权人会议的决议，对于全体债权人均有约束力。

第六十五条　本法第六十一条第一款第八项、第九项所列事项，经债权人会议表决未通过的，由人民法院裁定。

本法第六十一条第一款第十项所列事项，经债权人会议二次表决仍未通过的，由人民法院裁定。

对前两款规定的裁定，人民法院可以在债权人会议上宣布或者另行通知债权人。

第六十六条　债权人对人民法院依照本法第六十五条第一款作出的裁定不服的，债权额占无财产担保债权总额二分之一以上的债权人对人民法院依照本法第六十五条第二款作出的裁定不服的,可以自裁定宣布之日或者收到通知之日起十五日内向该人民法院申请复议。复议期间不停止裁定的执行。

第二节 债权人委员会

第六十七条 债权人会议可以决定设立债权人委员会。债权人委员会由债权人会议选任的债权人代表和一名债务人的职工代表或者工会代表组成。债权人委员会成员不得超过九人。

债权人委员会成员应当经人民法院书面决定认可。

第六十八条 债权人委员会行使下列职权:

(一)监督债务人财产的管理和处分;

(二)监督破产财产分配;

(三)提议召开债权人会议;

(四)债权人会议委托的其他职权。

债权人委员会执行职务时,有权要求管理人、债务人的有关人员对其职权范围内的事务作出说明或者提供有关文件。

管理人、债务人的有关人员违反本法规定拒绝接受监督的,债权人委员会有权就监督事项请求人民法院作出决定;人民法院应当在五日内作出决定。

第六十九条 管理人实施下列行为,应当及时报告债权人委员会:

(一)涉及土地、房屋等不动产权益的转让;

(二)探矿权、采矿权、知识产权等财产权的转让;

(三)全部库存或者营业的转让;

(四)借款;

(五)设定财产担保;

(六)债权和有价证券的转让;

(七)履行债务人和对方当事人均未履行完毕的合同;

(八)放弃权利;

(九)担保物的取回;

(十)对债权人利益有重大影响的其他财产处分行为。

未设立债权人委员会的,管理人实施前款规定的行为应当及时报告人民法院。

第八章　重　　整

第一节　重整申请和重整期间

第七十条　债务人或者债权人可以依照本法规定,直接向人民法院申请对债务人进行重整。

债权人申请对债务人进行破产清算的,在人民法院受理破产申请后、宣告债务人破产前,债务人或者出资额占债务人注册资本十分之一以上的出资人,可以向人民法院申请重整。

第七十一条　人民法院经审查认为重整申请符合本法规定的,应当裁定债务人重整,并予以公告。

第七十二条　自人民法院裁定债务人重整之日起至重整程序终止,为重整期间。

第七十三条　在重整期间,经债务人申请,人民法院批准,债务人可以在管理人的监督下自行管理财产和营业事务。

有前款规定情形的,依照本法规定已接管债务人财产和营业事务的管理人应当向债务人移交财产和营业事务,本法规定的管理人的职权由债务人行使。

第七十四条　管理人负责管理财产和营业事务的,可以聘任债务人的经营管理人员负责营业事务。

第七十五条　在重整期间,对债务人的特定财产享有的担保权暂停行使。但是,担保物有损坏或者价值明显减少的可能,足以危害担保权人权利的,担保权人可以向人民法院请求恢复行使担保权。

在重整期间,债务人或者管理人为继续营业而借款的,可以为该借款设定担保。

第七十六条　债务人合法占有的他人财产,该财产的权利人在重整期间要求取回的,应当符合事先约定的条件。

第七十七条　在重整期间,债务人的出资人不得请求投资收益分配。

在重整期间,债务人的董事、监事、高级管理人员不得向第三人转让其持有的债务人的股权。但是,经人民法院同意的除外。

第七十八条　在重整期间,有下列情形之一的,经管理人或者利害关系人请求,人民法院应当裁定终止重整程序,并宣告债务人破产:

（一）债务人的经营状况和财产状况继续恶化，缺乏挽救的可能性；

（二）债务人有欺诈、恶意减少债务人财产或者其他显著不利于债权人的行为；

（三）由于债务人的行为致使管理人无法执行职务。

第二节　重整计划的制定和批准

第七十九条　债务人或者管理人应当自人民法院裁定债务人重整之日起六个月内，同时向人民法院和债权人会议提交重整计划草案。

前款规定的期限届满，经债务人或者管理人请求，有正当理由的，人民法院可以裁定延期三个月。

债务人或者管理人未按期提出重整计划草案的，人民法院应当裁定终止重整程序，并宣告债务人破产。

第八十条　债务人自行管理财产和营业事务的，由债务人制作重整计划草案。

管理人负责管理财产和营业事务的，由管理人制作重整计划草案。

第八十一条　重整计划草案应当包括下列内容：

（一）债务人的经营方案；

（二）债权分类；

（三）债权调整方案；

（四）债权受偿方案；

（五）重整计划的执行期限；

（六）重整计划执行的监督期限；

（七）有利于债务人重整的其他方案。

第八十二条　下列各类债权的债权人参加讨论重整计划草案的债权人会议，依照下列债权分类，分组对重整计划草案进行表决：

（一）对债务人的特定财产享有担保权的债权；

（二）债务人所欠职工的工资和医疗、伤残补助、抚恤费用，所欠的应当划入职工个人账户的基本养老保险、基本医疗保险费用，以及法律、行政法规规定应当支付给职工的补偿金；

（三）债务人所欠税款；

（四）普通债权。

人民法院在必要时可以决定在普通债权组中设小额债权组对重整计划草案进

行表决。

第八十三条 重整计划不得规定减免债务人欠缴的本法第八十二条第一款第二项规定以外的社会保险费用;该项费用的债权人不参加重整计划草案的表决。

第八十四条 人民法院应当自收到重整计划草案之日起三十日内召开债权人会议,对重整计划草案进行表决。

出席会议的同一表决组的债权人过半数同意重整计划草案,并且其所代表的债权额占该组债权总额的三分之二以上的,即为该组通过重整计划草案。

债务人或者管理人应当向债权人会议就重整计划草案作出说明,并回答询问。

第八十五条 债务人的出资人代表可以列席讨论重整计划草案的债权人会议。

重整计划草案涉及出资人权益调整事项的,应当设出资人组,对该事项进行表决。

第八十六条 各表决组均通过重整计划草案时,重整计划即为通过。

自重整计划通过之日起十日内,债务人或者管理人应当向人民法院提出批准重整计划的申请。人民法院经审查认为符合本法规定的,应当自收到申请之日起三十日内裁定批准,终止重整程序,并予以公告。

第八十七条 部分表决组未通过重整计划草案的,债务人或者管理人可以同未通过重整计划草案的表决组协商。该表决组可以在协商后再表决一次。双方协商的结果不得损害其他表决组的利益。

未通过重整计划草案的表决组拒绝再次表决或者再次表决仍未通过重整计划草案,但重整计划草案符合下列条件的,债务人或者管理人可以申请人民法院批准重整计划草案:

(一)按照重整计划草案,本法第八十二条第一款第一项所列债权就该特定财产将获得全额清偿,其因延期清偿所受的损失将得到公平补偿,并且其担保权未受到实质性损害,或者该表决组已经通过重整计划草案;

(二)按照重整计划草案,本法第八十二条第一款第二项、第三项所列债权将获得全额清偿,或者相应表决组已经通过重整计划草案;

(三)按照重整计划草案,普通债权所获得的清偿比例,不低于其在重整计划草案被提请批准时依照破产清算程序所能获得的清偿比例,或者该表决组已经通过重整计划草案;

(四)重整计划草案对出资人权益的调整公平、公正,或者出资人组已经通过重

整计划草案;

(五)重整计划草案公平对待同一表决组的成员,并且所规定的债权清偿顺序不违反本法第一百一十三条的规定;

(六)债务人的经营方案具有可行性。

人民法院经审查认为重整计划草案符合前款规定的,应当自收到申请之日起三十日内裁定批准,终止重整程序,并予以公告。

第八十八条 重整计划草案未获得通过且未依照本法第八十七条的规定获得批准,或者已通过的重整计划未获得批准的,人民法院应当裁定终止重整程序,并宣告债务人破产。

第三节 重整计划的执行

第八十九条 重整计划由债务人负责执行。

人民法院裁定批准重整计划后,已接管财产和营业事务的管理人应当向债务人移交财产和营业事务。

第九十条 自人民法院裁定批准重整计划之日起,在重整计划规定的监督期内,由管理人监督重整计划的执行。

在监督期内,债务人应当向管理人报告重整计划执行情况和债务人财务状况。

第九十一条 监督期届满时,管理人应当向人民法院提交监督报告。自监督报告提交之日起,管理人的监督职责终止。

管理人向人民法院提交的监督报告,重整计划的利害关系人有权查阅。

经管理人申请,人民法院可以裁定延长重整计划执行的监督期限。

第九十二条 经人民法院裁定批准的重整计划,对债务人和全体债权人均有约束力。

债权人未依照本法规定申报债权的,在重整计划执行期间不得行使权利;在重整计划执行完毕后,可以按照重整计划规定的同类债权的清偿条件行使权利。

债权人对债务人的保证人和其他连带债务人所享有的权利,不受重整计划的影响。

第九十三条 债务人不能执行或者不执行重整计划的,人民法院经管理人或者利害关系人请求,应当裁定终止重整计划的执行,并宣告债务人破产。

人民法院裁定终止重整计划执行的,债权人在重整计划中作出的债权调整的承诺失去效力。债权人因执行重整计划所受的清偿仍然有效,债权未受清偿的部分作为破产债权。

前款规定的债权人,只有在其他同顺位债权人同自己所受的清偿达到同一比例时,才能继续接受分配。

有本条第一款规定情形的,为重整计划的执行提供的担保继续有效。

第九十四条 按照重整计划减免的债务,自重整计划执行完毕时起,债务人不再承担清偿责任。

第九章 和 解

第九十五条 债务人可以依照本法规定,直接向人民法院申请和解;也可以在人民法院受理破产申请后、宣告债务人破产前,向人民法院申请和解。

债务人申请和解,应当提出和解协议草案。

第九十六条 人民法院经审查认为和解申请符合本法规定的,应当裁定和解,予以公告,并召集债权人会议讨论和解协议草案。

对债务人的特定财产享有担保权的权利人,自人民法院裁定和解之日起可以行使权利。

第九十七条 债权人会议通过和解协议的决议,由出席会议的有表决权的债权人过半数同意,并且其所代表的债权额占无财产担保债权总额的三分之二以上。

第九十八条 债权人会议通过和解协议的,由人民法院裁定认可,终止和解程序,并予以公告。管理人应当向债务人移交财产和营业事务,并向人民法院提交执行职务的报告。

第九十九条 和解协议草案经债权人会议表决未获得通过,或者已经债权人会议通过的和解协议未获得人民法院认可的,人民法院应当裁定终止和解程序,并宣告债务人破产。

第一百条 经人民法院裁定认可的和解协议,对债务人和全体和解债权人均有约束力。

和解债权人是指人民法院受理破产申请时对债务人享有无财产担保债权的人。

和解债权人未依照本法规定申报债权的,在和解协议执行期间不得行使权利;在和解协议执行完毕后,可以按照和解协议规定的清偿条件行使权利。

第一百零一条 和解债权人对债务人的保证人和其他连带债务人所享有的权

利，不受和解协议的影响。

第一百零二条 债务人应当按照和解协议规定的条件清偿债务。

第一百零三条 因债务人的欺诈或者其他违法行为而成立的和解协议，人民法院应当裁定无效，并宣告债务人破产。

有前款规定情形的，和解债权人因执行和解协议所受的清偿，在其他债权人所受清偿同等比例的范围内，不予返还。

第一百零四条 债务人不能执行或者不执行和解协议的，人民法院经和解债权人请求，应当裁定终止和解协议的执行，并宣告债务人破产。

人民法院裁定终止和解协议执行的，和解债权人在和解协议中作出的债权调整的承诺失去效力。和解债权人因执行和解协议所受的清偿仍然有效，和解债权未受清偿的部分作为破产债权。

前款规定的债权人，只有在其他债权人同自己所受的清偿达到同一比例时，才能继续接受分配。

有本条第一款规定情形的，为和解协议的执行提供的担保继续有效。

第一百零五条 人民法院受理破产申请后，债务人与全体债权人就债权债务的处理自行达成协议的，可以请求人民法院裁定认可，并终结破产程序。

第一百零六条 按照和解协议减免的债务，自和解协议执行完毕时起，债务人不再承担清偿责任。

第十章 破产清算

第一节 破产宣告

第一百零七条 人民法院依照本法规定宣告债务人破产的，应当自裁定作出之日起五日内送达债务人和管理人，自裁定作出之日起十日内通知已知债权人，并予以公告。

债务人被宣告破产后，债务人称为破产人，债务人财产称为破产财产，人民法院受理破产申请时对债务人享有的债权称为破产债权。

第一百零八条 破产宣告前，有下列情形之一的，人民法院应当裁定终结破产程序，并予以公告：

（一）第三人为债务人提供足额担保或者为债务人清偿全部到期债务的；

（二）债务人已清偿全部到期债务的。

第一百零九条 对破产人的特定财产享有担保权的权利人,对该特定财产享有优先受偿的权利。

第一百一十条 享有本法第一百零九条规定权利的债权人行使优先受偿权利未能完全受偿的,其未受偿的债权作为普通债权;放弃优先受偿权利的,其债权作为普通债权。

第二节 变价和分配

第一百一十一条 管理人应当及时拟订破产财产变价方案,提交债权人会议讨论。

管理人应当按照债权人会议通过的或者人民法院依照本法第六十五条第一款规定裁定的破产财产变价方案,适时变价出售破产财产。

第一百一十二条 变价出售破产财产应当通过拍卖进行。但是,债权人会议另有决议的除外。

破产企业可以全部或者部分变价出售。企业变价出售时,可以将其中的无形资产和其他财产单独变价出售。

按照国家规定不能拍卖或者限制转让的财产,应当按照国家规定的方式处理。

第一百一十三条 破产财产在优先清偿破产费用和共益债务后,依照下列顺序清偿:

(一)破产人所欠职工的工资和医疗、伤残补助、抚恤费用,所欠的应当划入职工个人账户的基本养老保险、基本医疗保险费用,以及法律、行政法规规定应当支付给职工的补偿金;

(二)破产人欠缴的除前项规定以外的社会保险费用和破产人所欠税款;

(三)普通破产债权。

破产财产不足以清偿同一顺序的清偿要求的,按照比例分配。

破产企业的董事、监事和高级管理人员的工资按照该企业职工的平均工资计算。

第一百一十四条 破产财产的分配应当以货币分配方式进行。但是,债权人会议另有决议的除外。

第一百一十五条 管理人应当及时拟订破产财产分配方案,提交债权人会议讨论。

破产财产分配方案应当载明下列事项：

（一）参加破产财产分配的债权人名称或者姓名、住所；

（二）参加破产财产分配的债权额；

（三）可供分配的破产财产数额；

（四）破产财产分配的顺序、比例及数额；

（五）实施破产财产分配的方法。

债权人会议通过破产财产分配方案后，由管理人将该方案提请人民法院裁定认可。

第一百一十六条 破产财产分配方案经人民法院裁定认可后，由管理人执行。

管理人按照破产财产分配方案实施多次分配的，应当公告本次分配的财产额和债权额。管理人实施最后分配的，应当在公告中指明，并载明本法第一百一十七条第二款规定的事项。

第一百一十七条 对于附生效条件或者解除条件的债权，管理人应当将其分配额提存。

管理人依照前款规定提存的分配额，在最后分配公告日，生效条件未成就或者解除条件成就的，应当分配给其他债权人；在最后分配公告日，生效条件成就或者解除条件未成就的，应当交付给债权人。

第一百一十八条 债权人未受领的破产财产分配额，管理人应当提存。债权人自最后分配公告之日起满二个月仍不领取的，视为放弃受领分配的权利，管理人或者人民法院应当将提存的分配额分配给其他债权人。

第一百一十九条 破产财产分配时，对于诉讼或者仲裁未决的债权，管理人应当将其分配额提存。自破产程序终结之日起满二年仍不能受领分配的，人民法院应当将提存的分配额分配给其他债权人。

第三节 破产程序的终结

第一百二十条 破产人无财产可供分配的，管理人应当请求人民法院裁定终结破产程序。

管理人在最后分配完结后，应当及时向人民法院提交破产财产分配报告，并提请人民法院裁定终结破产程序。

人民法院应当自收到管理人终结破产程序的请求之日起十五日内作出是否终

结破产程序的裁定。裁定终结的,应当予以公告。

第一百二十一条 管理人应当自破产程序终结之日起十日内,持人民法院终结破产程序的裁定,向破产人的原登记机关办理注销登记。

第一百二十二条 管理人于办理注销登记完毕的次日终止执行职务。但是,存在诉讼或者仲裁未决情况的除外。

第一百二十三条 自破产程序依照本法第四十三条第四款或者第一百二十条的规定终结之日起二年内,有下列情形之一的,债权人可以请求人民法院按照破产财产分配方案进行追加分配:

(一)发现有依照本法第三十一条、第三十二条、第三十三条、第三十六条规定应当追回的财产的;

(二)发现破产人有应当供分配的其他财产的。

有前款规定情形,但财产数量不足以支付分配费用的,不再进行追加分配,由人民法院将其上交国库。

第一百二十四条 破产人的保证人和其他连带债务人,在破产程序终结后,对债权人依照破产清算程序未受清偿的债权,依法继续承担清偿责任。

第十一章 法律责任

第一百二十五条 企业董事、监事或者高级管理人员违反忠实义务、勤勉义务,致使所在企业破产的,依法承担民事责任。

有前款规定情形的人员,自破产程序终结之日起三年内不得担任任何企业的董事、监事、高级管理人员。

第一百二十六条 有义务列席债权人会议的债务人的有关人员,经人民法院传唤,无正当理由拒不列席债权人会议的,人民法院可以拘传,并依法处以罚款。债务人的有关人员违反本法规定,拒不陈述、回答,或者作虚假陈述、回答的,人民法院可以依法处以罚款。

第一百二十七条 债务人违反本法规定,拒不向人民法院提交或者提交不真实的财产状况说明、债务清册、债权清册、有关财务会计报告以及职工工资的支付情况和社会保险费用的缴纳情况的,人民法院可以对直接责任人员依法处以罚款。

债务人违反本法规定,拒不向管理人移交财产、印章和账簿、文书等资料的,或者伪造、销毁有关财产证据材料而使财产状况不明的,人民法院可以对直接责任人员依法处以罚款。

第一百二十八条 债务人有本法第三十一条、第三十二条、第三十三条规定的行为,损害债权人利益的,债务人的法定代表人和其他直接责任人员依法承担赔偿责任。

第一百二十九条 债务人的有关人员违反本法规定,擅自离开住所地的,人民法院可以予以训诫、拘留,可以依法并处罚款。

第一百三十条 管理人未依照本法规定勤勉尽责,忠实执行职务的,人民法院可以依法处以罚款;给债权人、债务人或者第三人造成损失的,依法承担赔偿责任。

第一百三十一条 违反本法规定,构成犯罪的,依法追究刑事责任。

第十二章 附 则

第一百三十二条 本法施行后,破产人在本法公布之日前所欠职工的工资和医疗、伤残补助、抚恤费用,所欠的应当划入职工个人账户的基本养老保险、基本医疗保险费用,以及法律、行政法规规定应当支付给职工的补偿金,依照本法第一百一十三条的规定清偿后不足以清偿的部分,以本法第一百零九条规定的特定财产优先于对该特定财产享有担保权的权利人受偿。

第一百三十三条 在本法施行前国务院规定的期限和范围内的国有企业实施破产的特殊事宜,按照国务院有关规定办理。

第一百三十四条 商业银行、证券公司、保险公司等金融机构有本法第二条规定情形的,国务院金融监督管理机构可以向人民法院提出对该金融机构进行重整或者破产清算的申请。国务院金融监督管理机构依法对出现重大经营风险的金融机构采取接管、托管等措施的,可以向人民法院申请中止以该金融机构为被告或者被执行人的民事诉讼程序或者执行程序。

金融机构实施破产的,国务院可以依据本法和其他有关法律的规定制定实施办法。

第一百三十五条 其他法律规定企业法人以外的组织的清算,属于破产清算的,参照适用本法规定的程序。

第一百三十六条 本法自 2007 年 6 月 1 日起施行,《中华人民共和国企业破产法(试行)》同时废止。

最高人民法院《关于适用〈中华人民共和国企业破产法〉若干问题的规定(一)》

(2011年8月29日最高人民法院审判委员会第1527次会议通过
法释〔2011〕22号)

为正确适用《中华人民共和国企业破产法》,结合审判实践,就人民法院依法受理企业破产案件适用法律问题作出如下规定。

第一条 债务人不能清偿到期债务并且具有下列情形之一的,人民法院应当认定其具备破产原因:

(一)资产不足以清偿全部债务;

(二)明显缺乏清偿能力。

相关当事人以对债务人的债务负有连带责任的人未丧失清偿能力为由,主张债务人不具备破产原因的,人民法院应不予支持。

第二条 下列情形同时存在的,人民法院应当认定债务人不能清偿到期债务:

(一)债权债务关系依法成立;

(二)债务履行期限已经届满;

(三)债务人未完全清偿债务。

第三条 债务人的资产负债表,或者审计报告、资产评估报告等显示其全部资产不足以偿付全部负债的,人民法院应当认定债务人资产不足以清偿全部债务,但有相反证据足以证明债务人资产能够偿付全部负债的除外。

第四条 债务人账面资产虽大于负债,但存在下列情形之一的,人民法院应当认定其明显缺乏清偿能力:

(一)因资金严重不足或者财产不能变现等原因,无法清偿债务;

(二)法定代表人下落不明且无其他人员负责管理财产,无法清偿债务;

(三)经人民法院强制执行,无法清偿债务;

(四)长期亏损且经营扭亏困难,无法清偿债务;

(五)导致债务人丧失清偿能力的其他情形。

第五条 企业法人已解散但未清算或者未在合理期限内清算完毕,债权人申请债务人破产清算的,除债务人在法定异议期限内举证证明其未出现破产原因外,人民法院应当受理。

第六条 债权人申请债务人破产的,应当提交债务人不能清偿到期债务的有关证据。债务人对债权人的申请未在法定期限内向人民法院提出异议,或者异议不成立的,人民法院应当依法裁定受理破产申请。

受理破产申请后,人民法院应当责令债务人依法提交其财产状况说明、债务清册、债权清册、财务会计报告等有关材料,债务人拒不提交的,人民法院可以对债务人的直接责任人员采取罚款等强制措施。

第七条 人民法院收到破产申请时,应当向申请人出具收到申请及所附证据的书面凭证。

人民法院收到破产申请后应当及时对申请人的主体资格、债务人的主体资格和破产原因,以及有关材料和证据等进行审查,并依据企业破产法第十条的规定作出是否受理的裁定。

人民法院认为申请人应当补充、补正相关材料的,应当自收到破产申请之日起五日内告知申请人。当事人补充、补正相关材料的期间不计入企业破产法第十条规定的期限。

第八条 破产案件的诉讼费用,应根据企业破产法第四十三条的规定,从债务人财产中拨付。相关当事人以申请人未预先交纳诉讼费用为由,对破产申请提出异议的,人民法院不予支持。

第九条 申请人向人民法院提出破产申请,人民法院未接收其申请,或者未按本规定第七条执行的,申请人可以向上一级人民法院提出破产申请。

上一级人民法院接到破产申请后,应当责令下级法院依法审查并及时作出是否受理的裁定;下级法院仍不作出是否受理裁定的,上一级人民法院可以径行作出裁定。

上一级人民法院裁定受理破产申请的,可以同时指令下级人民法院审理该案件。

最高人民法院《关于适用〈中华人民共和国企业破产法〉若干问题的规定(二)》

(法释〔2013〕22号)

根据《中华人民共和国企业破产法》、《中华人民共和国物权法》、《中华人民共和国合同法》等相关法律,结合审判实践,就人民法院审理企业破产案件中认定债务人财产相关的法律适用问题,制定本规定。

第一条 除债务人所有的货币、实物外,债务人依法享有的可以用货币估价并可以依法转让的债权、股权、知识产权、用益物权等财产和财产权益,人民法院均应认定为债务人财产。

第二条 下列财产不应认定为债务人财产:

(一)债务人基于仓储、保管、承揽、代销、借用、寄存、租赁等合同或者其他法律关系占有、使用的他人财产;

(二)债务人在所有权保留买卖中尚未取得所有权的财产;

(三)所有权专属于国家且不得转让的财产;

(四)其他依照法律、行政法规不属于债务人的财产。

第三条 债务人已依法设定担保物权的特定财产,人民法院应当认定为债务人财产。

对债务人的特定财产在担保物权消灭或者实现担保物权后的剩余部分,在破产程序中可用以清偿破产费用、共益债务和其他破产债权。

第四条 债务人对按份享有所有权的共有财产的相关份额,或者共同享有所有权的共有财产的相应财产权利,以及依法分割共有财产所得部分,人民法院均应认定为债务人财产。

人民法院宣告债务人破产清算,属于共有财产分割的法定事由。人民法院裁定债务人重整或者和解的,共有财产的分割应当依据物权法第九十九条的规定进行;基于重整或者和解的需要必须分割共有财产,管理人请求分割的,人民法院应予准许。

因分割共有财产导致其他共有人损害产生的债务,其他共有人请求作为共益债务清偿的,人民法院应予支持。

第五条 破产申请受理后,有关债务人财产的执行程序未依照企业破产法第十九条的规定中止的,采取执行措施的相关单位应当依法予以纠正。依法执行回转的财产,人民法院应当认定为债务人财产。

第六条 破产申请受理后,对于可能因有关利益相关人的行为或者其他原因,影响破产程序依法进行的,受理破产申请的人民法院可以根据管理人的申请或者依职权,对债务人的全部或者部分财产采取保全措施。

第七条 对债务人财产已采取保全措施的相关单位,在知悉人民法院已裁定受理有关债务人的破产申请后,应当依照企业破产法第十九条的规定及时解除对债务人财产的保全措施。

第八条 人民法院受理破产申请后至破产宣告前裁定驳回破产申请,或者依据企业破产法第一百零八条的规定裁定终结破产程序的,应当及时通知原已采取保全措施并已依法解除保全措施的单位按照原保全顺位恢复相关保全措施。

在已依法解除保全的单位恢复保全措施或者表示不再恢复之前,受理破产申请的人民法院不得解除对债务人财产的保全措施。

第九条 管理人依据企业破产法第三十一条和第三十二条的规定提起诉讼,请求撤销涉及债务人财产的相关行为并由相对人返还债务人财产的,人民法院应予支持。

管理人因过错未依法行使撤销权导致债务人财产不当减损,债权人提起诉讼主张管理人对其损失承担相应赔偿责任的,人民法院应予支持。

第十条 债务人经过行政清理程序转入破产程序的,企业破产法第三十一条和第三十二条规定的可撤销行为的起算点,为行政监管机构作出撤销决定之日。

债务人经过强制清算程序转入破产程序的,企业破产法第三十一条和第三十二条规定的可撤销行为的起算点,为人民法院裁定受理强制清算申请之日。

第十一条 人民法院根据管理人的请求撤销涉及债务人财产的以明显不合理

价格进行的交易的，买卖双方应当依法返还从对方获取的财产或者价款。

因撤销该交易，对于债务人应返还受让人已支付价款所产生的债务，受让人请求作为共益债务清偿的，人民法院应予支持。

第十二条 破产申请受理前一年内债务人提前清偿的未到期债务，在破产申请受理前已经到期，管理人请求撤销该清偿行为的，人民法院不予支持。但是，该清偿行为发生在破产申请受理前六个月内且债务人有企业破产法第二条第一款规定情形的除外。

第十三条 破产申请受理后，管理人未依据企业破产法第三十一条的规定请求撤销债务人无偿转让财产、以明显不合理价格交易、放弃债权行为的，债权人依据合同法第七十四条等规定提起诉讼，请求撤销债务人上述行为并将因此追回的财产归入债务人财产的，人民法院应予受理。

相对人以债权人行使撤销权的范围超出债权人的债权抗辩的，人民法院不予支持。

第十四条 债务人对以自有财产设定担保物权的债权进行的个别清偿，管理人依据企业破产法第三十二条的规定请求撤销的，人民法院不予支持。但是，债务清偿时担保财产的价值低于债权额的除外。

第十五条 债务人经诉讼、仲裁、执行程序对债权人进行的个别清偿，管理人依据企业破产法第三十二条的规定请求撤销的，人民法院不予支持。但是，债务人与债权人恶意串通损害其他债权人利益的除外。

第十六条 债务人对债权人进行的以下个别清偿，管理人依据企业破产法第三十二条的规定请求撤销的，人民法院不予支持：

（一）债务人为维系基本生产需要而支付水费、电费等的；

（二）债务人支付劳动报酬、人身损害赔偿金的；

（三）使债务人财产受益的其他个别清偿。

第十七条 管理人依据企业破产法第三十三条的规定提起诉讼，主张被隐匿、转移财产的实际占有人返还债务人财产，或者主张债务人虚构债务或者承认不真实债务的行为无效并返还债务人财产的，人民法院应予支持。

第十八条 管理人代表债务人依据企业破产法第一百二十八条的规定，以债务人的法定代表人和其他直接责任人员对所涉债务人财产的相关行为存在故意或者重大过失，造成债务人财产损失为由提起诉讼，主张上述责任人员承担相应赔偿责任的,人民法院应予支持。

第十九条 债务人对外享有债权的诉讼时效,自人民法院受理破产申请之日起中断。

债务人无正当理由未对其到期债权及时行使权利,导致其对外债权在破产申请受理前一年内超过诉讼时效期间的,人民法院受理破产申请之日起重新计算上述债权的诉讼时效期间。

第二十条 管理人代表债务人提起诉讼,主张出资人向债务人依法缴付未履行的出资或者返还抽逃的出资本息,出资人以认缴出资尚未届至公司章程规定的缴纳期限或者违反出资义务已经超过诉讼时效为由抗辩的,人民法院不予支持。

管理人依据公司法的相关规定代表债务人提起诉讼,主张公司的发起人和负有监督股东履行出资义务的董事、高级管理人员,或者协助抽逃出资的其他股东、董事、高级管理人员、实际控制人等,对股东违反出资义务或者抽逃出资承担相应责任,并将财产归入债务人财产的,人民法院应予支持。

第二十一条 破产申请受理前,债权人就债务人财产提起下列诉讼,破产申请受理时案件尚未审结的,人民法院应当中止审理:

(一)主张次债务人代替债务人直接向其偿还债务的;

(二)主张债务人的出资人、发起人和负有监督股东履行出资义务的董事、高级管理人员,或者协助抽逃出资的其他股东、董事、高级管理人员、实际控制人等直接向其承担出资不实或者抽逃出资责任的;

(三)以债务人的股东与债务人法人人格严重混同为由,主张债务人的股东直接向其偿还债务人对其所负债务的;

(四)其他就债务人财产提起的个别清偿诉讼。

债务人破产宣告后,人民法院应当依照企业破产法第四十四条的规定判决驳回债权人的诉讼请求。但是,债权人一审中变更其诉讼请求为追收的相关财产归入债务人财产的除外。

债务人破产宣告前,人民法院依据企业破产法第十二条或者第一百零八条的规定裁定驳回破产申请或者终结破产程序的,上述中止审理的案件应当依法恢复审理。

第二十二条 破产申请受理前,债权人就债务人财产向人民法院提起本规定第二十一条第一款所列诉讼,人民法院已经作出生效民事判决书或者调解书但尚未执行完毕的,破产申请受理后,相关执行行为应当依据企业破产法第十九条的规定中止,债权人应当依法向管理人申报相关债权。

第二十三条 破产申请受理后,债权人就债务人财产向人民法院提起本规定第二十一条第一款所列诉讼的,人民法院不予受理。

债权人通过债权人会议或者债权人委员会,要求管理人依法向次债务人、债务人的出资人等追收债务人财产,管理人无正当理由拒绝追收,债权人会议依据企业破产法第二十二条的规定,申请人民法院更换管理人的,人民法院应予支持。

管理人不予追收,个别债权人代表全体债权人提起相关诉讼,主张次债务人或者债务人的出资人等向债务人清偿或者返还债务人财产,或者依法申请合并破产的,人民法院应予受理。

第二十四条 债务人有企业破产法第二条第一款规定的情形时,债务人的董事、监事和高级管理人员利用职权获取的以下收入,人民法院应当认定为企业破产法第三十六条规定的非正常收入:

(一)绩效奖金;

(二)普遍拖欠职工工资情况下获取的工资性收入;

(三)其他非正常收入。

债务人的董事、监事和高级管理人员拒不向管理人返还上述债务人财产,管理人主张上述人员予以返还的,人民法院应予支持。

债务人的董事、监事和高级管理人员因返还第一款第(一)项、第(三)项非正常收入形成的债权,可以作为普通破产债权清偿。因返还第一款第(二)项非正常收入形成的债权,依据企业破产法第一百一十三条第三款的规定,按照该企业职工平均工资计算的部分作为拖欠职工工资清偿;高出该企业职工平均工资计算的部分,可以作为普通破产债权清偿。

第二十五条 管理人拟通过清偿债务或者提供担保取回质物、留置物,或者与质权人、留置权人协议以质物、留置物折价清偿债务等方式,进行对债权人利益有重大影响的财产处分行为的,应当及时报告债权人委员会。未设立债权人委员会的,管理人应当及时报告人民法院。

第二十六条 权利人依据企业破产法第三十八条的规定行使取回权,应当在破产财产变价方案或者和解协议、重整计划草案提交债权人会议表决前向管理人提出。权利人在上述期限后主张取回相关财产的,应当承担延迟行使取回权增加的相关费用。

第二十七条 权利人依据企业破产法第三十八条的规定向管理人主张取回相关财产,管理人不予认可,权利人以债务人为被告向人民法院提起诉讼请求行使取回权的,人民法院应予受理。

权利人依据人民法院或者仲裁机关的相关生效法律文书向管理人主张取回所涉争议财产,管理人以生效法律文书错误为由拒绝其行使取回权的,人民法院不予支持。

第二十八条 权利人行使取回权时未依法向管理人支付相关的加工费、保管费、托运费、委托费、代销费等费用,管理人拒绝其取回相关财产的,人民法院应予支持。

第二十九条 对债务人占有的权属不清的鲜活易腐等不易保管的财产或者不及时变现价值将严重贬损的财产,管理人及时变价并提存变价款后,有关权利人就该变价款行使取回权的,人民法院应予支持。

第三十条 债务人占有的他人财产被违法转让给第三人,依据物权法第一百零六条的规定第三人已善意取得财产所有权,原权利人无法取回该财产的,人民法院应当按照以下规定处理:

(一)转让行为发生在破产申请受理前的,原权利人因财产损失形成的债权,作为普通破产债权清偿;

(二)转让行为发生在破产申请受理后的,因管理人或者相关人员执行职务导致原权利人损害产生的债务,作为共益债务清偿。

第三十一条 债务人占有的他人财产被违法转让给第三人,第三人已向债务人支付了转让价款,但依据物权法第一百零六条的规定未取得财产所有权,原权利人依法追回转让财产的,对因第三人已支付对价而产生的债务,人民法院应当按照以下规定处理:

(一)转让行为发生在破产申请受理前的,作为普通破产债权清偿;

(二)转让行为发生在破产申请受理后的,作为共益债务清偿。

第三十二条 债务人占有的他人财产毁损、灭失,因此获得的保险金、赔偿金、代偿物尚未交付给债务人,或者代偿物虽已交付给债务人但能与债务人财产予以区分的,权利人主张取回就此获得的保险金、赔偿金、代偿物的,人民法院应予支持。

保险金、赔偿金已经交付给债务人,或者代偿物已经交付给债务人且不能与债务人财产予以区分的，人民法院应当按照以下规定处理：

（一）财产毁损、灭失发生在破产申请受理前的，权利人因财产损失形成的债权，作为普通破产债权清偿；

（二）财产毁损、灭失发生在破产申请受理后的，因管理人或者相关人员执行职务导致权利人损害产生的债务，作为共益债务清偿。

债务人占有的他人财产毁损、灭失，没有获得相应的保险金、赔偿金、代偿物，或者保险金、赔偿物、代偿物不足以弥补其损失的部分，人民法院应当按照本条第二款的规定处理。

第三十三条 管理人或者相关人员在执行职务过程中，因故意或者重大过失不当转让他人财产或者造成他人财产毁损、灭失，导致他人损害产生的债务作为共益债务，由债务人财产随时清偿不足弥补损失，权利人向管理人或者相关人员主张承担补充赔偿责任的，人民法院应予支持。

上述债务作为共益债务由债务人财产随时清偿后，债权人以管理人或者相关人员执行职务不当导致债务人财产减少给其造成损失为由提起诉讼，主张管理人或者相关人员承担相应赔偿责任的，人民法院应予支持。

第三十四条 买卖合同双方当事人在合同中约定标的物所有权保留，在标的物所有权未依法转移给买受人前，一方当事人破产的，该买卖合同属于双方均未履行完毕的合同，管理人有权依据企业破产法第十八条的规定决定解除或者继续履行合同。

第三十五条 出卖人破产，其管理人决定继续履行所有权保留买卖合同的，买受人应当按照原买卖合同的约定支付价款或者履行其他义务。

买受人未依约支付价款或者履行完毕其他义务，或者将标的物出卖、出质或者作出其他不当处分，给出卖人造成损害，出卖人管理人依法主张取回标的物的，人民法院应予支持。但是，买受人已经支付标的物总价款百分之七十五以上或者第三人善意取得标的物所有权或者其他物权的除外。

因本条第二款规定未能取回标的物，出卖人管理人依法主张买受人继续支付价款、履行完毕其他义务，以及承担相应赔偿责任的，人民法院应予支持。

第三十六条 出卖人破产，其管理人决定解除所有权保留买卖合同，并依据企业破产法第十七条的规定要求买受人向其交付买卖标的物的，人民法院应予支持。

买受人以其不存在未依约支付价款或者履行完毕其他义务，或者将标的物出卖、出质或者作出其他不当处分情形抗辩的,人民法院不予支持。

买受人依法履行合同义务并依据本条第一款将买卖标的物交付出卖人管理人后,买受人已支付价款损失形成的债权作为共益债务清偿。但是,买受人违反合同约定,出卖人管理人主张上述债权作为普通破产债权清偿的,人民法院应予支持。

第三十七条 买受人破产,其管理人决定继续履行所有权保留买卖合同的,原买卖合同中约定的买受人支付价款或者履行其他义务的期限在破产申请受理时视为到期,买受人管理人应当及时向出卖人支付价款或者履行其他义务。

买受人管理人无正当理由未及时支付价款或者履行完毕其他义务,或者将标的物出卖、出质或者作出其他不当处分,给出卖人造成损害,出卖人依据合同法第一百三十四条等规定主张取回标的物的,人民法院应予支持。但是,买受人已支付标的物总价款百分之七十五以上或者第三人善意取得标的物所有权或者其他物权的除外。

因本条第二款规定未能取回标的物,出卖人依法主张买受人继续支付价款、履行完毕其他义务,以及承担相应赔偿责任的,人民法院应予支持。对因买受人未支付价款或者未履行完毕其他义务,以及买受人管理人将标的物出卖、出质或者作出其他不当处分导致出卖人损害产生的债务,出卖人主张作为共益债务清偿的,人民法院应予支持。

第三十八条 买受人破产,其管理人决定解除所有权保留买卖合同,出卖人依据企业破产法第三十八条的规定主张取回买卖标的物的,人民法院应予支持。

出卖人取回买卖标的物,买受人管理人主张出卖人返还已支付价款的,人民法院应予支持。取回的标的物价值明显减少给出卖人造成损失的,出卖人可从买受人已支付价款中优先予以抵扣后,将剩余部分返还给买受人;对买受人已支付价款不足以弥补出卖人标的物价值减损损失形成的债权,出卖人主张作为共益债务清偿的,人民法院应予支持。

第三十九条 出卖人依据企业破产法第三十九条的规定,通过通知承运人或者实际占有人中止运输、返还货物、变更到达地,或者将货物交给其他收货人等方式,对在运途中标的物主张了取回权但未能实现,或者在货物未达管理人前已向管理人主张取回在运途中标的物,在买卖标的物到达管理人后,出卖人向管理人主张取回的,管理人应予准许。

出卖人对在运途中标的物未及时行使取回权,在买卖标的物到达管理人后向管理人行使在运途中标的物取回权的，管理人不应准许。

第四十条 债务人重整期间，权利人要求取回债务人合法占有的权利人的财产，不符合双方事先约定条件的，人民法院不予支持。但是，因管理人或者自行管理的债务人违反约定，可能导致取回物被转让、毁损、灭失或者价值明显减少的除外。

第四十一条 债权人依据企业破产法第四十条的规定行使抵销权，应当向管理人提出抵销主张。

管理人不得主动抵销债务人与债权人的互负债务，但抵销使债务人财产受益的除外。

第四十二条 管理人收到债权人提出的主张债务抵销的通知后，经审查无异议的，抵销自管理人收到通知之日起生效。

管理人对抵销主张有异议的，应当在约定的异议期限内或者自收到主张债务抵销的通知之日起三个月内向人民法院提起诉讼。无正当理由逾期提起的，人民法院不予支持。

人民法院判决驳回管理人提起的抵销无效诉讼请求的，该抵销自管理人收到主张债务抵销的通知之日起生效。

第四十三条 债权人主张抵销，管理人以下列理由提出异议的，人民法院不予支持：

（一）破产申请受理时，债务人对债权人负有的债务尚未到期；

（二）破产申请受理时，债权人对债务人负有的债务尚未到期；

（三）双方互负债务标的物种类、品质不同。

第四十四条 破产申请受理前六个月内，债务人有企业破产法第二条第一款规定的情形，债务人与个别债权人以抵销方式对个别债权人清偿，其抵销的债权债务属于企业破产法第四十条第（二）、（三）项规定的情形之一，管理人在破产申请受理之日起三个月内向人民法院提起诉讼，主张该抵销无效的，人民法院应予支持。

第四十五条 企业破产法第四十条所列不得抵销情形的债权人，主张以其对债务人特定财产享有优先受偿权的债权，与债务人对其不享有优先受偿权的债权抵销，债务人管理人以抵销存在企业破产法第四十条规定的情形提出异议的，人民法院不予支持。但是，用以抵销的债权大于债权人享有优先受偿权财产价值的除外。

第四十六条 债务人的股东主张以下列债务与债务人对其负有的债务抵销，债务人管理人提出异议的，人民法院应予支持：

(一)债务人股东因欠缴债务人的出资或者抽逃出资对债务人所负的债务;

(二)债务人股东滥用股东权利或者关联关系损害公司利益对债务人所负的债务。

第四十七条 人民法院受理破产申请后,当事人提起的有关债务人的民事诉讼案件,应当依据企业破产法第二十一条的规定,由受理破产申请的人民法院管辖。

受理破产申请的人民法院管辖的有关债务人的第一审民事案件,可以依据民事诉讼法第三十八条的规定,由上级人民法院提审,或者报请上级人民法院批准后交下级人民法院审理。

受理破产申请的人民法院,如对有关债务人的海事纠纷、专利纠纷、证券市场因虚假陈述引发的民事赔偿纠纷等案件不能行使管辖权的,可以依据民事诉讼法第三十七条的规定,由上级人民法院指定管辖。

第四十八条 本规定施行前本院发布的有关企业破产的司法解释,与本规定相抵触的,自本规定施行之日起不再适用。

最高人民法院《关于适用〈中华人民共和国企业破产法〉若干问题的规定(三)》

(2019年2月25日最高人民法院审判委员会第1762次会议通过
2019年3月27日公布　法释〔2019〕3号　自2019年3月28日起施行)

为正确适用《中华人民共和国企业破产法》,结合审判实践,就人民法院审理企业破产案件中有关债权人权利行使等相关法律适用问题,制定本规定。

第一条　人民法院裁定受理破产申请的,此前债务人尚未支付的公司强制清算费用、未终结的执行程序中产生的评估费、公告费、保管费等执行费用,可以参照企业破产法关于破产费用的规定,由债务人财产随时清偿。

此前债务人尚未支付的案件受理费、执行申请费,可以作为破产债权清偿。

第二条　破产申请受理后,经债权人会议决议通过,或者第一次债权人会议召开前经人民法院许可,管理人或者自行管理的债务人可以为债务人继续营业而借款。提供借款的债权人主张参照企业破产法第四十二条第四项的规定优先于普通破产债权清偿的,人民法院应予支持,但其主张优先于此前已就债务人特定财产享有担保的债权清偿的,人民法院不予支持。

管理人或者自行管理的债务人可以为前述借款设定抵押担保,抵押物在破产申请受理前已为其他债权人设定抵押的,债权人主张按照物权法第一百九十九条规定的顺序清偿,人民法院应予支持。

第三条　破产申请受理后,债务人欠缴款项产生的滞纳金,包括债务人未履行生效法律文书应当加倍支付的迟延利息和劳动保险金的滞纳金,债权人作为破产债权申报的,人民法院不予确认。

第四条　保证人被裁定进入破产程序的,债权人有权申报其对保证人的保证债权。

主债务未到期的,保证债权在保证人破产申请受理时视为到期。一般保证的保证人主张行使先诉抗辩权的,人民法院不予支持,但债权人在一般保证人破产程序中的分配额应予提存,待一般保证人应承担的保证责任确定后再按照破产清偿比例予以分配。

保证人被确定应当承担保证责任的,保证人的管理人可以就保证人实际承担的清偿额向主债务人或其他债务人行使求偿权。

第五条 债务人、保证人均被裁定进入破产程序的,债权人有权向债务人、保证人分别申报债权。

债权人向债务人、保证人均申报全部债权的,从一方破产程序中获得清偿后,其对另一方的债权额不作调整,但债权人的受偿额不得超出其债权总额。保证人履行保证责任后不再享有求偿权。

第六条 管理人应当依照企业破产法第五十七条的规定对所申报的债权进行登记造册,详尽记载申报人的姓名、单位、代理人、申报债权额、担保情况、证据、联系方式等事项,形成债权申报登记册。

管理人应当依照企业破产法第五十七条的规定对债权的性质、数额、担保财产、是否超过诉讼时效期间、是否超过强制执行期间等情况进行审查、编制债权表并提交债权人会议核查。

债权表、债权申报登记册及债权申报材料在破产期间由管理人保管,债权人、债务人、债务人职工及其他利害关系人有权查阅。

第七条 已经生效法律文书确定的债权,管理人应当予以确认。

管理人认为债权人据以申报债权的生效法律文书确定的债权错误,或者有证据证明债权人与债务人恶意通过诉讼、仲裁或者公证机关赋予强制执行力公证文书的形式虚构债权债务的,应当依法通过审判监督程序向作出该判决、裁定、调解书的人民法院或者上一级人民法院申请撤销生效法律文书,或者向受理破产申请的人民法院申请撤销或者不予执行仲裁裁决、不予执行公证债权文书后,重新确定债权。

第八条 债务人、债权人对债权表记载的债权有异议的,应当说明理由和法律依据。经管理人解释或调整后,异议人仍然不服的,或者管理人不予解释或调整的,异议人应当在债权人会议核查结束后十五日内向人民法院提起债权确认的诉讼。当事人之间在破产申请受理前订立有仲裁条款或仲裁协议的,应当向选定的仲裁机构申请确认债权债务关系。

第九条 债务人对债权表记载的债权有异议向人民法院提起诉讼的，应将被异议债权人列为被告。债权人对债权表记载的他人债权有异议的，应将被异议债权人列为被告；债权人对债权表记载的本人债权有异议的，应将债务人列为被告。

对同一笔债权存在多个异议人，其他异议人申请参加诉讼的，应当列为共同原告。

第十条 单个债权人有权查阅债务人财产状况报告、债权人会议决议、债权人委员会决议、管理人监督报告等参与破产程序所必需的债务人财务和经营信息资料。管理人无正当理由不予提供的，债权人可以请求人民法院作出决定；人民法院应当在五日内作出决定。

上述信息资料涉及商业秘密的，债权人应当依法承担保密义务或者签署保密协议；涉及国家秘密的应当依照相关法律规定处理。

第十一条 债权人会议的决议除现场表决外，可以由管理人事先将相关决议事项告知债权人，采取通信、网络投票等非现场方式进行表决。采取非现场方式进行表决的，管理人应当在债权人会议召开后的三日内，以信函、电子邮件、公告等方式将表决结果告知参与表决的债权人。

根据企业破产法第八十二条规定，对重整计划草案进行分组表决时，权益因重整计划草案受到调整或者影响的债权人或者股东，有权参加表决；权益未受到调整或者影响的债权人或者股东，参照企业破产法第八十三条的规定，不参加重整计划草案的表决。

第十二条 债权人会议的决议具有以下情形之一，损害债权人利益，债权人申请撤销的，人民法院应予支持：

（一）债权人会议的召开违反法定程序；

（二）债权人会议的表决违反法定程序；

（三）债权人会议的决议内容违法；

（四）债权人会议的决议超出债权人会议的职权范围。

人民法院可以裁定撤销全部或者部分事项决议，责令债权人会议依法重新作出决议。

债权人申请撤销债权人会议决议的，应当提出书面申请。债权人会议采取通信、网络投票等非现场方式进行表决的，债权人申请撤销的期限自债权人收到通知之日起算。

第十三条 债权人会议可以依照企业破产法第六十八条第一款第四项的规定,委托债权人委员会行使企业破产法第六十一条第一款第二、三、五项规定的债权人会议职权。债权人会议不得作出概括性授权,委托其行使债权人会议所有职权。

第十四条 债权人委员会决定所议事项应获得全体成员过半数通过,并作成议事记录。债权人委员会成员对所议事项的决议有不同意见的,应当在记录中载明。

债权人委员会行使职权应当接受债权人会议的监督,以适当的方式向债权人会议及时汇报工作,并接受人民法院的指导。

第十五条 管理人处分企业破产法第六十九条规定的债务人重大财产的,应当事先制作财产管理或者变价方案并提交债权人会议进行表决,债权人会议表决未通过的,管理人不得处分。

管理人实施处分前,应当根据企业破产法第六十九条的规定,提前十日书面报告债权人委员会或者人民法院。债权人委员会可以依照企业破产法第六十八条第二款的规定,要求管理人对处分行为作出相应说明或者提供有关文件依据。

债权人委员会认为管理人实施的处分行为不符合债权人会议通过的财产管理或变价方案的,有权要求管理人纠正。管理人拒绝纠正的,债权人委员会可以请求人民法院作出决定。

人民法院认为管理人实施的处分行为不符合债权人会议通过的财产管理或变价方案的,应当责令管理人停止处分行为。管理人应当予以纠正,或者提交债权人会议重新表决通过后实施。

第十六条 本规定自2019年3月28日起实施。

实施前本院发布的有关企业破产的司法解释,与本规定相抵触的,自本规定实施之日起不再适用。

最高人民法院《关于个人独资企业清算是否可以参照适用企业破产法规定的破产清算程序的批复》

(2012 年 12 月 10 日最高人民法院审判委员会第 1563 次会议通过　2012 年 12 月 11 日公布　法释〔2012〕16 号　自 2012 年 12 月 18 日起施行)

贵州省高级人民法院:

你院《关于个人独资企业清算是否可以参照适用破产清算程序的请示》(〔2012〕黔高研请字第 2 号)收悉。经研究,批复如下:

根据《中华人民共和国企业破产法》第一百三十五条的规定,在个人独资企业不能清偿到期债务,并且资产不足以清偿全部债务或者明显缺乏清偿能力的情况下,可以参照适用企业破产法规定的破产清算程序进行清算。

根据《中华人民共和国个人独资企业法》第三十一条的规定,人民法院参照适用破产清算程序裁定终结个人独资企业的清算程序后,个人独资企业的债权人仍然可以就其未获清偿的部分向投资人主张权利。

最高人民法院《关于税务机关就破产企业欠缴税款产生的滞纳金提起的债权确认之诉应否受理问题的批复》

（2012 年 6 月 4 日最高人民法院审判委员会第 1548 次会议通过
2012 年 6 月 26 日公布　法释〔2012〕9 号　自 2012 年 7 月 12 日起施行）

青海省高级人民法院：

你院《关于税务机关就税款滞纳金提起债权确认之诉应否受理问题的请示》（青民他字〔2011〕1 号）收悉。经研究，答复如下：

税务机关就破产企业欠缴税款产生的滞纳金提起的债权确认之诉，人民法院应依法受理。依照企业破产法、税收征收管理法的有关规定，破产企业在破产案件受理前因欠缴税款产生的滞纳金属于普通破产债权。对于破产案件受理后因欠缴税款产生的滞纳金，人民法院应当依照最高人民法院《关于审理企业破产案件若干问题的规定》第六十一条规定处理。

此复。

最高人民法院《关于对因资不抵债无法继续办学被终止的民办学校如何组织清算问题的批复》

（2010年12月16日最高人民法院审判委员会第1506次会议通过
2010年12月29日公布　法释〔2010〕20号　自2010年12月31日起施行）

贵州省高级人民法院：

你院《关于遵义县中山中学被终止后人民法院如何受理“组织清算”的请示》（〔2010〕黔高研请字第1号）收悉。经研究，答复如下：

依照《中华人民共和国民办教育促进法》第九条批准设立的民办学校因资不抵债无法继续办学被终止，当事人依照《中华人民共和国民办教育促进法》第五十八条第二款规定向人民法院申请清算的，人民法院应当依法受理。人民法院组织民办学校破产清算，参照适用《中华人民共和国企业破产法》规定的程序，并依照《中华人民共和国民办教育促进法》第五十九条规定的顺序清偿。

最高人民法院《关于债权人对人员下落不明或者财产状况不清的债务人申请破产清算案件如何处理的批复》

（2008 年 8 月 4 日最高人民法院审判委员会第 1450 次会议通过
2008 年 8 月 7 日公布　法释〔2008〕10 号　自 2008 年 8 月 18 日起施行）

贵州省高级人民法院：

你院《关于企业法人被吊销营业执照后，依法负有清算责任的人未向法院申请破产，债权人是否可以申请被吊销营业执照的企业破产的请示》（〔2007〕黔高民二破请终字 1 号）收悉。经研究，批复如下：

债权人对人员下落不明或者财产状况不清的债务人申请破产清算，符合企业破产法规定的，人民法院应依法予以受理。债务人能否依据企业破产法第十一条第二款的规定向人民法院提交财产状况说明、债权债务清册等相关材料，并不影响对债权人申请的受理。

人民法院受理上述破产案件后，应当依据企业破产法的有关规定指定管理人追收债务人财产；经依法清算，债务人确无财产可供分配的，应当宣告债务人破产并终结破产程序；破产程序终结后二年内发现有依法应当追回的财产或者有应当供分配的其他财产的，债权人可以请求人民法院追加分配。

债务人的有关人员不履行法定义务，人民法院可依据有关法律规定追究其相应法律责任；其行为导致无法清算或者造成损失，有关权利人起诉请求其承担相应民事责任的，人民法院应依法予以支持。

此复。

最高人民法院《关于审理企业破产案件指定管理人的规定》

(2007年4月4日最高人民法院审判委员会第1422次会议通过
2007年4月12日公布　法释〔2007〕8号　自2007年6月1日起施行)

为公平、公正审理企业破产案件,保证破产审判工作依法顺利进行,促进管理人制度的完善和发展,根据《中华人民共和国企业破产法》的规定,制定本规定。

一、管理人名册的编制

第一条　人民法院审理企业破产案件应当指定管理人。除企业破产法和本规定另有规定外,管理人应当从管理人名册中指定。

第二条　高级人民法院应当根据本辖区律师事务所、会计师事务所、破产清算事务所等社会中介机构及专职从业人员数量和企业破产案件数量,确定由本院或者所辖中级人民法院编制管理人名册。

人民法院应当分别编制社会中介机构管理人名册和个人管理人名册。由直辖市以外的高级人民法院编制的管理人名册中,应当注明社会中介机构和个人所属中级人民法院辖区。

第三条　符合企业破产法规定条件的社会中介机构及其具备相关专业知识并取得执业资格的人员,均可申请编入管理人名册。已被编入机构管理人名册的社会中介机构中,具备相关专业知识并取得执业资格的人员,可以申请编入个人管理人名册。

第四条　社会中介机构及个人申请编入管理人名册的,应当向所在地区编制管理人名册的人民法院提出,由该人民法院予以审定。

人民法院不受理异地申请,但异地社会中介机构在本辖区内设立的分支机构提出申请的除外。

第五条 人民法院应当通过本辖区有影响的媒体就编制管理人名册的有关事项进行公告。公告应当包括以下内容:

(一)管理人申报条件;

(二)应当提交的材料;

(三)评定标准、程序;

(四)管理人的职责以及相应的法律责任;

(五)提交申报材料的截止时间;

(六)人民法院认为应当公告的其他事项。

第六条 律师事务所、会计师事务所申请编入管理人名册的,应当提供下列材料:

(一)执业证书、依法批准设立文件或者营业执照;

(二)章程;

(三)本单位专职从业人员名单及其执业资格证书复印件;

(四)业务和业绩材料;

(五)行业自律组织对所提供材料真实性以及有无被行政处罚或者纪律处分情况的证明;

(六)人民法院要求的其他材料。

第七条 破产清算事务所申请编入管理人名册的,应当提供以下材料:

(一)营业执照或者依法批准设立的文件;

(二)本单位专职从业人员的法律或者注册会计师资格证书,或者经营管理经历的证明材料;

(三)业务和业绩材料;

(四)能够独立承担民事责任的证明材料;

(五)行业自律组织对所提供材料真实性以及有无被行政处罚或者纪律处分情况的证明,或者申请人就上述情况所作的真实性声明;

(六)人民法院要求的其他材料。

第八条 个人申请编入管理人名册的,应当提供下列材料:

(一)律师或者注册会计师执业证书复印件以及执业年限证明;

（二）所在社会中介机构同意其担任管理人的函件；

（三）业务专长及相关业绩材料；

（四）执业责任保险证明；

（五）行业自律组织对所提供材料真实性以及有无被行政处罚或者纪律处分情况的证明；

（六）人民法院要求的其他材料。

第九条 社会中介机构及个人具有下列情形之一的，人民法院可以适用企业破产法第二十四条第三款第四项的规定：

（一）因执业、经营中故意或者重大过失行为，受到行政机关、监管机构或者行业自律组织行政处罚或者纪律处分之日起未逾三年；

（二）因涉嫌违法行为正被相关部门调查；

（三）因不适当履行职务或者拒绝接受人民法院指定等原因，被人民法院从管理人名册除名之日起未逾三年；

（四）缺乏担任管理人所应具备的专业能力；

（五）缺乏承担民事责任的能力；

（六）人民法院认为可能影响履行管理人职责的其他情形。

第十条 编制管理人名册的人民法院应当组成专门的评审委员会，决定编入管理人名册的社会中介机构和个人名单。评审委员会成员应不少于七人。

人民法院应当根据本辖区社会中介机构以及社会中介机构中个人的实际情况，结合其执业业绩、能力、专业水准、社会中介机构的规模、办理企业破产案件的经验等因素制定管理人评定标准，由评审委员会根据申报人的具体情况评定其综合分数。

人民法院根据评审委员会评审结果，确定管理人初审名册。

第十一条 人民法院应当将管理人初审名册通过本辖区有影响的媒体进行公示，公示期为十日。

对于针对编入初审名册的社会中介机构和个人提出的异议，人民法院应当进行审查。异议成立、申请人确不宜担任管理人的，人民法院应将该社会中介机构或者个人从管理人初审名册中删除。

第十二条 公示期满后，人民法院应审定管理人名册，并通过全国有影响的媒体公布，同时逐级报最高人民法院备案。

第十三条 人民法院可以根据本辖区的实际情况,分批确定编入管理人名册的社会中介机构及个人。

编制管理人名册的全部资料应当建立档案备查。

第十四条 人民法院可以根据企业破产案件受理情况、管理人履行职务以及管理人资格变化等因素,对管理人名册适时进行调整。新编入管理人名册的社会中介机构和个人应当按照本规定的程序办理。

人民法院发现社会中介机构或者个人有企业破产法第二十四条第三款规定情形的,应当将其从管理人名册中除名。

二、管理人的指定

第十五条 受理企业破产案件的人民法院指定管理人,一般应从本地管理人名册中指定。

对于商业银行、证券公司、保险公司等金融机构以及在全国范围内有重大影响、法律关系复杂、债务人财产分散的企业破产案件,人民法院可以从所在地区高级人民法院编制的管理人名册列明的其他地区管理人或者异地人民法院编制的管理人名册中指定管理人。

第十六条 受理企业破产案件的人民法院,一般应指定管理人名册中的社会中介机构担任管理人。

第十七条 对于事实清楚、债权债务关系简单、债务人财产相对集中的企业破产案件,人民法院可以指定管理人名册中的个人为管理人。

第十八条 企业破产案件有下列情形之一的,人民法院可以指定清算组为管理人:

(一)破产申请受理前,根据有关规定已经成立清算组,人民法院认为符合本规定第十九条的规定;

(二)审理企业破产法第一百三十三条规定的案件;

(三)有关法律规定企业破产时成立清算组;

(四)人民法院认为可以指定清算组为管理人的其他情形。

第十九条 清算组为管理人的,人民法院可以从政府有关部门、编入管理人名册的社会中介机构、金融资产管理公司中指定清算组成员,人民银行及金融监督管理机构可以按照有关法律和行政法规的规定派人参加清算组。

第二十条 人民法院一般应当按照管理人名册所列名单采取轮候、抽签、摇号等随机方式公开指定管理人。

第二十一条 对于商业银行、证券公司、保险公司等金融机构或者在全国范围有重大影响、法律关系复杂、债务人财产分散的企业破产案件，人民法院可以采取公告的方式，邀请编入各地人民法院管理人名册中的社会中介机构参与竞争，从参与竞争的社会中介机构中指定管理人。参与竞争的社会中介机构不得少于三家。

采取竞争方式指定管理人的，人民法院应当组成专门的评审委员会。

评审委员会应当结合案件的特点，综合考量社会中介机构的专业水准、经验、机构规模、初步报价等因素，从参与竞争的社会中介机构中择优指定管理人。被指定为管理人的社会中介机构应经评审委员会成员二分之一以上通过。

采取竞争方式指定管理人的，人民法院应当确定一至两名备选社会中介机构，作为需要更换管理人时的接替人选。

第二十二条 对于经过行政清理、清算的商业银行、证券公司、保险公司等金融机构的破产案件，人民法院除可以按照本规定第十八条第一项的规定指定管理人外，也可以在金融监督管理机构推荐的已编入管理人名册的社会中介机构中指定管理人。

第二十三条 社会中介机构、清算组成员有下列情形之一，可能影响其忠实履行管理人职责的，人民法院可以认定为企业破产法第二十四条第三款第三项规定的利害关系：

（一）与债务人、债权人有未了结的债权债务关系；

（二）在人民法院受理破产申请前三年内，曾为债务人提供相对固定的中介服务；

（三）现在是或者在人民法院受理破产申请前三年内曾经是债务人、债权人的控股股东或者实际控制人；

（四）现在担任或者在人民法院受理破产申请前三年内曾经担任债务人、债权人的财务顾问、法律顾问；

（五）人民法院认为可能影响其忠实履行管理人职责的其他情形。

第二十四条 清算组成员的派出人员、社会中介机构的派出人员、个人管理人有下列情形之一，可能影响其忠实履行管理人职责的，可以认定为企业破产法第二十四条第三款第三项规定的利害关系：

（一）具有本规定第二十三条规定情形；

（二）现在担任或者在人民法院受理破产申请前三年内曾经担任债务人、债权人的董事、监事、高级管理人员；

（三）与债权人或者债务人的控股股东、董事、监事、高级管理人员存在夫妻、直系血亲、三代以内旁系血亲或者近姻亲关系；

（四）人民法院认为可能影响其公正履行管理人职责的其他情形。

第二十五条 在进入指定管理人程序后，社会中介机构或者个人发现与本案有利害关系的，应主动申请回避并向人民法院书面说明情况。人民法院认为社会中介机构或者个人与本案有利害关系的，不应指定该社会中介机构或者个人为本案管理人。

第二十六条 社会中介机构或者个人有重大债务纠纷或者因涉嫌违法行为正被相关部门调查的，人民法院不应指定该社会中介机构或者个人为本案管理人。

第二十七条 人民法院指定管理人应当制作决定书，并向被指定为管理人的社会中介机构或者个人、破产申请人、债务人、债务人的企业登记机关送达。决定书应与受理破产申请的民事裁定书一并公告。

第二十八条 管理人无正当理由，不得拒绝人民法院的指定。

管理人一经指定，不得以任何形式将管理人应当履行的职责全部或者部分转给其他社会中介机构或者个人。

第二十九条 管理人凭指定管理人决定书按照国家有关规定刻制管理人印章，并交人民法院封样备案后启用。

管理人印章只能用于所涉破产事务。管理人根据企业破产法第一百二十二条规定终止执行职务后，应当将管理人印章交公安机关销毁，并将销毁的证明送交人民法院。

第三十条 受理企业破产案件的人民法院应当将指定管理人过程中形成的材料存入企业破产案件卷宗，债权人会议或者债权人委员会有权查阅。

三、管理人的更换

第三十一条 债权人会议根据企业破产法第二十二条第二款的规定申请更换管理人的，应由债权人会议作出决议并向人民法院提出书面申请。

人民法院在收到债权人会议的申请后，应当通知管理人在两日内作出书面说明。

第三十二条 人民法院认为申请理由不成立的,应当自收到管理人书面说明之日起十日内作出驳回申请的决定。

人民法院认为申请更换管理人的理由成立的,应当自收到管理人书面说明之日起十日内作出更换管理人的决定。

第三十三条 社会中介机构管理人有下列情形之一的,人民法院可以根据债权人会议的申请或者依职权径行决定更换管理人:

(一)执业许可证或者营业执照被吊销或者注销;

(二)出现解散、破产事由或者丧失承担执业责任风险的能力;

(三)与本案有利害关系;

(四)履行职务时,因故意或者重大过失导致债权人利益受到损害;

(五)有本规定第二十六条规定的情形。

清算组成员参照适用前款规定。

第三十四条 个人管理人有下列情形之一的,人民法院可以根据债权人会议的申请或者依职权径行决定更换管理人:

(一)执业资格被取消、吊销;

(二)与本案有利害关系;

(三)履行职务时,因故意或者重大过失导致债权人利益受到损害;

(四)失踪、死亡或者丧失民事行为能力;

(五)因健康原因无法履行职务;

(六)执业责任保险失效;

(七)有本规定第二十六条规定的情形。

清算组成员的派出人员、社会中介机构的派出人员参照适用前款规定。

第三十五条 管理人无正当理由申请辞去职务的,人民法院不予许可。正当理由的认定,可参照适用本规定第三十三条、第三十四条规定的情形。

第三十六条 人民法院对管理人申请辞去职务未予许可,管理人仍坚持辞去职务并不再履行管理人职责的,人民法院应当决定更换管理人。

第三十七条 人民法院决定更换管理人的,原管理人应当自收到决定书之次日起,在人民法院监督下向新任管理人移交全部资料、财产、营业事务及管理人印章,并及时向新任管理人书面说明工作进展情况。原管理人不能履行上述职责的,新任管理人可以直接接管相关事务。

在破产程序终结前，原管理人应当随时接受新任管理人、债权人会议、人民法院关于其履行管理人职责情况的询问。

第三十八条 人民法院决定更换管理人的，应将决定书送达原管理人、新任管理人、破产申请人、债务人以及债务人的企业登记机关，并予公告。

第三十九条 管理人申请辞去职务未获人民法院许可，但仍坚持辞职并不再履行管理人职责，或者人民法院决定更换管理人后，原管理人拒不向新任管理人移交相关事务，人民法院可以根据企业破产法第一百三十条的规定和具体情况，决定对管理人罚款。对社会中介机构为管理人的罚款 5 万元至 20 万元人民币，对个人为管理人的罚款 1 万元至 5 万元人民币。

管理人有前款规定行为或者无正当理由拒绝人民法院指定的，编制管理人名册的人民法院可以决定停止其担任管理人一年至三年，或者将其从管理人名册中除名。

第四十条 管理人不服罚款决定的，可以向上一级人民法院申请复议，上级人民法院应在收到复议申请后五日内作出决定，并将复议结果通知下级人民法院和当事人。

最高人民法院《关于审理企业破产案件确定管理人报酬的规定》

（2007 年 4 月 4 日最高人民法院审判委员会第 1422 次会议通过
2007 年 4 月 12 日公布　法释〔2007〕9 号　自 2007 年 6 月 1 日起施行）

为公正、高效审理企业破产案件，规范人民法院确定管理人报酬工作，根据《中华人民共和国企业破产法》的规定，制定本规定。

第一条　管理人履行企业破产法第二十五条规定的职责，有权获得相应报酬。

管理人报酬由审理企业破产案件的人民法院依据本规定确定。

第二条　人民法院应根据债务人最终清偿的财产价值总额，在以下比例限制范围内分段确定管理人报酬：

（一）不超过一百万元（含本数，下同）的，在 12% 以下确定；

（二）超过一百万元至五百万元的部分，在 10% 以下确定；

（三）超过五百万元至一千万元的部分，在 8% 以下确定；

（四）超过一千万元至五千万元的部分，在 6% 以下确定；

（五）超过五千万元至一亿元的部分，在 3% 以下确定；

（六）超过一亿元至五亿元的部分，在 1% 以下确定；

（七）超过五亿元的部分，在 0.5% 以下确定。

担保权人优先受偿的担保物价值，不计入前款规定的财产价值总额。

高级人民法院认为有必要的，可以参照上述比例在 30% 的浮动范围内制定符合当地实际情况的管理人报酬比例限制范围，并通过当地有影响的媒体公告，同时报最高人民法院备案。

第三条　人民法院可以根据破产案件的实际情况，确定管理人分期或者最后一次性收取报酬。

第四条 人民法院受理企业破产申请后,应当对债务人可供清偿的财产价值和管理人的工作量作出预测,初步确定管理人报酬方案。管理人报酬方案应当包括管理人报酬比例和收取时间。

第五条 人民法院采取公开竞争方式指定管理人的,可以根据社会中介机构提出的报价确定管理人报酬方案,但报酬比例不得超出本规定第二条规定的限制范围。

上述报酬方案一般不予调整,但债权人会议异议成立的除外。

第六条 人民法院应当自确定管理人报酬方案之日起三日内,书面通知管理人。

管理人应当在第一次债权人会议上报告管理人报酬方案内容。

第七条 管理人、债权人会议对管理人报酬方案有意见的,可以进行协商。双方就调整管理人报酬方案内容协商一致的,管理人应向人民法院书面提出具体的请求和理由,并附相应的债权人会议决议。

人民法院经审查认为上述请求和理由不违反法律和行政法规强制性规定,且不损害他人合法权益的,应当按照双方协商的结果调整管理人报酬方案。

第八条 人民法院确定管理人报酬方案后,可以根据破产案件和管理人履行职责的实际情况进行调整。

人民法院应当自调整管理人报酬方案之日起三日内,书面通知管理人。管理人应当自收到上述通知之日起三日内,向债权人委员会或者债权人会议主席报告管理人报酬方案调整内容。

第九条 人民法院确定或者调整管理人报酬方案时,应当考虑以下因素:

(一)破产案件的复杂性;

(二)管理人的勤勉程度;

(三)管理人为重整、和解工作做出的实际贡献;

(四)管理人承担的风险和责任;

(五)债务人住所地居民可支配收入及物价水平;

(六)其他影响管理人报酬的情况。

第十条 最终确定的管理人报酬及收取情况,应列入破产财产分配方案。在和解、重整程序中,管理人报酬方案内容应列入和解协议草案或重整计划草案。

第十一条 管理人收取报酬,应当向人民法院提出书面申请。申请书应当包括以下内容:

(一)可供支付报酬的债务人财产情况;

(二)申请收取报酬的时间和数额;

(三)管理人履行职责的情况。

人民法院应当自收到上述申请书之日起十日内,确定支付管理人的报酬数额。

第十二条 管理人报酬从债务人财产中优先支付。

债务人财产不足以支付管理人报酬和管理人执行职务费用的,管理人应当提请人民法院终结破产程序。但债权人、管理人、债务人的出资人或者其他利害关系人愿意垫付上述报酬和费用的,破产程序可以继续进行。

上述垫付款项作为破产费用从债务人财产中向垫付人随时清偿。

第十三条 管理人对担保物的维护、变现、交付等管理工作付出合理劳动的,有权向担保权人收取适当的报酬。管理人与担保权人就上述报酬数额不能协商一致的,人民法院应当参照本规定第二条规定的方法确定,但报酬比例不得超出该条规定限制范围的10%。

第十四条 律师事务所、会计师事务所通过聘请本专业的其他社会中介机构或者人员协助履行管理人职责的,所需费用从其报酬中支付。

破产清算事务所通过聘请其他社会中介机构或者人员协助履行管理人职责的,所需费用从其报酬中支付。

第十五条 清算组中有关政府部门派出的工作人员参与工作的不收取报酬。其他机构或人员的报酬根据其履行职责的情况确定。

第十六条 管理人发生更换的,人民法院应当分别确定更换前后的管理人报酬。其报酬比例总和不得超出本规定第二条规定的限制范围。

第十七条 债权人会议对管理人报酬有异议的,应当向人民法院书面提出具体的请求和理由。异议书应当附有相应的债权人会议决议。

第十八条 人民法院应当自收到债权人会议异议书之日起三日内通知管理人。管理人应当自收到通知之日起三日内作出书面说明。

人民法院认为有必要的,可以举行听证会,听取当事人意见。

人民法院应当自收到债权人会议异议书之日起十日内,就是否调整管理人报酬问题书面通知管理人、债权人委员会或者债权人会议主席。

最高人民法院《关于审理企业破产案件若干问题的规定》

（2002 年 7 月 18 日最高人民法院审判委员会第 1232 次会议通过
2002 年 7 月 30 日公布　法释〔2002〕23 号　自 2002 年 9 月 1 日起施行）

为正确适用《中华人民共和国企业破产法（试行）》（以下简称企业破产法）、《中华人民共和国民事诉讼法》（以下简称民事诉讼法），规范对企业破产案件的审理，结合人民法院审理企业破产案件的实际情况，特制定以下规定。

一、关于企业破产案件管辖

第一条　企业破产案件由债务人住所地人民法院管辖。债务人住所地指债务人的主要办事机构所在地。债务人无办事机构的，由其注册地人民法院管辖。

第二条　基层人民法院一般管辖县、县级市或者区的工商行政管理机关核准登记企业的破产案件；

中级人民法院一般管辖地区、地级市（含本级）以上的工商行政管理机关核准登记企业的破产案件；

纳入国家计划调整的企业破产案件，由中级人民法院管辖。

第三条　上级人民法院审理下级人民法院管辖的企业破产案件，或者将本院管辖的企业破产案件移交下级人民法院审理，以及下级人民法院需要将自己管辖的企业破产案件交由上级人民法院审理的，依照民事诉讼法第三十九条的规定办理；省、自治区、直辖市范围内因特殊情况需对个别企业破产案件的地域管辖作调整的，须经共同上级人民法院批准。

二、关于破产申请与受理

第四条 申请(被申请)破产的债务人应当具备法人资格,不具备法人资格的企业、个体工商户、合伙组织、农村承包经营户不具备破产主体资格。

第五条 国有企业向人民法院申请破产时,应当提交其上级主管部门同意其破产的文件;其他企业应当提供其开办人或者股东会议决定企业破产的文件。

第六条 债务人申请破产,应当向人民法院提交下列材料:

(一)书面破产申请;

(二)企业主体资格证明;

(三)企业法定代表人与主要负责人名单;

(四)企业职工情况和安置预案;

(五)企业亏损情况的书面说明,并附审计报告;

(六)企业至破产申请日的资产状况明细表,包括有形资产、无形资产和企业投资情况等;

(七)企业在金融机构开设帐户的详细情况,包括开户审批材料、帐号、资金等;

(八)企业债权情况表,列明企业的债务人名称、住所、债务数额、发生时间和催讨偿还情况;

(九)企业债务情况表,列明企业的债权人名称、住所、债权数额、发生时间;

(十)企业涉及的担保情况;

(十一)企业已发生的诉讼情况;

(十二)人民法院认为应当提交的其他材料。

第七条 债权人申请债务人破产,应当向人民法院提交下列材料:

(一)债权发生的事实与证据;

(二)债权性质、数额、有无担保,并附证据;

(三)债务人不能清偿到期债务的证据。

第八条 债权人申请债务人破产,人民法院可以通知债务人核对以下情况:

(一)债权的真实性;

(二)债权在债务人不能偿还的到期债务中所占的比例;

(三)债务人是否存在不能清偿到期债务的情况。

第九条 债权人申请债务人破产,债务人对债权人的债权提出异议,人民法院认为异议成立的，应当告知债权人先行提起民事诉讼。破产申请不予受理。

第十条 人民法院收到破产申请后，应当在七日内决定是否立案；破产申请人提交的材料需要更正、补充的，人民法院可以责令申请人限期更正、补充。按期更正、补充材料的，人民法院自收到更正补充材料之日起七日内决定是否立案；未按期更正、补充的，视为撤回申请。

人民法院决定受理企业破产案件的，应当制作案件受理通知书，并送达申请人和债务人。通知书作出时间为破产案件受理时间。

第十一条 在人民法院决定受理企业破产案件前，破产申请人可以请求撤回破产申请。

人民法院准许申请人撤回破产申请的，在撤回破产申请之前已经支出的费用由破产申请人承担。

第十二条 人民法院经审查发现有下列情况的，破产申请不予受理：

（一）债务人有隐匿、转移财产等行为，为了逃避债务而申请破产的；

（二）债权人借破产申请毁损债务人商业信誉，意图损害公平竞争的。

第十三条 人民法院对破产申请不予受理的，应当作出裁定。

破产申请人对不予受理破产申请的裁定不服的，可以在裁定送达之日起十日内向上一级人民法院提起上诉。

第十四条 人民法院受理企业破产案件后，发现不符合法律规定的受理条件或者有本规定第十二条所列情形的，应当裁定驳回破产申请。

人民法院受理债务人的破产申请后，发现债务人巨额财产下落不明且不能合理解释财产去向的，应当裁定驳回破产申请。

破产申请人对驳回破产申请的裁定不服的，可以在裁定送达之日起十日内向上一级人民法院提起上诉。

第十五条 人民法院决定受理企业破产案件后，应当组成合议庭，并在十日内完成下列工作：

（一）将合议庭组成人员情况书面通知破产申请人和被申请人，并在法院公告栏张贴企业破产受理公告。公告内容应当写明：破产申请受理时间、债务人名称，申报债权的期限、地点和逾期未申报债权的法律后果、第一次债权人会议召开的日期、地点；

（二）在债务人企业发布公告，要求保护好企业财产，不得擅自处理企业的帐册、

文书、资料、印章,不得隐匿、私分、转让、出售企业财产;

(三)通知债务人立即停止清偿债务,非经人民法院许可不得支付任何费用;

(四)通知债务人的开户银行停止债务人的结算活动,并不得扣划债务人款项抵扣债务。但经人民法院依法许可的除外。

第十六条 人民法院受理债权人提出的企业破产案件后,应当通知债务人在十五日内向人民法院提交有关会计报表、债权债务清册、企业资产清册以及人民法院认为应当提交的资料。

第十七条 人民法院受理企业破产案件后,除应当按照企业破产法第九条的规定通知已知的债权人外,还应当于三十日内在国家、地方有影响的报纸上刊登公告,公告内容同第十五条第(一)项的规定。

第十八条 人民法院受理企业破产案件后,除可以随即进行破产宣告成立清算组的外,在企业原管理组织不能正常履行管理职责的情况下,可以成立企业监管组。企业监管组成员从企业上级主管部门或者股东会议代表、企业原管理人员、主要债权人中产生,也可以聘请会计师、律师等中介机构参加。企业监管组主要负责处理以下事务:

(一)清点、保管企业财产;

(二)核查企业债权;

(三)为企业利益而进行的必要的经营活动;

(四)支付人民法院许可的必要支出;

(五)人民法院许可的其他工作。

企业监管组向人民法院负责,接受人民法院的指导、监督。

第十九条 人民法院受理企业破产案件后,以债务人为原告的其他民事纠纷案件尚在一审程序的,受诉人民法院应当将案件移送受理破产案件的人民法院;案件已进行到二审程序的,受诉人民法院应当继续审理。

第二十条 人民法院受理企业破产案件后,对债务人财产的其他民事执行程序应当中止。

以债务人为被告的其他债务纠纷案件,根据下列不同情况分别处理:

(一)已经审结但未执行完毕的,应当中止执行,由债权人凭生效的法律文书向受理破产案件的人民法院申报债权。

(二)尚未审结且无其他被告和无独立请求权的第三人的,应当中止诉讼,由债权人向受理破产案件的人民法院申报债权。在企业被宣告破产后,终结诉讼。

(三)尚未审结并有其他被告或者无独立请求权的第三人的,应当中止诉讼,由债权人向受理破产案件的人民法院申报债权。待破产程序终结后,恢复审理。

(四)债务人系从债务人的债务纠纷案件继续审理。

三、关于债权申报

第二十一条 债权人申报债权应当提交债权证明和合法有效的身份证明;代理申报人应当提交委托人的有效身份证明、授权委托书和债权证明。

申报的债权有财产担保的,应当提交证明财产担保的证据。

第二十二条 人民法院在登记申报的债权时,应当记明债权人名称、住所、开户银行、申报债权数额、申报债权的证据、财产担保情况、申报时间、联系方式以及其他必要的情况。

已经成立清算组的,由清算组进行上述债权登记工作。

第二十三条 连带债务人之一或者数人破产的,债权人可就全部债权向该债务人或者各债务人行使权利,申报债权。债权人未申报债权的,其他连带债务人可就将来可能承担的债务申报债权。

第二十四条 债权人虽未在法定期间申报债权,但有民事诉讼法第七十六条规定情形的,在破产财产分配前可向清算组申报债权。清算组负责审查其申报的债权,并由人民法院审查确定。债权人会议对人民法院同意该债权人参加破产财产分配有异议的,可以向人民法院申请复议。

四、关于破产和解与破产企业整顿

第二十五条 人民法院受理企业破产案件后,在破产程序终结前,债务人可以向人民法院申请和解。人民法院在破产案件审理过程中,可以根据债权人、债务人具体情况向双方提出和解建议。

人民法院作出破产宣告裁定前,债权人会议与债务人达成和解协议并经人民法院裁定认可的,由人民法院发布公告,中止破产程序。

人民法院作出破产宣告裁定后,债权人会议与债务人达成和解协议并经人民法院裁定认可,由人民法院裁定中止执行破产宣告裁定,并公告中止破产程序。

第二十六条 债务人不按和解协议规定的内容清偿全部债务的,相关债权人可以申请人民法院强制执行。

第二十七条 债务人不履行或者不能履行和解协议的,经债权人申请,人民法院应当裁定恢复破产程序。和解协议系在破产宣告前达成的,人民法院应当在裁定恢复破产程序的同时裁定宣告债务人破产。

第二十八条 企业由债权人申请破产的,如被申请破产的企业系国有企业,依照企业破产法第四章的规定,其上级主管部门可以申请对该企业进行整顿。整顿申请应当在债务人被宣告破产前提出。

企业无上级主管部门的,企业股东会议可以通过决议并以股东会议名义申请对企业进行整顿。整顿工作由股东会议指定人员负责。

第二十九条 企业整顿期间,企业的上级主管部门或者负责实施整顿方案的人员应当定期向债权人会议和人民法院报告整顿情况、和解协议执行情况。

第三十条 企业整顿期间,对于债务人财产的执行仍适用企业破产法第十一条的规定。

五、关于破产宣告

第三十一条 企业破产法第三条第一款规定的"不能清偿到期债务"是指:

(一)债务的履行期限已届满;

(二)债务人明显缺乏清偿债务的能力。

债务人停止清偿到期债务并呈连续状态,如无相反证据,可推定为"不能清偿到期债务"。

第三十二条 人民法院受理债务人破产案件后,有下列情形之一的,应当裁定宣告债务人破产:

(一)债务人不能清偿债务且与债权人不能达成和解协议的;

(二)债务人不履行或者不能履行和解协议的;

(三)债务人在整顿期间有企业破产法第二十一条规定情形的;

(四)债务人在整顿期满后有企业破产法第二十二条第二款规定情形的。

宣告债务人破产应当公开进行。由债权人提出破产申请的,破产宣告时应当通知债务人到庭。

第三十三条 债务人自破产宣告之日起停止生产经营活动。为债权人利益确有必要继续生产经营的,须经人民法院许可。

第三十四条 人民法院宣告债务人破产后,应当通知债务人的开户银行,限定其银行帐户只能由清算组使用。人民法院通知开户银行时应当附破产宣告裁定书。

第三十五条 人民法院裁定宣告债务人破产后应当发布公告,公告内容包括债务人亏损情况、资产负债状况、破产宣告时间、破产宣告理由和法律依据以及对债务人的财产、帐册、文书、资料和印章的保护等内容。

第三十六条 破产宣告后,破产企业的财产在其他民事诉讼程序中被查封、扣押、冻结的,受理破产案件的人民法院应当立即通知采取查封、扣押、冻结措施的人民法院予以解除,并向受理破产案件的人民法院办理移交手续。

第三十七条 企业被宣告破产后,人民法院应当指定必要的留守人员。破产企业的法定代表人、财会、财产保管人员必须留守。

第三十八条 破产宣告后,债权人或者债务人对破产宣告有异议的,可以在人民法院宣告企业破产之日起十日内,向上一级人民法院申诉。上一级人民法院应当组成合议庭进行审理,并在三十日内作出裁定。

六、关于债权人会议

第三十九条 债权人会议由申报债权的债权人组成。

债权人会议主席由人民法院在有表决权的债权人中指定。必要时,人民法院可以指定多名债权人会议主席,成立债权人会议主席委员会。

少数债权人拒绝参加债权人会议,不影响会议的召开。但债权人会议不得作出剥夺其对破产财产受偿的机会或者不利于其受偿的决议。

第四十条 第一次债权人会议应当在人民法院受理破产案件公告三个月期满后召开。除债务人的财产不足以支付破产费用,破产程序提前终结外,不得以一般债权的清偿率为零为理由取消债权人会议。

第四十一条 第一次债权人会议由人民法院召集并主持。人民法院除完成本规定第十七条确定的工作外,还应当做好以下准备工作:

(一)拟订第一次债权人会议议程;

(二)向债务人的法定代表人或者负责人发出通知,要求其必须到会;

(三)向债务人的上级主管部门、开办人或者股东会议代表发出通知,要求其派员列席会议;

(四)通知破产清算组成员列席会议;

(五)通知审计、评估人员参加会议;

(六)需要提前准备的其他工作。

第四十二条 债权人会议一般包括以下内容:

(一)宣布债权人会议职权和其他有关事项;

(二)宣布债权人资格审查结果;

(三)指定并宣布债权人会议主席;

(四)安排债务人法定代表人或者负责人接受债权人询问;

(五)由清算组通报债务人的生产经营、财产、债务情况并作清算工作报告和提出财产处理方案及分配方案;

(六)讨论并审查债权的证明材料、债权的财产担保情况及数额、讨论通过和解协议、审阅清算组的清算报告、讨论通过破产财产的处理方案与分配方案等。讨论内容应当记明笔录。债权人对人民法院或者清算组登记的债权提出异议的,人民法院应当及时审查并作出裁定;

(七)根据讨论情况,依照企业破产法第十六条的规定进行表决。

以上第(五)至(七)项议程内的工作在本次债权人会议上无法完成的,交由下次债权人会议继续进行。

第四十三条 债权人认为债权人会议决议违反法律规定或者侵害其合法权益的,可以在债权人会议作出决议后七日内向人民法院提出,由人民法院依法裁定。

第四十四条 清算组财产分配方案经债权人会议两次讨论未获通过的,由人民法院依法裁定。

对前款裁定,占无财产担保债权总额半数以上债权的债权人有异议的,可以在人民法院作出裁定之日起十日内向上一级人民法院申诉。上一级人民法院应当组成合议庭进行审理,并在三十日内作出裁定。

第四十五条 债权人可以委托代理人出席债权人会议,并可以授权代理人行使表决权。代理人应当向人民法院或者债权人会议主席提交授权委托书。

第四十六条 第一次债权人会议后又召开债权人会议的,债权人会议主席应当在发出会议通知前三日报告人民法院,并由会议召集人在开会前十五日将会议时间、地点、内容、目的等事项通知债权人。

七、关于清算组

第四十七条 人民法院应当自裁定宣告企业破产之日起十五日内成立清算组。

第四十八条 清算组成员可以从破产企业上级主管部门、清算中介机构以及会计、律师中产生，也可以从政府财政、工商管理、计委、经委、审计、税务、物价、劳动、社会保险、土地管理、国有资产管理、人事等部门中指定。人民银行分（支）行可以按照有关规定派人参加清算组。

第四十九条 清算组经人民法院同意可以聘请破产清算机构、律师事务所、会计事务所等中介机构承担一定的破产清算工作。中介机构就清算工作向清算组负责。

第五十条 清算组的主要职责是：

（一）接管破产企业。向破产企业原法定代表人及留守人员接收原登记造册的资产明细表、有形资产清册，接管所有财产、帐册、文书档案、印章、证照和有关资料。破产宣告前成立企业监管组的，由企业监管组和企业原法定代表人向清算组进行移交；

（二）清理破产企业财产，编制财产明细表和资产负债表，编制债权债务清册，组织破产财产的评估、拍卖、变现；

（三）回收破产企业的财产，向破产企业的债务人、财产持有人依法行使财产权利；

（四）管理、处分破产财产，决定是否履行合同和在清算范围内进行经营活动。确认别除权、抵销权、取回权；

（五）进行破产财产的委托评估、拍卖及其他变现工作；

（六）依法提出并执行破产财产处理和分配方案；

（七）提交清算报告；

（八）代表破产企业参加诉讼和仲裁活动；

（九）办理企业注销登记等破产终结事宜；

（十）完成人民法院依法指定的其他事项。

第五十一条 清算组对人民法院负责并且报告工作，接受人民法院的监督。人民法院应当及时指导清算组的工作，明确清算组的职权与责任，帮助清算组拟订工作计划，听取清算组汇报工作。

清算组有损害债权人利益的行为或者其他违法行为的，人民法院可以根据债权人的申请或者依职权予以纠正。

人民法院可以根据债权人的申请或者依职权更换不称职的清算组成员。

第五十二条 清算组应当列席债权人会议，接受债权人会议的询问。债权人有权查阅有关资料、询问有关事项；清算组的决定违背债权人利益的，债权人可以申请人民法院裁定撤销该决定。

第五十三条 清算组对破产财产应当及时登记、清理、审计、评估、变价。必要时，可以请求人民法院对破产企业财产进行保全。

第五十四条 清算组应当采取有效措施保护破产企业的财产。债务人的财产权利如不依法登记或者及时行使将丧失权利的，应当及时予以登记或者行使；对易损、易腐、跌价或者保管费用较高的财产应当及时变卖。

八、关于破产债权

第五十五条 下列债权属于破产债权：

（一）破产宣告前发生的无财产担保的债权；

（二）破产宣告前发生的虽有财产担保但是债权人放弃优先受偿的债权；

（三）破产宣告前发生的虽有财产担保但是债权数额超过担保物价值部分的债权；

（四）票据出票人被宣告破产，付款人或者承兑人不知其事实而向持票人付款或者承兑所产生的债权；

（五）清算组解除合同，对方当事人依法或者依照合同约定产生的对债务人可以用货币计算的债权；

（六）债务人的受托人在债务人破产后，为债务人的利益处理委托事务所发生的债权；

（七）债务人发行债券形成的债权；

（八）债务人的保证人代替债务人清偿债务后依法可以向债务人追偿的债权；

（九）债务人的保证人按照《中华人民共和国担保法》第三十二条的规定预先行使追偿权而申报的债权；

（十）债务人为保证人的，在破产宣告前已经被生效的法律文书确定承担的保证责任；

（十一）债务人在破产宣告前因侵权、违约给他人造成财产损失而产生的赔偿责任；

（十二）人民法院认可的其他债权。

以上第(五)项债权以实际损失为计算原则。违约金不作为破产债权,定金不再适用定金罚则。

第五十六条 因企业破产解除劳动合同,劳动者依法或者依据劳动合同对企业享有的补偿金请求权,参照企业破产法第三十七条第二款第(一)项规定的顺序清偿。

第五十七条 债务人所欠非正式职工(含短期劳动工)的劳动报酬,参照企业破产法第三十七条第二款第(一)项规定的顺序清偿。

第五十八条 债务人所欠企业职工集资款,参照企业破产法第三十七条第二款第(一)项规定的顺序清偿。但对违反法律规定的高额利息部分不予保护。

职工向企业的投资,不属于破产债权。

第五十九条 债务人退出联营应当对该联营企业的债务承担责任的,联营企业的债权人对该债务人享有的债权属于破产债权。

第六十条 与债务人互负债权债务的债权人可以向清算组请求行使抵销权,抵销权的行使应当具备以下条件:

(一)债权人的债权已经得到确认;

(二)主张抵销的债权债务均发生在破产宣告之前。

经确认的破产债权可以转让。受让人以受让的债权抵销其所欠债务人债务的,人民法院不予支持。

第六十一条 下列债权不属于破产债权:

(一)行政、司法机关对破产企业的罚款、罚金以及其他有关费用;

(二)人民法院受理破产案件后债务人未支付应付款项的滞纳金,包括债务人未执行生效法律文书应当加倍支付的迟延利息和劳动保险金的滞纳金;

(三)破产宣告后的债务利息;

(四)债权人参加破产程序所支出的费用;

(五)破产企业的股权、股票持有人在股权、股票上的权利;

(六)破产财产分配开始后向清算组申报的债权;

(七)超过诉讼时效的债权;

(八)债务人开办单位对债务人未收取的管理费、承包费。

上述不属于破产债权的权利,人民法院或者清算组也应当对当事人的申报进行登记。

第六十二条 政府无偿拨付给债务人的资金不属于破产债权。但财政、扶贫、科技管理等行政部门通过签订合同,按有偿使用、定期归还原则发放的款项,可以作为破产债权。

第六十三条 债权人对清算组确认或者否认的债权有异议的,可以向清算组提出。债权人对清算组的处理仍有异议的,可以向人民法院提出。人民法院应当在查明事实的基础上依法作出裁决。

九、关于破产财产

第六十四条 破产财产由下列财产构成:

(一)债务人在破产宣告时所有的或者经营管理的全部财产;

(二)债务人在破产宣告后至破产程序终结前取得的财产;

(三)应当由债务人行使的其他财产权利。

第六十五条 债务人与他人共有的物、债权、知识产权等财产或者财产权,应当在破产清算中予以分割,债务人分割所得属于破产财产;不能分割的,应当就其应得部分转让,转让所得属于破产财产。

第六十六条 债务人的开办人注册资金投入不足的,应当由该开办人予以补足,补足部分属于破产财产。

第六十七条 企业破产前受让他人财产并依法取得所有权或者土地使用权的,即便未支付或者未完全支付对价,该财产仍属于破产财产。

第六十八条 债务人的财产被采取民事诉讼执行措施的,在受理破产案件后尚未执行的或者未执行完毕的剩余部分,在该企业被宣告破产后列入破产财产。因错误执行应当执行回转的财产,在执行回转后列入破产财产。

第六十九条 债务人依照法律规定取得代位求偿权的,依该代位求偿权享有的债权属于破产财产。

第七十条 债务人在被宣告破产时未到期的债权视为已到期,属于破产财产,但应当减去未到期的利息。

第七十一条 下列财产不属于破产财产:

(一)债务人基于仓储、保管、加工承揽、委托交易、代销、借用、寄存、租赁等法律关系占有、使用的他人财产;

(二)抵押物、留置物、出质物,但权利人放弃优先受偿权的或者优先偿付被担保债权剩余的部分除外；

（三）担保物灭失后产生的保险金、补偿金、赔偿金等代位物；

（四）依照法律规定存在优先权的财产，但权利人放弃优先受偿权或者优先偿付特定债权剩余的部分除外；

（五）特定物买卖中，尚未转移占有但相对人已完全支付对价的特定物；

（六）尚未办理产权证或者产权过户手续但已向买方交付的财产；

（七）债务人在所有权保留买卖中尚未取得所有权的财产；

（八）所有权专属于国家且不得转让的财产；

（九）破产企业工会所有的财产。

第七十二条 本规定第七十一条第（一）项所列的财产，财产权利人有权取回。

前款财产在破产宣告前已经毁损灭失的，财产权利人仅能以直接损失额为限申报债权；在破产宣告后因清算组的责任毁损灭失的，财产权利人有权获得等值赔偿。

债务人转让上述财产获利的，财产权利人有权要求债务人等值赔偿。

十、关于破产财产的收回、处理和变现

第七十三条 清算组应当向破产企业的债务人和财产持有人发出书面通知，要求债务人和财产持有人于限定的时间向清算组清偿债务或者交付财产。

破产企业的债务人和财产持有人有异议的，应当在收到通知后的七日内提出，由人民法院作出裁定。

破产企业的债务人和财产持有人在收到通知后既不向清算组清偿债务或者交付财产，又没有正当理由不在规定的异议期内提出异议的，由清算组向人民法院提出申请，经人民法院裁定后强制执行。

破产企业在境外的财产，由清算组予以收回。

第七十四条 债务人享有的债权，其诉讼时效自人民法院受理债务人的破产申请之日起，适用《中华人民共和国民法通则》第一百四十条关于诉讼时效中断的规定。债务人与债权人达成和解协议，中止破产程序的，诉讼时效自人民法院中止破产程序裁定之日起重新计算。

第七十五条 经人民法院同意，清算组可以聘用律师或者其他中介机构的人员追收债权。

第七十六条 债务人设立的分支机构和没有法人资格的全资机构的财产，应当

一并纳入破产程序进行清理。

第七十七条 债务人在其开办的全资企业中的投资权益应当予以追收。

全资企业资不抵债的,清算组停止追收。

第七十八条 债务人对外投资形成的股权及其收益应当予以追收。对该股权可以出售或者转让,出售、转让所得列入破产财产进行分配。

股权价值为负值的,清算组停止追收。

第七十九条 债务人开办的全资企业,以及由其参股、控股的企业不能清偿到期债务,需要进行破产还债的,应当另行提出破产申请。

第八十条 清算组处理集体所有土地使用权时,应当遵守相关法律规定。未办理土地征用手续的集体所有土地使用权,应当在该集体范围内转让。

第八十一条 破产企业的职工住房,已经签订合同、交付房款,进行房改给个人的,不属于破产财产。未进行房改的,可由清算组向有关部门申请办理房改事项,向职工出售。按照国家规定不具备房改条件,或者职工在房改中不购买住房的,由清算组根据实际情况处理。

第八十二条 债务人的幼儿园、学校、医院等公益福利性设施,按国家有关规定处理,不作为破产财产分配。

第八十三条 处理破产财产前,可以确定有相应评估资质的评估机构对破产财产进行评估,债权人会议、清算组对破产财产的评估结论、评估费用有异议的,参照最高人民法院《关于民事诉讼证据的若干规定》第二十七条的规定处理。

第八十四条 债权人会议对破产财产的市场价格无异议的,经人民法院同意后,可以不进行评估。但是国有资产除外。

第八十五条 破产财产的变现应当以拍卖方式进行。由清算组负责委托有拍卖资格的拍卖机构进行拍卖。

依法不得拍卖或者拍卖所得不足以支付拍卖所需费用的,不进行拍卖。

前款不进行拍卖或者拍卖不成的破产财产,可以在破产分配时进行实物分配或者作价变卖。债权人对清算组在实物分配或者作价变卖中对破产财产的估价有异议的,可以请求人民法院进行审查。

第八十六条 破产财产中的成套设备,一般应当整体出售。

第八十七条 依法属于限制流通的破产财产,应当由国家指定的部门收购或者按照有关法律规定处理。

十一、关于破产费用

第八十八条 破产费用包括：

（一）破产财产的管理、变卖、分配所需要的费用；

（二）破产案件的受理费；

（三）债权人会议费用；

（四）催收债务所需费用；

（五）为债权人的共同利益而在破产程序中支付的其他费用。

第八十九条 人民法院受理企业破产案件可以按照《人民法院诉讼收费办法补充规定》预收案件受理费。

破产宣告前发生的经人民法院认可的必要支出，从债务人财产中拨付。债务人财产不足以支付的，如系债权人申请破产的，由债权人支付。

第九十条 清算期间职工生活费、医疗费可以从破产财产中优先拨付。

第九十一条 破产费用可随时支付，破产财产不足以支付破产费用的，人民法院根据清算组的申请裁定终结破产程序。

十二、关于破产财产的分配

第九十二条 破产财产分配方案经债权人会议通过后，由清算组负责执行。财产分配可以一次分配，也可以多次分配。

第九十三条 破产财产分配方案应当包括以下内容：

（一）可供破产分配的财产种类、总值，已经变现的财产和未变现的财产；

（二）债权清偿顺序、各顺序的种类与数额，包括破产企业所欠职工工资、劳动保险费用和破产企业所欠税款的数额和计算依据，纳入国家计划调整的企业破产，还应当说明职工安置费的数额和计算依据；

（三）破产债权总额和清偿比例；

（四）破产分配的方式、时间；

（五）对将来能够追回的财产拟进行追加分配的说明。

第九十四条 列入破产财产的债权，可以进行债权分配。债权分配以便于债权人实现债权为原则。

将人民法院已经确认的债权分配给债权人的，由清算组向债权人出具债权分配书,债权人可以凭债权分配书向债务人要求履行。债务人拒不履行的,债权人可以申请人民法院强制执行。

第九十五条 债权人未在指定期限内领取分配的财产的,对该财产可以进行提存或者变卖后提存价款,并由清算组向债权人发出催领通知书。债权人在收到催领通知书一个月后或者在清算组发出催领通知书两个月后,债权人仍未领取的,清算组应当对该部分财产进行追加分配。

十三、关于破产终结

第九十六条 破产财产分配完毕,由清算组向人民法院报告分配情况,并申请人民法院终结破产程序。

人民法院在收到清算组的报告和终结破产程序申请后,认为符合破产程序终结规定的,应当在七日内裁定终结破产程序。

第九十七条 破产程序终结后,由清算组向破产企业原登记机关办理企业注销登记。

破产程序终结后仍有可以追收的破产财产、追加分配等善后事宜需要处理的,经人民法院同意,可以保留清算组或者保留部分清算组成员。

第九十八条 破产程序终结后出现可供分配的财产的,应当追加分配。追加分配的财产,除企业破产法第四十条规定的由人民法院追回的财产外,还包括破产程序中因纠正错误支出收回的款项,因权利被承认追回的财产,债权人放弃的财产和破产程序终结后实现的财产权利等。

第九十九条 破产程序终结后,破产企业的帐册、文书等卷宗材料由清算组移交破产企业上级主管机关保存;无上级主管机关的,由破产企业的开办人或者股东保存。

十四、其　　他

第一百条 人民法院在审理企业破产案件中,发现破产企业的原法定代表人或者直接责任人员有企业破产法第三十五条所列行为的,应当向有关部门建议,对该法定代表人或者直接责任人员给予行政处分;涉嫌犯罪的,应当将有关材料移送相关国家机关处理。

第一百零一条 破产企业有企业破产法第三十五条所列行为,致使企业财产无法收回,造成实际损失的,清算组可以对破产企业的原法定代表人、直接责任人员提起民事诉讼,要求其承担民事赔偿责任。

第一百零二条 人民法院受理企业破产案件后,发现企业有巨额财产下落不明的,应当将有关涉嫌犯罪的情况和材料,移送相关国家机关处理。

第一百零三条 人民法院可以建议有关部门对破产企业的主要责任人员限制其再行开办企业,在法定期限内禁止其担任公司的董事、监事、经理。

第一百零四条 最高人民法院发现各级人民法院,或者上级人民法院发现下级人民法院在破产程序中作出的裁定确有错误的,应当通知其纠正;不予纠正的,可以裁定指令下级人民法院重新作出裁定。

第一百零五条 纳入国家计划调整的企业破产案件,除适用本规定外,还应当适用国家有关企业破产的相关规定。

第一百零六条 本规定自二〇〇二年九月一日起施行。在本规定发布前制定的有关审理企业破产案件的司法解释,与本规定相抵触的,不再适用。

最高人民法院印发《全国法院破产审判工作会议纪要》的通知

（2018年3月4日　法〔2018〕53号）

各省、自治区、直辖市高级人民法院，解放军军事法院，新疆维吾尔自治区高级人民法院生产建设兵团分院：

现将《全国法院破产审判工作会议纪要》印发给你们，请认真遵照执行。

全国法院破产审判工作会议纪要

为落实党的十九大报告提出的贯彻新发展理念、建设现代化经济体系的要求，紧紧围绕高质量发展这条主线，服务和保障供给侧结构性改革，充分发挥人民法院破产审判工作在完善社会主义市场经济主体拯救和退出机制中的积极作用，为决胜全面建成小康社会提供更加有力的司法保障，2017年12月25日，最高人民法院在广东省深圳市召开了全国法院破产审判工作会议。各省、自治区、直辖市高级人民法院、设立破产审判庭的市中级人民法院的代表参加了会议。与会代表经认真讨论，对人民法院破产审判涉及的主要问题达成共识。现纪要如下：

一、破产审判的总体要求

会议认为，人民法院要坚持以习近平新时代中国特色社会主义经济思想为指导，深刻认识破产法治对决胜全面建成小康社会的重要意义，以更加有力的举措开展破产审判工作，为经济社会持续健康发展提供更加有力的司法保障。当前和今后一个时期，破产审判工作总的要求是：

一要发挥破产审判功能，助推建设现代化经济体系。人民法院要通过破产工作实现资源重新配置，用好企业破产中权益、经营管理、资产、技术等重大调整的有利契机，对不同企业分类处置，把科技、资本、劳动力和人力资源等生产要素调动好、配置好、协同好，促进实体经济和产业体系优质高效。

二要着力服务构建新的经济体制，完善市场主体救治和退出机制。要充分运用重整、和解法律手段实现市场主体的有效救治，帮助企业提质增效；运用清算手段促使丧失经营价值的企业和产能及时退出市场，实现优胜劣汰，从而完善社会主义市场主体的救治和退出机制。

三要健全破产审判工作机制，最大限度释放破产审判的价值。要进一步完善破产重整企业识别、政府与法院协调、案件信息沟通、合法有序的利益衡平四项破产审判工作机制，推动破产审判工作良性运行，彰显破产审判工作的制度价值和社会责任。

四要完善执行与破产工作的有序衔接，推动解决“执行难”。要将破产审判作为与立案、审判、执行既相互衔接、又相对独立的一个重要环节，充分发挥破产审判对化解执行积案的促进功能，消除执行转破产的障碍，从司法工作机制上探索解决“执行难”的有效途径。

二、破产审判的专业化建设

审判专业化是破产审判工作取得实质性进展的关键环节。各级法院要大力加强破产审判专业化建设，努力实现审判机构专业化、审判队伍专业化、审判程序规范化、裁判规则标准化、绩效考评科学化。

1. 推进破产审判机构专业化建设。省会城市、副省级城市所在地中级人民法院要根据最高人民法院《关于在中级人民法院设立清算与破产审判庭的工作方案》（法〔2016〕209 号），抓紧设立清算与破产审判庭。其他各级法院可根据本地工作实际需求决定设立清算与破产审判庭或专门的合议庭，培养熟悉清算与破产审判的专业法官，以适应破产审判工作的需求。

2. 合理配置审判任务。要根据破产案件数量、案件难易程度、审判力量等情况，合理分配各级法院的审判任务。对于债权债务关系复杂、审理难度大的破产案件，高级人民法院可以探索实行中级人民法院集中管辖为原则、基层人民法院管辖为例外的管辖制度；对于债权债务关系简单、审理难度不大的破产案件，可以主要由基层人民法院管辖，通过快速审理程序高效审结。

3. 建立科学的绩效考评体系。要尽快完善清算与破产审判工作绩效考评体系，在充分尊重司法规律的基础上确定绩效考评标准，避免将办理清算破产案件与普通案件简单对比、等量齐观、同等考核。

三、管理人制度的完善

管理人是破产程序的主要推动者和破产事务的具体执行者。管理人的能力和素质不仅影响破产审判工作的质量,还关系到破产企业的命运与未来发展。要加快完善管理人制度,大力提升管理人职业素养和执业能力,强化对管理人的履职保障和有效监督,为改善企业经营、优化产业结构提供有力制度保障。

4. 完善管理人队伍结构。人民法院要指导编入管理人名册的中介机构采取适当方式吸收具有专业技术知识、企业经营能力的人员充实到管理人队伍中来,促进管理人队伍内在结构更加合理,充分发挥和提升管理人在企业病因诊断、资源整合等方面的重要作用。

5. 探索管理人跨区域执业。除从本地名册选择管理人外,各地法院还可以探索从外省、市管理人名册中选任管理人,确保重大破产案件能够遴选出最佳管理人。两家以上具备资质的中介机构请求联合担任同一破产案件管理人的,人民法院经审查符合自愿协商、优势互补、权责一致要求且确有必要的,可以准许。

6. 实行管理人分级管理。高级人民法院或者自行编制管理人名册的中级人民法院可以综合考虑管理人的专业水准、工作经验、执业操守、工作绩效、勤勉程度等因素,合理确定管理人等级,对管理人实行分级管理、定期考评。对债务人财产数量不多、债权债务关系简单的破产案件,可以在相应等级的管理人中采取轮候、抽签、摇号等随机方式指定管理人。

7. 建立竞争选定管理人工作机制。破产案件中可以引入竞争机制选任管理人,提升破产管理质量。上市公司破产案件、在本地有重大影响的破产案件或者债权债务关系复杂,涉及债权人、职工以及利害关系人人数较多的破产案件,在指定管理人时,一般应当通过竞争方式依法选定。

8. 合理划分法院和管理人的职能范围。人民法院应当支持和保障管理人依法履行职责,不得代替管理人作出本应由管理人自己作出的决定。管理人应当依法管理和处分债务人财产,审慎决定债务人内部管理事务,不得将自己的职责全部或者部分转让给他人。

9. 进一步落实管理人职责。在债务人自行管理的重整程序中,人民法院要督促管理人制订监督债务人的具体制度。在重整计划规定的监督期内,管理人应当代表债务人参加监督期开始前已经启动而尚未终结的诉讼、仲裁活动。重整程序、和解程序转入破产清算程序后,管理人应当按照破产清算程序继续履行管理人职责。

10. 发挥管理人报酬的激励和约束作用。人民法院可以根据破产案件的不同情况确定管理人报酬的支付方式,发挥管理人报酬在激励、约束管理人勤勉履职方面的积极作用。管理人报酬原则上应当根据破产案件审理进度和管理人履职情况分期支付。案情简单、耗时较短的破产案件,可以在破产程序终结后一次性向管理人支付报酬。

11. 管理人聘用其他人员费用负担的规制。管理人经人民法院许可聘用企业经营管理人员,或者管理人确有必要聘请其他社会中介机构或人员处理重大诉讼、仲裁、执行或审计等专业性较强工作,如所需费用需要列入破产费用的,应当经债权人会议同意。

12. 推动建立破产费用的综合保障制度。各地法院要积极争取财政部门支持,或采取从其他破产案件管理人报酬中提取一定比例等方式,推动设立破产费用保障资金,建立破产费用保障长效机制,解决因债务人财产不足以支付破产费用而影响破产程序启动的问题。

13. 支持和引导成立管理人协会。人民法院应当支持、引导、推动本辖区范围内管理人名册中的社会中介机构、个人成立管理人协会,加强对管理人的管理和约束,维护管理人的合法权益,逐步形成规范、稳定和自律的行业组织,确保管理人队伍既充满活力又规范有序发展。

四、破产重整

会议认为,重整制度集中体现了破产法的拯救功能,代表了现代破产法的发展趋势,全国各级法院要高度重视重整工作,妥善审理企业重整案件,通过市场化、法治化途径挽救困境企业,不断完善社会主义市场主体救治机制。

14. 重整企业的识别审查。破产重整的对象应当是具有挽救价值和可能的困境企业;对于僵尸企业,应通过破产清算,果断实现市场出清。人民法院在审查重整申请时,根据债务人的资产状况、技术工艺、生产销售、行业前景等因素,能够认定债务人明显不具备重整价值以及拯救可能性的,应裁定不予受理。

15. 重整案件的听证程序。对于债权债务关系复杂、债务规模较大,或者涉及上市公司重整的案件,人民法院在审查重整申请时,可以组织申请人、被申请人听证。债权人、出资人、重整投资人等利害关系人经人民法院准许,也可以参加听证。听证期间不计入重整申请审查期限。

16. 重整计划的制定及沟通协调。人民法院要加强与管理人或债务人的沟通,引导其分析债务人陷于困境的原因,有针对性地制定重整计划草案,促使企业重新获得盈利能力,提高重整成功率。人民法院要与政府建立沟通协调机制,帮助管理人或债务人解决重整计划草案制定中的困难和问题。

17. 重整计划的审查与批准。重整不限于债务减免和财务调整,重整的重点是维持企业的营运价值。人民法院在审查重整计划时,除合法性审查外,还应审查其中的经营方案是否具有可行性。重整计划中关于企业重新获得盈利能力的经营方案具有可行性、表决程序合法、内容不损害各表决组中反对者的清偿利益的,人民法院应当自收到申请之日起三十日内裁定批准重整计划。

18. 重整计划草案强制批准的条件。人民法院应当审慎适用企业破产法第八十七条第二款,不得滥用强制批准权。确需强制批准重整计划草案的,重整计划草案除应当符合企业破产法第八十七条第二款规定外,如债权人分多组的,还应当至少有一组已经通过重整计划草案,且各表决组中反对者能够获得的清偿利益不低于依照破产清算程序所能获得的利益。

19. 重整计划执行中的变更条件和程序。债务人应严格执行重整计划,但因出现国家政策调整、法律修改变化等特殊情况,导致原重整计划无法执行的,债务人或管理人可以申请变更重整计划一次。债权人会议决议同意变更重整计划的,应自决议通过之日起十日内提请人民法院批准。债权人会议决议不同意或者人民法院不批准变更申请的,人民法院经管理人或者利害关系人请求,应当裁定终止重整计划的执行,并宣告债务人破产。

20. 重整计划变更后的重新表决与裁定批准。人民法院裁定同意变更重整计划的,债务人或者管理人应当在六个月内提出新的重整计划。变更后的重整计划应提交给因重整计划变更而遭受不利影响的债权人组和出资人组进行表决。表决、申请人民法院批准以及人民法院裁定是否批准的程序与原重整计划的相同。

21. 重整后企业正常生产经营的保障。企业重整后,投资主体、股权结构、公司治理模式、经营方式等与原企业相比,往往发生了根本变化,人民法院要通过加强与政府的沟通协调,帮助重整企业修复信用记录,依法获取税收优惠,以利于重整企业恢复正常生产经营。

22. 探索推行庭外重组与庭内重整制度的衔接。在企业进入重整程序之前,可以先由债权人与债务人、出资人等利害关系人通过庭外商业谈判,拟定重组方案。

重整程序启动后,可以重组方案为依据拟定重整计划草案提交人民法院依法审查批准。

五、破产清算

会议认为,破产清算作为破产制度的重要组成部分,具有淘汰落后产能、优化市场资源配置的直接作用。对于缺乏拯救价值和可能性的债务人,要及时通过破产清算程序对债权债务关系进行全面清理,重新配置社会资源,提升社会有效供给的质量和水平,增强企业破产法对市场经济发展的引领作用。

23. 破产宣告的条件。人民法院受理破产清算申请后,第一次债权人会议上无人提出重整或和解申请的,管理人应当在债权审核确认和必要的审计、资产评估后,及时向人民法院提出宣告破产的申请。人民法院受理破产和解或重整申请后,债务人出现应当宣告破产的法定原因时,人民法院应当依法宣告债务人破产。

24. 破产宣告的程序及转换限制。相关主体向人民法院提出宣告破产申请的,人民法院应当自收到申请之日起七日内作出破产宣告裁定并进行公告。债务人被宣告破产后,不得再转入重整程序或和解程序。

25. 担保权人权利的行使与限制。在破产清算和破产和解程序中,对债务人特定财产享有担保权的债权人可以随时向管理人主张就该特定财产变价处置行使优先受偿权,管理人应及时变价处置,不得以须经债权人会议决议等为由拒绝。但因单独处置担保财产会降低其他破产财产的价值而应整体处置的除外。

26. 破产财产的处置。破产财产处置应当以价值最大化为原则,兼顾处置效率。人民法院要积极探索更为有效的破产财产处置方式和渠道,最大限度提升破产财产变价率。采用拍卖方式进行处置的,拍卖所得预计不足以支付评估拍卖费用,或者拍卖不成的,经债权人会议决议,可以采取作价变卖或实物分配方式。变卖或实物分配的方案经债权人会议两次表决仍未通过的,由人民法院裁定处理。

27. 企业破产与职工权益保护。破产程序中要依法妥善处理劳动关系,推动完善职工欠薪保障机制,依法保护职工生存权。由第三方垫付的职工债权,原则上按照垫付的职工债权性质进行清偿;由欠薪保障基金垫付的,应按照企业破产法第一百一十三条第一款第二项的顺序清偿。债务人欠缴的住房公积金,按照债务人拖欠的职工工资性质清偿。

28. 破产债权的清偿原则和顺序。对于法律没有明确规定清偿顺序的债权,人民法院可以按照人身损害赔偿债权优先于财产性债权、私法债权优先于公法债权、补偿性债权优先于惩罚性债权的原则合理确定清偿顺序。因债务人侵权行为造成的人身损害赔偿,可以参照企业破产法第一百一十三条第一款第一项规定的顺序清偿,但其中涉及的惩罚性赔偿除外。破产财产依照企业破产法第一百一十三条规定的顺序清偿后仍有剩余的,可依次用于清偿破产受理前产生的民事惩罚性赔偿金、行政罚款、刑事罚金等惩罚性债权。

29. 建立破产案件审理的繁简分流机制。人民法院审理破产案件应当提升审判效率,在确保利害关系人程序和实体权利不受损害的前提下,建立破产案件审理的繁简分流机制。对于债权债务关系明确、债务人财产状况清楚的破产案件,可以通过缩短程序时间、简化流程等方式加快案件审理进程,但不得突破法律规定的最低期限。

30. 破产清算程序的终结。人民法院终结破产清算程序应当以查明债务人财产状况、明确债务人财产的分配方案、确保破产债权获得依法清偿为基础。破产申请受理后,经管理人调查,债务人财产不足以清偿破产费用且无人代为清偿或垫付的,人民法院应当依管理人申请宣告破产并裁定终结破产清算程序。

31. 保证人的清偿责任和求偿权的限制。破产程序终结前,已向债权人承担了保证责任的保证人,可以要求债务人向其转付已申报债权的债权人在破产程序中应得清偿部分。破产程序终结后,债权人就破产程序中未受清偿部分要求保证人承担保证责任的,应在破产程序终结后六个月内提出。保证人承担保证责任后,不得再向和解或重整后的债务人行使求偿权。

六、关联企业破产

会议认为,人民法院审理关联企业破产案件时,要立足于破产关联企业之间的具体关系模式,采取不同方式予以处理。既要通过实质合并审理方式处理法人人格高度混同的关联关系,确保全体债权人公平清偿,也要避免不当采用实质合并审理方式损害相关利益主体的合法权益。

32. 关联企业实质合并破产的审慎适用。人民法院在审理企业破产案件时,应当尊重企业法人人格的独立性,以对关联企业成员的破产原因进行单独判断并适用单个破产程序为基本原则。当关联企业成员之间存在法人人格高度混同、区分各关联企业成员财产的成本过高、严重损害债权人公平清偿利益时,可例外适用关联企业实质合并破产方式进行审理。

33. 实质合并申请的审查。人民法院收到实质合并申请后,应当及时通知相关利害关系人并组织听证,听证时间不计入审查时间。人民法院在审查实质合并申请过程中,可以综合考虑关联企业之间资产的混同程序及其持续时间、各企业之间的利益关系、债权人整体清偿利益、增加企业重整的可能性等因素,在收到申请之日起三十日内作出是否实质合并审理的裁定。

34. 裁定实质合并时利害关系人的权利救济。相关利害关系人对受理法院作出的实质合并审理裁定不服的,可以自裁定书送达之日起十五日内向受理法院的上一级人民法院申请复议。

35. 实质合并审理的管辖原则与冲突解决。采用实质合并方式审理关联企业破产案件的,应由关联企业中的核心控制企业住所地人民法院管辖。核心控制企业不明确的,由关联企业主要财产所在地人民法院管辖。多个法院之间对管辖权发生争议的,应当报请共同的上级人民法院指定管辖。

36. 实质合并审理的法律后果。人民法院裁定采用实质合并方式审理破产案件的,各关联企业成员之间的债权债务归于消灭,各成员的财产作为合并后统一的破产财产,由各成员的债权人在同一程序中按照法定顺序公平受偿。采用实质合并方式进行重整的,重整计划草案中应当制定统一的债权分类、债权调整和债权受偿方案。

37. 实质合并审理后的企业成员存续。适用实质合并规则进行破产清算的,破产程序终结后各关联企业成员均应予以注销。适用实质合并规则进行和解或重整的,各关联企业原则上应当合并为一个企业。根据和解协议或重整计划,确有需要保持个别企业独立的,应当依照企业分立的有关规则单独处理。

38. 关联企业破产案件的协调审理与管辖原则。多个关联企业成员均存在破产原因但不符合实质合并条件的,人民法院可根据相关主体的申请对多个破产程序进行协调审理,并可根据程序协调的需要,综合考虑破产案件审理的效率、破产申请的先后顺序、成员负债规模大小、核心控制企业住所地等因素,由共同的上级法院确定一家法院集中管辖。

39. 协调审理的法律后果。协调审理不消灭关联企业成员之间的债权债务关系,不对关联企业成员的财产进行合并,各关联企业成员的债权人仍以该企业成员财产为限依法获得清偿。但关联企业成员之间不当利用关联关系形成的债权,应当劣后于其他普通债权顺序清偿,且该劣后债权人不得就其他关联企业成员提供的特定财产优先受偿。

七、执行程序与破产程序的衔接

执行程序与破产程序的有效衔接是全面推进破产审判工作的有力抓手，也是破解“执行难”的重要举措。全国各级法院要深刻认识执行转破产工作的重要意义，大力推动符合破产条件的执行案件，包括执行不能案件进入破产程序，充分发挥破产程序的制度价值。

40. 执行法院的审查告知、释明义务和移送职责。执行部门要高度重视执行与破产的衔接工作，推动符合条件的执行案件向破产程序移转。执行法院发现作为被执行人的企业法人符合企业破产法第二条规定的，应当及时询问当事人是否同意将案件移送破产审查并释明法律后果。执行法院作出移送决定后，应当书面通知所有已知执行法院，执行法院均应中止对被执行人的执行程序。

41. 执行转破产案件的移送和接收。执行法院与受移送法院应加强移送环节的协调配合，提升工作实效。执行法院移送案件时，应当确保材料完备，内容、形式符合规定。受移送法院应当认真审核并及时反馈意见，不得无故不予接收或暂缓立案。

42. 破产案件受理后查封措施的解除或查封财产的移送。执行法院收到破产受理裁定后，应当解除对债务人财产的查封、扣押、冻结措施；或者根据破产受理法院的要求，出具函件将查封、扣押、冻结财产的处置权交破产受理法院。破产受理法院可以持执行法院的移送处置函件进行续行查封、扣押、冻结，解除查封、扣押、冻结，或者予以处置。

执行法院收到破产受理裁定拒不解除查封、扣押、冻结措施的，破产受理法院可以请求执行法院的上级法院依法予以纠正。

43. 破产审判部门与执行部门的信息共享。破产受理法院可以利用执行查控系统查控债务人财产，提高破产审判工作效率，执行部门应予以配合。

各地法院要树立线上线下法律程序同步化的观念，逐步实现符合移送条件的执行案件网上移送，提升移送工作的透明度，提高案件移送、通知、送达、沟通协调等相关工作的效率。

44. 强化执行转破产工作的考核与管理。各级法院要结合工作实际建立执行转破产工作考核机制，科学设置考核指标，推动执行转破产工作开展。对应当征询当事人意见不征询、应当提交移送审查不提交、受移送法院违反相关规定拒不接收执行转破产材料或者拒绝立案的，除应当纳入绩效考核和业绩考评体系外，还应当公开通报和严肃追究相关人员的责任。

八、破产信息化建设

会议认为，全国法院要进一步加强破产审判的信息化建设，提升破产案件审理的透明度和公信力，增进破产案件审理质效，促进企业重整再生。

45. 充分发挥破产重整案件信息平台对破产审判工作的推动作用。各级法院要按照最高人民法院相关规定，通过破产重整案件信息平台规范破产案件审理，全程公开、步步留痕。要进一步强化信息网的数据统计、数据检索等功能，分析研判企业破产案件情况，及时发现新情况，解决新问题，提升破产案件审判水平。

46. 不断加大破产重整案件的信息公开力度。要增加对债务人企业信息的公开内容，吸引潜在投资者，促进资本、技术、管理能力等要素自由流动和有效配置，帮助企业重整再生。要确保债权人等利害关系人及时、充分了解案件进程和债务人相关财务、重整计划草案、重整计划执行等情况，维护债权人等利害关系人的知情权、程序参与权。

47. 运用信息化手段提高破产案件处理的质量与效率。要适应信息化发展趋势，积极引导以网络拍卖方式处置破产财产，提升破产财产处置效益。鼓励和规范通过网络方式召开债权人会议，提高效率，降低破产费用，确保债权人等主体参与破产程序的权利。

48. 进一步发挥人民法院破产重整案件信息网的枢纽作用。要不断完善和推广使用破产重整案件信息网，在确保增量数据及时录入信息网的同时，加快填充有关存量数据，确立信息网在企业破产大数据方面的枢纽地位，发挥信息网的宣传、交流功能，扩大各方运用信息网的积极性。

九、跨境破产

49. 对跨境破产与互惠原则。人民法院在处理跨境破产案件时，要妥善解决跨境破产中的法律冲突与矛盾，合理确定跨境破产案件中的管辖权。在坚持同类债权平等保护的原则下，协调好外国债权人利益与我国债权人利益的平衡，合理保护我国境内职工债权、税收债权等优先权的清偿利益。积极参与、推动跨境破产国际条约的协商与签订，探索互惠原则适用的新方式，加强我国法院和管理人在跨境破产领域的合作，推进国际投资健康有序发展。

50. 跨境破产案件中的权利保护与利益平衡。依照企业破产法第五条的规定，开展跨境破产协作。人民法院认可外国法院作出的破产案件的判决、裁定后，债务人在中华人民共和国境内的财产在全额清偿境内的担保权人、职工债权和社会保险费用、所欠税款等优先权后，剩余财产可以按照该外国法院的规定进行分配。

最高人民法院印发《关于执行案件移送破产审查若干问题的指导意见》的通知

（2017 年 1 月 20 日　法发〔2017〕2 号）

各省、自治区、直辖市高级人民法院，解放军军事法院，新疆维吾尔自治区高级人民法院生产建设兵团分院：

现将《最高人民法院关于执行案件移送破产审查若干问题的指导意见》印发给你们，请认真遵照执行。

最高人民法院关于执行案件移送破产审查若干问题的指导意见

推进执行案件移送破产审查工作，有利于健全市场主体救治和退出机制，有利于完善司法工作机制，有利于化解执行积案，是人民法院贯彻中央供给侧结构性改革部署的重要举措，是当前和今后一段时期人民法院服务经济社会发展大局的重要任务。为促进和规范执行案件移送破产审查工作，保障执行程序与破产程序的有序衔接，根据《中华人民共和国企业破产法》《中华人民共和国民事诉讼法》《最高人民法院关于适用〈中华人民共和国民事诉讼法〉的解释》等规定，现对执行案件移送破产审查的若干问题提出以下意见。

一、执行案件移送破产审查的工作原则、条件与管辖

1. 执行案件移送破产审查工作，涉及执行程序与破产程序之间的转换衔接，不同法院之间，同一法院内部执行部门、立案部门、破产审判部门之间，应坚持依法有序、协调配合、高效便捷的工作原则，防止推诿扯皮，影响司法效率，损害当事人合法权益。

2. 执行案件移送破产审查，应同时符合下列条件：

（1）被执行人为企业法人；

(2)被执行人或者有关被执行人的任何一个执行案件的申请执行人书面同意将执行案件移送破产审查;

(3)被执行人不能清偿到期债务,并且资产不足以清偿全部债务或者明显缺乏清偿能力。

3.执行案件移送破产审查,由被执行人住所地人民法院管辖。在级别管辖上,为适应破产审判专业化建设的要求,合理分配审判任务,实行以中级人民法院管辖为原则、基层人民法院管辖为例外的管辖制度。中级人民法院经高级人民法院批准,也可以将案件交由具备审理条件的基层人民法院审理。

二、执行法院的征询、决定程序

4.执行法院在执行程序中应加强对执行案件移送破产审查有关事宜的告知和征询工作。执行法院采取财产调查措施后,发现作为被执行人的企业法人符合破产法第二条规定的,应当及时询问申请执行人、被执行人是否同意将案件移送破产审查。申请执行人、被执行人均不同意移送且无人申请破产的,执行法院应当按照《最高人民法院关于适用〈中华人民共和国民事诉讼法〉的解释》第五百一十六条的规定处理,企业法人的其他已经取得执行依据的债权人申请参与分配的,人民法院不予支持。

5.执行部门应严格遵守执行案件移送破产审查的内部决定程序。承办人认为执行案件符合移送破产审查条件的,应提出审查意见,经合议庭评议同意后,由执行法院院长签署移送决定。

6.为减少异地法院之间移送的随意性,基层人民法院拟将执行案件移送异地中级人民法院进行破产审查的,在作出移送决定前,应先报请其所在地中级人民法院执行部门审核同意。

7.执行法院作出移送决定后,应当于五日内送达申请执行人和被执行人。申请执行人或被执行人对决定有异议的,可以在受移送法院破产审查期间提出,由受移送法院一并处理。

8.执行法院作出移送决定后,应当书面通知所有已知执行法院,执行法院均应中止对被执行人的执行程序。但是,对被执行人的季节性商品、鲜活、易腐烂变质以及其他不宜长期保存的物品,执行法院应当及时变价处置,处置的价款不作分配。受移送法院裁定受理破产案件的,执行法院应当在收到裁定书之日起七日内,将该价款移交受理破产案件的法院。

案件符合终结本次执行程序条件的，执行法院可以同时裁定终结本次执行程序。

9. 确保对被执行人财产的查封、扣押、冻结措施的连续性，执行法院决定移送后、受移送法院裁定受理破产案件之前，对被执行人的查封、扣押、冻结措施不解除。查封、扣押、冻结期限在破产审查期间届满的，申请执行人可以向执行法院申请延长期限，由执行法院负责办理。

三、移送材料及受移送法院的接收义务

10. 执行法院作出移送决定后，应当向受移送法院移送下列材料：

(1)执行案件移送破产审查决定书；

(2)申请执行人或被执行人同意移送的书面材料；

(3)执行法院采取财产调查措施查明的被执行人的财产状况，已查封、扣押、冻结财产清单及相关材料；

(4)执行法院已分配财产清单及相关材料；

(5)被执行人债务清单；

(6)其他应当移送的材料。

11. 移送的材料不完备或内容错误，影响受移送法院认定破产原因是否具备的，受移送法院可以要求执行法院补齐、补正，执行法院应于十日内补齐、补正。该期间不计入受移送法院破产审查的期间。

受移送法院需要查阅执行程序中的其他案件材料，或者依法委托执行法院办理财产处置等事项的，执行法院应予协助配合。

12. 执行法院移送破产审查的材料，由受移送法院立案部门负责接收。受移送法院不得以材料不完备等为由拒绝接收。立案部门经审核认为移送材料完备的，应以“破申”作为案件类型代字编制案号登记立案，并及时将案件移送破产审判部门进行破产审查。破产审判部门在审查过程中发现本院对案件不具有管辖权的，应当按照《中华人民共和国民事诉讼法》第三十六条的规定处理。

四、受移送法院破产审查与受理

13. 受移送法院的破产审判部门应当自收到移送的材料之日起三十日内作出是否受理的裁定。受移送法院作出裁定后，应当在五日内送达申请执行人、被执行人，并送交执行法院。

14. 申请执行人申请或同意移送破产审查的，裁定书中以该申请执行人为申请人，被执行人为被申请人；被执行人申请或同意移送破产审查的，裁定书中以该被执行人为申请人；申请执行人、被执行人均同意移送破产审查的，双方均为申请人。

15. 受移送法院裁定受理破产案件的，在此前的执行程序中产生的评估费、公告费、保管费等执行费用，可以参照破产费用的规定，从债务人财产中随时清偿。

16. 执行法院收到受移送法院受理裁定后，应当于七日内将已经扣划到账的银行存款、实际扣押的动产、有价证券等被执行人财产移交给受理破产案件的法院或管理人。

17. 执行法院收到受移送法院受理裁定时，已通过拍卖程序处置且成交裁定已送达买受人的拍卖财产，通过以物抵债偿还债务且抵债裁定已送达债权人的抵债财产，已完成转账、汇款、现金交付的执行款，因财产所有权已经发生变动，不属于被执行人的财产，不再移交。

五、受移送法院不予受理或驳回申请的处理

18. 受移送法院做出不予受理或驳回申请裁定的，应当在裁定生效后七日内将接收的材料、被执行人的财产退回执行法院，执行法院应当恢复对被执行人的执行。

19. 受移送法院作出不予受理或驳回申请的裁定后，人民法院不得重复启动执行案件移送破产审查程序。申请执行人或被执行人以有新证据足以证明被执行人已经具备了破产原因为由，再次要求将执行案件移送破产审查的，人民法院不予支持。但是，申请执行人或被执行人可以直接向具有管辖权的法院提出破产申请。

20. 受移送法院裁定宣告被执行人破产或裁定终止和解程序、重整程序的，应当自裁定作出之日起五日内送交执行法院，执行法院应当裁定终结对被执行人的执行。

六、执行案件移送破产审查的监督

21. 受移送法院拒绝接收移送的材料，或者收到移送的材料后不按规定的期限作出是否受理裁定的，执行法院可函请受移送法院的上一级法院进行监督。上一级法院收到函件后应当指令受移送法院在十日内接收材料或作出是否受理的裁定。

受移送法院收到上级法院的通知后，十日内仍不接收材料或不作出是否受理裁定的，上一级法院可以径行对移送破产审查的案件行使管辖权。上一级法院裁定受理破产案件的，可以指令受移送法院审理。

最高人民法院《关于破产案件立案受理有关问题的通知》

(2016 年 7 月 28 日　最高法明传〔2016〕469 号)

各省、自治区、直辖市高级人民法院,新疆维吾尔自治区高级人民法院生产建设兵团分院:

中央经济工作会议提出推进供给侧结构性改革,这是适应我国经济发展新常态作出的重大战略部署。为供给侧结构性改革提供有力的司法保障,是当前和今后一段时期人民法院的重要任务。破产审判工作具有依法促进市场主体再生或有序退出,优化社会资源配置、完善优胜劣汰机制的独特功能,是人民法院保障供给侧结构性改革、推动过剩产能化解的重要途径。因此,各级法院要高度重视、大力加强破产审判工作,认真研究解决影响破产审判职能发挥的体制性、机制性障碍。当前,尤其要做好破产案件的立案受理工作,这是加强破产审判工作的首要环节。为此,特就人民法院破产案件立案受理的有关问题通知如下:

一、破产案件的立案受理事关当事人破产申请权保障,决定破产程序能否顺利启动,是审理破产案件的基础性工作,各级法院要充分认识其重要意义,依照本通知要求,切实做好相关工作,不得在法定条件之外设置附加条件,限制剥夺当事人的破产申请权,阻止破产案件立案受理,影响破产程序正常启动。

二、自 2016 年 8 月 1 日起,对于债权人、债务人等法定主体提出的破产申请材料,人民法院立案部门应一律接收并出具书面凭证,然后根据《中华人民共和国企业破产法》第八条的规定进行形式审查。立案部门经审查认为申请人提交的材料符合法律规定的,应按 2016 年 8 月 1 日起实施的《强制清算与破产案件类型及代字标准》,以“破申”作为案件类型代字编制案号,当场登记立案。不符合法律规定的,应予释明,并以书面形式一次性告知应当补充、补正的材料,补充、补正期间不计入审查期限。申请人按要求补充、补正的,应当登记立案。

立案部门登记立案后,应及时将案件移送负责审理破产案件的审判业务部门。

三、审判业务部门应当在五日内将立案及合议庭组成情况通知债务人及提出申请的债权人。对于债权人提出破产申请的,应在通知中向债务人释明,如对破产申请有异议,应当自收到通知之日起七日内向人民法院提出。

四、债权人提出破产申请的,审判业务部门应当自债务人异议期满之日起十日内裁定是否受理。其他情形的,审判业务部门应当自人民法院收到破产申请之日起十五日内裁定是否受理。

有特殊情况需要延长上述审限的,经上一级人民法院批准,可以延长十五日。

五、破产案件涉及的矛盾错综复杂,协调任务繁重,审理周期长,对承办法官的绩效考评应充分考虑这种特殊性。各高级法院要根据本地实际,积极探索建立能够全面客观反映审理破产案件工作量的考评指标体系和科学合理的绩效考评机制,充分调动法官承办破产案件的积极性。

六、各级法院要在地方党委的领导下,同地方政府建立破产工作统一协调机制,积极争取机构、编制、财政、税收等方面的支持,根据审判任务变化情况合理设置机构、配置人员,建立破产援助基金,协调政府解决职工安置问题,妥善化解影响社会稳定的各类风险。

七、请各高级法院、解放军军事法院,新疆维吾尔自治区高级人民法院生产建设兵团分院对本辖区、本系统各级法院今年上半年立案的破产案件数量和破产审判庭设置情况进行统计汇总,于2016年8月20日之前报最高人民法院民二庭。

各级人民法院对本通知执行中发现的新情况、新问题,应逐级报最高人民法院。

特此通知。

最高人民法院《关于调整强制清算与破产案件类型划分的通知》

(2016 年 7 月 6 日　法〔2016〕237 号)

各省、自治区、直辖市高级人民法院,解放军军事法院,新疆维吾尔自治区高级人民法院生产建设兵团分院:

为满足强制清算、破产案件的审判工作需要,根据《最高人民法院关于人民法院案件案号的若干规定》第七条、第十四条规定,决定对强制清算、破产案件类型单独分类(详见附件《强制清算与破产案件类型及代字标准》)。现将调整内容及有关事项通知如下:

一、强制清算、破产案件从民事案件中分出,单独作为一大类案件,一级类型名称整合为强制清算与破产案件。

二、将强制清算、破产申请审查与受理后的强制清算、破产程序分列案件类型,即对强制清算或破产申请审查单独作为一类案件。

三、对不予受理、驳回强制清算申请或破产申请等裁定的上诉审理,作为强制清算与破产上诉案件,下设两个小类:强制清算上诉案件、破产上诉案件。

四、对强制清算或破产申请的不予受理、驳回申请裁定以及强制清算与破产上诉案件的监督,作为强制清算与破产监督案件,下设两小类:强制清算监督案件、破产监督案件。

五、强制清算、破产案件类型划分及代字新标准于 2016 年 8 月 1 日起施行。2016 年 8 月 1 日前已编立的案件案号不变。

特此通知。

附件

强制清算与破产案件类型划分及代字标准

类型新名称	类型代字
十一、强制清算与破产案件	
(一)强制清算与破产申请审查案件	
01. 强制清算申请审查案件	清申
02. 破产申请审查案件	破申
(二)强制清算与破产上诉案件	
01. 强制清算上诉案件	清终
02. 破产上诉案件	破终
(三)强制清算与破产监督案件	
01. 强制清算监督案件	清监
02. 破产监督案件	破监
(四)强制清算案件	强清
(五)破产案件	
01. 破产清算案件 02. 破产重整案件 03. 破产和解案件	破

最高人民法院《关于依法开展破产案件审理积极稳妥推进破产企业救治和清算工作的通知》

（2016年5月6日　法〔2016〕169号）

各省、自治区、直辖市高级人民法院，解放军军事法院，新疆维吾尔自治区高级人民法院生产建设兵团分院：

为认真贯彻党的十八届五中全会“更加注重运用市场机制、经济手段、法治办法化解产能过剩，加大政策引导力度，完善企业退出机制”精神，落实中央经济工作会议推进供给侧结构性改革要求，现就人民法院依法开展破产案件审理、积极稳妥推进破产企业救治和清算工作通知如下：

一、深刻认识依法开展破产案件审理、积极稳妥推进破产企业救治和清算工作的重要意义。社会主义市场主体救治和退出机制是否建立，是衡量社会主义市场经济体制完善的标志之一。依法开展破产案件审理、积极稳妥推进破产企业救治和清算工作，既是供给侧结构性改革的客观需要，又是提升市场主体竞争力的客观需要，也是建立完善社会主义市场主体救治和退出机制的客观需要。各级人民法院要深刻认识破产案件审理对优化资源配置、规范市场秩序的重要意义，推动破产案件审理工作常态化、规范化、法治化。对符合破产受理条件但仍可能适应市场需要的企业，要运用破产和解和破产重整的方式进行救治，使其能够通过救治重返市场；对救治无效或者根本不能适应市场需要的企业，要进行破产清算，促进及时退出市场。依法开展破产案件审理，是解决执行难的重要途径。对执行中符合《企业破产法》规定的破产条件的企业，要依法启动破产程序，通过破产和解化解一批、破产重整处置一批、破产清算消除一批，使企业破产制度成为解决执行难的配套制度。

二、加快建立专门清算与破产审判庭。各高级人民法院要按照最高人民法院的要求首先在省会城市、副省级城市所在地中级人民法院建立清算与破产审判庭。破产案件数量多的中级人民法院,要积极协商地方编办建立专门审判庭。其他中级人民法院要根据本地实际情况适时开展专门审判庭的建立工作。今年(2016 年——编者注)12 月 31 日前,各高级人民法院要将辖区内专门审判庭建立情况报告最高人民法院。同时,人民法院要推进破产审判法官和司法辅助人员专业化建设,为破产审判岗位配备优秀人才,并通过培训等多种方式,切实提升破产审判队伍整体素质。

清算与破产审判庭承担以下职责:1. 企业破产和强制清算案件的立案、审理;2. 依法处理企业强制清算和破产案件的善后事宜;3. 调研企业破产和强制清算案件审理工作情况;4. 对下级法院企业破产和强制清算案件审理进行业务指导;5. 与有关法院协调解决企业破产案件审理中的问题;6. 与地方党委、政府及有关部门协调解决企业破产案件审理中的问题;7. 管理和培训破产管理人。

三、切实建立健全破产案件审理工作机制。一要健全破产重整企业识别机制。各地法院要围绕让人民法院成为“生病企业”医院目标,对虽符合破产受理条件但具有运营价值的企业,要以市场化为导向,积极开展破产和解和重整,有效利用各种资源,使企业恢复生机。对救治无效或者其他不能适应市场需要的企业,要加快破产清算、及时释放生产要素,实现市场出清。二要在地方党委领导下,积极与政府建立“府院企业破产工作统一协调机制”。协调机制要统筹企业破产重整和清算相关工作,妥善解决企业破产过程中出现的各种问题。三要建立全国企业破产重整案件信息平台机制。各地法院要按照最高人民法院全国企业破产重整案件信息平台建设工作要求,做好破产案件前期信息整理工作,确保信息平台上线后顺畅运行。实现重整企业信息公开、破产程序公开、化解破产受理难问题的目标。四要建立合法有序的利益衡平机制。各地法院要依法处理职工工资、国家税收、担保债权、普通债权的实现顺序和实现方式,审慎协调各方利益。

四、积极完善管理人制度。各地法院要根据《企业破产法》的规定积极完善管理人制度,在现有管理人结构的基础上吸收适应企业重整需要的管理人才参加,积极发挥企业家、经营者、管理者乃至科技人员的作用。要加强对管理人的监督、指导和管理,要着手建立管理人分级管理、升级降级、增补淘汰等制度。要强化管理人的责任,督促管理人依法履职。

五、认真做好执行程序与破产程序的衔接。各地法院要按照《企业破产法》和《最高人民法院关于适用〈中华人民共和国民事诉讼法〉的解释》有关规定,做好执行程序转入破产程序的衔接工作。执行法院要充分利用执行信息平台和相关信息资源,及时汇集针对同一企业的执行案件信息,依法推进符合破产条件的企业转入破产程序,坚决反对在案件处理上相互推诿。破产案件审理中,其他法院要依法中止对破产企业的执行,依法解除相关保全措施。对于不依法解除保全措施和违法执行的相关人员,各地法院要依法依规严厉追究责任。

依法开展破产案件审理、积极稳妥推进破产企业救治和清算工作,是人民法院围绕中心、服务大局的重要任务。各地法院要强化责任意识,迅速行动,充分发挥破产审理职能,积极探索总结破产审理经验,为经济持续健康发展提供有力司法保障。对于在工作中发现的新情况、新问题,各地法院要及时层报最高人民法院。

最高人民法院印发《关于审理上市公司破产重整案件工作座谈会纪要》的通知

（2012年10月29日　法〔2012〕261号）

各省、自治区、直辖市高级人民法院，解放军军事法院，新疆维吾尔自治区高级人民法院生产建设兵团分院：

现将最高人民法院《关于审理上市公司破产重整案件工作座谈会纪要》印发给你们，请结合审判工作实际，遵照执行。

关于审理上市公司破产重整案件工作座谈会纪要

《企业破产法》施行以来，人民法院依法审理了部分上市公司破产重整案件，最大限度地减少了因上市公司破产清算给社会造成的不良影响，实现了法律效果和社会效果的统一。上市公司破产重整案件的审理不仅涉及到《企业破产法》、《证券法》、《公司法》等法律的适用，还涉及司法程序与行政程序的衔接问题，有必要进一步明确该类案件的审理原则，细化有关程序和实体规定，更好地规范相关主体的权利义务，以充分保护债权人、广大投资者和上市公司的合法权益，优化配置社会资源，促进资本市场健康发展。为此，最高人民法院会同中国证券监督管理委员会，于2012年3月22日在海南省万宁市召开了审理上市公司破产重整案件工作座谈会。与会同志通过认真讨论，就审理上市公司破产重整案件的若干重要问题取得了共识。现纪要如下：

一、关于上市公司破产重整案件的审理原则

会议认为，上市公司破产重整案件事关资本市场的健康发展，事关广大投资者的利益保护，事关职工权益保障和社会稳定。因此，人民法院应当高度重视此类案

件,并在审理中注意坚持以下原则:

(一)依法公正审理原则。上市公司破产重整案件参与主体众多,涉及利益关系复杂,人民法院审理上市公司破产重整案件,既要有利于化解上市公司的债务和经营危机,提高上市公司质量,保护债权人和投资者的合法权益,维护证券市场和社会的稳定,又要防止没有再生希望的上市公司利用破产重整程序逃废债务,滥用司法资源和社会资源;既要保护债权人利益,又要兼顾职工利益、出资人利益和社会利益,妥善处理好各方利益的冲突。上市公司重整计划草案未获批准或重整计划执行不能的,人民法院应当及时宣告债务人破产清算。

(二)挽救危困企业原则。充分发挥上市公司破产重整制度的作用,为尚有挽救希望的危困企业提供获得新生的机会,有利于上市公司、债权人、出资人、关联企业等各方主体实现共赢,有利于社会资源的有效利用。对于具有重整可能的企业,努力推动重整成功,可以促进就业,优化资源配置,促进产业结构的调整和升级换代,减少上市公司破产清算对社会带来的不利影响。

(三)维护社会稳定原则。上市公司进入破产重整程序后,因涉及债权人、上市公司、出资人、企业职工等相关当事人的利益,各方矛盾比较集中和突出,如果处理不当,极易引发群体性、突发性事件,影响社会稳定。人民法院审理上市公司破产重整案件,要充分发挥地方政府的风险预警、部门联动、资金保障等协调机制的作用,积极配合政府做好上市公司重整中的维稳工作,并根据上市公司的特点,加强与证券监管机构的沟通协调。

二、关于上市公司破产重整案件的管辖

会议认为,上市公司破产重整案件应当由上市公司住所地的人民法院,即上市公司主要办事机构所在地法院管辖;上市公司主要办事机构所在地不明确、存在争议的,由上市公司注册登记地人民法院管辖。由于上市公司破产重整案件涉及法律关系复杂,影响面广,对专业知识和综合能力要求较高,人力物力投入较多,上市公司破产重整案件一般应由中级人民法院管辖。

三、关于上市公司破产重整的申请

会议认为,上市公司不能清偿到期债务,并且资产不足以清偿全部债务或者明显缺乏清偿能力,或者有明显丧失清偿能力可能的,上市公司或者上市公司的债权人、出资额占上市公司注册资本十分之一以上的出资人可以向人民法院申请对上市公司进行破产重整。

申请人申请上市公司破产重整的，除提交《企业破产法》第八条规定的材料外，还应当提交关于上市公司具有重整可行性的报告、上市公司住所地省级人民政府向证券监督管理部门的通报情况材料以及证券监督管理部门的意见、上市公司住所地人民政府出具的维稳预案等。上市公司自行申请破产重整的，还应当提交切实可行的职工安置方案。

四、关于对上市公司破产重整申请的审查

会议认为，债权人提出重整申请，上市公司在法律规定的时间内提出异议，或者债权人、上市公司、出资人分别向人民法院提出破产清算申请和重整申请的，人民法院应当组织召开听证会。

人民法院召开听证会的，应当于听证会召开前通知申请人、被申请人，并送达相关申请材料。公司债权人、出资人、实际控制人等利害关系人申请参加听证的，人民法院应当予以准许。人民法院应当就申请人是否具备申请资格、上市公司是否已经发生重整事由、上市公司是否具有重整可行性等内容进行听证。

鉴于上市公司破产重整案件较为敏感，不仅涉及企业职工和二级市场众多投资者的利益安排，还涉及与地方政府和证券监管机构的沟通协调。因此，目前人民法院在裁定受理上市公司破产重整申请前，应当将相关材料逐级报送最高人民法院审查。

五、关于对破产重整上市公司的信息保密和披露

会议认为，对于股票仍在正常交易的上市公司，在上市公司破产重整申请相关信息披露前，上市公司及其债权人、出资人等利害关系人应当按照法律、行政法规、证券监管机构的部门规章及证券交易所上市规则做好信息保密工作。

上市公司的债权人提出破产重整申请的，人民法院应当要求债权人提供其已就此告知上市公司的有关证据。上市公司应当按照相关规则及时履行信息披露义务。

上市公司进入破产重整程序后，由管理人履行相关法律、行政法规、部门规章和公司章程规定的原上市公司董事会、董事和高级管理人员承担的职责和义务，上市公司自行管理财产和营业事务的除外。管理人在上市公司破产重整程序中存在信息披露违法违规行为的，应当依法承担相应的责任。

六、关于上市公司破产重整计划草案的制定

会议认为，上市公司或者管理人制定的上市公司重整计划草案应当包括详细的经营方案。有关经营方案涉及并购重组等行政许可审批事项的，上市公司或管理人应当聘请经证券监管机构核准的财务顾问机构、律师事务所以及具有证券期货业务资格的会计师事务所、资产评估机构等证券服务机构按照证券监管机构的有关要求及格式编制相关材料，并作为重整计划草案及其经营方案的必备文件。

控股股东、实际控制人及其关联方在上市公司破产重整程序前因违规占用、担保等行为对上市公司造成损害的，制定重整计划草案时应当根据其过错对控股股东及实际控制人支配的股东的股权作相应调整。

七、关于上市公司破产重整中出资人组的表决

会议认为，出资人组对重整计划草案中涉及出资人权益调整事项的表决，经参与表决的出资人所持表决权三分之二以上通过的，即为该组通过重整计划草案。

考虑到出席表决会议需要耗费一定的人力物力，一些中小投资者可能放弃参加表决会议的权利。为最大限度地保护中小投资者的合法权益，上市公司或者管理人应当提供网络表决的方式，为出资人行使表决权提供便利。关于网络表决权行使的具体方式，可以参照适用中国证券监督管理委员会发布的有关规定。

八、关于上市公司重整计划草案的会商机制

会议认为，重整计划草案涉及证券监管机构行政许可事项的，受理案件的人民法院应当通过最高人民法院，启动与中国证券监督管理委员会的会商机制。即由最高人民法院将有关材料函送中国证券监督管理委员会，中国证券监督管理委员会安排并购重组专家咨询委员会对会商案件进行研究。并购重组专家咨询委员会应当按照与并购重组审核委员会相同的审核标准，对提起会商的行政许可事项进行研究并出具专家咨询意见。人民法院应当参考专家咨询意见，作出是否批准重整计划草案的裁定。

九、关于上市公司重整计划涉及行政许可部分的执行

会议认为，人民法院裁定批准重整计划后，重整计划内容涉及证券监管机构并购重组行政许可事项的，上市公司应当按照相关规定履行行政许可核准程序。重整计划草案提交出资人组表决且经人民法院裁定批准后，上市公司无须再行召开股东大会，可以直接向证券监管机构提交出资人组表决结果及人民法院裁定书，以申请并购重组许可申请。并购重组审核委员会审核工作应当充分考虑并购重组专家咨询委员会提交的专家咨询意见。并购重组申请事项获得证券监管机构行政许可后，应当在重整计划的执行期限内实施完成。

会议还认为，鉴于上市公司破产重整案件涉及的法律关系复杂，利益主体众多，社会影响较大,人民法院对于审判实践中发现的新情况、新问题,要及时上报。上级人民法院要加强对此类案件的监督指导,加强调查研究,及时总结审判经验,确保依法妥善审理好此类案件。

最高人民法院《关于破产申请受理前已经划扣到执行法院账户尚未支付给申请执行人的款项是否属于债务人财产及执行法院收到破产管理人中止执行告知函后应否中止执行问题请示的答复》

(2017年12月12日 〔2017〕最高法民他72号)

重庆市高级人民法院:

你院(2017)渝民他12号《关于破产申请受理前已经划扣到执行法院账户尚未支付给申请执行人的款项是否属于债务人财产及执行法院收到破产管理人中止执行告知函后应否中止执行问题的请示》收悉,经研究,答复如下:

人民法院裁定受理破产申请时已经扣划到执行法院账户但尚未支付给申请人执行的款项,仍属于债务人财产,人民法院裁定受理破产申请后,执行法院应当中止对该财产的执行。执行法院收到破产管理人发送的中止执行告知函后仍继续执行的,应当根据《最高人民法院关于适用〈中华人民共和国破产法〉若干问题的规定(二)》第五条依法予以纠正,故同意你院审判委员会的倾向性意见,由于法律、司法解释和司法政策的变化,我院2004年12月22日作出的《关于如何理解〈最高人民法院关于破产司法解释〉第六十八条的请示的答复》(〔2003〕民二他字第52号)相应废止。

此复。

最高人民法院《关于上诉人杨文彬与被上诉人闽发证券有限责任公司房屋买卖合同纠纷中相关法律问题请示的答复》

（2014年5月13日　〔2014〕民二他字第3号）

福建省高级人民法院：

你院（2013）闽民终字第739号《福建省高级人民法院关于上诉人杨文彬与被上诉人闽发证券有限责任公司房屋买卖合同纠纷中相关法律问题的请示》收悉。经研究，回复如下：

最高人民法院《关于审理企业破产案件若干问题的规定》系针对《企业破产法（试行）》作出的司法解释，现《企业破产法（试行）》已被《企业破产法》替代，且最高人民法院《关于适用〈中华人民共和国破产法〉若干问题的规定（二）》第二条，根据《企业破产法》对非债务人财产的范围已经做出重新界定，在无其他规定的情况下，应结合《企业破产法》及该条司法解释的规定对债务人财产进行认定。

此复。

最高人民法院《关于李汉桥等164人与南方证券股份有限公司职工权益清单更正纠纷再审系列案有关法律问题请示的答复》

（2013年12月11日 〔2013〕民二他字第22号）

广东省高级人民法院：

你院粤高法〔2013〕193号《关于李汉桥等164人与南方证券股份有限公司职工权益清单更正纠纷再审系列案有关法律问题的请示》收悉。经研究，答复如下：

债务人有《企业破产法》第二条规定的情形时，职工对债务人享有的与业绩挂钩的绩效工资、奖金等奖金类债权，在破产程序中不应作为优先债权予以清偿，确实合理的债权可以作为普通破产债权清偿。

人民法院审理职工权益清单更正纠纷时，应当按照劳动争议案件的有关规定分配举证责任。

请你院依法审理相关案件，同时，要做好本系列案与其他相关诉讼案件的协调工作，实现法律效果与社会效果的有机统一。

此复。

最高人民法院《关于河南济源农村商业银行股份有限公司与济源市商贸(集团)总公司保证担保借款合同纠纷一案请示的答复》

(2013 年 8 月 21 日 〔2013〕民二他字第 12 号)

河南省高级人民法院:

你院《关于企业破产程序终结时间如何确定问题的请示》收悉。经研究,答复如下:

人民法院裁定终结破产程序的,应当通知已依法申报债权的债权人,并予以公告。

破产程序终结后,已申报债权的债权人依照《最高人民法院关于适用〈中华人民共和国担保法〉若干问题的解释》第四十四条第二款,就其在破产程序中未受清偿的部分主张保证人承担保证责任的,向人民法院提出主张的 6 个月期间自通知到达债权人之日起计算。

此复。

最高人民法院《关于人民法院受理破产案件前债务人未付应付款项的滞纳金是否应当确认为破产债权请示的答复》

（2013年6月27日　〔2013〕民二他字第9号）

广东省高级人民法院：

你院粤高法〔2013〕107号《关于人民法院受理破产案件前债务人未付应付款项的滞纳金是否应当确认为破产债权的请示》收悉。经研究，答复如下：

同意你院意见，即人民法院受理破产案件前债务人未付款项的滞纳金应确认为破产债权。

此复。

最高人民法院《关于沈阳特种环保设备制造股份有限公司破产重整一案请示的答复》

（2013年4月25日　〔2013〕民二他字第8号）

辽宁省高级人民法院：

你院（2013）辽民二他字1号《关于沈阳特种环保设备制造股份有限公司破产重整一案的请示》收悉。经研究，答复如下：

债权人会议是协调和形成全体债权人的共同意思，体现全体债权人共同利益的自主性机构，原则上只有债权已经确定的债权人才能参加债权人会议并依法享有表决权。债权尚未确定的债权人，在债权确定前一般不享有表决权，只有在特殊情况下，如当事人虽然对整体债权存在争议，但对其中部分内容无异议，受理破产案件的人民法院可以就各方无异议的部分先行临时确定债权额，债权人可就该无异议部分的债权行使表决权。对于诉讼未决的债权，管理人应当依法将其分配额提存。

另外，请你院加快对争议债权案件的审理，以尽快确定债权，避免对隐形债权人权利造成不必要的损害。

此复。

最高人民法院《关于裁定批准深圳市国基房地产开发有限公司重整计划草案报告的答复》

（2012 年 9 月 3 日　〔2012〕民二他字第 24 号）

广东省高级人民法院：

你院粤高法〔2012〕314 号《关于裁定批准深圳市国基房地产开发有限公司重整计划草案的报告》收悉。经研究，答复如下：

我院认为，人民法院强制批准重整计划草案，应当符合《企业破产法》第八十七条规定，且债权人组至少有一组已经通过重整计划草案，并且通过重整计划草案表决组中的反对者的既得利益不得受到损害，包括债权的法定清偿顺序不得改变；有物权担保的债权就该特定财产将获得全额清偿，其因延期清偿所受的损失将得到公平补偿，并且其担保权未受到实质性损害；享有一般优先权的职工劳动债权与税收债权将获得全额清偿；普通债权所获得的清偿比例，不低于其在重整计划草案被提请批准时依照破产清算程序所能获得的清偿比例。

请你院结合上述要求审查深圳市国基房地产开发有限公司的重整计划草案，并注意结合该公司的特点，做好相关维稳工作及与有关主管部门的沟通协调。

此复。

最高人民法院《关于西北证券有限责任公司处置日前佣金收入及富余外币结算备付金归属问题请示的答复》

（2011年6月29日　〔2011〕民二他字第9号）

宁夏回族自治区高级人民法院：

你院宁高法〔2011〕45号《关于西北证券有限责任公司处置日前佣金收入及富余外币结算备付金归属问题的请示》收悉。经研究，答复如下：

同意你院关于将西北证券有限责任公司处置日前的佣金收入及富余外币结算备付金共计人民币10,347,245.14元退回保护基金公司的意见，按照证券公司风险处置的有关政策及《中华人民共和国证券法》的相关规定，该笔资金不属于西北证券有限责任公司的破产财产。

此外，鉴于西北证券有限责任公司破产清算工作已召开了多次债权人会议并进行了第一次债权分配，请你院指导银川市中级人民法院就有关证券公司风险处置的相关政策做好债权人的解释工作。

此复。

最高人民法院《关于破产财产拍卖相关问题请示的答复》

（2010年12月21日 〔2010〕民二他字第45号）

广西壮族自治区高级人民法院：

你院（2010）桂破请字第7号《关于破产财产拍卖相关问题的请示》收悉。经研究，答复如下：

第一，关于第三次债权人会议决议与拍卖成交合同的关系问题。第三次债权人会议对破产财产分配方案作出的决议，即使该次会议决议依法被撤销，也并不当然导致拍卖成交合同的解除。债权人会议决议与拍卖成交合同系两个不同的法律关系，债权人会议无权自行决定拍卖成交合同的解除。

第二，关于广西信托大厦是否应该重新拍卖问题。重新拍卖广西信托大厦的前提必须是拍卖成交合同已被解除，或者被确认无效或未生效。人民法院在审理广西信托投资公司破产案件中无权对上述问题作出裁决。债权人如果认为拍卖成交合同存在解除事由，或者存在合同无效或未生效事由的，均可要求管理人依据相关法律规定向人民法院另行提起诉讼，请求判决解除合同或者确认合同无效或未生效。人民法院判决支持其诉讼请求后，管理人可以另行委托拍卖。

第三，关于拍卖成交合同买受人逾期付款的法律责任问题。买受人未按照拍卖成交合同约定的履行期限支付拍卖价款，且经催告后在合理期限内仍未履行的，卖方有权主张解除合同。拍卖价款支付完毕后，虽然已不存在解除合同问题，但卖方仍然有权追究买受人逾期付款的违约责任，向买受人主张相应赔偿。

综上，同意你院审判委员会的意见，并请对上述问题向有关权利人和管理人予以释明，并告知其可依法主张相关权利。

此复。

最高人民法院《关于代为清偿的连带债务人是否有权向破产和解的债务人继续追偿的问题请示答复》

（2010年11月10日　〔2010〕民二他字第15号）

山东省高级人民法院：

你院鲁高法〔2010〕144号《关于代为清偿的连带债务人是否有权向破产和解的债务人继续追偿的问题的请示》收悉。经研究，答复如下：

债权人如果已在主债务人的和解或重整程序中全额申报了债权，其未得到清偿的部分可以向保证人或连带债务人主张清偿。任何源于同一债务的普通债权，只能在破产程序中得到与其他普通债权相同比率的清偿。因此，保证人或连带债务人承担清偿责任后，不能向破产和解、破产重整的债务人追偿。

最高人民法院《关于北京市中伦律师事务所与中国证券投资者保护基金有限公司签订法律服务合同的行为是否构成〈企业破产法〉第二十四条规定的“与本案利害关系”问题请示的答复》

（2010 年 6 月 22 日 〔2010〕民二他字第 2 号）

广东省高级人民法院：

你院粤高法〔2010〕6 号《关于北京市中伦律师事务所与中国证券投资者保护基金有限公司签订法律服务合同的行为是否构成〈企业破产法〉第二十四条规定的“与本案利害关系”问题的请示》收悉。经研究，答复如下：

北京市中伦律师事务所（以下简称中伦总所）分支机构北京市中伦律师事务所深圳分所（以下简称中伦深圳分所）担任汉唐证券管理人的组成单位成员后，中伦总所与汉唐证券的最大债权人中国证券投资者保护基金有限公司（以下简称基金公司）签订法律服务合同担任基金公司的法律顾问的行为，构成企业破产法及相关司法解释中的“与本案有利害关系”。同时，基金公司的债券是依照国家政策收购汉唐证券交易结算资金及个人债权形成的，其数额是经过汉唐证券清算组甄别确认的，而且根据《证券投资者保护基金管理办法》，基金公司具有组织、参与被撤销、关闭或破产证券公司的清算工作的职能。因此基金公司参与汉唐证券的破产清算程序既有债权人的身份，也是其履行参与证券公司风险处置工作的法定职责。综合以上情况，鉴于基金公司作为汉唐证券债权人的特殊性，中伦深圳分所可以继续担任汉唐证券管理人的组成单位成员。但是，基金公司参与汉唐证券破产清算案件的专项法律顾问工作不应由中伦总所的律师担任，如有相关情形，其代理关系应当解除,否则中伦深圳分所不能继续承担汉唐证券破产清算案件的管理人的组成单位成员。

此复。

最高人民法院《关于请求指令广东省湛江市中级人民法院管辖广东中谷糖业集团有限公司属下广西博白县中创糖业发展有限公司和广西玉林雅桥糖业有限公司重整案请示的答复》

（2009年12月13日 〔2009〕民二他字第36号）

广东省高级人民法院：

你院《关于请求指令广东省湛江市中级人民法院管辖广东中谷糖业集团有限公司属下广西博白县中创糖业发展有限公司和广西玉林雅桥糖业有限公司重整案的请示》收悉。经研究，答复如下：

鉴于目前债权人向广东省湛江市中级人民法院申请对广东中谷糖业集团有限公司及其下属七家公司进行整体重整，而且广东中谷糖业集团有限公司及其下属公司的主要资产在湛江市，其债权人亦主要分布在广东省境内，湛江市政府也针对广西境内的两家公司制定了相应的维稳方案和措施，由广东省湛江市中级人民法院一并受理广西博白县中创糖业发展有限公司和广西玉林雅桥糖业有限公司破产重整案件，有利于重整方案的制定和执行，有利于维护债权人的合法权益，有利于重整案件的顺利审理。同意你院关于同意广东省湛江市中级人民法院受理广东中谷糖业集团有限公司及其下属公司（包括广西博白县中创糖业发展有限公司和广西玉林雅桥糖业有限公司）破产重整案件的意见。

特此答复。

最高人民法院《关于上诉人宁波金昌实业投资有限公司与被上诉人西北证券有限责任公司破产清算组取回权纠纷一案的请示的答复》

（2009 年 10 月 19 日 〔2009〕民二他字第 24 号）

宁夏回族自治区高级人民法院：

你院《关于上诉人宁波金昌实业投资有限公司与被上诉人西北证券有限责任公司破产清算组取回权纠纷一案的请示》收悉。经研究，答复如下：

根据你院来函所述事实，请示问题实质为证券公司违规挪用的客户证券资产被追回后，客户在证券公司破产程序中能否对该部分资产行使取回权。对于这一问题，在 2007 年 11 月 20 日召开的全国法院证券公司破产案件审理工作座谈会已经明确了相关处理原则：如果证券公司违规挪用客户资金和证券，关系清楚、财产并未混同，管理人追回后，可由相关权利人行使代偿性取回权。综上，同意你院审判委员会的倾向性意见。

以上意见供参考。

最高人民法院《关于长峰公司对一般结算账户上的资金能否行使取回权问题请示的答复》

（2008年11月6日 〔2008〕民二他字第33号）

海南省高级人民法院：

你院(2008)琼民二终字第23号《关于长峰公司对一般结算账户上的资金能否行使取回权问题的请示》收悉。经研究，答复如下：

同意你院审委会的第一种意见。根据货币所有与占有一致的原则，海南汇通国际信托投资公司对其占有的结算账户内资金享有所有权。在海南江通国际信托公司破产时，海南长峰有限公司可以申报债权，不享有取回权。

此复。

最高人民法院《关于中国华融资产管理公司重庆办事处能否纳入企业破产案件社会中介机构管理人名册请示的答复》

（2007 年 10 月 30 日 〔2007〕民二他字第 48 号）

重庆市高级人民法院：

你院渝高法（2007）199 号《关于中国华融资产管理公司重庆办事处能否纳入企业破产案件社会中介机构管理人名册的请示》收悉。经研究，答复如下：

根据《中华人民共和国企业破产法》第二十条、《最高人民法院关于审理企业破产案件指定管理人的规定》第二条规定，管理人名册的范围限于依法设立的律师事务所、会计师事务所、破产清算事务所等社会中介机构及符合条件的相关工作人员，金融资产管理公司不是中介机构，因此，不应将金融资产管理公司纳入管理人名册。

根据《最高人民法院关于审理企业破产案件指定管理人的规定》第十九条规定，人民法院指定清算组担任管理人的，可以根据案件实际需要，决定是否将金融资产管理公司列为清算组成员。

此复。

重庆市高级人民法院《关于“执转破”案件简化审理的工作规范》

（2018年12月14日公布并实施　渝高法〔2018〕230号）

为提高“执转破”案件的审判效率，根据《中华人民共和国企业破产法》《最高人民法院关于适用〈中华人民共和国企业破产法〉若干问题的规定（一）》《最高人民法院关于适用〈中华人民共和国企业破产法〉若干问题的规定（二）》《最高人民法院关于执行案件移送破产审查若干问题的指导意见》等规定，结合我市破产审判工作实际，对“执转破”案件简化审理工作提出以下工作规范。

一、审理原则

1. 协调有序。对“执转破”案件的移送、立案、审理工作，不同法院之间，同一法院执行部门、立案部门、破产审判部门之间应协调配合、有序分工，畅通工作渠道，减少工作环节。

2. 繁简分流。甄别“执转破”案件类型，对债权债务关系简单、财产状况明晰等较为简单的案件，采取简化审理方式，快速高效审结。

3. 兼顾公平与效率。平衡保护债权人、债务人利益，创新工作机制，合并工作事项，采取灵活多样的资产处置方式，合法有序推进破产程序，提高审判质效。

二、案件类型

4. 受移送法院破产审判部门在“执转破”案件审查受理阶段，发现案件属于下列情形之一的，可以决定进行简化审理：

（1）债权债务关系简单、财产状况明晰的；

（2）债务人资产总价值不高、债权人人数较少的；

（3）债务人的主要财产、账册、重要文件等灭失，或者债务人人员下落不明，未发现存在大额财产隐匿情形的；

（4）执行程序中已经作出裁定终结本次执行的；

（5）执行阶段已穷尽相关财产调查措施，未发现债务人有可供执行的财产或者可供执行的财产不足以支付破产费用的；

（6）申请人、被申请人及其他主要破产参与人协商一致同意简化审理的；

（7）其他适合简化审理的情形。

中级人民法院将未决定简化审理的“执转破”案件交由基层人民法院审理的，基层人民法院在审理过程中，认为属于上述情形之一的，可自行决定简化审理。

人民法院决定简化审理的，应当制作决定书。决定书应送达申请人和管理人，并告知其他相关人员。

5. 下列“执转破”案件，原则上不适宜简化审理：

（1）存在重大信访维稳风险的；

（2）裁定破产重整的；

（3）关联企业合并破产的；

（4）其他不宜简化审理的案件。

三、立案及受理

6. 受移送法院立案部门对执行法院移送的材料进行形式审查，材料完备的，在三个工作日内以“破申”字号登记立案，并将案件移送破产审判部门审查，同时将相关立案信息录入全国企业破产重整案件信息网。

7. 破产审判部门应当及时审查，对依法应当受理且符合简化审理条件的，自“破申”案件立案之日起十五日内作出受理裁定，并同时将受理裁定交立案部门。立案部门以“破”字号登记立案，并将相关立案信息录入全国企业破产重整案件信息网。

8. 简化审理的“执转破”案件，可由“执转破”案件的审理团队组成合议庭或者由审理团队中的审判员一人独任审理。

四、管理人选任及财产接管

9. 简化审理的“执转破”案件，以轮候、抽签、摇号等随机方式公开指定管理人。

10. 基层人民法院作出受理裁定的同时，报请所属中级人民法院司法技术部门指定管理人。中级人民法院司法技术部门收到申请后，应于五个工作日内指定管理人并通知基层人民法院。基层人民法院在收到通知之日起三个工作日内作出指定管理人决定书。

11. 中级人民法院破产审判部门作出受理裁定的同时，应当报送本院司法技术部门指定管理人。司法技术部门应于五个工作日内指定管理人并告知破产审判部门。“执转破”案件由中级人民法院自行审理的，中级人民法院破产审判部门在收到通知之日起三个工作日内作出指定管理人决定书。

“执转破”案件由中级人民法院作出受理裁定并交由基层人民法院审理的，中级人民法院破产审判部门在收到本院司法技术部门指定管理人通知后，应将破产案件受理裁定、管理人指定通知等案卷材料一并移交基层人民法院。基层人民法院收到材料后应当及时以“破”字号登记立案，并在立案之日起三个工作日内作出指定管理人决定书。

12. 管理人应当自收到指定管理人决定书以及刻制印章函之日起三个工作日内向公安机关申请刻制管理人印章。管理人印章交人民法院封样备案后启用。

13. 管理人应当在管理人印章备案启用之日起三个工作日内，向银行申请开立管理人账户。因债务人没有财产等原因，无开立账户必要的，可暂不申请开立管理人账户。

14. 相关执行法院应自收到受理裁定书之日起七日内，将已经扣划到账的银行存款、尚未分配的财产变价款、实际扣押的动产、有价证券等被执行人的相关财产移交管理人，但管理人认为暂不适宜移交的除外。

15. 破产案件受理前，符合下列情形之一的，由于财产所有权已经发生变动，不属于被执行人的财产，执行法院不予移交：

(1)已通过拍卖程序处置且成交裁定书已送达买受人的拍卖财产；

(2)通过以物抵债偿还债务且抵债裁定书已送达债权人的抵债财产；

(3)执行法院已向申请执行人完成转账、汇款、现金交付的执行款。

16. 管理人应当在收到指定管理人决定书之日起十日内接管债务人财产、印章和账簿、文书等资料。不能完成接管的，应当书面向人民法院报告接管现状以及不能全面接管的原因。

17. 管理人接管的债务人财产、印章和账簿、文书等资料包括：

(1)债务人所有或占有的现金、存款、有价证券、流动资产、固定资产、对外投资、无形资产等财产及相关凭证；

(2)公章、财务专用章、合同专用章、发票专用章、职能部门章、各分支机构章、电子印章、法定代表人名章等印章；

（3）总账、明细账、台账、日记账等账簿及全部会计凭证、重要空白凭证；

（4）批准设立文件、营业执照、税务登记证书及各类资质证书、章程、合同、协议及各类决议、会议记录、人事档案、电子文档、管理系统授权密码等资料；

（5）有关债务人的诉讼、仲裁、执行案件的材料；

（6）债务人的其它重要资料。

18. 管理人需要通过法院案件管理系统了解与债务人相关的诉讼案件、执行案件等情况的，应当向破产案件审理法院提出书面申请。审理法院应当自收到申请之日起三个工作日内向管理人提供全市法院范围内涉及债务人的案件清单，清单应当包括案号、案由、当事人信息以及审理或执行法院等相关内容。

五、送达及公告

19. 简化审理的“执转破”案件，可参照《中华人民共和国民事诉讼法》关于简易程序的送达规定以及《重庆市高级人民法院关于进一步加强民事送达工作的实施意见》（渝高法〔2018〕108 号）的相关规定送达法律文书。

20. “执转破”案件，执行法院作出移送决定书后，应于五日内送达债务人，并同时告知债务人有异议的，应当在收到决定书之日起七日内向受移送法院提出。执行法院已经履行前述职责的，受移送法院在审查受理阶段不再重复通知及告知债务人。

21. 作出受理裁定的法院自行审理“执转破”案件的，应当在收到管理人指定通知之日起三个工作日内，将受理裁定、管理人相关信息、债权申报期限等相关事项一并在全国企业破产重整案件信息网、重庆法院公众服务网上公告。

22. 中级人民法院作出受理裁定并交由基层人民法院审理的“执转破”案件，基层人民法院应当在“破”字号案件登记立案之日起三个工作日内，将受理裁定、管理人相关信息、债权申报期限等相关事项一并在全国企业破产重整案件信息网、重庆法院公众服务网上公告。

六、债权申报及债权人会议

23. 简化审理的“执转破”案件，债权申报期限为三十日，自人民法院发布受理破产申请公告之日起计算。

24. 第一次债权人会议由人民法院召集，自债权申报期限届满之日起五个工作日内召开。召开债权人会议，管理人应当提前五个工作日通知已知债权人。受合议庭委托，承办法官可单独主持债权人会议。

25.人民法院应当督促、指导管理人尽快制定破产财产变价方案、破产财产分配方案,管理人可合并拟定破产财产变价方案和分配方案。简化审理的“执转破”案件,一般应当在第一次债权人会议上将破产财产变价方案和分配方案一并提交表决。

26.简化审理的“执转破”案件,一般不设立债权人委员会。债权人会议可以书面或网络方式召开,债权人可通过邮寄信件、电子邮件或网络平台等方式发表意见、进行表决。

27.债务人符合宣告破产条件的,管理人应在第一次债权人会议结束之日起三个工作日内,向人民法院申请宣告债务人破产;人民法院在收到申请之日起五个工作日内作出宣告债务人破产的裁定。

七、财产调查及变价

28.管理人需要通过人民法院“总对总”网络执行查控系统查控债务人银行存款、房产、车辆、股权、证券、网络账户等的,可向“执转破”案件审理法院提出申请,由审理法院破产审判部门作出保全债务人财产的民事裁定,交本院保全中心实施。

29.保全中心应在“执保”字号案件立案之日起五个工作日内,通过人民法院“总对总”网络执行查控系统对债务人财产进行核实、查控,并将核实、查控结果以书面形式告知破产审判部门。

30.执行法院在移送破产审查前三个月内已就债务人财产通过人民法院“总对总”网络执行查控系统进行核查并向受移送法院移送债务人财产清单的,管理人可直接使用该核查结果。

31.执行程序中对债务人财产作出的评估、鉴定或审计报告,在案件移送破产审查后仍在有效期内的,不再重新委托评估、鉴定或审计,但存在中介机构或其从业人员不具备相关资格、程序严重违法、结论依据明显不足等情形的除外。评估、鉴定或审计报告超过有效期,但超过时间不满一年的,管理人可委托原中介机构出具补充报告或者作出说明。评估、鉴定或审计报告超过有效期一年以上的,管理人可委托原中介机构重新评估、鉴定或审计,但债权人会议同意不重新评估、鉴定或审计的除外。

32.执行程序中已启动财产拍卖、变卖的,按下列情形处理:

(1)财产拍卖、变卖成交后,成交裁定书已送达买受人的,受移送法院应及时依法裁定受理,管理人应接管扣除拍卖费用后的拍卖、变卖执行款;

(2)财产拍卖、变卖成交后,成交裁定书尚未送达买受人的,受移送法院一般应待成交裁定书送达买受人后再予以裁定受理；

(3)财产已经执行法院评估并拟拍卖的，受移送法院应与执行法院协调工作进度，合理把握受理时机；

(4)财产拍卖过程中流拍、变卖不成的，或者暂缓、中止拍卖、变卖的，管理人接管拍卖、变卖财产后，经债权人会议表决通过可以之前的拍卖保留价、变卖价为基础继续组织拍卖、变卖。

33. 执行案件中产生的保全费、评估费、公告费、保管费等执行费用符合下列条件的，可以参照破产费用的规定，从债务人财产中随时清偿：

(1)因管理、变价债务人财产发生，且该财产或财产的变价款已由管理人接管；

(2)评估、鉴定或审计报告在破产程序中被继续使用的。

34. 对不具备审计条件的，经有资质的审计机构出具相关证明材料予以证明，可不对债务人进行审计。债权债务关系简单、财产状况明晰或者债务人财产数量较少的，经债权人会议表决通过，可不对债务人进行审计。

35. 破产财产需要通过拍卖变价的，经债权人会议表决通过，拍卖底价可参照市场价确定，也可通过询价确定。

36. 经债权人会议表决通过，破产财产可采取债权人内部竞价、协议转让、以物抵债等非拍卖方式变价。破产财产为国有资产的，处置方式应当符合国有资产管理的相关法律、法规。

八、终结破产程序

37. 破产宣告前，有下列情形之一的，管理人应于该情形发生之日起三个工作日内提请人民法院裁定终结破产程序：

(1)第三人为债务人提供足额担保或者为债务人清偿全部到期债务的；

(2)债务人已清偿全部到期债务的。

38. 经人民法院网络执行查控系统查控及管理人调查，有下列情形之一的，管理人应当及时提请人民法院裁定宣告债务人破产并终结破产程序：

(1)未发现债务人有可供分配的财产；

(2)虽有少量财产但不足以支付破产费用且无利害关系人垫付的，或者利害关系人垫付费用不足以支付破产费用的。

39. 破产财产分配完毕后，管理人应于三个工作日内向人民法院提交清算工作报告，并提请终结破产程序。

40. 破产财产分配方案经人民法院裁定确认，且主要财产已分配完毕，但因客观原因尚未完成个别事项的，管理人可提请人民法院裁定终结破产程序。

41. 债务人的账册、重要文件等确已灭失，导致无法清算或无法全面清算的情况下，管理人应当就现有财产对已确认债权进行公平清偿，并及时提请人民法院裁定宣告债务人破产并终结破产程序。

42. 管理人提请终结破产程序的，人民法院应当自收到终结破产程序的请求之日起五个工作日内作出是否终结破产程序的裁定。裁定终结的，应当予以公告。

九、审理期限

43. 简化审理的"执转破"案件应当在"破"字号案件立案之日起三个月内审结。因特殊情况需要延长的，经分管院长审批，可以延长三个月。

44. 简化审理的"执转破"案件在审理过程中发现案情复杂不适宜简化审理的，经分管院长审批，可转为一般破产审理程序。

人民法院决定转为一般破产审理程序的，应当制作决定书。决定书应送达申请人和管理人，并告知其他相关人员。

十、其他事项

45. 其他破产案件符合简化审理条件的，可参照本规范执行。

46. 本规范自公布之日起施行。

重庆市高级人民法院破产重整申请审查工作指引(暂行)

(2018年9月26日公布并实施　渝高法〔2018〕190号)

为规范破产重整申请审查工作,明确破产法官工作职责,根据《中华人民共和国企业破产法》、《最高人民法院关于审理企业破产案件若干问题的规定》、《最高人民法院关于适用〈中华人民共和国企业破产法〉若干问题的规定(一)》、《最高人民法院关于适用〈中华人民共和国企业破产法〉若干问题的规定(二)》、《最高人民法院关于审理上市公司破产重整案件工作座谈会纪要》等规定,结合我市破产审判工作实际,对破产重整申请的审查工作做出以下指引。

一、申请人资格审查

1. 下列人员可以向人民法院提出重整申请:

(1)债权人可以直接向人民法院申请重整;

(2)债务人可以直接向人民法院申请重整;

(3)人民法院受理破产清算申请后、宣告债务人破产前,债务人或者出资额占债务人注册资本十分之一以上的出资人,可以向人民法院申请重整。

二、申请材料审查

2. 债权人向人民法院申请重整的,应提交下列材料:

(1)重整申请书,载明申请人和被申请人的基本信息、申请目的、申请的事实和理由;

(2)申请人的主体资格证明,包括营业执照副本、居民身份证及其他身份证明;

(3)债务人的主体资格证明,包括最新工商登记材料等;

(4)债务人不能清偿申请人到期债务的证据;

(5)债务人具有重整价值的分析报告及证据材料；

(6)法院认为应当提交的重整可行性分析报告等其他材料。

债权人申请重整的，人民法院应重点审查债权的真实性。申请人的债权已被人民法院、仲裁机构生效法律文书，或者具有强制执行效力的公证债权文书确认，且债务人未予清偿的，可认定申请人享有未获清偿的到期债权；申请人的债权未被人民法院、仲裁机构生效法律文书，或者具有强制执行效力的公证债权文书确认的，人民法院应对申请人的相关债权凭证进行实质审查，以判断债权的真实性和合法性。经审查难以作出判断的，可引导申请人先行提起民事诉讼或依法申请仲裁，以明确其对被申请人是否享有未获清偿的债权。

3. 债务人申请重整的，应当提交下列材料：

(1)重整申请书，载明申请人的基本信息、申请目的、申请的事实和理由；

(2)债务人的主体资格证明，包括企业法人营业执照副本及其他最新工商登记材料；

(3)债务人的股东会、董事会、主管部门或投资人同意重整的文件；

(4)债务人的职工名单、工资清册、社保清单及职工安置预案；

(5)债务人的资产负债表、资产评估报告或审计报告；

(6)债务人至重整申请日的资产状况明细表，包括有形资产、无形资产及对外投资情况等；

(7)债务人的债权、债务及担保情况表，列明债务人的债权人及债务人的名称、住所、债权或债务数额、发生时间、催收及担保情况等；

(8)债务人所涉诉讼、仲裁、执行情况及相关法律文书；

(9)债务人具有重整价值的分析报告及证据材料；

(10)债务人重整的可行性分析报告或重整方案；

(11)人民法院认为应当提交的其他材料。

4. 出资额占债务人注册资本十分之一以上的出资人申请重整的，应提交下列材料：

(1)重整申请书，载明申请人的基本信息、申请目的、申请的事实和理由；

(2)出资人的出资证明和主体资格证明文件；

(3)债务人具有重整价值的分析报告及证据材料；

(4)债务人重整的可行性分析报告或重整方案；

(5)人民法院认为应当提交的其他材料。

三、重整原因审查

5. 依据《中华人民共和国企业破产法》第二条的规定,债务人不能清偿到期债务,并且资产不足以清偿全部债务;或者债务人不能清偿到期债务,并且明显缺乏清偿能力;或者债务人有明显丧失清偿能力可能的,应当认定具备重整原因。

6. 下列情形同时存在的,人民法院应当认定债务人不能清偿到期债务:

(1)债权债务关系依法成立;

(2)债务履行期限已经届满;

(3)债务人未完全清偿债务。

债务人的资产负债表,或者审计报告、资产评估报告等显示其全部资产不足以偿付全部债务的,人民法院应认定债务人资产不足以清偿全部债务,但有相反证据足以证明债务人的资产能够偿付全部负债的除外。

7. 债务人的账面资产虽大于负债,但存在下列情形之一的,人民法院应当认定其明显缺乏清偿能力:

(1)因资金严重不足或者财产不能变现等原因,无法清偿债务;

(2)法定代表人下落不明且无其他人员负责管理财产,无法清偿债务;

(3)经人民法院强制执行,无法清偿债务;

(4)长期亏损且经营扭亏困难,无法清偿债务;

(5)导致债务人丧失清偿能力的其他情形。

8. 存在下列情形之一的,人民法院可以认定债务人有明显丧失清偿能力的可能:

(1)债务人因经营困难暂停营业或有停业可能;

(2)债务人存在大量待处理资产损失,致使实际资产的变现价值可能小于负债;

(3)清偿已届清偿期的债务,将导致债务人难以继续经营;

(4)导致债务人有明显丧失清偿能力可能的其他情形。

四、重整必要性和可行性审查

9. 重整对象应当具有重整价值和可能。对于债务人具有重整价值的证据材料,应结合国家产业政策、行业前景、企业发展前景等情况,从债务人重整的社会价值、经济效益等方面进行实质性审查。对于债务人重整的可行性报告或重整方案,应结合债务人的资产及负债状况、经营管理、技术工艺、生产销售情况,以及企业陷入经营困境的主要原因、提出的初步方案是否有针对性和可操作性、重组方是否具有重组能力等进行实质性审查。对于明显不具备重整价值或者虽有重整价值但不具备重整可能性的,应裁定不予受理。

10. 人民法院对债务人重整必要性和可行性进行审查,一般应听取行业主管部门、金融监管机构、国有资产监管机构、税务机关等相关部门的意见,也可以要求债权人、债务人、出资人提交相关文件资料并接受询问。

五、特殊性质企业重整审查

11. 国有独资企业或国有控股企业作为债务人申请重整的,应取得对债务人履行出资职责的国有资产监管机构或国有企业上级主管部门的同意,且企业员工已经妥善安置或制定切实可行的员工安置方案。

债权人申请国有独资企业或国有控股企业重整的,人民法院在裁定受理前应及时向对债务人履行出资职责的国有资产监管机构或国有企业上级主管部门通报情况,说明股东、清算义务人的法律责任。

12. 申请上市公司重整的,人民法院在受理前应按照《最高人民法院关于审理上市公司破产重整案件工作座谈会纪要》的规定,逐级报送最高人民法院审查批准。

六、审查方式

13. 审查重整申请以听证审查为原则,书面审查为例外。听证期间不计入重整申请审查期限。

听证可以由合议庭主持,也可以由合议庭委托承办法官主持。听证参加人员一般包括:

(1)重整申请人。

(2)债务人的股东、实际控制人、法定代表人及高管人员、财务管理人员、职工代表。

(3)已知的主要债权人:主要担保权人、主要经营性债权人及主要金融债权人。已成立金融债权人委员会的,应通知金融债权人委员会派员参加。

(4)当地政府已经成立清算组或工作组的,应通知清算组或工作组人员参加。

(5)人民法院认为应当参加听证的其他人员。

14. 在听证过程中,人民法院应对下列事项进行询问审查:

(1)申请人是否具有申请资格;

(2)申请材料是否真实完整;

(3)债务人是否具备重整原因;

(4)债务人是否具备重整价值和重整可能;

(5)债务人股东是否按时足额缴纳出资;

(6)债务人是否存在转移资产、个别清偿等行为;

(7)债务人以及债务人的控股股东、实际控制人、法定代表人及高管人员等是否涉嫌刑事犯罪;

(8)人民法院认为需要了解的其他事项。

七、关联刑事案件审查

15.债务人或债务人的控股股东、实际控制人、法定代表人及其他高管人员涉嫌非法集资、合同诈骗等刑事犯罪的,应与公安机关、检察机关、受理法院联系,了解刑事案件相关情况。刑事案件的处理对重整构成实质性妨碍的,可依法裁定不予受理。

公安机关撤销案件、检察机关不予起诉或人民法院宣告无罪的;刑事诉讼程序终结,债务人相关财产未作为赃款赃物依法追缴,或者债务人的资产可以在破产程序中进行处置的,可以另行依法申请重整。

八、与执行案件协调衔接

16.人民法院裁定受理重整申请前,应在案件管理系统中查询以债务人为被执行人的执行案件,了解主要资产现状,为判明是否具备重整原因、重整价值、重整可行性提供依据。

协调与相关执行案件的工作进度,把握重整申请受理时机,充分利用执行评估拍卖成果,依法高效推进重整工作。

九、与政府部门协调沟通

17.债务人涉及金融债权较多、金额较大,易引发系统性金融风险的,人民法院应与金融监管部门及时沟通,做好金融风险的预判及防范预案。

18.对申请房地产企业、建筑企业、关联企业重整的案件,或者债权人、债务人职工人数众多的重整案件,以及在当地有重大影响的重整案件,人民法院在裁定受理前应通过“府院协调机制”与当地人民政府沟通,协调人民政府对重整案件涉及的维稳、税收、工商登记等问题提供综合保障。

十、重整申请撤回

19.人民法院裁定受理重整申请前,申请人可以请求撤回申请。申请人撤回重整申请的,人民法院可以依法准许。

十一、裁定及公告

20. 人民法院经审查认为重整申请符合规定的,应当裁定债务人重整,裁定自作出之日起生效。重整裁定应在作出之日起五日内送达申请人和被申请人,并在全国企业破产重整案件信息网、重庆法院公众服务网上公告。

人民法院裁定不受理重整申请的,应当自裁定作出之日起五日内送达申请人并说明理由。申请人对裁定不服的,可以自裁定送达之日起十日内向上一级人民法院提起上诉。

重庆市高级人民法院关于审理破产案件法律适用问题的解答

（2017年8月1日公布并实施　渝高法〔2017〕207号）

为进一步规范破产案件的审理，切实保护各方当事人的合法权益，依据《中华人民共和国企业破产法》（以下简称企业破产法）、《最高人民法院关于适用〈中华人民共和国企业破产法〉若干问题的规定（一）》（以下简称企业破产法司法解释一）、《最高人民法院关于适用〈中华人民共和国企业破产法〉若干问题的规定（二）》（以下简称企业破产法司法解释二）等相关规定，就司法实践中出现的相关法律适用问题作出以下解答：

1. 在债务人提出破产申请的案件中，如何把握受理条件，避免债务人通过破产程序逃避债务？

答：应正确认识欺诈逃债行为与破产程序之间的关系。欺诈逃债行为，主要发生在破产案件受理前。破产案件受理后，债务人财产由管理人接管，债务人一般并无欺诈逃债条件，因此破产程序本身并不会产生欺诈逃债的后果，规范的破产程序恰恰是制止、纠正债务人欺诈逃债行为的有力保障。

债务人提出破产申请的案件，对于债务人资不抵债的认定，应根据企业破产法司法解释一第三条的规定，除有相反证据足以证明债务人资产能够偿付全部负债的以外，应以债务人的资产负债表或者审计报告、资产评估报告等为依据进行认定。不能仅以债务人有欺诈逃债的可能为由对符合受理条件的案件不予受理。破产申请受理后，应通过破产程序撤销和否定债务人不当处置财产行为，追究出资人等相关主体责任的方式，使其逃债的目的落空。

2. 债权人提出破产申请的案件中，如果债务人人员下落不明，是否应当采取公告方式向债务人送达破产申请相关材料？

答：人民法院在收到债权人提出的破产申请后，应当按照企业破产法第十条的规定通知债务人，以充分保障债务人的异议权。如果债务人人员下落不明导致无法直接通知债务人的，应当通过公告的方式，依法向其送达破产申请相关材料。公告可以采取在重庆法院公众服务网发布，或在债务人住所地张贴等方式进行。

3. 破产案件受理后，原保全法院经告知后仍不解除保全措施的，受理破产案件的法院应当如何处理？

答：根据企业破产法第十九条的规定，人民法院受理破产申请后，有关债务人财产的保全措施，包括审理程序和执行程序中针对债务人财产采取的查封、扣押、冻结等措施均应当及时解除。原保全法院经告知后仍不解除保全措施的，受理破产案件的法院可以报请原保全法院的上级法院监督，其上级法院应当指令原保全法院依法解除保全措施。

4. 债权人怠于向管理人申报债权，债权人的债权人可否代位申报？

答：债权人怠于申报债权，该债权人的债权人代位申报债权符合《中华人民共和国合同法》第七十三条规定的，可以准许。申报的债权经管理人审查确认后，债务人或债权人有异议的，可以依据企业破产法第五十八条第三款的规定向人民法院提起诉讼。

5. 何种情形下可以将公司股东或实际控制人对公司享有的债权确定为劣后债权，安排在普通债权之后受偿？

答：具有以下情形之一的，可以将公司股东或实际控制人对公司债权确定为劣后债权，安排在普通债权之后受偿：

(1)公司股东因未履行或未全面履行出资义务、抽逃出资而对公司负有债务，其债权在未履行或未全面履行出资义务、抽逃出资范围内的部分；

(2)公司注册资本明显不足以负担公司正常运作，公司运作依靠向股东或实际控制人负债筹集，股东或实际控制人因此而对公司形成的债权；

(3)公司控股股东或实际控制人为了自身利益，与公司之间因不公平交易而产生的债权。

公司股东或实际控制人在前述情形下形成的劣后债权，不得行使别除权、抵销权。

6. 公司股东或实际控制人劣后债权的认定程序如何安排？

答：管理人在拟定债权表时，应当对公司股东或实际控制人债权是否属于劣后债权作出认定，并提交债权人会议核查。债务人、债权人无异议的，人民法院应裁定确认。债务人、债权人有异议的，可以向人民法院提起破产债权确认诉讼。

7. 管理人可否对债权人是否享有建设工程价款优先受偿权进行审查？

答：根据企业破产法第五十七条的规定，对申报的债权进行审查是管理人的职责之一，因此对于债权人申报债权时主张的建设工程价款优先受偿权是否成立，管理人应当进行审查，审查结果应在债权表中载明并提交第一次债权人会议核查。债务人、债权人有异议的，可以向受理破产案件的人民法院提起破产债权确认诉讼。

8. 债权人会议可否对破产财产的拍卖次数和流拍后以物抵债等问题进行决议？

答：根据企业破产法第一百一十二条规定，债权人会议有权决议破产财产的变价出售方式。为提高破产审判效率，管理人可以将拍卖次数和流拍后以物抵债等问题纳入变价方案，债权人会议讨论通过后，按变价方案执行。

破产财产为国有资产的，其处置方式应当符合国有资产管理的相关法律、法规的要求。

9. 为了提高破产案件审判效率，可否设定对债权表记载债权的异议期限和起诉期限？

答：管理人编制的债权表应当提交第一次债权人会议核查。债务人、债权人对债权表记载的债权有异议的，可以在管理人指定的期限内（根据案件实际情况确定不少于十五日的期限）提出异议。债务人、债权人未在管理人指定的期限内提出异议的，视为无异议，人民法院可根据管理人的申请对债权表记载的债权裁定确认。债务人、债权人逾期提出异议的，管理人可不予审查。

债务人、债权人在管理人指定期限内提出异议的，管理人应当予以审查，经管理人解释或调整后仍有异议的，应在管理人告知其异议审查结果之日起十五日内向受理破产案件的人民法院提起破产债权确认诉讼。逾期未起诉的，视为无异议，人民法院可根据管理人的申请对债权表记载的债权裁定确认。债务人、债权人逾期起诉的，人民法院不予受理。

10. 经债权人会议核查无异议的债权，人民法院在裁定确认之前发现确有错误的，应当如何处理？

答：经债权人会议核查，债务人、债权人均无异议的债权，人民法院发现确有错误的，可以要求管理人重新审查并向债权人会议披露。经管理人重新审查并披露后,债务人、债权人仍无异议的,人民法院应当予以确认。

11.债务人人员下落不明或财产状况不清的破产清算案件受理后,应该如何处理?

答:人民法院受理债务人人员下落不明或财产状况不清的破产清算案件后,应当依据企业破产法的有关规定指定管理人。管理人应当采取以下必要措施,最大限度查找、追收债务人财产:第一,通过向银行、工商、税务、国土房管、车辆管理部门查询等必要途径查明债务人的财产状况,因人民法院强制执行等原因已向相关部门查询债务人近期财产状况的,管理人可以直接援用相关查询结果;第二,查明出资人的出资情况,对未履行、未全面履行出资义务或抽逃出资的出资人采取必要追缴出资措施;第三,根据企业破产法第三十一条、第三十二条和第三十三条规定,撤销和否定债务人的不当行为,对相关财产依法采取必要追回措施;第四,对董事、监事和高级管理人员利用职权获取的非正常收入或者侵占的债务人财产依法采取必要的追回措施;第五,对债务人有关人员不履行企业破产法第十五条规定义务的,应向人民法院提出采取强制措施或处罚的建议;第六,发现债务人有关人员有《中华人民共和国刑法》第一百六十二条规定行为或其他违法行为,涉嫌犯罪的,应当及时向公安机关报案;第七,对债务人财产采取其他必要的清查和追收措施;第八,管理人认为难以追收或追收成本过高的,应提请债权人会议决定是否予以追收。

在穷尽上述必要措施,依法追收债务人财产后,债务人确无财产可供分配或者债务人财产不足以清偿破产费用的,管理人应当提请人民法院终结破产程序。

因债务人有关人员的行为导致无法清算或者造成损失的,人民法院在终结破产程序的同时,应当告知各债权人可以另行起诉要求相关人员承担民事责任。

重庆市高级人民法院企业破产案件社会中介机构管理人名册编制办法

（2016年10月18日公布并实施　渝高法〔2016〕239号）

为公平、公正地编制本市企业破产案件社会中介机构管理人（以下简称机构管理人）名册，确保破产案件的审判质量和效率，根据《中华人民共和国企业破产法》《最高人民法院关于审理企业破产案件指定管理人的规定》等法律、司法解释，结合本市实际情况，制订本办法。

第一条　机构管理人名册中的管理人由律师事务所、会计师事务所、破产清算事务所及其分支机构等社会中介机构组成。

第二条　对编入名册的机构管理人进行分区分级管理。

各中级人民法院按照本办法编制二级管理人名册；市高级人民法院从编入各中级人民法院管理人名册的机构中择优评定一级管理人，编制一级管理人名册。

二级管理人可以在编制其名册的中级人民法院辖区内执业，一级管理人可以在本市内跨中级人民法院辖区执业。

第三条　市高级人民法院和各中级人民法院成立管理人评审委员会，负责管理人名册编制工作。市高级人民法院评审委员会应当制定一级管理人评分标准，各中级人民法院评审委员会应当制定本辖区二级管理人评分标准。

第四条　评审委员会由分管破产审判工作的院领导和负责破产审判工作的业务庭、司法技术部门、监察室等部门人员组成。成员人数不少于7人且为单数。

评审委员会的决定需经全体评审委员会委员过半数通过。

第五条　评审委员会成员与申请人有利害关系的，应当在评审活动中回避。

第六条　评审委员会下设评审事务办公室，由负责破产审判工作的业务庭及司法技术部门的人员组成。评审事务办公室负责以下日常工作：

（一）草拟有关评审文件；

（二）负责公告等联系事务；

（三）审查汇总申请人材料并书面报告评审委员会；

（四）评审委员会交办的其它工作。

第七条 对申请人的评审实行评分制，满分为100分。各中级人民法院评审委员会根据律师事务所、会计师事务所、破产清算事务所的规模、执业年限、执业业绩、专业水准、办理企业破产案件的经验和责任承担能力等确定具体的评分标准，并予以公告。各中级人民法院的评分标准应报市高级人民法院评审委员会备案。

第八条 律师事务所、会计师事务所、破产清算事务所及其分支机构等社会中介机构申请编入管理人名册的，应当向住所地中级人民法院提出。

前款规定的社会中介机构的住所地在本市主城区的，可以同时向市一、五中级人民法院申请编入管理人名册。

第九条 机构管理人名册的评审程序：

（一）公告。编制管理人名册前，编制名册的法院应将管理人申请条件、应当提交的材料、评定标准和程序、管理人的职责及相应的法律责任、提交申请材料的截止时间等有关事项在重庆法院公众服务网上进行公告，并通知相关行业协会。

（二）申请。申请编入管理人名册的社会中介机构应于申请期限（公告为准）届满前向评审事务办公室提交申请表及相关申请材料。社会中介机构申请时已经使用过的从业人员及其从业材料，其他社会中介机构不得在申请时重复使用。

（三）审核资料。评审事务办公室负责登记并对有关申请材料进行审查。申请材料不齐全的，通知申请人限期补正。逾期补正的材料，不纳入审查范围。申请人必须如实申请，凡有弄虚作假情形的，取消其参评资格。

评审事务办公室采用书面审查、询问、实地考察等方式审查申请人的具体情况，形成书面审查报告并向评审委员会汇报。

（四）审议。评审委员会根据评审事务办公室审查的情况，结合公布的评审项目和分值进行评分，并根据申请人得分的高低及入册机构名额，按照1∶1.2的比例审查确定初审名册。

（五）公示。确定的初审名册在重庆法院公众服务网上进行公示，公示期10日。公示期内，任何单位和个人均可对编入初审名册的社会中介机构实名提出书面异议。

(六)通报。评审委员会将初审名册通报有关行业协会并征求意见。

(七)复核。公示期满后,评审委员会应当对有关异议进行审查。异议成立,申请人确不宜担任管理人的,不纳入名册。

(八)公布结果。审定后的管理人名册应在人民法院报、重庆法院公众服务网上公布。

第十条 一级机构管理人由市高级人民法院评审委员会参照本办法第九条,根据机构规模、专业能力、职业操守、工作业绩等因素,从编入各中级人民法院管理人名册的社会中介机构中择优评定。

第十一条 市高级人民法院和各中级人民法院可以根据机构管理人的履职情况和审理破产案件的需要,适时对机构管理人名册做出调整。

机构管理人名册及其调整情况,应当及时报请上一级法院备案。

第十二条 本办法由市高级人民法院审判委员会负责解释,自公布之日起施行。

附件:

重庆市高级人民法院企业破产案件社会中介机构管理人入册标准指导意见

为了统筹协调全市法院企业破产案件社会中介机构管理人(以下简称机构管理人)入册要求,指导各中级人民法院规范有序地开展机构管理人入册评定工作,制定本意见。

一、律师事务所

1. 机构规模(30分)

主要考虑以下因素:(1)具有律师执业证书的从业人员人数;(2)成立年限;(3)有无固定执业场所。

对从业人员中具有会计师、税务师等职业资格的可以适当加分。

2. 执业业绩(15分)

主要考虑以下因素:(1)最近三年的年均业务收入(以纳税凭证为准);(2)获得省级或者国家级执业表彰情况。

具有以下情形之一的可以适当减分:(1)曾经被人民法院处以罚款或者暂停管

理人资格的;(2)工作不得力导致案件长期未结的;(3)机构及其专职执业人员在最近三年内被司法机关、税务机关、有关行业协会、主管部门处罚的。

3. 专业经验(40 分)

主要考虑目前在该机构执业的人员自 2007 年 6 月 1 日破产法实施以来参与办理相关业务的经验。不同人员所涉案件重复的,按 1 件案件计算。具体可以参考下列因素:(1)作为管理人成员办理破产案件的件数;(2)担任清算组成员参与办理强制清算案件的件数;(3)承担其他非讼清算业务的件数;(4)承担兼并重组、企业改制等专项非讼业务的件数。

具有以下情形之一的可以适当加分:(1)从业人员曾经作为破产案件管理人成员,参与破产重整、关联企业破产、负债总额 1 亿元以上破产案件,或者上市公司、金融机构破产等重大破产案件的;(2)从业人员有公司重组、IPO、企业管理经验的。

4. 专业水准(5 分)

主要考虑目前在该机构执业的人员发表关于强制清算、破产方面的专著、文章数量及质量,以及参加破产、强制清算专业研讨会提交论文数量及质量。

5. 执业责任保险(10 分)

二、会计师事务所

1. 机构规模(30 分)

主要考虑以下因素:(1)拥有注册会计师人数;(2)成立年限;(3)有无固定执业场所。

对从业人员中具有司法考试合格证书、税务师等职业资格的可以适当加分。

2. 执业业绩(15 分)

主要考虑以下因素:(1)最近三年的年均业务收入(以纳税凭证为准);(2)获得省级或者国家级执业表彰情况。

具有以下情形之一的可以适当减分:(1)曾经被人民法院处以罚款或者暂停管理人资格的;(2)工作不得力导致案件长期未结的;(3)机构及其专职执业人员在最近三年内被司法机关、税务机关、有关行业协会、主管部门处罚的。

3. 专业经验(40 分)

主要考虑目前在该机构执业的人员自 2007 年 6 月 1 日破产法实施以来参与办理相关业务的经验。不同人员所涉案件重复的,按 1 件案件计算。具体可以参考下列因素:(1)作为管理人成员办理破产案件的件数;(2)担任清算组成员参与办理强制清算案件的件数;(3)承担其他非讼清算业务的件数;(4)承担兼并重组、企业改制等专项非讼业务的件数。

具有以下情形之一的可以适当加分:(1)从业人员曾经作为破产案件管理人成员,参与破产重整、关联企业破产、负债总额1亿元以上破产案件,或者上市公司、金融机构破产等重大破产案件的;(2)从业人员有公司重组、IPO、企业管理经验的。

4. 专业水准(5分)

主要考虑目前在该机构执业的人员发表的关于强制清算、破产方面的专著、文章数量及质量,以及参加破产、强制清算专业研讨会提交论文数量及质量。

5. 执业责任保险(10分)

三、破产清算事务所

1. 机构规模(30分)

主要考虑以下因素:(1)从业人员人数;(2)成立年限;(3)有无固定执业场所。

对从业人员中具有司法考试合格证书、会计师、税务师等职业资格的可以适当加分。

2. 执业业绩(15分)

主要考虑最近三年的年均业务收入(以纳税凭证为准)。

具有以下情形之一的可以适当减分:(1)曾经被人民法院处以罚款或者暂停管理人资格的;(2)工作不得力导致案件长期未结的;(3)机构及其专职执业人员在最近三年内被司法机关、税务机关、有关行业协会、主管部门处罚的。

3. 专业经验(40分)

主要考虑目前在该机构执业的人员自2007年6月1日破产法实施以来参与办理相关业务的经验。不同人员所涉案件重复的,按1件案件计算。具体可以参考下列因素:(1)作为管理人成员办理破产案件的件数;(2)担任清算组成员参与办理强制清算案件的件数;(3)承担其他非讼清算业务的件数;(4)承担兼并重组、企业改制等专项非讼业务的件数。

具有以下情形之一的可以适当加分:(1)从业人员曾经作为破产案件管理人成员,参与破产重整、关联企业破产、负债总额1亿元以上破产案件,或者上市公司、金融机构破产等重大破产案件的;(2)从业人员有公司重组、IPO、企业管理经验的。

4. 专业水准(5分)

目前在该机构执业的人员发表的关于强制清算、破产方面的专著、文章数量及质量,以及参加破产、强制清算专业研讨会提交论文数量及质量。

5. 执业责任保险(10 分)

本意见由市高级人民法院审判委员会负责解释,自公布之日起参照执行。

重庆市高级人民法院企业破产案件社会中介机构管理人评估管理办法

（2016年10月18日公布　渝高法〔2016〕240号）

为科学评估社会中介机构管理人（以下简称机构管理人）的工作，促进管理人规范履职，保障破产审判工作的顺利进行，根据《中华人民共和国企业破产法》《最高人民法院关于审理企业破产案件指定管理人的规定》等法律、司法解释，结合本市破产审判实践，制订本办法。

第一条　对机构管理人的工作评估采取个案评估与年度评估相结合的方式进行。个案评估由受理破产案件的法院进行。年度评估由编制管理人名册的各中级人民法院进行。评估结果是对管理人作出晋级、降级、暂停管理人资格或者除名等处理的主要依据。

第二条　企业破产程序终结后十五日内，机构管理人应向审理破产案件的审判组织提交个案履职报告，对其在个案中的履职情况以及是否勤勉尽责、忠实执行职务进行自我评价。

第三条　审理破产案件的审判组织根据机构管理人的个案履职情况，对《管理人履职情况评估表》所列明的各项内容进行评分。个案评估工作应在案件终结后三十日内完成。

个案评估结果应及时告知管理人。管理人对评估结果有异议的，可以向审理破产案件的审判组织申请复核。

第四条　机构管理人每年一月底之前，应向其住所地的中级人民法院提交年度履职报告。

年度履职报告应详细载明以下内容：该年度办理破产案件的情况、个案评估分数、管理人机构规模和经验、专业人员队伍建设情况、破产实务研究成果及被处罚情况等。

第五条 各中级人民法院评审委员会应结合机构管理人提交的年度履职报告,从年度办案数量、个案评估结果、管理人机构规模和经验、专业人员队伍建设、破产实务研究成果等方面对管理人进行年度评分。年度评估工作应在每年二月底前完成。

年度评估结果应及时向管理人公示。机构管理人对年度评估结果有异议的,可以向评审委员会申请复核。

各中级人民法院应在每年三月底前将年度评估结果报市高级人民法院评审委员会备案。

第六条 机构管理人具有《最高人民法院关于审理企业破产案件指定管理人的规定》第三十九条第一款规定情形或者无正当理由拒绝法院指定的,编制管理人名册的中级人民法院可以决定停止其担任管理人一年至三年。

第七条 机构管理人具有《最高人民法院关于审理企业破产案件指定管理人的规定》第三十九条规定情形的,或者具有下列情形之一的,编制管理人名册的中级人民法院可以决定将其从管理人名册中除名并在重庆法院公众服务网上公告:

(一)因故意犯罪受到刑事处罚的;

(二)被吊销相关专业执业证书的;

(三)因执业、经营中故意或者重大过失行为,受到行政机关、监管机构或者行业自律组织行政处罚或者纪律处分的;

(四)执业许可证或者营业执照被吊销或者注销的;

(五)出现解散、破产事由或者丧失承担执业责任风险的能力的;

(六)履行职务时,因故意或者重大过失导致债权人利益受到损害的;

(七)拒绝接受法院、债权人会议、债权人委员会的监督,经批评教育仍不改正或者对应当及时向法院报告的重大事项隐瞒不报的;

(八)违反法律、司法解释规定或者未经法院批准私自收费的;

(九)利用管理人的身份或地位为自己或他人谋取私利的;

(十)参与评审时未如实申报的;

(十一)存在请客送礼等不正当行为的;

(十二)擅自将其应当履行的职责全部或者部分转给他人的;

（十三）累计两件个案评估不合格（60 分以下）或者两次年度评估不合格（60 分以下）的。

被除名的机构管理人自除名之日起三年内不得重新申请入册。

第八条 破产案件审判组织认为应当对机构管理人处以暂停管理人资格或者除名的，应及时向编制管理人名册的中级人民法院提出书面建议。

编制管理人名册的中级人民法院决定对管理人处以暂停管理人资格或者除名的，应当制作决定书，送达管理人并通知受理破产案件的法院。决定书自作出之日起生效。

第九条 社会中介机构规模、人员等发生变化，无法履行管理人职责的，可以主动向编制管理人名册的中级人民法院申请退出名册，编制管理人名册的中级人民法院收到申请后应当及时调整名册，并将有关情况在重庆法院公众服务网上公告。

第十条 有下列情形之一的，市高级人民法院评审委员会应当根据相关法院的书面建议，取消社会中介机构的一级管理人资格并在重庆法院公众服务网上公告：

（一）有一件个案评估不合格（60 分以下）或者有一次年度评估不合格（60 分以下）的；

（二）在担任管理人期间被人民法院处以罚款、暂停管理人资格或者除名的；

（三）编制管理人名册的中级人民法院同意社会中介机构退出名册的。

第十一条 本办法由市高级人民法院审判委员会负责解释，自本次调整后的机构管理人名册公布之日起施行。

附件：

管理人个案履职情况评估表

社会中介机构名称：____________________________

债务人名称：_____________________

评估项目	最高分值	得分
规范接管债务人财产、印章和账簿等	10	
尽职调查债务人财产状况、完成财产清理和财产追收工作	20	
依法管理债务人内部事务	10	
规范召开债权人会议，积极完成与债权人沟通、解释等工作	10	
破产费用的合理使用	10	
与法院及政府相关职能部门的沟通协调能力	15	
程序推进的规范程度和工作效率	15	
协调化解矛盾的能力（如：职工安置、区域性稳定）	10	
总　分	100	

评估人：_____________（审判庭及经办人员签章）

重庆市高级人民法院企业破产案件社会中介机构管理人指定办法

（2016年10月18日公布　渝高法〔2016〕241号）

为统一和规范全市法院企业破产案件社会中介机构管理人（以下简称机构管理人）指定工作，保障企业破产审判工作的顺利进行，根据《中华人民共和国企业破产法》《最高人民法院关于审理企业破产案件指定管理人的规定》等法律、司法解释，结合本市实际情况，制订本办法。

第一条　根据《最高人民法院关于审理企业破产案件指定管理人的规定》第十八条、第二十条、第二十一条、第二十二条规定，指定机构管理人的方式包括随机指定、邀请竞争、指定清算组和接受推荐。

法院审理企业破产案件，一般应采用随机方式指定管理人。

第二条　需采用随机方式指定机构管理人的下列破产案件，审理破产案件的业务庭应书面报请市高级人民法院司法技术部门从一级机构管理人中随机指定：

（一）商业银行、证券公司、保险公司等金融机构破产案件；

（二）上市公司破产案件；

（三）债务人财产价值总额1亿元（含本数）以上的破产案件；

（四）在全国或者全市范围内有较大社会影响的破产案件；

（五）受理破产案件的法院认为属于重大复杂的破产重整案件或者关联企业实质合并破产案件。

第三条　除本办法第二条规定的案件外，各中级人民法院及辖区基层人民法院审理破产案件需采用随机方式指定机构管理人的，审理破产案件的业务庭应书面报请中级人民法院司法技术部门从编入该院管理人名册的机构中随机指定。

第四条 随机指定机构管理人应采取摇号的方式公开进行。司法技术部门在摇号前应在重庆法院公众服务网公布破产案件的基本信息及报名时间。在规定的时间内,机构管理人可以申请参与摇号。申请人数为2人及以上时,通过摇号方式选定管理人。申请人数为1人时,指定申请参与摇号的机构为管理人。无人报名时,直接在管理人名册中通过摇号产生。

司法技术部门应将摇号的具体时间通知相关机构管理人,机构管理人可以派员对摇号的过程进行监督。摇号的结果应及时在重庆法院公众服务网上公布。

第五条 符合《最高人民法院关于审理企业破产案件指定管理人的规定》第二十一条规定的企业破产案件,受理破产案件的法院可以采用邀请竞争方式指定机构管理人。

受理破产案件的法院可以根据案件的具体情况,决定是否邀请编入外地法院管理人名册中的机构管理人参与竞争。

机构管理人之间可以采用联合报名的形式参与竞争。

第六条 受理破产案件的法院指定清算组为管理人的,应当符合《最高人民法院关于审理企业破产案件指定管理人的规定》第十八条、第十九条的规定。

除《最高人民法院关于审理企业破产案件指定管理人的规定》第十八条第一项所规定的情形外,清算组作为管理人的,清算组成员中的社会中介机构应当按照本办法第二、三、四条的规定随机指定或者按照本办法第五条的规定采用邀请竞争的方式指定。

第七条 企业破产案件符合《最高人民法院关于审理企业破产案件指定管理人的规定》第二十二条的,受理破产案件的法院可以采用接受推荐的方式指定机构管理人。

第八条 各中级人民法院对各机构管理人尚未审结的破产案件可以实行存量管理。存量超过上限时,可以暂停指定其为本辖区内新的破产案件管理人。存量上限由各中级人民法院评审委员会确定。

第九条 人民法院指定管理人应当依照《最高人民法院关于审理企业破产案件指定管理人的规定》第二十七条,制作决定书,并予以送达及公告。

采用邀请竞争、接受推荐的方式指定管理人或者指定清算组为管理人的,受理破产案件的法院应当于出具指定管理人决定书之日起7日内上报市高级人民法院备案并在重庆法院公众服务网公布。

第十条 企业强制清算案件指定机构管理人为清算组成员的,参照本办法执行。

第十一条 本办法由市高级人民法院审判委员会负责解释,自一级机构管理人名册公布之日起施行。

后　记

本书从构思写作大纲到最终完成,历时近 1 年时间。来自重庆三级法院具有丰富破产审判经验和扎实理论功底的法官,齐心协力、反复修改,最终完成了书稿的撰写工作。

本书由陈彬、杜丹拟定撰写提纲,各章撰稿人如下:第一章:李季宁;第二章:陈瑜;第三章:王晓利;第四章:达燕;第五章:肖明明;第六章:俞旭东、彭海波;第七章:曹世海;第八章:吴梦琪;第九章:刘玉妹、王慧杰;第十章:陈唤忠、伍云嫦;第十一章:杨忠、苏双;第十二章:陈秀良、胡彬;第十三章:张毅。全书由陈彬、杜丹、李季宁、苏双统稿,杨临萍审核定稿。

尽管作了很大的努力,但由于能力所限,加之时间仓促,错误、纰漏之处在所难免,敬请司法界同仁和各位读者批评、指正。

编　者

2019 年 5 月 20 日

图书在版编目(CIP)数据

供给侧结构性改革司法实践：破产重整与和解最新理论及实务 / 杨临萍主编. -- 北京：法律出版社，2020

ISBN 978-7-5197-3701-6

Ⅰ. ①供… Ⅱ. ①杨… Ⅲ. ①破产法-研究-中国 Ⅳ. ①D922.291.924

中国版本图书馆 CIP 数据核字(2019)第 160414 号

供给侧结构性改革司法实践
——破产重整与和解最新理论及实务
GONGJICE JIEGOUXING GAIGE SIFA SHIJIAN
—POCHAN CHONGZHENG YU HEJIE ZUIXIN LILUN JI SHIWU

杨临萍 主编

策划编辑 沈小英 陈 妮
责任编辑 陈 妮 毛镜澄
装帧设计 李 瞻

出版 法律出版社
总发行 中国法律图书有限公司
经销 新华书店
印刷 中煤(北京)印务有限公司
责任校对 杨锦华
责任印制 吕亚莉

编辑统筹 法治与经济出版分社
开本 710 毫米×1000 毫米 1/16
印张 35.5
字数 610 千
版本 2020 年 11 月第 1 版
印次 2020 年 11 月第 1 次印刷

法律出版社/北京市丰台区莲花池西里 7 号(100073)
网址/www.lawpress.com.cn
投稿邮箱/info@lawpress.com.cn
举报维权邮箱/jbwq@lawpress.com.cn
销售热线/400-660-8393
咨询电话/010-63939796

中国法律图书有限公司/北京市丰台区莲花池西里 7 号(100073)
全国各地中法图分、子公司销售电话：
统一销售客服/400-660-8393/6393
第一法律书店/010-83938432/8433 西安分公司/029-85330678 重庆分公司/023-67453036
上海分公司/021-62071639/1636 深圳分公司/0755-83072995

书号：ISBN 978-7-5197-3701-6 **定价**：160.00 元
(如有缺页或倒装，中国法律图书有限公司负责退换)